D1389906

BASTEI
LÜBBE
Paperback

ISAAC ASIMOV

COSMOS UTOPIA

BASTEI
LÜBBE

Paperback

BASTEI-LÜBBE-PAPERBACK

Band 28 165

Erste Auflage: Mai 1988

Deutsche Lizenzausgabe 1988
Bastei-Verlag Gustav H. Lübbe GmbH & Co., Bergisch Gladbach
Originaltitel: The Edge of Tomorrow
Quellen- und Übersetzernachweise am Ende des Bandes
Lektorat: Michael Nagula / Reinhard Rohn
Titelillustration: Boris Vallejo
Umschlaggestaltung: Quadro Grafik, Bensberg
Satz: KCS GmbH, 2110 Buchholz/Hamburg
Druck und Verarbeitung: Clausen & Bosse, Leck
Printed in Germany
ISBN 3-404-28165-9

Der Preis dieses Bandes versteht sich einschließlich der gesetzlichen Mehrwertsteuer.

Inhalt

Vorwort

Wenn man das erste Mal mit Isaac Asimov zusammentrifft, hat man den Eindruck, der Mann interessiere sich für nichts anderes als für sich selbst. Immerhin sind seine bevorzugten Gesprächsthemen (in der Reihenfolge ihrer Häufigkeit) die Zahl der von ihm verfaßten Bücher, die Tatsache, daß er ein Genie ist, die Tatsache, daß er für Frauen gefährlich ist, und die Tatsache, daß er das alles in höchstem Maße genießt. Genau genommen, ist das nicht einmal gelogen. Isaac ist stolz auf das, was er erreicht hat, und das mit gutem Grund. Ohne Zweifel liebt er auch Frauen. Doch das draufgängerische öffentliche Bild eines Aufschneiders, des Bengels aus dem Süßwarenladen in Brooklyn, der beim geringsten Anlaß einen anzüglichen Limerick verzapft — das alles ist nur aufgesetzt, eine Verkleidung, in die Isaac sich hüllt. Unter dem Umhang, den er der Öffentlichkeit zeigt, verbirgt sich ein nachdenklicher, liebevoller, freundlicher Mann, nicht nur ein Freund schlechthin, sondern ein Freund in der Not, ein Mann, der in den letzten dreißig Jahren wie ein großer Bruder für mich war. Isaac Asimov besitzt ein großes Herz, so groß wie sein Geist*.

Lassen Sie mich das an einer Geschichte veranschaulichen.

Kurz nachdem ich Isaac zum ersten Mal begegnet war, als wir beide noch in der Nähe von Boston lebten, rief er mich an und sagte mir, ich würde in Kürze einen Anruf von der Herausgeberin des Magazins ›Amazing Science Fiction‹ erhalten mit der Bitte, eine Reihe von populärwissenschaftlichen Artikeln über die Möglichkeit von Leben auf anderen Welten zu verfassen. »Sie ist an mich herangetreten«, sagte Isaac, »aber ich hab' ihr gesagt, ich könnte das nicht, weil ich zu beschäftigt wäre, und du wärst ohnehin viel geeigneter als ich, da du über das Thema besser Bescheid wüßtest.«

Ich fiel beinahe in Ohnmacht. Da war der bekannteste Autor auf diesem Gebiet, Doktor der Biochemie und Universalgelehrter, und erzählte mir, einem fast unbekannten Schriftsteller mit bruchstückhaften Kenntnissen von den Grundlagen der Astronomie, daß ich mehr über das extraterrestrische Leben wüßte als er.

Isaac bemerkte meine Verwirrung und erklärte: »Schau, ich werde dir alles sagen, was ich über dieses Thema weiß. Und du wirst ja wohl auch einiges wissen, was mir nicht bekannt ist. Auf diese Weise weißt du dann mehr als ich.«

Er hielt sein Wort. Ich verfaßte die Serie, mit der ich mich als Autor innerhalb der Science-Fiction-Gemeinschaft etablierte.

---

* Obgleich Isaac ein wirklich großes Herz besitzt, benötigten seine Herzkranzgefäße im Jahre 1983 eine dreifache Bypass-Operation. Inzwischen ist er aber wieder voll und ganz genesen.

Soviel zu Isaacs öffentlichem Image.

Wenn Sie dann Asimovs Arbeiten zu lesen beginnen, ist Ihr erster Eindruck, ob es nun Fakten oder Dichtung sind: ›Ist das aber *leicht*! Sowas könne ich auch schreiben‹.

Versuchen Sie's.

Ich habe es versucht, und es ist alles andere als leicht, denn dieser einfache, direkte Stil Asimovs verbirgt Tiefen von Wissen und Talent, die kaum einer vermutet.

Isaac hat, wie Sie in vielen seiner Bücher bemerken werden, eine Vorliebe für Zahlen. Und wenn er über seine schriftstellerische Arbeit spricht, dann hebt er die Zahl der Bücher hervor, die er geschrieben hat. Zur Zeit sind es über dreihundert. Andere Schriftsteller sprechen vom schöpferischen Schmerz, von der stürmischen Unruhe in ihrer Kunst, dem Kampf um die Überwindung der Schreibhemmung. Isaac setzt sich einfach hin und schreibt. Er ist wahrscheinlich der einzige unter allen Menschen, die ich kenne, dem die körperliche Aufgabe des Schreibens wirklich Spaß macht.

Werfen Sie einen Blick hinter die Zahlen. Sehen Sie sich die Bandbreite der Themen an, über die er schreibt: von der Bibel bis zur Biochemie, von der Poesie bis zur Paläontologie, von der Geschichte bis zur Science Fiction.

Er bringt es wirklich fertig, daß alles ganz unkompliziert wirkt. Seine besondere Begabung liegt darin, einen beliebigen Gegenstand zu nehmen und ihn so klar und deutlich darzustellen, daß der Leser ihn ohne jede Anstrengung versteht.

Isaac schreibt in einer Weise, die oft als *müheloser Stil* bezeichnet wurde. (Ich sagte einmal im Scherz zu ihm, eigentlich sei es eine ›stillose Mühe‹. Er brauchte volle zehn Sekunden, bis er bemerkte, daß ich ihn auf den Arm nahm.) Da sein Stil so glatt, so logisch und rational angelegt ist, gibt es unter den selbstbewußteren Literaten eine gewisse Tendenz, Isaacs Tatsachenartikel als ›reines Populärschrifttum‹ und seine Science Fiction als ›überholten Schund‹ abzutun.

Wie sagte doch Shakespeare? ›Sie scherzen über Narben, die nie eine Wunde gefühlt.‹ Ich habe einen beträchtlichen Teil meines Lebens als Herausgeber zugebracht, und ich kann Ihnen sagen, daß es beinahe unmöglich ist, Essays über die Wissenschaft (oder ein beliebiges anderes Thema) zu finden, die so klar und sauber geschrieben sind wie die Arbeiten Asimovs. Und erfundene Geschichten, die so aufregend sind und so sehr zum Nachdenken anregen wie ›Der häßliche kleine Junge‹ oder ›Einbruch der Nacht‹, findet man gewiß auch nicht alle Tage. Wenn *das* Populärschrifttum oder überholt ist, dann bitte — nur zu! Ich fordere die Literaten auf, so etwas zu liefern!

Wie Sie auf den folgenden Seiten sehen werden, hat sich Isaac als Thema Wissenschaftler ausgesucht — echte aus der Geschichte und erdachte aus dem Reich der Science Fiction.

Sie werden in diesen Essays und Geschichten höchst seltsame Dinge finden und faszinierenden Menschen begegnen, von denen Sie einige schon kennen, wohingegen andere Ihnen unbekannt sein werden. Es warten so manche Überraschungen auf Sie:

— Isaac Newton, der von *unserem* Isaac als die größte Gestalt der Wissenschaft verehrt wird, war in moralischer Hinsicht ein Feigling.
— Zwei berühmte Schriftsteller — Goethe und Omar Khayyam — leisteten einen Beitrag zum Fortschritt der Mathematik.
— Das Gewicht der Erde ist gleich null.
— Benjamin Franklins Blitzableiter trug mehr dazu bei, den Zugriff der Religion auf den Geist des westlichen Menschen zu erschüttern, als Darwins Evolutionstheorie.
— Für das Jahr 1916 wurde kein Nobelpreis für Physik vergeben, und Isaac will eine Kampagne starten, um diese Ungerechtigkeit auszumerzen.
— Niemand anders als Königin Victoria führte eine der frühesten und nachhaltigsten Attacken für die Befreiung der Frau.

All das finden Sie in den populärwissenschaftlichen Artikeln dieses Buches unter dem gedachten Titel: *Die Vergangenheit der Wissenschaftler.* In dem Teil mit den Kurzgeschichten, *Die Zukunft der Wissenschaftler,* begegnen Sie unter anderem:

— Einer Gans, die buchstäblich goldene Eier legt, nebst einer genauen wissenschaftlichen Erläuterung, wie das vor sich geht.
— Einem Wissenschaftler, der erkennt, daß die menschliche Rasse nichts weiter ist als ein von einer höheren Intelligenz durchgeführtes Experiment.
— Einem Mann, der auf Luft gehen kann.
— Einem Mord, der mit einer Billardkugel verübt wird.
— Einem Mann in der fernen Zukunft, der im Kopf rechnen kann . . . und den Preis für diese Fähigkeit bezahlt.
— Einem Neandertalerbaby, das aus seiner Zeit entrissen und in die unsere versetzt wurde.
— Einer Welt, die in regelmäßigen Abständen dem Wahnsinn verfällt.
— Und in der Geschichte, die Isaac selbst oft als seine liebste bezeichnet hat, einem Computer, der Äonen hindurch an der ›Letzten Frage‹ herumrätselt.

Es ist schon eine seltsame Sache mit diesen Science Fiction-Geschichten. In jeder von ihnen zeigt Isaac Asimov — der ewige Optimist, der rationale, von der Wissenschaft begeisterte Mensch — etwas, was man nur als die düstere Seite der wissenschaftlichen Forschung beschreiben kann. Diese Geschichten enthüllen uns Wissenschaftler, wie das breite Publikum sie nie zu sehen bekommt, wie geschichtliche Bücher sie nie darstellen: Wissenschaftler, die an sich selbst zweifeln, die sich um die moralischen Folgen ihrer Arbeit den Kopf zerbrechen, die gegeneinander intrigieren, ja sogar Morde begehen.

Das bringt mich wieder zum Ausgangspunkt. Hinter Isaacs öffentlicher Darstellung verbirgt sich ein höchst scharfsinniges, hochintelligentes und empfindsames menschliches Wesen. Er weiß besser als die meisten derer, die gegen wissenschaftliche Forschung und die üppig aus dem Boden schießenden Technologien zu Felde ziehen, daß die Wissenschaft ein *menschliches* Unterfangen ist, daß die Forschung von fehlbaren, gefühlsbeladenen, unvollkommenen Männern und Frauen betrieben wird.

Doch trotz der Schattenseiten, trotz der Intrigen und Mängel der Menschen in diesen Geschichten schreitet das Werk der Wissenschaft immer weiter fort. Diese fehlerhaften Menschenwesen bringen für uns phantastische Schöpfungen hervor: Generatoren, die endlos Energie liefern, Maschinen, mit denen wir durch die Zeit reisen können, Computer und Roboter, die die Menschheit von mühseliger Schinderei befreien.

Vielleicht ist dies das Wesen des wahren Optimismus, der Glaube, daß unvollkommene Menschen etwas schaffen können, was an die Vollkommenheit heranreicht. Ganz sicher ist das die Botschaft, die Sie unter den Wissenschaftlern der Vergangenheit und Zukunft in diesem Buch finden werden. Dies ist die Grundlage für den Glauben, der Isaac Asimov zu dem gemacht hat, was er heute ist.

Ben Bova
West Hartford
Connecticut

Einführung

Ich habe in meinen Sachartikeln (die meist, aber nicht immer wissenschaftliche Themen behandeln) bereits eine Anzahl von Sammlungen zusammengestellt, ebenso aus meinen erfundenen Geschichten (meistens, aber nicht immer Science Fiction). Darüber hinaus habe ich auch Sachbücher und Romane veröffentlicht.

Das hat es manchen meiner Leser möglich gemacht, die populärwissenschaftlichen Arbeiten zu lesen und die erfundenen zu umgehen — und umgekehrt. Gewiß ist das ihr gutes Recht, mir hingegen gefällt das nicht unbedingt. Es liegt nicht in meiner Absicht, daß die Leute einen bedeutenden Teil meines Werkes außer acht lassen. Meine Vorstellung von einem ordentlich geführten Universum geht dahin, daß jeder alles liest, was ich schreibe.

Daher war ich natürlich höchst interessiert, als mein alter Freund Ben Bova den Vorschlag machte, ich sollte eine Sammlung aus *beidem* zusammenstellen.

Warum nicht? So wie ich die Menschen kenne, würde jemand, der das Buch der einen Kategorie wegen liest, gerne ein bißchen in Texten der anderen herumschnuppern, einfach weil sie gerade zur Hand sind. Und da sie ihm gefielen (ich kann doch träumen, oder nicht?), würde dieser Leser dann losziehen und eine kleine Auswahl von einigen Dutzend meiner Bücher erstehen, von denen er sich früher nicht einmal hätte träumen lassen, daß er sie zur Hand nähme.

Ben meinte, ein übergreifendes Thema sollte die beiden Hälften des Buches miteinander verbinden. Er schlug vor, daß alle Beiträge in diesem Buch sich auf die eine oder andere Weise mit Wissenschaftlern beschäftigen sollten. Ich fand diese Idee ausgezeichnet (das überraschte mich nicht, weil sie ja von Ben kam), da ich ausgebildeter Chemiker und gleichzeitig ein begeisterter Wissenschaftshistoriker bin.

»Warum«, so überlegte Ben, »verbindest du nicht einen wissenschaftlichen Artikel, der auf bestimmte Aspekte eines realen Wissenschaftlers eingeht, mit einer Science Fiction-Geschichte, die den gleichen Aspekt bei einem erfundenen Wissenschaftler aufgreift?«

Mein Herz klopfte wild. Das wäre einfach phantastisch.

Als ich eingehend nachgedacht und meine Arbeiten durchforstet hatte (was bei dem Umfang keine leichte Aufgabe ist), kam ich leider zu der Erkenntnis, daß das nicht zu machen war. Ich schrieb meine Science Fiction nicht mit der Absicht, eine Parallele zu populärwissenschaftlichen Beiträgen herzustellen. Auf diesen Gedanken war ich nie gekommen. Um ehrlich zu sein, glaube ich nicht, daß ich beim Schreiben einer Geschichte überhaupt an etwas denke — außer vielleicht, daß es nett wäre, sie auch verkaufen zu können und so ein paar anständige Dollar damit zu verdienen.

Während ich noch versuchte, mir einzureden, daß sich das Ganze nicht in die Tat umsetzen ließ, flatterte ein Vertrag des Verlags Tor Books (für die Ben als Berater tätig ist) für eben eine solche gemischte Sammlung auf meinen Schreibtisch.

Nun ist es so, daß ich eine tiefsitzende Abneigung dagegen habe, einen Buchvertrag nicht zu unterschreiben. Ich weiß nicht, woran das liegt, aber das ist sicher ein Grund für die recht beachtliche Zahl von Büchern, die ich im Laufe der Zeit zustandebrachte. Wenn man eine Stunde täglich mit dem Unterzeichnen von Verträgen zubringt, dann bedeutet das, daß man die übrigen dreiundzwanzig Stunden an der Schreibmaschine zubringen muß. (Schon vor langer Zeit habe ich jeden Gedanken an Essen und Schlaf aufgegeben.)

So unterschrieb ich den Vertrag, und nun habe ich das Buch beendet.

Aber ich bringe es immer noch nicht fertig, ausgedachte und wissenschaftliche Beiträge paarweise vorzulegen wie ein neuzeitlicher Plutarch. Ich kann einfach nicht sagen: »Beachten Sie bitte, wie der Wissenschaftler der Zukunft in dieser speziellen Science Fiction-Geschichte dem Wissenschaftler der Vergangenheit in diesem speziellen Wissenschaftsartikel gleicht.« Mir scheint, daß ich das in keinem der Fälle geschaft habe.

Ich kann Ihnen nur eine Gruppe von Essays und eine Gruppe von Geschichten anbieten, die sich alle um Wissenschaftler und ihre Arbeit ranken. Es mag sein, daß *Sie* Parallelen entdecken und mir dann Briefe schreiben, die mit den Worten beginnen: ›Sie Dummkopf . . .‹ (Manchmal bekomme ich tatsächlich Briefe mit dieser Einleitung.)

Versuchen Sie nicht gleich, das Buch zu analysieren. Lesen Sie erst einmal frohgemut und sorglos die Artikel und Geschichten durch und erfreuen Sie sich von Herzen daran (ich träume immer noch, wie Sie sehen). Dann nehmen Sie sie nochmals zur Hand und versuchen Sie, irgendeine tiefere Einsicht zu gewinnen, mit der Sie mich dann überraschen können.

Die zwölf in diesem Buch enthaltenen Essays entstammen dem *Magazine of Fantasy and Science Fiction,* einem monatlich erscheinenden Periodikum, das im Laufe der Zeit einige der besten SF-Romane und -Kurzgeschichten hervorgebracht hat. Ich schreibe seit sechsundzwanzig Jahren für dieses Magazin, ohne ein Problem auszulassen, und bisher hat man mir völlig freie Hand gelassen.

So kann ich mich in diesen Artikeln befassen, womit immer ich will, und wie es scheint, hege ich in schöner Regelmäßigkeit den Wunsch, jeden Artikel mit einer persönlichen Anekdote zu beginnen.

Der Hauptgrund für diese Stileigentümlichkeit liegt darin, daß mir das einfach Spaß macht, doch nach Meinung von Leuten, die meine Technik eingehender erforscht haben als ich selbst, dient sie vor allem dazu, den Leser schmerzlos mitten in die Geschichte hineinrutschen zu lassen. Auf jeden Fall sind Sie vorgewarnt.

12

In den Science Fiction-Beiträgen sollten Sie sich vor Augen halten, daß ich mich hier nicht mit wirklichen Wissenschaftlern befasse, auch wenn ich meine möglichstes tue, meine Wissenschafter realistisch darzulegen. Alle Wissenschaftler existieren in einer möglichen — näheren oder ferneren — Zukunft, und alle haben mit Problemen zu tun, mit denen sich keiner der heutigen Wissenschaftler beschäftigt.

Anmerkung des Herausgebers

Es liegt mir fern, dem ›guten Doktor‹ widersprechen zu wollen, aber ich glaube, die meisten Leser werden gemeinsamen Themen entdecken, die diese Artikel und Geschichten miteinander verbinden.

1

Welches Element

Wir haben es hier nicht direkt mit ›Wissenschaftlern in der Zukunft‹ zu tun und auch nicht direkt mit Science Fiction. Hier dreht es sich um ›Wissenschaftler in der Gegenwart‹, und die Geschichte handelt von der Lösung eines Rätsels. Außerdem ist sie noch in keiner meiner früheren Sammlungen erschienen, da ich sie erst jüngst geschrieben habe. Es handelt sich um eine ›Schwarze Witwer‹*-Geschichte, eine von mehreren bekannten Serien, die ich verfaßt habe; es ist die fünfzigste in dieser Serie. Teile der Geschichte sind durchaus authentisch, da ich auf meine eigenen Erfahrungen als graduierter Student zurückgriff. Damals war ich ein neunmalkluger Bursche, ganz ähnlich wie Horace, und der Beilstein-Vorfall trug sich genau so zu, wie ich ihn hier schildere, sehr zum Nachteil (wie ich glaube) für meine Noten. Das Rätsel selbst ist natürlich erfunden.

Emanuel Rubin hätte es eher zum Duell kommen lassen als zugegeben, daß sein Lächeln ein wenig töricht wirkte, doch so war es. Beim besten Willen konnte er den Stolz in seiner Stimme und den freudigen Glanz in seinen Augen nicht verbergen.

»Liebe Mitbrüder«, begann er, »nun, da sogar Tom Trumbull eingetroffen ist, möchte ich euch meinen Gast an diesem Abend vorstellen. Dies ist mein Neffe, Horace Rubin, der älteste Sohn meines jüngeren Bruders und eine Leuchte der jungen Generation.«

Horace lächelte schwach bei diesen Worten. Er war einen guten Kopf größer als sein Onkel und ein bißchen schlanker. Er hatte dunkles, dicht gekräuseltes Haar, eine kräftige hakenförmige Nase und einen breiten Mund. Hübsch war er sicherlich nicht, und Mario Gonzalo, der Künstler unter den Schwarzen Witwern, strengte sich an, die Züge nicht zu übertreiben. Photographische Genauigkeit war schon Karikatur genug. Was in der Zeichnung nicht zum Ausdruck kam, war das unverkennbare Licht wacher Intelligenz in den Augen des jungen Mannes.

»Mein Neffe«, sagte Rubin, »arbeitet derzeit an seinem Doktor in Chemie an der Columbia-Universität. Er macht ihn heute, Jim, und nicht 1900 wie du.«

James, der einzige unter den Schwarzen Witwern mit einem echten Doktorgrad (obwohl nach den Clubregeln alle zu der Anrede ›Doktor‹ berechtigt waren), entgegnete: »Wie schön für ihn — und meinen eigenen Doktor habe ich kurz vor dem Krieg gemacht. Dem Zweiten Welt-

---

* Deutsche Ausgaben ›Die bösen Geschichten der Schwarzen Witwer‹, München 1976, bzw. ›Neues von den Schwarzen Witwern‹, München 1978.

krieg wohlgemerkt.« Er lächelte in der Erinnerung hinter der dünnen Rauchsäule, die sich von seiner Zigarette emporschlängelte.

Thomas Trumbull, der wie üblich erst spät zur Cocktailstunde erschienen war, runzelte ärgerlich die Stirn über seinem Glas und maulte: »Träume ich, Manny, oder ist es nicht gebräuchlich, diese Einzelheiten während der Fragestunde nach dem Dinner hervorzulocken? Warum legst du denn jetzt vorzeitig los?« Mit der Hand wedelte er den Zigarettenrauch beiseite und trat betont von Drake weg.

»Ich bereite nur den Boden vor«, entgegnete Rubin gereizt. »Ich möchte, daß ihr Horace über das Thema seiner Dissertation ausquetscht. Es gibt keinen Grund, warum die Schwarzen Witwer nicht ein bißchen Bildung aufschnappen sollten.«

Gonzalo bemerkte: »Willst du uns zum Lachen bringen, Manny, wenn du behauptest, zu kapieren, was dein Neffe in seinem Labor treibt?«

Rubins spärlicher Bart knisterte. »Ich verstehe eine ganze Menge mehr von Chemie, als du glaubst.«

»Das mußt du wohl auch, denn ich glaube, daß du null Ahnung hast.« Gonzalo wandte sich an Roger Halstedt. »Ich weiß zufällig, daß Manny im Hauptfach babylonische Keramik an irgendeinem Fernlehrinstitut gemacht hat.«

»Stimmt zwar nicht«, gab Rubin zurück, »steht aber immer noch himmelhoch über deinem Hauptfach mit Bier und Brezeln.«

Geoffrey Avalon, der diesem Wortwechsel verächtlich gefolgt war, wandte seine Aufmerksamkeit dem jungen Studenten zu: »Wie alt sind Sie, Mr. Rubin?«

»Nennen Sie mich lieber Horace«, sagte der junge Mann mit einer überraschenden Baritonstimme, »sonst antwortet Onkel Manny, und ich komme überhaupt nicht zu Wort.«

Avalon lächelte grimmig. »Er reißt hier wirklich das Gesprächsmonopol an sich, wenn wir's ihm nicht verwehren. Aber wie alt sind Sie, Horace?«

»Zweiundzwanzig, Sir.«

»Ist das nicht noch ziemlich jung für einen Doktoranden, oder fangen Sie gerade erst an?«

»Nein. Ich beginne demnächst mit meiner Dissertation und hoffe, in einem halben Jahr fertig zu sein. Ich bin noch recht jung, aber das ist nicht ungewöhnlich. Robert Woodward bekam seinen Dr. chem. mit zwanzig. Natürlich wurde er mit siebzehn auch beinahe aus der Schule rausgeschmissen.«

»Zweiundzwanzig ist ganz beachtlich.«

»Nächsten Monat werde ich dreiundzwanzig. Ich werde meinen Doktor dann bekommen — oder nie.« Er zuckte die Achseln und wirkte niedergeschlagen.

Die leise Stimme Henrys, des immerwährenden und unersetzlichen

Kellners bei allen Banketten der Schwarzen Witwer, ließ sich vernehmen. »Gentlemen, das Dinner ist angerichtet. Wir haben heute Lammcurry, und ich fürchte, unser Küchenchef glaubt, Curry müsse kräftig vorschmecken. Wenn also jemand von Ihnen lieber etwas Milderes möchte, dann sagen Sie es mir bitte jetzt. Ich werde dann zusehen, daß Sie entsprechend bedient werden.«

Halsted sagte: »Wenn irgendein Schwächling lieber Rührei haben will, dann bringen Sie mir einfach seine Portion Lammcurry, Henry. Wir dürfen keine Verschwendung zulassen.«

»Genau so wenig dürfen wir dein Übergewicht noch weiter steigern, Roger«, brummte Trumbull. »Wir werden alle das Curry nehmen, Henry, und bringen Sie bitte noch die anderen Gewürze, vor allem Chutney und Kokosnuß. Ich will selbst noch kräftig nachwürzen.«

»Und halten Sie gleich auch das Natron zur Hand, Henry«, warf Gonzalo ein. »Toms Augen sind wieder mal größer als die Leistungsfähigkeit seiner Magenschleimhaut.«

Henry servierte gerade den Brandy, als Rubin mit dem Löffel an sein Glas klopfte und sagte: »Zum Geschäftlichen, meine Herren. Mein Neffe hat, wie ich bemerkte, beim Essen kräftig zugeschlagen, und es wird Zeit, daß er nun im Verhör seinen Tribut entrichtet. Jim, du wärest als renommierter Chemiker der gegebene Inquisiteur, aber ich möchte nicht, daß ihr beide euch in eine private Diskussion über chemische Details verliert. Roger, du bist nur Mathematiker und damit weit ab vom Schuß. Würdest du uns die Ehre geben?«

»Gern«, meinte Halsted und nippte behaglich an seinem Curaçao. »Junger Herr Rubin — oder Horace, wenn Ihnen das lieber ist —, wie rechtfertigen Sie Ihre Existenz?«

Horace antwortete: »Wenn ich meinen Doktor gemacht und eine Stelle bei einer ordentlichen Fakultät gefunden habe, dann glaube ich bestimmt, daß meine Arbeit eine ausreichende Rechtfertigung dafür sein wird. Andernfalls —« Er zuckte die Achseln.

»Sie scheinen Zweifel zu hegen, junger Mann. Erwarten Sie Schwierigkeiten, eine Arbeit zu finden?«

»Man kann da nie sicher sein, Sir. Aber man hat hier und da schon Gespräche mit mir geführt, und wenn alles glatt verläuft, dann glaube ich, daß sich eine erstrebenswerte Sache konkretisieren wird.«

»Wenn alles glatt verläuft, sagen Sie. Gibt es bei Ihrer Forschung irgendwo ein Hindernis?«

»Nein, keineswegs. Ich hab' soviel Grips gehabt, mir ein bombensicheres Problem auszusuchen. Ja, nein oder auch vielleicht — jede der drei möglichen Antworten sollte mir den Doktorgrad einbringen. Da die Antwort zufällig ja ist — die beste unter den diversen Möglichkeiten —, sehe ich meine Position bereits als gesichert an.«

Drake schaltete sich plötzlich ein: »Bei wem arbeiten Sie, Horace?«

»Bei Dr. Kendall, Sir.«

»Dem Kinetiker?«

»Ja, Sir. Ich arbeite an der Kinetik der DNS-Replikation. Hierbei wurden bisher chemisch-physikalische Verfahren nicht konsequent angewandt. Ich bin nun in der Lage, eine Computergraphik dieses Prozesses zu erstellen, die —«

Halstedt unterbrach. »Darauf kommen wir später noch, Horace. Im Augenblick möchte ich nur herausfinden, was Ihnen Kopfzerbrechen bereitet. Sie haben Aussicht auf einen Job. Ihre Forschung macht gute Fortschritte. Wie steht's mit Ihrer Arbeit in den Übungskursen?«

»Da gab's nie Probleme. Außer —«

Halstedt wartete einen Augenblick, dann erkundigte er sich: »Außer was?«

»In meinen Laborkursen war ich nicht so toll. Vor allem nicht in organischer Chemie. Ich . . . bin nicht so gewandt. Ich bin Theoretiker.«

»Sind Sie durchgerasselt?«

»Nein, natürlich nicht. Ich hab' mich nur nicht mit Ruhm bedeckt.«

»Was macht Ihnen denn dann zu schaffen? Ich hab' zufällig gehört, wie Sie zu Jeff sagten, daß Sie Ihren Doktor mit dreiundzwanzig bekämen — oder nie. Warum nie? Wie könnte diese Möglichkeit aussehen?«

Der junge Mann zögerte. »Das ist kein Thema für —«

Der sichtliche verwirrte Rubin runzelte die Stirn und sagte: »Horace, *mir* hast du nie davon erzählt, daß du Probleme hast.«

Horace blickte sich um, als suchte er ein Loch, in das er sich verkriechen könnte. »Sieh mal, Onkel Manny, du hast *deine* Probleme, und du kommst damit doch nicht zu *mir*. Ich steh' das selbst durch — oder gar nicht.«

»*Was* stehst du durch?« wollte Rubin mit deutlich lauter werdender Stimme wissen.

»Das ist kein Thema für —«, fing Horace wieder an.

»Erstens«, fuhr Rubin heftig fort, »ist alles, was du hier sagst, vollständig und absolut vertraulich. Zweitens habe ich dir gesagt, daß in der Fragestunde von dir eine Beantwortung aller Fragen erwartet wird. Drittens, wenn du nicht auf der Stelle offen und ehrlich redest, dann trete ich dir in den Hinter, daß dir Hören und Sehen vergeht.«

Horace seufzte. »Jawohl, Onkel Manny. Ich wollte nur sagen . . .« er blickte sich am Tisch um, »daß er mir das androht, seit ich zwei Jahre alt bin, aber er hat nie die Hand gegen mich erhoben. Meine Mutter hätte ihn sonst auseinandergenommen.«

»Es gibt immer ein erstes Mal, und vor deiner Mutter habe ich keine Angst. Mit *ihr* komme ich ganz gut zurecht.«

»Ja, Onkel Manny. Schön. Mein Problem ist also Professor Richard Youngerlea.«

»Oho«, meinte Drake leise.

»Kennen Sie ihn, Mr. Drake?«

»Doch, ja.«

»Sind Sie mit ihm befreundet?«

»Gewiß nicht. Er ist ein guter Chemiker, aber, um es klar zu sagen, ich verachte ihn.«

Auf Horaces Gesicht breitete sich ein Lächeln aus, und er sagte: »Dann darf ich also offen reden?«

»Das können Sie in jedem Fall«, erwiderte Drake.

»Also gut«, fuhr Horace fort. »Ich bin sicher, daß Youngerlea zu meinem Prüfungsgremium gehören wird. Er würde sich die Gelegenheit niemals entgehen lassen, und sein Wort besitzt genügend Gewicht, um hineinzukommen, wenn er es darauf anlegt.«

Avalon warf mit seiner tiefen Stimme ein: »Ich nehme an, Horace, daß Sie ihn nicht mögen.«

»Ganz gewiß nicht«, bekräftigte Horace aus tiefstem Herzen.

»Und ich kann mir vorstellen, daß auch er Sie nicht mag.«

»Ich fürchte, da haben Sie recht. Ich hatte bei ihm meinen Laborkurs in organischer Chemie, und wie ich schon sagte, hab' ich da keineswegs geglänzt.«

Avalon sagte: »Ich könnte mir denken, daß eine ganze Reihe von Studenten dabei nicht glänzt. Kann er die alle nicht leiden?«

»Nun, er *mag* sie nicht.«

»Ich gehe davon aus, daß Sie den Verdacht hegen, er wolle in Ihrem Prüfungsgremium sein, um Sie niederzubügeln. Reagiert er bei jedem Studenten so, der sich in seinem Laborkurs nicht hervortut?«

»Er meint einfach, daß Laborarbeit das Herz der Wissenschaft ist, aber es liegt nicht nur daran, daß ich nicht besonders toll war.«

»Nun«, meinte Halsted, der wieder das Verhör übernahm. »Langsam kommen wir der Sache näher. Ich unterrichte selbst und kenne mich mit aufsässigen Schülern aus. Ich gehe mal davon aus, daß der Professor *Sie* für aufsässig hielt. In welcher Weise?«

Horace runzelte die Stirn. »Ich bin keineswegs aufsässig. Youngerlea ist der unangenehme Patron. Wissen Sie, er ist ein ausgesprochener Schinder. Es gibt immer Lehrer, die sich die Tatsache ihrer unangreifbaren Position zunutze machen. Sie kränken die Studenten, sie demütigen sie und versuchen sie lächerlich zu machen. Sie tun das in dem vollen Bewußtsein, daß die Studenten sich nur zögernd zur Wehr setzen, aus Furcht, dann schlechte Noten zu bekommen. Wer will schon mit Youngerlea streiten, um anschließend ein C oder ein F zu kassieren? Wer will mit ihm streiten, wenn er auf einer Fakultätskonferenz dann seiner Meinung Ausdruck verleihen kann, daß der eine oder andere Student nicht das Zeug habe, ein guter Chemiker zu werden?«

»Hat er *Sie* lächerlich zu machen versucht?« fragte Halsted.

»Er hat *jeden* lächerlich zu machen versucht. Wir hatten da einen armen Kerl, einen Briten, und als der von Aluminiumchlorid sprach, das als Katalysator bei der Friedel-Crafts-Reaktion verwendet wird, gebrauchte er die britische Form ›aluminium‹ mit der Betonung auf der dritten Silbe, während wir in den USA ja die Form ›aluminum‹ benutzen. Youngerlea kaute darauf herum, nannte das alles Mist — seine Ausdrucksweise —, unnötigerweise fünf Silben zu haben, wenn es auch mit vieren geht, und so weiter, und wie töricht es doch sei, chemische Bezeichnungen länger zu machen als unbedingt nötig. Es war völlig grundlos, und dennoch demütigte er den armen Kerl, der kein Wort zu seiner eigenen Verteidigung vorzubringen wagte. Und die ganzen verdammten Kriecher in der Klasse lachten.«

»Aus welchem Grund sind Sie nun schlimmer dran als die übrigen?«

Horace errötete, doch in seiner Stimme klang ein leichter Stolz mit. »Ich gebe ihm zurück. Wenn er anfängt, auf mir herumzuhacken, dann sitze ich nicht einfach da und nehme es hin. Bei dieser ›aluminum/aluminium‹-Geschichte habe ich ihn tatsächlich unterbrochen. Mit deutlicher, lauter Stimme hab' ich gesagt: ›Der Name eines Elementes ist eine menschliche Übereinkunft und kein Naturgesetz, Herr Professor.‹ Das brachte ihn erstmal aus der Fassung, doch dann sagte er in seiner hämischen Art: ›Ach, Rubin, haben Sie in letzter Zeit nicht Bechergläser fallengelassen?‹«

»Und die Klasse hat gelacht, nehme ich an?« meinte Halsted.

»Natürlich, diese Schwachköpfe. Im ganzen Kurs habe ich ein einziges Glas fallengelassen, *eins,* und nur, weil mich jemand anstieß. Und einmal traf ich Youngerlea dann in der chemischen Bibliothek, wie er irgendeine Verbindung im Beilstein nachschlug —«

Gonzalo fragte: »Was ist der Beilstein?«

»Das ist ein Nachschlagewerk mit annähernd fünfundsiebzig Bänden, in denen viele tausend organische Verbindungen aufgeführt sind mit Hinweisen auf die Arbeiten, die in jedem einzelnen Fall gemacht wurden. Alle sind nach einem logischen, aber höchst komplizierten System geordnet. Youngerlea hatte mehrere Bände auf seinem Tisch liegen und blätterte erst einen, dann den nächsten durch. Mich packte die Neugier, und ich fragte ihn, wonach er suche. Als er es mir sagte, geriet ich beinahe aus dem Häuschen, denn ich erkannte, daß er in den ganz verkehrten Bänden nachschlug. Ruhig ging ich zu den Beilstein-Regalen, holte einen Band heraus, fand die von Youngerlea gesuchte Verbindung — ich brauchte nur dreißig Sekunden dazu —, ging zu seinem Tisch zurück und legte den an der richtigen Stelle aufgeschlagenen Band vor ihn hin.«

»Ich vermute, er hat sich nicht bei Ihnen bedankt«, sagte Drake.

»Nein, das hat er nicht. Aber vielleicht hätte er doch ein paar Dankesworte verloren, wenn ich nicht über das ganze Gesicht gegrinst hätte. In diesem Augenblick war mir meine Revanche allerdings wichtiger als mein Doktortitel. Vielleicht läuft's auch darauf hinaus.«

Rubin warf ein: »Ich habe dich nie für einen besonders taktvollen Menschen gehalten, Horace.«

»Nein, Onkel Manny«, entgegnete Horace traurig. »Mom sagt, daß ich nach dir gerate — aber das sagt sie nur, wenn sie wirklich wütend auf mich ist.«

Selbst Avalon mußte lachen, und Rubin murmelte etwas vor sich hin.

Gonzalo sagte: »Was können sie Ihnen denn anhaben? Wenn Ihre Noten und Ihre Forschungsarbeit in Ordnung sind und Sie bei der Prüfung gut abschneiden, dann müssen Sie doch bestehen.«

»So einfach ist das leider nicht, Sir«, erwiderte Horace. »Vor allen Dingen gibt es eine mündliche Prüfung, und da ist der Druck enorm. Ein Kerl wie Youngerlea ist ein Meister darin, diesen Druck noch zu verstärken, und er kann mich möglicherweise dazu bringen, daß ich den Zusammenhang verliere oder mich in eine wilde Wortschlacht mit ihm einlasse. In jedem Falle aber kann er behaupten, ich hätte nicht die innere Festigkeit, die ein guter Chemiker braucht. Er hat eine ausgesprochene Machtposition inne und könnte die Meinung des Gremiums beeinflussen. Selbst wenn ich bestehe und meinen Doktor bekomme, besitzt er noch genügend Einfluß in Chemikerkreisen, um bei einigen wichtigen Stellen Stimmung gegen mich zu machen.«

Rund um den Tisch herrschte Schweigen.

Dann ergriff wieder Drake das Wort: »Was werden Sie tun?«

»Nun — ich hab' versucht, mich mit dem alten Bastard zu versöhnen. Immer wieder hab' ich darüber nachgedacht, und schließlich bat ich ihn um einen Termin, damit ich die Sache hinter mich bringen konnte. Ich sagte ihm, mir wäre klar, daß wir nicht allzu gut miteinander auskämen; ich hoffte aber, er würde nicht der Ansicht sein, daß ich nicht das Zeug zu einem guten Chemiker hätte. Ich sagte ihm ganz klar, daß die Chemie mein Leben sei. Nun, Sie wissen, was ich meine.«

Drake nickte. »Und was sagte *er*?«

»Er genoß es sichtlich. Er hatte mich da, wo er mich haben wollte. Er tat sein Bestes, um mich zu demütigen, ich sei ein eingebildeter Kerl mit aufbrausendem Temperament und noch einige andere Nettigkeiten, mit denen er es darauf anlegte, daß ich die Beherrschung verlor. Ich hielt jedoch an mich und sagte: ›Einmal zugegeben, daß ich vielleicht meine Eigentümlichkeiten habe, würden Sie denn sagen, daß mich das zwangsläufig zu einem schlechten Chemiker macht?‹

Daraufhin meinte er: ›Nun, lassen Sie mal sehen, ob Sie ein guter Chemiker sind. Ich denke da an den Namen eines einzigartigen chemischen Elementes. Wenn Sie mir sagen, welches Element das ist, worin seine Einzigartigkeit besteht und warum ich es dafür halte, dann will ich zugeben, daß Sie ein guter Chemiker sind.‹

Ich erwiderte: ›Aber was hätte das denn damit zu tun, ob ich ein

21

guter Chemiker bin?‹ Er sagte: ›Die Tatsache, daß Sie das nicht erkennen, ist ein Punkt zu Ihren Ungunsten. Sie sollten in der Lage sein, das logisch zu erfassen, denn die Logik ist das wichtigste Werkzeug für einen Chemiker und im Grunde für jeden Wissenschaftler. Ein Mensch wie Sie, der so gerne davon redet, daß er theoretischer Wissenschaftler sei, und der deshalb Kleinigkeiten wie manuelle Geschicklichkeit verachtet, sollte keine Schwierigkeiten haben, mir hierin zuzustimmen. Nun, benutzen Sie Ihren Verstand und verraten Sie mir, an welches Element ich denke. Sie haben von jetzt an eine Woche Zeit, sagen wir bis nächsten Montagnachmittag fünf Uhr. Und Sie haben nur eine einzige Chance. Wenn das von Ihnen genannte Element falsch ist, gibt es keine zweite Wahl.‹

Ich sagte: ›Professor Youngerlea, es gibt einhundertfünf Elemente. Können Sie mir nicht irgendwelche Anhaltspunkte geben?‹

›Das habe ich bereits‹, erwiderte er. ›Ich sagte Ihnen, daß es einmalig sei, und damit hat sich's.‹ Und dann gab er mir das Grinsen zurück, das ich mir bei der Beilstein-Geschichte erlaubt hatte.«

»Und was geschah am nächsten Montag?« erkundigte sich Avalon. »Konnten Sie das Problem lösen?«

»Der nächste Montag kommt erst noch. Es sind noch drei Tage bis dahin, und ich bin restlos festgefahren. Ich habe keine Ahnung, was ich ihm antworten soll. Ein Element unter hundertfünf, und der einzige Anhaltspunkt ist, daß es einzigartig sei.«

Trumbull wandte ein: »Ist der Mann denn aufrichtig? Wenn man davon ausgeht, daß er die Leute schindet und kränkt, glauben Sie dann, daß er wirklich an ein bestimmtes Element denkt und die richtige Antwort von Ihnen auch akzeptiert? Er könnte ja ganz einfach erklären, daß Sie unrecht haben, einerlei, was Sie ihm sagen, und das dann als Waffe gegen Sie verwenden.«

Horace machte ein nachdenkliches Gesicht. »Ich kann natürlich nicht seine Gedanken lesen, aber als Wissenschaftler ist er in Ordnung. Er ist wirklich ein bedeutender Chemiker, und soweit ich weiß, hält er sich unbedingt an das Berufsethos. Außerdem sind seine Arbeiten phantastisch geschrieben — klar und präzise. Er benutzt keinen Jargon, gebraucht kein langes Wort, wenn ein kürzeres den gleichen Zweck erfüllt, keine komplizierten Sätze, wenn es auch einfacher geht. Man muß ihm dafür Bewunderung zollen. Wenn er also eine wissenschaftliche Frage stellt, dann glaube ich schon, daß er es dabei ehrlich meint.«

»Und Sie sind wirklich festgefahren?« fragte Halsted. »Fällt Ihnen denn gar nichts ein?«

»Im Gegenteil, mir fällt eine ganze Menge ein, aber zuviel ist genau so schlecht wie gar nichts. Zum Beispiel dachte ich als erstes, das Element müsse Wasserstoff sein. Es hat das einfachste und das leichteste Atom, die Ordnungszahl eins. Es ist das einzige Atom, dessen Kern nur aus einem einzigen Teilchen besteht — lediglich einem Proton. Es ist das einzige Atom, dessen Kern keine Neutronen enthält, und *damit* ist es gewiß einzigartig.«

»Sprechen Sie von Wasserstoff?« erkundigte sich Drake.

»Richtig. Wasserstoff findet sich in der Natur in drei verschiedenen Formen oder Isotopen — Wasserstoff-1, Wasserstoff-2 und Wasserstoff-3. Der Kern von Wasserstoff-1 besteht nur aus einem Proton, doch Wasserstoff-2 hat einen Kern, der sich aus einem Proton und einem Neutron zusammensetzt, und bei Wasserstoff-3 sind es ein Proton und zwei Neutronen. Natürlich setzt sich beinahe der gesamte Wasserstoff aus Wasserstoff-1-Atomen zusammen, doch Youngerlea fragte nach einem Element, nicht nach einem Isotop, und wenn ich sage, daß das *Element* Wasserstoff das einzige ist, dessen Kern keine Neutronen enthält, dann wäre das falsch, ganz einfach falsch.«

Drake sagte: »Aber es wäre immer noch das leichteste und am einfachsten aufgebaute Element.«

»Sicher, aber das ist allzu offenkundig. Es gibt noch andere Möglichkeiten. Helium, das Element mit der Ordnungszahl 2, ist unter allen Elementen das reaktionsärmste. Es hat den niedrigsten Siedepunkt und geht selbst am absoluten Nullpunkt nicht in festen Zustand über. Bei extrem niedrigen Temperaturen wird es zu Helium-2, das Eigenschaften aufweist wie keine andere Substanz im Universum.«

»Kommt es in verschiedenen Formen vor?« fragte Gonzalo.

»In der Natur gibt es zwei Isotopen, Helium-3 und Helium-4, aber all die Eigenschaften, die es einzigartig machen, treffen auf beide zu.«

»Vergessen Sie nicht«, bemerkte Drake, »daß Helium das einzige Element ist, das zuerst im Weltraum entdeckt wurde, bevor man es auf der Erde fand.«

»Ich weiß, Sir. Es wurde in der Sonne entdeckt. Helium kann in verschiedener Hinsicht als einzigartig betrachtet werden, aber auch das ist so offensichtlich. Ich glaube nicht, daß Youngerlea etwas derart Naheliegendes im Sinne hatte.«

Drake formte mit seinen Lippen langsam einen Rauchring und blickte ihm mit einer gewissen Befriedigung nach, dann sagte er: »Ich nehme an, wenn man einfallsreich genug ist, findet man bei jedem Element etwas, was einzigartig ist.«

»Unbedingt«, bestätigte Horace, »und ich glaube, ich bin sie praktisch alle durchgegangen. Lithium beispielsweise, Element Nummer drei, besitzt unter allen Metallen die geringste Dichte. Cäsium, Element Nummer fünfundfünfzig, ist das aktivste unter allen stabilen Metallen. Fluor, Element Nummer neun, ist das aktivste unter allen Nichtmetallen. Kohlenstoff, Element Nummer sechs, ist die Grundlage aller organischen Moleküle einschließlich derer, aus denen das lebende Gewebe besteht. Wahrscheinlich ist es als einziges in der Lage, eine solche Rolle zu spielen, und damit das einzigartige Element des Lebens.«

»Ich meine«, sagte Avalon, »daß ein Element, das auf einzigartige Weise mit dem Leben verknüpft ist, genügend Einzigartigkeit besitzt.«

»Nein«, entgegnete Horace heftig, »das ist die am wenigsten wahrscheinliche Lösung. Youngerleas Gebiet ist die organische Chemie, und das bedeutet, daß er es ausschließlich mit Kohlenstoffverbindungen zu tun hat. Für ihn wäre das so absolut offensichtlich, daß es mir unmöglich erscheint. Wir hätten dann noch Quecksilber, Element Nummer achtzig —«

Gonzalo fragte: »Kennen Sie alle Elemente nach der Ordnungszahl?«

»Bis zum letzten Montag nicht. Seither hab' ich über dem Verzeichnis der Elemente gebrütet. Sehen Sie« — er zog ein Blatt aus der Innentasche seiner Jacke. »Dies ist das Periodensystem der Elemente. Ich hab's so gut wie auswendig gelernt.«

Trumbull meinte: »Das hilft aber wohl auch nicht weiter, nehme ich an.«

»Bis jetzt nicht. Was ich sagen wollte — Quecksilber, Element Nummer achtzig, hat unter allen Metallen den niedrigsten Schmelzpunkt. Als einziges Metall ist es bei normalen Temperaturen flüssig. Das ist sicherlich einzigartig.«

Rubin bemerkte: »Gold ist das schönste Element, wenn man auf die Ästhetik zurückgreifen will, und das am meisten geschätzte.«

»Gold ist das Element neunundsiebzig«, meinte Horace. »Man kann darüber streiten, ob es das schönste oder das am meisten geschätzte ist. Nach Meinung vieler Leute ist ein einwandfrei geschliffener Diamant schöner als Gold, und wenn man Gewicht gegen Gewicht rechnet, wäre er auf jeden Fall bedeutend mehr Geld wert — und Diamant ist reiner Kohlenstoff.

Das dichteste Metall ist Osmium, Element sechundsiebzig, und das reaktionsärmste Metall ist Iridium, Element siebenundsiebzig. Wolfram ist das Element mit dem höchsten Schmelzpunkt, Nummer vierundsiebzig, und das am stärksten magnetische Element ist Eisen, Element sechsundzwanzig. Technetium, Element dreiundvierzig, ist das leichteste Element ohne stabile Isotopen; in all seinen Formen ist es radioaktiv, und es ist gleichzeitig das erste im Labor hergestellte Element. Uran mit der Nummer zweiundneunzig ist das komplizierteste Atom, das in nennenswerten Mengen in der Erdkruste vorkommt. Jod mit der Nummer dreiundfünfzig ist das komplizierteste unter den Elementen, die für das menschliche Leben unverzichtbar sind, während Wismut, Element dreiundachtzig, das komplizierteste Element ist, das wenigstens ein stabiles, nicht radioaktives Isotop besitzt.

So kann man immer weitermachen, und wie Dr. Drake schon sagte, wenn man einfallsreich genug ist, findet man bei jedem Element irgendein einzigartiges Charakteristikum. Der Haken ist nur, daß daraus in keiner Weise hervorgeht, welches Element Youngerlea im Sinn hat, welche Einzigartigkeit er meint, und wenn ich nicht das richtige herausfinde, wird er behaupten, ich hätte damit meine Unfähigkeit zum klaren Denken unter Beweis gestellt.«

Drake überlegte: »Wenn wir jetzt mal alle unsere Köpfe zusammenstecken —«

»Wäre das denn legitim?« wandte Trumbull ein. »Wenn der junge Mann die Antwort von anderen erhält —«

Avalon ergriff das Wort: »Wie lauten die Spielregeln, Horace? Hat Ihnen Professor Youngerlea untersagt, jemand anderen um Rat zu fragen?«

Horace schüttelte nachdrücklich den Kopf. »Mit keinem Wort. Ich bin das Periodensystem durchgegangen, habe Nachschlagewerke benutzt. Ich sehe keinen Grund, warum ich nicht andere Menschen fragen sollte. Bücher sind ganz genauso Worte von Menschen, Worte, die im Druck festgehalten wurden. Außerdem bleibt es, was immer Sie vorschlagen, mir überlassen, ob ich die Anregung nun für gut oder schlecht befinde, und ich nehme das Risiko auf der Basis meiner eigenen Entscheidung auf mich. Aber werden Sie in der Lage sein, mir zu helfen?«

»Vielleicht schon«, meinte Drake. »Wenn Youngerlea ein ehrlicher Wissenschaftler ist, wird er Ihnen kein Problem stellen, für das eine Lösung nicht im Bereich des Möglichen liegt. Es muß einen Weg geben, durch logische Überlegung eine Antwort zu finden. Schließlich, wenn Sie das Problem nicht zu lösen vermögen, dann könnten Sie ihn immer noch herausfordern, Ihnen die richtige Antwort zu nennen. Kann er das nicht oder schlägt er einen völlig lächerlichen Weg der Überlegung ein, dann könnten Sie laut und deutlich bei jedem in der Schule Klage darüber führen. *Ich* würde das jedenfalls tun.«

»Dann bin ich bereit, es zu versuchen. Ist außer Ihnen, Dr. Drake, noch jemand hier, der Chemiker ist?«

Rubin sagte: »Man muß kein professioneller Chemiker mit einem Doktortitel sein, um etwas über die Elemente zu wissen.«

»Schön und gut, Onkel Manny«, erwiderte Horace. »Wie lautet also die Antwort?«

Rubin überlegte: »Ich persönlich beharre auf dem Kohlenstoff. Er ist die chemische Substanz des Lebens, und in der Form des Diamanten ist er noch auf andere Weise einzigartig. Gibt es ein anderes Element, das in seiner reinen Form einen ungewöhnlichen Aspekt —«

»Allotrop nennt man das, Onkel Manny.«

»Wirf mir nicht dein Fachchinesisch an den Kopf, du Grünschnabel. Gibt es noch ein anderes Element mit einem Allotrop, das so ungewöhnlich ist wie der Diamant?«

»Nein. Und abgesehen vom menschlichen Urteil über seine Schönheit und seinen Wert ist der Diamant zufällig auch die härteste Substanz, die es unter normalen Bedingungen gibt.«

»Also?«

»Ich habe schon darauf hingewiesen, daß es für einen Vertreter der organischen Chemie viel zu offenkundig ist, Kohlenstoff als Lösung des Problems zu wählen.«

»Gewiß«, meinte Rubin. »Er hat das Offenkundige gewählt, weil er glaubt, daß du es eben deshalb verwirfst.«

»Da spricht der Kriminalschriftsteller«, murmelte Trumbull.

»Mag sein, aber ich lehne diese Lösung ab«, erklärte Horace. »Sie können mir alle mit Ihrem Rat zur Seite stehen, aber die Entscheidung liegt bei mir, ob ich ihn annehme oder nicht. Sonst noch Ideen?«

Rund um den Tisch herrschte Schweigen.

»In diesem Falle«, fuhr Horace fort, »werde ich Ihnen wohl besser meine eigenen Überlegungen vortragen. Sehen Sie, allmählich packt mich die Verzweiflung. Youngerlea sagte: ›Ich denke an den Namen eines einzigartigen chemischen Elementes‹; er sagte nicht, er denke an das Element, sondern an den *Namen* des Elementes.«

»Sind Sie sicher, daß Sie das korrekt im Gedächtnis behalten haben?« fragte Avalon. »Sie haben das Gespräch nicht auf Tonband aufgenommen, und das Gedächtnis kann trügerisch sein.«

»Nein, nein, ich entsinne mich klar und deutlich. Ich bin nicht im mindesten unsicher. Deshalb kam mir gestern der Gedanke, es seien nicht die physikalischen oder chemischen Eigenschaften des Elementes, auf die es ankommt. Das ist nur eine falsche Spur, die er vorsätzlich gelegt hat. Der *Name* ist's, der zählt.«

»Und sind Sie auf einen einzigartigen Namen gestoßen?« fragte Halsted.

»Unglücklicherweise«, sagte Horace, »gibt es bei den Namen genau so eine Fülle von Möglichkeiten wie bei den Eigenschaften. Wenn Sie sich die alphabetische Reihenfolge der Elemente ansehen, dann führt Actinium, Element neunundachtzig, die Liste an, und das Element vierzig, Zirconium, beschließt sie. Dysprosium mit der Ordnungszahl sechsundsechzig ist das einzige Element, dessen Namen mit einem D beginnt. Krypton, Nummer sechsunddreißig, hat als einziges ein K als ersten Buchstaben. Uran, Vanadium und Xenon mit den Ordnungszahlen zweiundneunzig, dreiundzwanzig und vierundfünfzig sind die einzigen Elemente, deren Namen mit U, V oder X beginnen. Wie soll ich unter diesen fünf die Wahl treffen? U ist der einzige Vokal, aber das scheint mir ein schwaches Kriterium.«

Gonzalo meinte: »Gibt es einen Buchstaben, mit dem überhaupt kein Element anfängt?«

»Drei. Es gibt kein Element, dessen Namen mit J, Q oder W beginnt — aber was nützt das schon? Man kann nicht ein Element als einzigartig bezeichnen, nur weil es nicht existiert. Da könnte man argumentieren, es gebe eine unendliche Menge an Elementen, die nicht existieren.

Drake sagte: »Unser ›mercury‹ heißt im Deutschen ›Quecksilber‹. Da haben Sie ein Q als ersten Buchstaben.«

»Ich weiß«, erwiderte Horace, »aber das ist schwach. Im Deutschen werden im Druck auch I und J nicht unterschieden. So wird das chemische Symbol für ›iodine‹, zu deutsch Jod, in deutschen Arbeiten mit J angegeben, aber das ist noch schwächer.

Da wir gerade bei den chemischen Symbolen sind: Es gibt dreizehn Elemente mit Symbolen, die aus einem einzigen Buchstaben bestehen. Meist ist der Anfangsbuchstabe vom Namen des Elementes, wie zum Beispiel S für Schwefel, P für Phosphor und so weiter. Das Element ›potassium‹ hat aber das Symbol K.«

»Warum?« fragte Gonzalo.

»Weil das der Anfangsbuchstabe des deutschen Namen *Kalium* ist. Wäre das der einzige Fall, dann würde ich ihn in Betracht ziehen. Aber es gibt noch den Fall ›tungsten‹ mit dem Symbol W vom deutschen Namen *Wolfram*, also liegt auch hier wieder keine Einzigartigkeit vor. Strontium hat einen Namen, der mit drei Konsonanten beginnt, aber das gilt auch für Chlor und Chrom. Der Name von Jod beginnt mit zwei Vokalen, aber das trifft auch auf Einsteinium und Europium zu. An jeder Ecke stoße ich auf Widerstände.«

Gonzalo fragte: »Gibt es bei der Schreibweise der Namen nicht eine Gemeinsamkeit, die für die meisten gilt?«

»Viele enden auf -ium.«

»Wirklich?« meinte Gonzalo und schnalzte in einer verzweifelten gedanklichen Anstrengung mit den Fingern. »Wie wärs denn mit dem Element, das die Briten anders aussprechen? Sie nennen es, genau wie die Deutschen, ›Aluminium‹, mit der Endung -ium, aber wir Amerikaner nennen es ›aluminum‹, also nur mit -um als Endsilbe. Der Professor hat sich doch darüber so aufgehalten. Vielleicht meint er das mit seiner Einzigartigkeit.«

»Ein guter Gedanke«, antwortete Horace, »aber es gibt noch mehrere Elemente, die in der angelsächsischen Form auf -um enden. Auch bei anderen Endungen finden wir keine Einzigartigkeit.«

Avalon meinte: »Und doch muß es irgend etwas geben!«

»Dann sagen Sie mir bitte, was. Rhenium war das letzte in der Natur entdeckte stabile Element. Promethium ist das einzige radioaktive Seltene Erdmetall, Gadolinium das einzige nach einem Menschen benannte stabile Element. Das haut alles nicht hin. Nichts überzeugt wirklich.«

Horace schüttelte mißmutig den Kopf. »Nun, deshalb geht die Welt noch nicht unter. Ich werde mit meinem besten Vorschlag zu Youngerlea marschieren, und wenn's falsch ist, soll er meinetwegen seine schlechteste Seite zeigen. Wenn ich eine brillante Dissertation schreibe, ist sie vielleicht so gut, daß sie mich beim besten Willen nicht durchfallen lassen können, und wenn Youngerlea verhindert, daß ich einen

Platz am CalTech (California Institute of Technology) oder M.I.T. (Massachusetts Institute of Technology) bekomme, dann gehe ich eben woanders hin und arbeite mich dort hoch. Ich werde mich nicht von ihm aufhalten lassen.«

Drake nickte. »Das ist der richtige Geist, mein Sohn.«

Mit sanfter Stimme schaltete sich Henry ein. »Mr. Rubin?«

Rubin sagte: »Ja, Henry?«

»Verzeihung, Sir. Ich meinte Ihren Neffen, den jüngeren Mr. Rubin.«

Horace blickte auf. »Ja, Henry. Gibt's was zu bestellen?«

»Nein, Sir. Ich überlege nur, ob ich wohl über die Sache mit dem einzigartigen Element mit Ihnen sprechen könnte.«

Horace runzelte die Stirn. »Sind Sie denn Chemiker?«

Gonzalo warf ein: »Er ist kein Chemiker, aber er ist Henry, und Sie tun gut daran, auf ihn zu hören. Er ist heller als jeder andere hier im Raum.«

»Mr. Gonzalo«, sagte Henry mit leisem Vorwurf.

»Es ist schon so, Henry«, beharrte Gonzalo. »Fahren Sie fort. Was wollten Sie uns sagen?«

»Nur das. Wenn man über eine Frage nachdenkt, auf die es scheinbar keine Antwort gibt, könnte es hilfreich sein, die Person in Betracht zu ziehen, von der die Frage stammt. Vielleicht hat Professor Youngerlea irgendeine verschrobene Vorstellung, so daß er einer speziellen Einzigartigkeit Bedeutung beimißt, die andere vielleicht kaum beachten.«

»Sie meinen, die Einzigartigkeit liege darin, wo man sie findet?« fragte Halsted.

»Ganz richtig«, sagte Henry, »wie das meistens der Fall ist, wenn ein Element menschlichen Urteils im Spiel ist. Wenn wir uns Professor Youngerlea betrachten, dann ist uns folgendes von ihm bekannt: Er drückt sich in der englischen Sprache sorgfältig und knapp aus. Er benutzt keinen komplizierten Satz, wenn es auch mit einem einfacheren geht, und kein langes Wort, wenn es ein kürzeres gibt. Darüber hinaus wissen wir, daß er sich über einen Studenten aufregt, der eine völlig annehmbare Bezeichnung für ›aluminum‹ benutzte, aber eine Bezeichnung, in der ein Buchstabe und eine Silbe mehr enthalten waren. Habe ich das so richtig wiedergegeben, Mr. Rubin?«

»Ja«, meinte Horace. »Das habe ich alles erzählt.«

»Nun, im Bücherregal des Clubs mit den Nachschlagewerken steht der Weltalmanach, in dem alle Elemente aufgeführt sind. Natürlich haben wir die ungekürzte Ausgabe, in der auch die Aussprache angegeben ist. Ich habe mir erlaubt, während Ihrer Diskussion das Material durchzusehen.«

»Und?«

»Dabei ist mir der Gedanke gekommen, daß das Element ›Praseodymium‹ in einzigartiger Weise dazu angetan ist, Professor Youngerleas Zorn zu erregen. Praseodymium ist der einzige Name mit sechs Silben. Alle anderen Elemente haben Namen mit fünf oder weniger Silben. Auf Professor Youngerlea muß das Wort Praseodymium zwangsläufig als unerträglich lang und schwerfällig wirken — der ärgerlichste Name in der ganzen Liste und in dieser Hinsicht wirklich einzigartig. Wenn er mit diesem Element arbeiten müßte, dann würde er sich wahrscheinlich lautstark und anhaltend beklagen und keinen Zweifel an seiner Meinung lassen. Vielleicht benutzt er das Element allerdings nicht?«

Horace hörte mit leuchtenden Augen zu. »Nein, es ist ein Seltenes Erdmetall, und ich bezweifle, ob Youngerlea, der auf organische Chemie spezialisiert ist, sich je darauf beziehen mußte. Das wäre der einzige Grund dafür, daß wir darüber von ihm noch nichts gehört haben. Aber Sie haben recht, Henry. Allein die Existenz eines Elementes mit einem solchen Namen muß für ihn ein Anlaß zu ständiger Irritation sein. Ich akzeptiere Ihren Vorschlag und werde am Montag damit zu ihm gehen. Wenn er falsch ist, dann kann man nichts machen, aber«, fuhr er plötzlich triumphierend fort, »ich wette, daß das die richtige Antwort ist. Ich wette einfach *alles* darauf, daß das stimmt.«

»Sollte es falsch sein«, sagte Henry, »dann glaube ich sicher, daß Sie bei Ihrem Entschluß bleiben und in jedem Fall zielstrebig weiterarbeiten.«

»Machen Sie sich keine Gedanken, das werde ich. Aber Praseodymium ist die richtige Lösung, das weiß ich. Allerdings wünschte ich, daß ich selber draufgekommen wäre, Henry. *Sie* haben es gefunden.«

»Das spielt doch keine Rolle, Sir«, meinte Henry mit einem väterlichen Lächeln. »Sie haben sich mit Namen befaßt, und gewiß wäre Ihnen die Eigentümlichkeit von Praseodymium sehr schnell aufgefallen. Ich bin nur so rasch auf die Spur gekommen, weil Sie bereits so viele falsche Fährten ausgemerzt hatten.«

2

Das Heureka-Phänomen

*Dieser erste Essay behandelt das Thema der ›Inspiration‹. Ist es tatsächlich
der Fall, daß die Erleuchtung einen Wissenschaftler mit der Macht und
Plötzlichkeit eines Blitzschlages trifft? Manchmal scheint es so.*

Vor Jahren, als ich noch vorwiegend Romane schrieb, gab es hin und
wieder Augenblicke, in denen ich wie vernagelt war. Auf einmal
bemerkte ich, daß ich mit meinem Text in ein Loch geraten war, aus
dem ich keinen Ausweg mehr fand. Um mich davor zu bewahren, entwickelte ich ein Verfahren, das unfehlbar funktionierte.

Es war ganz einfach — ich ging ins Kino, aber nicht in irgendeinen
beliebigen Film; ich brauchte einen, der vollgepackt war mit Handlung, aber wenig Ansprüche an den Intellekt stellte. Beim Zuschauen
bemühte ich mich nach Kräften, jedes bewußte Nachdenken über mein
Problem zu vermeiden, und wenn ich aus dem Kino kam, wußte ich
genau, wie ich meine Geschichte wieder auf das richtige Gleis zurückbringen konnte.

Das Verfahren ließ mich nie im Stich.

Als ich — vor allzu vielen Jahren — an meiner Dissertation arbeitete, stieß ich plötzlich auf einen Bruch in meiner Logik, der mir bis
dahin entgangen war und alles zunichte machte, was ich geleistet hatte.
In höchster Panik flüchtete ich mich in einen Bob-Hope-Film — und
kam mit dem richtigen Wandel des Standpunktes wieder heraus.

Sehen Sie, ich glaube, daß das Denken ein doppeltes Phänomen ist
— genau wie das Atmen.

Man kann das Atmen durch eine bewußte, willkürliche Aktion steuern: Man atmet tief und rasch, oder man kann die Luft überhaupt
anhalten, ohne Rücksicht auf die Bedürfnisse des Körpers in diesem
Augenblick. Das geht aber nur für kurze Zeit gut. Die Brustmuskeln
ermüden, der Körper verlangt nach mehr oder auch weniger Sauerstoff, und der Körper erschlafft. Die automatische, nicht vom Willen
gesteuerte Atmungskontrolle setzt ein, steuert die Luftzufuhr nach den
Bedürfnissen des Körpers, und sofern man nicht an Störungen der
Atmungsorgane leidet, kann man das Ganze wieder vergessen.

Nun, auch das Denken geht durch eine bewußte, willkürliche Aktion
vor sich, und ich glaube nicht, daß sie im großen und ganzen viel wir-
kungsvoller ist als die willkürliche Atmungskontrolle. Man kann den
Geist auf der Suche nach Lösungen für ein Problem durch Kanäle von
Deduktionen und Assoziationen zwingen, und nach kurzer Zeit hat
man geistige Furchen gezogen und merkt, daß man sich immer wieder

auf den gleichen beschränkten Pfaden im Kreise bewegt. Wenn diese Pfade zu keiner Lösung führen, dann hilft auch noch soviel bewußtes Denken nicht weiter.

Wenn man auf der anderen Seite diesen erzwungenen Denkprozeß sein läßt, gerät er unter automatische, unbewußte Steuerung und ist eher in der Lage, neue Wege einzuschlagen und erratische Assoziationen zu vollziehen, die man bei bewußtem Denken nicht herstellen würde. Die Lösung ergibt sich dann, wenn man überhaupt nicht zu denken glaubt.

Die Schwierigkeit liegt darin, daß das bewußte Denken keinerlei Muskeltätigkeit erfordert und deshalb kein Gefühl körperlicher Ermüdung einsetzt, das einen zum Aufhören zwingen würde. Dazu kommt noch, daß der Zwang der Notwendigkeit einen antreibt, ständig nutzlos weiterzumachen, wobei jede weitere sinnlose Anstrengung in einem Teufelskreis die Panik noch verstärkt.

Ich habe die Erfahrung gemacht, daß es die bewußte Entspannung fördert, den Geist mit einem Stoff zu beschäftigen, der kompliziert genug ist, die bewußte Denkfähigkeit in Anspruch zu nehmen, aber doch wieder oberflächlich genug, um die tieferliegende, unbewußte Denkfähigkeit nicht zu berühren. In meinem Fall ist das ein Actionfilm, bei Ihnen mag das etwas anderes sein.

Vermutlich ist es die unbewußte Denkfähigkeit, in der das, was wir ›plötzliche Eingebung‹ oder auch ›Geistesblitz‹ nennen, ihren Ursprung hat, ein Vorgang, der nach meiner Vorstellung lediglich das Resultat unbewußten Denkens ist.

Der vielleicht berühmteste Fall einer plötzlichen Eingebung in der Geschichte der Wissenschaft trug sich im dritten Jahrhundert v. Chr. in der Stadt Syrakus in Sizilien zu. Hören sie mir geduldig zu, dann will ich Ihnen die Geschichte erzählen —

Um 250 v. Chr. erlebte die Stadt Syrakus eine Art Goldenes Zeitalter. Sie stand unter dem Schutz der aufstrebenden Macht Roms, behielt jedoch ihren eigenen König und genoß ein beträchtliches Maß an Selbstverwaltung. Der Wohlstand gedieh, und das Geistesleben blühte.

Der König, Hieron II., hatte bei einem Goldschmied eine neue goldene Krone in Auftrag gegeben. Als Rohmaterial war dem Handwerker ein Goldbarren übergeben worden. Hieron, ein praktisch denkender Mensch, ließ den Barren und dann die fertige Krone nach Übergabe sorgfältig wiegen. Die beiden Gewichte waren genau gleich. Wahrlich ein gutes Geschäft!

Aber dann saß er da und überlegte eine Weile. Angenommen, der Goldschmied hatte ein wenig Gold beiseite getan, nicht allzu viel, und es durch die gleiche Gewichtsmenge des ungleich weniger wertvollen Kupfers ersetzt. Die entsprechende Legierung hätte immer noch das

Aussehen von reinem Gold, doch der Goldschmied besäße dann eine Überschußmenge an Gold über sein Honorar hinaus. Er hätte sozusagen Gold mit Kupfer eingekauft, und Hieron wäre sauber reingelegt worden.

Hieron gefiel der Gedanke, vielleicht betrogen worden zu sein, genausowenig, wie er Ihnen oder mir gefallen würde, doch er wußte nicht, wie er zweifelsfrei feststellen konnte, ob das der Fall war oder nicht. Er konnte schwerlich den Goldschmied auf reinen Verdacht hin bestrafen. Was also sollte er tun?

Zum Glück hatte Hieron einen Vorteil, dessen sich nur wenige Herrscher der Weltgeschichte rühmen konnten. Er hatten einen Verwandten von beachtlichen Talenten namens Archimedes, ein Mann, der wahrscheinlich den brillantesten Geist besaß, den die Welt vor der Geburt Newtons erlebte.

Archimedes wurde zum König gerufen und mit dem Problem vertraut gemacht. Er sollte herausfinden, ob die Krone, die Hieron ihm zeigte, aus reinem Gold bestand oder aus Gold gefertigt war, dem man eine kleine, aber bedeutsame Menge Kupfer zugesetzt hatte.

Wenn wir die Überlegungen von Archimedes rekonstruieren wollen, ließen sie sich etwa folgendermaßen darstellen:

Gold war die dichteste zur damaligen Zeit bekannte Substanz. In der Neuzeit wurde seine Dichte mit 19,3 Gramm pro Kubikzentimeter bestimmt. Das bedeutet, daß ein gegebenes Gewicht in Gold weniger Volumen einnimmt als das gleiche Gewicht von jeder anderen Substanz! Tatsächlich nimmt ein gegebenes Gewicht von reinem Gold weniger Volumen ein als das gleiche Gewicht einer *jeden* Art von unreinem Gold.

Die Dichte des Kupfers beträgt 8,92 Gramm pro Kubikzentimeter, also nur rund die Hälfte der Dichte des Goldes. Nehmen wir nun zum Beispiel 100 Gramm reines Gold, dann läßt sich ohne weiteres ein Volumen von 5,18 Kubikzentimeter errechnen. Wenn wir nun aber annehmen, daß 100 Gramm, die wie reines Gold aussehen, nur aus 90 Gramm Gold und 10 Gramm Kupfer bestehen, dann haben die 90 Gramm ein Volumen von 4,66 Kubikzentimeter, während die 10 Gramm Kupfer ein Volumen von 1,12 Kubikzentimeter haben; es ergibt sich also ein Gesamtwert von 5,78 Kubikzentimeter.

Die Differenz zwischen 5,18 und 5,78 Kubikzentimeter ist durchaus wahrnehmbar und würde sofort verraten, ob die Krone aus reinem Gold besteht oder 10 Prozent Kupfer enthält (und die 10 Prozent Gold fein säuberlich in der Schatztruhe des Goldschmieds verwahrt sind).

Man brauchte also nur das Volumen der Krone zu messen und es mit dem Volumen eines Stückes Gold vom gleichen Gewicht zu vergleichen.

Die Mathematiker jener Zeit machten es leicht, das Volumen einfacher Formen zu messen: Würfel, Kugel, Kegel, Zylinder, jedes flache Objekt von einfacher, regelmäßiger Gestalt oder bekannter Dicke.

Wir können uns lebhaft vorstellen, wie Archimedes sagte: »Majestät, wir brauchen nur diese Krone flachzuklopfen, sie zu einem Quadrat von einheitlicher Stärke zu formen, und dann kann ich in einem Augenblick die Antwort auf Eure Frage geben.«

Worauf Hieron ihm sicherlich die Krone aus den Händen riß und sagte: »Das kommt gar nicht in Frage. Soviel bringe ich auch ohne dich zustande. Ich habe die Grundsätze der Mathematik ebenfalls studiert. Diese Krone ist ein ganz besonders schönes Stück künstlerischer Arbeit, und ich denke nicht daran, sie beschädigen zu lassen. Berechne einfach ihr Volumen, ohne sie in irgendeiner Weise zu verändern.«

Doch griechische Mathematiker besaßen keine Möglichkeit, das Volumen eines Gegenstandes von so unregelmäßiger Form wie eine Krone zu bestimmen, da die Integralrechnung noch nicht erfunden war (das sollte noch beinahe zweitausend Jahre auf sich warten lassen). Archimedes mußte zugeben: »Majestät, es gibt keine bekannte Methode, das Volumen zu bestimmen, ohne die Krone zu zerstören.«

»Dann denk dir eine aus«, entgegnete Hieron darauf sicher gereizt.

Archimedes dürfte sich darangemacht haben, nachzudenken, ohne einen Lichtblick zu entdecken. Niemand weiß, wie lange er darüber nachsann oder wie gründlich, welche Hypothesen er erwog und verwarf.

Wir wissen lediglich, daß der vom Nachdenken völlig erschöpfte Archimedes eines Tages beschloß, die öffentlichen Bäder zu besuchen und sich dort zu entspannen. Dabei dürfen wir sicherlich davon ausgehen, daß Archimedes nicht die geringste Absicht hatte, sein Problem mit in die Bäder zu nehmen — eine ausgesprochen lächerliche Vorstellung, denn die öffentlichen Bäder einer griechischen Großstadt waren dafür ganz gewißt nicht gedacht.

Die griechischen Bäder waren ein Ort des Wohlseins. Die halbe gesellschaftliche Aristokratie der Stadt versammelte sich da, und man begnügte sich keineswegs damit, sich zu waschen. Man legte sich in Dampf, ließ sich massieren, betrieb Gymnastik und pflegte ganz allgemein gesellschaftlichen Umgang. Wir können sicher sein, daß Archimedes beschloß, die blöde Krone für eine Weile zu vergessen.

Man kann ihn sich in leichtem Geplauder vorstellen, bei dem die letzten Neuigkeiten aus Alexandria und Karthago, die letzten Skandale in der Stadt, die letzten Witze auf Kosten der römischen Landherren diskutiert wurden — und dann setzte er sich in ein schönes warmes Bad, das irgendein nachlässiger Badediener zu voll gefüllt hatte.

Das Wasser schwappte beim Hineinsteigen über. Bemerkte Archimedes das gleich, oder ließ er sich mit erleichtertem Seufzen zurücksinken und plätscherte erst eine Weile mit den Füßen, bevor er das sah? Ich vermute, daß letzteres der Fall war. Doch gleichgültig, ob früher oder später — jedenfalls fiel es ihm auf, und diese eine Tatsache zusammen mit den ganzen Serien von Überlegungen, die sein Gehirn während der

Entspannungsperiode bereits abgespult hatte, schenkte Archimedes in einer blitzartigen Inspiration seine Antwort.

Er sprang eilends aus dem Bad und lief in höchster Geschwindigkeit durch die Straßen von Syrakus nach Hause, wobei er sich nicht erst lange mit dem Anziehen aufhielt. Der Gedanke, wie Archimedes nackt durch Syrakus rannte, hat Generationen von Schülern gereizt, die diese Geschichte vorgesetzt bekamen, doch ich muß dazu erklären, daß die alten Griechen in ihrer Einstellung zur Nacktheit relativ großzügig waren. Für sie war es nicht aufregender, einen nackten Mann in den Straßen von Syrakus zu sehen, als es für uns ein solcher Anblick auf einer Broadwaybühne ist.

Während er dahinrannte, rief Archimedes immer wieder: »Ich hab's! Ich hab's!« Natürlich konnte er kein Deutsch, deshalb war er gezwungen, auf griechisch zu rufen, und das hörte sich so an: ›*Heureka! Heureka!*‹

Die Lösung, die Archimedes gefunden hatte, war so einfach, daß jeder sie begreifen konnte — wenn Archimedes sie erklärte.

Wenn ein Gegenstand, der vom Wasser in keiner Weise angegriffen wird, in Wasser eintaucht, muß er eine Wassermenge verdrängen, die seinem eigenen Volumen entspricht, da nicht zwei Gegenstände zur gleichen Zeit den gleichen Raum einnehmen können.

Nehmen wir einmal an, wir haben ein Gefäß, das groß genug ist, die Krone aufzunehmen, und in der Mitte seiner Wand einer kleinen Auslauf hat. Nehmen wir weiter an, daß das Gefäß genau bis zum Auslauf mit Wasser gefüllt wird, so daß bei einer noch so geringen Anhebung des Wasserspiegels etwas überfließen muß.

Taucht man nun die Krone vorsichtig ins Wasser ein, dann wird sich der Wasserspiegel um eine Menge anheben, die dem Volumen der Krone entspricht, und dieses Wasservolumen wird durch den Auslauf in ein kleines Gefäß abfließen. Als nächstes wird nun ein Klumpen Gold, das nachgewiesenermaßen rein ist und genau das gleiche Gewicht wie die Krone hat, eingetaucht, und wieder steigt der Wasserspiegel; der Überlauf wird in einem zweiten Gefäß aufgefangen.

Ist die Krone aus reinem Gold, dann wäre die Überlaufmenge in beiden Fällen genau gleich, und die Volumina des in beiden Gefäßen aufgefangenen Wassers wären ebenfalls genau gleich. Wenn die Krone allerdings aus einer Legierung ist, wäre der Überlauf größer als beim reinen Gold, und das ließe sich leicht feststellen.

Viel wichtiger aber wäre, daß die Krone bei diesem Versuch in keiner Weise beschädigt, verbogen oder auch nur angekratzt würde. Am bedeutsamsten für die Geschichte der Wissenschaft aber war, daß Archimedes das ›Prinzip des Auftriebs‹ entdeckt hatte.

War die Krone nun aus reinem Gold? Ich las einmal, sie habe sich als Legierung erwiesen und der Goldschmied sei hingerichtet worden, aber ich möchte meine Hand dafür nicht ins Feuer legen.

Wie oft ereignet sich nun ein solches ›Heureka-Phänomen‹? Wie oft zündet dieser Blitz tiefer Erkenntnis in einem Augenblick der Entspannung? Wie oft ertönt der triumphierende Schrei: ›Ich hab's! Ich hab's!‹ — sicherlich einer der seltensten Augenblicke reiner Ekstase, die unsere trübselige Welt bieten kann?

Ich wünschte, wir wären in der Lage, das zu sagen. Vermutlich ereignet sich das in der Geschichte der Wissenschaften recht oft, und ich möchte annehmen, daß nur ganz wenige bedeutsame Entdeckungen durch die reine Technik bewußten Denkens gemacht werden; das bewußte Denken bereitet wahrscheinlich nur den Grund (wenn überhaupt), doch der letzte Anstoß, die wirkliche Inspiration, tritt ein, wenn das Denken der unbewußten Steuerung unterliegt.

Doch die Welt versucht, diese Tatsache durch eine Verschwörung zu vertuschen. Wissenschaftler sind mit der ›Vernunft‹ verheiratet; sie versteifen sich darauf, in sorgfältiger Arbeit Konsequenzen aus Annahmen abzuleiten und gründliche Versuche zu organisieren, um diese Konsequenzen zu überprüfen. Wenn eine bestimmte Versuchsreihe nirgendwo hinführt, wird sie im Schlußbericht ausgelassen. Wenn sich eine durch Inspiration ausgelöste Vermutung als richtig erweist, wird sie im Bericht *nicht* als solche erwähnt. Statt dessen erfindet man eine solide Reihung bewußter Gedanken, die zum richtigen Ergebnis hinführt, und *das* wird dann als Faktum in den Schlußbericht aufgenommen.

Folglich würde jeder bei der Lektüre wissenschaftlicher Arbeiten darauf schwören, daß hier *nichts* anderes am Werk gewesen sei als bewußtes Denken, das mit stetigem, dumpfem Schritt vom Ursprung bis zum Schluß verlief — und das kann einfach nicht der Wahrheit entsprechen.

Dieses Verhalten ist schlichtweg eine Schande. Der Wissenschaft wird nicht nur viel von ihren Glanzlichtern genommen (was glauben Sie wohl, wieviel von der dramatischen Geschichte von Watsons *Doppelhelix* schließlich noch in die Schlußberichte mit der Verkündung der großartigen Entdeckung der DNS gelangte*?), der bedeutsame Vorgang der ›Erkenntnis‹, ›Inspiration‹ oder ›Offenbarung‹ wird ganz einfach in das Reich der Mystik verbannt.

Der Wissenschaftler schämt sich tatsächlich soetwas zu haben, was man eine Offenbarung nennen könnte, als sei dies ein Verrat an der ›Vernunft‹ — während das, was wir bei einem Menschen, der sein Leben dem rationalen Denken verschrieben hat, Offenbarung nennen würden, schließlich nur vernunftgemäßes Denken ohne Kontrolle des Willens ist.

Nur ganz selten gelingt es uns in moderner Zeit, einen Blick in die Arbeit unwillkürlicher Überlegungen werfen zu können, ein Vorgang,

* Ich verrate es Ihnen, falls Sie es wissen wollen: nichts!

der dann immer wieder fasziniert. Sehen wir uns beispielsweise einmal den Fall von Friedrich August Kékulé von Stradonitz an.

Zur Zeit Kékulés, vor rund einhundertfünfundzwanzig Jahren, bildete die Struktur organischer Moleküle (Moleküle, die mit lebendem Gewebe verbunden sind) einen Gegenstand von großem Interesse unter den Chemikern. Anorganische Moleküle sind im allgemeinen einfach in dem Sinne, daß sie nur aus wenigen Atomen aufgebaut sind. Wassermoleküle bestehen zum Beispiel aus zwei Atomen Wasserstoff und einem Atom Sauerstoff (H_2O). Moleküle von gewöhnlichem Kochsalz bestehen aus einem Natriumatom und einem Chloratom (NaCl) und so weiter.

Organische Moleküle dagegen weisen oft eine große Anzahl von Atomen auf. Moleküle von Äthylalkohol besitzen zwei Kohlenstoffatome, sechs Wasserstoffatome und ein Sauerstoffatom (C_2H_6O); die Moleküle des normalen Rohrzuckers lauten $C_{12}H_{22}O_{11}$; andere Moleküle sind noch weitaus komplizierter.

Bei anorganischen Molekülen genügt es im allgemeinen, die Art und Auswahl von Atomen in einem Molekül zu kennen. Bei organischen Molekülen ist jedoch mehr erforderlich. So hat zum Beispiel Dimethyläther, genau wie Äthylalkohol, die Formel C_2H_6O, und dennoch weisen beide ganze verschiedene Eigenschaften auf. Offenbar sind die Atome innerhalb des Moleküls verschieden angeordnet — doch wie läßt sich diese Anordnung bestimmen?

Im Jahre 1852 hatte ein englischer Chemiker, Eward Frankland, bemerkt, daß die Atome eines bestimmten Elements dazu neigen, sich mit einer feststehenden Zahl anderer Atome zu verbinden. Diese Bindungszahl wurde ›Wertigkeit‹ genannt. Kékulé reduzierte diese Wahrnehmung auf ein System. Das Kohlenstoffatom, so entschied er auf der Grundlage reichhaltigen chemischen Beweismaterials, hatte die Wertigkeit vier, das Wasserstoffatom die Wertigkeit eins, das Sauerstoffatom die Wertigkeit zwei (und so weiter).

Da bot es sich doch an, die Atome mit ihren Symbolen und einer Anzahl kurzer Striche darzustellen, deren Zahl ihrer Wertigkeit entspricht. Solche Atome konnten dann aneinandergesetzt werden wie zusammensteckbares Kinderspielzeug. Es ließen sich ›Strukturformeln‹ aufbauen.

So war es möglich, die Strukturformel für

$$\begin{array}{ccc} H & H & \\ | & | & \\ H-C & - & C-O-H \\ | & | & \\ H & H & \end{array}$$

Äthylalkohol so   darzustellen, während die des

36

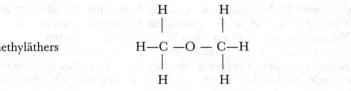

Dimethyläthers

lautete.

Im jedem Fall gab es zwei Kohlenstoffatome, von denen jedes mit vier Strichen verbunden war, sechs Wasserstoffatome, jedes mit einem Strich verbunden, und ein Sauerstoffatom, das mit zwei Strichen verbunden war. Die Moleküle waren aus den gleichen Komponenten aufgebaut, jedoch in unterschiedlicher Anordnung.

Kékulés Theorie funktionierte hevorragend. Seit seiner Zeit wurde sie unendlich vertieft und verfeinert, doch in jedem modernen Chemielehrbuch finden sich noch immer Strukturen, die Kékulés Zusammensetzspielzeug sehr ähnlich sind. Obwohl sie eine starke Vereinfachung der tatsächllichen Situation darstellen, sind sie in der Praxis doch äußerst nützlich.

Die Kékuléschen Strukturen wurden in den Jahren nach 1858 auf viele organische Moleküle angewandt. Die Ähnlichkeiten und Gegensätze in den Strukturen paßten sauber zu den Ähnlichkeiten und Gegensätzen in den Eigenschaften. Der Schlüssel zur Rationalisierung der organischen Chemie war allem Anschein nach gefunden.

Allerdings gab es noch eine störende Tatsache. Das wohlbekannte Benzol wollte einfach nicht in das Schema passen. Man wußte, daß es ein Molekül besaß, das aus einer gleichen Anzahl von Kohlenstoff- und Wasserstoffatomen bestand. Sein Molekulargewicht war bekannt, nämlich achtundsiebzig, und eine einzelne Kohlenstoff-Wasserstoffverbindung hatte das Gewicht dreizehn. Deshalb mußte das Bezolmolekül sechs Kohlenstoff-Wasserstoffverbindungen enthalten, und seine Formel mußte C_6H_6 lauten.

Doch damit stieß man auf Schwierigkeiten. Nach den Kékuléschen Formeln ließen sich die Kohlenwasserstoffe (Moleküle, die nur aus Kohlenstoff- und Wasserstoffatomen bestehen) leicht als Ketten von Kohlenstoffatomen vorstellen, an denen Wasserstoffatome hingen. Wenn die Valenzen der Kohlenstoffatome mit Wasserstoffatomen gefüllt waren wie beim ›Hexan‹, dessen Molekül so aussieht:

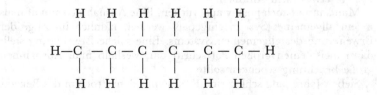

dann wird die Verbindung als gesättigt bezeichnet. Es hatte sich bereits herausgestellt, daß solche gesättigten Kohlenwasserstoffe sehr wenig Neigung besaßen, mit anderen Substanzen zu reagieren.

Wenn einige Valenzen nicht gefüllt waren, wurden unbenutzte Bindungen zu denen hinzugefügt, durch welche die Kohlenstoffatome miteinander verbunden waren. Es bildeten sich Doppelbindungen wie beim ›Hexen‹:

$$
\begin{array}{ccccccc}
\mathrm{H} & \mathrm{H} & \mathrm{H} & \mathrm{H} & \mathrm{H} & \mathrm{H} \\
| & | & | & | & | & | \\
\mathrm{H{-}C} & {-}\,\mathrm{C}\,{-} & \mathrm{C} & = & \mathrm{C}\,{-} & \mathrm{C}\,{-} & \mathrm{C}\,{-}\,\mathrm{H} \\
| & | & & & | & | \\
\mathrm{H} & \mathrm{H} & & & \mathrm{H} & \mathrm{H}
\end{array}
$$

Hexen sind ungesättigt, denn die Doppelbindung tendiert dazu, aufzubrechen und andere Atome anzulagern. Hexen ist also chemisch aktiv.

Sind in einem Molekül sechs Kohlenstoffatome vorhanden, dann sind vierzehn Wasserstoffatome erforderlich, um sämtliche Valenzen zu binden und das Molekül reaktionsarm zu machen — wie beim Hexan. Bei Hexen dagegen sind nur zwölf Wasserstoffatome vorhanden. Wenn die Zahl der Wasserstoffatome noch geringer ist, gibt es noch mehr Doppelbindungen. Selbst Dreifachbindungen können auftreten; eine solche Verbindung ist dann noch aktiver als Hexen.

Doch Benzol mit der Formel C_6H_6 hat acht Wasserstoffatome weniger als Hexan und ist dennoch reaktionsträger als Hexen mit nur zwei Wasserstoffatomen weniger. Tatsächlich ist Benzol sogar reaktionsträger als selbst Hexan. Die sechs Wasserstoffatome im Benzolmolekül scheinen die sechs Kohlenstoffatome in weit größerem Ausmaß abzubinden als die vierzehn Wasserstoffatome in Hexan.

Worin liegt die Ursache hierfür?

Man mag das als bedeutungslos ansehen. Die Kékuléschen Formeln paßten bei so vielen Verbindungen so wunderbar, daß man Benzol einfach als Ausnahme von der Regel hätte beiseitelassen können.

Die Naturwissenschaft ist jedoch keine englische Grammatik. Man kann da nicht einfach etwas als Ausnahme einordnen. Wenn die Ausnahme nicht in das allgemeine System paßt, dann muß am allgemeinen System etwas nicht stimmen.

Man kann es auch positiv ausdrücken. Eine Ausnahme kann oftmals in ein allgemeines System eingepaßt werden, nämlich im Zuge der Erweiterung des allgemeinen Systems. Eine solche Erweiterung stellt dann meist einen großen Fortschritt dar, weshalb man Ausnahmen große Beachtung schenken sollte.

Sieben Jahre lang schlug sich Kékulé mit dem Problem des Benzols herum und versuchte, dem Rätsel auf die Spur zu kommen, wie eine Kette von sechs Kohlenstoffatomen mit nur sechs Wasserstoffatomen vollständig gesättigt werden konnte, während gleichzeitig mit zwölf Wasserstoffatomen beim Hexen eine ungesättigte Verbindung vorlag. Doch die Erleuchtung blieb aus!

Eines Tages dann im Jahre 1865 (er berichtet die Begebenheit selbst) war er im belgischen Gent und nahm, um einen bestimmten Ort zu erreichen, die Postkutsche. Er war müde, und zweifellos schläferte ihn das gleichmäßige Getrappel der Pferdehufe auf dem Pflaster ein. Er fiel in einen benommenen Halbschlaf.

In diesem Schlafzustand schien er eine Vision von Atomen zu haben, die in hin- und herschwebenden Ketten aneinanderhingen. (Warum auch nicht? Mit solchen Dingen beschäftigte sich sein Wachbewußtsein schließlich unentwegt.) Doch auf einmal verdrehte sich eine Kette so, daß Kopf und Schwanz aneinanderstießen und einen Ring bildeten — und Kékulé fuhr aus dem Schlaf auf.

Innerlich rief er sicherlich ›Heureka‹, denn er hatte wirklich die Lösung gefunden. Die sechs Kohlenstoffatome des Benzols bildeten einen Ring und *keine* Kette, und die Strukturformel mußte demnach folgendermaßen aussehen:

Gewiß gab es immer noch drei Doppelbindungen, und man hätte annehmen sollen, daß das Molekül äußerst aktiv wäre — aber nun gab es da einen Unterschied. Es war wohl zu erwarten, daß Atome in einem Ring andere Eigenschaften hatten als Atome in einer Kette, und Doppelbindungen mochten im einen Fall andere Eigenschaften aufweisen als im anderen Fall. Zumindest konnten Chemiker auf der Grundlage dieser Annahme arbeiten und sehen, ob sie dabei auf Widersprüche stießen.

Das war jedoch nicht der Fall. Die Annahme funktionierte ausgezeichnet. Es stellte sich heraus, daß organische Moleküle in zwei Gruppen eingeteilt werden konnten: in aromatische und aliphatische. Die ersten besaßen den Benzolring (oder bestimmte ähnliche Ringstrukturen), die zweiten nicht. Unter der Voraussetzung unterschiedlicher Eigenschaften bei jeder dieser Gruppe erwiesen sich die Kékuléschen Strukturen als äußerst erfolgreich.

Beinahe siebzig Jahre lang bewährte sich Kékulés Vision auf dem harten Feld realer chemischer Verfahren und leitete den Chemiker durch den Dschungel von Reaktionen, die zur Synthese von immer mehr Molekülen führten. Im Jahre 1932 wandte dann Linus Pauling die Quantenmechanik mit ausreichender Feinheit auf chemische Strukturen an, um die Erklärung dafür zu liefern, warum der Benzolring etwas so Besonderes war, und was sich in der Praxis als richtig erwiesen hatte, erwies sich auch in der Theorie als zutreffend.

Noch ein paar Beispiele? Aber gewiß.

Im Jahre 1764 arbeitete der schottische Ingenieur James Watt als Instrumentenmacher für die Universität Glasgow. Die Universität übergab ihm ein Modell einer Newcomen-Dampfmaschine, die nicht richtig funktionierte, und ersuchte ihn, sie in Ordnung zu bringen. Watt führte die Arbeit ohne Mühe durch, doch auch nach der Reparatur funktionierte das Modell noch nicht richtig. Es lieferte viel zu wenig Leistung und verbrauchte unvorstellbare Mengen an Brennstoff. Ob es eine Möglichkeit gab, dem abzuhelfen?

Nachdenken half nichts, aber ein ruhiger, entspannter Spaziergang an einem Sonntagnachmittag. Watt kehrte mit der entscheidenden Erkenntnis heim, zwei getrennte Kammern zu verwenden, die eine nur für den Dampf und die andere nur für kaltes Wasser. So brauchte nicht ein und dieselbe Kammer ständig gekühlt und wieder erhitzt zu werden, was die Ursache für den enormen Aufwand an Brennstoff gewesen war.

Der irische Mathematiker William Rowan Hamilton arbeitete 1843 an einer Theorie der ›Quaternionen‹, konnte sie jedoch einfach nicht zu Ende führen, bis ihm klar wurde, daß es Bedingungen gibt, unter denen $p \times q$ nicht gleich $q \times p$ ist. Der notwendige Einfall kam ihm, als er mit seiner Frau in die Stadt ging.

Der deutsche Physiologe Otto Loewi beschäftigte sich mit dem Mechanismus der Nerventätigkeit, insbesondere mit den an den Nervenenden erzeugten chemischen Substanzen. Eines Nachts im Jahre 1921 wachte er gegen drei Uhr morgens mit einer vollständigen, eindeutigen Vorstellung davon auf, welche Art Experiment er durchzuführen habe, um einen entscheidenden Punkt zu klären, der ihm Kopfzerbrechen bereitete. Er machte sich eine schriftliche Notiz und legte sich wieder schlafen. Als er am darauffolgenden Morgen erwachte, konnte er sich nicht mehr an die Art seiner Inspiration erinnern. Ihm fiel ein, daß er seine Gedanken ja zu Papier gebracht hatte, doch gelang es ihm nicht mehr, seine Schrift zu entziffern.

In der nächsten Nacht wachte er erneut um drei Uhr auf, und wieder hatte er die Idee klar vor sich. Diesmal trödelte er nicht lange herum, sondern stand auf, zog sich an, ging sofort in sein Laboratorium und machte sich an die Arbeit. Gegen fünf Uhr hatte er den fraglichen Punkt geklärt, und die Konsequenzen seiner Entdeckung wurden in den darauffolgenden Jahren so bedeutend, daß er 1936 zusammen mit einem anderen Wissenschaftler den Nobelpreis für Medizin und Physiologie erhielt.

Wie oft mag sich ähnliches zutragen! Welch eine Schande für die Wissenschaftler, daß ihre Verstrickung in den Glauben an das bewußte Denken beharrlich die tatsächlichen Methoden verschleiert, durch die sie ihre Resultate gewinnen.

3

Das Gefühl der Macht

Manchmal bewegt sich die Inspiration auf merkwürdigen Bahnen. Je weiter wir in die Zukunft blicken, desto wahrscheinlicher erscheint uns die Möglichkeit immer sonderbarerer Fragen. Was passiert bei der zunehmenden Computerisierung unserer Gesellschaft, wenn die Menschen eines Tages sogar die Grundrechenarten vergessen? Fragen wie diese werden heutzutage erörtert, doch die folgende Geschichte wurde bereits 1957 verfaßt, als noch niemand (allenfalls ein paar Science-Fiction-Autoren) über ein solches Problem nachdachte. Möglicherweise haben Wissenschaftler in einer fernen Zukunft nicht die Aufgabe, etwas zu entdecken, sondern gewisse Erfindungen und Fähigkeiten wiederzuentdecken.

Jehan Shuman war daran gewöhnt, mit den Machthabern der Erde umzugehen, die sich seit langem im Kriegszustand befand. Er war nur ein Zivilist, aber er erstellte Programme, die den Einsatz von hochtechnisierten, selbständig operierenden Kriegs-Computern ermöglichten. Generäle hörten immer auf das, was er sagte, ebenso wie die Vorsitzenden von Komitees des Kongresses.

Ein General und ein Ausschußvorsitzender hielten sich im Moment in dem Sonder-Konferenzraum des Neuen Pentagon auf. General Weiders Gesicht war weltraum-verbrannt, sein kleiner Mund war fast zu einer Grimasse verzogen. Brant, ein Kongreßabgeordneter, hatte weiche Wangen und einen klaren Blick. Er rauchte denebianischen Tabak mit der Nonchalance eines Mannes, dessen Patriotismus so bekannt war, daß er sich solche Freiheiten erlauben konnte.

Shuman, groß und distinguiert und als Programmierer ein As auf seinem Gebiet, begegnete ihren Blicken furchtlos.

Er sagte: »Dies, meine Herren, ist Myron Aub.«

»Der mit der ungewöhnlichen Begabung, die Sie so ganz nebenbei entdeckt haben«, sagte das Kongreßmitglied Brant gemütlich. »Aha.«

Er begutachtete den kleinen Mann mit dem eierförmigen, kahlen Kopf mit liebenswürdiger Neugier.

Der kleine Mann seinerseits wußte vor lauter Nervosität nicht, wohin mit seinen Händen. Nie zuvor hatte er mit solch großen Männern näher zu tun gehabt. Er war nur ein untergeordneter Techniker im vorgerückten Alter, der schon vor langer Zeit bei allen Tests, die die begabte Elite der menschlichen Rasse herausfiltern sollten, durchgefallen war, und hatte sich mit dem Alltagstrott einer ungelernten Arbeitskraft abgefunden. Das einzige Bemerkenswerte an ihm war sein

Hobby, das dem großen Programmierer aufgefallen war und um das er nun solch einen furchteinflößenden Wirbel machte.

General Weider sagte: »Ich finde diese Geheimnistuerei kindisch.«

»Sie werden Ihre Meinung bald ändern«, sagte Shuman. »Eine solche Entdeckung können wir nicht dem erstbesten auf die Nase binden — Aub!« In der Art, wie er diesen einsilbigen Namen aussprach, lag etwas, das keinen Widerspruch duldete. Aber er war ja auch ein großer Programmierer, der mit einem einfachen Techniker sprach. »Aub! Wieviel ist neun mal sieben?«

Aub zögerte einen Moment. Eine schwache Furcht glomm in seinen blassen Augen auf. »Dreiundsechzig«, sagte er.

Der Abgeordnete Brant zog die Augenbrauen in die Höhe. »Stimmt das?«

»Prüfen Sie es selbst nach, Herr Abgeordneter.«

Brant zog seinen Taschencomputer hervor, betätigte die Tasten zweimal, sah auf das Ergebnis im Display und steckte ihn wieder weg. Er sagte: »Das ist also die Begabung, die Sie uns hier vorführen wollen. Ein Illusionist?«

»Mehr als das, Sir. Aub hat ein paar Methoden auswendig gelernt, mit deren Hilfe er Rechenergebnisse auf dem Papier erstellen kann.«

»Ein Papier-Computer?« sagte der General. Er sah schmerzhaft verwirrt aus.

»Nein, Sir«, sagte Shuman geduldig. »Kein Papier-Computer. Einfach ein Blatt Papier. General, wären Sie so freundlich, eine Zahl zu nennen?«

»Siebzehn«, sagte der General.

»Und Sie, Herr Abgeordneter?«

»Dreiundzwanzig.«

»Gut. Aub, multiplizieren Sie diese Zahlen, und bitte zeigen Sie den Herren, wie Sie das machen.«

»Ja, Programmierer«, sagte Aub und zog den Kopf ein. Er fischte einen kleinen Notizblock aus der einen Tasche seines Hemdes und einen altmodischen Füllfederhalter mit feiner Spitze aus der anderen. Mit gerunzelter Stirn machte er sich daran, das Papier sorgfältig und mühevoll mit Zeichen zu bedecken.

»Lassen Sie uns das mal sehen«, unterbrach ihn General Weider scharf.

Aub gab ihm das Blatt Papier, und Weider sagte: »Das sieht aus wie die Zahl siebzehn.«

Der Kongreßabgeordnete Brant nickte, und sagte: »Ja, so sieht es aus, aber ich denke, daß wohl jeder Zahlen von einem Computer abschreiben kann. Ich glaube, daß ich selbst eine passable Siebzehn zustande bekommen würde, auch ohne Übung.«

»Wenn Sie Aub bitte fortfahren lassen möchten, meine Herren«, sagte Shuman ohne Erregung.

Mit zitternder Hand nahm Aub sein Tun wieder auf. Schließlich sagte er leise: »Die Antwort ist dreihundertundeinundneunzig.«

Der Abgeordnete Brant zog seinen Computer ein zweites Mal hervor und tippte mit einer raschen Bewegung die Zahlen ein. »Mein Gott, es stimmt. Wie hat er das erraten?«

»Er hat es nicht erraten, Herr Abgeordneter«, sagte Shuman. »Er hat das Ergebnis ausgerechnet. Auf diesem Blatt Papier.«

»Humbug«, sagte der General ungeduldig. »Ein Computer ist eine Sache, und Zeichen auf einem Blatt Papier sind eine andere.«

»Erklären Sie es, Aub«, sagte Shuman.

»Ja, Programmierer. Also, meine Herren, ich schreibe die Siebzehn hin, und direkt darunter schreibe ich die Dreiundzwanzig. Dann sage ich mir: sieben mal drei —«

Der Abgeordnete unterbrach ihn sanft. »Nun, Aub, das Problem ist aber siebzehn mal dreiundzwanzig.«

»Ja, ich weiß«, sagte der kleine Techniker ernsthaft. »Aber ich beginne, indem ich sieben mal drei ausrechne, denn so funktioniert es. Und sieben mal drei ist einundzwanzig.«

»Und woher wissen Sie das?« fragte der Kongreßabgeordnete.

»Ich habe es mir gemerkt. Beim Computer kommt immer einundzwanzig heraus. Ich habe es unzählige Male nachgeprüft.«

»Das heißt aber nicht, daß das immer so ist, oder?« sagte Brant.

»Vielleicht nicht«, stammelte Aub. »Ich bin kein Mathematiker. Aber ich bekomme immer die richtigen Ergebnisse.«

»Fahren Sie fort.«

»Sieben mal drei ist einundzwanzig, also schreibe ich einundzwanzig hin. Und einmal drei ist drei, also schreibe ich die Drei unter die Zwei von der Einundzwanzig.«

»Warum unter die Zwei?« fragte Brant sofort.

»Weil —« Aub sah seinen Vorgesetzten hilfesuchend an. »Es ist schwer zu erklären.«

Shuman sagte: »Bitte akzeptieren Sie seine Vorgehensweise für den Augenblick. Die Details können wir dann den Mathematikern überlassen.«

Brant nickte.

Aub sagte: »Drei plus zwei ist nämlich fünf, und so wird aus der Einundzwanzig eine Einundfünfzig. Das lasse ich dann erst einmal stehen und beginne von neuem. Ich multipliziere sieben mal zwei, das macht vierzehn, und eins und zwei, das macht zwei. Und wenn Sie die Zahlen so untereinander schreiben, ergibt sich daraus vierunddreißig. Wenn man jetzt die Vierunddreißig so unter die Einundfünfzig schreibt und sie zusammenzählt, ergibt das dreihundertundeinundneunzig, und das ist das Ergebnis.«

Einen Augenblick lang war es still. Dann sagte General Weider: »Ich glaube es nicht. Er leierte diesen ganzen Sermon herunter, erfindet

Zahlen und multipliziert und addiert wild in der Gegend herum, aber ich glaube es nicht. Es ist zu kompliziert, und darum kann es nur aufgelegter Schwindel sein.«

»Oh nein, Sir«, sagte Aub schwitzend. »Es *scheint* nur kompliziert zu sein, weil Sie nicht daran gewöhnt sind. Die Regeln sind eigentlich ganz einfach, und man kann sie für jede beliebige Zahl anwenden.«

»So, für jede Zahl also?« sagte der General. »Probieren wir es aus.« Er holte seinen eigenen Rechner hervor (ein beeindruckendes GI-Modell) und begann damit, wahllos Zahlen einzugeben. »Schreiben Sie fünf sieben drei acht auf das Papier. Das ist fünftausendsiebenhundertundachtunddreißig.«

»Ja, Sir«, sagte Aub und nahm ein neues Blatt Papier.

»Und nun« — erneutes Bearbeiten der Tastatur — »sieben zwei drei neun. Siebentausendzweihundertundneununddreißig.«

»Ja, Sir.«

»Und jetzt multiplizieren Sie diese beiden Zahlen.«

»Dazu brauche ich aber mehr Zeit«, sagte Aub mit zitternder Stimme.

»Nehmen Sie sich die Zeit«, sagte der General.

»Fangen Sie an, Aub«, sagte Shuman ermutigend.

Mit vorgebeugtem Oberkörper begann Aub zu rechnen. Er nahm ein neues Blatt Papier und noch eines. Schließlich nahm der General seine Uhr hervor und starrte darauf. »Sind Sie bald fertig mit Ihrem Zaubertrick, Techniker?«

»Fast, Sir. Jetzt habe ich es, Sir. Einundvierzig Millionen, fünfhundertundsiebenunddreißigtausend, dreihundertundzweiundachtzig.«

Er zeigte ihm das Blatt Papier mit den gekritzelten Zahlen des Ergebnisses.

General Weider lächelte bitter. Er drückte die Multiplikationstaste seines Rechners, und wirbelnd kamen die Zahlen zum Stehen. Dann sah er verblüfft auf und sagte mit einem überraschten Quieken in der Stimme: »Große Galaxie, der Kerl hat recht.«

Der Präsident der Terrestrischen Föderation war in seinem Amt hager und grau geworden, und wenn er allein war, erlaubte er sich, einen Ausdruck von resignierter Melancholie auf seinen sensiblen Gesichtszügen erscheinen zu lassen. Der Denebianische Krieg, der zu Beginn die Massen bewegt und begeistert hatte, war zu einer schmutzigen Angelegenheit von Offensive und Gegenoffensive erstarrt. Die Unzufriedenheit über diesen Zustand nahm auf der Erde ständig zu. Wahrscheinlich war es auf Deneb genauso.

Und hier saß er und hörte dem Kongreßabgeordneten Brant zu, dem Vorsitzenden des einflußreichen Bewilligungs-Komitees für Militärische Zwecke, der seine halbstündige Sprechzeit bei ihm damit verbrachte, fröhlich und selbstsicher den größten Unsinn von sich zu geben.

»Rechnen ohne Rechner«, sagte der Präsident ungeduldig, »ist ein Widerspruch in sich.«

»Rechnen«, sagte der Kongreßabgeordnete, »ist nur ein System, um mit Daten umzugehen. Eine Maschine kann das, aber auch das menschliche Gehirn. Lassen Sie mich Ihnen ein Beispiel geben.« Und indem er seine neuerworbenen Fähigkeiten gebrauchte, rechnete er Summen und Produkte aus, bis der Präsident gegen seinen Willen Interesse zeigte.

»Funktioniert das immer?«

»Jedes Mal, Mr. President. Eine absolut sicherer Methode.«

»Ist es schwer zu lernen?«

»Ich habe eine Woche gebraucht, bis ich den Bogen wirklich raus hatte. Ich denke, daß es bei Ihnen schneller gehen würde.«

»Nun«, überlegte der Präsident, »es ist ein interessantes Gesellschaftsspiel. Aber hat es irgendeinen Nutzen?«

»Welchen Nutzen hat ein neugeborenes Baby, Mr. President? Im Augenblick gibt es keine Anwendungsmöglichkeit, aber sehen Sie nicht, daß uns dies den Weg zur Befreiung von der Maschine weist? Bedenken Sie, Mr. President« — der Kongreßabgeordnete stand auf, und seine tiefe Stimme nahm automatisch den Tonfall an, den er bei politischen Debatten benutzte —, »daß der Denebianische Krieg ein Krieg von Computer gegen Computer ist. Ihre Computer schaffen einen undurchdringbaren Schutzschild von Konter-Raketen gegen unsere Raketen, und unsere schaffen einen gegen ihre. Wenn wir die Leistungsfähigkeit unserer Computer verbessern, verbessern sie ihre, so daß jetzt seit fünf Jahren ein unsicheres und nutzloses Gleichgewicht aufrechterhalten wird.

Jetzt haben wir ein Mittel in der Hand, mit dem wir die Computertechnik überholen und hinter uns lassen können. Wir werden Computer mit menschlichem Gedankengut kombinieren, wir werden das haben, was man intelligente Computer nennt, Millionen von ihnen. Ich kann nicht vorhersagen, welche Konsequenzen dies im einzelnen haben wird, aber sie werden grenzenlos ein. Und wenn Deneb uns zuvorkommt, könnte das zu einer unglaublichen Katastrophe führen.«

Beunruhigt sagte der Präsident: »Was soll ich Ihrer Meinung nach tun?«

»Setzen Sie sich dafür ein, daß die Regierung die Durchführung eines Geheimprojektes zur Untersuchung menschlicher Rechenfähigkeiten befürwortet. Nennen Sie es › Projekt Nummer ‹, wenn Sie wollen. Für die Unterstützung meines Komitees kann ich garantieren, aber ich muß die Regierung hinter mir wissen.«

»Aber wie groß sind die Möglichkeiten menschlichen Rechnens?«

»Es gibt keine Grenzen. Nach Aussage von Programmierer Shuman, der mir als erster von dieser Entdeckung berichtete —«

»Von Shuman habe ich natürlich schon gehört.«

»Ja. Nun, Dr. Shuman sagte mir, daß es theoretisch nichts gibt, was der Computer kann, das das menschliche Gehirn nicht tun könnte. Ein Computer arbeitet lediglich mit einer begrenzten Anzahl von Daten, mit denen er eine begrenzte Anzahl von Rechenvorgängen durchführt. Das menschliche Gehirn kann diese Anzahl verdoppeln.«

Darüber dachte der Präsident nach. Er sagte: »Wenn Shuman das sagt, neige ich dazu, ihm zu glauben — theoretisch. Aber, praktisch gesehen, wie kann irgend jemand wissen, wie ein Computer arbeitet?«

Brant lachte herzlich: »Ja, Mr. President, diese Frage habe ich auch gestellt. Es scheint, daß Computer früher direkt von Menschen entwickelt wurden. Das waren natürlich einfache Computer, da zu dieser Zeit der rationale Gebrauch von Computern zur Entwicklung leistungsfähigerer Computer noch nicht üblich war.«

»Oh, ich verstehe. Fahren Sie fort.«

»Techniker Aub hatte es offensichtlich zu seinem Hobby gemacht, einige dieser vorsintflutlichen Geräte zu rekonstruieren, hatte ihre Funktionsweise in allen Einzelheiten studiert und dabei herausgefunden, daß er sie nachvollziehen konnte. Die Multiplikations-Rechnung, die ich gerade für Sie durchgeführt habe, ist eine Imitation der Arbeitsweise eines Computers.«

»Erstaunlich!« Der Kongreßabgeordnete hüstelte vorsichtig. »Wenn ich noch einen weiteren Punkt ausführen darf, Mr. President — je weiter wir diese Entdeckung entwickeln können, desto mehr kann die Föderation ihre Bemühungen um die Produktion und die Wartung von Computern einstellen. Je mehr das menschliche Gehirn diese Aufgaben übernimmt, desto mehr Energie kann auf die Realisierung friedlicher Zwecke verwendet werden, und der Durchschnittsbürger bekommt die Auswirkungen des Krieges weniger zu spüren. Das wiederum ist sehr vorteilhaft für die Regierungspartei.«

»Ach so«, sagte der Präsident. »Ich verstehe, was Sie meinen. Setzen Sie sich, Herr Abgeordneter, setzen Sie sich. Ich muß eine Zeitlang darüber nachdenken. Aber in der Zwischenzeit können Sie mir noch einmal diesen Multiplikations-Trick zeigen. Mal sehen, ob ich herausfinde, wie das funktioniert.«

Programmierer Shuman lag nichts daran, die Dinge zu forcieren. Loesser war konservativ, sehr konservativ, und ging mit Computern gern so um, wie sein Vater und sein Großvater es getan hatten. Aber er kontrollierte den Westeuropäischen Computerkonzern, und wenn er ihn dafür gewinnen konnte, Projekt Nummer mit voller Begeisterung zu unterstützen, war schon eine Menge erreicht.

Aber Loesser blieb reserviert. Er sagte: »Ich bin nicht sicher, ob mir die Vorstellung gefällt, unsere Kontrolle über das Computerwesen zu lockern. Das menschliche Gehirn ist ein launisches Ding. Ein Computer wird auf dasselbe Problem jedesmal dieselbe Antwort geben. Welche Garantie haben wir, daß das menschliche Gehirn das gleiche tun wird.«

»Das menschliche Gehirn, Sir, manipuliert nur Fakten. Es ist ohne Bedeutung, ob das menschliche Gehirn dies tut oder ob es eine Maschine tut. Es sind nur Werkzeuge.«

»Ja, ja. Ich habe Ihre geniale Demonstration überprüft, die zeigt, daß das menschliche Gehirn die Möglichkeiten eines Computers verdoppeln kann, aber sie scheint mir ein bißchen aus der Luft gegriffen. Ich unterschreibe die Theorie, aber welchen Grund haben wir, anzunehmen, daß diese Theorie in die Praxis umgesetzt werden kann?«

»Ich denke, wir haben einen Anlaß, Sir. Schließlich hat es nicht immer Computer gegeben. Die Höhlenmenschen mit ihren Triremen, Steinäxten und Eisenbahnschienen hatten keine Rechenmaschinen.«

»Wahrscheinlich haben sie auch nicht gerechnet.«

»Sie wissen, daß das nicht stimmt. Sogar für die Konstruktion von Schienensträngen oder für die Herstellung von Ziguraten wurden Rechenprozesse benötigt, und das muß ohne Computer, wie wir sie kennen, geschehen sein.«

»Wollen Sie damit sagen, sie haben auf die Art und Weise gerechnet, wie Sie es gerade demonstriert haben?«

»Wahrscheinlich nicht. Schließlich ist diese Methode — wir nennen sie übrigens ›Graphitik‹, nach dem alten europäischen Wort ›Grapho‹, was ›Schreiben‹ bedeutet — von den Computern selbst entwickelt worden, also kann es sie nicht vor ihnen gegeben haben. Und trotzdem, die Höhlenmenschen müssen doch *irgendeine* Methode gehabt haben, meinen Sie nicht?«

»Verlorene Künste! Wenn Sie mir etwas über verlorene Künste erzählen wollen —«

»Nein, nein. Ich bin kein Liebhaber der verlorenen Künste, womit ich nicht sagen will, daß es keine geben sollte. Schließlich hat der Mensch früher Korn gegessen statt hydroponische Produkte, und wenn die primitiven Eingeborenen Korn gegessen haben, müssen sie es in der Erde angebaut haben. Wie hätten sie es sonst machen sollen?«

»Ich weiß es nicht, aber ich glaube erst an Erdanbau, wenn ich sehe, wie jemand Korn in die Erde pflanzt, und ich glaube, daß man Feuer machen kann, indem man zwei Stücke Feuerstein aneinander reibt, auch erst, wenn ich es sehe.«

»Nun ja, halten wir uns lieber an die Graphitik«, sagte Shuman beschwichtigend. »Es ist nur ein Teil des Vergeistigungsprozesses. Transportation mit Hilfe sperriger Gerätschaften macht dem direkten

Masse-Transfer Platz. Die Kommunikationsmittel werden kleiner und immer effizienter. Was das betrifft, vergleichen Sie doch Ihren Taschencomputer einmal mit den massigen Dingern, die man vor tausend Jahren benutzte. Warum also soll man sich nicht den letzten Schritt tun und die Computer ganz abschaffen? Sie müssen zugeben, Sir, daß Projekt Nummer gut angelaufen ist; wir haben schon einige Fortschritte erzielt. Aber wir brauchen Ihre Hilfe. Wenn Patriotismus kein Argument für Sie ist, dann bedenken Sie das damit verbundene intellektuelle Abenteuer.«

Loesser sagte skeptisch: »Welche Fortschritte? Was kann man damit machen, außer multiplizieren? Können Sie damit eine transzendentale Funktion integrieren?«

»Bald, Sir, bald. Im letzten Monat habe ich gelernt, wie man dividiert. Ich kann integrale und dezimale Quotienten korrekt bestimmen.«

»Dezimalquotienten? Bis zu wieviel Stellen?«

Programmierer Shuman bemühte sich, seinen beiläufigen Tonfall beizubehalten. »Soviele Sie wollen.«

Loesser fiel die Kinnlade herunter. »Ohne einen Computer?«

»Stellen Sie mir eine Aufgabe.«

»Teilen Sie siebenundzwanzig durch dreizehn. Bis auf sechs Stellen hinter dem Komma.«

Fünf Minuten später sagte Shuman: »Zwei Komma Null Sieben Sechs Neun Zwei Drei.«

Loesser prüfte es nach. »Tja, nun, das ist wirklich erstaunlich. Die Multiplikation hat mich nicht allzu sehr beeindruckt, weil es sich nur um ganze Zahlen handelte, und ich dachte, daß vielleicht ein Trick im Spiel war. Aber Dezimalzahlen —«

»Und das ist nicht alles. Es gibt eine neue Entwicklung, die bis jetzt streng geheim ist und die ich eigentlich gar nicht erwähnen dürfte. Uns ist ein Durchbruch an der Quadratwurzel-Front gelungen.«

»Quadratwurzeln?«

»Es ist ein wenig knifflig, und wir haben den Bogen noch nicht ganz raus. Aber Techniker Aub, der Mann, der diese Wissenschaft erfunden hat und der diesbezüglich über eine erstaunliche Intuition verfügt, behauptet, er habe das Problem fast gelöst. Und er ist nur ein Techniker. Ein Mann wie Sie, ein ausgebildeter und begabter Mathematiker, dürfte da keine Schwierigkeiten haben.«

»Quadratwurzeln«, murmelte Loesser fasziniert.

»Und Kubikwurzeln. Machen Sie bei uns mit?«

Unvermittelt streckte Loesser ihm eine Hand entgegen. »Mit mir können Sie rechnen.«

General Weider ging am Ende des Raumes mit stampfenden Schritten auf und ab. Er sprach mit seiner Zuhörerschaft wie ein wütender Lehrer, der sich einer Gruppe widerspenstiger Studenten gegenübersieht. Dem General war es egal, daß sie Zivilisten und Wissenschaftler waren, die das Projekt Nummer leiteten. Der General hatte die Oberaufsicht, und dessen war er sich in jedem wachen Augenblick bewußt.

Er sagte: »Nun sind Quadratwurzeln eine feine Sache. Ich selbst kann sie nicht ziehen, und ich weiß auch nicht, wie das geht, aber sie sind eine feine Sache. Doch das Projekt darf nicht durch etwas verwässert werden, was einige von Ihnen die Grundrechenarten nennen. Sie können mit Graphiks spielen, soviel Sie wollen, wenn der Krieg vorbei ist, aber im Augenblick haben wir ein klar umrissenes und sehr praktisches Problem zu lösen.«

In einer der hinteren Reihen saß Techniker Aub und hörte mit schmerzhafter Aufmerksamkeit zu. Er war natürlich kein Techniker mehr; man hatte ihn seiner Pflichten enthoben und ihn dem Projekt zugeteilt, mit einem gutklingenden Titel und entsprechender Bezahlung. Aber natürlich gehörte er immer noch der gleichen sozialen Schicht an, und die hochgestellten, führenden Wissenschaftler konnten sich nicht dazu überwinden, ihn gleichberechtigt in ihre Reihen aufzunehmen. Gerechterweise muß man sagen, daß Aub selbst dies auch gar nicht wünschte. Er fühlte sich in ihrer Gegenwart genauso unbehaglich wie sie sich in seiner.

Der General fuhr fort: »Unser Ziel ist einfach, meine Herren: die Abschaffung des Computers. Ein Raumschiff, das ohne einen Computer an Bord im Weltall navigieren kann, kann in einem Fünftel der Zeit und für ein Zehntel der Ausgaben konstruiert werden, die man für ein computergesteuertes Schiff braucht. Wir könnten Flotten bauen, die die Möglichkeiten Denebs um das Fünffache oder sogar das Zehnfache übersteigen, wenn wir es schaffen, auf den Computer zu verzichten.

Und ich möchte sogar noch einen Schritt weitergehen. Jetzt mag es noch fantastisch erscheinen, nur ein Traum; aber in der Zukunft sehe ich die bemannte Rakete!«

Sofort erhob sich in der Zuhörerschaft ein allgemeines Gemurmel.

Der General nahm seinen Vortrag wieder auf. »Gegenwärtig besteht unser größtes Handicap darin, daß Raketen nur über eine begrenzte Intelligenz verfügen. Der Computer, von dem sie gesteuert werden, darf nur eine bestimmte Größe haben, und aus diesem Grunde sind sie für die sich ständig verändernden Raketen-Abwehrsysteme nur noch sehr bedingt geeignet. Im günstigsten Falle erfüllen nur wenige Raketen ihren Zweck, und die Kriegführung mit Raketen endet langsam in einer Sackgasse; dies gilt glücklicherweise nicht nur für uns, sondern auch für den Feind.

Eine mit ein oder zwei Männern bemannte Rakete hingegen, deren Flug durch Graphiks gelenkt wird, wäre leichter, mobiler und intelligenter. Dies würde uns einen Vorsprung geben, der für uns wahrscheinlich den Sieg bedeuten würde. Außerdem, meine Herren, zwingen uns die Erfordernisse des Krieges, eine Sache zu bedenken: ein Mensch ist viel flexibler als ein Computer. Bemannte Raketen könnten in einer Anzahl und unter Umständen eingesetzt werden, die kein guter General verantworten würde, wenn es sich um computergesteuerte Raketen handelte —«

Er sagte noch einiges mehr, aber Techniker Aub hatte den Raum schon verlassen.

In der Abgeschiedenheit seines Quartiers machte sich Techniker Aub sehr viel Mühe mit dem Abschiedsbrief, den er zu hinterlassen gedachte. Das Ergebnis lautete schließlich wie folgt:

»Als ich begann, mich für das zu interessieren, was man jetzt › Graphitiks ‹ nennt, war es nicht mehr als ein Hobby. Für mich bedeutete es nur einen interessanten Zeitvertreib, eine geistige Übung.

Als Projekt Nummer gestartet wurde, dachte ich, daß andere klüger seien als ich, daß Graphitiks eine praktische Anwendung zum Wohle der Menschheit finden würden, vielleicht um die Herstellung wirklich praktischer Mittel für den Masse-Transfer zu fördern. Aber jetzt erkenne ich, daß sie nur benutzt werden, um zu töten und zu zerstören.

Ich kann mit der Verantwortung, Graphitiks erfunden zu haben, nicht leben.«

Dann richtete er den Brennpunkt eines Protein-Depolarisierers auf sich und starb einen schnellen und schmerzlosen Tod.

Sie hatten sich um das offene Grab des kleinen Technikers versammelt und zollten seiner großen Entdeckung die gebührende Ehre.

Programmierer Shuman hielt den Kopf gesenkt wie alle anderen, aber sein Gesicht blieb unbewegt. Der Techniker hatte seinen Beitrag geleistet, und nun wurde er halt nicht mehr gebraucht. Er hatte zwar Graphitiks ins Leben gerufen, aber jetzt, da alles einmal begonnen hatte, würde die Sache ganz von selbst ihren überwältigenden, triumphierenden Fortgang nehmen, bis es möglich war, bemannte Raketen in den Weltraum zu schicken und Gott weiß was noch.

Neun mal sieben, dachte Shuman mit tiefer Befriedigung, ist dreiundsechzig, und ich brauche keinen Computer, der mir das sagt. Der Computer ist in meinen eigenen Kopf.

Er war erstaunt über das Machtgefühl, das diese Erkenntnis ihm gab.

4

Der Komet, der keiner war

Oftmals läßt sich ein Wissenschaftler nicht träumen, daß ihm eine revolutionäre Entdeckung gelungen ist. Er führt vielleicht einfach bloß der Reihe nach methodische Beobachtungen durch, von einem inneren Ordnungssinn oder einem unwiderstehlichen Drang beseelt, und stößt dabei auf etwas völlig Unerwartetes, das ihn auf einmal unter die Unsterblichen einreiht — wie der folgende Essay demonstriert.

Soeben wurde ich von einer jungen Frau angerufen, die gern mit mir über eins meiner Bücher sprechen wollte.

»Aber sicher«, sagte ich. Auf einmal beunruhigte mich jedoch ihr Tonfall, und ich fragte, ob sie weine.

»Ja, aber vermutlich können Sie nichts dafür, nur eins Ihrer Bücher stimmt mich so traurig.«

Ich war verblüfft. Meine Geschichten sind zwar ausgezeichnet, aber in erster Linie für ihre geistige Atmosphäre und Stimmung bekannt, weniger wegen ihres emotionalen Gehaltes. Allerdings gibt es eine oder zwei Geschichten, die schon ans Herz gehen können*; irgendwie wirkt es auch ein wenig schmeichelhaft, wenn jemand durch das, was man schreibt, zu Tränen gerührt wird.

»Welches Buch meinen Sie denn, Miss?« erkundigte ich mich.

»Ihr Buch über das Universum«, sagte sie.

Mein Erstaunen vorhin war nichts im Vergleich zu der Verwirrung, in die mich diese Antwort stürzte. ›The Universe‹, im 1966 erschienen**, ist ein durchaus respektabler, logisch aufgebauter und lebhaft geschriebener Band, der auch nicht ein einziges Wort enthält, das auf die Tränendrüsen drückt. Wenigstens glaubte ich das.

Ich fragte: »Wie kann Sie denn dieses Buch traurig stimmen?«

»Ich las von der Entwicklung und dem unausweichlichen Ende des Universums, und ich hatte das Empfinden, daß alles so nutzlos ist. Ich wollte einfach nicht mehr leben.«

»Aber meine liebe junge Frau«, entgegnete ich, »ist Ihnen denn entgangen, daß ich schrieb, unsere Sonne habe noch mindestens acht Milliarden Jahre zu leben und das Universum könnte Hunderte von Milliarden Jahren fortdauern?«

»Aber das heißt nicht auf immer. Läßt *Sie* das denn nicht verzweifeln? Führt das die Astronomen dazu, daß sie nicht mehr leben wollen?«

---

* Siehe ›Der häßliche kleine Junge‹, Kapitel 21
** Deutsche Ausgabe: ›Weltall ohne Grenzen‹, Brockhaus Verlag, Wiesbaden 1968

»Nein, in keiner Weise«, sagte ich ernst. »Auch Sie dürfen das nicht so empfinden. Jeder von uns muß in weit weniger als einer Milliarde von Jahren sterben, und wir werden damit doch auch fertig, oder nicht?«

»Das ist nicht das gleiche. Wenn wir sterben, kommen andere nach uns. Aber wenn das Universum stirbt, dann bleibt nichts mehr.«

Verzweifelt versuchte ich sie aufzumuntern und meinte: »Sehen Sie, es könnte doch sein, daß das Weltall oszilliert und daß neue Welten entstehen, wenn alte vergehen. Vielleicht geschieht es sogar, daß die Menschen in einer fernen Zeit lernen, den Tod eines Universums zu überleben.«

Als ich sie das Gespräch schließlich beenden ließ, schien mir, daß das Schluchzen nachgelassen habe.

Eine Zeitlang saß ich da und starrte den Telefonapparat an. Ich selbst bin von Natur aus ein weichherziger Mensch und muß manchmal weinen, wenn ich mir einen Film ansehe, aber ich muß gestehen, daß mir das bei dem Gedanken an das Ende des Weltalls in vielen Milliarden Jahren bisher noch nie passiert ist. Tatsächlich schrieb ich über das Ende des Universums in meiner Geschichte ›The Last Question‹* und fand es recht unterhaltsam.

Doch als ich so dasaß, kam mir allmählich der Gedanke, daß die Astronomie ein gefährliches Thema sein könnte und empfindsame junge Frauen davor beschützt werden müßten. Ich selbst würde gewiß nicht in *diese* Falle laufen. Ich kann nur eins: Mich an meine Schreibmaschine setzen und entschlossen mit einem Essay über ein astronomisches Thema anfangen.

Lassen Sie mich mit der Zahl Sieben beginnen, einer seit alters her bekannte Glückszahl. Sie wird in allen möglichen Bedeutungen gebraucht, die sie für wichtige Gruppen als selbstverständliche Zahl erscheinen lassen. Es gibt sieben Tugenden, sieben Todsünden, die sieben Weltwunder und so weiter und so fort.

Was verschafft der Sieben ihre wundersame Stellung?

Man könnte nun der Meinung sein, daß es an einigen numerischen Eigenschaften liegt. Vielleicht kommt es uns irgendwie wunderbar vor, daß sie die Summe der ersten ungeraden Zahl und der ersten Quadratzahl bildet, oder es könnte auch an der Tatsache liegen, daß sie die höchste Primzahl unter zehn ist.

Ich glaube das nicht. Ich meine vielmehr, daß die Sieben als Glückszahl betrachtet wurde, lange bevor die Menschen intellektuell genug waren, um Zahlen mit einem Mysterium zu umkleiden.

Meine eigene Vorstellung ist, daß wir zeitlich zu einem Punkt zurückgehen müssen, wo es sieben Objekte gab, die klar und eindeutig

---

* Siehe ›Wenn die Sterne verlöschen‹, Kapitel 23

sieben waren, von unbezweifelbarer Bedeutung und sogar eindeutig furchteinflößend. Die eindrucksvolle Natur dieser Objekte würde dann auf die Zahl selbst eine Aura der Heiligkeit oder des Glücks werfen.

Es dürfte außer Frage stehen, daß die Objekte, auf die ich mich beziehe, die traditionellen sieben Planeten des Altertums waren, die Himmelsobjekte, die wir heute Sonne, Mond, Merkur, Venus, Mars, Jupiter und Saturn nennen.

Die alten Sumerer waren es, die zu irgendeinem Zeitpunkt im dritten Jahrtausend vor Christus die ersten systematischen Beobachtungen dieser sieben Himmelskörper durchführten und die Art und Weise beobachteten, in der sie von einer Nacht zur anderen ihre Position im Verhältnis zu den Fixsternen veränderten*.

Den sich wandelnden Mustern der Planeten gegenüber den Sternbildern, durch die sie auf ihren mehr oder weniger komplizierten Bewegungen zogen, wurde allmählich eine besondere Bedeutung im Hinblick auf irdische Angelegenheiten beigemessen. Ihr diesbezüglicher Einfluß überstieg weit das menschliche Begriffsvermögen, und sie wurden naturgemäß als Götter angesehen. Die Sumerer benannten die Planeten nach verschiedenen Gottheiten ihres Pantheons; diese Gewohnheit wurde in der abendländischen Geschichte zu keiner Zeit gebrochen. Die Namen wurden verändert und nur gegen die Namen anderer Götter ausgetauscht. Heutzutage benennen *wir* die Planeten nach den Namen römischer Götter.

Von den sieben Planeten leitete sich etwa in Sumeria der Brauch für die Sieben-Tage-Periode ab, die wir die Woche nennen, wobei jedem Tag ein unterschiedlicher Tag vorangeht, was sich in den Namen der Tage ausdrückt. Die Juden griffen die Vorstellung von der Woche während der Babylonischen Gefangenschaft auf, entwickelten jedoch eine Schöpfungsgeschichte mit einer Erklärung der sieben Tage ohne Bezug auf die sieben Planeten, da in dem strikten Monotheismus des nachexiliaren Judentums Planetengötter nichts zu suchen hatten.

Wenn nun die Zahl Sieben in der jüdisch-christlichen Ethik auch die Heiligkeit der Planeten einbüßte, so gewann sie doch die Heiligkeit des Sabbath. Die Aura der Unverletzlichkeit um die sieben Planeten scheint somit fortgedauert zu haben. Niemand vermochte zu glauben, daß es beispielsweise acht sein könnten, und diese Vorstellung hielt sich noch während der beiden ersten Jahrhunderte unseres Zeitalters der modernen Wissenschaft.

Nachdem der polnische Astronom Kopernikus im Jahre 1543 sein heliozentrisches Weltbild vorgestellt hatte, wurde der Ausdruck ›Planet‹ nur noch für jene Himmelskörper gebraucht, die sich um die Sonne bewegten. Merkur, Venus, Mars, Jupiter und Saturn waren der

---

* Diese Veränderung der Position bildet den Ursprung für den Begriff ›Planet‹, das griechische Wort für ›wandernd, umherschweifend‹.

neuen Ordnung zufolge nach wie vor Planeten, die Sonne selbst allerdings nicht mehr. Auch der Mond wurde nicht mehr dazugerechnet; er bekam die Bezeichnung ›Satellit‹, ein Name, den man jenen Himmelskörpern gab, die sich primär um einen Planeten drehen, wie der Mond um die Erde. Als Ausgleich für den Verlust von Sonne und Mond wurde im Kopernikanischen Weltbild die Erde selbst als Planet angesehen.

Doch das war reine Nomenklatur. Wie immer man die wandernden Himmelskörper bezeichnen wollte, die am Himmel für das unbewehrte Auge sichtbar waren, es handelte sich um deren sieben, und wir beziehen uns immer noch auf sie als die ›sieben traditionellen Planeten‹.

Im Jahre 1609 richtete schließlich der aus Pisa stammende Astronom Galilei sein Teleskop gen Himmel und entdeckte, daß es Myriaden von Fixsternen gab, die mit bloßem Auge nicht zu sehen waren, davon unabhängig jedoch existierten. Trotz dieser Entdeckung scheint niemand die Vermutung geäußert zu haben, daß analog vielleicht auch neue Planeten entdeckt werden könnten. Die Unverletzlichkeit der traditionellen und heiligen Zahl Sieben schien festzustehen.

Natürlich gab es auch im Sonnensystem selbst Himmelskörper, die für das bloße Auge nicht sichtbar waren, denn 1610 entdeckte Galilei vier kleinere Himmelskörper, die den Jupiter umkreisten, Satelliten jenes Planeten, wie der Mond ein Satellit der Erde ist. Bevor das Jahrhundert zu Ende ging, wurden ganze fünf Satelliten des Saturn entdeckt, womit sich die Zahl der bis dahin bekannten Satelliten einschließlich unseres eigenen Mondes auf zehn erhöhte.

Dessen ungeachtet blieb die Heiligkeit der Zahl Sieben davon völlig unbeeinflußt. Durch eine widerborstige Unlogik behielt unser Mond seine Sonderstellung bei, während die Satelliten von Jupiter und Saturn mit den sie umkreisenden Planeten in einen Topf geworfen wurden. Wir können damit argumentieren, daß es immer sieben *sichtbare* Wandelsterne am Himmel gibt — das heißt, sichtbar für das unbewehrte Auge.

Dann gab es auch noch die Kometen, die ebenfalls zwischen den Sternen hindurchwanderten, doch ihre Erscheinung war so atypisch und ihr Erscheinen und Verschwinden so unvorhersehbar, daß sie nicht zählten. Aristoteles glaubte, sie seien atmosphärische Ausdünstungen und eher der Erde als dem Himmel zugehörig. Andere hielten sie für besondere Schöpfungen, die sozusagen als ›Blitzlicht‹ über den Himmel gesandt wurden, um Katastrophen anzukündigen.

Selbst als sich im Jahre 1758 die Voraussage des Königlichen englischen Astronomen Edmund Halley, daß der Komet von 1682 (der nun ihm zu Ehren ›Halleyscher Komet‹ genannt wird) in jenem Jahr wiederkehren werde, bewahrheitete und man erkannte, daß sich Kometen in festen Umlaufbahnen um die Sonne bewegten, nahm man sie immer noch nicht in die Kategorie der Planeten auf. Die Erscheinung blieb zu uncharakteristisch und die zigarrenförmigen Umlaufbahnen waren viel zu langgestreckt, um sie in die heiligen Bezirke aufzunehmen.

Seltsamerweise gibt es noch einen weiteren Wandelstern, der alle Kriterien der traditionellen Sieben erfüllt. Er ist mit bloßem Augen sichtbar und bewegt sich verhältnismäßig zu den Fixsternen. Man kann ihm nicht das Recht absprechen, als weiterer Planet betrachtet zu werden, deshalb wollen wir ihn vorerst ›Weiteres Objekt‹ nennen.

Warum wurde das ›Weitere Objekt‹ die ganzen Jahrhunderte hindurch bis zum achtzehnten niemals bemerkt? Um dies zu beantworten, müssen wir uns fragen, warum die traditionellen sieben Planeten überhaupt beobachtet wurden. Wie wurde man auf sie aufmerksam?

Vor allen Dingen sind sie hell. Die Sonne ist bei weitem das hellste Objekt am Himmel; an zweiter Stelle, wenn auch einer recht schwächlichen zweiten Stelle, folgt der Mond. Selbst die übrigen fünf der traditionellen Planeten, die im Vergleich zu Sonne und Mond noch weit lichtschwächere sternförmige Punkte sind, weisen eine viel größere Helligkeit auf als fast alle andere Himmelskörper. In Tabelle 1 wird die Größenklasse der sieben Planeten zusammen mit der von Sirius und Canopus, den beiden hellsten Fixsternen — und dem ›Weiteren Objekt‹ —, angeführt.

Tabelle 1

Objekt	Größenklasse bei größter Helligkeit	Helligkeit (Sirius = 1)
Sonne	- 26,0	15 000 000
Mond	- 12,6	30 000
Venus	- 4,3	14
Mars	- 2,8	3,5
Jupiter	- 2,5	2,5
Sirius	- 1,4	1,0
Merkur	- 1,2	0,9
Canopus	- 0,7	0,5
Saturn	- 0,4	0,4
Weiteres Objekt	+ 5,7	0,0015

Wie Sie sehen, sind die fünf hellsten der traditionellen Planeten gleichzeitig auch die fünf hellsten Himmelsobjekte. Selbst die beiden lichtschwächsten Planeten liegen nicht weit hinter Sirius und Canopus zurück. Es ist daher offenkundig, daß die sieben traditionellen Planeten den Blick auf sich ziehen, und jeder, der in früheren Zeiten den Himmel beobachtete, mußte sie bemerken, selbst wenn er sonst nur sehr wenig sah.

Das ›Weitere Objekt‹ hingegen weist nur 1/700 der Helligkeit von Sirius und nur 1/270 von Saturn auf. Zwar ist es mit bloßem Auge sichtbar, aber eben nur gerade an der Grenze.

Selbstverständlich ist Helligkeit nicht das einzige Kriterium. Sirius und Canopus besitzen zwar die Helligkeit von Planeten, doch niemand hielt sie je fälschlicherweise für Wandelsterne.

Der Mond beispielsweise verändert seine Position sehr rasch — im Durchschnitt um 48,100 Bogensekunden pro Tag, eine Entfernung, die beinahe dem Sechsundzwanzigfachen seiner eigenen Breite entspricht. Würde man den Mond nur für eine einzige Stunde während der Nacht unter den Bedingungen der Sumerer beobachten (klarer Himmel und keine Stadtbeleuchtungen), dann wäre die Bewegung unmißverständlich zu erkennen.

Die übrigen Planeten bewegen sich langsamer. Tabelle 2 zeigt die durchschnittliche Bewegung pro Tag für alle Planeten einschließlich des ›Weiteren Objekts‹.

Tabelle 2

Planet	durchschnittl. Bewegung (Bogensekunden pro Tag)	Tage für die Bewegung um Mondbreite
Mond	48,100	0,038
Merkur	14,900	0,125
Venus	5,840	0,319
Sonne	3,550	0,525
Mars	1,910	0,976
Jupiter	302	6,17
Saturn	122	15,3
Weiteres Objekt	42,9	43,5

Jupiter und Saturn sind die beiden unter den traditionellen Planeten, die sich am langsamsten bewegen, wobei Saturn noch der langsamere von beiden ist. Er benötigt für eine Umkreisung des Himmels 29,5 Jahre. Aus diesem Grunde könnte er im Altertum der letzte Planet gewesen sein, der entdeckt wurde, da er die geringste Helligkeit und die langsamste Bewegung aufwies. (Merkur, der ihm diese Ehre streitig macht, ist in gewisser Weise am schwierigsten zu sehen, da er fast immer in Sonnennähe steht, doch wenn man ihn bei Sonnenauf- oder -untergang erst einmal erspäht hat, verrät ihn rasch seine außerordentlich schnelle Bewegung.)

Wie steht es aber nun mit dem ›Weiteren Objekt‹, das nur 1/270 so hell ist wie Saturn und sich mit wenig mehr als einem Drittel von dessen Geschwindigkeit bewegt? Diese Kombination von Lichtschwäche und Langsamkeit ist fatal. Kein Beobachter in alter Zeit und nur wenige in den frühen Tagen des Teleskops hielten Nacht für Nacht Ausschau nach diesem Objekt. Es hatte nichts an sich, was es über die zwei- oder dreitausend Sterne der gleichen Helligkeit heraushob. Selbst wenn Astronomen tatsächlich mehrere Nächte hintereinander das Objekt beobachteten, würde seine langsame Bewegung sich nicht sonderlich bemerkbar gemacht haben.

So blieb das ›Weitere Objekt‹ unbemerkt — wenigstens als Planet. Jeder mit einem Sehvermögen von 20/20, der in seine Richtung blickte, und natürlich jeder, der mit einem Teleskop bewaffnet war, würde es selbstverständlich als ›Stern‹ gesehen haben.

Tatsächlich konnte ein Gelegenheitsastronom mit einem Teleskop, der die Position der verschiedenen Sterne am Himmel aufzeichnete, das Objekt bemerkt und ihm sogar einen Namen gegeben haben. Im Jahre 1690 entdeckte der erste Königliche Astronom, John Flamsteed, es im Sternbild Stier, verzeichnete es und nannte es ›34 Tauri‹.

Später hat vielleicht ein anderer Astronom das ›Weitere Objekt‹ an einer anderen Stelle entdeckt, seine neue Position registriert und ihm einen anderen Namen gegeben. Es hätte keinen Grund dafür gegeben, den neuen Stern mit dem alten zu identifizieren. Selbst derselbe Astronom hätte ihn in verschiedenen Nächten in einer geringfügig veränderten Position aufzeichnen können — jedesmal als unterschiedlichen Stern. So registrierte der französische Astronom Pierre Charles Lemonnier in der Mitte des 18. Jahrhunderts die Position des ›Weiteren Objekts‹ anscheinend zu dreizehn verschiedenen Zeitpunkten an dreizehn verschiedenen Stellen und hatte dabei den Eindruck, daß er dreizehn verschiedene Sterne festhielt.

Wie war dies möglich? Nun, aus zwei Gründen.

Vor allen Dingen waren die anderen Planeten eindeutig als Planeten zu erkennen, auch wenn man ihre Bewegung und Helligkeit außer acht ließ. Planeten waren keine Lichtpunkte wie die Fixsterne, sondern runde Scheiben. Sonne und Mond erschienen schon dem bloßen Auge als Scheiben, während Merkur, Venus, Mars, Jupiter und Saturn noch durch die primitiven Teleskope des siebzehnten und achtzehnten Jahrhunderts als Scheiben zu erkennen waren. Das ›Weitere Objekt‹ jedoch zeigte sich in den Teleskopen von Männern wie Flamsteed und Lemonnier nicht als Scheibe, und warum sollte ihnen in diesem Fall der Gedanke an einen Planeten kommen?

Der zweite Grund ist darin zu suchen, daß die Zahl Sieben für die traditionellen Planeten so fest im gemeinsamen Denken der Menschen verankert war, daß das ›Weitere Objekt‹ als Planet einfach undenkbar war, und daher dachten die Astronomen auch nicht in diese Richtung. Genauso gut hätte man plötzlich beschließen können, man habe einen achten Wochentag entdeckt.

Doch dann betrat Friedrich Wilhelm Herschel, am 15. November 1738 in Hannover geboren, die Szene. Hannover war damals ein unabhängiger Staat, dessen Herrscher aus historischen Gründen zufällig König Georg II. von Großbritannien war.

Herschels Vater war Militärmusiker in der Hannoveranischen Armee, und Herschel selbst ergriff anfangs den gleichen Beruf. Im Jahre 1756 jedoch brach der Siebenjährige Krieg aus (ein seltsamer Zufall wollte es, daß die Zahl Sieben in Herschels Leben eine entscheidende Rolle spielen sollte, und zwar auf eine durchaus nicht planetenbezogene Weise), und 1757 besetzten die Franzosen, die gegen Preußen und Großbritannien kämpften, das Hannoversche Reich des britischen Königs.

Der junge Herschel war nicht gewillt, die Unbilden einer feindlichen Besetzung zu erdulden. Er schaffte es, durch Desertion aus der Armee von Hannover zu entkommen und nach Großbritannien zu gelangen, wo er für den Rest seines Lebens blieb und seine Taufnamen zu einem einfachen ›William‹ anglisierte.

Er setzte seine Laufbahn als Musiker fort und war 1766 bereits ein bekannter Organist und Musiklehrer in dem Erholungsort Bath, wo er bis zu fünfunddreißig Schüler pro Woche unterrichtete.

Der Wohlstand erlaubte es ihm, seinem glühenden Wunsch nach Lernen nachzugehen. Er brachte sich selbst Latein und Italienisch bei. Die Theorie der musikalischen Töne führte ihn zur Mathematik, die ihn wiederum zur Optik weiterlenkte. Die Lektüre eines Buches, das sich mit den Entdeckungen Isaac Newtons auf optischem Gebiet befaßte, entzündete in ihm ein brennendes, lebenslang anhaltendes Streben nach der Beobachtung und Erforschung des Himmels.

Dafür benötigte er allerdings ein Teleskop. Er konnte es sich nicht leisten, ein Instrument zu kaufen, und als er ein gemietetes zu benutzen versuchte, stellte sich heraus, daß dessen Qualität recht armselig war. Er war tief enttäuscht über das, was er erblickte — oder vielmehr *nicht* erblickte.

Er kam zu dem Entschluß, daß es keinen anderen Weg gab, als den Versuch zu unternehmen, sich ein eigenes Teleskop zu bauen und vor allen Dingen selbst die Linsen und Spiegel dafür zu schleifen. Zweihundert Teile aus Glas und Metall schliff er zurecht, ohne mit dem Resultat zufrieden zu sein.

Im Jahre 1772 kehrte er dann nach Hannover zurück, um seine Schwester Caroline zu sich zu holen, die für den Rest ihres Lebens zuerst William und dann seinem Sohn John bei ihren astronomischen Arbeiten mit einer einzigartigen Ausdauer assistierte, die eine Ehe und praktisch überhaupt jedes ›Eigenleben‹ ausschloß*.

---

* Im Laufe der Zeit stellte sie auch eigene Beobachtungen mit einem Teleskop an, das William für sie angefertigt hatte. Sie entdeckte acht Kometen, war die erste bekannte Astronomin und starb schließlich nur zehn Wochen vor ihrem achtundneunzigsten Geburtstag.

Mit Carolines Hilfe gelang Herschel der Durchbruch. Während er oft stundenlang ununterbrochen mit Schleifen beschäftigt war, las sie ihm vor oder bereitete ihm das Essen. Allmählich beherrschte er die Kunst des Schleifens immer besser und entwickelte schließlich Teleskope, die ihn zufriedenstellten — und in der Tat baute der Musiker, der Teleskope zu bauen begann, weil er sich keines kaufen konnte, letzten Endes in Eigenarbeit die besten Teleskope, die es damals überhaupt gab.

Das erste Teleskop, mit dem er wirklich zufrieden war, vollendete er 1774; es war ein Sechs-Zoll-Reflektor, mit dem er den Großen Orionnebel sehen und deutlich die Ringe des Saturn erfassen konnte — für einen Amateur wahrlich keine schlechte Leistung.

Doch weit mehr lag noch vor ihm. Er begann, sein Teleskop systematisch einzusetzen, und nahm damit einen Himmelskörper nach dem anderen ins Visier. Er bombardierte gelehrte Gremien mit Arbeiten über die Mondgebirge, Sonnenflecken, veränderliche Sterne und die Pole des Mars. Als erster bemerkte er, daß die Achse des Mars zu seiner Umlaufbahn ungefähr im gleichen Winkel geneigt ist wie die der Erde, so daß die Jahreszeiten auf dem Mars im wesentlichen denen der Erde entsprechen, außer daß sie doppelt so lang und bedeutend kälter sind.

Und in der Nacht zum Dienstag, dem 13. März 1781, hielt Herschel beim methodischen Absuchen des Himmels sein Teleskop plötzlich auf das ›Weitere Objekt‹ gerichtet.

Nun war allerdings ein wichtiger Unterschied eingetreten. Herschel blickte auf das ›Weitere Objekt‹ mit einem Teleskop, das jedem anderen, von früheren Astronomen benutzten weit überlegen war. Herschels Teleskop vergrößerte das Objekt bis zu dem Punkt, wo es als Scheibe erschien. Mit anderen Worten: Herschel sah eine Scheibe, wo eigentlich keine Scheibe sein sollte.

Zog Herschel nun daraus den Schluß, er habe einen Planeten entdeckt? Selbstverständlich nicht. Ein weiterer Planet war ja nicht denkbar. Er akzeptierte die einzig mögliche Alternative und verkündete, er habe einen Kometen gefunden.

Doch er behielt das ›Weitere Objekt‹ ständig im Auge, und am 19. März konnte er sehen, daß es seine Position in Relation zu den Fixsternen mit einer Geschwindigkeit veränderte, die nur etwa ein Drittel der Bewegung des Saturn betrug.

Dieses Erkenntnis warf eine Menge Probleme auf. Schon seit den Zeiten der alten Griechen galt es als feststehende Tatsache, daß sich ein Planet gegenüber den Fixsternen vermutlich desto langsamer bewegt, je weiter er von uns entfernt ist, und die neue teleskopische Astronomie hatte das bestätigt, wenn auch mit dem einen Unterschied, daß es dabei auf die Entfernung von der Sonne ankam.

Da sich nun das ›Weitere Objekt‹ wesentlich langsamer bewegte als der Saturn, mußte es von der Sonne weiter entfernt sein als dieser Planet. Natürlich zogen Kometen Umlaufbahnen, die sie weit über den Saturn hinausführten, doch einen Kometen hätte man dort draußen nicht mehr sehen können. Kometen mußten, um sichtbar zu werden, der Sonne weit näher kommen, als die Entfernung des Saturn betrug.

Darüber hinaus ließ die Bewegung des ›Weiteren Objekts‹ klar erkennen, daß seine Bahn durch den Tierkreis verlief, was auf alle Planeten, aber praktisch auf keinen der Kometen zutraf.

Am 6. April 1781 gelang es Herschel schließlich, einen so deutlichen Blick auf das ›Weitere Objekt‹ zu werfen, daß er an der kleinen Scheibe scharfe Kanten erkennen konnte wie bei einem Planeten und nicht verschwommen, wie sie ein Komet aufgewiesen hätte. Außerdem gab es keinerlei Anzeichen für einen Schweif.

Als seine Beobachtungen endlich so weit gediehen waren, daß er eine Umlaufbahn berechnen konnte, ergab sich annähernd eine Kreisbahn wie bei einem Planeten, nicht etwa die langgezogene Bahn eines Kometen.

Zögernd mußte er das Unvorstellbare akzeptieren. Sein Komet war gar keiner — es war ein Planet. Zudem mußte er, seiner langsamen Bewegung nach zu urteilen, weit jenseits des Saturn liegen, in einem Abstand von der Sonne, der beinahe das Doppelte des Abstands zwischen Sonne und Saturn betrug.

Auf einen Schlag verdoppelte sich damit auch der Durchmesser des bekannten Planetensystems. Von 2 850 000 000 Kilometer (1 770 000 000 Meilen), dem Durchmesser der Saturnbahn, erweiterte er sich auf 5 710 000 000 Kilometer (3 570 000 000 Meilen), was dem Durchmesser der Bahn des ›Weiteren Objekts‹ entsprach. Die große Entfernung des Objekts war verantwortlich für seine Lichtschwäche, seine langsame Bewegung gegenüber den Fixsternen sowie für seine ungewöhnliche kleine Scheibe — kurz, für seine reichlich verspätete Entdeckung als Planet.

Nun war es an Herschel, dem Planeten einen Namen zu geben, und in einem Anfall übertriebener Diplomatie nannte er ihn nach dem damals regierenden König von Großbritannien, Georg III., ›Georgium Sidus‹ (Georgs Stern) — ein außergewöhnlich einfallsloser Name für einen Planeten.

König Georg fühlte sich natürlich geschmeichelt. Er verzieh Herschel seine Desertion aus dem Hannoverschen Heer in jungen Jahren und ernannte ihn zu seinem privaten Hofastronomen mit einem Jahresgehalt von dreihundert Guineen. Als Entdecker eines neuen Planeten, des ersten seit mindestens fünftausend Jahren, war er unvermittelt der berühmteste Astronom der Welt geworden, eine Position, die er bis an sein Lebensende beibehielt (und auch *verdiente*, denn auf ihn gehen noch viele andere wichtige Entdeckungen zurück). Das angenehmste daran war vielleicht seine Heirat mit einer reichen Witwe im Jahre 1788. Von da an gab es für Herschel keine finanziellen Probleme mehr.

Trotz Herschels neugegründetem Prestige wurde der von ihm gewählte Name von der indignierten Gelehrtenwelt Europas nicht angenommen. Sie waren nicht gewillt, die ehrwürdige Gepflogenheit preiszugeben, Planeten nach den Gottheiten des klassischen Altertums zu benennen, nur um einem britischen König zu schmeicheln. Als einige britische Astronomen den Namen ›Herschel‹ ins Spiel brachten, wurde auch dieser Vorschlag verworfen.

Der deutsche Astronom Johann Elert Bode war es schließlich, der eine klassische Lösung vorschlug. Die Planeten, die einen größeren Abstand von der Sonne besitzen als die Erde, stellen eine Generationenfolge dar. Diese Planeten sind der Reihe nach Mars, Jupiter und Saturn. In der griechischen Mythologie war Ares (römisch Mars) der Sohn des Zeus (römisch Jupiter), der wiederum ein Sohn des Kronos (römisch Saturn) war. Für einen Planeten jenseits des Saturn brauchte man sich nur ins Gedächtnis zu rufen, daß Kronos der Sohn des Ouranos (römisch Uranus) war. Warum sollte man den neuen Planeten also nicht ›Uranus‹ nennen?

Diese Anregung wurde mit einem Freudenschrei akzeptiert, und Uranus heißt er bis zum heutigen Tage.

Seltsamerweise wurde die heilige Zahl Sieben durch die Entdeckung von Uranus nicht wirklich gestört, sondern vielmehr wiederhergestellt! Nach dem kopernikanischen System, in dem Sonne und Mond nicht als Planeten gelten, die Erde jedoch dazugezählt wird, gab es vor dem Jahre 1781 nur sechs bekannte Planeten, und zwar in der Reihenfolge der zunehmenden Entfernung von der Sonne Merkur, Venus, Erde, Mars, Jupiter und Saturn. Fügte man nun den Uranus hinzu, dann betrug die Zahl der kopernikanischen Planeten *sieben*!

Während Herschels Ruhm und Wohlstand sich mehrten, baute er immer größere und bessere Teleskope. 1787 wandte er sich wieder seinem Planeten Uranus zu und fand zwei Satelliten, die ihn umkreisten, den elften und zwölften der bis dahin im Sonnensystem bekannten (unseren Mond eingeschlossen)*. Im Laufe der Zeit erhielten diese Satelliten die Namen Titania und Oberon nach den Elfenkönigspaar in Shakespeares *Sommernachtstraum*. Zum erstenmal verließ man damit bei der Benennung von Trabanten die klassische Mythologie.

Die neu hinzugetretenen Satelliten wiesen eine interessante Anomalie auf. Die Achse mehrerer Planeten war gegen die Bahnebene geneigt. Bei Saturn betrug der Winkel 27 Grad, bei Mars 24 Grad und bei der Erde 23,5 Grad. Etwas aus dem Rahmen fiel die Achse des Jupiter mit einer Neigung von nur drei Grad.

---

* Im Jahre 1789 entdeckte er noch zwei weitere Satelliten des Saturn; damit waren es sieben von diesem Planeten und vierzehn insgesamt.

Die Bahnebenen der Trabanten von Jupiter und Saturn waren im gleichen Maße geneigt wie die Achsen der zugehörigen Planeten. Die Satelliten rotierten auf der Ebene des planetarischen Äquators.

Die Satelliten des Uranus dagegen bewegten sich auf einer Bahnebene, die im Vergleich zu ihr um achtundneunzig Grad von der Senkrechten abwich. War es wirklich möglich, daß die Uranusachse so stark geneigt war und damit dem Winkel der Bahnebene dermaßen nahekam? Wenn das zutraf, lag Uranus bei seinem Umlauf um die Sonne sozusagen scheinbar auf der Seite.

Diese extreme Achsenneigung bestätigte sich im Laufe der Zeit, und bis zum heutigen Tag haben die Astronomen keine brauchbare Erklärung dafür, warum der Uranus unter allen Planeten unseres Sonnensystems ›auf der Seite‹ liegt.

5

Gefunden

Wissenschaftler führen nicht immer nur ein ruhiges, bewegungsarmes Leben in ihren Labors. Auf der Suche nach der Wahrheit müssen sie möglicherweise zu Weltreisenden werden; sie besteigen hohe Berge, tauchen in den Tiefen des Ozeans, um ihre Forschungen betreiben zu können. Nicht alle freilich arbeiten so, aber viele müssen es tun.

Zu den ersten, die Ballonfahrten unternahmen, gehörten Wissenschaftler, die sich für die Eigenschaften der Atmosphäre interessierten. Ein Jahrhundert später untersuchten sie kosmische Strahlen. Und heute verrichten Wissenschaftler ihre Arbeit im Weltraum.

Computer Zwei war, wie die anderen drei, die sich in einer Umlaufbahn um die Erde im Kreis herumjagten, viel größer, als er sein mußte.

Sie benötigten aber das zusätzliche Raumvolumen, damit Joe und ich an Bord gehen konnten, wenn wir mußten.

Und jetzt mußten wir.

Computer Zwei war absolut in der Lage, auf sich selbst aufzupassen. In der Regel, heißt das. Er arbeitete alles dreimal in Parallelschaltung aus, und alle drei Programme mußten perfekt ineinandergreifen. Alle drei Ergebnisse hatten übereinzustimmen. Falls nicht, wurde das Ergebnis ein paar Nanosekunden lang verzögert, während Computer Zwei sich selbst überprüfte, den Defekt suchte und ihn selbst reparierte.

Für gewöhnliche Leute gab es keine Möglichkeit, nachzuweisen, wie oft der Computer sich irrte und korrigierte. Vielleicht nie. Vielleicht zweimal täglich. Nur die Computer-Zentrale konnte den Zeitverzug messen, der durch einen Fehler verursacht wurde, und nur die Computer-Zentrale wußte, wie viele Ersatzteile er inzwischen verbraucht hatte. Und die Computer-Zentrale redete nicht darüber. Es gibt nur ein gutes Image in der Öffentlichkeit, und das ist Perfektion.

Und allen praktischen Erfahrungen nach war er perfekt gewesen, denn man hatte nie nach Joe und mir gerufen.

Wir sind die Störungs-Sucher. Wir kommen an Bord, wenn tatsächlich etwas nicht stimmt mit Computer Zwei oder einem der anderen drei, was sie nicht selbst beheben können. In den fünf Jahren, seit wir in diesem Job sind, ist das noch nie passiert. Als die Dinger in Betrieb genommen wurden, gab es hin und wieder mal Pannen, aber das war schon vor unserer Zeit.

Wir halten uns fit. Nicht, daß Sie mich falsch verstehen. Es gibt kein Computer-Fabrikat, das Joe und ich nicht diagnostizieren können. Zeigen Sie uns den Fehler, und wir zeigen Ihnen die Fehlerquelle. Joe kann das jedenfalls, denn ich gehöre nicht zu denen, die ihr eigenes Loblied singen.

Nur diesmal konnte keiner von uns die Diagnose stellen.

Was zunächst passierte, war ein Druckverlust im Gehäuse von Computer Zwei. Das war kein Präzedenzfall und schon gar keine Katastrophe. Computer Zwei kann schließlich auch in einem Vakuum arbeiten. Eine Innenraum-Atmosphäre war eine Vorsichtsmaßnahme aus der Anfangszeit, als man noch damit rechnete, daß ein nicht abreißender Strom von Reparaturtrupps an Bord gehen müßte, um an dem Computer herumzubasteln. Und aus Gründen der Tradition hat man diese Maßnahme beibehalten. Wer sagte Ihnen, Wissenschaftler wären frei von traditionellen Scheuklappen? In ihrer Freizeit sind Wissenschaftler auch nur Menschen.

Aus dem Umfang und der Geschwindigkeit des Druckabfalles schloß man, daß ein kieselsteingroßer Meteorit Computer Zwei getroffen hatte. Sein exakter Radius, seine Masse und seine Energie wurden von Computer Zwei selbst übermittelt, der seine Berechnungen auf die Meßwerte des Druckabfalles und auch noch auf ein paar andere Daten stützte.

Die nächste Panne, die auftrat, bestand darin, daß das Leck nicht gestopft und die Atmosphäre automatisch wiederhergestellt wurde. Danach kamen die Störungen, und wir wurden in die Zentrale gerufen.

Es ergab keinen Sinn. Joe legte sein häßliches Gesicht in Kummerfalten und sagte: »Da müssen ein Dutzend Sachen aus dem Leim gegangen sein.«

Jemand in der Computer-Zentrale sagte: »Dieser kieselgroße Meteor ist vermutlich als Querschläger durch den Satellit gehopst.«

»Bei dieser Aufschlagenergie«, sagte Joe, »muß er wie ein Geschoß den Computer durchschlagen haben. Keine Querschläger. Selbst wenn er zum Querschläger geworden wäre, hätte er den Computer an ein paar sehr unwahrscheinlichen Stellen treffen müssen.«

»Nun, was machen wir jetzt?«

Joe sah mich unbehaglich an. Ich glaube, in diesem Moment begriff er, was auf ihn zukam. Er hatte in seinem Urteil schon anklingen lassen, daß die Störungssucher an Bord gehen mußten — und Joe war nie im Weltraum gewesen. Wenn Joe mir einmal gesagt hatte, er habe diesen Job hauptsächlich deswegen übernommen, weil er wisse, das bedeutete, er würde nie in den Weltraum fliegen müssen, so hatte er das inzwischen 2-hoch-x-mal wiederholt, wobei x für eine ziemlich hohe Zahl steht.

Also übernahm ich für ihn das Wort. Ich sagte: »Wir müssen hinauf zum Computer.«

Joe blieb nur noch der Ausweg, Zweifel anzumelden, daß er diesem Job gewachsen sein, und ich beobachtete, wie sein Stolz sich langsam gegen seine Feigheit durchsetzte. Er gewann nur knapp — mit einer Nasenlänge, würde ich sagen.

All jenen, die in den letzten fünfzehn Jahren kein Raumschiff mehr betreten haben — denn Joe ist vermutlich kein Einzelfall —, sei gesagt, daß er nur am Anfang ungemütlich wird, wenn das Schiff beschleunigt. Daran kommen Sie natürlich nicht vorbei.

Danach passiert gar nichts mehr, wenn Sie nicht Ihre Langeweile zu den ungemütlichen Begleiterscheinungen zählen wollen. Sie sind lediglich ein Zuschauer. Das ganze Ding ist vollautomatisch und computergesteuert. Die alten romantischen Tage der Raumfahrtpiloten gehören restlos der Vergangenheit an. Vermutlich erleben Sie eine kurze Wiedergeburt, wenn unsere Raumkolonien bis zum Asteroidengürtel hinausgeschoben werden — aber dann auch nur so lange, bis zusätzliche Computer in eine Umlaufbahn geschossen werden, die dann die Bedarfslücke an Speicherkapazitäten wieder schließen.

Joe hielt den Atem an, solange wir beschleunigten, oder wenigstens kam es mir so vor. (Ich muß zugeben, daß er mich selbst nicht besonders wohl fühlte. Es war erst mein dritter Weltraumstart. Ich hatte zweimal mit meinem Gatten Urlaub auf der Raumkolonie Rho gemacht, aber eine abgebrühte Raumfahrerin war ich davon nicht geworden.)

Danach wirkte er eine Weile lang entspannt, aber nur eine Weile. Dann wurde er deprimiert.

»Ich hoffe, dieses Ding weiß, wo es hinfliegt«, sagte er verdießlich.

Ich streckte beide Arme aus und drehte die Handflächen nach oben. Ich spürte, wie mein übriger Körper dabei im Feld der Schwerelosigkeit ein Stück nach rückwärts taumelte. »Du«, sagte ich, »bist ein Computer-Spezialist. *Weißt* du nicht, daß er es weiß?«

»Sicher, aber Computer Zwei ist aufgefallen.«

»Wir sind nicht an Computer Zwei angeschlossen«, sagte ich. »Außer ihm gibt es noch drei, und selbst wenn von diesen dreien nur einer betriebsbereit wäre, könnte er das durchschnittliche Verkehrsaufkommen eines Tages im Weltraum ganz allein bewältigen.«

»Alle vier könnten ausfallen. Wenn schon Computer Zwei versagt, was sollte die anderen daran hindern?«

»Dann werden wir dieses Ding von Hand steuern.«

»So, das traust du dir zu? Du kennst dich damit aus?«

»Sie werden mich einweisen.«

»O, du heiliger Eniac«, stöhnte er.

Tatsächlich gab es keine Probleme. Unsere Reise zu Computer Zwei verlief reibungslos, und knapp zwei Tage nach unserem Start befanden wir uns in einem Parkorbit, keine zehn Meter hinter unserem Zielobjekt.

Was wir nicht so leicht schluckten, war die Meldung vom Druckabfall in Computer Drei, die uns erreichte, als wir ungefähr zwanzig Stunden unterwegs waren. Was auch immer Computer Zwei außer Betrieb gesetzt haben mochte, es traf sie nun alle, und wenn alle vier Computer ausfielen, würde der Weltraumverkehr zusammenbrechen.

Zwar konnte man ihn auf manueller Basis neu organisieren; aber die Umstellung würde mindestens ein paar Monate, wenn nicht Jahre dauern und mit verheerenden ökonomischen Rückschlägen auf der Erde verbunden sein. Schlimmer noch: Mehrere tausend Leute, die sich zur Zeit im Weltraum befanden, würden ihr Leben lassen müssen.

Schon der Gedanke daran war unerträglich, und weder Joe noch ich sprachen darüber; was jedoch Joes Laune nicht besserte und mich auch nicht glücklicher machte.

Die Erde hing mehr als 200 000 Kilometer unter uns, aber Joe schien sich daran nicht zu stören. Er konzentrierte sich auf seine Sicherheitsleine und überprüfte die Patronen in seiner Rückstoßdüse. Er wollte gewährleisten, daß er den Computer Zwei erreichen und auch wieder zur Fähre zurückkommen konnte.

Sie würden überrascht sein — wenn Sie es nie versucht haben —, wie schnell einem Weltraum-Beine wachsen können, wenn es absolut nötig ist. Ich möchte damit nicht sagen, so ein Spaziergang im All wäre kinderleicht, und die Hälfte des Sprits, den wir verbrauchten, war Vergeudung; aber wir erreichten schließlich unser Ziel. Wir landeten sogar ziemlich sacht, als wir auf Computer Zwei aufsetzten. (Man hört das selbstverständlich auch im Vakuum, weil sich die Vibration im metalloiden Gewebe Ihres Raumanzuges fortpflanzt — aber es war kein lauter Bums, nur ein Flüstern.)

Selbstverständlich wurde durch unsere Landung und den Impuls unserer beschleunigten Masse die Umlaufbahn von Computer Zwei geringfügig verändert, aber mit einem Minimum an Kraftstoff war das alles wieder korrigiert, und wir mußten uns darum nicht kümmern. Computer Zwei sorgte schon selbst dafür, denn soweit wir das beurteilen konnten, funktionierte er einwandfrei, was seine Außenbordanlagen betraf.

Natürlich untersuchten wir erst seine Außenhaut. Die Wahrscheinlichkeit, daß ein kieselgroßer Meteorit Computer Zwei durchschlagen hatte, war außerordentlich groß. In diesem Fall würde er ein charakteristisch gezacktes Loch in der Außenhaut hinterlassen haben. Wahrscheinlich sogar zwei, eine Eintritts- und Austritts-Öffnung.

Die Chancen eines solchen Meteoreinschlages, auf einen beliebigen Tag bezogen, stehen eins zu zwei Millionen — fünfzig zu fünfzig, daß so ein Ding mindestens einmal in sechstausend Jahren in einen Satelliten einschlägt. Unwahrscheinlich, aber theoretisch möglich. Doch die Wahrscheinlichkeit, daß er im Zeitraum eines beliebigen Tages von einem Meteoriten getroffen wird, der groß genug ist, um ihn zu zerstören, ist nicht höher als eins zu zehn Milliarden.

Ich erwähnte das nicht, weil Joe sich vielleicht eine ebenso gute Chance für uns selbst ausrechnete. Tatsächlich würde jeder Meteorit, der uns traf, einen viel größeren Schaden in unseren weichen und zarten Körpern anrichten als in der stoischen und robusten Maschine des Computers, und ich wollte verhindern, daß Joe noch nervöser wurde, als er sowieso schon war.

Nur war das Ding, das wir fanden, gar kein Meteorit.

»Was ist das?« fragte Joe mich schließlich.

Es war ein kleiner Zylinder, der in der Außenhaut von Computer Zwei steckte, die erste Anormalität, die wir in der äußeren Erscheinung des Computers entdeckten. Er besaß einen Durchmesser von ungefähr einem halben Zentimeter und war vielleicht sechs Zentimeter lang. Ein Ding, das etwa die Größe einer Zigarette hatte, falls einer von Ihnen noch immer der antiken Sucht des Rauchens frönt. Wir schalteten unsere kleinen Stablampen ein.

»Das Ding gehört nicht zu den Außenbordanlagen«, sagte ich.

»Zweifellos nicht«, murmelte Joe.

Da war eine schwache spiralförmige Markierung, die vom einen Ende des runden Zylinders zum anderen verlief. Nichts sonst. Im übrigen bestand das Ding eindeutig aus Metall, das jedoch eine seltsame körnige Struktur aufwies — wenigstens für das bloße Auge.

»Es sitzt nicht sehr fest«, sagte Joe.

Er berührte es vorsichtig mit einem dicken, von einem Handschuh verhüllten Finger, und das Ding gab nach. An seiner Kontaktstelle mit der Außenhaut des Computers entdeckten wir mit Hilfe unserer Stablampen ein sichtbares Loch.

»Das ist der Grund, weshalb der innere Gasdruck bis auf den Wert Null sank«, sagte ich.

Joe brummelte etwas. Er drückte ein bißchen fester gegen den Zylinder, und er brach ab und begann zu schweben. Mit einiger Mühe gelang es uns, ihn einzufangen. Übrig blieb ein perfektes rundes Loch in der Außenhaut von Computer Zwei mit dem Durchmesser eines halben Zentimeters.

»Was dieses Ding auch darstellt«, sagte Joe, »es ist nichts weiter als eine Folie.«

Das Material gab bei seinem Fingerdruck nach, war dünn, aber elastisch. Etwas mehr Kraftaufwand, und man konnte es verbiegen. Er steckte es in seine Gürteltasche, die er sofort wieder schloß, und sagte: »Du gehst das ganze Gehäuse ab und schaust nach, ob du noch irgendwo so ein ähnliches Ding findest. Ich gehe inzwischen an Bord.«

Ich brauchte nicht lange für meine Inspektion. Dann stieg ich ebenfalls in den Computer. »Alles sauber«, sagte ich. »Kein weiterer Einschlag. Und auch kein zweites Loch.«

»Eins genügt«, erwiderte Joe düster. Er blickte auf die glatte Aluminiumwand, und im Licht der Stablampe war das kreisrunde schwarze Loch von einer bestechenden Perfektion.

Es war nicht schwierig, dieses Leck zu versiegeln. Es war schon etwas schwieriger, die Atmosphäre wieder herzustellen. Die Vorräte von Computer Zwei zur Herstellung von Reservegas waren erschöpft, und die dazu nötigen Steueranlagen mußten von Hand bedient werden.

Der Solar-Generator war etwas gestört, aber es gelang uns, ihm den Strom für die Beleuchtung abzutrotzen.

Schließlich konnten wir die Handschuhe und den Helm ablegen, doch Joe legte vorsichtigerweise die Handschuhe in den Helm und befestigte diesen an einer seiner Raumanzug-Schlaufen.

»Ich möchte nicht erst danach suchen müssen, wenn der Luftdruck wieder zu fallen beginnt«, sagte er säuerlich.

Ich folgte seinem Beispiel. Es hatte keinen Sinn, die Tollkühne zu spielen.

Dicht neben dem Loch in der Wand war eine Narbe. Ich hatte sie im Licht meiner Lampe entdeckt, als ich das Leck verschloß. Jetzt, als die Beleuchtung anging, war es deutlich zu sehen.

»Hast du das bemerkt, Joe?« sagte ich.

»Ich sehe es.«

Da war eine schwache flache Rinne in der Wand, nicht sehr auffällig, aber zweifellos vorhanden, wenn man nicht mit dem Finger über das Metall strich. Die Rinne setzte sich ungefähr einen Meter weit fort, als habe jemand mit einem Schaber eine Probe von der Innenhaut abgenommen.

Die Oberfläche war an dieser Stelle deutlich weniger glatt als an der übrigen Wand.

»Wir sollten lieber die Computer-Zentrale im Erdgeschoß benachrichtigen«, sagte ich.

»Wenn du die Erde meinst, dann sag es auch«, erwiderte Joe. »Ich hasse diesen Raumfahrerjargon. Überhaupt kann mir das ganze Weltall gestohlen bleiben. Deswegen habe ich ja einen Boden-Job angenommen — ich meine, einen Job auf der Erde — oder einen Job, der mir solche Dienstreisen ersparte.«

»Wir sollten jetzt lieber die Computer-Zentrale auf der Erde rufen«, sagte ich geduldig.

»Weshalb?«

»Um ihnen mitzuteilen, daß wir die Störung gefunden haben.«

»Oh? Was haben wir denn gefunden?«

»Das Loch. Hast du so ein kurzes Gedächtnis?«

»Nein, wenn es dich auch wundern sollte. Und was hat das Loch verursacht? Es war kein Meteorit. Ich habe noch nie einen Meteoriten gesehen, der ein perfektes kreisrundes Loch hinterläßt, ohne dabei das Metall zu verbiegen oder zum Schmelzen zu bringen. Und ich habe noch nie einen Meteoriten gesehen, der einen Zylinder hinterlassen hat.« Er nahm den Zylinder aus seiner Gürteltasche und glättete nachdenklich die Dellen in dem dünnen Metall. »Nun, was ist schuld an dem Loch?«

Ich zögerte nicht. Ich sagte: »Ich weiß es nicht.«

»Wenn wir uns bei der Computer-Zentrale melden, werden sie uns diese Frage stellen, und wir werden sagen müssen, wir wüßten es nicht, und was haben wir dabei gewonnen? Außer Vorwürfen, meine ich?«

»Sie werden uns rufen, Joe, wenn wir uns nicht in der Zentrale melden.«

»Klar. Und wir werden nicht antworten, verstanden?«

»Dann werden sie annehmen, wir wären beim Einsatz umgekommen, Joe, und sie werden ein Ersatzteam heraufschicken.«

»Du kennst doch die Computer-Zentrale. Sie brauchen mindestens zwei Tage, ehe sie sich dazu entscheiden. Bis dahin werden wir etwas Konkretes gefunden haben, und sobald wir etwas haben, werden wir sie benachrichtigen.«

Für eine menschliche Besatzung war das Innengehäuse von Computer Zwei eigentlich nicht gebaut. Vorgesehen und zugelassen war es nur für eine gelegentliche und vorübergehende Anwesenheit eines Störungs-Teams. Das bedeutete, es enthielt Werkzeuge und Vorräte und soviel Raum, daß man sich darin bewegen konnte.

Natürlich gab es keine Stühle mit Lehnen. Auch ein Gravitationsfeld suchte man hier vergeblich oder einen Ersatz dafür durch Zentrifugal-kräfte.

Wir hingen mitten in der Luft, schwebten langsam hierhin und dort-hin. Zuweilen prallte einer von uns gegen die Wand und wurde lang-sam wieder davon zurückgestoßen. Oder wir kamen uns gegenseitig mit unseren Extremitäten ins Gehege.

»Nimm deinen Fuß aus meinem Mund«, sagte Joe und schob ihn heftig von sich fort. Das war ein Fehler, denn nun begannen wir beide zu kreisen. Für uns schien sich das aber anders zu verhalten; nicht wir, sondern der Innenraum von Computer Zwei schien sich um uns zu drehen, was viel unangenehmer war, und es dauerte eine Weile, ehe wir wieder relativ ruhig in der Luft schwebten.

Wir hatten bei unserem Training auf der Erde die Theorie vollkom-men im Griff, aber uns fehlte die Praxis. Die Praxis war viel zu kurz gekommen.

Bis es uns gelang, wieder eine stabile Lage einzunehmen, hatte ich einen Drehwurm. Sie können es Drehwurm nennen oder Astronauten-schwindel oder Raumkrankheit. Egal, wie Sie es taufen, es bedeutet, Sie müssen kotzen, und das ist im Raum schlimmer als sonstwo, weil nichts die Kotze nach unten zieht. Sie schwebt in einer Wolke aus Tröpfchen umher, und man möchte das Zeug nicht ständig vor dem Gesicht haben. Also hielt ich es gewaltsam zurück und Joe ebenfalls.

»Zweifellos liegt eine Störung des Computers vor, Joe«, sagte ich.

»Also laß uns seine Innereien besichtigen.« Oder irgend etwas tun, das mich von meinen eigenen Innereien ablenkte, damit sie wieder zur Ruhe kamen. Zudem ging mir das alles nicht schnell genug. Ich mußte an Computer Drei denken, der auch schon kurz vor einem Kollaps stand; vielleicht hatte es mittlerweile auch Computer Eins und Computer Vier erwischt; und das Leben von Tausenden von Menschen im Weltraum hing davon ab, was wir hier erreichten.

Joe sah auch ein bißchen grün im Gesicht aus, aber er sagte: »Zuerst muß ich noch einmal nachdenken. Etwas ist hier eingedrungen. Es war kein Meteorit, denn dieses Ding, was es auch sein mag, hat ein sauberes Loch in die Außenhaut gebissen. Es hat kein Loch hineingestanzt, sonst hätten wir hier irgendwo ein kreisrundes Stück Metall gefunden. Oder bist du zufällig darauf getreten?«

»Nein. Aber ausdrücklich gesucht danach habe ich auch nicht.«

»*Ich* aber, und ich fand nichts dergleichen hier.«

»Es kann wieder in den Weltraum gefallen sein.«

»Mit dem Zylinder, der das Loch verdeckte, bis ich ihn entfernte? Wäre eine Möglichkeit. Hast du etwas gesehen, das aus dem Computergehäuse herausflog?«

»Nein.«

»Möglich, daß wir immer noch so ein Stück hier finden«, sagte Joe, »aber ich bezweifle das. Es löste sich irgendwie auf, und etwas drang hier ein.«

»Was für ein Etwas? Wem gehörte es?«

Joes Grinsen war bemerkenswert übellaunig. »Warum stellst du laufend Fragen, auf die es keine Antwort gibt? Wären wir noch im letzten Jahrhundert, würde ich sagen, den Russen ist es irgendwie gelungen, diese Vorrichtung an der Außenhaut von Computer Zwei anzubringen. — Nimm es nicht persönlich. Wäre es das letzte Jahrhundert, würdest du sagen, das hätten die Amerikaner getan.«

Ich beschloß, es persönlich zu nehmen. Ich sagte mit kalter Stimme: »Wir versuchen, etwas zu formulieren, das für *dieses* Jahrhundert einen Sinn ergibt, Iosif«, und gab dem Namen eine übertriebene russische Aussprache.

»Dann müssen wir von irgendeiner Dissidentengruppe ausgehen.«

»Dann«, erwiderte ich, »müssen wir von einer Gruppe ausgehen, die die Technik der Raumfahrt beherrscht und die Möglichkeit hatte, sich mit einem ungewöhnlichen Gerät dem Computer zu nähern.«

»Die Raumfahrt-Technik ist kein großes Problem«, sagte Joe, »wenn du die Computer in der Umlaufbahn mit illegalen Tricks anzapfen kannst — was kein Präzedenzfall wäre. Was den Zylinder anbelangt, kommen wir vielleicht zu einem sinnvolleren Ergebnis, wenn wir ihn unten auf der Erde analysieren lassen — im Erdgeschoß, wie ihr Raumfahrt-Hasen zu sagen pflegt.«

»Mir leuchtet das nicht ein«, sagte ich. »Welchen Sinn hätte der Versuch, Computer Zwei lahmzulegen?«

»Als Mittel zum Zweck, die gesamte Raumfahrt zu sabotieren.«

»Dann leidet jeder darunter, auch die Dissidenten.«

»Aber damit erregt man doch ungeheures Aufsehen, nicht wahr? Und plötzlich machen derjenige oder diejenigen mit ihrem Anliegen Schlagzeilen. Oder ihr Plan sieht lediglich vor, Computer Zwei auszuschalten und dann mit einem Attentat gegen die anderen drei Computer zu drohen. Kein echter Schaden, aber eine Menge Zündstoff und reichliche Publicity.«

»Daran glaube ich nicht«, sagte ich. »Es klingt mir zu dramatisch.«

»Im Gegenteil«, konterte Joe. »Ich versuche gerade, die Sache zu entdramatisieren.« Er betrachtete nun eingehend alle Teile der Inneneinrichtung, suchte jeden Quadratzentimeter des Computergehäuses ab. »Ich *könnte* ja annehmen, das Ding war kein irdisches Erzeugnis.«

»Nun fang nicht an zu spinnen.«

»Soll ich dir das logisch begründen? Der Zylinder heftet sich an der Außenhaut, worauf etwas, das in ihm steckte, ein kreisrundes Stück Metall wegfrißt und in den Computer Zwei eindringt. Es kriecht über die Innenwand und knabbert dabei aus irgendeinem Grund das Metall an. Erinnert dich das vielleicht an eine menschliche technische Erfindung?«

»Ich wüßte keine, aber ich weiß nicht alles. Selbst du weißt es nicht.«

Joe überhörte das. »Damit stellt sich die Frage, wie es — was es auch immer sein mag — in den Computer eindringen konnte, der schließlich verhältnismäßig gut abgeschirmt ist. Es muß sehr rasch eingedrungen sein, denn es schaltete fast gleichzeitig die automatische Selbstversiegelungs- und Sauerstoffregenerations-Anlage aus.«

»Ist es *das*, wonach du suchst?« sagte ich, mit dem Finger zeigend.

Er versuchte, zu rasch abzubremsen, machte eine Rolle rückwärts und schrie: »Das ist es! Das ist es!«

Vor Aufregung ruderte er mit Armen und Beinen, was ihn natürlich nirgendwohin brachte. Ich packte ihn, und eine Weile lang versuchten wir beide, uns mit unkoordinierten Bewegungen in eine bestimmte Richtung zu manövrieren, was uns ebenfalls mißlang. Joe belegte mich mit einer Reihe von Schimpfworten, worauf ich mit gleicher Münze zurückzahlte und erheblich im Vorteil war. Ich kann perfekt Englisch, beherrsche die Sprache tatsächlich besser als er; während seine Russischkenntnisse — behutsam ausgedrückt — fragmentarisch sind. Schimpfwörter in einer Sprache, die man nicht versteht, klingen stets sehr dramatisch.

»Hier ist es«, sagte er, als wir uns endlich auseinandersortiert hatten.

Wo die Computer-Abschirmung an die Innenwand stieß, befand sich ein kleines kreisrundes Loch, als Joe einen kleinen Zylinder fortwischte. Er war dem ersten, den wir an der Außenhaut entdeckt hatten, sehr ähnlich, schien aber noch dünner zu sein. Tatsächlich schien er auseinanderzufallen, als Joe ihn berührte.

»Wir sollten jetzt lieber in den Computer hineinkriechen«, sagte Joe.

Der Computer war nur noch eine Ruine.

Nicht auf eine augenfällige Weise. Ich wollte damit nicht sagen, er glich einem von Termiten befallenen Holzbalken.

Tatsächlich hätte man bei oberflächlicher Betrachtung schwören können, der Computer sei intakt.

Wenn man jedoch näher hinsah, bemerkte man die fehlenden Chips. Wenn man sehr gründlich nachsah, wurden die Lücken, wo die Chips hingehörten, immer zahlreicher. Schlimmer noch — die Vorräte, mit denen sich Computer Zwei selbst zu reparieren pflegte, waren fast gänzlich aufgebraucht. Während wir unsere optische Bestandsaufnahme fortsetzten, entdeckte einer von uns immer wieder etwas anderes, das in dem Computer fehlte.

Joe holte den Zylinder abermals aus seiner Gürteltasche und betrachtete ihn von beiden Seiten. »Ich vermute, daß er besonders scharf ist auf hochwertiges Silikon. Ich kann es natürlich nicht mit Sicherheit sagen, aber meiner Vermutung nach besteht die Zylinderwand vorwiegend aus Aluminium, während die abgeplatteten Endstücke hauptsächlich Silikon enthalten.«

»Was bedeutet«, sagte ich, »daß du es für eine Solar-Batterie hältst?«

»Teilweise ja. So bekommt es seine Energie im Weltraum; Energie, um den Computer Zwei erreichen zu können, Energie, um ein Loch hineinzufressen, Energie, um — um ... ich weiß nicht, wie ich es anders ausdrücken soll: Energie, um am Leben zu bleiben.«

»Du bezeichnest das Ding als Lebewesen?«

»Weshalb nicht? Denk doch einmal nach. Computer Zwei kann sich selbst reparieren. Er kann fehlerhafte Bauteile aussondern und sie durch funktionstüchtige neue Teile ersetzen; aber er braucht einen Vorrat an Ersatzteilen, um dieses Programm zu erfüllen. Wenn er ein volles Sortiment von Ersatzteilen bekommt, könnte er sich sogar selbst nachbauen, vorausgesetzt, daß er entsprechend programmiert ist — aber immer unter der Voraussetzung vorgefertigter Ersatzteile. so daß wir ihn also nicht als etwas Lebendes begreifen. Dieses Objekt hingegen, das in Computer Zwei eindrang, sammelt offensichtlich seine eigenen Vorräte. Das sieht verdächtig nach etwas Lebendigem aus.«

»Mit anderen Worten«, sagte ich, »wir haben es hier mit einem Mikrocomputer zu tun, der so fortgeschritten ist, daß man ihn als lebend bezeichnen könnte.«

»Ich weiß wirklich nicht, was ich dazu sagen soll«, erwiderte Joe.

»Wer auf der Erde könnte so ein Ding herstellen?«

»Ja, *wer*?«

Ich machte die nächste Entdeckung. Es sah wie ein Bleistiftstummel aus, der durch die Luft schwebte. Ich nahm es nur aus dem Augenwinkel wahr und registrierte es als einen Bleistift.

In der Schwerelosigkeit neigen die Dinge dazu, sich aus den Taschen zu mogeln und umherzuschweben. Nichts vermag sie an Ort und Stelle zu halten, solange sie nicht festgeschraubt oder -gebunden sind. Man muß darauf gefaßt sein, daß Kugelschreiber und Münzen und andere Gegenstände, die irgendwo eine Öffnung finden, sich mit der Zeit aus ihrem Behältnis befreien und sich dorthin begeben, wohin ein Luftstrom oder ihr Trägheitsmoment sie treibt.

Also registrierte mein Verstand ›Bleistift‹, und ich griff automatisch nach ihm, worauf ihn meine Finger natürlich nicht zu fassen bekamen. Es genügt schon, nach etwas zu greifen, um einen Luftstrom zu erzeugen, der den Gegenstand von einem wegbewegt. Man muß mit der einen Hand über den Gegenstand hinweglangen, sich mit der anderen vorsichtig von hinten heranpirschen und dann den Gegenstand von vorne packen. Das Einfangen eines kleinen Objekts, das im schwerelosen Raum schwebt, ist eine Operation mit zwei Händen.

Ich kenne ein paar Leute, die es auch mit einer Hand schaffen, aber das sind erfahrene Weltraum-Hasen, zu denen ich nicht gehöre.

Ich drehte mich, um den Gegenstand nicht aus den Augen zu verlieren, und widmete dem Vorgang des Einfangens ein bißchen mehr Aufmerksamkeit, als ich bemerkte, daß mein Bleistift noch in der für ihn vorgesehenen Tasche steckte. Ich tastete danach, und überzeugte mich davon.

»Hast du einen Bleistift verloren, Joe?« rief ich.

»Nein.«

»Oder einen ähnlichen Gegenstand? Einen Schlüssel? Eine Zigarette?«

»Ich rauche nicht. Das weißt du doch.«

Eine dumme Antwort. »Vielleicht etwas anderes?« fragte ich aufgebracht. »Ich sehe doch keine Gespenster.«

»Niemand hat jemals behauptet, du wärst geistig stabil.«

»Schau doch endlich her, Joe! Dort, dort drüben!«

Er stürzte sich darauf. Ich hätte ihm sagen können, daß er damit nichts erreichte.

Inzwischen schien jedoch unser Herumstochern im Computer die Dinge in Bewegung gebracht zu haben. Wir sahen sie jetzt überall, wohin wir blickten. Sie schwebten in den Luftströmungen.

Ich bekam endlich eines davon zu fassen. Oder vielmehr hielt es von selbst an, und zwar am Ellenbogen von Joes Raumanzug. Ich riß es ab und schrie. Joe stieg erschrocken in die Luft und hätte mir um ein Haar das Ding wieder aus der Hand geschlagen.

»Schau dir das an!« rief ich.

Da war ein metallisch schimmernder Kreis an der Stelle von Joes Raumanzug, wo ich das Ding abgezogen hatte. Es hatte schon damit begonnen, sich durch den Stoff zu fressen.

»Gib mir das Ding«, sagte Joe.

Er nahm es behutsam und setzte es auf die Innenwand, damit es ruhig hielt. Dann zog er ihm vorsichtig die papierdünne Metallhülle ab.

In der Hülle befand sich etwas, das wie ein Faden aus Zigarettenasche aussah. Es glitzerte jedoch im Licht wie locker gewebtes Metall. Es war auch etwas Feuchtigkeit, die im Licht schimmerte. Es krümmte sich langsam, und das freie Ende schien blind nach etwas zu suchen.

Dann kam es in Kontakt mit der Wand und blieb haften. Joe schob es mit dem Finger wieder weg. Es schien ihn nur geringe Mühe zu kosten, um das fertigzubringen. Joe rieb seinen Finger am Daumen und sagte: »Fühlt sich ölig an.«

Der Metallwurm — ich wußte nicht, wie ich es sonst nennen sollte — schien leblos zu sein, nachdem Joe ihn berührt hatte. Er bewegte sich nicht mehr.

Ich verrenkte mich und drehte mich im Kreis bei dem Versuch, mich selbst zu betrachten.

»Joe«, sagte ich, »um Himmels willen — habe ich auch eins von diesen Dingern auf meinem Anzug?«

»Ich sehe keins«, erwiderte er.

»Verdammt, schau *mich* an. Du mußt mich ständig beobachten, Joe, und ich werde es mit dir ebenso halten. Wenn diese Dinger unsere Raumanzüge ruinieren, können wir nicht mehr zu unserem Schiff zurückkehren.«

»Dann bleib in Bewegung«, sagte Joe.

Es war ein gräßliches Gefühl, von diesen Dingern umgeben zu sein, die nur darauf lauerten, dort, wo sie uns berühren konnten, unseren Raumanzug anzuknabbern. Sobald sich eines von ihnen zeigte, versuchten wir es einzufangen und ihm gleichzeitig auszuweichen, was sich beides zu einem Fiasko ergänzte. Ein ziemlich langes Ding schwebte ganz dicht neben meinem Bein, und ich trat danach, was idiotisch war, denn wenn ich es getroffen hätte, würde es sich vermutlich festgebissen haben. Tatsächlich trieb der Luftstrom, den ich erzeugte, es gegen die Wand, wo es haften blieb.

Joe griff hastig danach — zu hastig. Der Rückstoß bewegte seinen Körper in die entgegengesetzte Richtung, und während er sich in der Luft überschlug, streifte er mit dem Stiefel eines Fußes die Wand in der Nähe der Stelle, wo der Zylinder haftete. Als er sich endlich wieder gerade richten konnte, war der Zylinder immer noch dort.

»Ich habe ihn nicht zerquetscht, wie?«

»Nein«, erwiderte ich, »du hast ihn um einen Dezimeter verfehlt. Von alleine geht er nicht weg.«

Ich hatte ihn zwischen meinen Händen. Er war doppelt so lang wie die anderen Zylinder, die wir bisher entdeckt hatten. Tatsächlich sah er wie zwei Zylinder aus, die mit der Längsachse aneinanderkleben und an der Verbindungsstelle eine Verdickung aufwiesen.

»Ein Zeugungsakt«, sagte Joe, während er die Metallschale entfernte.

Diesmal fanden wir nur einen Staubfaden darin. Zwei Staubfäden. Einen auf beiden Seiten der Verdickung.

»Es gehört nicht viel dazu, um sie zu töten«, sagte Joe. Er entspannte sich sichtlich. »Ich glaube, wir sind vor ihnen verhältnismäßig sicher.«

»Sie wirken so lebendig«, sagte ich voll Widerwillen.

»Ich glaube, sie wirken nicht nur so. Es sind Viren — oder etwas Gleichwertiges.«

»Wovon redest du überhaupt?«

»Zugegeben«, erwiderte Joe, »ich bin ein Computer-Technologe und kein Virologe — aber soweit ich weiß, bestehen die Viren auf der Erde oder im Erdgeschoß, wie du dich ausdrücken würdest, aus einem Nukleinsäure-Molekül, das in eine Protein-Hülse eingebettet ist. Wenn ein Virus eine Zelle angreift, löst es zunächst mit Hilfe eines passenden Enzyms die Zellwand oder -membrane auf, und durch das entstandene Loch schlüpft dann das Nukleinsäure-Molekül in die Zelle hinein und läßt die Proteinhülle draußen vor der Zellwand zurück. In der Zelle findet es genügend Material, um sich ein neues Proteinkleid zulegen zu können. Tatsächlich vermag es sich selbst nachzubilden und jeder Nachbildung ein neues Proteinkleid zu verpassen. Sobald es die Zelle leergeplündert hat, löst diese sich auf, und anstelle des einen Virus, das in die Zelle eingedrungen war, werden mehrere hundert Tochterviren frei. Kommt dir das nicht bekannt vor?«

»Ja. Sehr bekannt. Genau das ist hier geschehen. Aber wo kam das Ding her, Joe?«

»Offensichtlich nicht von der Erde oder einer irdischen Kolonie. Vermutlich aus dem Raum außerhalb unseres Planetensystems. Sie driften durch das Weltall, bis sie auf etwas Geeignetes stoßen, worin sie sich vermehren können. Sie suchen nach Objekten aus geschmiedetem oder geschmolzenem Metall von entsprechender Größe. Ich glaube nicht, daß sie Erze zum Schmelzen bringen können.«

»Aber große Metallgegenstände mit reinen Silikonbestandteilen und einer Reihe von anderen schmackhaften Dingen wie unser Computer sind ausschließlich Produkte intelligenter Lebensformen«, sagte ich.

»Richtig«, erwiderte Joe, »was bedeutet, wir haben hier den bisher besten Beweis, daß intelligentes Leben im Universum weitverbreitet ist, da Objekte wie unser Computer ziemlich häufig vorkommen müssen, weil sich sonst diese Viren gar nicht am Leben erhalten könnten. Und es bedeutet, daß intelligentes Leben schon sehr alt ist, vielleicht zehn Milliarden Jahre alt — jedenfalls alt genug, damit sich eine Metallzeit entwickeln konnte, worauf sich eine Metall/Silikon/Öl-Lebensform bildete, wie sich bei uns eine Nuklein/Protein/Wasser-Lebensform gebildet hat. Genügend Zeit, um einen Parasiten hervorzubringen, der in den Artefakten einer Raumfahrt-Kultur schmarotzt.«

»Du stellst das so dar«, sagte ich, »als würde jede intelligente Lebensform, sobald sie sich zu einer Raumfahrt-Kultur entwickelt, über kurz oder lang von solchen Parasiten heimgesucht werden.«

»Richtig. Und daß entsprechende Gegenmittel gefunden werden müssen. Zum Glück kann man diese Dinger leicht umbringen, zumal jetzt, wo sie sich im Entwicklungsstadium befinden. Später, wenn sie bereit sind, aus ihrer Mutterzelle Computer Zwei wieder auszuschwärmen, werden sie vermutlich noch wachsen, ihre Hülle verstärken, sich in ihrer Hülle stabilisieren und sich auf ähnliche Weise wie unsere Sporen darauf vorbereiten, Millionen Jahre lang durch das All zu schweben, bis sie wieder auf ein geeignetes Heim stoßen. Dann wird man sie vermutlich nicht so leicht töten können.«

»Und wie willst du sie jetzt töten?«

»Das habe ich doch schon getan. Ich brauchte das erste Ding, als es instinktiv nach Metall suchte, um sich erneut eine Hülle zu bauen, die ich ihm vorher abgezogen hatte, nur zu berühren, und da war es tot. Das zweite berührte ich nicht einmal, sondern stieß nur mit dem Stiefel an die Wand in seine Nähe, und die Schallvibration in der Metallwand zerstörte seine Eingeweide zu Metallstaub. Also können sie uns jetzt nichts mehr anhaben oder den Computer noch weiter ausweiden, wenn wir sie nur ordentlich durchschütteln!«

Er mußte mir nichts mehr erklären — oder so viel. Er zog langsam seine Handschuhe an und hämmerte dann damit gegen die Wand. Der Rückstoß trieb ihn fort, und er trat gegen die Innenhaut, sobald er in ihre Nähe kam.

»Mach es auch so!« rief er.

Ich versuchte es, und eine Weile lang waren wir damit beschäftigt. Sie ahnen nicht, wie schwierig es ist, in der Schwerelosigkeit gegen eine Wand zu schlagen, mit Absicht, meine ich, und zwar so heftig, daß es dröhnt. Die Hälfte der Schläge ging daneben, oder wir hauten so wuchtig zu, daß wir durch den Computerraum geschleudert wurden, aber so gut wie keinen Schall erzeugten. Wir waren im Nu außer Atem vor Anstrengung und Wut.

Aber wir hatten uns akklimatisiert (oder jedenfalls ich), und die Schwindelanfälle blieben nun aus. Wir rackerten uns ab, und als wir wieder ein paar Viren untersuchten, war nur noch Staub in ihren Hüllen. Sie waren eindeutig auf leere, automatisierte Raumobjekte eingestellt, die gleich unserem modernen Computer vibrationsfrei waren. Deshalb hatten sie, wie ich vermute, auch diese außerordentlich zerbrechlichen komplizierten Metallstrukturen aufbauen können, die so instabil waren, daß sie die Prozesse einer primitiven Lebensform überhaupt ermöglichten.

»Glaubst du, wir haben sie alle erwischt, Joe?« fragte ich.

»Wie kann ich das sagen? Wenn eins übriggeblieben ist, wird es die Metallvorräte seiner Artgenossen ausschlachten, und das Ganze fängt von vorne an. Also setzen wir die Klopferei noch eine Weile fort.«

Das taten wir, bis wir so erschöpft waren, daß es uns egal war, ob noch ein lebendes Virus übriggeblieben war.

»Natürlich«, sagte ich keuchend, »wird die Planetarische Gesellschaft für die Förderung der Wissenschaften nicht gerade entzückt sein, wenn wir alle umbringen.«

Joes Meinung, was die P.G.F.W. seinetwegen tun könne, war drastisch, aber fruchtbar. Er sagte: »Hör zu. Unser Auftrag lautete, Computer Zwei zu retten, dazu das Leben von ein paar tausend Menschen und, wie sich herausstellte, auch unser eigenes Leben. Nun können die entscheiden, ob sie diesen Computer renovieren oder von Grund auf neu bauen wollen. Das ist deren Baby.

Die P.G.F.W. kann auch aus diesen toten Objekten noch etwas lernen, und das ist besser als nichts. Wenn sie lebende Viren haben wollen, werden sie vermutlich Schwärme davon in diesen Regionen finden. Sie können ja danach suchen, wenn sie lebendige Exemplare benötigen, aber dabei sollten sie ständig auf ihre Raumanzüge achten. Ich glaube nicht, daß man sie im freien Raum zu Tode schütteln kann.«

»Schön«, sagte ich. »Ich schlage vor, wir melden der Zentrale, daß wir diesen Computer notdürftig zusammenflicken, damit er nicht ganz ausfällt, und hier bleiben, bis eine Ablösung heraufkommt, um die notwendigen Reparaturen durchzuführen, oder irgendwelche Maßnahmen ergreift, die eine neue Infektion verhindern. Inzwischen sollten sie lieber jemand zu den anderen Computern schicken und dort ein System einrichten, das die Dinger kräftig durchschüttelt, sobald die Computer einen inneren Druckabfall melden.«

»So einfach ist das«, sagte Joe höhnisch.

»Ein Glück, daß wir sie so rechtzeitig gefunden haben.«

»Moment mal«, sagte Joe, und tiefe Sorge zeigte sich in seinem Blick. »Wir haben sie nicht gefunden. *Sie* fanden *uns.* Wenn sich Leben aus Metall entwickeln konnte, glaubst du dann, es wäre nur bei dieser einen Form geblieben? Daß es außer dieser zerbrechlichen Gattung nicht noch andere gäbe?

Was ist, wenn sich solche Lebensformen irgendwie miteinander verständigen und sich andere inzwischen in der Weite des Alls versammeln, um über uns herzufallen? Auch andere Arten — sie alle gierig nach dem saftigen neuen Futter einer bisher unversehrten Raumfahrt-Kultur schielend. *Andere* Spezies! Arten, die stabil genug sind, Vibrationen zu widerstehen. Die groß genug sind und flexibler in ihrer Reaktionen auf eine Gefahr. Die in der Lage sind, auch unsere Raumkolonien zu verseuchen. Einige, die, was Univac verhüten möge, selbst bis auf die Erde vorzudringen vermögen, um das Metall ihrer Städte zu fressen.

Was ich melden werden — was ich melden muß —, ist, daß *sie uns gefunden* haben!«

6

Der Mikrowellenblitz

Vielleicht meinen Sie, vor zweihundert Jahren sei es leichter gewesen, eine Zufallsentdeckung zu machen, weil die Wissenschaftler damals noch vieles nicht wußten und daher noch mehr der Entdeckung harrte. Es könnte Ihnen so vorkommen, daß in dem Maße, wie die Zeit fortschreitet und die Wissenschaft eine Entdeckung nach der anderen machen, die Chancen, bei einfachen Routineforschungen auf etwas Unerwartetes, Revolutionäres zu stoßen, immer mehr schwinden.
Das trifft keineswegs zu. Die Suche wird mit immer feineren Instrumenten durchgeführt, und die große Chance, um es einmal so zu nennen, wird nicht geringer. Sehen Sie hier einen Vorgang, der sich erst vor zwei Jahrzehnten zugetragen hat.

Wenn ich so die Essays durchblättere, die in meinen Büchern erschienen sind und in den vergangenen achtzehneinhalb Jahren von mir geschrieben wurden, überrascht es mich nicht, gelegentlich auf den einen oder anderen zu stoßen, der durch den Fortschritt der Wissenschaft inzwischen eingeholt wurde.

In diesem Fall ist es vermutlich früher oder später Ehrensache für mich, das auch deutlich auszusprechen und mich auf einer erneuerten Grundlage nochmal mit der Sache zu befassen.

Vor Jahren habe ich beispielsweise einmal einen Artikel über Pygmäensterne verschiedenster Art geschrieben. Ich gab ihm die Überschrift ›Squ-u-u-ush‹; er erschien in dem Buch ›From Earth to Heaven‹ (1966).*

Darin behandelte ich unter verschiedenen anderen Dingen auch winzige Sterne, die ›Neutronensterne‹ genannt wurden. Ich sagte, es gäbe Spekulationen darüber, daß ein solcher Stern im Crabnebel existiere, einer hochaktiven Gaswolke, von der man weiß, daß es sich um die Überreste einer Supernova handelt, die vor etwas weniger als eintausend Jahren von der Erde aus zu sehen war. Aus dem Crabnebel werden Röntgenstrahlen abgegeben, und bei Neutronensternen wäre zu erwarten, daß sie ebenfalls Röntgenstrahlen aussenden.

Wenn es sich jedoch um einen Neutronenstern handelte, müßten die Röntgenstrahlen von einer punktförmigen Strahlenquelle ausgehen. Der vor dem Crabnebel vorüberziehende Mond würde in diesem Falle die Röntgenstrahlen abrupt abschneiden. Ich fuhr fort:

›Am 7. Juli 1964 verdeckte der Mond den Crabnebel, und eine Rakete wurde hochgeschossen, um Messungen vorzunehmen ... O ja,

---

* Bisher keine deutsche Ausgabe

die Röntgenstrahlen blieben weg. Damit stand fest, daß die Röntgenquelle sich ungefähr über ein Lichtjahr erstreckt und somit kein Neutronenstern ist.

... Darüber hinaus berechneten Physiker vom Californian Institute of Technology Anfang 1965 die Abkühlungsgeschwindigkeit eines Neutronensterns ... Sie kamen zu dem Schluß, daß er nur ... einige Wochen lang Röntgenstrahlen aussenden würde. ‹

Die Schlußfolgerung ging allem Anschein nach davon aus, daß es recht unwahrscheinlich sei, es könne sich bei einer Röntgenquelle um einen Neutronenstern handeln, und daß diese Objekte, selbst wenn sie existieren, wahrscheinlich niemals zu entdecken wären.

Doch etwa zwei Jahre nachdem ich den Essay geschrieben hatte (und circa acht Monate nachdem die Sammlung von Essays erschienen war), wurden schließlich doch Neutronensterne entdeckt, und heute kennt man eine ganze Reihe davon. Also ist es nur sinnvoll, wenn ich jetzt erläutere, wie das zustandekam — indem ich ein wenig zurückgehe.

Lassen Sie uns mit einem Blick auf die Weißen Zwerge beginnen — Sterne mit der Masse von gewöhnlichen Fixsternen, aber dem Volumen von Planeten. Der erste Weiße Zwerg, der entdeckt wurde, Sirius B, hat eine Masse, die der unserer Sonne entspricht, doch einen Durchmesser, der geringer ist als der Durchmesser unserer Erde.

Wie ist das möglich?

Ein Stern wie die Sonne besitzt ein genügend intensives Schwerefeld, um seine eigene Materie mit einer Kraft nach innen zu ziehen, bei der die Atome zerschlagen und zu einem elektrisch geladenen Gas reduziert werden, in dem sich die wesentlich kleineren Atomkerne frei bewegen. Selbst wenn sich die Sonne unter solchen Umständen von selbst auf 1/780 000 ihres gegenwärtigen Volumens und auf das 780 000fache ihrer derzeitigen Dichte komprimiert, so daß sie als Weißer Zwerg zu einem Duplikat von Sirius B würde, wäre sie — vom Standpunkt der Atomkerne aus — noch immer weitgehend leerer Raum.

Doch die Sonne komprimiert sich nicht. Weshalb?

Im stellaren Kern findet eine Kernfusion statt, welche die Temperatur dort auf ungefähr 15 Millionen Grad Celsius erhöht. Die expansive Wirkung dieser Temperatur gleicht die Anziehungskraft des Schwerefeldes aus und hält die Sonne im Zustand einer großen Kugel aus glühendem Gas, die eine allgemeine Dichte von lediglich dem 1,4fachen des Wassers aufweist.

Im Laufe der Zeit geht der Kernfusion im Zentrum des Sterns der Brennstoff aus. Dabei handelt es sich um einen äußerst komplizierten Vorgang, auf den wir hier im einzelnen nicht einzugehen brauchen.

Jedenfalls bleibt am Ende nichts übrig, um die notwendige Hitze im Kern zu speisen — die Hitze, die den Stern in seinem ausgedehnten Zustand erhält. Nun kann sich die Schwerkraft durchsetzen, und der Stern fällt in sich zusammen. Ein Weißer Zwerg entsteht.

Das Elektronengas, in dem sich die Atomkerne des Weißen Zwerges bewegen, kann als eine Art Feder betrachtet werden, die Widerstand leistet, wenn sie zusammengepreßt wird, und zwar um so stärker, je größer der Druck ist.

Ein Weißer Zwerg behält sein Volumen und widersteht einer weiteren Kompression durch die Anziehung der Schwerkraft, die der expansiven Wirkung der Hitze die Waage hält. Das bedeutet, daß ein Weißer Zwerg nicht unbedingt heiß sein muß. Er kann allerdings heiß sein wegen der Umwandlung von Gravitationsenergie in Hitze im Prozeß des Kollabierens, doch kann diese Hitze über Zeitalter hinweg auch ganz langsam abgestrahlt werden, so daß aus dem Weißen Zwerg im Laufe der Zeit ein ›Schwarzer Zwerg‹ wird. Selbst dann behält er noch sein Volumen — das komprimierte Elektronengas bleibt für immer im Gleichgewicht mit der Anziehungskraft der Gravitation.

Sterne besitzen jedoch unterschiedliche Massen. Je größer die Masse eines Fixsterns ist, desto intensiver ist sein Schwerefeld. Wenn der Kernbrennstoff ausgeht und ein Stern zusammenfällt, dann wird der entstehende Weiße Zwerg um so fester komprimiert und um so kleiner sein, je größer seine Masse und je intensiver sein Schwerefeld ist.

Wenn der Stern genügend Masse hat, wird die Anziehungskraft der Gravitation schließlich stark und der Kollaps energiereich genug sein, um die Feder des Elektronengases zu zerbrechen, und kein Weißer Zwerg ist dann noch imstande, sein Planetenvolumen zu bilden oder zu bewahren.

Ein indisch-amerikanischer Astronom, Subrahmanyan Chandrasekhar, nahm die Situation in Augenschein, stellte die erforderlichen Berechnungen an und verkündete im Jahre 1931, daß das Zerbrechen dann einträte, wenn der Weiße Zwerg eine Masse von mehr als dem 1,4fachen der Sonne hätte. Diese Masse wird ›Chandrasekhar-Grenze‹ genannt.

Nur wenige Sterne besitzen eine Masse, die über diese Grenze hinausgeht — nicht mehr als zwei Prozent aller bestehenden Sterne. Doch sind es gerade die massereichen Sterne, bei denen sich der Kernbrennstoff als erster erschöpft. Unter allen Sternen, deren Kernbrennstoff ausgebrannt ist und die in sich zusammengefallen sind, hatte mindestens ein Viertel, möglicherweise auch mehr, eine Masse, die über der Chandrasekhar-Grenze lag. Was ist mit ihnen geschehen?

Die meisten Astronomen machten sich hierüber keine Gedanken. Wenn ein Stern seinen nuklearen Brennstoff aufbraucht, dehnt er sich aus, und die Wahrscheinlichkeit spricht dafür, daß an dem endgültigen Kollaps nur die inneren Bereiche beteiligt sind. Bei den äußeren Berei-

chen würde sich dieser Vorgang hinauszögern, und es entstünde ein
›planetarischer Nebel‹ von der Art, bei der ein heller, in sich zusammengefallener Stern von einer riesigen Menge Gas eingehüllt ist.

Gewiß, die Masse von nicht zusammengefallenem Gas eines planetarischen Nebels ist nicht sehr groß, so daß nur Sterne etwas oberhalb der Grenze auf diese Weise genügend Masse verlieren würden, um unbeschadet unter die Grenze zu gelangen.

Auf der anderen Seite gibt es explodierende Sterne, Supernovae, die im Verlaufe der Explosion zwischen 10 und 90 Prozent ihrer gesamten stellaren Masse verlieren. Jede Explosion schleudert Staub und Gas in alle Richtungen, wie beim Crabnebel zu sehen ist, und hinterläßt nur einen kleinen, manchmal sogar *sehr* kleinen, inneren Bereich, der dann dem Kollaps unterliegt.

Wenn nun die Masse eines Sterns über der Chandrasekhar-Grenze liegt, könnte man annehmen, daß irgendein natürlicher Prozeß einsetzt, der soviel Masse beseitigt, daß der verbleibende, in sich zusammenfallende Teil stets unter die Chandrasekhar-Grenze gedrückt wird.

Wie aber, wenn dies nicht immer der Fall ist? Was geschähe, wenn wir dem Wohlwollen des Universums nicht soweit trauen können, wenn gelegentlich eine zu massereiche Materieansammlung in sich zusammenfällt?

Im Jahre 1934 zogen zwei amerikanische Astronomen, der in der Schweiz geborene Fritz Zwicky und der deutschstämmige Walter Baade, diese Möglichkeit in Betracht und folgerten, daß der zusammenfallende Stern einfach die Grenze des Elektronengases durchbräche. Die immer dichter komprimierten Elektronen würden zu Protonen der Atomkerne zusammengequetscht, und aus dieser Kombination würden Neutronen entstehen. Die Hauptmenge des Sterns würde nun zu Anfang lediglich aus den im Kern vorhandenen Neutronen bestehen; dazu kämen dann die durch Elektron-Proton-Kombinationen gebildeten zusätzlichen Neutronen.

Der in sich zusammenfallende Stern würde nun praktisch aus nichts anderem als Neutronen bestehen und immer weiter zusammensinken, bis die Neutronen sich sozusagen berühren. Er wird dann zum ›Neutronenstern‹. Fiele die Sonne zu einem Neutronenstern zusammen, würde ihr Durchmesser nur 1/100 000 seines heutigen Wertes betragen. Er läge dann bei 14 Kilometer — würde aber seine gesamte Masse behalten.

Einige Jahre später arbeiteten der amerikanische Physiker J. Robert Oppenheimer und einer seiner Studenten, George M. Volkhoff, die Theorie der Neutronensterne im Detail aus.

Dem Anschein nach würden Weiße Sterne dann entstehen, wenn relativ kleine Sterne ihr Ende auf eine ziemlich ruhige Weise erreichen. Wenn ein massereicher Stern zu einer Supernova explodiert (wie es nur bei massereichen Sternen der Fall ist), erfolgt der Kollaps rasch genug, um die Grenze des Elektronengases zu durchschlagen. Selbst wenn soviel von der Sternmasse fortgeschleudert würde, daß der zusammenfallende Rest unter der Chandrasekhar-Grenze liegt, würde die Geschwindigkeit des Kollapses ihn durch die Grenze hindurchtragen. Am Ende stünde möglicherweise ein Neutronenstern, der weniger massereich ist als manche Weißen Zwerge.

Die Frage ist jetzt allerdings, ob solche Neutronensterne tatsächlich existieren. Theorien sind ja recht hübsch, doch solange sie nicht durch Beobachtung oder Experimente geprüft sind, bleiben sie angenehme Spekulationen, mit denen sich Wissenschaftler und Science-Fiction-Autoren vergnügen. Nun, mit kollabierenden Sternen ist schlecht experimentieren, und wie soll man ein Objekt von wenigen Kilometern Durchmesser beobachten, das viele Lichtjahre entfernt ist?

Wenn man sich nur nach dem Licht richtete, wäre das in der Tat mit Schwierigkeiten verbunden, doch glücklicherweise wird bei der Entstehung eines Neutronensterns genügend Gravitationsenergie in Wärme umgewandelt, so daß die Oberflächentemperatur des neugebildeten Objekts auf ungefähr 10 000 000° C ansteigt. Das bedeutet, daß es eine gewaltige Menge hochenergiereicher Strahlung aussendet — genauer gesagt, Röntgenstrahlen.

Für Beobachter auf der Erde wäre das allerdings keine Hilfe, da Röntgenstrahlen von kosmischen Quellen die irdische Atmosphäre nicht durchdringen. Ab 1962 wurden jedoch Raketen über die Atmosphäre hinaufgeschickt, die mit Instrumenten zur Entdeckung von Röntgenstrahlen ausgerüstet waren. Kosmische Röntgenquellen wurden entdeckt, und es erhob sich die Frage, ob es sich bei einigen von ihnen nicht um Neutronensterne handeln könnte. Um 1965 schien das Gewicht des Beweismaterials, wie ich es in ›Squu-u-ush‹ erläuterte, darauf hinzudeuten, daß dem nicht so wäre.

In der Zwischenzeit haben sich die Astronomen jedoch mehr und mehr dem Studium der Quellen von Radiowellen zugewandt. Außer dem sichtbaren Licht können auch manche der kurzwelligen Radiowellen, ›Mikrowellen‹ genannt, die Atmosphäre durchdringen, und schon 1931 hatte ein amerikanischer Radioingenieur, Karl Jansky, solche Mikrowellen entdeckt, die aus dem Zentrum der Galaxis kamen.

Damals war das Interesse daran jedoch nur gering, weil die Astronomen nicht über die geeigneten Instrumente zum Nachweis und Umgang mit Strahlung solcher Art verfügten. Doch während des Zweiten Weltkrieges wurde das Radar entwickelt. Dabei machte man sich Emission, Reflexion und Nachweis von Mikrowellen zunutze, und bei Kriegsende besaßen die Astronomen ein ganzes Spektrum von Geräten, die sie nun der friedlichen Nutzung in Form der Himmelsbeobachtung zuführen konnten.

Die ›Radioastronomie‹ nahm ihren Anfang und entwickelte sich mit Riesenschritten. Die Astronomen lernten, komplizierte Anordnungen von Mikrowellendetektoren (›Radioteleskope‹) einzusetzen, die in der Lage sind, Objekte in großer Entfernung wesentlich genauer zu lokalisieren, als dies optischen Teleskopen möglich ist.

Mit der Verbesserung des Verfahrens wurde auch der Nachweis hinsichtlich des Raumes und der Zeit feiner. Radioastronomen entdeckten nicht nur punktförmige Quellen, sondern erhielten auch Hinweise darauf, daß die ausgestrahlten Wellen zeitlich variieren konnten. In den frühen sechziger Jahren gab es sogar gewisse Hinweise, daß die Schwankung sehr schnell sein konnte, sozusagen ein Blinken oder kurzes Aufblitzen.

Die Radioteleskope waren nicht auf die Erfassung sehr schneller Intensitätsschwankungen ausgelegt, da niemand diese Notwendigkeit vorausgesehen hatte. Nun wurden Spezialanlagen entwickelt, die das Blinken von Mikrowellen einfangen konnten. Bahnbrechend bei dieser Arbeit war der britische Astronom Antony Hewish vom Observatorium der Universität Cambridge. Er überwachte den Bau von 2048 einzelnen Erfassungsgeräten, die über eine Fläche von 18 000 Quadratmetern in Reihen angeordnet waren.

Im Juli 1967 wurde das neue Radioteleskop erstmals zum Abtasten des Himmels eingesetzt, um sich auf die Suche nach Beispielen für das rasche Aufblitzen zu machen.

Innerhalb eines Monats empfing eine junge graduierte britische Studentin, Jocelyn Bell, die die Bedienungselemente des Telekops überwachte, Ausbrüche von Mikrowellen von einer Stelle auf halbem Weg zwischen den Fixsternen Wega und Altair — sogar äußerst schnelle Ausbrüche. Tatsächlich waren sie von einer solchen Schnelligkeit, daß es dafür kein Beispiel gab, und Bell konnte nicht glauben, daß sie wirklich vom Himmel kamen. Sie hielt sie ursprünglich für Interferenzen von elektrischen Anlagen in der Nähe des Radioteleskops. Als sie jedoch Nacht für Nacht zu ihrem Teleskop zurückkehrte, stellte sie fest, daß die Quelle der Mikrowellen sich regelmäßig zur gleichen Zeit mit den Sternen am Himmel bewegte. Auf Erden gab es nichts, was diese Bewegung hätte nachahmen können; also mußte etwas oben am Himmel dafür verantwortlich sein. Sie unterrichtete Hewish von der Sache.

Beide stellten sich auf das Objekt ein, und gegen Ende November empfingen sie die Ausbrüche so detailliert, daß sie in der Lage waren, sie als schnell und regelmäßig zu erkennen. Jeder Ausbruch von Radiowellen dauerte nur 1/20 Sekunde; die Ausbrüche erfolgten in Abständen von 1,33 Sekunden oder rund 45 mal pro Minute.

Das war nicht einfach der Nachweis eines überraschenden Blinkens bei einer bereits entdeckten Radioquelle. Diese besondere Quelle war noch nie erwähnt worden. Frühere Radioteleskope konnten von ihrer Konstruktion her derart kurze Ausbrüche nicht einfangen; sie hätten nur die durchschnittliche Intensität einschließlich des toten Zeitraums zwischen den Ausbrüchen erfaßt. Der Durchschnittswert betrug nur drei Prozent der maximalen Intensität eines Ausbruchs und blieb unbemerkt.

Die Regelmäßigkeit der Ausbrüche erwies sich als geradezu unglaublich groß. Man konnte sie auf 1/10 000 000 000 Sekunde berechnen, ohne bedeutende Schwankungen von einem Pulsschlag zum anderen festzustellen. Die Periode betrug 1,3370109 Sekunden.

Das war von außerordentlicher Wichtigkeit. Wenn die Quelle eine komplexe Anhäufung von Materie war — eine Galaxie, ein Sternhaufen, eine Staubwolke —, dann würden Teile davon in einer Weise Mikrowellen ausstrahlen, die sich etwas von der Art unterschied, wie dies bei anderen Teilen der Fall war. Selbst wenn jedes Teil regelmäßig schwankte, würde das Gemisch zu einem ziemlich komplexen Ergebnis führen. Da die von Bell und Hewish entdeckten Ausbrüche von Mikrowellen so einfach und regelmäßig waren, mußte eine sehr kleine Zahl von Objekten, vielleicht sogar nur ein *einzelnes* Objekt, daran beteiligt sein.

Auf den ersten Blick schien diese Regelmäßigkeit weitaus größer zu sein, als man bei einem unbelebten Objekt hätte erwarten können, und es gab einen gewissen ängstlichen Verdacht, daß es sich letzten Endes um ein künstliches Objekt handeln könnte — allerdings keines von der Erde oder aus ihrer unmittelbaren Nähe. Vielleicht waren diese Ausbrüche ja extraterrestrische Signale, deren Nachweis einige Astronomen erst jüngst versucht hatten. Das Phänomen erhielt den Namen ›LGM‹ (›little green men‹, kleine grüne Männchen).

Die LGM-Vorstellung konnte jedoch nicht lange aufrechterhalten werden. Bei den Ausbrüchen wurden Gesamtenergiemengen freigesetzt, die vielleicht zehnmilliardenmal so groß waren wie alles, was die Energiequellen der Erde zusammen aufzubringen vermochten; sie stellten also eine riesige Energieinvestition dar, falls sie intelligenten Ursprungs waren. Darüber hinaus waren die Ausbrüche von so unverrückbarer Regelmäßigkeit, daß sie praktisch keine Informationsträger sein konnten. Eine fortentwickelte Intelligenz hätte schon von ausgesprochen fortentwickelter Dummheit sein müssen, um so viel Energie für so wenig Information zu verschwenden.

Hewish konnte sich nur denken, daß die Ausbrüche ihren Ursprung in irgendeinem kosmischen Objekt hatten — einem Fixstern vielleicht —, das Impulse von Mikrowellen aussandte. Deshalb nannte er das Objekt ›pulsierender Stern‹ (englisch ›pulsating star‹), eine Bezeichnung, die rasch zu ›Pulsar‹ verkürzt wurde.

Hewish forschte an anderen Stellen in den Aufzeichnungen, die ihm sein Instrument zusammengetragen hatte, nach verdächtigen Anzeichen von Blinken. Er fand sie auch, prüfte sie nach und war schon bald sicher, daß er drei weitere Pulsare entdeckt hatte. Am 9. Februar 1968 verkündete er der Welt seine Entdeckung (und erhielt schließlich dafür einen Anteil am Nobelpreis für Physik des Jahres 1974).

Rund um die Welt gingen Astronomen nun eifrig daran, den Himmel abzusuchen, und rasch wurden weitere Pulsare ausfindig gemacht. Heute kennt man mehr als einhundert von ihnen, und möglicherweise gibt es in unserer Galaxie insgesamt bis zu 100 000. Der nächste bekannte Pulsar ist vielleicht nur 300 Lichtjahre entfernt.

Ein charakteristisches Merkmal aller Pulsare ist die extreme Regelmäßigkeit ihrer Pulsation, doch die genaue Periode schwankt von Pulsar zu Pulsar. Die längste bisher gemessene Periode beträgt 3,75491 Sekunden (oder 16mal pro Minute).

Ein Pulsar mit besonders kurzer Periode wurde im Oktober 1968 von Astronomen im National Radio Astronomy Observatory in Green Bank, West Virginia, entdeckt. Er liegt zufälligerweise im Crabnebel — was die erste klare Verbindung zwischen Pulsaren und Supernovae zu sein scheint. Der Pulsar des Crabnebels besitzt eine Periode von nur 0,033099 Sekunden. Das entspricht ungefähr 1813 Pulsschlägen pro Minute und ist ungefähr 113mal so schnell wie der Rhythmus des Pulsars mit der längsten bisher bekannten Periode.

Aber wodurch konnten so schnelle und dabei so regelmäßige Pulsationen entstehen?

Läßt man einmal Intelligenz als Ursache beiseite, dann konnten sie nur durch die äußerst regelmäßige Bewegung von einem oder möglicherweise zwei Objekten hervorgerufen werden. Bei diesen Bewegungen kamen folgende Möglichkeiten in Betracht:

1. Die Umdrehung eines Objekts um ein anderes mit einem Ausbruch von Mikrowellen an einem bestimmten Punkt der Umlaufbahn;
2. die Rotation eines einzelnen Objekts um seine eigene Achse mit einem Ausbruch an einem bestimmten Punkt seiner Umlaufbahn;
3. die Pulsation eines einzelnen Körpers mit einem Ausbruch an einer bestimmten Stelle der Pulsation.

Die Umdrehung eines Objekts um ein anderes konnte die eines Planeten um seine Sonne sein. Dies war der erste flüchtige Gedanke der Astronomen, als eine Weile die Vermutung herumgeisterte, bei den Ausbrüchen könne es sich um Vorgänge handeln, die durch eine Intelligenz ausgelöst wurden. Es gibt jedoch keinen einsichtigen Weg für eine Umdrehung oder Rotation mit solcher Geschwindigkeit, die bei Fehlen einer Intelligenz eine solch schnelle Regelmäßigkeit erklären könnte.

Die schnellsten Umdrehungen erfolgten, wenn die Schwerefelder am stärksten waren, und im Jahr 1968 bedeutete das: Weiße Zwerge. Angenommen man hätte zwei Weiße Zwerge, jeder an der Chandrasekhar-Grenze, die beinahe in Berührungsnähe umeinander kreisen. Nach den Vorstellungen des Jahres 1968 konnte es keine schnellere Umdrehungsgeschwindigkeit geben, doch auch die reichte nicht aus. Das Aufblitzen der Mikrowellen konnte daher nicht das Resultat eines Umlaufs sein.

Und wie sah es nun mit einer Rotation aus? Angenommen ein Weißer Zwerg drehte sich in einer Zeit von weniger als vier Sekunds um seine eigene Achse? Ausgeschlossen. Selbst ein Weißer Zwerg würde trotz des mächtigen Schwerefeldes, das ihn zusammenhält, zerbrechen und auseinandergerissen werden, wenn er sich mit einer solchen Geschwindigkeit drehte — das galt auch für Pulsationen.

Wenn das Blinken der Mikrowellen überhaupt eine Erklärung finden sollte, brauchte man ein Schwerefeld von weit größerer Intensität als das der Weißen Zwerge —, und damit blieb den Astronomen nur noch eine Richtung offen, in der sie weitersuchen konnten.

Der in Österreich geborene amerikanische Astronom Thomas Gold sprach den Gedanken als erster aus. Die Pulsare, so vermutete er, waren die Neutronensterne, von denen Zwicky, Baade, Oppenheimer und Volkoff vor einer Generation gesprochen hatten. Gold wies darauf hin, daß ein Neutronenstern klein genug ist und ein ausreichend großes Schwerefeld besitzt, um sich in vier Sekunden oder weniger um seine Achse drehen zu können, ohne zu zerbrechen.

Darüber hinaus würde ein Neutronenstern ein Magnetfeld wie jeder andere, gewöhnliche Stern haben, doch wäre das Magnetfeld eines Neutronensterns genauso komprimiert und konzentriert wie seine Materie. Aus diesem Grunde müßte das Magnetfeld eines Neutronensterns um ein Vielfaches intensiver sein als die Felder, von denen gewöhnliche Sterne umgeben sind.

Der Neutronenstern würde bei der schnellen Rotation um seine Achse dank seiner riesigen Oberflächentemperatur aus den äußersten Schichten (in denen noch Protonen und Elektronen existierten) Elektronen abgeben. Diese Elektronen würden vom Magnetfeld eingefangen werden und könnten nur an den Magnetpolen an den beiden gegenüberliegenden Seiten des Neutronensterns entweichen.

Die Magnetpole brauchten nicht die tatsächlichen Rotationspole zu sein (bei der Erde ist dies beispielsweise auch nicht der Fall). Jeder Magnetpol würde in einer Sekunde oder Sekundenbruchteilen um den Rotationspol schwenken und dabei Elektronen ausstoßen (so wie ein rotierender Rasensprenger Wasser ausstößt). Bei der Abschleuderung würden sich die Elektronen als Reaktion auf das Magnetfeld des Neutronensterns krümmen und hierbei Energie verlieren, die dann in Form von Mikrowellen auträte. Mikrowellen jedoch werden von magnetischen Feldern nicht beeinflußt und schießen in den Weltraum hinaus.

Jeder Neutronenstern würde demnach an den beiden Enden seiner winzigen Kugel zwei Ströme von Radiowellen ausstoßen. Wenn sich ein Neutronenstern zufälligerweise so bewegt, daß einer dieser Wellenströme bei der Rotation unser Sichtfeld streift, so würde die Erde bei jeder Rotation einen ganz kurzen Puls von Mikrowellen empfangen.

Manche Astronomen schätzen, daß nur ein Neutronenstern unter hundert Mikrowellen in unsere Richtung aussendet und wir auf diese Weise von den möglicherweise an die 100 000 Neutronensternen in unserer Galaxis vielleicht nie mehr als rund tausend entdecken werden.

Gold führte weiter aus, daß ein Neutronenstern, falls seine Theorie zutraf, an seinen Magnetpolen Energie verlieren und sich seine Rotationsgeschwindigkeit allmählich verlangsamen müßte. Dies würde bedeuten, daß ein Pulsar um so jünger wäre, je schneller seine Umdrehungsperiode ist, und daß er, je jünger er ist, um so schneller Energie verlöre und in diesem Zuge langsamer würde.

Das paßt zu der Tatsache, daß der Neutronenstern des Crabnebels eine so kurze Periode aufweist, denn er ist nicht ganz eintausend Jahre alt und könnte ohne weiteres einer der jüngsten sein, die unserer Beobachtung zugänglich sind. Im Augenblick seiner Entstehung drehte er sich vielleicht tausendmal pro Sekunde. Die Rotation hätte sich rasch auf nunmehr dreißigmal pro Sekunde verlangsamt.*

Der Neutronenstern im Crabnebel wurde sorgfältig untersucht; es zeigte sich, daß seine Umdrehungsperiode mit der Zeit tatsächlich länger wird, und zwar um 36,48 milliardstel einer Sekunde. Bei dieser Rate wird sich die Dauer der Rotation in jeweils 1200 Jahren verdoppeln. Das gleiche Phänomen wurde bei den anderen Neutronensternen entdeckt, deren Perioden langsamer sind als die des Crabnebel-Neutronensterns und deren Verlangsamungsrate ebenfalls niedriger liegt. Der erste, von Bell entdeckte Neutronenstern, der nun die Bezeichnung CP 1919 führt, verlangsamt seine Rotation mit einer Rate, bei der sich seine Umdrehungsperiode erst nach 16 Millionen Jahren verdoppelt.

Wenn ein Pulsar seine Rotation verlangsamt, werden seine Mikrowellenausbrüche weniger energiereich. Zu der Zeit, da die Umdrehungsperiode eine Länge von vier Sekunden überschreitet, wäre der Neutronenstern nicht länger wahrnehmbar. Neutronensterne überdauern jedoch wahrscheinlich zehn Millionen Jahre und mehr als wahrnehmbare Objekte.

Als Ergebnis der Studien über die Verlangsamung der Mikrowellenausbrüche sind sich die Astronomen nun ziemlich sicher, daß die Pulsare Neutronensterne sind, und mein alter Essay ›Squ-u-u-ush‹ bleibt in korrigierter Form bestehen.

Übrigens beschleunigt ein Neutronenstern plötzlich seine Periode geringfügig und nimmt dann wieder die stetige Verlangsamung auf. Zum erstenmal wurde dieser Vorgang im Februar 1969 entdeckt, als

---

* Hier ist dem Verfasser ein Denkfehler unterlaufen. Der Neutronenstern des Crabnebels ist nicht weniger als tausend Jahre alt, sondern rund 4400! Seine Entstehung wurde zwar im Jahre 1054 von der Erde aus als Supernova beobachtet, aber der Ort des Geschehens ist rund 3500 Lichtjahre von der Erde entfernt. — Anm. d. Übers.

man feststellte, daß sich die Periode des Neutronensterns Vela X-1 auf einmal veränderte. Diese plötzliche Verschiebung erhielt die etwas umgangssprachliche Bezeichnung ›Glitch‹ nach einem jiddischen Wort, das ›ausrutschen‹ bedeutet, und diese Bezeichnung fand inzwischen auch Eingang in das wissenschaftliche Vokabular.

Manche Astronomen vermuten, daß dieser Vorgang das Resultat eines ›Sternbebens‹ sein könnte, einer Verschiebung der Massenverteilung innerhalb des Neutronensterns, die zu einer Schrumpfung des Durchmessers um einen Zentimeter oder weniger führt. Ursache könnte auch der Aufprall eines größeren Meteors auf dem Neutronenstern sein, so daß die Bewegungskraft des Meteors sich zu der des Sterns addiert.

Natürlich gibt es keinen Grund dafür, warum die von einem Neutronenstern ausgehenden Elektronen nur in Form von Mikrowellen Energie verlieren sollten. Eigentlich sollten Wellen erzeugt werden, die das gesamte Spektrum abdecken. Beispielsweise sollten die Elektronen auch Röntgenstrahlen aussenden, und tatsächlich emittiert der Neutronenstern im Crabnebel auch Strahlen dieser Wellenlänge. Ungefähr 10 bis 15 Prozent aller Röntgenstrahlung des Crabnebels stammt von seinem Neutronenstern. Die anderen 85 Prozent oder mehr, die von den turbulenten Gasmassen rings um den Neutronenstern ausgehen, verdunkelten diese Tatsache bisher und entmutigten jene Astronomen, die dort im Jahre 1964 Jagd auf einen Neutronenstern machten.

Ein Neutronenstern sollte auch Blitze im sichtbaren Bereich des Lichts abgeben. Im Januar 1969 wurde festgestellt, daß das Licht eines dunklen Sterns sechzehnter Größe innerhalb des Crabnebels tatsächlich in genau der gleichen Zeit wie die Radiopulse aufblitzt. Die Blitze sind so kurz und die Periode zwischen ihnen ist so minimal, daß zum Auffangen dieser Lichtblitze eine Spezialausrüstung notwendig war. Unter normalen Beobachtungsbedingungen schien der Stern ein gleichbleibendes Licht auszustrahlen.

Der Neutronenstern des Crabnebels war der erste ›optische Pulsar‹, der entdeckt wurde, also der erste *sichtbare* Neutronenstern. (Nach der Erstveröffentlichung dieses Essays wurde ein zweiter sichtbarer Neutronenstern gefunden, ebenfalls ein Pulsar, der sogar in wenig mehr als einer *tausendstel* Sekunde rotiert.)

7

Gänseleberpastete

Auch diese Geschichte handelt in gewissem Sinne von einer Zufallsentdeckung. Sie spielt in der Gegenwart und erweckt den Anschein, auf Tatsachen zu beruhen. Sie werden jedoch schon nach kurzer Lektüre feststellen, daß das Problem keinen realistischen Hintergrund hat. — Oder vielleicht doch? Ich werde mich jedenfalls nach Kräften bemühen, Ihnen die Sache plausibel zu machen.

Die im Jahre 1956 geschriebene Geschichte endet mit einem Rätsel, das dem Leser zur Lösung vorgelegt wird. Seinerzeit gab es tatsächlich eine logische Auflösung, und eine Reihe von Lesern lieferte sie mir. Im Laufe der Zeit ergab sich eine zweite mögliche Lösung, und auch dazu erhielt ich einige Briefe. Sie können gerne selbst heute noch Ihre eigene Lösung einschicken, wenn Sie nicht schon früher über diese Geschichte gestolpert sind, aber ich kann Ihnen nicht versprechen, daß Sie von mir eine Antwort bekommen.

Selbst wenn ich wollte, könnte ich Ihnen meinen wirklichen Namen nicht nennen, aber unter den gegebenen Umständen möchte ich das auch gar nicht.

Ich habe nicht gerade eine besondere Begabung zum Schreiben, wenn man das Zeug nicht rechnet, das den Anforderungen einer wissenschaftlichen Zeitung genügt. So habe ich Isaac Asimov gebeten, diese Geschichte für mich zu Papier zu bringen.

Meine Wahl fiel aus verschiedenen Gründen auf ihn. Einmal ist er Biochemiker und versteht also, wovon ich rede — wenigstens zum Teil. Zum anderen kann er schreiben; wenigstens wurde eine stattliche Anzahl von Erzählungen aus seiner Feder bereits veröffentlicht, was nicht unbedingt auf das gleiche hinausläuft.

Am meisten zählt jedoch, daß er das, was er schreibt, in Science Fiction-Magazinen herausbringen kann. Auch hat er zwei Artikel über Thiotimolin verfaßt, und genau das brauche ich aus Gründen, die im weiteren Verlauf deutlich werden.

Ich war nicht der erste, der die Bekanntschaft mit der Gans schloß. Einem texanischen Baumwollpflanzer namens Ian Angus MacGregor, dem sie gehörte, bevor sie in Regierungseigentum überging, gebührt diese Ehre. (Namen, Orte und Daten sind natürlich erfunden. Keinem von Ihnen wird es gelingen, durch meine Angaben auf irgendeine Spur zu kommen. Also versuchen Sie's erst gar nicht.)

90

MacGregor hielt offenbar Gänse auf seinem Grundstück, da sie das Unkraut fraßen und sich nicht an der Baumwolle vergriffen. So besaß er eine automatische Unkrautvertilgung, die sich selbst versorgte und darüber hinaus auch noch Eier, Daunen und — in klug gewählten Abständen — einen Braten lieferte.

Bis zum Sommer 1955 hatte er ein rundes Dutzend Briefe mit der Bitte um Informationen über das Ausbrüten von Gänseeiern an das ·Landwirtschaftsministerium geschrieben. Das Ministerium schickte ihm alle Broschüren, die das Thema auch nur annähernd berührten, aber seine Briefe wurden nur immer leidenschaftlicher und freier in ihren Hinweisen auf seinen ›Freund‹, den Kongreßabgeordneten.

Ich kam mit der Angelegenheit in Verbindung, weil ich beim Landwirtschaftsministerium angestellt bin. Ich habe recht gediegene Kenntnisse in Agrarchemie und weiß auch einiges über die Physiologie der Wirbeltiere. (Das hilft Ihnen aber nicht weiter. Wenn Sie glauben, Sie könnten hieraus meine Identität ableiten, sind Sie auf dem Holzweg.)

Da ich im Juli 1955 gerade eine Tagung in San Antonio besuchte, bat mich mein Chef, bei MacGregor vorbeizuschauen und zu sehen, ob ich ihm nicht irgendwie helfen könnte. Wir sind schließlich Diener der Öffentlichkeit, und außerdem hatten wir zu guter Letzt tatsächlich einen Brief von MacGregors Kongreßabgeordnetem bekommen.

Am 17. Juli 1955 machte ich Bekanntschaft mit der Gans.

Aber zuerst lernte ich MacGregor kennen. Er war ein großer Mann in den Fünfzigern, mit zerfurchtem, mißtrauischem Gesicht. Ich ging mit ihm all die Informationen durch, die er über Brutkästen, den Wert von Spurenelementen in der Ernährung und zuletzt über Vitamin E, Cobalime und den Gebrauch von Antibiotika-Zusätzen erhalten hatte.

Er schüttelte nur den Kopf. Das alles hatte er schon durchprobiert, doch aus den Eiern wollten einfach keine Küken schlüpfen. Jeden erreichbaren Gänserich hatte er zur Mitarbeit herangezogen, und auch das hatte nichts genützt.

Was sollte ich machen? Ich bin Angestellter im öffentlichen Dienst und nicht der Erzengel Gabriel. Ich hatte ihm alles gesagt, was ich wußte. Wenn immer noch keine Küken schlüpften, dann war da einfach nichts zu machen. Ich fragte ihn höflich, ob ich seine Gänse sehen dürfe, damit hinterher niemand sagen konnte, ich hätte nicht mein möglichstes getan.

Er erklärte mir: »Es handelt sich nicht um Gänse, Mister, sondern um eine Gans.«

Ich erwiderte: »Kann ich diese eine Gans sehen?«

»Lieber nicht.«

»Nun gut, dann kann ich Ihnen nicht weiter helfen. Wenn sich's nur um eine einzige Gans handelt, dann stimmt wahrscheinlich etwas nicht mit ihr. Warum machen Sie sich Sorgen um eine Gans? Essen Sie sie halt auf.«

Ich stand auf und langte nach meinem Hut.

Er sagte: »Warten Sie!« Ich stand da; er preßte die Lippen zusammen, und Falten zogen sich um seine Augen. Innerlich focht er einen stummen Kampf aus.

Er fragte: »Wenn ich Ihnen etwas zeige, werden Sie es dann für sich behalten?«

Er machte nicht den Eindruck eines Menschen, der einem anderen nur auf dessen Schwur hin ein Geheimnis anvertraute, aber anscheinend war er an einem Punkt der Verzweiflung angelangt, wo er sich nicht mehr anders zu helfen wußte.

Ich erwiderte: »Wenn es nichts Kriminelles ist —«

»Nichts dergleichen«, schnauzte er mich an.

Ich folgte ihm hinaus zu einem mit Stacheldraht umzäunten Pferch neben dem Haus. Ein geschlossenes Gatter führte hinein, und darinnen befand sich eine Gans — die Gans.

»Das ist die Gans«, sagte er. Aus dem Klang seiner Worte konnte ich förmlich den Großbuchstaben heraushören.

Ich starrte sie an. Der Himmel möge mir helfen, aber sie sah aus wie jede andere Gans — fett, selbstzufrieden und gereizt. In bester Profimanier machte ich »Hmmm«.

»Und da ist eines von ihren Eiern«, sagte MacGregor. »Es war im Brutkasten, aber nichts rührt sich.« Er kramte es aus seiner geräumigen Overalltasche. Die Art und Weise, wie er es trug, ließ eine eigentümliche Anstrengung erkennen.

Ich runzelte die Stirn. Irgend etwas stimmte nicht mit dem Ei. Es war kleiner und kugelförmiger als normal.

»Nehmen Sie's mal«, forderte MacGregor mich auf.

Ich streckte die Hand aus und nahm es oder versuchte es zumindest. Ich wendete genau die Menge an Kraft auf, die ein Ei dieser Art erforderte, und es blieb genau dort liegen, wo es war. Ich strengte mich mehr an und brachte es schließlich hoch.

Nun war mir klar, warum MacGregor das Ei so seltsam gehalten hatte. Es wog annähernd zwei Pfund. (Um genau zu sein, als wir es später wogen, kamen wir auf 852,6 Gramm.)

Ich starrte es an, wie es da so in meiner Hand lag und auf meine Handfläche drückte, und MacGregor grinste säuerlich. »Lassen Sie's fallen«, sagte er.

Ich schaute ihn bloß an, und so nahm er mir das Ei aus der Hand und ließ es selbst zu Boden fallen.

Es schlug satt auf, zersplitterte aber nicht. Weder Eiweiß noch Dotter verspritzten. Nur da, wo es aufgeschlagen war, hatte sich die Schale ein wenig eingedrückt.

Ich hob es wieder auf. An der Aufschlagstelle war die weiße Eierschale zersprungen. Ein paar Stückchen waren abgebrochen, und was durchschimmerte, war von einem dunklen Gelb.

Meine Hände zitterten. Meine Finger versagten mir den Dienst, doch ich schaffte es, noch ein wenig von der Schale zu entfernen. Mein Blick ruhte auf dem Gelb.

Ich brauchte keine weiteren Analysen mehr. Mein Herz verriet mir die Wahrheit.

Hier stand ich Auge in Auge mit der Gans!

Der Gans, die Goldene Eier legt!

Sicher glauben Sie mir nicht. Sie halten das für den Aufhänger für einen weiteren Thiotimolin-Artikel.

Schön! Ich habe damit gerechnet, daß Sie das glauben. Ich werde das später klären.

Inzwischen bestand mein Hauptproblem darin, MacGregor dazu zu bringen, daß er mir das goldene Ei überließ. Ich wurde fast von Hysterie erfaßt. Ich war drauf und dran, ihm eins über den Schädel zu ziehen und mich notfalls gewaltsam mit dem Ei aus dem Staub zu machen.

Also sagte ich: »Ich gebe Ihnen eine Quittung. Sie bekommen es garantiert bezahlt. Ich werde alles ordnungsgemäß veranlassen. Schauen Sie, Mr. MacGregor, man wird auf keinen Fall zimperlich mit Ihnen umgehen. Sie können das Gold nicht zu Bargeld machen, wenn Sie nicht erklären können, wie es in Ihren Besitz gelangt ist. Der Besitz von Gold ist illegal. Und wie wollen Sie das überhaupt erklären? Wenn die Regierung —«

»Ich will nicht, daß die Regierung sich da einmischt«, beharrte er eigensinnig.

Aber ich war mindestens doppelt so stur wie er. Ich folgte ihm überall hin. Ich bettelte. Ich schrie ihn an. Ich drohte. Ich brauchte buchstäblich Stunden dafür. Schließlich und endlich unterschrieb ich eine Quittung, und er brachte mich zu meinem Auto. Als ich abfuhr, stand er auf der Straße und folgte mir mit den Augen.

Das Ei sah er nie wieder. Natürlich war er mit dem Gegenwert für das Gold entschädigt worden (656,47 Dollar nach Abzug der Steuern), aber für die Regierung war es ein gutes Geschäft.

Wenn man den potentiellen Wert dieses Eies bedachte —

Den *potentiellen* Wert! Darin liegt die Ironie. Da liegt auch der Grund für diesen Artikel.

Mein Abteilungschef im Landwirtschaftsministerium ist Louis P. Bronstein. (Machen Sie sich nicht die Mühe, ihn aufzustöbern. Das ›P‹ steht für Pittfield, für den Fall, daß Sie noch mehr in die Irre geführt werden wollen.)

Wir standen auf gutem Fuße miteinander, und ich glaubte, ihm das alles erklären zu können, ohne befürchten zu müssen, unter sofortige Beobachtung gestellt zu werden. Aber auch so ging ich kein Risiko ein. Als ich zum kniffligen Teil kam, nahm ich ganz einfach das Ei, das ich bei mir hatte, und legte es zwischen uns auf den Schreibtisch.

Er berührte es mit seinen Fingern, als sei es heiß.

Ich forderte ihn auf: »Heben Sie es hoch.«

Es dauerte zwar eine ganze Weile, aber er tat es, und ich sah ihm zu, wie er zwei Versuche unternahm, genau wie ich zuvor.

Ich sagte: »Es ist ein gelbes Metall. Es könnte Messing sein, aber das ist es nicht, denn es reagiert nicht auf Salpetersäure. Das habe ich schon ausprobiert. Es ist nur eine goldene Schale, weil man sie mit leichtem Druck verbiegen kann. Außerdem, wenn es aus reinem Gold wäre, würde das Ei über zehn Pfund wiegen.«

Bronstein bemerkte: »Da steckt doch irgendein Trick dahinter. Das kann ganz einfach nicht sein.«

»Ein Trick mit reinem Gold? Wie Sie wissen, war dieses Ding, als ich es das erste Mal zu Gesicht bekam, mit der intakten Originalschale bedeckt. Es war ganz einfach, ein Stück von der Eierschale zu untersuchen. Calciumkarbonat. Damit kann man nur schwer tricksen. Und wenn wir einen Blick in das Ei werfen — ich wollte das nicht auf eigene Faust machen, Chef — und ein echtes Ei vorfinden, dann haben wir's, denn damit kann man sich keinen Dreh erlauben. Sicherlich ist das ein offizielles Vorgehen wert.«

»Wie soll ich das dem Minister —« Er starrte das Ei an.

Aber schließlich tat er's doch. Er tätigte eine Reihe von Telefongesprächen und brachte fast den ganzen Tag damit zu. Einige von den hohen Tieren der Abteilung kamen vorbei, um sich das Ei zu besehen.

Das Projekt Gans war angelaufen — am 20. Juli 1955.

Zunächst einmal war ich für die Forschungsarbeiten verantwortlich und blieb es dem Namen nach die ganze Zeit über, obwohl mir die Dinge rasch über den Kopf wuchsen.

Wir fingen mit diesem einen Ei an. Sein durchschnittlicher Radius betrug 35 Millimeter (Hauptachse 72 mm, Nebenachse 68 mm). Die goldene Schale hatte eine Stärke von 2,45 Millimeter. Bei Untersuchungen an anderen Eiern zu einem späteren Zeitpunkt stellten wir fest, daß dieser Wert ziemlich hoch lag. Die durchschnittliche Stärke lag bei 2,1 Millimeter. Innendrin befand sich tatsächlich Ei. Der Inhalt sah aus wie Ei und schmeckte wie Ei.

Einige Teile wurden untersucht, und die organischen Bestandteile erwiesen sich als ziemlich normal. Das Weiße bestand zu 9,7 % aus Albumin. Der Dotter enthielt die übliche Zusammensetzung aus Vitellin, Cholesterin, Phospholipiden und Karotinoiden. Wir hatten nicht genug Material, um weitere Bestandteile aufzuspüren; doch später, als uns mehr Eier zur Verfügung standen, holten wir das nach, und es ergab sich hinsichtlich des Gehaltes an Vitaminen, Koenzymen, Nukleotiden, Schwefelwasserstoffgruppen nichts Ungewöhnliches.

Eine wichtige, krasse Besonderheit zeigte das Ei in seiner Reaktion auf Erhitzen. Eine kleine Menge Eigelb wurde beim Erhitzen beinahe sofort fest. Wir verfütterten einen Teil des hartgekochten Dotters an eine Maus, die überlebte.

Ich knabberte lustlos an einer anderen Portion herum. Die Menge war viel zu gering, um einen Geschmack aufzuweisen, aber mir wurde übel. Rein psychosomatisch, da bin ich ganz sicher.

Boris W. Finley von der Biochemischen Fakultät der Temple University überwachte als Berater des Ministeriums die Untersuchungen.

Er dozierte im Hinblick auf das Hartwerden: »Die Schnelligkeit, mit der die Eiproteine durch Hitze denaturiert werden, weist erst einmal auf eine partielle Ungenießbarkeit hin, und unter Berücksichtigung der Beschaffenheit der Schale liegt die Schuld offensichtlich an der Verunreinigung durch Schwermetalle.«

Folglich wurde ein Teil des Dotters auf anorganische Bestandteile untersucht. Es wurde eine hohe Konzentration von Goldchlorionen, einem einfach geladenen Ion mit einem Atom Gold und vier Atomen Chlor, festgestellt, das die chemische Formel $AuCl_4$ aufweist. (Das Symbol ›Au‹ kommt von ›aurum‹, dem lateinischen Wort für Gold.) Wenn ich von einem hohen Gehalt an Goldchlorionen spreche, dann meine ich eine Konzentration von 3,23 Promille. Das reicht für die Bildung unlöslicher Komplexe von ›Goldprotein‹, das rasch gerinnt.

Finley bemerkte: »Es liegt auf der Hand, daß aus diesem Ei kein Küken schlüpfen kann, auch aus keinem anderen derartigen Ei. Es ist mit Schwermetall vergiftet. Gold mag mehr glänzen als Blei, aber für Proteine ist es mindestens genauso giftig.«

Düster stimmte ich zu. »Wenigstens verfault es auch nicht.«

»Ganz richtig. Kein anständiges Ungeziefer könnte in dieser Goldchlorbrühe existieren.«

Die abschließende spektrographische Analyse der Goldschale traf ein. Praktisch reines Gold. Die einzige nachweisbare Verunreinigung war Eisen mit einem Anteil von 0,23 Prozent an der Gesamtsubstanz. Der Eisengehalt des Eidotters war ebenfalls doppelt so hoch wie normal gewesen. Doch zu diesem Zeitpunkt wurde die Sache mit dem Eisen nicht weiter beachtet.

Eine Woche nach dem Start des Projekts Gans wurde eine Expedition nach Texas entsandt. Fünf Biochemiker (der Hauptakzent lag, wie Sie sehen, immer noch auf der Biochemie) machten sich zusammen mit drei Lastwagen voll Ausrüstung und einer Schwadron Armeepersonal auf den Weg. Natürlich war auch ich mit von der Partie.

Unmittelbar nach unserer Ankunft wurde MacGregors Farm von der Außenwelt abgeriegelt.

Das war ein Glück, kann ich Ihnen sagen — diese Sicherheitsmaßnahmen, die gleich von Anfang an ergriffen wurden. Zunächst war die Begründung dafür zwar falsch, aber die Resultate waren gut.

Das Ministerium wollte das Projekt Gans zu Anfang in aller Stille durchführen, denn man rechnete immer noch damit, daß es sich um einen ausgeklügelten Trick handeln könnte, und für diesen Fall konnten wir uns keine schlechte Publicity leisten. Wenn es sich aber nicht um einen Scherz handelte, dann konnten wir den Auftrieb der Journalisten nicht riskieren, die sich unweigerlich auf jegliche Story über eine Goldene Gans stürzen würden.

Erst einige Zeit nach Anlaufen des Projekts Gans und unserer Ankunft auf MacGregors Farm wurde das volle Ausmaß der Angelegenheit deutlich.

Natürlich paßte es MacGregor nicht, daß sich die Leute mit ihren Gerätschaften auf seinem Land niederließen. Er war auch nicht begeistert, als man ihn davon in Kenntnis setzte, daß die Gans Regierungseigentum sei. Genauso wenig konnte er es leiden, daß die Eier beschlagnahmt wurden. Es paßte ihm nicht, aber er gab seine Zustimmung — sofern man von Zustimmung sprechen kann, wenn während der Verhandlungen ein Maschinengewehr im Hof in Stellung gebracht wird und noch während der Debatte zehn Männer mit aufgepflanztem Bajonett vorbeimarschieren.

Er erhielt selbstverständlich eine Entschädigung. Was bedeutet schon Geld für die Regierung?

Auch der Gans behagte einiges nicht — wie zum Beispiel die Entnahme von Blutproben. Wir wagten nicht, sie zu narkotisieren, aus Furcht vor möglichen Veränderungen in ihrem Stoffwechsel. Es brauchte jedesmal zwei Männer, um sie festzuhalten. Haben Sie schon einmal versucht, eine wütende Gans zu bändigen?

Die Gans wurde rund um die Uhr bewacht, und jedem, der sich dabei etwas zuschulden kommen ließ, drohte ein Verfahren vor dem Kriegsgericht. Wenn der eine oder andere jener Soldaten diesen Artikel liest, geht ihm vielleicht ein kleines Licht auf, was damals los war. In diesem Fall werden die Betreffenden wohl soviel Verstand haben und den Mund halten. Zumindest, wenn sie wissen, was gut für sie ist.

Das Blut der Gans wurde allen nur erdenklichen Tests unterzogen.

Es wies zwei hunderttausendstel (0,002) Prozent Chlorionen auf. Das aus der Lebervene entnommene Blut war mit beinahe vier hunderttausendsteln stärker angereichert als das übrige Blut.

»Die Leber«, grunzte Finley.

Wir machten Röntgenaufnahmen. Auf dem Negativ hob sich die Leber als wolkige, hellgraue Masse ab, heller als die umliegenden Eingeweide, da sie auf Grund ihres höheren Goldgehaltes weniger Röntgenstrahlen durchließ. Die Blutgefäße waren heller als die Leber selbst, und die Eierstöcke zeigten sich in reinem Weiß. Sie ließen nicht einen einzigen Röntgenstrahl durch.

Das ergab einen Sinn, und in einem frühen Bericht stellte Finley es so unverblümt wie möglich dar. Sein Bericht lautete frei wiedergegeben und gekürzt:

»Das Goldchlorion wird von der Leber in die Blutbahn ausgeschüttet. Die Eierstöcke wirken dabei wie eine Falle für die Ionen, die zu metallischem Gold reduziert und als Schale um das sich entwickelnde Ei abgelagert werden. Relativ hohe Konzentrationen von nicht reduzierten Goldionen dringen ins Innere des heranreifenden Eies ein.

Es gibt kaum einen Zweifel daran, daß die Gans diesen Prozeß für nützlich erachtet, um die Goldatome wieder loszuwerden, die in größerer Ansammlung zweifellos zu einer Vergiftung führen würden. Ausscheidung durch die Eierschale mag im Tierreich eine Neuheit, wenn nicht sogar einzigartig sein, aber es läßt sich nicht leugnen, daß dieser Vorgang die Gans am Leben erhält.

Leider ist der Eierstock lokal in einem solchen Ausmaß vergiftet, daß nur wenige Eier gelegt werden, wahrscheinlich nicht mehr, als notwendig sind, um das Gold auszuscheiden, und diese wenigen Eier sind eindeutig nicht in der Lage, Küken hervorzubringen.«

Soweit sein schriftlicher Bericht, aber zu uns übrigen sagte er: »Damit bleibt uns eine eigentümlich verwirrende Frage.«

Ich wußte, welche das war. Wir alle wußten es.

Woher kam das Gold?

Eine ganze Zeitlang fand sich keine Antwort darauf außer einigen Negativbeweisen. Im Futter der Gans fand sich kein wahrnehmbares Gold, auch gab es keine goldhaltigen Kiesel in ihrer Nähe, die sie eventuell verschluckt haben konnte. Im Boden des Geländes war nirgendwo eine Spur von Gold, und die Untersuchung von Haus und Grund erbrachte ebenfalls nichts. Keine Goldmünzen, kein Goldschmuck, weder Tafelgold noch goldene Uhren oder sonstige Gegenstände aus Gold waren vorhanden. Keiner auf der Farm hatte auch nur Goldfüllungen in den Zähnen.

Natürlich besaß Mrs. MacGregor einen goldenen Ehering, aber sie hatte ihr ganzes Leben lang nur den einen gehabt, und den trug sie auch jetzt noch.

Woher stammte also das Gold?

Erste Anfänge einer Antwort erhielten wir am 16. August 1955.

Albert Nevis von Purdue zwängte der Gans Magenschläuche in den Schlund (eine weitere Prozedur, gegen die sich der Vogel heftig wehrte), um den Inhalt des Verdauungskanals zu untersuchen. Das war eine unserer Routineuntersuchungen nach exogenem Gold.

Man fand auch Gold, aber nur in Spuren, und es gab allen Grund zu der Annahme, daß diese Spuren im Gefolge der Verdauungssäfte aufgetaucht und damit endogener Natur waren, das heißt von innen stammten.

Es zeigte sich jedoch etwas anderes, oder besser gesagt, man wurde auf das Fehlen von etwas aufmerksam.

Ich war dabei, als Nevis in dem provisorischen Gebäude, das man neben dem Gänsestall errichtet hatte, Finleys Büro betrat.

Nevis sagte: »Die Gans hat wenig Gallenfarbstoffe. Im Zwölffingerdarm ist praktisch gar nichts.«

Stirnrunzelnd meinte Finley: »Die Leberfunktion ist auf Grund der Goldkonzentration wahrscheinlich auf den Kopf gestellt. Möglicherweise sondert die Leber überhaupt keine Galle ab.«

»Doch, sie sondert schon Galle ab«, erwiderte Nevis. »Gallensäuren sind in normalen Mengen vorhanden. Beinahe normalen jedenfalls. Nur fehlen eben die Gallenfarbstoffe. Eine Stuhlanalyse hat das bestätigt: Keine Gallenfarbstoffe.«

Lassen Sie mich hierzu etwas erklären. Gallensäuren sind Steroide, die von der Leber in die Galle abgegeben werden und von dort in das obere Ende des Dünndarms gelangen. Diese Gallensäuren sind Moleküle, die ähnlich wie Waschmittel das Fett in unserem Essen (beziehungsweise in dem der Gans) emulgieren und in Form winziger Bläschen im wässerigen Inhalt des Darms verteilen. Diese Verteilung oder Homogenisierung, wenn Ihnen dieser Begriff lieber ist, erleichtert die Verdauung des Fettes.

Gallenpigmente hingegen, die Substanz also, die der Gans fehlte, sind etwas völlig anderes. Die Leber stellt sie aus Hämoglobin, dem roten, sauerstofführenden Protein des Blutes, her. Verbrauchtes Hämoglobin wird in der Leber aufgespalten, wobei der rote Farbanteil abgetrennt wird. Der rote Farbstoff besteht aus einem ringförmigen Molekül (›Porphyrin‹ genannt) mit einem Eisenatom im Zentrum. Die Leber nimmt das Eisen heraus und speichert es für den späteren Bedarf; das übrige ringförmige Molekül wird aufgebrochen. Bei diesem aufgebrochenen Porphyrin handelt es sich um den Gallenfarbstoff. Er ist von bräunlicher bis grünlicher Farbe (je nach den weiteren chemischen Veränderungen) und wird in die Galle abgegeben.

Die Gallenfarbstoffe sind für den Körper von keinem Nutzen. Sie werden als Abfallprodukte in die Galle abgesondert, durchwandern den Darm und werden auf dem üblichen Verdauungsweg ausgeschieden. Die Gallenfarbstoffe sind es, die dem Stuhl seine Farbe geben.

Finleys Augen begannen zu funkeln.

Nevis sagte: »Es sieht so aus, als ob der Porphyrinkatabolismus in der Leber nicht ordnungsgemäß abläuft. Finden Sie nicht auch?«

Natürlich fanden sie das auch. Ich ebenfalls.

Diese Feststellung löste eine ungeheure Aufregung aus. Dies war die erste Verdauungsabnormität, die wir bei der Gans gefunden hatten, an der Gold nicht direkt beteiligt war!

Eine Leberbiopsie wurde durchgeführt (das heißt, wir trieben ein winziges zylindrisches Loch bis zur Leber in den Körper der Gans vor). Das fügte der Gans zwar leichte Schmerzen zu, schadete ihr aber nicht. Außerdem wurden noch weitere Blutproben genommen.

Diesmal wurden aus dem Blut das Hämoglobin und aus unseren Leberproben geringe Mengen von Zytochrom isoliert (Zytochrome sind oxydationsauslösende Enzyme, die ebenfalls den roten Farbstoff enthalten.) Wir trennten den roten Farbstoff ab, und in Säurelösung fiel etwas davon als leuchtende orangefarbene Substanz aus. Bis zum 22. August 1955 hatten wir fünf Mikrogramm dieser Verbindung.

Die orangefarbene Verbindung war dem roten Blutfarbstoff ähnlich, aber es war doch kein roter Blutfarbstoff. Das Eisen im roten Blutfarbstoff kann in Form des doppelt geladenen Eisen-II-Ions (Fe^{++}) oder des dreifach geladenen Eisen-III-Ions (Fe^{+++}) vorliegen. Bei der letztgenannten Form spricht man von Hämatin. (Das chemische Zeichen Fe stammt übrigens von dem lateinischen Wort für Eisen, ferrum.)

Die vom roten Blutfarbstoff ausgefällte orangefarbene Verbindung hatte den korrekten Porphyrinanteil des Moleküls, doch das Metall im Zentrum war Gold — um es genau zu sagen, ein dreifach geladenes Gold-Ion (Au^{+++}). Wir gaben dieser Verbindung die Bezeichnung › Hämogold ‹.

Hämogold war die erste natürlich vorkommende, goldhaltige organische Substanz, die je gefunden worden war. Normalerweise würde diese Neuigkeit in der Welt der Biochemie wie ein Blitz einschlagen. Doch jetzt bedeutete es nichts, rein gar nichts im Vergleich mit den Horizonten, die allein die Existenz dieser Verbindung eröffnete.

Die Leber brach, wie es schien, den roten Blutfarbstoff nicht in Gallenfarbstoff auf, sondern wandelte ihn statt dessen in Hämogold um. Sie ersetzte Eisen durch Gold. Das Hämogold, das sich im Gleichgewicht mit dem Goldchlorion befand, gelangte in den Blutkreislauf und wurde zu den Eierstöcken weitergeleitet, wo das Gold herausgefiltert und der verbleibende Porphyrinanteil des Moleküls durch einen noch nicht identifizierten Mechanismus beseitigt wurde.

Weitere Analysen ergaben, daß 29 Prozent des Goldes im Blut der Gans in Form von Goldchlorionen im Plasma transportiert wurden. Die restlichen 71 Prozent wurden in den roten Blutkörperchen in Form von › Aurämoglobin ‹ befördert. Ein Versuch wurde unternommen, der Gans Spuren von radioaktivem Gold einzuverleiben, um dadurch die Spur im Plasma und in den roten Blutkörperchen zu verfolgen und festzustellen, wie bereitwillig die Aurämoglobinmoleküle von den Eierstöcken aufgenommen wurden. Uns schien, als würde das Aurämoglobin bedeutend langsamer ausgeschieden als die gelösten Goldchlorionen im Plasma.

Das Experiment schlug fehl, da wir keine Radioaktivität aufspüren konnten. Wir führten das auf Unerfahrenheit zurück, da wir alle keine Fachleute auf dem Gebiet der Radioaktivität waren. Das war recht unangenehm, da der Fehlschlag höchst bedeutend war, und durch die Tatsache, daß wir das nicht erkannten, verloren wir mehrere Tage.

Das Aurämoglobin war natürlich für den Sauerstofftransport ohne

Nutzen. Aber da es nur 0,1 Prozent des Gesamthämoglobins der roten Blutkörperchen ausmachte, wurde die Atmung der Gans dadurch auch nicht beeinträchtigt.

Nach wie vor blieb allerdings die Frage offen, woher das Gold nun eigentlich kam. Es war Nevis, der als erster den entscheidenden Denkanstoß gab.

»Vielleicht«, so äußerte er bei einer Besprechung der Gruppe am Abend des 25. August 1955, »vielleicht ersetzt die Gans gar nicht Eisen durch Gold. Vielleicht *wandelt* sie das Eisen in Gold *um*.«

Bevor ich Nevis in jenem Sommer persönlich kennenlernte, war er mir durch seine Veröffentlichungen bekannt geworden (sein Gebiet sind die chemischen Funktionen von Leber und Galle), und ich hatte ihn immer als vorsichtigen, klardenkenden, beinahe übervorsichtigen Mann eingeschätzt. Nicht eine Minute lang hätte ihn jemand für fähig gehalten, eine so abgrundtief lächerliche Feststellung zu treffen.

Das zeigt nur den Grad von Verzweiflung und Demoralisierung, die beim Projekt Gans Einzug gehalten hatten.

Die Verzweiflung rührte daher, daß nichts, buchstäblich nichts erkennbar war, was als Ursprung für das Gold hätte herhalten können. Die Gans schied täglich 38,9 Gramm Gold aus, und das schon seit Monaten. Das Gold mußte von irgendwoher kommen, und wenn diese Annahme zu nichts — absolut nichts — führte, dann mußte es doch wenigstens aus irgend etwas produziert werden.

Die Demoralisierung, die uns dazu gebracht hatte, die zweite Alternative überhaupt in Betracht zu ziehen, rührte einfach daher, daß wir der Gans, die Goldene Eier legt, der unleugbaren GANS, von Angesicht zu Angesicht gegenüberstanden. Damit rückte alles in den Bereich des Möglichen. Wir lebten in einer Märchenwelt und reagierten darauf mit dem Verlust jeglichen Sinnes für die Wirklichkeit.

Finley zog diese Möglichkeit ernsthaft in Betracht: »Hämoglobin gelangt in die Leber, und Aurämoglobin tritt wieder aus. Die einzige Verunreinigung der goldenen Eierschalen erfolgt durch Eisen. In hohem Anteil treten im Dotter nur zwei Substanzen auf: Natürlich Gold und wiederum Eisen. Das alles gibt auf furchtbare Weise einen verdrehten Sinn. Leute, wir brauchen Unterstützung.«

Daran gab es keinen Zweifel, und so trat die Untersuchung in ihr drittes Stadium ein. Das erste Stadium hatte nur aus mir selbst bestanden, das zweite war die biochemische Einsatztruppe gewesen. Das dritte und bedeutendste Stadium aber führte zur Invasion der Kernphysiker.

Am 5. September 1955 traf John L. Billings von der University of California mitsamt seiner Ausrüstung ein. Weitere Geräte wurden in den folgenden Wochen angeliefert. Zusätzliche provisorische Unterkünfte wurden errichtet, und ich sah schon, daß innerhalb eines Jahres rund um die Gans ein ganzes Forschungszentrum entstanden sein würde.

Billings nahm am Abend des fünften an unserer Konferenz teil.

Finley informierte ihn über den neuesten Stand und meinte: »Aus dieser Idee, daß hier Eisen zu Gold wird, ergeben sich eine ganze Reihe schwerwiegender Probleme. Zum Beispiel kann die Gesamteisenmenge im Körper der Gans höchstens in der Größenordnung von einem halben Gramm liegen, während sie aber täglich annähernd 40 Gramm Gold produziert.«

Billings entgegnete mit klarer, hoher Stimme: »Es gibt da noch ein viel größeres Problem. Eisen steht ganz unten in der Kurve des Massenverhältnisses; Gold steht viel weiter oben. Um ein Gramm Eisen in ein Gramm Gold umzuwandeln, braucht man ungefähr soviel Energie, wie bei der Spalung von einem Gramm U-235 frei wird.«

Finley zuckte die Achseln. »Das Problem überlasse ich Ihnen.«

Billings antwortete: »Lassen Sie mich darüber nachdenken.«

Er unternahm weit mehr, als nur nachzudenken. Unter anderem wurden frische Proben von rotem Blutfarbstoff der Gans isoliert und verascht und das Eisenoxid nach Brookhaven eingeschickt. Es lag hierfür kein besonderer Grund vor; das war nur eine unter einer ganzen Anzahl von Einzeluntersuchungen, aber gerade sie zeitigte Resultate.

An den Zahlen, die wir zurückerhielten, hatte Billings schwer zu schlucken. Er sagte: »Kein Fe^{56} vorhanden.«

»Was ist mit den übrigen Isotopen?« fragte Finley sofort.

»Alle vorhanden«, erwiderte Billings, »und zwar im richtigen relativen Verhältnis, aber kein Fe^{56} nachweisbar.«

Ich muß hier wieder einiges erklären. Eisen, wie es in der Natur vorkommt, besteht aus vier verschiedenen Isotopen. Bei Isotopen handelt es sich um Spielarten eines Atoms, die sich im Atomgewicht unterscheiden. Eisenatome mit einem Atomgewicht von 56, also Fe^{56}, bilden 91,6 Prozent aller Eisenatome. Die anderen haben die Atomgewichte 54, 57 und 58.

Das Eisen aus dem roten Blutfarbstoff der Gans bestand nur aus Fe^{54}, Fe^{57} und Fe^{58}. Die Bedeutung dieses Umstandes lag auf der Hand. Das Fe^{56} verschwand, die anderen Isotopen nicht, und das hieß nichts anderes, als daß eine Kernreaktion stattfand. Bei einer Kernreaktion konnte ein Isotop betroffen sein, während die anderen unberührt blieben. Bei einer gewöhnlichen chemischen Reaktion, überhaupt bei jeder chemischen Reaktion, wären alle Isotopen gleichermaßen erfaßt.

»Aber das ist von der Energie her unmöglich«, wandte Finley ein.

Er äußerte dies nur mit mildem Sarkasmus in Erinnerung an Billings' anfängliche Bemerkung. Als Biochemiker wußten wir alle genau, daß viele Reaktionen im Körper ablaufen, die Energiezufuhr benötigen, und daß dabei eine Reaktion, die Energie benötigt, mit einer anderen Reaktion gekoppelt ist, bei der Energie erzeugt wird.

Allerdings werden bei chemischen Reaktionen ein paar Kilokalorien pro Mol aufgenommen oder abgegeben. Bei Kernreaktionen ging dieses Quantum in die Millionen. Die Energie aufnehmende Kernreaktion setzte also eine zweite, diese Energie freisetzende Kernreaktion voraus.

Wir bekamen Billings zwei Tage lang nicht zu Gesicht.

Als er wieder auftauchte, gab er folgende Erklärung ab: »Sehen Sie, die energieliefernde Reaktion muß genau soviel Energie je betroffenem Nukleon liefern, wie die energieaufnehmende Reaktion benötigt. Wenn nur eine geringe Menge weniger Energie zur Verfügung steht, funktioniert die gesamte Reaktion nicht. Wird nur eine ganz minimale Menge mehr geliefert, dann würde die Gans in Anbetracht der astronomischen Zahl betroffener Nukleonen im Bruchteil einer Sekunde atomisiert.«

»Das heißt?« warf Finley ein.

»Das heißt, die Anzahl der möglichen Reaktionen ist eng begrenzt. Ich konnte nur ein einziges erklärbares System finden. Wenn Sauerstoff-18 in Eisen-56 umgewandelt wird, entsteht genug Energie, um das Eisen-56 in Gold-197 umzuwandeln. Das ist wie auf der Achterbahn — auf der einen Seite rauf und auf der anderen wieder runter. Wir werden das nachprüfen müssen.«

»Wie?«

»Ich denke, wir werden zunächst die Isotopenzusammensetzung des Sauerstoffs in der Gans überprüfen.«

Sauerstoff besteht aus drei stabilen Isotopen, und zwar fast ausschließlich O^{16}. O^{18} findet sich unter 250 Atomen jeweils nur einmal.

Das bedeutete eine weitere Blutprobe. Der Wassergehalt wurde im Vakuum abdestilliert und ein Teil davon durch einen Massenspektrographen geschickt. Es wurde O^{18} festgestellt, jedoch nur ein Sauerstoffatom auf 1300. Volle 80 Prozent des erwarteten O^{18} waren nicht vorhanden.

Billings meinte: »Das ist der schlagende Beweis. Sauerstoff-18 wird aufgebraucht. Die Gans nimmt ihn fortlaufend in der Nahrung und im Trinkwasser zu sich, dennoch wird er verbraucht. Produziert wird Gold-197.« Eisen-56 ist ein Zwischenstadium, und da die Reaktion, bei der das Eisen-56 verbraucht wird, schneller abläuft als die, bei der es entsteht, kann es keine signifikante Konzentration erreichen, und die Isotopenanalyse weist sein Nichtvorhandensein aus.

Wir waren immer noch nicht zufrieden und unternahmen einen weiteren Versuch. Eine Woche lang erhielt die Gans Trinkwasser, das mit O^{18} angereichert war. Fast sofort stieg die Goldproduktion an. Am Ende einer Woche lieferte sie 45,8 Gramm, während der O^{18}-Gehalt im Körper nicht höher lag als vorher.

»Damit ist jeder Zweifel beseitigt«, erklärte Billings.

Er schnappte sich seinen Bleistift und stand auf. »Diese Gans ist ein lebender Kernreaktor.«

Die Gans stellte offensichtlich eine Mutation dar.

Eine Mutation deutete unter anderem auf Strahlung hin, und das lenkte die Gedanken auf die 1952 und 1953 an einem Ort durchgeführten Atomversuche, der mehrere hundert Kilometer von MacGregors Farm entfernt lag. (Wenn Ihnen der Gedanke kommt, in Texas hätten gar keine Atomversuche stattgefunden, dann beweist Ihnen das zweierlei: Erstens sage ich nicht alles, und zweitens wissen Sie nicht alles.)

Ich bezweifle, daß zu irgendeinem Zeitpunkt in der Geschichte des Atomzeitalters Sekundärstrahlung so gründlich untersucht und der radioaktive Gehalt des Bodens so eingehend durchgesiebt worden ist.

Alte Berichte wurden studiert, und es spielte keine Rolle, ob sie streng geheim waren, denn Projekt Gans hatte die höchste je verzeichnete Priorität zugesprochen bekommen.

Selbst Wetterberichte wurden unter die Lupe genommen, um das Verhalten des Windes zur Zeit der Atomversuche zu ermitteln.

Zwei Dinge stellten sich dabei heraus.

Zum einen war die Sekundärstrahlung auf der Farm etwas höher als normal. Nichts, was Schaden hätte anrichten können, wie ich gleich hinzufügen muß. Manches deutete jedoch darauf hin, daß die Farm zu dem Zeitpunkt, als die Gans schlüpfte, am Rande zweier Fallouts gelegen hatte. Nichts wirklich Ernstes, wie ich erneut betonen möchte.

Zum zweiten wies die Gans unter allen anderen Gänsen auf der Farm, sogar unter allen dort existierenden Lebewesen, die wir testen konnten, einschließlich der Menschen, keinerlei Radioaktivität auf. Man muß dabei folgendes bedenken: *Alles* zeigt Spuren von Radioaktivität; das versteht man unter Sekundärstrahlung. Die Gans aber zeigte nichts dergleichen.

Finley schickte am 6. Dezember 1955 einen Bericht ab, den ich folgendermaßen zusammenfassen möchte:

»Die Gans ist eine ganz ungewöhnliche Mutation, die auf eine hochgradig radioaktive Umgebung zurückzuführen ist, wie sie im allgemeinen Spontanmutationen anregt und die diese spezielle Mutation so segensreich werden ließ.

Die Gans besitzt Enzymsysteme, die in der Lage sind, verschiedene Kernreaktionen auszulösen. Ob dieses System aus einem einzigen Enzym besteht oder aus mehreren, ist nicht bekannt. Es liegen ebenfalls keine Erkenntnisse über die Art der fraglichen Enzyme vor. Auch läßt sich noch keine Theorie darüber entwickeln, auf welche Weise ein Enzym eine Kernreaktion auszulösen vermag, da dies bestimmte Wechselwirkungen mit Kräften voraussetzt, die fünf Größenordnungen höher liegen als jene, die bei gewöhnlichen chemischen Reaktionen auftreten, wie sie überlicherweise von Enzymen herbeigeführt werden.

Die gesamte Kernumwandlung verläuft von Sauerstoff-18 zu Gold-197. Sauerstoff-18 ist in der Umgebung reichlich vorhanden, und zwar in beträchtlichen Mengen im Trinkwasser und allen organischen Nahrungsmitteln. Das Gold-197 wird über die Eierstöcke ausgeschieden. Ein bekanntes Zwischenstadium ist Eisen-56, und die Tatsache, daß bei dem Vorgang Aurämoglobin gebildet wird, führt uns zu der Vermutung, daß das Enzym oder die Enzyme eventuell roten Blutfarbstoff als Trägersubstanz benutzen.

Eine Reihe von Überlegungen sind im Gange über den Wert, den diese gesamte Kernumwandlung für die Gans haben könnte. Sauerstoff-18 ist für sie unschädlich, das Gold-197 wiederum kann nur unter Schwierigkeiten ausgeschieden werden, ist potentiell giftig und die Ursache ihrer Unfruchtbarkeit. Seine Bildung könnte möglicherweise ein Mittel sein, um größere Gefahr zu verhindern. Diese Gefahr —«

Doch die einfache Lektüre dieses Berichtes, mein Freund, läßt alles so ruhig, beinahe besinnlich erscheinen. Dabei habe ich noch nie jemanden näher an einem Schlaganfall gesehen als Billings bei der Entdeckung unserer eigenen radioaktiven Experimente, von denen ich Ihnen weiter oben erzählt habe — die, bei denen wir in der Gans nicht die Spur von Radioaktivität entdecken konnten, so daß wir die Ergebnisse als bedeutungslos zu den Akten legten.

Oft und oft fragte er uns, wie wir nur das Fehlen von Radioaktivität bei unseren Untersuchungen als unwichtig abtun konnten.

»Sie kommen mir vor wie ein Reporter«, bemerkte er, »den man als blutigen Anfänger losschickt, um über eine Hochzeit in der Gesellschaft zu berichten, und der zurückkommt und sagt, es gebe keine Story, weil der Bräutigam nicht aufgetaucht sei.

Sie haben die Gans mit radioaktivem Gold gefüttert und die Spur verloren. Aber nicht nur das. Sie konnten überdies keinerlei Radioaktivität an der Gans feststellen, keinen Kohlenstoff-14, kein Kalium-40. Und da reden Sie von Fehlschlag.«

Wir begannen, die Gans mit radioaktiven Isotopen zu füttern, erst noch vorsichtig, aber bevor der Januar zu Ende ging, schaufelten wir es praktisch in sie hinein.

Die Gans zeigte weiterhin keinerlei Radioaktivität.

»Es läuft darauf hinaus«, erläuterte Billings, »daß dieser von Enzymen ausgelöste Kernprozeß der Gans in der Lage ist, instabile Isotope in stabile umzuwandeln.«

»Nützlich«, sagte ich.

»Nützlich? Das ist einfach herrlich. Das ist die perfekte Abwehr gegen das Atomzeitalter. Hören Sie, die Umwandlung von Sauerstoff-18 in Gold-197 müßte pro Sauerstoffatom acht und ein paar zerquetschte Positronen freisetzen. Das bedeutet acht und ein paar zerquetschte Gammastrahlen, wenn jedes Positron sich mit einem Elektron verbindet. Gammastrahlen sind aber nicht vorhanden. Die Gans muß in der Lage sein, Gammastrahlen unbeschadet zu absorbieren.« Wir bestrahlten die Gans mit Gammastrahlen. Als die Dosis erhöht wurde, bekam die Gans leichtes Fieber, und wir gerieten in Panik. Aber es war nur Fieber, keine Strahlenkrankheit. Ein Tag verging, das Fieber schwand, und der Gans ging es besser denn je.

»Begreifen Sie, was wir da vor uns haben?« fragte Billings nachdrücklich.

»Ein wissenschaftliches Wunder«, kommentierte Finley.

»Lieber Himmel, erkennen Sie denn nicht die praktischen Anwendungsmöglichkeiten? Wenn wir den Mechanismus herausfinden und ihn im Reagenzglas nachvollziehen können, dann haben wir die perfekte Entsorgungsmöglichkeit für radioaktiven Müll. Der wichtigste Trick, der uns davon abhält, mit vollen Segeln in die Atomwirtschaft zu steuern, ist doch die Überlegung, wohin mit den bei dem Spaltungsprozeß anfallenden radioaktiven Isotopen. Sie einfach in einem Enzympräparat in großen Bottichen auszufiltern, das ist doch das Ei des Kolumbus.

Finden Sie diesen Mechanismus, meine Herren, und Sie können getrost Ihre Sorgen um Fallouts begraben. Wir könnten einen Schutz gegen die Strahlenkrankheit finden.

Verändern Sie den Mechanismus, und wir können Gänse züchten, die jedes gewünschte Element absondern. Wie wär's denn mit Eierschalen aus Uran-235?

Aber erst mal den Mechanismus! Den Mechanismus!«

Er konnte ›Mechanismus‹ schreien, solange er wollte. Es nützte nichts. Wir saßen alle da und starrten mit den Händen im Schoß die Gans an.

Wenn man nur die Eier ausbrüten könnte. Wenn wir nur eine ganze Schar von Reaktor-Gänsen hätten.

»Das muß schon früher einmal geschehen sein«, meinte Finley. »Die Legenden über derartige Gänse müssen ja irgendwo ihren Ursprung haben.«

»Wollen Sie warten?« fragte Billings.

Wenn wir eine Horde solcher Gänse hätten, dann könnten wir drangehen und einige auseinandernehmen, ihre Eierstöcke untersuchen, Gewebeproben präparieren und Präparate zur Bestimmung der Enzymaktivität herstellen.

Vielleicht brachte das aber auch gar nichts. Das Gewebe von einer Leberbiopsie reagierte unter keinen von uns ausprobierten Bedingungen mit Sauerstoff-18.

Wir könnten vielleicht auch eine intakte Leber mit Blut durchspülen, intakte Embryonen untersuchen oder beobachten, wie sich bei einem davon der Mechanismus entwickelt.

Aber mit dieser einen Gans allein waren uns die Hände gebunden.

Wir wagten nicht, die Gans, die Goldene Eier legt, zu töten.

Das Geheimnis steckte in der Leber dieser fetten Gans.

Leber der fetten Gans! *Paté de foie gras!* Für uns keine Delikatesse!

Nachdenklich sagte Nevis: »Wir brauchen eine Idee. Irgendeinen radikalen Ansatz, einen zündenden Gedanken.«

»Vom Reden kommt auch nichts«, meinte Billings deprimiert.

In einem Anfall von Galgenhumor schlug ich vor: »Wir könnten ja eine Zeitungsanzeige aufgeben«, und in diesem Augenblick kam *mir* eine Idee.

»Science Fiction!« sagte ich.

»Was?« fragte Finley.

»Sehen Sie, in den Science Fiction-Magazinen werden erfundene Artikel abgedruckt. Die Leser betrachten das als Unterhaltung und interessieren sich dafür.« Ich erzählte ihnen von den Artikeln über Thiotimolin, die aus Asimovs Feder stammten und die ich einmal gelesen hatte.

Kalte Ablehnung schlug mir entgegen.

»Wir würden dabei noch nicht einmal Sicherheitsbestimmungen verletzten«, fuhr ich fort, »weil's keiner glauben wird.« Ich erwähnte, wie Cleve Cartmill im Jahre 1944 eine Geschichte veröffentlichte, in der er den Atombombenabwurf ein Jahr im voraus beschrieb, und das FBI hatte sich zurückgehalten.

Sie starrten mich nur an.

»Und Science Fiction-Leser haben Ideen. Unterschätzen Sie diesen Personenkreis nicht. Auch wenn sie's nur für einen erfundenen Artikel halten, schicken sie ihre Kommentare an den Herausgeber. Nachdem wir selber keine Einfälle haben und in einer Sackgasse gelandet sind, was können wir dabei schon verlieren?«

Sie schluckten es immer noch nicht.

So setzte ich hinzu: »Es ist Ihnen doch klar, daß die Gans nicht ewig lebt.«

Das zog.

Wir mußten noch Washington überzeugen. Dann setzte ich mich mit John Campbell, dem Science Fiction-Verleger, in Verbindung, der sich seinerzeit an Asimov wandte.

Nun ist der Artikel fertig. Ich habe ihn gelesen und finde ihn gut. Ich bitte Sie alle, ihm keinen Glauben zu schenken. Bitte nicht.

Es sei denn —

Vielleicht irgendeine Idee?

8

Die Brücke der Götter

Wissenschaftler stehen manchmal entzückt (oder entsetzt) vor einer Ent-
wicklung, die etwas in Frage stellt, was als sicher galt, solange Menschen
darüber nachgedacht haben. Was kann so rein sein wie das Licht der geseg-
neten Sonne? Was kann so ungemischt sein wie klares, weißes Licht? Nun,
lesen Sie selbst —

Am 6. Juni 1974 waren meine Frau Janet und ich im Forest of Dean
im Südwesten Englands nahe der Grenze zu Wales. Es war ein Tag, an
dem Regenschauer gelegentlich von Sonnenschein unterbrochen wurden, und am späten Nachmittag unternahmen Janet und ich einen
Spaziergang unter den unvergeßlichen Birken.

Ein leichter Sprühregen scheuchte uns unter einen der Bäume, doch
die Sonne kam gleich wieder heraus, und am Himmel erschien ein
Regenbogen. Aber nicht etwa ein einzelner Regenbogen, sondern
gleich deren *zwei*. Zum einzigen Male in meinem Leben sah ich den
Hauptregenbogen und den Zweitbogen um ungefähr den zwanzig-
fachen Durchmesser des Vollmondes voneinander getrennt, wie es sein
soll. Der Himmel zwischen beiden war ausgesprochen dunkel, so daß
wir praktisch ein breites, dunkles Band sahen, das den östlichen Himmel in einem perfekten Kreisbogen überspannte, auf beiden Seiten von
einem Regenbogen begrenzt, bei dem die rote Seite jeweils die Dunkelheit einfaßte und das Violett ins Blaue hinein verblaßte.

Die Himmelserscheinung dauerte mehrere Minuten, und wir beobachteten sie in vollkommenem Schweigen. Ich bin kein Mensch, der
von visuellen Eindrücken geprägt ist, aber dies berührte mich tief.

Neun Tage später besuchte ich am 15. Juni 1974 die Westminsterab-
tei in London und stand neben dem Grab von Isaac Newton (ich
scheute mich, darauf zu treten). Von meinem Platz aus konnte ich auch
die Grabstätten von Michael Faraday, Ernest Rutherford, James Clerk-
Maxwell und Charles Darwin erblicken, also von fünf der zehn Männer, die ich einmal als die größten Wissenschaftler aller Zeiten bezeichnet habe. Das berührte mich ebenso tief wie der doppelte Regenbogen.

Unwillkürlich mußte ich an die Verbindung zwischen dem Regenbogen und Newton denken und beschloß, einen Artikel über das Thema
zu schreiben, sobald sich die Gelegenheit böte — und hier ist er.

Ich schlage vor, wir beginnen beim Licht selbst. In alten Zeiten hielten
die Menschen, von denen wir wissen, daß sie zu diesem Thema Über-

legungen anstellten, das Licht in erster Linie für eine Eigenschaft der Himmelskörper und vor allen Dingen der Sonne. Dieses himmlische Licht war nicht zu verwechseln mit irdischen Nachahmungen wie etwa das Feuer lodernden Holzes oder einer brennenden Kerze. Irdisches Licht war unvollkommen, es flackerte und erlosch; man konnte es aber auch mit neuem Brennstoff versorgen und erneuern. Das himmlische Licht der Sonne war ewig und gleichbleibend.

In Miltons *Verlorenem Paradies* erhält man den bestimmten Eindruck, daß die Sonne einfach ein Gefäß ist, in das Gott Licht eingefüllt hat. Das in der Sonne enthaltene Licht bleibt auf immer unvermindert, und durch das Licht dieses Lichts (Sie erkennen, was ich meine) vermögen wir zu sehen. Von diesem Gesichtspunkt aus liegt nichts Rätselhaftes in der Tatsache, daß Gott das Licht am ersten Tage schuf, Sonne, Mond und Sterne aber am vierten. Licht ist das Ding an sich, die Himmelskörper sind nur seine Gefäße. Da das Sonnenlicht himmlischen Ursprungs war, mußte es naturgemäß von göttlicher Reinheit sein, was sich am besten in der Tatsache veranschaulichen ließ, daß es vollkommen weiß ist. ›Irdisches‹ Licht konnte in seiner Unvollkommenheit auch Farbe aufweisen. Die Flammen irdischer Feuer waren eindeutig gelblich, manchmal auch rötlich. Gab man bestimmte chemische Stoffe hinzu, dann konnten sie sogar jede beliebige Farbe annehmen.

In der Tat war Farbe allem Anschein nach ein Attribut ausschließlich von Materie, und wenn sie das Licht durchdrang, so schien sie unweigerlich ein Zeichen von Unreinheit zu sein. Licht wurde von einem undurchlässig-farbigen Gegenstand zurückgeworfen oder drang durch einen durchlässig-farbigen Gegenstand und nahm dabei Farbe und Unvollkommenheit der betreffenden Materie an, so wie klares Wasser, wenn es über losen Sand rinnt, eine schlammige Farbe erhält.

Nur einen Aspekt der Farbe gab es in den Augen der Alten, bei dem nicht die Art von Materie eine Rolle spielte, mit der sie vertraut waren, nämlich der Regenbogen. Er erschien am Himmel als leuchtender Bogen aus unterschiedlichen Farben: Rot, Orange, Gelb, Grün, Blau und Violett, in dieser Reihenfolge, wobei Rot auf der äußeren Bogenkrümmung liegt und Violett auf der inneren Krümmung.*

Der Regenbogen am Himmel droben, flüchtig, ohne Substanz und anscheinend ohne jede Verbindung zu Materie, schien ebensosehr ein Beispiel für das göttliche Licht zu sein wie die Sonne — und doch war er farbig. Es gab keine einleuchtende Erklärung dafür außer der, daß er vielleicht eine weitere Schöpfung Gottes oder der Götter darstellte,

---

* Oft wird als siebte Farbe ›Indigo‹ hinzugefügt. In meinen Augen ist Indigo jedoch nur Blauviolett und verdient nicht die Würde einer eigenen Bezeichnung als Farbe auf dem Regenbogen. Das Vorhandensein einer indigofarbenen Lichtkomponente, die von einem bestimmten, bis zur Glut erhitzten Erz emittiert wird, führte zur Entdeckung eines neuen Elements, das demzufolge ›Indium‹ genannt wurde.

die zu einem ganz bestimmten Zweck in Farbe gekleidet worden war.

In der Bibel beispielsweise wird der Regenbogen nach der Sintflut erschaffen. Gott erklärte Noah seinen Sinn folgendermaßen: ›Und wenn es kommt, daß ich Wetterwolken über die Erde führe, so soll man meinen Bogen sehen in den Wolken. Alsdann will ich gedenken an meinen Bund zwischen mir und euch und allem lebendigen Getier unter allem Fleisch, daß hinfort keine Sintflut mehr komme, die alles Fleisch verderbe.‹ (1. Mos. 9, 14-15).

Vermutlich ist der Regenbogen, obwohl die Bibel dies nicht ausdrücklich hervorhebt, deshalb farbig, damit er vor dem Hintergrund des Himmels besser gesehen werden kann und den vor dem Zorn Gottes zitternden Menschen eine deutlichere Versicherung ist.

Die Griechen hatten vom Regenbogen eine weniger dramatische Vorstellung. Da er hoch in den Himmel reichte und doch scheinbar an beiden Enden die Erde berührte, schien er ein Bindeglied zwischen Himmel und Erde zu sein. Er war die Brücke der Götter (farbig vielleicht deshalb, weil es ein materielles Objekt, aber doch göttlichen Ursprungs war), über welche sie auf die Erde herunterkommen und wieder in den Himmel zurückkehren konnten.

In Homers *Ilias* ist die Göttin Iris die Botin der Götter, die von Zeit zu Zeit aus dem Olymp herabsteigt, um den einen oder anderen Auftrag auszuführen. Aber *iris* ist das griechische Wort für ›Regenbogen‹ (und weil der Teil des Auges unmittelbar um die Pupille herum ebenfalls in verschiedenen Farben auftritt, bekam auch er den Namen Iris). Die Genitivform von *iris* lautet *iridis,* und wenn etwas einen farbigen, regenbogenartigen Schimmer aufweist wie etwa eine Seifenblase, spricht man von ›irisieren‹. Weil die Verbindungen eines bestimmten neuen Elements eine verblüffende Brandbreite von Farben aufweisen, erhielt das Element den Namen ›Iridium‹.

In den nordischen Mythen war der Regenbogen ›Beberast‹, die Brücke, über welche die Götter zur Erde hinabschreiten konnten. Vor der letzten Schlacht Ragnarok war er eines der Zeichen für die künftige weltweite Zerstörung, die erfolgen sollte, sobald die Regenbogenbrücke unter dem Gewicht der Helden von Walhalla zerbräche.

Aber wie sieht es nun mit rationalen Erklärungen aus? Auch in dieser Hinsicht wurden Schritte unternommen. Im Altertum bemerkte der griechische Philosoph Aristoteles um 350 v. Chr. den Regenbogeneffekt, der auftritt, wenn man durch Wassergischt blickt — die gleichen Farben in der gleichen Anordnung und ebenso ohne Substanz. Vielleicht entstand der Regenbogen selbst, der nach dem Regen auftritt, ja in ähnlicher Weise durch Wassertröpfchen hoch oben in der Luft.

Das Wasser war keineswegs die einzige durchsichtige Substanz, die mit dem Regenbogen in Verbindung stand. Um 10 n. Chr. schrieb der römische Philosoph Seneca über den regenbogenartigen Farbeffekt, der sich an der Kante eines zerbrochenen Glasstückes zeigte.

Was ist nun am Licht und den durchsichtigen Substanzen, daß sie einen Regenbogen hervorrufen können? Es besteht kein Zweifel, daß Licht, das in gewöhnlicher Weise durch solche Substanzen hindurchgeht, keine Farben erzeugt. Es gibt jedoch eine bestimmte Besonderheit im Verhalten von Licht, wenn es von einer durchsichtigen Substanz in eine andere eintritt — beispielsweise von der Luft in Wasser —, die vielleicht einen Anhaltspunkt bieten könnte.

Dieses eigentümliche Verhalten tauchte zum erstenmal in der Geschichte der Wissenschaft auf, als Aristoteles auf etwas hinwies, was unzählige Menschen bereits vor ihm gelegentlich bemerkt haben mußten: daß ein Stäbchen, das in eine Schüssel mit Wasser gestellt wird, aussieht, als vollziehe es an der Wasseroberfläche einen scharfen Knick, fast so, als sei es an diesem Punkt in einem bestimmten Winkel abgebrochen. Aristoteles schrieb diese Erscheinung der Beugung des Lichts beim Durchgang von Luft in Wasser oder von Wasser in Luft zu. Schließlich war das Stäbchen ja nicht wirklich gebrochen, denn man konnte es wieder aus dem Wasser herausnehmen und sehen, daß es so gerade wie immer war, oder im Wasser befühlen. Die Beugung des Lichts beim Durchgang von einem Medium in das andere wird ›Refraktion, Lichtbrechung‹ genannt (nach gewissen lateinischen Wörtern, die ›Rückbrechung‹ bedeuten).

Konnte es sein, daß der reichlich ungewöhnliche Vorgang der Farbenbildung durch Wasser oder Glas die reichlich ungewöhnliche Tatsache einschloß, daß sich die Richtung eines Lichtstrahls veränderte?

Der erste, der das tatsächlich zur Sprache brachte, war ein polnischer Mönch mit Namen Erazm Ciolek. Er tat dies in einem Buch über Optik, das er 1269 unter dem teilweise latinisierten Namen Erasmus Vitellio verfaßte.

Es wäre nun leicht, einfach zu sagen, die Lichtbrechung sei für den Regenbogen verantwortlich. Weit schwieriger gestaltet sich die Aufgabe schon, wenn man exakt berechnen will, wie die Lichtbrechung einen Bogen mit der genauen Krümmung und der genauen Position am Himmel hervorrufen kann. Und so dauerte es nach dem Hinweis auf die Lichtbrechung denn auch noch dreieinhalb Jahrhunderte, bis sich jemand daran wagte, sie mathematisch zu erfassen.

Marco Antonio de Dominis, Erzbischof von Spalato (der gegen Ende seines Lebens von der Inquisition eingekerkert wurde, weil er zur Anglikanischen Glaubensform konvertierte und die Vorherrschaft des Papsttums bestritt), unternahm 1611 als erster einen diesbezüglichen Versuch, doch brachte er nur ein unvollständiges Werk zustande. Bedauerlicherweise hatten die Menschen seit den Zeiten der alten Griechen eine ungenaue Vorstellung über die exakte Art und Weise entwickelt, wie Licht gebrochen wird — und das traf auch auf den Erzbischof zu.

Erst im Jahre 1621 gelangte man zum endgültigen Verständnis der Lichtbrechung. In jenem Jahr untersuchte ein holländischer Mathematiker, Willebrord Snell, den Winkel, den ein Lichtstrahl zur Senkrechten der Wasseroberfläche, in die er eintritt, bildet, und den unterschiedlichen Winkel, den er zur Senkrechten bildet, sobald er in das Wasser eingetaucht wird. Über Jahrhunderte hinweg hatte man angenommen, daß, wenn sich *ein* Winkel veränderte, sich auch der andere Winkel proportional verändern würde. Snell wies nach, daß es die Sinuswerte* der Winkel sind, die stets im gleichen Verhältnis zueinander stehen; dieses konstante Verhältnis nennt man ›Berechnungsindex‹.

Sobald einmal der Begriff des Berechnungsindexes bekannt war, konnten Wissenschaftler den Weg des Lichts durch kugelförmige Wassertröpfchen unter Berücksichtigung von Reflexionen wie Lichtbrechung mit beachtlicher Genauigkeit verfolgen.

Diese Arbeit vollbrachte er französische Philosoph René Descartes im Jahre 1637. Er benutzte Snells Gesetz der Strahlenbrechung, um die genaue Position und Krümmung des Regenbogens zu bestimmen. Er würdigte allerdings den Anteil, den Snell mit seinem Gesetz an seinem Forschungsergebnis hatte, nicht in der gehörigen Weise, sondern erweckte den Eindruck, ohne das tatsächlich zu sagen, als habe er die Forschungsergebnisse allein ausgearbeitet.

Snells Gesetz erklärte jedoch für sich genommen noch nicht in ausreichendem Maße die *Farben* des Regenbogens. Es gab eigentlich nur zwei Alternativen. Erstens war es möglich, daß die Farbe sich irgendwie aus dem farblosen Wasser (oder Glas) bildete, durch das der Lichtstrahl hindurchging. Zweitens war es möglich, daß sich die Farbe irgendwie aus dem farblosen Licht bildete, das durch Wasser (oder Glas) hindurchging.

Beide Alternativen schienen in gleicher Weise unwahrscheinlich, da sich in jedem Falle die Farbe aus der Farblosigkeit entwickeln müßte. Man tendierte allerdings zu der ersten Annahme, da sich mit Wasser oder Glas leichter umgehen ließ als mit dem heiligen Licht der Sonne.

Die Sonne und ihr Licht waren so oft als Symbol der Göttlichkeit hervorgehoben worden (nicht nur in christlicher, sondern auch in vorchristlicher Zeit bis zurück zu Pharao Echnaton im Jahre 1360 v. Chr. und wer weiß wieviel weiter noch bis in den Dämmer prähistorischer Spekulationen), daß es schließlich den Anschein hatte, die Unterstellung einer Unvollkommenheit der Sonne sei gleichbedeutend mit einer Leugnung der Vollkommenheit Gottes.

Sehen wir uns beispielsweise nur einmal an, wie es Galilei erging. Es gab eine Reihe von Gründen, warum er mit der Inquisition Schwierig-

---

* Ich versuche die von mir benutzten Begriffe zu erklären, wenn sie denn schon einmal auftauchen, doch hier muß ein Schlußstrich gezogen werden. Sinus und die trigonometrischen Funktionen ganz allgemein verdienen einen vollständigen Artikel für sich allein, und eines Tages schreibe ich ihn auch. Wenn Sie inzwischen nicht wissen, was Sinus ist, macht das nichts. Diese Winkelfunktion spielt in der vorliegenden Argumentation keine Rolle.

keiten bekam; der gewichtigste war, daß er niemals seine Verachtung gegenüber jenen verbergen konnte, die weniger intelligent waren als er selbst, auch wenn sie in der Lage waren, ihm Schaden zuzufügen. Und er gab ihnen damit gleichsam selbst die Waffen in die Hand, ihn anzugreifen, von denen die schärfste vielleicht seine Entdeckung dunkler Flecken auf der Sonne war.

Er hatte Sonnenflecken erstmals gegen Ende des Jahres 1610 bemerkt, doch legte er die öffentliche Verkündung erst 1612 vor und überreichte eine Kopie des Buches über dieses Thema dem Kardinal Maffeo Barberini, der ihm zu jener Zeit freundlich gesonnen war; von da ab kühlte seine Beziehung — aus unterschiedlichen Gründen — jedoch allmählich ab. Als dieser unter dem Namen Urban VIII. Papst geworden war und zwanzig Jahre später Galileos Schwierigkeiten mit der Inquisition ihren Höhepunkt erreichten, erwies er sich sogar als dessen ausgesprochener Feind.

Die Entdeckung der Sonnenflecken (die Realität dieser Entdeckung war irrelevant) war eine Beleidigung jener Mystik, welche die Sonne für eine Schöpfung Gottes hielt, und einige begannen gegen ihn von der Kanzel zu predigen.

Unter ihnen war auch ein Dominikanermönch, der sich auf erstaunlich geschickte Weise eines Bibelzitats bediente. Am Anfang der Apostelgeschichte wird der auferstandene Jesus schließlich in den Himmel erhoben, und seine aus Galiläa stammenden Apostel starren unverwandt nach oben auf den Punkt, an dem er ihren Blicken entschwindet, bis zwei Engel sie an ihre irdischen Pflichten erinnern, und zwar mit einem Vorwurf, der mit der Frage beginnt: ›Ihr Männer aus Galiläa, was steht ihr da und schaut zum Himmel?‹

Auf lateinisch lauten die beiden ersten Wörter des Zitats *Viri Galilaei*, und Galileos Familienname war Galilei. Im Jahre 1613, als der Dominikaner diesen Satz von der Kanzel donnerte und ihn als biblische Anprangerung von Galileos Versuchen, die Geheimnisse des Himmels zu durchdringen, gebrauchte, müssen viele Menschen vor dem Astronomen zurückgeschreckt sein, der ja von den Engeln selbst zurechtgewiesen wurde. 1615 lag Galileos Fall in den Händen der Inquisition, und seine lange Leidenszeit nahm ihren Anfang.

Doch Sonnenflecken kann man auch wegerklären. Ihr Vorhandensein muß nicht als endgültiger Bruch der Vollkommenheit des Himmels akzeptiert werden. Wenn die Sonne nur das Gefäß für Licht ist, kann sie unvollkommen und befleckt sein. Mit dem, was in diesem Gefäß enthalten war, dem himmlischen Licht selbst, der ersten Schöpfung Gottes am ersten Tag, verhielt es sich völlig anders. Wer würde es wagen, *seine* Vollkommenheit in Frage zu stellen?

Diese Blasphemie geschah 1666 in England, an einem Ort und zu einer Zeit, die für einen solchen Zweck weit sicherer waren als das Italien von 1612. Derjenige, der sie durchführte, war ein durchaus frommer, vierundzwanzigjähriger Mann namens Isaac Newton.

Der junge Newton zeigte am Regenbogeneffekt nicht um seiner selbst willen Interesse, sondern in erster Linie im Zusammenhang mit einem eher praktischen Problem, das ihn betraf, uns aber hier im Augenblick nicht zu bekümmern braucht.

Newton hätte mit der Überlegung beginnen können, wenn ein Regenbogen durch die Brechung des Lichts durch Wassertropfen entsteht, sollte er sich auch im Laboratorium bilden, wenn die Lichtbrechung auf korrekte Weise durchgeführt wird. Lichtbrechung entsteht, wenn Licht in einem schiefen Winkel aus der Luft in Glas eintritt, aber wenn die Glasfläche von zwei parallelen Ebenen (wie es beispielsweise gewöhnliches Fensterglas ist) begrenzt ist, dann findet beim Austritt an der anderen Fläche die gleiche Brechung in umgekehrter Folge statt. Die beiden Brechungen heben einander auf, und der Lichtstrahl geht ungebrochen hindurch.

Man muß deshalb einen gläsernen Gegenstand benutzen, der nicht parallel ist und das Licht beim Eintritt in das Glas und das aus dem Glas austretende Licht in der gleichen Richtung bricht, so daß sich die beiden Effekte addieren und nicht aufheben.

Zu diesem Zweck benutzte Newton ein dreieckiges Glasprisma, von dem er durch Snells Gesetz wußte, daß es das Licht beim Eintritt wie beim Austritt in der gleichen Richtung bricht, ganz wie er es haben wollte. Er verdunkelte einen Raum, indem er die Fenster mit Läden abdeckte. Dann brachte er in einem der Läden eine kleine Öffnung an, durch die ein einzelner, kreisrunder Lichtstrahl eintreten und auf die gegenüberliegende weiße Wand fallen konnte. Natürlich erschien auf der Wand ein glänzender Kreis weißen Lichts.

Anschließend brachte Newton das Prisma in den Lichtweg, und nun wurde der Strahl scharf gebrochen. Sein Weg war geknickt, und der Kreis weißen Lichts war nicht mehr dort, wo er zuvor gewesen war, sondern nahm auf der Wand eine deutlich veränderte Position ein.

Darüber hinaus aber war es auch nicht länger ein Kreis, sondern ein Rechteck, dessen Länge ungefähr fünfmal größer war als seine Breite. Aber damit nicht genug — es waren auch Farben erschienen, die gleichen Farben wie beim Regenbogen und in der gleichen Reihenfolge.

Konnte es sein, daß dieser Regenbogen nur ein glücklicher Zufall war, der sich aus der Größe des Lochs oder der Position des Prismas ergab? Er versuchte es mit Löchern verschiedener Größe und stellte fest, daß der künstliche Regenbogen zwar heller und dunkler werden konnte, aber die Farben die gleichen blieben und immer in der gleichen Reihenfolge wiederkehrten. Sie blieben auch, wenn er das Licht durch den dickeren oder dünneren Teil des Prismas fallen ließ. Er probierte das Prisma sogar außerhalb des Fensters aus, so daß das Sonnenlicht durch das Prisma fiel, *bevor* es durch das Loch im Fensterladen ging — und immer erschien der Regenbogen.

Soweit brachten diese Experimente nichts völlig Neues, obwohl sie noch nie zuvor mit solch systematischer Sorgfalt durchgeführt worden waren. Schließlich gab es seit Jahrhunderten Beobachtungen und Berichte über Regenbogeneffekte an spitzwinkligen Glaskanten, die zerbrochen oder schräg zugeschliffen waren, und das entsprach im wesentlichen Newtons Beobachtung.

Bis dahin war allerdings stets angenommen worden, daß die Effekte vom Glas erzeugt würden; nun stellte sich Newton die Frage, ob das wirklich der Fall war. Die Tatsache, daß die Veränderung der Position des Glases oder seiner Dicke den Regenbogen nicht wesentlich veränderte, erweckte den Anschein, daß das Glas womöglich gar nicht beteiligt war, sondern die Ursache im Licht selbst liegen könnte.

Newton überlegte, daß, wenn er das Prisma nach unten halten und das hindurchgetretene Licht durch ein zweites Prisma fallen lassen würde, das in der gegenteiligen Richtung angeordnet war, eine von zwei Möglichkeiten eintreten müßte:

1. Wenn das Glas für die Entstehung der Farben bei der Brechung des durchfallenden Lichts verantwortlich war, würde durch das Glas des zweiten Prismas mehr Farbe erzeugt werden; das farbige Rechteck aus Licht würde noch längergestreckt und tiefer in der Färbung erscheinen.
2. Wenn es allein die Brechung war, welche die Farben hervorrief, dann mußte die zweite Brechung, die in gegenteiliger Richtung erfolgte, die erste aufheben, so daß das Rechteck wieder ein Kreis wurde und alle Farben verschwanden.

Newton unternahm den Versuch, aus dem sich ergab, daß die zweite Alternative wohl die richtige war. Das durch zwei Prismen, die bis auf die gegenteilige Anordnung identisch waren, fallende Licht traf die Wand an der Stelle, wo es auch ohne Prismen auftreffen mußte, und es fiel als leuchtender Kreis von reinem weißem Licht auf die Wandfläche. (Wenn Newton ein Stück weißen Karton zwischen die Prismen geschoben hätte, dann wäre ihm aufgefallen, daß das farbige Rechteck dort immer noch vorhanden war).

Newton schloß daraus, daß das Glas nichts mit der Farbe zu tun hatte, sondern nur als Mittel für die Lichtbrechung diente. Die Farben entstanden aus dem Sonnenlicht selbst.

Damit hatte er zum erstenmal in der Menschheitsgeschichte klar demonstriert, daß Farbe unabhängig von Materie existiert. Bei den von ihm mit dem Prisma erzeugten Farben handelte es sich nicht um irgendwelche farbigen Objekte, ja nicht einmal um farbige Luft. Es war *farbiges Licht,* ohne Substanz und ohne Materie wie das Sonnenlicht selbst. Verglichen mit den großen, fühlbaren farbigen Dingen, mit denen die Menschen so vertraut umgingen, bildeten die von Newton erzeugten Farben eine Art Geisterfarbe. Es überrascht daher nicht, daß er als Begriff für das von ihm hervorgerufene Farbenband das lateinische Wort für Geist — ›Spektrum‹* — einführte.

Newton führte seine Experimente noch weiter, indem er seinen gebrochenen Lichtstrahl so durch ein Loch in einem Karton fallen ließ, daß nur eine einzelne Farbe des Spektrums hindurchging. Diesen einfarbigen Lichtanteil lenkte er dann durch ein zweites Prisma und stellte fest, daß der Strahl sich zwar etwas verbreiterte, jedoch keine neuen Farben hinzukamen. Er maß auch den Grad der Brechung der einzelnen Farben durch das zweite Prisma und fand dabei heraus, daß Rot stets weniger gebrochen wurde als Orange, bei dem die Brechung wiederum nicht so oft auftrat wie bei Gelb, und so weiter.

Seine Schlußfolgerung lautete auf Grund dieser Beobachtungen, daß Sonnenlicht (und weißes Licht allgemein) nicht rein ist, sondern eine Mischung von Farben darstellt, von denen jede weitaus reiner ist als das weiße Licht. Keine Farbe kann für sich allein weiß erscheinen, doch wenn alle zusammen richtig gemischt werden, dann sind sie weiß.

Newton sprach weiterhin die Vermutung aus, daß jede unterschiedliche Farbe in Glas oder Wasser einen unterschiedlichen Brechungsindex aufweist. Wenn Licht durch ein Glasprisma oder durch Wassertröpfchen fällt, bewirken die Unterschiede im Brechungsindex, daß die verschiedenen Farbkomponenten des weißen Lichts in unterschiedlichem Maße gebeugt werden und aus Glas oder Wasser getrennt zum Vorschein kommen.

Dies war der letzte Schlag gegen die antik-mittelalterliche Vorstellung von der Vollkommenheit des Himmels. Der Regenbogen, Erinnerung an Gottes Barmherzigkeit, Brücke der Götter, wurde zu einem gigantischen Spektrum hoch oben in der Luft reduziert, hervorgerufen durch unzählige winzige Prismen in Form von Wassertröpfchen, deren Wirkung sich vereinigte.

Für diejenigen, welche die Vision des menschlichen Geistes, der Beobachtungen in Naturgesetze ordnet und die Naturgesetze dazu benutzt, um bisher Mysteriöses zu begreifen, hochhalten, hat der Regenbogen durch Newtons Entdeckung noch an Wert und Schönheit gewonnen, weil er in einem weit größeren Ausmaß als zuvor *verstanden* werden und so noch größere Wertschätzung erfahren kann. Für Menschen von begrenzter Phantasie, die das gedankenlose Starren dem Verstehen und die Märchen von Göttern, die über Brücken schreiten, dem tänzerischen Wechsel der Richtung des Lichts in Übereinstimmung mit einem System, das als eleganter mathematischer Ausdruck

---

* Der Begriff wurde zu einer gängigen Metapher im allgemeinen Sprachgebrauch, wie etwa ›das Spektrum politischer Ansichten‹.

niedergelegt werden kann, vorziehen, ist es vermutlich ein Verlust.

Newtons Entdeckungen setzten sich nicht gleich im Sturm durch. Die von ihm verkündeten Erkenntnisse waren so revolutionär, standen in solchem Widerspruch zu dem, was über viele Jahrhunderte hinweg als unumstößlich gegolten hatte, daß viele zögerten.

Widerstand kam beispielsweise von Robert Hooke, der sieben Jahre älter war als Newton, eine wichtige Stellung in der Royal Society einnahm und in jenen Tagen als Schiedsrichter in wissenschaftlichen Fragen galt. Hooke war in seiner Jugend recht kränklich gewesen. Seine Haut war von Pockennarben zerfurcht, und er hatte sich seinen Weg nach Oxford durch harte Arbeit erkämpft, bei der er auch Demütigungen durch junge Edelleute hatte erdulden müssen, die intellektuell unendlich weit unter ihm standen, was noch tiefere Spuren hinterlassen hatte als die Pocken.

Von da ab war die Welt sein Feind. Er war einer der brillantesten wissenschaftlichen Denker seiner Zeit und hätte ohne weiteres klar hinter Newton rangieren können, hätte er nicht soviel Zeit auf die Orgien gehässiger Disputation verschwendet.

Ganz besonders hatte er Newton zu seiner Zielscheibe erkoren, aus reiner Eifersucht auf den einen Menschen, dem er in intellektueller Hinsicht nie das Wasser reichen konnte. Hooke benutzte seine Position in der Royal Society, um Newton bei jeder Gelegenheit zu schikanieren. Er beschuldigte ihn, seine, Hookes, Ideen gestohlen zu haben, und verhinderte durch eine derartige Anklage beinahe die Veröffentlichung von Newtons Meisterwerk *Principia Mathematica,* in dem die Gesetze der Bewegung und der universellen Schwerkraft niedergelegt sind. Als das Buch endlich erschien, geschah es nicht unter der Schirmherrschaft der Royal Society, sondern auf die privaten Kosten von Newtons Freund Edmund Halley.

Newton war ein moralischer Feigling und nicht in der Lage, gegen Widerstand offen anzutreten, obwohl er bereitwillig seine Freunde für diesen Zweck benutzte. Auch erging er sich gern in Selbstmitleid, und der tobende, von Gehässigkeit erfüllte Hooke drangsalierte und quälte ihn. Zeitweilig schwor Newton, sich nie wieder mit wissenschaftlicher Forschung zu beschäftigen, und schließlich wurde er in einen geistigen Zusammenbruch getrieben.

Erst nach Hookes Tod war Newton bereit, sein Buch *Opticks* zu veröffentlichen, in dem er schließlich alle seine optischen Entdeckungen zusammengetragen hatte. Dieses Buch, das 1704 erschien, war auf englisch geschrieben und nicht auf lateinisch wie die *Principia Mathematica.* Manche sprachen die Vermutung aus, er habe das absichtlich getan, um eine Verbreitung außerhalb Englands zu begrenzen und damit die sich womöglich erhebenden Kontroversen auf ein Mindesmaß zu beschränken, denn Newton genoß aus verschiedenen Gründen auf dem Kontinent besondere Beliebtheit.

Die Opposition gegen die Vorstellung von weißem Licht als einer Mischung aus Farben schwand selbst nach dem Erscheinen der *Opticks* nicht völlig. Noch im Jahre 1810 erschien ein deutsches Buch mit dem Titel *Farbenlehre,* das sich für die These von weißem Licht als rein und ungemischt einsetzte. Sein Verfasser war niemand anders als Deutschlands größter Dichter, Johann Wolfgang von Goethe, der in der Tat beachtliche wissenschaftliche Arbeiten vollbracht hatte.

Goethe irrte sich jedoch, und sein Buch fiel der verdienten Vergessenheit anheim. Es kann heute nur noch als Erinnerung an das letzte Rückzugsgefecht gegen Newtons optische Revolution dienen.

Ein besonderer Punkt bleibt jedoch noch anzumerken. Wie ich schon früher erwähnte, führte Newton seine optischen Experimente nicht ausschließlich zu dem Zweck durch, den Regenbogen zu erklären. Newton interessierte sich weit mehr für die Frage, ob es eine Möglichkeit gab, einen grundlegenden Mangel der Teleskope zu beseitigen, die seit der Zeit Galileos ein halbes Jahrhundert zuvor zur Erforschung des Himmels benutzt worden waren.

Bis dahin waren alle Teleskope mit Linsen ausgerüstet gewesen, die das Licht brachen und Bilder erzeugten, die farbige Säume aufwiesen. Newton schienen seine Experimente den Beweis dafür zu liefern, daß der das Spektrum erzeugende Prozeß der Lichtbrechung unweigerlich Farbe hervorrief und daß deshalb kein Refraktor-Teleskop diese farbigen Säume vermeiden konnte.

Deshalb ging Newton daran, ein Teleskop zu entwerfen, bei dem Spiegel und Reflexion benutzt wurden. Er führte damit den Spiegelreflektor ein, der heute das Feld der optischen Astronomie beherrscht.

Doch Newton irrte sich mit seiner Ansicht, daß die farbigen Säume bei Refraktoren nicht zu vermeiden seien. Bei seinen großartigen optischen Experimenten hatte er eine Kleinigkeit übersehen. Aber das ist eine andere Geschichte.

9

Blasphemie

Wenn wir in die Geschichte zurückblicken, können wir mit Genugtuung feststellen, wie althergebrachte Überzeugungen aufgegeben werden mußten und die Wissenschaft revolutionär wirkte. Genaugenommen sind es nicht unsere Überzeugungen, die zerstört werden, denn wir sind Teil dieser ständigen revolutionären Veränderungen.

In der Science Fiction jedoch müssen unsere Wissenschaftler der Zukunft unsere Überzeugungen zerstören, und das ist ziemlich schwer, besonders für einen Autor wie mich, der in seinen wissenschaftlichen Ansichten eigentlich recht konservativ ist. Wie auch immer — eine Geschichte ist eine Geschichte, und ich brachte schließlich die folgende zustande.

»Hast du schon einmal geträumt, du würdest fliegen?« fragte Dr. Roger Toomey seine Frau.

Jane Toomey blickte hoch. »Selbstverständlich!«

Dabei hörten ihre flinken Finger nicht einen Moment auf, aus einer Garnrolle eine komplizierte und vollkommen nutzlose Häkeldecke herzustellen.

Das Fernsehgerät war ein gedämpftes Murmeln im Hintergrund, und was sich dort auf der Mattscheibe präsentierte, wurde aus alter Gewohnheit nicht beachtet.

»Jeder träumt hin und wieder mal vom Fliegen«, sagte Roger. »Das ist ein universales Phänomen. Ich bin schon oft im Traum geflogen. Das ist es ja gerade, was mir Sorgen macht.«

»Ich weiß nicht, worauf du hinauswillst, Liebling«, antwortete Jane. »Das gebe ich nur ungern zu.« Sie zählte leise ihre Maschen.

»Es stimmt einen nachdenklich, wenn man es kritischer betrachtet. Denn eigentlich fliegt man gar nicht im Traum. Man hat keine Flügel; jedenfalls hatte ich nie welche gehabt. Es ist keine Anstrengung damit verbunden. Man schwebt nur. Das ist es. Man schwebt.«

»Wenn ich fliege«, entgegnete Jane, »behalte ich die Einzelheiten nicht im Kopf. Nur an einen Traum kann ich mich noch sehr deutlich erinnern, als ich splitternackt auf dem Dach des Rathauses landete. Irgendwie scheint das niemanden zu stören, wenn du im Traum unbekleidet erscheinst. Ist dir das schon aufgefallen? Du stirbst fast vor Scham, aber die Leute beachten dich überhaupt nicht.«

Sie zupfte am Garn, und die Rolle hüpfte aus der Tasche und lief über den Boden. Jane störte das nicht.

Roger schüttelte bedächtig den Kopf. In diesem Moment war sein Gesicht blaß und von Zweifeln geprägt. Es schien nur aus Winkeln zu bestehen mit seinen hohen Wangenknochen, seiner langen geraden Nase und den Geheimratsecken, die mit den Jahren immer ausgeprägter wurden. Er war fünfunddreißig.

»Hast du schon einmal überlegt, was dich dazu bringt, vom Fliegen zu träumen?«

»Nein, das habe ich nicht.«

Jane Toomey war blond und zierlich. Ihre Schönheit war von jener zerbrechlichen Art, die sich nicht aufdrängt, sondern einem nur beiläufig bewußt wird. Sie hatte strahlende blaue Augen und rosige Wangen wie eine Porzellanpuppe. Sie war dreißig.

»Viele Träume«, sagte Roger, »sind nur Interpretationen eines Reizes durch unser Begriffsvermögen, der nicht ausreichend verstanden wurde. In Bruchteilen von Sekunden werden diese Reize in einen logischen Zusammenhang gepreßt.«

»Wovon sprichst du eigentlich, Liebling?« fragte Jane.

»Ich träumte zum Beispiel einmal«, fuhr Roger fort, »ich befände mich anläßlich einer Physiker-Tagung in einem Hotel. Die Teilnehmer waren durchweg seit Jahren mit mir befreundet. Alles schien vollkommen normal zu sein. Plötzlich riefen sie alle durcheinander, und ich geriet aus unerfindlichen Gründen in Panik. Ich rannte zur Tür, doch sie ließ sich nicht öffnen. Meine Freunde verließen der Reihe nach den Raum. Sie hatten keine Mühe, den Saal zu verlassen, aber ich vermochte nicht zu erkennen, wie sie das fertigbrachten. Ich schrie ihnen nach, aber sie beachteten mich nicht.

Da kam mir der Gedanke, das Hotel stünde in Flammen. Ich roch keinen Rauch. Ich wußte nur, daß es brannte. Ich rannte zum Fenster, und ich konnte die Feuerleiter an der Außenwand des Gebäudes sehen. Ich lief von einem Fenster zum anderen, aber keines bot mir einen Zugang zu dieser Feuerleiter. Ich war inzwischen ganz allein im Saal. Ich beugte mich aus dem Fenster und rief verzweifelt. Niemand hörte mich.

Dann kamen die Löschzüge der Feuerwehr, kleine rote Tupfer, die die Straßen hinunterjagten. Ich kann mich daran sehr genau erinnern. Die Alarmglocken übertönten schrill den üblichen Verkehrslärm. Ich konnte hören, wie sie immer lauter wurden, bis mir von dem Geläut fast der Schädel zerspringen wollte. Ich erwachte, und natürlich läutete meine Weckeruhr auf dem Nachttisch.

Nun kann ich unmöglich einen langen Traum geträumt haben, dessen logische Entwicklung mit dem Klingeln des Weckers ihren Höhepunkt erreicht und damit den perfekten Abschluß meiner Traumhandlung bildet. Es ist bei weitem vernünftiger, anzunehmen, daß der Traum in dem Moment begann, als der Wecker anschlug, und die Schallreize, die eine Weile andauerten, sich zu Bruchteilen einer Sekunde verdichteten. Es handelte sich lediglich um ein Improvisationsverfahren meines Gehirns, dieses plötzliche Geräusch, das meine Nachtruhe störte, zu deuten.«

Jane saß jetzt mit gerunzelter Stirn da. Sie legte ihre Häkelei in den Schoß. »Roger! Du benimmst dich sehr eigenartig, seit du vom College nach Hause gekommen bist. Du hast kaum gegessen, und jetzt dieses seltsame Gespräch. Ich habe dich noch nie so verdrießlich erlebt. Was du brauchst, ist eine Dosis Natron-Pulver.«

»Ich brauche ein bißchen mehr als das«, sagte Roger mit leiser Stimme. »Fragen wir uns noch einmal: Was bringt uns dazu, vom Fliegen zu träumen?«

»Ich bitte dich, laß uns das Thema wechseln!«

Sie stand auf und drehte entschlossen am Lautstärkeregler des Fernsehapparats. Ein hohlwangiger junger Gentleman gestand ihr plötzlich mit schmetternder schmalziger Tenorstimme, daß er sie ewig lieben würde.

Roger drehte den Ton wieder herunter und stellte sich mit dem Rücken zur Mattscheibe vor den Apparat.

»Levitation!« sagte er. »Das ist die Lösung. Es gibt eine Möglichkeit, mit der menschliche Wesen sich in einen schwebenden Zustand versetzen können. Sie haben die Fähigkeit dazu, vermögen sie aber nicht auszuüben — das gelingt ihnen nur im Schlaf. Da bringen sie es manchmal fertig, sich ein bißchen in die Luft zu erheben, vielleicht einen Zehntel Zoll oder so. Nicht hoch genug, daß es jemandem auffiele, selbst bei genauer Beobachtung; aber es sollte ausreichen für einen entsprechenden Reiz, der im Bewußtsein den Traum vom Fliegen auslöst.«

»Roger, du phantasierst. Ich möchte, daß du damit aufhörst. Ehrlich.«

»Manchmal sinken wir sacht zu Boden«, fuhr er fort, »und der Reiz ist zu Ende. Ein andermal erleben wir vielleicht den plötzlichen Abbruch des Schwebezustandes, und wir stürzen ab. Jane, hast du schon mal geträumt, daß du abstürzt?«

»Ja, natürlich . . .«

»Du hängst an einer Gebäudewand oder sitzt am Rand eines Stuhls, und plötzlich fällst du. Das Abstürzen ist ein schrecklicher Schock für dich, und du fährst mit keuchendem Atem und jagendem Puls aus dem Schlaf hoch. Du bist *tatsächlich* abgestürzt. Es gibt keine andere Erklärung.«

Die Verwirrung, die sich zunächst auf Janes Gesicht zeigte und sich allmählich in echte Sorge verwandelte, hellte sich plötzlich zu einer schüchternen Heiterkeit auf.

»Roger, du *Scheusal*, du willst mich nur auf den Arm nehmen! Oh, du Ratte!«

»Wie bitte?«

»O nein, dieses Spiel kannst du jetzt nicht mehr mit mir treiben. Ich weiß genau, was du vorhast. Du entwickelst den Plot zu einer

Geschichte und benützt mich als literarische Versuchsperson. Hätte ich das gewußt, hätte ich gar nicht erst zugehört.«

Roger nahm das betroffen, sogar ein bißchen erschüttert zur Kenntnis. Er ging zu ihrem Stuhl und blickte zu ihr hinunter: »Nein, Jane.«

»Warum eigentlich nicht? Seit ich dich kenne, liegst du mir in den Ohren damit, daß du dich schriftstellerisch betätigen möchtest. Wenn du einen Plot gefunden hast, kannst du ihn ebensogut niederschreiben. Es hat keinen Sinn, mich nur damit zu erschrecken.« Mit wachsendem Gleichmut regten sich auch wieder die Häkelnadeln.

»Jane, das ist keine erfundene Geschichte.«

»Aber was soll es denn sonst . . .«

»Als ich heute morgen erwachte, *stürzte ich auf die Matratzen ab!*«

Er starrte sie an, ohne zu blinzeln. »Ich träumte, ich würde fliegen«, fuhr er fort. »Das war klar und deutlich, und ich kann mich an jede Sekunde erinnern. Ich lag auf dem Rücken, als ich erwachte. Ich fühlte mich wohl, sogar glücklich. Ich wunderte mich nur ein bißchen, warum die Decke so komisch aussah. Ich gähnte und streckte mich und *berührte* die Zimmerdecke. Eine Minute lang starrte ich nur auf meinen Arm, der sich in die Höhe streckte und den Widerstand der Decke spürte.

Alsdann drehte ich mich um. Ich bewegte dabei nicht einen Muskel, Jane. Da war ich nun, fünf Fuß über dem Bett. Da lagst du unten im Bett und schliefst. Ich war entsetzt. Ich wußte nicht, wie ich wieder hinunterkommen sollte, aber in dem Augenblick, als mich dieser Gedanke bewegte, fing ich schon an zu fallen. Ich fiel langsam. Es war kein Absturz, sondern ein kontrollierter Fall.

Ich blieb eine Viertelstunde im Bett liegen, ehe ich mich wieder zu bewegen wagte. Dann stand ich auf, wusch mich, zog mich an und ging zur Arbeit.«

Jane sagte mit einem gezwungenen Lachen: »Du hättest es lieber aufschreiben sollen, Darling. Aber es ist schon gut. Du hast in letzter Zeit zu hart gearbeitet.«

»Bitte! Nun werde nicht banal.«

»Leute überanstrengen sich bei der Arbeit, obwohl es banal klingt, wenn man so etwas sagt. Jedenfalls hast du fünfzehn Minuten länger geträumt, als du glaubtest.«

»Das war kein Traum.«

»Natürlich war es das. Wie oft habe ich schon geträumt, ich wäre wach, zöge mich an und machte das Frühstück; und dann wachte ich wirklich auf und merkte, daß es nicht so war und ich von vorne anfangen mußte. Ich habe sogar geträumt, ich würde träumen, wenn du verstehst, was ich meine. Es kann einem dabei ganz wirr im Kopf werden.«

»Hör zu, Jane. Ich bin mit einem Problem zu dir gekommen, weil ich meine, daß du die einzige Person bist, mit der ich darüber reden kann. Würdest du mich bitte ernst nehmen?«

Janes blaue Augen öffneten sich weit: »Darling, ich nehme dich so ernst wie ich kann! Du bist der Physikprofessor, nicht ich. Gravitation ist dein Fachgebiet, nicht meines. Würdest *du* mich ernst nehmen, wenn ich dir erzählte, ich hätte mich beim Fliegen ertappt?«

»Nein. *Nein!* Das ist ja das Vertrackte daran. Ich möchte es nicht glauben, nur muß ich es leider! Es war kein Traum, Jane. Ich habe mir das selbst einzureden versucht. Du hast keine Ahnung, wie hartnäckig ich es mir einzureden versuchte! Als ich den Hörsaal betrat, war ich mir sicher, es wäre ein Traum gewesen. Ist dir aufgefallen, daß ich mich beim Frühstück sonderbar benommen hätte?«

»Wenn ich jetzt darüber nachdenke, ist es mir aufgefallen.«

»Also ist dir nichts Besonderes aufgefallen, sonst hättest du es bereits erwähnt. Egal, ich hielt eine vollkommen normale Vorlesung um neun Uhr. So gegen elf hatte ich die ganze Angelegenheit bereits vergessen. Dann, kurz nach der Mittagspause, brauchte ich ein Buch. Ich brauchte Page und . . . nun — der Titel des Buchs spielt keine Rolle; ich brauchte es eben. Es stand oben auf einem Regal, wo ich es nicht erreichen konnte. Jane . . .«

Er hielt inne.

»Nun rede schon weiter, Roger.«

»Ist dir schon einmal bewußt geworden, was passiert, wenn du etwas aufheben möchtest, was einen Schritt von dir entfernt liegt? Du bückst dich und machst automatisch einen Schritt auf den Gegenstand zu, während du die Hand danach ausstreckst. Das ist ein absolut unwillkürlicher Vorgang. Ein rein körperlicher, unreflektierter Bewegungsablauf.«

»Schön. Und wo bleibt die Pointe?«

»Ich griff nach dem Buch und machte automatisch einen Schritt nach oben. In die Luft, Jane! In die leere Luft!«

»Ich werde Jim Sarle anrufen, Roger.«

»Ich bin nicht krank, verdammt noch mal!«

»Ich denke, er sollte mit dir darüber reden. Er ist ein Freund. Er käme nicht als Arzt zu einer Visite, nur zu einem Gespräch.«

»Und was versprichst du dir davon?« Rogers Gesicht lief rot an vor Zorn.

»Das werden wir schon sehen. Nun setz dich doch wieder, Roger. Bitte.« Sie ging zum Telefon.

Er verstellte ihr den Weg und packte sie am Handgelenk. »Du glaubst mir nicht!«

»Oh, Roger.«

»Du glaubst mir nicht.«

»Ich glaube dir. Natürlich glaube ich dir. Ich möchte nur . . .«

»Ja. Ja, du möchtest nur, daß Jim Sarle mit mir redet. So sehr glaubst du mir. Ich erzähle dir die Wahrheit, aber du verlangst von mir, daß ich mich mit einem Psychiater unterhalte. Hör zu, Jane, du brauchst dich nicht auf mein Wort zu verlassen. Ich kann es beweisen. Ich kann beweisen, daß ich zu fliegen vermag.«

»Ich *glaube* dir ja!«

»Nun werde nicht komisch, Jane. Ich weiß, wann du mir nach dem Mund redest. Steh still! Und jetzt schau mich an!«

Er ging rückwärts bis zur Mitte des Zimmers und erhob sich ohne Vorankündigung vom Fußboden. Er *hing* in der Luft; die Schuhspitzen sechs leere Zoll über dem Teppich.

Janes Augen und Mund wurden zu drei runden Os. Sie flüsterte: »Komm herunter, Roger. Oh, gütiger Himmel, komm herunter.«

Er schwebte nach unten; seine Füße berührten lautlos den Boden. »Begreifst du jetzt?«

»O mei, o mei.«

Sie starrte ihn an, halb entsetzt, halb benommen.

Auf der Mattscheibe sang eine Dame mit voluminösem Oberkörper bei abgestelltem Ton, daß sie sich nichts dabei dächte, mit irgendeinem Typ über den Wolken zu schweben.

Roger Toomey starrte in die Dunkelheit des Schlafzimmers hinein. Er flüsterte: »Jane.«

»Was?«

»Schläfst du?«

»Nein.«

»Ich kann auch nicht schlafen. Ich klammere mich die ganze Zeit an der Bettkante fest, damit ich nicht . . . du weißt schon.«

Seine Hand bewegte sich ruhelos und berührte ihr Gesicht. Sie zuckte zusammen und schleuderte den Kopf zur Seite, als habe sie einen elektrischen Schlag bekommen.

»Entschuldigung. Ich bin ein bißchen nervös«, sagte sie.

»Schon gut. Das brauchst du nicht mehr zu sein. Ich räume das Bett.«

»Was hast du vor? Du mußt doch schlafen.«

»Da ich das nicht kann, hat es keinen Sinn, dich auch noch wachzuhalten.«

»Vielleicht passiert gar nichts. Es muß doch nicht jede Nacht geschehen. Vorgestern nacht hast du doch ganz normal geschlafen.«

»Weiß ich das? Vielleicht bin ich nur noch nie so hoch geflogen. Vielleicht bin ich nur nicht aufgewacht und habe mich beim Fliegen ertappt. Jedenfalls ist es jetzt anders.«

Er saß mit angezogenen Beinen im Bett, die Arme um die Knie geschlungen, die Stirn darauf stützend. Er schob die Bettdecke zur Seite und rieb die Wange am weichen Flanellstoff seines Pyjamas.

»Von jetzt an muß es ja anders sein. Mein Verstand ist voll davon. Sobald ich einschlafe, sobald ich mich nicht mehr bewußt am Boden halte, nun, dann gehe ich in die Luft.«

»Ich verstehe nicht, warum. Es muß doch furchtbar anstrengend sein.«

»Eben nicht. Das ist es ja.«

»Aber du kämpfst doch gegen die Schwerkraft an, nicht wahr?«

»Ich weiß, und trotzdem kostet es mich keine Mühe. Jane, wenn ich es begreifen könnte, würde ich nicht so viel darüber grübeln!«

Er schwang die Beine aus dem Bett und stand auf. »Ich möchte nicht mehr darüber sprechen.«

»Ich auch nicht«, murmelte seine Frau, begann zu weinen, kämpfte gegen das Schluchzen an und verwandelte es in ein ersticktes Stöhnen, was die Sache nur schlimmer machte.

»Es tut mir leid, Jane«, sagte Roger. »Ich rege dich nur noch mehr auf.«

»Nein, faß mich nicht an . . . Du mußt mich . . . mich nur in Ruhe lassen.«

Er machte ein paar unsichere Schritte vom Bett weg.

»Wo gehst du hin?« fragte sie.

»Zur Atelier-Couch. Willst du mir helfen?«

»Wie denn?«

»Ich möchte, daß du mich festbindest.«

»Festbinden?«

»An der Couch. Mit ein paar Seilschlingen. Gerade so locker, daß ich mich umdrehen kann, wenn ich das möchte. Macht es dir etwas aus?«

Sie suchte bereits mit ihren bloßen Füßen nach den Pantoffeln unter ihrem Bett. »Ich komme«, seufzte sie.

Roger Toomey saß in dem kleinen Kabuff, das ihm als Büro zugeteilt war, und starrte auf die Klausurarbeiten, die sich vor ihm stapelten. Im Augenblick wußte er nicht, wie er sie benoten sollte.

Er hatte seit der Nacht, wo er zum erstenmal bewußt geflogen war, fünf Vorlesungen über Elektrizität und Magnetismus gehalten. Er hatte die Aufgabe irgendwie bewältigt, obwohl er dabei nicht ins Schwimmen geraten war. Die Studenten hatte ihm blödsinnige Fragen gestellt, was ihn auf die Vermutung brachte, daß er sich nicht mehr so klar ausdrückte wie früher.

Heute hatte er sich eine Vorlesung erspart, indem er ein Extemporale schreiben ließ. Er hatte sich nicht einmal die Mühe gemacht, die Arbeit vorzubereiten, sondern nur die Abschrift von Aufgaben verteilt, die er vor Jahren schon einmal für eine schriftliche Prüfung verwendet hatte.

Nun lagen die Antworten seiner Schüler vor ihm, und er würde sie zensieren müssen. Weshalb? Spielte es eine Rolle, was seine Schüler geschrieben hatten? Oder irgendwer sonst? War es so wichtig, die Gesetze der Physik zu kennen? Und wenn schon, mußte man sich fragen, was für Gesetze das waren? Gab es da überhaupt welche?

Oder war das alles nur ein wüstes Durcheinander, aus dem sich nie etwas Geordnetes ableiten ließ? War Ordnung nur scheinbar, das Universum nur das ursprüngliche Chaos, das immer noch auf den Geist wartete, der sich auf der Oberfläche über den finsteren Tiefen bewegte?

Schlaflosigkeit half ihm da auch nicht. Auch mit seinen Gurten kam er nachts auf der Couch nicht zur Ruhe. Und wenn er einschlummerte, wurde er ständig von Träumen geplagt.

Es klopfte an der Tür.

»Wer ist da?« rief er ärgerlich.

Eine Pause, und dann die schüchterne Antwort: »Ich bin es, Dr. Toomey, Miss Harroway! Ich bringe Ihnen die Briefe, die Sie diktiert haben.«

»Nun kommen Sie schon herein! Bleiben Sie nicht so lange vor der Tür stehen.«

Die Dekanats-Sekretärin öffnete die Tür einen winzigen Spalt und zwängte ihren hageren, reizlosen Körper in das Büro hinein. Sie hielt ein Bündel Briefpapiere in der Hand. An den Originalen waren mit einer Büroklammer die gelben Ablagekopien und ein mit Briefmarken versehenes, adressiertes Kuvert befestigt.

Roger hatte es eilig, sie wieder loszuwerden. Das war sein Fehler. Er beugte sich vor, um nach den Briefen zu greifen, während sie näherkam, und spürte, wie er sich aus dem Sessel hob.

Er war schon, immer noch in sitzender Position, sechzig Zentimeter weit auf sie zugeflogen, ehe er eine Notlandung versuchte, dabei das Gleichgewicht verlor und sich auf dem Boden überschlug.

Die Landung kam zu spät.

Viel zu spät. Miss Harroway hatte die Briefe losgelassen, die durch den Raum flatterten. Sie schrie, machte kehrt, rammte mit der Schulter die Tür, wurde von der Karambolage in den Korridor hinausgeschleudert und jagte mit klappernden hohen Absätzen den Flur hinunter.

Roger stand auf, rieb sich die schmerzende Hüfte und fluchte herzhaft.

Aber trotzdem brachte er ein gewisses Verständnis für ihr Verhalten auf. Er stellte sich vor, wie sie ihn gesehen haben mußte — einen erwachsenen Mann, der sich mühelos aus seinem Sessel erhob und mit angewinkelten Beinen auf sie zuschwebte.

Er sammelte die Briefe auf und schloß seine Bürotür. Es war schon später Nachmittag; die Korridore würden leer sein; sie würde vermutlich unverständliches Zeug stammeln. Trotzdem . . . Er wartete ängstlich auf den Auflauf vor seiner Tür.

Nichts dergleichen geschah. Vielleicht war sie irgendwo dort draußen ohnmächtig zusammengebrochen. Als Ehrenmann fühlte sich Roger verpflichtet, nach ihr zu schauen und ihr nach Kräften zu helfen; aber er sagte seinem Gewissen, es möge zum Teufel gehen. Solange er nicht genau wußte, was mit ihm nicht stimmte und was hinter diesem wilden Alptraum steckte, durfte er sich keine Blöße geben.

Nicht noch mehr Blößen, als er sich bereits gegeben hatte.

Er blätterte die Briefe durch; einen für jeden maßgeblichen theoretischen Physiker des Landes. Das eigene Talent reichte für so etwas nicht aus.

Er fragte sich, ob Miss Harroway den Inhalt der Briefe begriffen hatte. Hoffentlich nicht. Er hatte sie absichtlich im Fachjargon verfaßt, vielleicht mehr wissenschaftliche Ausdrücke verwendet als nötig war. Teils, um die Diskretion zu wahren, teils in der Absicht, den Empfänger zu beeindrucken, was er, Toomey, für ein qualifizierter und fähiger Wissenschaftler war.

Der Reihe nach steckte er die Briefe in die entsprechenden Kuverts. Die besten Köpfe des Landes, dachte er. Konnten sie helfen?

Er wußte es nicht.

In der Bibliothek war er ungestört. Roger Toomey klappte das *Journal der theoretischen Physik* zu, stellte es hochkant und betrachtete tiefsinnig den Titel auf dem Magazinrücken. Das *Journal der theoretischen Physik!* Was verstanden denn die Kollegen, die die Beiträge zu diesem gelehrten Geschwätz geliefert hatten, überhaupt davon? Dieser Gedanke peinigte ihn. Bis vor kurzem hatte er sie noch für die größten Männer in der Welt gehalten.

Und selbst heute noch gab er sich die größte Mühe, nach ihrem Kodex und ihrer Philosophie zu leben. Jane hatte ihm geholfen, wenn auch mit wachsendem Widerwillen, Messungen vorzunehmen. Er hatte versucht, das Phänomen im Gleichgewichtszustand zu wiegen, die Verhältniswerte zu extrahieren, die Quantitäten zu berechnen. Kurz, er hatte versucht, das Phänomen auf die einzige Art zu besiegen, die er kannte — indem er es nur auf eine andere Formel der ewigen Verhaltensweisen bringen wollte, nach denen sich das ganze Universum richten mußte.

(Richten *mußte*. So sagten es die größten Koryphäen.)

Nur gab es da nichts zu messen. Sein Schweben war nicht von dem geringsten Gefühl der Anstrengung begleitet. In seinen vier Wänden — er wagte selbstverständlich nicht, seine Versuche im Freien durchzuführen — konnte er genauso mühelos einen Zoll über dem Teppich schweben oder bis zur Decke hinauffliegen. Letzteres dauerte nur länger. Er hatte das Gefühl, sein Auftrieb würde unbegrenzt anhalten, wenn man ihm nur genug Zeit dazu ließ; falls nötig, würde er bis zum Mond fliegen.

Er konnte sich sogar im Schwebezustand mit Gewichten belasten. Zwar wurde der Prozeß dadurch verlangsamt; aber der Kraftaufwand war derselbe.

Gestern hatte er sich ohne Vorankündigung mit einer Stoppuhr in der Hand an Jane herangepirscht.

»Wieviel wiegst du?« hatte er gefragt.

»Hundertundzehn Pfund«, hatte sie erwidert, ihn bange ansehend. Er packte sie mit einem Arm um die Taille. Sie versuchte, ihn wegzustoßen, aber er hatte nicht locker gelassen. Gemeinsam bewegten sie sich im Schneckentempo nach oben. Sie hatte sich bleich und starr vor Entsetzen an ihn geklammert.

Als sein Kopf an die Decke stieß, las er die Zeit ab: »Zweiundzwanzig Minuten und dreizehn Sekunden.«

Als sie wieder auf dem Teppich landeten, riß sich Jane von ihm los und stürzte aus dem Zimmer.

Vor ein paar Tagen war er an einer Apothekerwaage vorbeigekommen, ein ramponiertes Ding, das im Freien stand. Die Straße war leer gewesen, und so hatte er sich daraufgestellt und eine Münze in den Schlitz gesteckt. Obwohl er derartiges vermutet hatte, war es doch ein Schock für ihn, als die Waage dreißig Pfund anzeigte.

Er fing an, sich die Taschen mit Pennies vollzustopfen und sich bei jeder Gelegenheit zu wiegen. An Tagen, wo ein steifer Wind herrschte, war er schwerer, als bräuchte er Ballast, damit er nicht fortgeweht wurde.

Die Anpassung geschah automatisch. Was es auch sein mochte, das ihn zum Schweben brachte, es bewahrte stets ein Mittelmaß zwischen Bewegungsfreiheit und Gefährdung. Er vermochte jedoch seine Levitation bewußt zu steuern wie den Rhythmus seiner Atmung. Er konnte sich auf eine Waage stellen und den Zeiger fast bis zu seinem vollen Körpergewicht hinaufzwingen, selbstverständlich auch hinunter, bis er auf Null stand.

Vor zwei Tagen hatte er sich eine Waage gekauft und versucht, die Geschwindigkeit zu messen, mit der er sein Gewicht verändern konnte. Das Ergebnis war unbefriedigung. Der Gewichtswechsel, oder was es auch immer war, vollzog sich mit einem solchen Tempo, daß der Zeiger nicht mitkam. Was bei diesen Versuchen heraussprang, waren lediglich Verhältniszahlen zwischen Kompressibilität und Trägheitsmoment. Also, worauf lief das nun alles hinaus?

Er stand auf und schleppte sich mühselig mit hängenden Schultern aus der Bibliothek. Er ging an der Wand entlang, berührte Tische und Stühle und behielt mit der anderen Hand unauffällig Kontakt mit der Tapete. Er hatte das Gefühl, daß er so handeln mußte. Der Kontakt mit der Materie informierte ihn laufend, in welcher Zustandsbeziehung er sich zum Fußboden befand. Wenn seine Hand den Kontakt mit einem Tisch verlor oder an der Wand hinaufrutschte — dann geschah es.

Auf dem Korridor das übliche Quantum von Studenten. Er ignorierte sie. In jüngster Zeit hatten sie sich angewöhnt, ihn nicht mehr zu grüßen. Ein Teil von ihnen, mutmaßte Roger, hielt ihn inzwischen für abartig, und die meisten begegneten ihm vermutlich mit wachsender Antipathie.

Er ging am Aufzug vorbei. Er benützte ihn nicht mehr; schon gar nicht, wenn er abwärts fuhr. Als sich der Fahrstuhl in Bewegung setzte, sah er sich außerstande, mit beiden Beinen auf dem Boden zu bleiben. Und wenn er sich noch so gut auf diesen Moment vorbereitete — er hüpfte, und die Leute drehten sich um und starrten ihn an.

Er griff nach dem Geländer am Kopfende der Stiege, und ehe seine Hand sich daran festhalten konnte, stieß er mit dem einen Fuß gegen den anderen. Glücklicher hätte er wohl kaum stolpern können. Vor drei Wochen wäre Roger jetzt die Treppe hinuntergestürzt.

Doch diesmal übernahm sein autonomes System die Kontrolle, und mit gestrecktem Oberkörper, ausgebreiteten Armen, gespreizten Fingern und halb angehockten Beinen segelte er wie ein Gleiter die Treppe hinunter. Er hätte ebensogut an Drähten hängen können.

Er war viel zu benommen, um sich aufrichten zu können, so gelähmt vor Entsetzen, daß er zu keiner Reaktion fähig war. Zwei Fuß vor dem Fenster am Fuß der Stiege kam er automatisch zum Stillstand und schwebte.

Zwei Studenten befanden sich auf der Treppe, die er hinuntergesegelt war, und preßten sich nun gegen die Wand; drei weitere standen am Kopfende der Stiege, zwei am Fußende und einer so dicht bei ihm auf dem Treppenabsatz, daß sie sich fast berührten.

Es war sehr still im Treppenhaus. Sie sahen ihn alle an.

Roger richtete sich auf, ließ sich auf den Boden fallen und rannte, einen Studenten, der ihm im Weg stand, rücksichtslos zur Seite stoßend, die Treppe ins Erdgeschoß hinunter.

Aus dem Gemurmel hinter ihm wurde ein Aufschrei.

»Dr. Morton möchte mich sprechen?« Roger drehte sich mit seinem Bürosessel und klammerte sich dabei an einer Lehne fest.

Die neue Dekanats-Sekretärin nickte. »Ja, Dr. Toomey.«

Sie zog sich rasch wieder zurück. In der kurzen Zeit seit Miss Harroways Kündigung hatte sie erfahren, daß mit Dr. Toomey etwas »nicht stimmte«. Die Studenten mieden ihn. Heute waren die Hinterbänke im Hörsaal während seiner Vorlesung mit wispernden Studenten gefüllt. In den vorderen Bänken hatte überhaupt niemand gesessen.

Roger blickte in den kleinen Wandspiegel neben der Tür. Er rückte sein Jackett zurecht und wischte ein Stäubchen vom Revers, aber diese Operation trug wenig dazu bei, seine Erscheinung zu verbessern. Er sah grau aus im Gesicht. Seit das alles begonnen hatte, war er mindestens um zehn Pfund abgemagert, obgleich er selbstverständlich über kein Mittel verfügte, den exakten Gewichtsverlust festzustellen. Er sah überhaupt nicht gesund aus, als läge seine Verdauung ständig mit ihm im Clinch und als bliebe sie jedesmal Sieger.

Er fürchtete sich nicht vor diesem Interview mit dem Chef seiner Abteilung. Was seine Levitations-Pannen betraf, hatte er sich diesbezüglich einen ausgeprägten Zynismus angewöhnt. Offenbar blieben die Zeugen stumm. Miss Harroway hatte nicht geredet, und es lagen keine Anzeichen dafür vor, daß die Studenten im Treppenhaus sich anders verhalten hätten.

Mit einem letzten Griff an seine Krawatte verließ er sein Büro.

Bis zu Dr. Philip Mortons Zimmer brauchte er nur ein kurzes Stück den Korridor hinunterzugehen, für Roger ein erfreulicher Umstand. Er hatte sich immer mehr dazu erzogen, mit systematischer Langsamkeit einherzuschreiten. Er hob einen Fuß an, beobachtete ihn und setzte ihn vor den anderen. Dann hob er den zweiten Fuß an und setzte ihn vor den ersten. Er bewegte sich wie mit einer chronisch verkrümmten Wirbelsäule, immer auf seine Füße starrend.

Dr. Morton runzelte die Stirn, als Roger sein Büro betrat. Er hatte kleine Augen, einen ungepflegten graumelierten Schnäuzer und Flecken auf seinem Anzug. Er genoß einen bescheidenen Ruf in der Welt der Wissenschaft und hatte eine ausgeprägte Neigung, seine Lehramtspflichten auf die ihm unterstellten Kollegen abzuwälzen.

»Hören Sie, Toomey«, sagte er, »ich habe ein sehr merkwürdiges Schreiben von Linus Deering erhalten. Haben Sie ihm am« — er zog das Papier vor sich auf dem Schreibtisch zu Rate — »am zweiundzwanzigsten vergangenen Monats einen Brief geschickt? Ist das Ihre Unterschrift?«

Roger blickte auf das Papier und nickte. Er bemühte sich, Deerings Brief zu entziffern, der auf dem Kopf stand. Das hatte er nicht erwartet. Von den Briefen, die er an dem Tag, als Miss Harroway ihren Schock erlebte, verschickt hatte, waren bisher nur vier beantwortet worden.

Drei davon hatten ihm in einem kühlen knappen Absatz mehr oder weniger folgenden Bescheid gegeben: »Damit bestätige ich den Eingang Ihres Schreibens vom zweiundzwanzigsten. Ich glaube nicht, daß ich Ihnen in der erwähnten Sache helfen kann.« Ein vierter Brief, der von Ballantine von der Northwestern-Technischen-Universität stammte, hatte ihm in hochtrabenden Worten geraten, sich an ein Institut für psychische Forschung zu wenden. Roger wußte nicht, ob das eine echte Empfehlung oder eine Beleidigung gewesen sein sollte.

Deering von der Universität Princeton war der fünfte. Er hatte große Hoffnungen in Deering gesetzt.

Dr. Morton räusperte sich laut und schob seine Brille zurecht. »Ich möchte Ihnen vorlesen, was er mir schreibt. Setzen Sie sich, Toomey, setzen Sie sich. Also: ›Lieber Phil . . .‹«

Dr. Morton sah kurz mit einem etwas albernen Lächeln hoch. »Linus und ich haben uns im vergangenen Jahr beim Federations-Treffen kennengelernt. Wir tranken ein paar Gläser zusammen. Ein sehr angenehmer Kollege.«

Er rückte abermals an seiner Brille herum und konzentrierte sich auf den Brief: »›Lieber Phil: Befindet sich ein Dr. Roger Toomey in Deinem Dekanat? Ich erhielt neulich einen sehr seltsamen Brief von ihm. Ich wußte nicht recht, was ich damit anfangen sollte. Zunächst dachte ich, es kann sich nur um einen Verrückten handeln, und wollte ihn gar nicht beantworten. Doch dann dachte ich, ich sollte es Dir zur Kenntnis bringen, weil er mit dem Briefkopf Deiner Abteilung versehen war. Es kann ja gut sein, daß jemand Dein Dekanat für irgendeine Bauernfängerei mißbraucht. Für Deine Ermittlungen lege ich Dir den Brief von Dr. Toomey bei. Ich hoffe, ich komme bald wieder mal in Deine Gegend und . . .‹

Der Rest ist rein persönlich.« Dr. Morton faltete den Brief zusammen, nahm seine Brille ab, steckte sie in ein Lederfutteral und das Futteral dann in seine Brusttasche. Er verschränkte die Finger und beugte sich vor.

»Es erübrigt sich wohl«, sagte er, »Ihnen auch noch Ihren eigenen Brief vorzulesen. War das ein Witz, ein Humbug?«

»Dr. Morton«, erwiderte Roger mit belegter Stimme, »es war ein ernsthafter Brief. Ich kann nichts Unrechtes an meinem Brief finden. Ich habe ihn an eine Reihe von Physikern verschickt. Der Brief spricht für sich selbst. Ich habe einen Fall von . . . von Levitation beobachtet und bat um Auskünfte, wie sich so ein Phänomen vielleicht theoretisch erklären ließe . . .«

»Levitation! Wahrhaftig!«

»Es handelt sich um einen wissenschaftlich einwandfreien Fall, Dr. Morton.«

»Sie haben das Phänomen selbst beobachtet?«

»Selbstverständlich.«

»Keine versteckten Drähte? Keine Spiegel? Hören Sie, Toomey, Sie sind kein Experte für solche Zauberkunststückchen.«

»Es handelt sich um eine streng wissenschaftliche Serie von Beobachtungen. Ein Betrug ist absolut ausgeschlossen.«

»Sie hätten mich zu Rate ziehen sollen, Toomey, ehe Sie diese Briefe verschickten.«

»Vielleicht hätte ich das tun sollen, Dr. Morton, aber offen gestanden, glaubte ich nicht mit Ihrer . . . Sympathie rechnen zu können.«

»Vielen Dank. Damit hätten Sie wirklich nicht rechnen können. Und dazu noch auf dem Briefpapier des Dekanats. Das überrascht mich wirklich, Toomey. Hören Sie, Toomey, was Sie mit Ihrem Leben anstellen, geht mich nichts an. Wenn es Ihnen beliebt, an Levitation zu glauben, nun gut, aber dann bitte nur in Ihrer Freizeit. Im Interesse des Dekanats und des Colleges sollte es eigentlich selbstverständlich sein, daß Sie derartige Dinge nicht mit Ihren pädagogischen Aufgaben durcheinanderbringen.

Tatsächlich haben Sie ja in letzter Zeit einiges an Gewicht verloren, nicht wahr, Toomey? Ja, Sie sehen gar nicht gesund aus. Ich würde an Ihrer Stelle einen Arzt aufsuchen. Vielleicht einen Nervenspezialisten.«

»Am besten einen Psychiater, meinen Sie?« erwiderte Roger verbittert.

»Nun, das ist allein Ihre Sache. Auf jeden Fall ein bißchen Ruhe . . .«

Das Telefon hatte geklingelt, und die Sekretärin nahm das Gespräch entgegen. Sie suchte Blickverbindung mit Dr. Morton, und er nahm den Hörer vom Nebenapparat ab.

»Hallo«, sagte er, »Oh, Dr. Smithers! Ja . . . Hmm . . . Ja . . . In welcher Sache? . . . Nun, tatsächlich ist er gerade bei mir . . . Ja . . . Ja, sofort.«

Er legte auf und blickte Roger nachdenklich an. »Der Dekan möchte uns beide sprechen.«

»Weswegen, Sir?«

»Das sagte er nicht.«

Dr Morton stand auf und ging zur Tür.

»Kommen Sie nicht mit, Toomey?«

»Natürlich, Sir.« Roger erhob sich langsam von seinem Stuhl, wobei er vorsichtshalber den Zeh eines Fußes unter Dr. Mortons Schreibtisch klemmte.

Dean Smithers war ein hagerer Mann mit einem langen, asketischen Gesicht. Er hatte den Mund voller falscher Zähne, die so schlecht eingepaßt waren, daß beim Sprechen kleine Zischlaute von einem seltsamen Pfeifgeräusch begleitet waren.

»Schließen Sie die Tür, Miss Bryce«, sagte er, »und vorläufig nehme ich keine Telefongespräche entgegen. Setzten Sie sich, meine Herren.«

Mit einem strafenden Blick auf die beiden fuhr er fort: »Ich denke, ich sollte lieber gleich zur Sache kommen. Ich weiß zwar nicht genau, was Dr. Toomey damit bezweckt, aber dieses Treiben muß ein Ende haben.«

Dr. Morton blickte Roger bestürzt an. »Was haben Sie denn angestellt?«

Roger, mit einem betrübten Achselzucken: »Nichts, wofür ich etwas könnte.« Er hatte die Flüsterpropaganda der Studenten also doch unterschätzt.

»Aber, aber.« Der Dekan ließ ihn seinen Unwillen spüren. »Ich gebe zu, daß ich nicht weiß, ob die Geschichte in allen Punkten stichhaltig ist; doch es scheint erwiesen, daß Sie sich als Clown betätigt haben; mit billigen Zaubertricks, die sich mit dem Geist und der Würde dieser Institution keineswegs vertragen.«

»Das ist mir vollkommen unbegreiflich«, murmelte Dr. Morton.

Der Dekan runzelte die Stirn. »Dann haben Sie anscheinend noch nichts davon gehört. Ich kann mich nur wundern, daß die Fakultät keinen blassen Schimmer von Vorgängen hat, die fast die ganze Studentenschaft umtreiben. Ich würde das nie glauben, wenn ich nicht selbst durch Zufall davon erfahren hätte; durch einen sehr glücklichen Zufall, möchte ich behaupten, denn es gelang mir, einen Zeitungsreporter abzufangen, der heute morgen hier auftauchte und nach jemand suchte, den er als ›Dr. Toomey, den fliegenden Professor‹ bezeichnete.«

»Was?« schrie Dr. Morton auf.

Roger hörte mit blassem Gesicht zu.

»Das war alles, was der Reporter sagte. Ich habe ihn nur zitiert. Offensichtlich hat einer von den Studenten die Zeitung informiert. Ich erteilte dem Zeitungsmann Hausverbot und ließ den Studenten in mein Büro kommen. Seiner Schilderung nach sei Dr. Toomey eine Treppe hinuntergeflogen — ich benütze das Wort ›geflogen‹, weil der Student auf diesen Ausdruck beharrte —, und anschließend sah er ihn die Treppe wieder hinauffliegen. Er behauptete, es gäbe dafür ein Dutzend Zeugen.«

»Ich bin nur die Treppe hinuntergegangen«, murmelte Roger.

Dekan Smithers marschierte nun auf seinem Teppich auf und ab. Er steigerte sich in eine fast fieberhafte Beredsamkeit hinein: »Daß Sie mich nicht falsch verstehen, Toomey. Ich habe nichts gegen Amateurdarstellungen. Solange ich dieses Amt innehabe, habe ich beständig gegen Muffigkeit und falsche Würde gekämpft. Ich habe die Kameradschaft zwischen den verschiedenen Rangstufen der Fakultät ermutigt und auch nie Einwände erhoben gegen eine Fraternisierung mit Studenten — in vernünftigen Grenzen, versteht sich. Deshalb habe ich auch nichts dagegen, wenn Sie die Studenten mit Ihren Kunststücken unterhalten, allerdings *in Ihrem eigenen Haus*.

Sie sehen sicherlich ein, was aus diesem College werden könnte, sobald uns eine unverantwortliche Presse in die Mangel nimmt. Sollen wir zusehen, wie der Rummel um die fliegenden Untertassen nun von der Sensation eines fliegenden Professors abgelöst wird? Wenn sich die Reporter mit Ihnen in Verbindung setzen, Dr. Toomey, erwarte ich von Ihnen, daß Sie alle derartigen Berichte kategorisch dementieren.«

»Ich verstehe, Dekan Smithers.«

»Ich hoffe, daß uns aus diesem Vorfall kein dauernder Schaden erwächst. Ich muß Sie mit all der Entschiedenheit, die mir zu Gebote steht, darum bitten, Ihre . . . äh . . . Darstellung nicht mehr zu wiederholen. Wenn Sie sich trotzdem produzieren, werden wir Sie um Ihre Kündigung bitten. Haben Sie mich verstanden, Dr. Toomey?«

»Jawohl«, sagte Roger.

»In diesem Fall wünsche ich Ihnen noch einen guten Tag, meine Herren.«

Dr. Morton steuerte Roger in sein Büro zurück. Diesmal scheuchte er die Sekretärin aus dem Zimmer und schloß die Tür hinter ihr ab.

»Gütiger Himmel, Toomey«, flüsterte er, »hat dieser Wahnsinn etwas mit Ihrem Brief bezüglich der Levitation zu tun?«

Rogers Nerven fingen an zu flattern: »Liegt das nicht auf der Hand? Ich beschrieb in diesen Briefen meinen eigenen Fall.«

»Sie können fliegen? Schweben, meine ich?«

»Sie können beides sagen, wenn Sie wollen.«

»Ich habe noch nie davon . . . Verdammt, Toomey, hat Miss Harroway Sie einmal beim Schweben beobachtet?«

»Ein einziges Mal. Es war ein unglücklicher Zu . . .«

»Natürlich. Mir ist jetzt alles klar. Sie war so hysterisch, daß ich kaum klug daraus wurde. Sie sagte, Sie hätten sie angesprungen. Es klang so, als wollte sie Ihnen unterstellen, daß Sie . . . Sie . . .« Mr. Morton blickte verlegen zu Boden. »Nun, ich glaubte das natürlich nicht. Sie war eine gute Sekretärin, ohne Fragen, aber offensichtlich nicht so gebaut, daß sie die Blicke eines jungen Mannes auf sich zog. Ich war eigentlich eher erleichtert, als sie kündigte. Ich fürchtete, sie würde demnächst mit einem kleinen Revolver aufkreuzen oder *mich* beschuldigen . . . Sie . . . äh . . . Sie schwebten tatsächlich?

»Ja.«

»Wie machen Sie denn das?«

Roger schüttelte den Kopf. »Das ist ja mein Problem. Ich weiß es nicht.«

Dr. Morton gestattete sich ein Lächeln. »Sie werden doch nicht das Gesetz der Schwerkraft außer Kraft setzen wollen?«

»Ich fürchte, genau das tue ich. Da muß irgendwie eine Antischwerkraft im Spiel sein.«

Der Unmut darüber, daß man einen Witz ernst nehmen konnte, war Dr. Morton deutlich anzuhören: »Hören Sie, Toomey, darüber gibt es nichts zu lachen.«

»Zu *lachen!* Gütiger Gott, Dr. Morton! Sehe ich so aus, als würde ich lachen?«

»Nun — jedenfalls sehen Sie ruhebedürftig aus. Das steht außer Frage. Ein bißchen Erholung, und Sie haben diesen ganzen Unsinn vergessen. Dessen bin ich mir sicher.«

»Es ist kein Unsinn.« Roger ließ einen Moment den Kopf hängen und sagte dann in ruhigerem Ton: »Wie wäre es, Dr. Morton, wenn wir dieses Problem gemeinsam anpackten? In gewisser Weise werden sich dabei für die Wissenschaft der Physik neue Horizonte eröffnen. Ich weiß nicht, wie es funktioniert; ich kann einfach keine Lösung dafür finden. Aber wir beide gemeinsam . . .«

Inzwischen hatte Dr. Mortons Gesicht den Ausdruck des Entsetzens angenommen.«

»Ich weiß, das klingt alles so sonderbar«, fuhr Roger fort. »Aber ich werde es Ihnen vorführen. Es ist absolut kein Humbug. Ich wünschte, es wäre so.«

»Aber, aber!« Dr. Morton sprang von seinem Sessel hoch. »Überanstrengen Sie sich nicht! Sie brauchen dringend eine Ruhepause. Ich glaube nicht, daß Sie damit bis zum Juni warten sollten. Sie gehen sofort nach Hause. Ich werde dafür sorgen, daß Sie Ihr Gehalt bekommen, und mich um Ihren Kursus kümmern. Wie Sie wissen, habe ich ihn selbst einmal abgehalten.«

»Dr. Morton, die Sache ist wichtig!«

»Ich weiß, ich weiß.« Dr. Morton klopfte Roger auf die Schulter. »Trotzdem sehen Sie furchtbar elend aus, mein Junge. Wie ausgespuckt. Sie brauchen eine lange Erholungspause.«

»Ich *kann* schweben.« Rogers Stimme nahm wieder einen festen Ton an. »Sie wollen mich nur loswerden, weil Sie mir nicht glauben. Sie meinen, ich belüge Sie. Was für einen Grund hätte ich denn dazu?«

»Sie vergeuden sinnlos Ihre Kräfte, mein Junge. Lassen Sie mich ein Telefongespräch führen. Ich werde Sie von jemand nach Hause bringen lassen.«

»Ich sagte Ihnen, daß ich fliegen *kann*«, brüllte Roger.

Dr. Morton lief rot an. »Hören Sie, Toomey, wir wollen nicht mehr darüber diskutieren. Mir ist es egal, wenn Sie in diesem Moment vor mir in die Luft gehen.«

»Sie meinen, Sie glauben nicht, was Sie sehen?«

»Was die Levitation betrifft? Selbstverständlich nicht.« raunzte ihn der Chef der Abteilung an. »Wenn ich Sie fliegen sähe, würde ich einen Augenarzt oder einen Psychiater aufsuchen. Ich würde mich eher für verrückt halten, als an den Gesetzen der Physik . . .«

Er hielt inne und räusperte sich laut. »Nun, wie ich schon sagte, wir wollen nicht mehr länger darüber diskutieren. Ich muß nur schnell telefonieren.«

»Nicht nötig, Sir, nicht nötig«, erwiderte Roger. »Ich gehe schon. Ich werde meinen Erholungsurlaub nehmen. Auf Wiedersehen.«

Er ging rasch aus dem Büro, bewegte sich so rasch wie seit Tagen nicht mehr. Dr. Morton, der hinter dem Schreibtisch stand, die Hände flach auf der Tischplatte, blickte ihm erleichtert nach.

Als Roger nach Hause kam, saß James Sarle, Doktor der Medizin, in seinem Wohnzimmer. Als Roger über die Schwelle trat, zündete der Arzt sich gerade seine Pfeife an, mit einer grobknochigen Hand den Pfeifenkopf umspannend. Er schüttelte das Streichholz aus, und sein rotwangiges Gesicht verzog sich zu einem Lächeln.

»Hallo, Roger! Nimmst du Abschied von der menschlichen Rasse? Habe seit mindestens einem Monat nichts mehr von dir gehört.«

Seine schwarzen Brauen trafen sich über dem Nasensattel und gaben ihm ein eher bedrohliches Aussehen, was ihm irgendwie half, die für seine Patienten angemessene Atmosphäre zu schaffen.

Roger wandte sich Jane zu, die sich in einem Lehnstuhl vergraben hatte. Ihr Gesicht zeigte den für sie neuerdings typischen Ausdruck totaler Erschöpfung.

»Warum hast du ihn hierhergebracht?« fragte Roger sie.

»Moment mal, Moment, Mann«, sagte Sarle. »Niemand brachte mich hierher. Ich traf Jane heute morgen in der Stadt, und ich habe mich selbst eingeladen. Ich bin stärker als sie. Sie hätte mir den Zutritt gar nicht verwehren können.«

»Ein zufälliges Zusammentreffen, wie? Machst du aus Zufällen immer gleich eine Verabredung?«

Sarle lachte. »Dann drücken wir es anders aus: Sie plauderte ein bißchen aus der Schule, was hier so vor sich geht.«

Jane sagte mit müder Stimme: »Es tut mir leid, Roger, wenn du es mißbilligst. Aber für mich war es eine einmalige Gelegenheit, mit jemandem zu sprechen, der Verständnis aufbringt.«

»Was bringt dich auf die Idee, daß er Verständnis hätte? Sag mir, Jim, glaubst du ihre Geschichte?«

»Du wirst zugeben, daß es einem nicht leicht fällt, daran zu glauben. Aber ich versuche es.«

»Schön, stell dir vor, ich flöge jetzt. Stell dir vor, ich finge in diesem Moment an zu schweben. Was würdest du tun?«

»Vielleicht in Ohnmacht fallen. Vielleicht würde ich auch nur ›Heiliger Petrus‹ sagen. Möglich, daß ich auch nur lachen würde. Warum versuchst du es nicht, und wir warten ab, was geschieht?«

Roger starrte ihn an. »Du möchtest es wirklich sehen?«

»Warum nicht?«

»Jeder, der es bisher gesehen hat, schrie, rannte weg oder erstarrte vor Entsetzen. Wirst du es ertragen können, Jim?«

»Ich glaube schon.«

»Okay.«

Roger erhob sich zwei Fuß über den Teppich und vollführte einen langsamen zehnfachen *Entrechat*. Er blieb mit nach unten gestreckten Zehen in der Luft schweben, die Beine aneinandergelegt, die Arme in bitterer Parodie anmutig gespreizt.

»Besser als Nijinski, nicht wahr, Jim?«

Sarle tat nichts von dem, was er als Möglichkeiten angedeutet hatte. Er tat gar nichts außer seine Pfeife aufzufangen, die ihm aus dem Mund fiel.

Jane hatte die Augen geschlossen. Lautlos quollen Tränen unter ihren Lidern hervor.

»Komm herunter, Roger«, sagte Sarle.

Roger gehorchte, nahm in einem Sessel Platz und sagte: »Ich verschickte Briefe an Physiker, Männer von Weltgeltung. Ich erklärte ihnen rein sachlich die Situation. Ich schrieb, ich wäre der Meinung, das Phänomen müsse untersucht werden. Die meisten Empfänger ignorierten mich. Einer schrieb an den alten Morton und wollte wissen, ob ich ein Betrüger oder ein Verrückter sei.«

»Oh, Roger«, flüsterte Jane.

»Schlimm, meinst du? Heute rief mich der Dekan in sein Büro. Ich müßte mit meinen Zaubertricks aufhören, sagte er. Offenbar stolperte ich, als ich die Treppe hinuntersteigen wollte, und ging automatisch in den Schwebezustand über, um mir nicht den Hals zu brechen. Morton meint, er würde nicht glauben, daß ich fliegen könnte, wenn er mich in Aktion sähe. Sehen und glauben wären in diesem Fall nicht dasselbe, sagte er und befahl mir, einen Erholungsurlaub anzutreten. Ich gehe nicht ans College zurück.«

»Roger«, sagte Jane mit aufgerissenen Augen.

»Ist das dein Ernst?«

»Ich gehe nicht zurück. Ich habe sie alle satt. Wissenschaftler!«

»Aber was willst du dann anfangen?«

»Keine Ahnung.« Roger vergrub den Kopf in den Händen. Er sagte mit erstickter Stimme: »Sag du es mir, Jim. Du bist der Psychiater. Warum wollen sie mir nicht glauben?«

»Vielleicht ist es eine Art von Selbstschutz, Roger«, sagte Sarle bedächtig. »Die Leute sind nicht glücklich über etwas, das sie nicht begreifen können. Vor Jahrhunderten, als viele Menschen sogar an die Existenz außernatürlicher Eigenschaften glaubten, zum Beispiel an das Fliegen auf einem Besenstiel, waren sie fast durchweg davon überzeugt, diese Fähigkeit könnte nur von den Mächten der Finsternis verliehen worden sein.

Die Leute denken auch heute noch so. Sie mögen zwar nicht mehr an den wahrhaften Teufel glauben, aber sie meinen, daß alles, was sie nicht verstehen, böse sei. Sie wehren sich dagegen, an die Levitation zu glauben — oder bekommen einen tödlichen Schrecken, wenn ihnen diese Tatsache aufgezwungen wird. So ist es nun einmal. Damit mußt du dich abfinden.«

Roger schüttelte den Kopf. »Du redest von Leuten, und ich rede von Wissenschaftlern.«

»Auch Wissenschaftler sind Menschen.«

»Du weißt, was ich meine. Ich habe hier ein Phänomen. Es ist keine Hexerei. Ich habe keinen Pakt mit dem Teufel geschlossen. Es muß eine natürliche Erklärung dafür geben, Jim. Unser Wissen von der Schwerkraft ist nicht absolut. Tatsächlich wissen wir kaum etwas über sie. Wäre es denn deiner Meinung nach undenkbar, daß es irgendeine biologische Möglichkeit gibt, die Schwerkraft aufzuheben? Vielleicht bin ich in dieser Beziehung eine Mutation. Ich habe eine . . . einen Muskel, wenn du es so nennen willst . . ., der die Schwerkraft aufheben kann. Wenigstens vermag ich für meine Person die Wirkung der Schwerkraft abzuschaffen. Also worauf warten wir denn noch? Laß uns das Phänomen untersuchen! Stell dir nur mal vor, was es für die menschliche Rasse bedeutet, wenn sie die Eigenschaft der Antischwerkraft besitzt.«

»Nicht so rasch, Rog«, erwiderte Sarle. »Denke erst mal darüber nach. Warum bist du so unglücklich über das Phänomen? Wie Jane mir erzählte, warst du am ersten Tag, als es passierte, fast verrückt vor Angst, *ehe* du wissen konntest, daß die Wissenschaft dich ignorieren und deine Vorgesetzten verständnislos reagieren würden.«

»Das ist richtig«, murmelte Jane.

»Warum diese Angst?« fuhr Sarle fort.

»Hier entdeckst du eine großartige, neue wunderbare Kraft in dir; eine plötzliche Freiheit von der tödlichen Klammer der Schwerkraft.«

»Oh«, erwiderte Roger, »werde nicht komisch. Es war — schrecklich. Ich konnte es nicht begreifen. Ich verstehe es immer noch nicht.«

»Richtig, mein Junge. Es war etwas, das du nicht verstehen konntest, und *deshalb* etwas Schreckliches. Du bist Physiker. Du *weißt*, was das Universum in Gang hält. Oder wenn du es nicht weißt, kennst du doch jemand, der es weiß. Selbst wenn es in einem gewissen Punkt keinen Sachverständigen gäbe, weißt du doch, daß eines Tages jemand sachverständig sein wird. Das Schlüsselwort ist *Wissen*. Es ist Teil deines Lebens. Nun wirst du mit einem Phänomen konfrontiert, das du als Verstoß gegen die Grundgesetze des Universums betrachtest. Wissenschaftler sagen: Zwei Massekörper ziehen sich nach einer mathematisch festgelegten Formel gegenseitig an. Das ist eine unveräußerliche Eigenschaft der Materie und des Raums. Da gibt es keine Ausnahmen. Und nun bist du eine Ausnahme.«

Roger sagte bedrückt: »Und was für eine.«

»Du siehst, Roger«, fuhr Sarle fort, »daß die Menschheit zum erstenmal in ihrer Geschichte tatsächlich so etwas wie unumstößliche Gesetze hat. Ich betone: unumstößlich. In primitiven Kulturen mag sich ein Medizinmann eines Zaubers bedienen, um Regen zu erzeugen. Wenn der Zauber nicht funktioniert, widerlegt das nicht die Gültigkeit der Magie. Es bedeutet lediglich, daß der Schamane irgendwo bei der Ausübung seines Zaubers patzte, ein Tabu gebrochen oder einen Gott beleidigt hat. In modernen theokratischen Kulturen sind die Gebote der Gottheit unumstößlich. Selbst dann, wenn ein Mensch gegen diese Gebote verstößt und trotzdem vom Leben begünstigt wird, wäre das kein Zeichen, daß die jeweilige Religion ungültig wäre. Die Wege der Vorsehungen sind zugegebenermaßen geheimnisvoll, und den Sünder erwartet eine unsichtbare Strafe.

Heute haben wir doch Gesetze, die *tatsächlich* nicht gebrochen werden können, und eins davon ist die Existenz der Schwerkraft. Sie funktioniert selbst dann, wenn der Mensch, der sie beschwört, vergaß, sein Abra-ka-dabra zu murmeln.«

Roger brachte ein verzerrtes Lächeln zustande. »Irrtum, Jim, denn die unumstößlichen Gesetze sind immer wieder gebrochen worden. Die

Radioaktivität war eine theoretische Unmöglichkeit, als sie entdeckt wurde. Energie, die aus dem Nichts kam; unglaubliche Mengen von Energie. Das war genauso absurd wie die Levitation.«

»Die Radioaktivität war ein objektives Phänomen, das in Versuchen wiederholt und weitervermittelt werden konnte. Uran schwärzte unbelichtete Filme. Davon konnte sich jeder überzeugen. Eine Crooksche Röhre konnte sich jeder bauen, und die Leuchterscheinung der Kathodenstrahlen waren überall gleich. Du . . .«

»Ich habe versucht, mich anderen mitzuteilen . . .«

»Ich weiß. Aber kannst du mir zum Beispiel verraten, wie *ich* mich in einen Schwebezustand versetzen könnte?«

»Natürlich nicht.«

»Damit ist dieses Phänomen für andere im Experiment unwiederholbar und beschränkt sie auf eine Zuschauerrolle. Damit fällt deine Levitation in dieselbe Kategorie wie die stellare Evolution, über die man zwar theoretisieren, die man aber experimentell nicht nachweisen kann.«

»Trotzdem sind Wissenschaftler bereit, ihr Leben der Astrophysik zu widmen.«

»Wissenschaftler sind auch nur Menschen. Sie können die Sterne nicht erreichen, also machen sie das Beste daraus. Aber dich können sie sogar anfassen, und wenn ihnen dabei dein Levitationsvermögen durch die Finger schlüpft, wäre das ein großes Ärgernis für sie.«

»Jim, sie haben es ja noch gar nicht versucht. Du redest, als wäre ich schon ein Studienobjekt gewesen. Jim, sie wollen sich nicht einmal mit diesem Problem beschäftigen.«

»Das müssen sie auch nicht. Dein Levitationsvermögen gehört zu einer Klasse von Phänomenen, die von der Wissenschaft geschnitten wird. Telepathie, Hellseherei, Vorahnungen und unzählige andere außernatürliche Kräfte wurden in der Praxis noch nie ernsthaft erforscht, obwohl ernst zu nehmende Berichte über derartige Phänomene vorliegen. Die Rhineschen Experimente auf dem Gebiet der außersinnlichen Wahrnehmungen waren für die Wissenschaftler mehr Ärgernis als Anreiz. Du siehst also, daß sie dich nicht studieren müssen, um zu wissen, daß sie dich nicht als Studienobjekt haben wollen. Das wissen sie im voraus.«

»Du findest das lustig, Jim? Die Wissenschaftler weigern sich, Tatsachen zu untersuchen, drehen der Wahrheit den Rücken zu, und du sitzt da, grinst und machst deine Glossen darüber.«

»Irrtum, Roger, ich weiß, daß es sich um ein ernstzunehmendes Problem handelt. Und ich bin wirklich nicht in der Lage, dir Patentrezepte für menschliches Verhalten anzubieten. Ich trage nur meine Gedanken vor. Ein Referat meiner Überlegungen. Aber begreifst du nicht, was ich tatsächlich tue? Daß ich versuche, die Dinge zu betrachten, wie sie sind? Mit der gleichen Einstellung mußt du an die Sache herangehen. Vergiß deine Ideale, deine Theorien, deine Vorstellung, wie sich die

Leute verhalten *müßten*. Überleg dir lieber, was sie wirklich *tun*. Sobald eine Person darauf eingestellt ist, sich an Stelle von Wahnvorstellungen mit Fakten zu befassen, haben auch Probleme die Tendenz, sich aufzulösen. Zumindest werden sie in die richtige Perspektive gerückt und dadurch lösbar.«

Roger rutschte ruhelos auf seinem Platz herum. »Psychiatrisches Geschwätz! Ebensogut könnte ich einem Mann den Finger an die Schläfen setzen und sagen: ›Habe Vertrauen, und du wirst geheilt!‹ Wenn der arme Kerl nicht geheilt wird, dann nur deshalb, weil er nicht genügend daran geglaubt hat. Der Zauberdoktor kann gar nicht verlieren.«

»Vielleicht hast du recht, aber überlegen wir einmal: Was *ist* dein Problem?«

»Kein Verhör, bitte! Du kennst mein Problem, also mußt du nicht mehr daran herumdoktern.«

»Du kannst dich in einen schwebenden Zustand versetzen. Ist es das?«

»So kann man es ausdrücken. Es genügt als ein erster Annäherungswert.«

»Du meinst das zwar ironisch, Roger, aber tatsächlich hast du vermutlich recht. Es ist nur ein erster Annäherungswert. Trotzdem hast du dich ernsthaft mit diesem Problem befaßt. Jane erzählte mir, du hättest experimentiert.«

»Experimentiert! Gütiger Himmel, Jim, ich experimentiere nicht. Ich schwebe durch die Gegend. Ich brauche wissenschaftliche Koryphäen und Geräte. Ich brauche ein Forschungsteam, und das habe ich nicht.«

»Was ist dann dein Problem? Zweiter Annäherungswert.«

»Jetzt verstehe ich, was du meinst«, erwiderte Roger. »Mein Problem besteht darin, ein Forschungsteam zusammenzubringen. Aber das habe ich ja versucht! Mann, ich habe es so oft versucht, daß ich es jetzt satt habe!« — »Wie hast du es versucht?«

»Ich habe Briefe verschickt. Ich habe darum gebeten . . . Oh, hör auf, Jim. Ich habe weder Nerven noch Lust dazu, mich auf die Couch zu legen und als Patient ausfragen zu lassen. Du weißt, was ich getan habe.«

»Ich weiß, daß du zu den Leuten gesagt hast: ›Ich habe ein Problem. Helft mir.‹ Hast du noch etwas anderes versucht?«

»Ich bitte dich, Jim, ich habe es mit erwachsenen Wissenschaftlern zu tun.«

»Ich weiß. Daher deine Annahme, die ehrliche, schlichte Bitte würde genügen. Abermals stellst du eine Theorie der Tatsache gegenüber. Ich habe dir bereits die Schwierigkeiten aufgezählt, die mit deinem Appell verbunden sind. Wenn du am Straßenrand den Daumen hebst, drückst du damit eine schlichte, ehrliche Bitte aus, aber die meisten Wagen fahren trotzdem vorbei. Was beweist, daß du mit deinem schlichten, ehrlichen Appell nichts erreicht hast. Worin besteht also dein Problem? Dritter Annäherungswert!«

»Einen anderen Weg zu versuchen, der nicht fehlschlägt? Ist es das, was du mir sagen willst?«

»Es ist das, was du mir erzählt hast, nicht wahr?«

»Also wußte ich es bereits, ohne dich erst danach zu fragen.«

»Tatsächlich? Du bist bereit, zu kündigen, dein Lehramt aufzugeben, die Wissenschaft. Wo ist deine Beständigkeit, Rog? Läßt du von einem Problem schon ab, wenn dein erstes Experiment scheitert? Gibst du sofort auf, wenn eine Theorie sich als unzutreffend erweist? Die Philosophie der experimentellen Wissenschaft, die für unbelebte Gegenstände gilt, sollte unverändert auch für Menschen gelten.«

»Also gut. Womit soll ich es also deiner Meinung nach versuchen? Mit Bestechung? Drohung? Tränen?«

James Sarle stand auf. »Möchtest du wirklich hören, was ich dir rate?«

»Heraus damit.«

»Halte dich an Dr. Mortons Anweisung. Mach Urlaub, und zur Hölle mit der Levitation. Es ist ein Problem für die Zukunft. Schlaf in deinem Bett, schwebend oder nicht schwebend; was macht das für einen Unterschied. Ignoriere die Levitation, lach darüber oder genieße sie sogar. Mach damit, was du willst, nur befrachte dich nicht damit, denn sie ist nicht dein Problem. Das ist der springende Punkt: Sie ist nicht dein unmittelbares Problem. Verbringe deine Zeit damit, dir zu überlegen, wie du die Wissenschaftler dazu bringen kannst, etwas zu erforschen, das sie gar nicht erforschen wollen. Das ist dein vorrangiges Problem, und eben daran hast du bisher nicht eine Sekunde des Nachdenkens verschwendet.«

Sarle ging hinaus und holte sich seinen Mantel aus der Flurgarderobe. Roger begleitete ihn. Minutenlanges Schweigen, und dann sagte Roger, ohne aufzublicken:

»Vielleicht hast du recht, Jim.«

»Vielleicht. Versuche es und sag mir dann Bescheid. Auf Wiedersehen, Roger.«

Roger Toomey öffnete die Augen und blinzelte, geblendet von der Morgensonne im Schlafzimmer. »He, Jane«, rief er, »wo steckst du denn?«

Janes Stimme antwortete: »In der Küche, wo sonst?«

»Komm doch einen Augenblick her, ja?«

Sie kam. »Der Speck brät sich nicht von selbst, Liebling.«

»Hör mal, schwebte ich heute nacht?«

»Ich weiß es nicht. Ich schlief.«

»Du bist mir eine schöne Hilfe.« Er schwang sich aus dem Bett und schlüpfte in seine Pantoffeln. »Trotzdem glaube ich nicht, daß ich schwebte.«

»Glaubst du, du hast vergessen, wie es geht?« Jähe Hoffnung schwang in ihrer Stimme mit.

»Ich hab' es nicht vergessen. Schau!« Er glitt auf einem Luftkissen in das Eßzimmer hinüber. »Mir sagt nur ein Gefühl, daß ich nicht geschwebt habe. Ich glaube, seit drei Nächten nicht mehr.«

»Das höre ich gerne«, sagte Jane. Sie stand wieder am Herd. »Einen Monat ausspannen, das hat dir eben gut getan. Wenn ich Jim gleich angerufen hätte . . .«

»Oh, fang bitte nicht schon wieder damit an. Einen Monat Erholung, du meine Güte! Mir ist erst am letzten Sonntag eingefallen, was ich zu tun habe. Von diesem Moment an konnte ich mich entspannen. Das war es, sonst nichts.

»Was gedenkst du zu tun?«

»Im Frühjahr veranstaltet die *Northwestern Tech* regelmäßig eine Reihe von Seminaren über wissenschaftliche Themen. Ich werde daran teilnehmen.«

»Heißt das, daß du nach Seattle reisen willst?«

»Natürlich.«

»Und was für Themen stehen auf dem Programm?«

»Was schert mich das? Ich möchte nur Linus Deering sehen.«

»Aber das ist doch der Kollege, der dich für verrückt erklärte, nicht wahr?«

»Das ist er.« Roger spießte eine Portion Rührei mit der Gabel auf. »Aber er ist auch der beste Kopf unserer Zukunft.«

Er streckte die Hand nach dem Salzstreuer aus und hob sich dabei ein paar Zoll weit aus seinem Sessel. Er achtete nicht darauf. »Ich glaube, jetzt weiß ich, wie ich ihn behandeln muß«, sagte er.

Die Frühjahrsseminare an der Northwestern Tech waren zu einer Institution von nationalem Ruf geworden, seit Linus Deering zum Lehrkörper gehörte. Er war der Vorsitzende und gab dem Seminarbetrieb sein eigentliches Gepräge. Er stellte die Redner vor, moderierte die Diskussionsrunden, faßte am Schluß jeder Morgen- und Nachmittagssitzung die Ergebnisse zusammen und war beim Abschlußdinner am Ende der Seminarwoche Mittelpunkt und Seele der Gemütlichkeit.

Das alles wußte Roger Toomey aus den Seminarberichten. Nun konnte er selbst den Mann in Aktion beobachten. Der Statur nach lag Professor Deering noch beträchtlich unter dem Mittelmaß, hatte eine braune Hautfarbe und eine üppige, sehr ausgeprägte Mähne gewellter brauner Haare. Sein breiter, dünnlippiger Mund schien beständig ein schlaues Lächeln anzudeuten, wenn er sich nicht aktiv an Gesprächen beteiligte. Er sprach rasch und fließend ohne vorbereitetes Konzept und schien seine Kommentare stets von überlegener Warte aus zu geben, was seine Zuhörer automatisch akzeptierten.

Jedenfalls war es so am ersten Morgen des Seminars gewesen. Erst bei der Nachmittagssitzung begann die Zuhörerschaft, eine gewisse Verzögerung bei der Äußerung einer Bemerkung festzustellen. Noch auffälliger war die Nervosität, mit der er während des Vortrags der Seminar-Referate auf dem Podium saß. Zuweilen schickte er verstohlene Blicke in den Hintergrund des Hörsaals.

Roger Toomey, der in der allerletzten Reihe Platz genommen hatte, beobachtete das alles mit angespannter Aufmerksamkeit. Seinen vorübergehenden Rückfall in die Normalität, der damit begann, daß er zunächst glaubte, es gäbe einen anderen Ausweg, hob er allmählich wieder auf.

Während der Eisenbahnfahrt nach Seattle hatte er schlecht geschlafen. Er hatte Visionen von sich, wie er im Takt der ratternden Räder umherschwebte, lautlos durch die Vorhänge auf den Korridor hinaus, wie er von dem heiseren Geschrei eines Schaffners geweckt wurde und sich endlosen Peinlichkeiten ausgesetzt sah. Deshalb steckte er die Vorhänge mit Sicherheitsnadeln zusammen und hatte dennoch nichts damit erreicht; kein Gefühl von Sicherheit, keinen Schlaf bis auf ein paar erschöpfende Schlummerperioden.

Er hatte tagsüber auf seinem Sitz gedöst, während draußen die Berge vorbeiglitten, und war abends mit einem steifen Nacken, schmerzenden Knochen und einem allgemeinen Gefühl der Verzweiflung eingetroffen.

Er hatte den Entschluß, an dem Seminar teilzunehmen, viel zu spät gefällt, um noch ein Einzelzimmer in den Schlafhäusern des Instituts ergattern zu können. Ein Zimmer mit einem Kollegen zu teilen, kam natürlich überhaupt nicht in Frage. Er mietete ein Hotelzimmer in der Stadt, schloß die Tür ab, verriegelte alle Fenster, schob sein Bett gegen die Wand und eine Kommode gegen die offene Seite der Bettstatt; dann schlief er.

Er konnte sich nicht erinnern, daß er geträumt hätte. Und als er am Morgen erwachte, lag er immer noch in der von ihm geschaffenen Umfriedung. Er fühlte sich erleichtert.

Als er rechtzeitig im Physiksaal auf dem Institutsgelände eintraf, fand er sich, wie erwartet, in einem großen Saal mit kleiner Zuhörerschaft wieder. Die Seminar-Sitzungen wurden traditionell während der Osterferien abgehalten, und Studenten waren nicht unter den Teilnehmern. Etwa fünfzig Physiker saßen in einem Auditorium, das vierhundert Personen fassen konnte, und drängten sich zu beiden Seiten des Mittelganges in der Nähe des Podiums zusammen.

Roger nahm seinen Sitz in der letzten Reihe ein, wo er von Neugierigen, die zufällig vorbeikamen und durch die hohen, schmalen Fenster der Hörsaaltür blickten, nicht gesehen wurde und wo die Kollegen im

Saal ihre Köpfe um fast einhundertachtzig Grad drehen mußten, wenn sie ihn sehen wollten.

Mit Ausnahme des Sprechers auf dem Podium natürlich — und des Vorsitzenden, Professor Deering.

Roger hörte nicht viel von dem Programm. Er konzentrierte sich ausschließlich darauf, die Momente abzuwarten, wo Deering alleine auf dem Podium saß; wenn nur Deering ihn sehen konnte.

Als Deering offensichtlich immer verwirrter wurde, wurde Roger kühner. Während der Zusammenfassung am Schluß der Nachmittagssitzung bot er seine beste Leistung.

Professor Deering stellte mitten in einem schlecht konstruierten und vollkommen sinnlosen Satz seinen Vortrag vollständig ein. Die Zuhörerschaft, die sich seit einiger Zeit schon unruhig auf ihren Sitzen bewegte, saß nun ebenfalls still und blickte ihn verwundert an.

Deering hob die Hand und sagte mit keuchender Stimme: »Sie! Sie da hinten!«

Roger Toomey hatte vollkommen entspannt dagesessen — im Zentrum des Mittelgangs. Als Stuhl hatte er nur ein anderthalb Fuß hohes Luftkissen unter sich. Die Beine hatte er ausgestreckt und ebenfalls auf eine aus Luft bestehende Sessellehne gelegt.

Als Deering auf Roger deutete, glitt dieser rasch zur Seite. Als sich fünfzig Köpfe nach ihm umdrehten, saß er gelassen in einem sehr prosaischen Holzsessel.

Roger blickte hierhin und dorthin und starrte dann auf Deerings gestreckten Zeigefinger, während er sich von seinem Sitz erhob.

»Meinen Sie mich, Professor Deering?« fragte er, und nur ein leises Zittern seiner Stimme verriet, mit welcher Erbitterung er mit sich kämpfte, damit seine Stimme kühl und verwundert klang.

»Was machen Sie da?« Die Spannung, die sich seit dem Morgen in Deering aufgebaut hatte, entlud sich in dieser Frage.

Einige Zuhörer waren aufgestanden, um besser sehen zu können. Eine Versammlung von Naturwissenschaftlern ergötzt sich genauso an einem unerwarteten Zwischenfall wie die Zuschauer eines Baseball-Spiels.

»Ich tue doch gar nichts«, sagte Roger. »Ich verstehe Sie nicht.«

»Hinaus! Verlassen Sie diesen Saal!«

Deering war außer sich im Aufruhr seiner Gefühle, oder er würde vermutlich so etwas nicht gesagt haben. Jedenfalls seufzte Roger und nützte diese Gelegenheit andächtig aus.

Er sagte laut und deutlich, sich anstrengend, damit er den wachsenden Tumult übertönte: »Ich bin Professor Roger Toomey vom Carson-College. Ich bin ein Mitglied der Amerikanischen Physikalischen Gesellschaft. Ich habe um Erlaubnis gebeten, an diesen Sitzungen teilzunehmen, wurde dazu eingeladen und habe meine Zulassungsgebühr bezahlt. Ich sitze zu Recht hier und werde auch fernerhin hier sitzen bleiben.«

Deering konnte nur in blinder Wut sagen: »Hinaus!«

»Ich weigere mich«, sagte Roger. Er zitterte tatsächlich vor synthetischer und sich selbst verordneter Wut. »Aus welchen Gründen muß ich hinaus? Was habe ich getan?«

Deering fuhr sich mit einer bebenden Hand durch das Haar. Er war außerstande, ihm darauf zu antworten.

Roger baute seinen Vorteil aus: »Wenn Sie versuchen, mich ohne berechtigten Grund von diesen Sitzungen auszuschließen, werde ich natürlich das Institut verklagen.«

Deering sagte überstürzt: »Ich erkläre die Sitzung des ersten Tages des Frühjahrs-Seminares über die jüngsten Fortschritte in der physikalischen Forschung für beendet. Unsere nächste Sitzung beginnt morgen um neun in diesem Hörsaal . . .«

Roger verließ, noch während Deering sprach, den Saal und eilte davon.

An diesem Abend klopfte es an die Tür von Rogers Hotelzimmer. Er erschrak, erstarrte in seinem Sessel.

»Wer ist da?« rief er.

Darauf leise und rasch die Antwort: »Kann ich Sie sprechen?«

Es war Deerings Stimme. Roger hatte selbstverständlich sein Hotel und auch seine Zimmernummer im Sekretariat des Seminars hinterlassen. Roger hatte gehofft, aber kaum damit gerechnet, daß die Ereignisse dieses Tages so rasch Konsequenzen haben würden.

Er öffnete die Tür, sagte steif: »Guten Abend, Professor Deering.«

Deering trat ins Zimmer und blickte sich um. Er trug einen leichten Sommermantel, machte jedoch keine Anstalten, ihn auszuziehen. Er hielt den Hut in der Hand und wollte ihn ebenfalls nicht ablegen. »Professor Roger Toomey vom Carson-College. Richtig?« Er sagte das mit einer gewissen Betonung, als habe dieser Name Bedeutung.

»Ja. Setzen Sie sich, Professor.«

Deering blieb stehen. »Nun, was ist das? Was führen Sie im Schilde?«

»Ich begreife nicht.«

»Ich bin vom Gegenteil überzeugt. Sie führen diesen Zirkus nicht umsonst auf. Versuchen Sie mich als Tölpel hinzustellen, oder beabsichtigen Sie vielmehr, mich in irgendein betrügerisches Komplott zu verwickeln? Ich wollte Ihnen nur sagen, daß das nicht funktioniert. Und versuchen Sie jetzt nicht, Gewalt anzuwenden. Ich habe Freunde, die genau wissen, wo ich mich in diesem Moment befinde. Ich rate Ihnen, mir die Wahrheit zu sagen und dann aus der Stadt zu verschwinden.«

»Professor Deering! Das ist mein Zimmer. Wenn Sie hier sind, um mich zu nötigen, werde ich Sie auffordern, das Zimmer zu verlassen. Wenn Sie sich weigern, werde ich Sie hinauswerfen lassen.«

»Haben Sie vor, mit diesen . . . diesen Verfolgungen fortzufahren?«

»Ich habe Sie nicht verfolgt. Ich kenne Sie gar nicht, Sir.«

144

»Sind Sie nicht dieser Roger Toomey, der mir einen Brief über einen Fall von Levitation schrieb und wollte, daß ich ihn untersuche?«

Roger starrte den Mann an. »Was für ein Brief soll das sein?«

»Sie leugnen ihn ab?«

»Selbstverständlich tue ich das. Wovon reden Sie überhaupt? Haben Sie den Brief bei sich?«

Professor Deering preßte die Lippen zusammen. »Lassen wir den Brief. Leugnen Sie, daß Sie sich während der Nachmittagssitzung mit Drähten an der Decke befestigt haben?«

»Mit Drähten? Ich vermag Ihnen nicht zu folgen.«

»Sie befanden sich in einem schwebenden Zustand!«

»Würden Sie jetzt bitte gehen, Professor Deering? Ich glaube, Sie sind nicht gesund.«

Der Physiker erhob die Stimme: »Leugnen Sie, daß Sie schwebten?«

»Ich glaube, Sie sind verrückt. Wollen Sie damit sagen, ich hätte magische Requisiten in Ihrem Hörsaal aufgestellt? Ich habe ihn vor dem heutigen Tag noch nie betreten, und als ich kam, waren Sie bereits auf dem Podium. Haben Sie Drähte oder dergleichen gefunden, nachdem ich gegangen war?«

»Ich weiß nicht, wie Sie es anstellten, und das interessiert mich auch nicht. Sie *leugnen* also, daß Sie schwebten?«

»Selbstverständlich leugne ich das.«

»Ich sah Sie. Warum lügen Sie?«

»Sie sahen mich schweben? Professor Deering, wollen Sie mir verraten, wie das möglich ist? Ich nehme an, Sie verfügen über ausreichende Kenntnisse der Gravitationskräfte, um zu wissen, daß wahre Levitation ein sinnloser Begriff ist, solange wir uns nicht im Weltraum befinden. Wollen Sie mich verkohlen, Professor?«

»Gütiger Himmel«, erwiderte Deering mit schriller Stimme. »Weshalb sagen Sie mir nicht die Wahrheit?«

»Das tue ich. Glauben Sie etwa, ich müsse nur meine Hand ausstrecken und eine geheimnisvolle Bewegung machen . . . so . . ., und ich segelte in die Luft?« Roger machte die Handbewegung, und sein Kopf scheuerte an der Decke.

Deerings Kopf schnellte in die Höhe.

»Ah! Da . . . da —«

Roger kehrte lächelnd auf den Boden zurück. »Das *kann* nicht Ihr Ernst sein.«

»Sie haben es wieder getan. Eben taten Sie es.«

»Was tat ich, Sir?«

»Sie schwebten. Sie sind gerade geschwebt. Das können Sie nicht leugnen.«

Rogers Augen wurden ernst. »Sie können nicht gesund sein, Sir.«

»Ich weiß, was ich sah.«

»Vielleicht brauchen Sie eine Erholungspause, sind überarbeitet . . .«

»Es war *keine* Halluzination.«

»Möchten Sie vielleicht einen Drink?« Roger ging zu seinem Koffer, während Deering Rogers Schritte mit hervorquellenden Augen beobachtete. Rogers Schuhe schwebten zwei Zoll über dem Boden und keinen Millimeter darunter.

Deering sank in den Sessel, den Roger geräumt hatte.

»Ja, bitte«, sagte er mit schwacher Stimme.

Roger gab ihm die Whiskyflasche, sah zu, wie er trank und sich dann würgend verschluckte. »Wie fühlen Sie sich jetzt?«

»Hören Sie«, erwiderte Deering, »haben Sie eine Methode entdeckt, die Schwerkraft zu neutralisieren?«

Rogers Blick wurde starr. »Reißen Sie sich zusammen, Professor. Wenn ich über Antischwerkraft verfügte, würde ich sie nicht dazu benützen, ein Spielchen mit Ihnen zu treiben. Ich wäre in Washington. Ich wäre ein militärisches Geheimnis. Ich wäre . . . nun, ich wäre nicht hier! Das ist Ihnen doch wohl alles bewußt.«

Deering sprang auf die Füße. »Beabsichtigen Sie, auch an den restlichen Sitzungen teilzunehmen?«

»Selbstverständlich.«

Deering nickte, stülpte sich den Hut auf den Kopf und eilte aus dem Zimmer.

In den folgenden drei Tagen führte Professor Deering nicht den Vorsitz bei den Seminarsitzungen. Gründe für seine Abwesenheit wurden nicht genannt. Roger Toomey, der zwischen Hoffnung und Furcht schwankte, saß inmitten der Zuhörerschaft und versuchte, sich unauffällig zu verhalten. Das gelang ihm nicht ganz. Deerings Attacke vor versammelter Mannschaft hatte ihn zu einer fragwürdigen Persönlichkeit gemacht, während seine eigene energische Verteidigung ihm zugleich eine Art von David-gegen-Goliath-Popularität verschaffte.

Roger kehrte am Donnerstagabend nach einem unbefriedigenden Dinner in sein Hotelzimmer zurück und blieb einen Fuß über der Schwelle im Türrahmen stehen. Professor Deering starrte ihm aus dem Zimmer entgegen. Ein zweiter Mann mit einem grauen weichen Filzhut, den er ins Genick geschoben hatte, saß auf Rogers Bett.

Es war der Fremde, der ihn ansprach: »Kommen Sie herein, Toomey.«

Roger gehorchte. »Was geht hier vor?«

Der Fremde öffnete seine Brieftasche und zeigte Roger die mit einem Zellophanfenster versehene Hälfte. »Ich bin Cannon vom FBI«, sagte er.

»Sie haben Einfluß bei der Regierung, wie ich sehe, Professor Deering«, sagte Roger.

»Ein wenig«, sagte Deering.

146

»Nun«, sagte Roger, »stehe ich jetzt unter Arrest? Was habe ich verbrochen?«

»Nun mal sachte«, sagte Cannon. »Wir haben ein paar Informationen über Sie gesammelt, Toomey. Ist das Ihre Unterschrift?«

Er hielt einen Brief so weit von sich weg, daß Roger ihn lesen, aber nicht an sich reißen konnte. Das war der Brief, den Roger an Deering geschrieben und der dann mit dessen Schreiben in Mortons Hände gelangt war.

»Ja«, sagte Roger.

»Wie steht es mit diesem?« Der FBI-Agent hatte ein ganzes Bündel von Briefen.

Roger stellte fest, daß der Agent alle Briefe eingesammelt haben mußte, die er verschickt hatte, bis auf jene, die zerrissen worden waren.

»Sie stammen alle von mir«, sagte er müde.

Deering schnaubte.

»Professor Deering setzte uns davon in Kenntnis, daß Sie schweben können«, sagte Cannon.

»Schweben? Was zum Kuckuck, meinen Sie mit schweben?«

»In der Luft schweben«, erwiderte Cannon unbeeindruckt.

»Glauben Sie so einen Blödsinn?«

»Ich bin nicht hier, um zu glauben oder nicht zu glauben, Dr. Toomey«, sagte Cannon. »Ich bin ein Agent der Regierung der Vereinigten Staaten, und ich habe einen Auftrag auszuführen. Ich würde, wenn ich Sie wäre, nicht so verstockt sein.«

»Sie würden an meiner Stelle nicht so verstockt sein? Ich möchte Sie sehen, wenn ich zu Ihnen käme und Ihnen sagte, Professor Deering könnte in der Luft schweben. Sie würden im Handumdrehen dafür sorgen, daß ich flach läge! Auf der Couch eines Psychiaters!«

»Professor Deering wurde bereits auf seinen Wunsch psychiatrisch untersucht«, sagte Cannon. »Die Regierung pflegt jedoch schon seit einer Reihe von Jahren sehr genau hinzuhören, wenn Professor Deering etwas sagt. Zudem dürfen Sie gern wissen, daß wir auch noch andere Beweise besitzen.«

»Zum Beispiel?«

»Eine Gruppe von Studenten an Ihrem College hat Sie schweben gesehen. Desgleichen eine Frau, die als Sekretärin Ihres Abteilungsleiters angestellt war. Wir haben von all diesen Leuten eine Stellungnahme.«

»Was für eine Art von Stellungnahme?« forschte Roger. »Etwas Vernünftiges, daß Sie daraus gern ein Protokoll machen und es einem Kongreßabgeordneten zeigen würden?«

Professor Deering unterbrach ihn ängstlich: »Dr. Toomey, was gewinnen Sie dabei, wenn Sie die Tatsache bestreiten, daß Sie schweben können? Ihr eigener Dekan räumt ein, daß Sie etwas Derartiges getan haben. Er hat mir aufgetragen, Ihnen mitzuteilen, daß Sie am

Ende des akademischen Jahres offiziell aus dem Lehrkörper ausscheiden. Wegen nichts tut er doch so etwas nicht.«

»Das tut hier nichts zur Sache«, sagte Roger.

»Aber warum wollen Sie nicht zugeben, daß ich sah, wie Sie schwebten?«

»Warum sollte ich?«

»Ich möchte Sie darauf hinweisen, Dr. Toomey«, sagte Cannon, »daß es eine Sache von großer Wichtigkeit für die Regierung wäre, wenn Sie eine Vorrichtung besitzen, mit der Sie die Schwerkraft aufheben können.«

»Tatsächlich? Ich nehme an, Sie haben bereits meine Vergangenheit und mein Umfeld durchleuchtet, ob ich vielleicht ein Sicherheitsrisiko bin.«

»Diese Ermittlungen«, sagte der Agent, »sind noch im Gang.«

»Also schön«, erwiderte Roger, »gesetzt den Fall, ich gebe zu, ich könnte schweben. Nehmen wir an, ich wüßte nicht, wie ich das anstelle. Nehmen wir an, ich hätte der Regierung nichts zu geben außer meinen Körper und ein unlösbares Problem.«

»Woher wissen Sie denn, daß es unlösbar ist?« fragte Deering begierig.

»Ich habe Sie schon einmal gebeten, so ein Phänomen zu untersuchen«, wies ihn Roger mild zurecht. »Sie weigerten sich.«

»Vergessen Sie das. Hören Sie«, Deering sprach rasch, beschwörend, »Sie haben zur Zeit keine Stellung. Ich kann Ihnen in meiner Abteilung eine Honorarprofessur der Physik anbieten. Ihre Lehramtspflichten stünden nur auf dem Papier. Sie machen einen Full-Time-Job aus Ihrer Levitations-Forschung. Was sagen Sie dazu?«

»Das klingt nicht übel«, sagte Roger.

»Ich glaube, ich darf sogar so weit gehen, Ihnen ein unbegrenztes Regierungs-Budget für diese Aufgabe zu versprechen.«

»Was habe ich zu tun? Muß ich nur zugeben, daß ich schweben kann?«

»Ich weiß, daß Sie es können. Ich sah Sie. Ich möchte, daß Sie es jetzt auch für Mr. Cannon tun.«

Rogers Beine bewegten sich nach oben, und sein Körper streckte sich in der Höhe von Cannons Kopf waagerecht aus. Er drehte sich auf die Seite und schien sich auf seinen rechten Ellenbogen zu stützen. Cannons Hut kollerte auf das Bett.

»Er schwebt!« brüllte er.

Deering konnte vor Aufregung kaum zusammenhängend sprechen: »Sehen Sie es, Mann?«

»Und ob ich etwas sehe!«

»Dann berichten Sie es. Schreiben Sie es sofort in Ihren Bericht, hören Sie? Machen Sie ein regelrechtes Protokoll daraus. Die werden sich hüten, zu sagen, ich hätte nicht mehr alle Tassen im Schrank!

Ich zweifelte keine Sekunde daran, daß ich es gesehen habe.«

Aber wenn das tatsächlich so gewesen wäre, wäre er jetzt nicht so aus dem Häuschen geraten.

»Ich weiß nicht einmal, was mich für ein Wetter in Seattle erwartet«, jammerte Jane, »und ich habe noch so viele Dinge zu erledigen.«

»Brauchst du Hilfe?« erkundigte sich Jim Sarle aus seiner bequemen Sitzposition in der Tiefe eines Lehnstuhls.

»Da ist nichts, was du tun könntest. O je, o je.« Und sie entschwebte wieder aus dem Zimmer, doch im Gegensatz zu ihrem Ehemann tat sie das nur in übertragenem Sinn.

Roger Toomey kam herein. »Jane, haben wir die Kisten für die Bücher? Hallo, Jim. Wann bist du denn gekommen? Und wo steckt Jane?«

»Ich kam erst vor einer Minute, und Jane ist im Nebenzimmer. Ich mußte an einem Polizisten vorbei, um ins Haus zu gelangen. Mann, die haben dich ganz schön abgeschirmt.«

»Hm-m-m, ja«, sagte Roger geistesabwesend. »Ich habe ihnen von dir erzählt.«

»Das weiß ich bereits. Ich wurde zur Geheimhaltung verpflichtet. Ich sagte ihnen, das wäre doppelt gemoppelt, weil die Angelegenheit unter meine ärztliche Schweigepflicht fällt. Warum überläßt du nicht den Umzugsleuten das Packen? Die Regierung bezahlt doch dafür, nicht wahr?«

»Möbelpacker packen nicht richtig«, sagte Jane, die plötzlich wieder hereingestürmt kam und sich auf das Sofa warf. »Ich muß jetzt eine Zigarette rauchen.«

»Komm wieder auf den Teppich runter, Roger«, sagte Sarle, »und berichte, was passiert ist.«

Roger lächelte verstohlen. »Deinem Rat folgend, Jim, hörte ich auf, über das falsche Problem nachzudenken, und wendete mich dem richtigen zu. Es schien mir so, als gäbe es für mich nur eine ausweglose Alternative: Ich war entweder ein Betrüger oder ein Verrückter. So kraß hatte es Deering bereits in seinem Brief an Morton ausgedrückt. Der Dekan hielt mich für einen Scharlatan, und Morton zweifelte an meinem Verstand.

Aber angenommen, ich zeigte ihnen, daß ich mich tatsächlich in einen schwerelosen Zustand versetzen konnte. Nun, Morton sagte mir, was in diesem Fall passieren würde. Entweder wäre ich ein Betrüger, oder der *Augenzeuge* wäre verrückt. Um Morton zu zitieren — er sagte, wenn er mich fliegen sähe, würde er seinen Augen nicht trauen, sondern sich lieber für verrückt halten. Natürlich war das nur rhetorisch gemeint. Niemand würde an seine eigene Unzurechnungsfähigkeit glauben, solange es nur den kleinsten Beweis für das Gegenteil gibt. Darauf baute ich.

Also änderte ich meine Taktik. Ich besuchte Deerings Seminar. Ich *sagte* ihm nicht, daß ich schweben könnte; ich zeigte es ihm, *und dann stritt ich ab, daß ich es getan hätte.* Die Alternative war klar. Entweder log ich, oder er — ich betone, nicht ich, sondern *er* — war verrückt. Gar keine Frage, daß er lieber an mein Levitationsvermögen glauben als an seinem Verstand zweifeln würde, wenn ich ihn ernsthaft auf die Probe stellte. Alles, was er danach anstellte — seine Einschüchterungsversuche, seine Reise nach Washington, sein Angebot einer Professur — zielte nur darauf ab, seinen gesunden Menschenverstand zu retten, nicht meine Existenz.«

»Mit anderen Worten«, sagte Sarle, »du hast dein Levitationsvermögen nicht zu deinem, sondern zu seinem Problem gemacht.«

»Schwebte dir nicht so etwas Ähnliches vor, als wir uns aussprachen, Jim?« fragte Roger.

Sarle schüttelte den Kopf. »Ich hatte vage Vorstellungen; aber ein Mensch muß seine Probleme selbst lösen, wenn sie erfolgreich gelöst werden sollen. Glaubst du, daß sie jetzt das Prinzip der Levitation ergründen werden?«

»Ich weiß nicht, Jim. Ich kann immer noch nicht die subjektiven Aspekte dieses Phänomens vermitteln. Aber das spielt jetzt keine Rolle. Wir werden sie untersuchen, und das zählt.« Er schlug mit der zur Faust geballten rechten Hand gegen die Handfläche der linken. »Und was mich betrifft, zählt vor allem, daß ich sie zwang, mir zu helfen.«

»Tatsächlich?« entgegnete Sarle sanft. »Ich würde sagen, der wesentliche Punkt ist, daß du ihnen erlaubtest, *dir* zu helfen, was natürlich ein wesentlicher Unterschied ist.«

10

Euklids fünftes Postulat

Mathematik steht, wie es scheint, immer einen Schritt über den anderen Wissenschaften, die zu einem großen Teil induktiver Natur sind — man beobachtet, und aus den Beobachtungen werden allgemeine Regeln abgeleitet. In der Mathematik dagegen werden Konsequenzen aus zuerst festgelegten Grundlagen abgeleitet, ein Verfahren, das überlegener und sicherer scheint.

Was aber geschieht, wenn die ersten Grundlagen falsch sind? Der Schock dieser Entdeckung wirkt viel erschütternder als die Feststellung, daß eine Beobachtung falsch interpretiert wurde. Ich füge hier zwei Essays an, die das demonstrieren sollen.

Manche meiner Artikel lösen mehr Kommentare von seiten meiner Leser aus als andere. Besonders eindrucksvoll in dieser Hinsicht war ein Artikel, in dem ich einmal die Wissenschaftler aufgeführt habe, die nach meiner Ansicht zur höchsten Kategorie gehören, und dem ich am Schluß eine persönliche Liste mit den zehn größten Wissenschaftlern aller Zeiten beigab.

Selbstverständlich erhielt ich Briefe, die sich mit der Auslassung des einen oder anderen unter den Zehn beschäftigten und sich zugunsten anderer einsetzten, und selbst heute, siebeneinhalb Jahre nach Erscheinen des Artikels, treffen noch solche Briefe ein. Für gewöhnlich antworte ich mit der Erklärung, daß Einschätzungen über die zehn größten Wissenschaftler (immer mit Ausnahme von Isaac Newton, über den es vernünftigerweise keine gegenteilige Ansicht geben kann) weitgehend subjektiver Natur sind und sich darüber nicht streiten läßt.

Vor kurzem erreichte mich ein Brief von einem Leser, der die Meinung vertrat, Archimedes, der unter meinen Zehn aufgeführt war, sollte durch Euklid ersetzt werden, der in meiner Liste nicht vertreten war. Ich antwortete ihm in meiner gewohnten versöhnlichen Weise, führte dann aber aus, daß Euklid ›lediglich ein Systematiker‹ gewesen sei, während Archimedes bedeutende Fortschritte in Physik und Mathematik bewirkt habe. Später rührte sich jedoch mein Gewissen. Ich blieb zwar immer noch bei meiner Meinung, daß Archimedes gegenüber Euklid der höhere Rang zukomme, doch der Ausdruck ›lediglich ein Systematiker‹ störte mich. Bei einem Systematiker ist nicht unbedingt ein abwertendes ›lediglich‹ angebracht.*

---

* Manchmal schon. Bei meinen Sachschriften bin ich ›lediglich‹ ein Systematiker. — Nur für den Fall, daß Sie mich *immer* für unbescheiden halten.

Vor Euklid (dessen Höhepunkt um 300 v. Chr. lag) hatten sich griechische Geometer bemüht, den einen oder anderen geometrischen Lehrsatz zu beweisen, und eine große Anzahl davon war erarbeitet worden.

Euklids Leistung bestand nun darin, all das in ein System gebracht zu haben. Er begann mit bestimmten Definitionen und Annahmen und benutzte sie dann, um einige Lehrsätze zu beweisen. Unter Anwendung dieser Definitionen und Annahmen, zusammen mit den wenigen Lehrsätzen, die er bereits unter Beweis gestellt hatte, bewies er weitere Lehrsätze und so fort.

Er war, soweit wir wissen, der erste, der ein ausgefeiltes mathematisches System errichtete, auf der ausdrücklichen Annahme, es sei nutzlos, *alles* zu beweisen; vielmehr sei es von wesentlicher Bedeutung, den Anfang mit etwas zu machen, was nicht bewiesen ist, aber ohne Beweis akzeptiert werden kann, weil es die Intuition zufriedenstellt. Solche intuitiven Annahmen ohne Beweis nennt man ›Axiome‹.

Das war allein schon ein großer intellektueller Fortschritt, doch Euklid leistete noch mehr — er wählte *gute* Axiome.

Um zu erkennen, was das bedeutet, soll einmal von der Annahme ausgegangen werden, daß man eine vollständige Liste mit Axiomen haben will, das heißt, sie sollen ausreichen, um alle für das zu untersuchende Wissensgebiet nützlichen Lehrsätze zu beweisen. Auf der anderen Seite sollen sie aber auch nicht zu reichhaltig ausfallen. Es wird keineswegs verlangt, daß alle diese Lehrsätze beweisbar sein müssen, auch nicht, nachdem man das eine oder andere Axiom durch Anwendung der verbleibenden ›außer Gefecht‹ gesetzt hat. Es kommt vielmehr darauf an, daß die Axiome Bestand haben und nicht mit einzelnen Axiomen das Gegenteil von anderen behauptet wird.

Mehr als zweitausend Jahre lang bestand Euklids axiomatisches System seine Prüfung. Niemand hielt es für nötig, ein weiteres Axiom hinzuzufügen, und niemand war je in der Lage, eines zu eliminieren oder in wesentlichen Dingen zu ändern — ein Umstand, der Euklids Urteil ein gutes Zeugnis ausstellt.

Gegen Ende des neunzehnten Jahrhunderts jedoch, als sich die Vorstellungen von mathematischer Exaktheit verhärteten, erkannte man, daß im Euklidschen System viele stillschweigende Annahmen verborgen waren, das heißt, Annahmen, von denen Euklid nicht ausdrücklich erwähnte, daß er sie gemacht hatte und daß alle seine Leser sie ebenfalls trafen, anscheinend auch, ohne ausdrücklich davon zu sprechen.

So gibt es beispielsweise unter seinen frühen Lehrsätzen mehrere, die zwei Rechtecke als deckungsgleich (gleich in Größe und Form) zeigen, und zwar durch eine Beweiskette, die den Menschen die Vorstellung abverlangt, ein Dreieck werde im Raum bewegt und würde sich so dem anderen überlagern. Das setzt jedoch voraus, daß eine geometrische Figur bei ihrer Bewegung ihre Größe und Form nicht verändert.

Natürlich tut sie das nicht, werden Sie jetzt sagen. Nun, Sie nehmen es jedenfalls an, und auch ich nehme es an, und Euklid nahm es ebenfalls an — aber Euklid sprach diese Annahme nie aus.

Des weiteren nahm Euklid an, daß sich eine Gerade in beiden Richtungen unendlich weit ausdehnen kann — aber er sagte niemals, daß er von dieser Annahme ausging.

Überdies zog er nie in Betracht, daß so wichtige grundlegende Eigenschaften wie die *Reihenfolge* von Punkten in einer Linie und einige seiner Grunddefinitionen unzureichend wären, um —

Stören Sie sich nicht daran. Im vergangenen Jahrhundert wurde die Euklidsche Geometrie auf eine Grundlage äußerster Exaktheit gestellt. Das bedeutete zwar, daß das System von Axiomen und Definitionen verändert wurde, doch Euklids Geometrie blieb gleich. Es hieß einfach nur, daß Euklids Axiome und Definitionen zusammen mit seinen nicht ausdrücklich formulierten Annahmen durchaus hinreichten.

Wir wollen uns Euklids Axiome nun einmal näher ansehen. Es waren zehn, die er in zwei Gruppen zu je fünf einteilte. Eine Fünfergruppe wurde ›allgemeine Begriffe‹ genannt, da diese Axiome für alle Wissenschaftszweige galten:

1. Dinge, die mit derselben Sache übereinstimmen, sind auch untereinander gleich.
2. Wenn Gleiches zu Gleichem addiert wird, sind die Summen gleich.
3. Wenn Gleiches von Gleichem subtrahiert wird, sind die Reste gleich.
4. Dinge, die einander genau entsprechen, sind miteinander gleich.
5. Das Ganze ist mehr als die Summe seiner Teile.

Diese ›allgemeinen Begriffe‹ scheinen so allgemein, so offenkundig, intuitiv so unmittelbar einsichtig zu sein und keinem Widerspruch zu unterliegen, daß sie offenbar die absolute Wahrheit darstellen. Sie erwecken den Eindruck, daß ein Mensch sie erfassen kann, sobald er nur das Licht der Vernunft entwickelt hat. Ohne je in irgendeiner Weise das Universum spüren zu müssen, würde er, selbst wenn er nur in der erleuchteten Dunkelheit seines Geistes lebt, erkennen, daß Dinge, die mit etwas völlig übereinstimmen, auch untereinander völlig gleich sind, und so weiter.

Er könnte dann mit Hilfe der Axiome Euklids alle Lehrsätze der Geometrie und damit die grundlegenden Eigenschaften des Universums aus den ersten Grundsätzen heraus ableiten, ohne irgendwelche weiteren Betrachtungen darüber anstellen zu müssen.

Die Griechen waren so fasziniert von der Vorstellung, alles mathematische Wissen entspringe dem Inneren, daß sie einen wichtigen Antrieb preisgaben, der sie zur Entwicklung einer experimentellen Wissenschaft hätten führen können. Es gab auch unter ihnen schon

Experimentatoren, vor allem Ktesibios von Alexandrien und Hero, doch ihr Werk wurde von den griechischen Gelehrten eher als eine Art Handwerk angesehen und weniger als der Wissenschaft zugehörig gewertet.

In einem von Platons Dialogen stellt Sokrates einem Sklaven bestimmte Fragen über ein geometrisches Diagramm und läßt ihn mit der Antwort einen Lehrsatz beweisen. Das war Sokrates' Methode, zu zeigen, daß selbst ein äußerst ungebildeter Mensch die Wahrheit in sich selbst zu finden vermag. Dessen ungeachtet brauchte es jedoch einen außergewöhnlich klugen Mann wie Sokrates, um die Fragen zu stellen, und der Sklave war auch keineswegs ungebildet, denn allein dadurch, daß er schon viele Jahre lang lebte und Dinge um sich herum wahrnahm, hatte er gelernt, durch Beobachtung und Beispiel viele Annahmen zu treffen. Doch weder er selbst noch (anscheinend) Sokrates waren sich dessen bewußt.

Noch um 1800 vertraten einflußreiche Philosophen wie Immanuel Kant die Meinung, daß Euklids Axiome die absolute Wahrheit darstellten.

Aber trifft das wirklich zu? Anders gefragt: Würde jemand die Feststellung, daß ›das Ganze mehr ist als die Summe seiner Teile‹ in Frage stellen? Haben wir, da doch 10 in 6 + 4 aufgespalten werden kann, nicht völlig recht mit der Annahme, daß 10 mehr ist als 6 oder 4? Wenn ein Astronaut eine Raumkapsel betritt, stimmt es dann nicht, daß das Volumen der Kapsel größer ist als das Volumen des Astronauten? Wie könnten wir die allgemeine Wahrheit des Axioms in Zweifel ziehen?

Nun, jede Reihe aufeinanderfolgender Zahlen kann in gerade und ungerade Zahlen geteilt werden, wobei die Gesamtsumme aller vorhandenen Zahlen größer sein muß als die Gesamtsumme der geraden Zahlen. Doch wenn wir uns eine *unendliche* Liste von aufeinanderfolgenden Zahlen vorstellen, so zeigt sich, daß die Gesamtsumme aller Zahlen gleich der Gesamtsumme aller geraden Zahlen ist. In der sogenannten ›transfinitiven Mathematik‹ trifft das Axiom, demzufolge das Ganze mehr ist als die Summe seiner Teile, einfach nicht zu.

Nehmen wir ferner an, daß zwei Autos zwischen den Punkten A und B auf identischen Fahrtstrecken unterwegs sind. Die beiden Straßen stimmen überein. Sind sie nun gleich? Nicht unbedingt. Das erste Auto fuhr von A nach B, das zweite von B nach A. Mit anderen Worten, zwei Linien können übereinstimmen und doch ungleich sein, weil die Richtung der einen sich von der Richtung der anderen unterscheiden kann.

Ist das nur einfach so dahergeredet? Kann man behaupten, eine Linie habe eine Richtung? Ja, man kann. Eine Linie mit einer Richtung ist ein ›Vektor‹, und in der ›Vektormathematik‹ gelten etwas andere Regeln als in der gewöhnlichen Mathematik; da können Dinge übereinstimmen und trotzdem nicht gleich sein.

Daraus ergibt sich kurz gesagt, daß Axiome *keine* Beispiele für absolute Wahrheit sind, und wahrscheinlich gibt es in der Wissenschaft überhaupt keine absolute Wahrheit. Die Axiome Euklids sind nicht deshalb Axiome, weil sie aus einer inneren Erleuchtung als absolute Wahrheit erscheinen, sondern nur deshalb, weil sie im Zusammenhang mit der Realität der Welt offensichtlich wahr sind.

Dies ist auch der Grund, warum die von Euklids Axiomen abgeleiteten geometrischen Lehrsätze dem zu entsprechen scheinen, was wir Wirklichkeit nennen. Von ihr *nahmen sie ihren Ausgang.*

Man kann mit jedem beliebigen Satz von Axiomen beginnen, sofern sie nicht einen Widerspruch in sich selbst bilden, und ein System von Lehrsätzen entwickeln, die mit diesen und anderen Axiomen in Einklang stehen, selbst wenn sie *nicht* mit dem übereinstimmen, was wir die reale Welt nennen. Damit wird die ›willkürliche Mathematik‹ nicht weniger ›wahr‹ als diejenige, die ihren Ausgang von den Axiomen Euklids nahm, sondern vielleicht nur weniger nützlich. Eine ›willkürliche Mathematik‹ kann in bestimmten Spezialgebieten wie der transfiniten oder der Vektormathematik sogar *mehr* von Nutzen sein als die gewöhnliche ›vernünftige‹ Mathematik.

Selbst wenn dem so ist, dürfen wir nicht ›nützlich‹ mit ›wahr‹ verwechseln. Auch in dem Fall, wo ein axiomatisches System so bizarr ist, daß es in keinem erkennbaren praktischen Sinn angewandt werden kann, können wir nichts darüber aussagen, ob es nun ›wahr‹ ist oder nicht. Alles, was wir von einem Denksystem verlangen dürfen, ist seine Folgerichtigkeit. ›Wahrheit‹ und ›Wirklichkeit‹ sind theologische, nicht wissenschaftliche Begriffe.

Aber zurück zu Euklids Axiomen. Bis jetzt habe ich nur die fünf ›allgemeinen Begriffe‹ aufgeführt. Es gab noch fünf weitere Axiome auf der Liste, die speziell auf die Geometrie anzuwenden waren; sie wurden später ›Postulate‹ genannt. Das erste dieser Postulate lautete:

1. Es ist möglich, eine Gerade von einem Punkt zu jedem beliebigen anderen Punkt zu ziehen.

Das scheint in hohem Maße akzeptabel zu sein, aber sind Sie sich dessen auch sicher? Können Sie beweisen, daß Sie in der Lage sind, eine Linie von der Erde zur Sonne zu ziehen? Nur wenn Sie irgendwie sicher auf der Sonne stehen und die Erde bewegungslos in ihrer Bahn halten, eine Schnur von der Erde zur Sonne spannen und sie vollkommen straff halten könnten, würde diese Schnur eine Gerade von der Erde zur Sonne bilden. Sie sind sich sicher, daß dies ein vernünftiges ›Gedankenexperiment‹ ist, und ich bin es auch, aber wir können nur *annehmen,* daß die Dinge sich so verhalten. Wir können sie niemals demonstrieren oder mathematisch beweisen.

Und was ist, nebenbei gefragt, eigentlich eine Gerade? Ich habe soeben die Annahme aufgestellt, daß eine absolut straff gezogene

Schnur eine Form bildet, die wir als gerade Linie erkennen würden. Doch was ist das für eine Form? Wir können es nicht besser ausdrücken als so: ›Eine gerade Linie ist etwas ganz, ganz Dünnes und ganz, ganz Gerades‹, oder, um es mit den etwas veränderten Worten von Gertrude Stein zu sagen:

›Eine Gerade ist eine Gerade ist eine Gerade . . .‹

Euklid definiert eine Gerade als ›eine Linie, die sich gleichmäßig erstreckt, wobei die Punkte auf ihr selbst liegen‹, doch ich wüßte nicht, wie ich einem Studenten, der mit dem Studium der Geometrie beginnt, erklären sollte, was das bedeutet.

Eine andere Definition lautet: Eine Gerade ist der kürzeste Abstand zwischen zwei Punkten.

Wenn eine Schnur absolut straff gezogen wird, kann sie von dem Punkt am einen Ende bis zum Punkt am anderen Ende keinen kürzeren Abstand haben; wenn wir also sagen, eine Gerade sei die kürzeste Entfernung zwischen zwei Punkten, ist es dasselbe, als wenn wir sagen, sie habe die Form einer absolut straffgespannten Schnur. Doch da bleibt immer noch die Frage: »Und welche Form ist das?«

In der modernen Geometrie werden gerade Linien überhaupt nicht definiert. Im wesentlichen wird folgendes ausgesagt: Es soll etwas als Linie bezeichnet werden, wenn es in Verbindung mit anderen nicht definierten Begriffen wie ›Punkt‹, ›Ebene‹, ›zwischen‹, ›kontinuierlich‹ und so weiter folgende Eigenschaften aufweist. Diese Eigenschaften werden dann aufgeführt.

Aber wie dem auch sei, wir wollen uns den übrigen Postulaten Euklids zuwenden:

2. Eine endliche Gerade kann kontinuierlich in einer Geraden fortgesetzt werden.
3. Ein Kreis kann beschrieben werden mit jedem Punkt als Mittelpunkt und jedem Abstand als Radius.
4. Alle rechten Winkel sind gleich.
5. Wenn eine Gerade zwei Geraden trifft und mit ihnen auf derselben Seite innere Winkel bildet, deren Summe kleiner ist als zwei rechte Winkel, dann treffen sich die beiden Geraden, wenn man sie auf dieser Seite verlängert.

Ich schätze, daß Ihnen sofort etwas aufgefallen ist. Unter allen zehn Axiomen des Euklid ist nur eins — das fünfte Postulat — ein langer Stolpersatz, und nur eines, das fünfte Postulat, ist nicht auf Anhieb zu begreifen.

Sagen Sie einem intelligenten Menschen, der Arithmetik studiert und von Geraden und Kreisen schon einmal gehört hat, die zehn Axiome eins nach dem anderen vor und geben Sie ihm einen Augenblick Zeit zum Nachdenken, so wird er bei den ersten vier sagen:

»Natürlich!« Dann rezitieren Sie das fünfte Postulat; die Reaktion wird sicherlich sein: »Wie?«

Erst nach langer Zeit wird er begreifen, worum es sich handelt. Ich selbst würde keine Erklärung versuchen, ohne ein Diagramm wie das auf der nächsten Seite zu haben.

Sehen Sie sich zwei der durchgezogenen Linien in dem Diagramm an, nämlich die von Punkt C nach Punkt D durch Punkt M (nennen Sie das die Gerade CD nach den beiden Endpunkten) und die durch die Punkte G, L und H führende (Gerade GH). Eine dritte Linie, die durch die Punkte A, L, M und B läuft (Gerade AB), schneidet die beiden Geraden GH und CD und bildet mit ihnen Winkel.

Wenn die Gerade CD als vollkommen waagerecht und die Gerade AB als vollkommen senkrecht angenommen wird, dann sind die vier Winkel, die bei der Kreuzung der beiden Linien (die Winkel CMB, BMD, DML und LMC) entstehen, rechte Winkel; sie sind nach Postulat vier alle gleich. Besonders zu beachten sind nun die Winkel DML und LMC, die ich in dem Diagramm als 3 und 4 bezeichnet habe — beides rechte Winkel.

(Ich habe mir nicht die Mühe gemacht, ›vollkommen waagerecht‹, ›vollkommen senkrecht‹ oder ›schneidet‹ zu definieren oder zu erklären, warum die Kreuzung einer vollkommen waagerechten Geraden mit einer vollkommen senkrechten Geraden vier rechte Winkel bildet, aber ich erhebe keinen Anspruch darauf, völlig exakt zu sein. Man kann hier wirklich absolut genau sein, aber nur um den Preis von erheblich mehr Worten, als ich auf diesen Seiten von mir zu geben beabsichtige.)

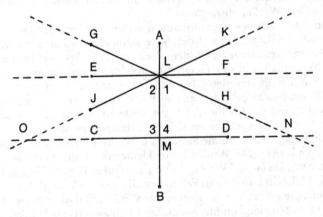

Betrachten Sie nun einmal die Gerade GH. Sie ist *nicht* vollkommen waagerecht. Das bedeutet, daß die Winkel, die sie an ihrem Schnittpunkt mit der Geraden AB bildet, keine rechten Winkel und auch nicht alle gleich sind. Es läßt sich beweisen, daß die Winkel ALH und GLB gleich sind, ebenso die Winkel HLB und GLA, daß aber nicht jeder Winkel des ersten Paares gleich ist mit jedem Winkel des zweiten Paares. Insbesondere der Winkel GLB (mit 2 bezeichnet) ist nicht gleich dem Winkel HLB (mit 1 bezeichnet).

Angenommen wir ziehen eine durch L führende Linie EF, und diese Linie EF ist wie die Gerade CD vollkommen waagerecht. In diesem Fall bildet sie vier rechte Winkel an ihrem Schnittpunkt mit der Linie AB. Insbesondere die Winkel FLB und ELB sind rechte Winkel. Doch der Winkel HLB ist in dem Winkel FLB enthalten, wobei Raum übrigbleibt. Da der Winkel HLB nur ein Teil von FLB und der letztere ein rechter Winkel ist, ist der Winkel HLB (Winkel 1) nach dem fünften ›allgemeinen Begriff‹ kleiner als ein rechter Winkel.

Vergleicht man auf dieselbe Weise den Winkel ELB, den wir als rechten Winkel erkennen, mit dem Winkel GLB (Winkel 2), läßt sich zeigen, daß der Winkel 2 größer ist als ein rechter Winkel.

Die ›inneren Winkel‹ des Diagramms sind die Winkel auf der Seite der Geraden GH, die der Geraden CD zugewandt ist, und die Winkel auf der Seite der Geraden CD, die der Geraden GH zugewandt ist. Mit anderen Worten, es handelt sich um die Winkel, 1, 2, 3 und 4.

Das fünfte Postulat spricht von ›den inneren Winkeln auf derselben Seite‹ das heißt, 1 und 4 auf der einen und 2 und 3 auf der anderen Seite. Da wir wissen, daß 3 und 4 rechte Winkel sind, daß 1 kleiner als ein rechter Winkel und 2 größer als ein rechter Winkel ist, können wir sagen, daß die inneren Winkel auf einer Seite, nämlich 1 und 4, eine Summe haben, die weniger als zwei rechte Winkel beträgt, während die Summe der inneren Winkel auf der anderen Seite mehr als zwei rechte Winkel ausmacht.

Das fünfte Postulat sagt nun aus, daß sich die Geraden GH und CD bei einer Verlängerung auf der Seite schneiden, wo sich die inneren Winkel mit der Summe befinden, die geringer ist als zwei rechte Winkel. Wenn man nun das Diagramm betrachtet, erkennt man tatsächlich, daß sich die Geraden GH und CD bei einer Verlängerung auf beiden Seiten (gestrichelte Linien) an Punkt N auf der Seite der inneren Winkel 1 und 4 schneiden. Auf der anderen Seite entfernen sie sich immer weiter und schneiden sich, wie deutlich zu sehen, nie.

Andererseits läßt sich die Situation umkehren, wenn man die Gerade JK durch L zieht. Der Winkel 2 wäre kleiner, der Winkel 1 größer als ein rechter Winkel (wobei Winkel 2 nun der Winkel JLB und Winkel 1 der Winkel KLB ist). In diesem Fall hätten die inneren Winkel 2 und 3 eine Summe, die geringer ist als zwei rechte Winkel, und die inneren Winkel 1 und 4 hätten eine Summe, die größer ist als zwei rechte Winkel. Wenn man die Geraden JK und CD verlängert (gestrichelte Linien), würden sie sich an Punkt 0 auf der Seite der inneren Winkel 2 und 3 schneiden. Auf der anderen Seite würden sie nur immer weiter divergieren.

Nun, da ich das fünfte Postulat in aller Ausführlichkeit erläutert habe (und selbst das nur auf Kosten einer ziemlichen Ungenauigkeit), sind Sie vielleicht geneigt zu sagen: »O ja, natürlich. Gewiß! Das liegt doch auf der Hand!«

Vielleicht, aber wenn etwas offenkundig ist, sollte es nicht Hunderte von Worten zur Erklärung benötigen. Mit den anderen neun Axiomen brauchte ich mir ja auch nicht solche Mühe zu geben.

Und weiter, wenn ich das fünfte Postulat *erklärt* habe, ist es damit auch *bewiesen?* Nein, ich habe lediglich die Bedeutung der Wörter interpretiert, auf das Diagramm verwiesen und gesagt: »Wenn Sie sich nun das Diagramm betrachten, werden Sie sehen —«

Aber das ist nur *ein* Diagramm, und es befaßt sich mit einer vollkommenen Senkrechten, die zwei Linien kreuzt, von denen eine vollkommen waagerecht ist. Wie steht es nun, wenn keine der Linien senkrecht oder waagerecht ist und keiner der inneren Winkel ein rechter Winkel ist? Das fünfte Postulat soll schließlich für *alle* Geraden gelten, die zwei Geraden treffen, und das habe ich zweifellos nicht unter Beweis gestellt.

Ich kann jetzt eine Million Diagramme aufzeichnen und zeigen, daß das Postulat in jedem speziellen Fall zutrifft, aber das wäre nicht genug. Ich muß auch zeigen, daß es in jedem denkbaren Fall gilt, und das kann nicht mit Diagrammen erfolgen. Ein Diagramm kann nur den ›sichtbaren‹ Beweis liefern; der Beweis selbst muß durch zulässige Logik aus bereits bewiesenen oder angenommenen Voraussetzungen grundlegenderer Art abgeleitet werden. Das habe ich hier unterlassen.

Wir wollen uns nun das fünfte Postulat vom Standpunkt sich bewegender Linien aus ansehen. Angenommen die Linie GH wird so um L als Drehpunkt geschwenkt, daß sie einer Deckung mit der Linie EF immer näher kommt. (Bleibt eine Gerade auch dann noch eine Gerade, wenn sie sich in dieser Weise dreht? Wir können das nur *annehmen.*) Während die Gerade GH sich auf die Linie EF zudreht, bewegt sich der Schnittpunkt mit der Geraden CD (Punkt N) immer weiter nach rechts.

Beginnt man mit der Geraden JK und schwenkt sie so, daß sie nach und nach mit der Geraden EF zusammenfällt, dann würde sich der Schnittpunkt 0 immer weiter nach links bewegen. Wenn Sie das Diagramm betrachten und notfalls einige Markierungen darauf anbringen, können Sie das selbst erkennen.

Sehen wir uns nun die Gerade EF an. Wenn GH soweit geschwenkt wurde, daß sie mit der Geraden EF deckungsgleich wird, können wir sagen, daß der Schnittpunkt N in eine unendliche Entfernung nach rechts gerückt ist (was immer wir unter ›unendlicher Entfernung‹ verstehen); wenn die Gerade JK mit der Geraden EF deckungsgleich wird, ist der Schnittpunkt 0 in eine unendliche Entfernung nach links gerückt. Wir können somit sagen, daß die Geraden EF und CD sich an *zwei* Punkten schneiden, von denen einer in einer unendlichen Entfernung rechts, der andere in einer unendlichen Entfernung links liegt.

Wir wollen die Sache noch von einem anderen Gesichtspunkt aus betrachten. Da die Gerade EF vollkommen waagerecht ist, schneidet sie die Gerade AB unter Bildung von vier gleichen rechten Winkeln. In diesem Falle sind die Winkel 1, 2, 3 und 4 *alle* rechte Winkel und *alle* gleich. Die Winkel 1 und 4 besitzen eine Summe, die zwei rechten Winkeln entspricht, und das gleiche gilt für die Winkel 2 und 3.

Doch das fünfte Postulat besagt, daß der Schnittpunkt auf die Seite fällt, auf der die inneren Winkel eine Summe von *weniger* als zwei rechten Winkeln haben. Im Falle der Geraden EF und CD, die von der Geraden AB geschnitten werden, besitzt kein Paar der inneren Winkel eine Summe, die kleiner ist als zwei rechte Winkel; daher kann es auf keiner Seite einen Schnittpunkt geben.

Wir haben nun durch zwei Gruppen von Argumenten einmal bewiesen, daß die Geraden EF und CD sich an zwei Punkten schneiden, die jeweils in einer unendlichen Entfernung liegen, und zum zweiten, daß die Geraden EF und CD sich überhaupt nicht schneiden. Haben wir da einen Widerspruch in Euklids Axiomen entdeckt?

Der Widerspruch läßt sich mit dem Hinweis ausräumen, daß ein Schnittpunkt im Unendlichen gleichbedeutend ist mit der Aussage, es gebe überhaupt keinen Schnittpunkt. Man kann Dinge auf verschiedene Weise ausdrücken. Wenn wir uns darauf einigen, daß in diesem Falle ›A sagen‹ soviel heißt wie ›B sagen‹, und dabei mit der übrigen Geometrie in Einklang stehen, können wir die Sache auf sich beruhen lassen.

Wir wollen nun sagen, daß zwei Geraden wie etwa EF und CD, die sich bei Verlängerung in *endlicher* Entfernung, auch denn sie noch so groß ist, nicht schneiden, ›parallel‹ sind.

Es gibt eindeutig nur eine einzige durch L führende Linie, die zur Linie CD parallel sein kann, und das ist die Gerade EF. Jede andere durch L führende Linie, die nicht mit der Linie EF zusammenfällt, ist (wenn auch noch so geringfügig) von der Art der Geraden GH oder der Geraden JK mit einem inneren Winkel auf der einen oder anderen Seite, der kleiner ist als ein rechter Winkel. Dieses Argument ist zwar ein Taschenspielerkniff, doch es erlaubt uns, den entscheidenden Punkt zu sehen und zu sagen: *Durch einen Punkt kann man nur eine einzige Gerade ziehen, die zu einer gegebenen Geraden parallel verläuft.*

Diese Feststellung ist dem fünften Postulat von Euklid völlig gleichwertig. Wenn Euklids fünftes Postulat beseitigt und diese Aussage an seine Stelle gesetzt wird, bleibt die Gesamtstruktur der euklidschen Geometrie ohne die geringste Auswirkung erhalten.

Die Version des Postulats, die sich auf Parallelen bezieht, *klingt* klarer und leichter verständlich als die Fassung, wie Euklid sie formulierte, denn selbst ein Anfänger in Geometrie hat eine gewisse Vorstellung davon, wie Parallelen aussehen, während er unter Umständen nicht den leisesten Schimmer hat, worum es sich bei einem inneren Winkel handelt. Deshalb findet man das Postulat in Einführungsbüchern für Geometrie für gewöhnlich in dieser Form dargestellt.

In Wirklichkeit ist es in dieser Form keineswegs einfacher und klarer, denn sobald man versucht, zu erklären, was unter ›parallel‹ zu verstehen ist, stößt man auf die Sache mit den inneren Winkeln. Will man das umgehen, dann taucht das Problem auf, über die Linien von unendlicher Länge sprechen zu müssen und sich darüber auszulassen, warum Schnittpunkte in unendlicher Entfernung gleichbedeutend sind mit dem Fehlen eines Schnittpunktes überhaupt, und das ist noch schlimmer.

Eins muß noch gesagt werden. Die Tatsache, daß ich das fünfte Postulat nicht bewiesen habe, heißt nicht, daß es nicht bewiesen werden kann. Durch eine außerordentlich langatmige, kluge und einfallsreiche Argumentation könnte das fünfte Postulat vielleicht mit Hilfe der vier anderen Postulate und der fünf allgemeinen Begriffe bewiesen werden (oder durch ein weiteres, in dieser Liste nicht enthaltenes Axiom, das jedoch viel einfacher und ›offenkundiger‹ ist als das fünfte Postulat).

Seit zweitausend Jahren versuchen Mathematiker immer wieder, das fünfte Postulat an Hand der anderen Axiome zu beweisen, nur weil dieses verfluchte fünfte Postulat so lang und so wenig eingängig ist, daß die Vorstellung, es könnte ein Axiom sein, ein Ding der Unmöglichkeit zu sein scheint. Sie scheiterten stets, und sie werden ziemlich sicher auch weiterhin scheitern. Das fünfte Postulat ist eben nicht in den anderen Axiomen oder in sonst einer Liste von Axiomen enthalten, die einfacher und in der Geometrie anwendbar wären.

In der Tat kann man argumentieren, das fünfte Postulat sei Euklids größte Errungenschaft. Durch eine bemerkenswerte Inspiration gelangte er zu der Einsicht, daß er mit Hilfe der neun kurzen und eindeutig ›offenkundigen‹ Axiome das fünfte Postulat nicht beweisen, daß er aber auch nicht darauf verzichten konnte und es trotz seiner Länge und Kompliziertheit *in seine Annahmen aufnehmen müsse.*

So stand das fünfte Postulat über zweitausend Jahre hinweg im Raum: lang, sperrig und verwirrend, ein Riß in der Vollkommenheit, ein beständiger Vorwurf gegen eine ansonsten sichere Argumentation. Es brachte die Mathematiker zur Verzweiflung.

Doch dann hatte Girolamo Saccheri, ein italienischer Priester, im Jahre 1733 die brillanteste Erkenntnis in bezug auf das fünfte Postulat seit der Zeit Euklids, nur war er selbst nicht brillant genug, mit dieser Erkenntnis umzugehen —

Aber davon soll der nächste Artikel handeln.

11

Die Wahrheit in der Ebene

Gelegentlich bereitet es mir Probleme, daß ich mich zu sehr in diese wissenschaftlichen Artikel vertiefe, die ich verfasse. So beobachtete ich zum Beispiel einmal einen Tischgenossen, der nach einem unbefriedigenden ersten Bissen etwas Salz auf seinen Teller streute, nochmals probierte und in zufriedenem Ton bemerkte: »So ist's bedeutend besser.«

Ein wenig steif warf ich ein: »Was Sie tatsächlich sagen wollen, ist doch: ›So *finde* ich's entschieden besser.‹ Wenn Sie dagegen lediglich feststellen: ›So ist's viel besser‹, machen Sie die unbewiesene Annahme, daß Essen objektiv besser oder schlechter sein kann, und die weitere Annahme, daß Ihr eigenes subjektives Geschmacksempfinden ein sicherer Maßstab für die objektive Situation ist.«

Ich glaube, es hätte nicht viel gefehlt, und ich hätte den Teller, selbst mit der perfekten Würzung, ins Gesicht bekommen; eigentlich hätte ich es ja auch verdient. Sehen Sie, das Problem lag darin, daß ich kurz zuvor den vorangegangenen Artikel geschrieben hatte und noch innerlich angefüllt war mit dem Thema der Annahmen.

Wir wollen also noch einmal darauf zurückkommen. Das zur Debatte stehende Thema ist Euklids ›fünftes Postulat‹, das ich hier wiederholen will, damit Sie sich das Zurückblättern ersparen können:

> *Wenn eine Gerade zwei Geraden trifft und mit ihnen auf derselben Seite innere Winkel bildet, deren Summe kleiner ist als zwei rechte Winkel, dann treffen sich die beiden Geraden, wenn man sie auf dieser Seite verlängert.*

Alle anderen Axiome Euklids sind denkbar einfach, doch anscheinend erkannte er, daß sein fünftes Postulat, das so kompliziert schien, nicht an Hand der anderen Axiome bewiesen werden konnte und daher selbst als Axiom mit aufgenommen werden mußte.

Nach Euklid versuchten die Mathematiker zweitausend Jahre lang zu beweisen, daß dieser vorschnell aufgegeben habe, und bemühten sich, irgendeine einfallsreiche Methode zu finden, um das fünfte Postulat aus den anderen Axiomen herzuleiten, damit es von der Liste gestrichen werden konnte — und wenn auch nur, weil es zu lang, zu kompliziert und nicht auf Anhieb verständlich genug war, um ein gutes Axiom zu sein.

Ein System, das Problem anzugehen, war die Betrachtung des folgenden Vierecks:

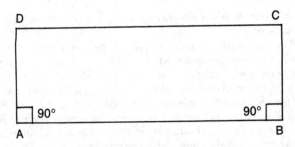

Zwei der Winkel, DAB und ABC, werden bei diesem Viereck als rechte Winkel angegeben, und die Seite AD ist gleich lang wie die Seite BC. Von diesen Fakten ausgehend, kann bewiesen werden, daß die Seite DC gleich der Seite AB ist und daß die Winkel ADC und DCB ebenfalls rechte Winkel sind (womit das Viereck tatsächlich ein Rechteck ist), *wenn* Euklids fünftes Postulat angewandt wird.

Wird Euklids fünftes Postulat *nicht* angewandt, dann läßt sich unter Verwendung der anderen Axiome nur beweisen, daß die Winkel ADC und DCB gleich sind, aber nicht, daß sie in Wirklichkeit rechte Winkel bilden.

Nun ergibt sich das Problem, ob aufgezeigt werden kann, daß sich aus der Tatsache der Gleichheit der beiden Winkel ADC und DCB auch ableiten läßt, daß sie rechte Winkel sind. Wenn das gelänge, dann würde sich aus dieser Tatsache ergeben, daß das Viereck ABCD ein Rechteck ist und daß das fünfte Postulat stimmt. Dieser Beweis wäre dann nur auf der Grundlage der anderen Axiome geführt worden, und es bestünde keine Notwendigkeit mehr, Euklids fünftes Postulat mit aufzuführen.

Ein solcher Versuch wurde zuerst im Mittelalter von Arabern unternommen, bei denen die Traditionen der griechischen Geometrie weitergeführt wurden, während das westliche Europa in Dunkelheit dahindämmerte. Der erste, der dieses Viereck zeichnete und an seinen rechten Winkeln arbeitete, war kein anderer als Omar Khayyam (1050—1123).*

Omar verwies darauf, daß, wenn die Winkel ADC und DCB gleich sind, es drei Möglichkeiten gibt: 1) rechte Winkel, 2) beide sind kleiner als rechte Winkel, also ›spitze‹ Winkel, oder 3) beide sind größer als rechte Winkel, also ›stumpf‹.

Er führte dann eine Argumentation durch, um zu beweisen, daß die Fälle mit den spitzen und den stumpfen Winkeln absurd seien; dabei

---

* Er schrieb kluge Vierzeiler, die Edward Fitzgerald mit noch größerer Klugheit im Jahre 1859 ins Englische übertrug und Omar damit für immer als hedonistischen und agnostischen Dichter bekanntmachte. Man sollte aber darüber nicht vergessen, sich an ihn als einen großen Mathematiker und Astronomen zu erinnern.

ging er von der Annahme aus, daß zwei konvergierende Linien sich treffen müssen.

Gewiß entspricht die Annahme, daß sich zwei konvergierende Linien treffen müssen, dem gesunden Menschenverstand, aber bedauerlicherweise ist nun unabhängig vom gesunden Menschenverstand diese Annahme mathematisch äquivalent zum fünften Postulat von Euklid. Omar Khayyad schloß daher mit dem ›Beweis‹ des fünften Postulats durch die Annahme, daß sie als eine der Voraussetzungen des Beweises stimmte. Ein solches Verfahren ist in der Mathematik unzulässig.

Ein weiterer arabischer Mathematiker, Nasir Eddin al-Tus (1201—74) unternahm einen ähnlichen Versuch mit dem Viereck, benutzte aber eine unterschiedliche und komplizierte Annahme, um die Fälle der spitzen und der stumpfen Winkel auszumerzen. Auch seine Annahme war also mathematisch äquivalent mit Euklids fünftem Postulat.

Das bringt uns zu dem Italiener Girolamo Saccheri (1667—1733), den ich am Schluß meines vorigen Artikels erwähnte. Er war Professor der Mathematik an der Universität von Pisa und zugleich Jesuitenpriester.

Er kannte Nasir Eddins Werk und mühte sich ebenfalls mit dem Viereck ab. Saccheri führte jedoch etwas vollständig Neues ein, ein Verfahren, an das zweitausend Jahre lang im Zusammenhang mit dem fünften Postulat von Euklid niemand gedacht hatte.

Bis dahin hatte man Euklids fünftes Postulat ausgelassen, um zu sehen, was dann geschah, oder man hatte Annahmen gemacht, von denen sich herausstellte, daß sie Euklids fünftem Postulat äquivalent waren. Saccheri begann nun mit der Annahme, das fünfte Postulat von Euklid sei *falsch*, und ersetzte es durch ein anderes, dazu im Widerspruch stehendes Postulat. Seine Absicht war, eine Geometrie auf der Grundlage von Euklids anderen Axiomen zuzüglich dem ›alternativen fünften‹ aufzubauen, bis er auf einen Widerspruch stieß (der beispielsweise bewies, daß ein bestimmter Lehrsatz gleichzeitig wahr *und* falsch war).

Wenn ein Widerspruch erreicht war, würde er den ›alternativen fünften‹ Lehrsatz eliminieren. Wenn auf diese Weise jedes mögliche ›alternative fünfte‹ ausgemerzt war, dann müßte Euklids fünftes Postulat stimmen. Diese Methode, einen Lehrsatz zu beweisen, indem man alle anderen Möglichkeiten ad absurdum führt, ist ein absolut zulässiges mathematisches Verfahren*; Saccheri war auf dem richtigen Weg.

Nach dieser Methode begann Saccheri daher mit der Annahme, daß die Winkel ADC und DCB beide größer als ein rechter Winkel wären. Auf der Grundlage dieser Annahme und aller anderen Axiome Euklids

---

* Dies entspricht der berühmten Maxime von Sherlock Holmes, wenn man das Unmögliche eliminiert habe, müsse das, was übrigbleibt, die Wahrheit sein, auch wenn sie noch so unwahrscheinlich aussehe.

mit Ausnahme des fünften Postulats arbeitete er sich durch das hindurch, was wir die »stumpfwinklige Geometrie« nennen könnten. Rasch stieß er auf einen Widerspruch. Das bedeutete, daß die stumpfe Geometrie falsch sein mußte und daß die Winkel ADC und DCB nicht jeweils größer als ein rechter Winkel sein konnten.

Diese Errungenschaft war von solcher Bedeutung, daß das zuerst von Omar Khayyam in Verbindung mit Euklids fünftem Postulat benutzte Viereck jetzt das ›Saccheri-Viereck‹ genannt wird.

Saccheri, von seiner Erkenntnis beflügelt, nahm nun die ›spitzwinklige Geometrie‹ in Angriff. Er begann mit der Annahme, daß die Winkel ADC und DCB beide kleiner als ein rechter Winkel wären. Er muß sich frohgemut an seine Aufgabe gemacht haben in der Gewißheit, daß er wie im Falle der stumpfwinkligen Geometrie auch in der spitzwinkligen Geometrie bald einen Widerspruch finden werde. Wenn dem so war, dann wäre das fünfte Postulat von Euklid bewiesen, und seine ›rechtwinklige Geometrie‹ brauchte nicht länger eine so unbequeme lange Aussage als Axiom. Während Saccheri in seiner spitzwinkligen Geometrie von Behauptung zu Behauptung schritt, wich das Gefühl der Freude immer mehr einem Gefühl der Unruhe, denn er stieß auf keinerlei Widerspruch. Mehr und mehr sah er sich mit der Möglichkeit konfrontiert, es könnte eine in sich schlüssige Geometrie auf der Grundlage von mindestens einem Axiom geben, das in direktem Widerspruch zu einem Axiom Euklids stand. Das Ergebnis wäre eine nichteuklidische Geometrie, die gegen jeden gesunden Menschenverstand verstöße, in sich aber schlüssig und damit mathematisch gültig wäre.

Einen Augenblick lang schwebte Saccheri am Rande der mathematischen Unsterblichkeit und — scheute zurück.

Er konnte einfach nicht! Die Vorstellung, eine nichteuklidische Geometrie zu akzeptieren, hätte zuviel Mut verlangt. Die Gelehrten waren in einem solchen Maße dem Irrtum aufgesessen, die Geometrie Euklids mit der absoluten Wahrheit zu verwechseln, daß jede Widerlegung Euklids die Intellektuellen Europas zutiefst verstört hätte. Zweifel an Euklid bedeuteten Zweifel an der Wahrheit, und wenn man bei Euklid keine absolute Wahrheit finden konnte, mußte man daraus nicht schließen, daß es gar keine absolute Wahrheit gab? Da nun die Religion am nachhaltigsten den Anspruch absoluter Wahrheit vertrat, war dann nicht der Angriff auf Euklid ein Angriff auf Gott?

Saccheri war gewiß ein ungemein fähiger Mathematiker, doch er war auch Jesuitenpriester und ein menschliches Wesen, und so verließ ihn der Mut, und er beging die große Verweigerung*. Als er mit seiner allmählichen Ausarbeitung der spitzwinkligen Geometrie bis zu dem Punkt gelangt war, an dem er nicht mehr weitermachen konnte, redete

---

* Ich mache ihm keinen Vorwurf daraus. An seiner Stelle hätte ich ohne Zweifel genauso gehandelt. Es ist eben nur jammerschade.

er sich ein, er habe eine Unvereinbarkeit entdeckt, was in Wirklichkeit nicht der Fall war, und zog erleichtert den Schluß, er habe Euklids fünftes Postulat bewiesen. 1733 veröffentlichte er ein Buch über seine Entdeckungen mit dem Titel ›Euclides ab omni naevo vindicatus‹ (Euklid von jedem Fehler freigesprochen). Im gleichen Jahr starb er.

Durch seine Verleugnung verlor Saccheri die wissenschaftliche Unsterblichkeit und entschied sich statt dessen dafür, dem Vergessen anheimzufallen. Sein Buch blieb praktisch unbeachtet, bis ein späterer italienischer Mathematiker, Eugenio Beltrami (1835—1900), zu einer Zeit, als Saccheris Versagen durch andere wieder ausgebügelt worden war, die Aufmerksamkeit darauf lenkte. Wir aber wissen von Saccheri, daß er schon hundert Jahre vor anderen seinen Finger auf eine bedeutsame mathematische Entdeckung legte, ihm jedoch der Mut gefehlt hatte, die Sache weiter durchzuziehen.

Wir wollen nun ein Jahrhundert überspringen und uns mit dem deutschen Mathematiker Karl F. Gauss (1777—1855) beschäftigen. Von Gauss läßt sich ohne weiteres sagen, daß er der größte Mathematiker war, der je gelebt hat. Schon als junger Mann setzte er Europa und die wissenschaftliche Welt durch seine Brillanz in Erstaunen.

Er befaßte sich um 1815 mit Euklids fünftem Postulat und kam zum gleichen Schluß wie Euklid selbst — daß das fünfte Postulat zu einem Axiom gemacht werden *mußte*, weil es aus den anderen Axiomen zu beweisen war. Gauss zog ferner jenen Schluß, vor dem Saccheri zurückgescheut war, daß es nämlich widerspruchsfreie, nichteuklidische Geometrien gab, in denen ein anderes Axiom an die Stelle des fünften Postulats trat.

Auch er besaß nicht den Mut, seine Erkenntnisse zu veröffentlichen. Ihm verweigere ich jedoch jedes Verständnis, denn die Situation war grundverschieden. Gauss besaß einen bei weitem größeren Ruf als Saccheri. Gauss war kein Priester. Er lebte in einem Land und zu einer Zeit, da man ungleich weniger Angst vor dem Zugriff der Kirche haben mußte. Gauss mochte ein Genie sein, aber er war schlichtweg ein Feigling.

Das bringt uns zu dem russischen Mathematiker Nikolai Iwanowitsch Lobatschewskij (1793—1856)*. Im Jahre 1826 begann sich Lobatschewskij die Frage zu stellen, ob es nicht eine Geometrie geben könne, die nichteuklidisch und doch widerspruchsfrei sei. Mit dieser Überlegung erarbeitete er, wie Saccheri hundert Jahre vorher, die

---

* Nikolai Iwanowitsch Lobatschewskij wird in einem von Tom Lehrers satirischen Liedern erwähnt, und für einen Fan von Tom Lehrer (zu denen ich mich selbst zähle) scheint es seltsam, den Namen in einem ernsthaften Zusammenhang genannt zu sehen. Doch Lehrer ist von Beruf Mathematiker und verwendete deshalb einen tatsächlich existierenden Namen.

Lehrsätze der »spitzwinkligen Geometrie«, doch Lobatschewskij tat den Schritt, den weder Saccheri noch Gauss gewagt hatten. Er scheute sich nicht, seine Erkenntnisse auch zu veröffentlichen. Bedauerlicherweise bestand seine Publikation jedoch nur aus einem Artikel in russischer Sprache mit dem Titel »Über die Grundlagen der Geometrie«, der in einer lokalen Zeitschrift erschien (er arbeitete an der Universität von Kasan tief in der russischen Provinz). Und wer liest schon russisch? Lobatschewskij blieb weitgehend unbekannt. Erst 1840 veröffentlichte er sein Werk in deutsch und machte damit die mathematische Fachwelt mit seinem Namen bekannt.

In der Zwischenzeit hatte sich jedoch auch Jaanos Bolyai (1802—1860), ein ungarischer Mathematiker, mit dem gleichen Thema beschäftigt. Bolyai ist eine der schillerndsten Gestalten in der Geschichte der Mathematik, da er sich auch mit Dingen wie Violine und Duellsäbel befaßte — ganz in der Tradition der ungarischen Aristokraten. Es gibt eine Geschichte über ihn, wonach er einmal nacheinander dreizehn Degenfechter besiegt habe — und dabei zwischen den Duellen noch Geige spielte.

Im Jahre 1831 veröffentlichte Bolyais Vater ein Buch über Mathematik. Der junge Bolyai hatte sich seit einigen Jahren mit Euklids fünftem Postulat auseinandergesetzt. Nun überredete er seinen Vater, einen sechsundzwanzig Seiten umfassenden Anhang über die Grundlagen der spitzwinkligen Geometrie mit aufzunehmen. Das zwar zwei Jahre nach Erscheinen von Lobatschewskijs Arbeit, doch bis dahin hatte noch niemand etwas von dem Russen gehört. Heute teilen sich Lobatschewskij und Bolyai im allgemeinen das Verdienst, die nichteuklidische Geometrie entdeckt zu haben.

Da die beiden Bolyais ihr Werk auf deutsch veröffentlichten, erhielt Gauss umgehend Kenntnis davon. Sein Lob hätte für Bolyai viel bedeutet. Gauss besaß zwar immer noch nicht den Mut, seine Zustimmung schwarz auf weiß zum Ausdruck zu bringen, lobte Bolyais Arbeit jedoch mündlich. Und dann konnte er der Versuchung nicht länger widerstehen — er erzählte Bolyai, daß er schon vor Jahren die gleichen Gedanken gehabt habe, sie aber nicht publizierte, und zeigte ihm seine Arbeit.

Gauss hätte das nicht nötig gehabt. Sein Ruf war unerschütterlich; selbst ohne nichteuklidische Geometrie hatte er genug geleistet, um ein Dutzend Mathematiker berühmt zu machen. Da er nicht den Mut für eine Veröffentlichung gefunden hatte, hätte er also wenigstens soviel Anstand aufbringen können, Bolyai den Ruhm für die nichteuklidische Geometrie zu überlassen, aber das tat er nicht. Genie oder nicht — in mancher Hinsicht wies Gauss eine recht niedrige Gesinnung auf.

Der arme Bolyai war von Gauss' Enthüllung dermaßen verwirrt und gedemütigt, daß er nie wieder irgendwelche Arbeiten auf dem Gebiet der Mathematik unternahm.

Wie sieht es nun mit der Geometrie der stumpfen Winkel aus? Saccheri hatte sie erforscht und war dabei auf Widersprüche gestoßen, deshalb hatte er sie verworfen. Doch nachdem einmal die Gültigkeit der nicht-euklidischen Geometrie festgestellt war, gab es da nicht auch einen Weg, um die stumpfwinklige Geometrie zu rehabilitieren?

Gewiß, es gab ihn, doch nur um den Preis eines noch radikaleren Bruchs mit Euklid. Saccheri hatte sich bei der Untersuchung der stumpfwinkligen Geometrie eine unausgesprochene Annahme zu eigen gemacht, die auch Euklid selbst benutzt hatte — daß nämlich eine Linie von unendlicher Länge sein kann. Diese Annahme führte zu keinem Widerspruch in der spitzwinkligen oder der rechtwinkligen Geometrie (der euklidischen Geometrie), sorgte jedoch für Schwierigkeiten in der stumpfwinkligen Geometrie.

Aber auch ihnen ist beizukommen. Nehmen Sie einmal an, daß Sie unabhängig vom »gesunden Menschenverstand« die Annahme aufstellen, jede Linie müsse irgendwie eine endliche maximale Länge haben. In diesem Falle werden alle Widersprüche in der stumpfwinkligen Geometrie hinfällig, und so ergab sich eine zweite gültige Form der nichteuklidischen Geometrie. Sie wurde erstmals im Jahre 1854 von dem deutschen Mathematiker Georg F. Riemann (1826—66) vorgestellt.

Wir haben nun drei Arten der Geometrie, die wir durch Feststellungen unterscheiden können, die der in jedem Falle benutzten Variante des fünften Postulats äquivalent sind:

A) Spitzwinklige Geometrie (nichteuklidisch): Durch einen Punkt außerhalb einer gegebenen Linie kann eine unendliche Zahl von Parallelen zu der gegebenen Linie gezogen werden.

B) Rechtwinklige Geometrie (euklidisch): Durch einen Punkt außerhalb einer gegebenen Linie kann nur eine einzige Parallele zu der gegebenen Linie gezogen werden.

C) Stumpfwinklige Geometrie (nichteuklidisch): Durch einen Punkt außerhalb einer gegebenen Linie können keine Parallelen zu der gegebenen Linie gezogen werden.

Die Unterscheidung kann auch auf andere, gleichwertige Weise getroffen werden:

A) Spitzwinklige Geometrie (nichteuklidsch): Die Winkel in einem Dreieck haben eine Summe von weniger als 180°.

B) Rechtwinklige Geometrie (euklidisch): Die Winkel in einem Dreieck haben eine Summe von genau 180°.

C) Stumpfwinklige Geometrie (nichteuklidisch): Die Winkel in einem Dreieck haben eine Summe von mehr als 180°.

Sie mögen sich nun fragen: welche Geometrie ist *wahr*?

Wenn wir ›wahr‹ mit in sich widerspruchsfrei definieren, dann sind alle drei Geometrien in gleicher Weise wahr.

Natürlich sind sie untereinander nicht widerspruchsfrei, und vielleicht entspricht nur eine einzige der Realität. Wir können deshalb die Frage auch so formulieren: Welche Geometrie entspricht den Eigenschaften des realen Universums?

Die Antwort ist wiederum, daß das auf alle zutrifft.

Wir wollen uns einmal als Beispiel das Problem einer Reise von Punkt A auf der Erdoberfläche nach Punkt B auf der Erdoberfläche betrachten und davon ausgehen, daß wir von A nach B den Weg der geringsten Entfernung wählen wollen.

Um die Resultate zu vereinfachen, machen wir uns zwei Annahmen zu eigen. Als erstes nehmen wir an, daß die Erde eine vollkommen glatte Kugel ist. Das stimmt sogar nahezu; wir können Berge und Täler und sogar den Wulst am Äquator beiseitelassen, ohne die Ergebnisse allzu sehr zu verzerren. Als zweites wollen wir annehmen, daß unsere Reisen auf die Oberfläche der Kugel beschränkt sind und wir uns nicht etwa durch die Tiefen der Erde wühlen.

Zur Bestimmung der kürzesten Entfernung zwischen A und B auf der Erdoberfläche können wir von einem Punkt zum anderen einen Faden spannen und ihn ganz straff anziehen. Wenn wir das zwischen zwei Punkten einer Ebene machen, das heißt, einer Fläche wie etwa einer Schreibtafel, die nach allen Richtungen ins Unendliche erweitert wird, dann wäre das Ergebnis das, was wir gemeinhin eine ›Gerade‹ nennen.

Auf der Oberfläche der Kugel jedoch ergibt sich eine Kurve, doch diese Kurve ist analog zu einer Geraden, da die Kurve die kürzeste Entfernung zwischen zwei Punkten auf der Kugeloberfläche darstellt. Wir haben gewisse Schwierigkeiten, eine Kurve als Analogie einer Geraden zu akzeptieren, da wir unser Leben lang ›gerade‹ denken. Daher wollen wir ein anderes Wort benutzen und die kürzeste Entfernung zwischen zwei Punkten jeder beliebigen Oberfläche eine ›geodätische Linie‹ nennen*.

Auf der Ebene ist eine geodätische Linie eine Gerade, auf einer Kugel ist sie eine Kurve, genauer gesagt ein Großkreisbogen. Die Länge eines solchen Großkreises ist gleich dem Umfang der Kugel und liegt auf einer Ebene, die durch den Mittelpunkt der Kugel geht. Auf der Erde ist der Äquator ein Beispiel für einen Großkreis, ebenso alle Meridiane. Die Zahl der Großkreise, die auf der Oberfläche einer beliebigen Kugel gezogen werden können, ist unendlich. Wenn Sie zwei Punkte irgendwo auf einer Kugel wählen und jedes Paar von Punkten durch einen straff gespannten Faden verbinden, dann erhalten Sie in jedem Fall den Bogen eines unterschiedlichen Großkreises.

Sie sehen also, daß es auf der Oberfläche einer Kugel keine geodäti-

---

* ›Geodätisch‹ stammt von einem griechischen Wort, das soviel bedeutet wie ›die Erde teilen‹. Es wird benutzt, weil jede geodätische Linie auf der Erdoberfläche bei größtmöglicher Verlängerung die Erde in zwei gleiche Teile teilt.

sche Linie von unendlicher Länge gibt. Wird sie verlängert, dann trifft sie rund um die Kugel wieder auf sich selbst und wird damit zu einer geschlossenen Kurve. Auf der Erdoberfläche kann eine geodätische Linie nie länger als 44 000 Kilometer sein.

Außerdem schneiden sich zwei beliebige geodätische Linien auf einer Kugel bei Verlängerung ins Unendliche, und zwar an zwei Punkten. So treffen sich beispielsweise auf der Erdoberfläche zwei Meridiane am Nord- und am Südpol. Das bedeutet, daß auf einer Kugeloberfläche keine geodätische Linie parallel zu der gegebenen geodätischen Linie durch einen Punkt außerhalb einer geodätischen Linie gezogen werden kann. Jede durch diesen Punkt gezogene geodätische Linie würde früher oder später die gegebene geodätische Linie schneiden.

Wenn Sie ferner auf der Oberfläche einer Kugel ein Dreieck zeichnen, bei dem jede Seite ein Großkreisbogen ist, dann ist die Winkelsumme größer als 180°. Falls Sie einen Globus zur Hand haben, dann stellen Sie sich ein Dreieck vor mit einem Eck am Nordpol, einem zweiten am Äquator bei 10° westlicher Länge und dem dritten am Äquator bei 100° westlicher Länge. Sie werden feststellen, daß Sie ein gleichseitiges Dreieck vor sich haben, bei dem jeder Winkel 90° beträgt.

Das ist genau die von Riemann entwickelte Geometrie, wenn man die geodätischen Linien als Analogien zur Geraden betrachtet. Es handelt sich um eine Geometrie mit endlichen Linien, ohne Parallelen und Winkelsummen im Dreieck, die größer sind als 180°. Was wir als ›stumpfwinklige Geometrie‹ bezeichnet haben, könnte man somit auch ›Kugelgeometrie‹ nennen, und was wir ›rechtwinklige Geometrie‹ nannten, könnte mit ›Geometrie der Ebenen‹ bezeichnet werden.

Im Jahre 1865 lenkte Eugenio Beltrami die Aufmerksamkeit auf eine Form, die ›pseudosphärische Fläche‹ genannt wurde. Ihre Form muß man sich vorstellen, wie wenn zwei Kornette mit der breiten Öffnung aufeinandergesetzt werden und sich jedes Kornett in jede Richtung unendlich verlängert, dabei immer enger wird, ohne sich je ganz zu schließen. Die auf einer pseudosphärischen Fläche gezogenen geodätischen Linien erfüllen die Anforderungen der spitzwinkligen Geometrie.

Geodätische Linien auf einer pseudosphärischen Fläche sind von unendlicher Länge; zwei einzelne geodätische Linien lassen sich ins Unendliche verlängern, ohne daß sie sich treffen, also Parallelen bilden. Tatsächlich können zwei geodätische Linien auf einer pseudosphärischen Fläche gezogen werden, die sich treffen und trotzdem beide keinen Schnittpunkt mit einer außerhalb von beiden liegenden dritten geodätischen Linie haben[*].

---

[*] Dies klingt absurd, da wir daran gewöhnt sind, in Begriffen einer Ebene zu denken, wo geodätische Linien Geraden bilden und zwei sich schneidende Linien beim besten Willen nicht parallel zu einer dritten Linie verlaufen können. Auf einer pseudosphärischen Fläche sind geodätische Linien gekrümmt, und zwar auf eine Weise, daß die Möglichkeit für die beiden Parallelen entsteht.

Da zwischen den beiden sich schneidenden geodätischen Linien eine unendliche Zahl von geodätischen Linien gezogen werden kann, die sich alle am gleichen Punkt schneiden, gibt es eine unendliche Zahl möglicher durch einen Punkt führender geodätischer Linien, die alle parallel verlaufen zu einer nicht durch den Punkt führenden geodätischen Linie.

Mit anderen Worten: Die ›spitzwinklige Geometrie‹ kann als ›Geometrie der pseudosphärischen Fläche‹ angesehen werden.

Was ist nun aber — vorausgesetzt alle drei Geometrien sind unter den für sie passenden Bedingungen gleichermaßen gültig — die beste Beschreibung des Universums als Ganzes?

Das läßt sich nicht so ohne weiteres sagen. Wenn man mit geodätischen Linien einer gegebenen Länge auf einer kleinen Kugel ein Dreieck aufzeichnet und auf einer großen Kugel ein weiteres, dann ist die Winkelsumme des Dreiecks in jedem Falle größer als 180°, doch der Betrag, um den sie größer ist, liegt bei der kleinen Kugel höher.

Wenn Sie sich eine Kugel vorstellen, die sich immer weiter ausdehnt, dann rückt die Winkelsumme eines Dreiecks von gegebener Größe immer stärker an 180° heran, und allmählich würde selbst die sorgfältigste Messung keinen Unterschied mehr feststellen. Kurz gesagt, ein kleiner Ausschnitt einer sehr großen Kugel ist beinahe so flach wie eine Ebene, und es wird damit unmöglich, die Differenz anzugeben.

Dies trifft beispielsweise für die Erde zu. Es ist auf die riesige Kugelgestalt der Erde zurückzuführen, daß kleine Ausschnitte derart flach wirken, weshalb die Menschheit nun wiederum so lange brauchte, bis sie sich davon überzeugt hatte, daß die Erde wirklich eine Kugel ist.

Im Zusammenhang mit dem Weltall im allgemeinen ergibt sich ein ähnliches Problem.

Das Licht pflanzt sich im Weltraum von einem Punkt zum anderen fort: Von der Sonne zur Erde oder von einer fernen Galaxie zur anderen über Entfernungen hinweg, die das Vielfache der auf der Erde möglichen Entfernungen betragen.

Wir gehen davon aus, daß das Licht bei der Fortpflanzung über die Parsecs sich in einer Geraden bewegt. In Wirklichkeit bewegt es sich selbstverständlich in einer geodätischen Linie, die eine Gerade sein kann oder auch nicht. Wenn das Universum der euklidischen Geometrie folgt, ist die geodätische Linie eine Gerade. Wenn das Universum aber der nichteuklidischen Geometrie folgt, dann bilden die geodätischen Linien Kurven der einen oder anderen Art.

Gauss hatte die Idee, mit Lichtstrahlen, die sich von einer Bergspitze zur anderen durch den Raum bewegen, Dreiecke zu bilden und die so erhaltenen Winkelsummen zu messen. Gewiß, die Summen ergaben gerade 180°, aber waren es *genau* 180°? Das ließ sich unmöglich sagen. Wenn das Universum eine Kugel mit einem Durchmesser von vielen Millionen Lichtjahren ist und die Lichtstrahlen den Krümmungen einer solchen Kugel folgen, dann könnte keine denkbare direkte Messung, wie sie heute möglich ist, den winzigen Betrag erfassen, um den die Winkelsumme 180° übersteigt.

Im Jahre 1916 jedoch entwickelte Einstein seine Allgemeine Relativitätstheorie und fand dabei heraus, daß er, um die Wirkung der Gravitation zu erklären, von der Annahme eines Universums ausgehen mußte, in dem sich das Licht (und alles andere) in nichteuklidischen geodätischen Linien fortpflanzt.

Nach Einsteins Theorie ist das Universum nichteuklidisch und bildet in Wirklichkeit ein Beispiel für die »stumpfwinklige Geometrie«.

In kurzen Worten läßt sich somit sagen, daß die euklidische Geometrie weit davon entfernt ist, die absolute und ewige Wahrheit darzustellen, für die sie zweitausend Jahre lang gehalten wurde, sondern daß sie lediglich die höchst begrenzte und abstrakte Geometrie der Ebene ist, und dazu noch ein System, das sich der Geometrie so wichtiger Dinge wie dem Universum und der Erdoberfläche bestenfalls annähert.

12

Das Nullfeld

Auch Wissenschaftler (und selbst Mathematiker) verkehren nicht immer kollegial und freundlich miteinander. Sie sind Menschen, und gelegentlich zeigt sich auch unter ihnen Rivalität, manchmal sogar Haß. Ich weiß allerdings von keinem Fall, wo diese Auseinandersetzungen weitergingen als bis zu polemischen Angriffen in Aufsätzen oder Versuchen, den Ruf des Kontrahenten zu schädigen, aber natürlich ist für einen Schriftsteller auch anderes vorstellbar.

In den zwei folgenden Geschichten führt die wissenschaftliche Auseinandersetzung bis zum Mord — und sogar darüber hinaus.

Professor James Priss sprach immer langsam.

Ich weiß das. Ich interviewte ihn oft genug. Er hatte den größten Kopf seit Einstein, aber er arbeitete nicht rasch. Er gab seine Schwerfälligkeit oft zu. Vielleicht arbeitete sein Kopf deshalb nicht so rasch, *weil* er so großartig war.

Er sprach zum Beispiel langsam in abstrakten Begriffen, dachte nach und sprach dann weiter. Sein riesiger Verstand brütete auch über banalen Dingen voller Ungewißheit, bemühte sich hier und dann dort um den letzten Schliff. Ich kann mir vorstellen, wie er darüber nachdachte, *ob* morgen die Sonne aufgehen würde. Was meinen wir, wenn wir ›aufgehen‹ sagen? Können wir sicher sein, daß das Morgen kommt? Ist der Ausdruck ›Sonne‹ in diesem Zusammenhang völlig unzweideutig?

Denkt man sich zu dieser Sprechweise noch ein höfliches Gesicht, ein wenig bleich und bis auf einen allgemeinen Eindruck von Ungewißheit ausdruckslos, dazu schütteres graues Haar, doch sauber gekämmt, und Straßenanzüge bescheidenen Zuschnitts, dann hat man Professor James Priss, wie er war — ein sich zur Ruhe setzender Mensch, dem jede Anziehungskraft fehlte.

Deshalb würde ihn auch niemand auf der Welt, mich ausgenommen, für einen Mörder halten. Und selbst ich bin mir nicht sicher. Er war *immerhin* ein langsamer Denker gewesen, er dachte *immer* langsam. Kann man annehmen, daß es ihm in einem entscheidenden Augenblick gelang, rasch zu denken und sofort zu handeln?

Es ist gleich. Sollte er auch gemordet haben — er kam ungestraft davon. Es ist jetzt viel zu spät, den Lauf der Dinge aufzuhalten, und es würde mir nicht gelingen, selbst wenn ich mich entschließen würde, dies hier veröffentlichen zu lassen.

Edward Bloom war auf dem College Klassenkamerad von Priss und danach ein Menschenalter lang auf Grund der Verhältnisse sein

173

Gefährte. Sie waren beide gleich alt und gleich dem Junggesellenleben ergeben, in allem anderen, worauf es ankam, jedoch grundverschieden.

Bloom war ein wahrer Lichtblick. Er war lebhaft, groß, breit, laut, keck und selbstbewußt. Er hatte einen Verstand, der in der plötzlichen und unerwarteten Art, wie er das Wesentliche begriff, einem funkensprühenden Meteor glich. Er war kein Theoretiker wie Priss. Bloom hatte weder die Geduld dazu noch die Fähigkeit, sich durch angestrengtes Nachdenken auf einen einzigen abstrakten Punkt zu konzentrieren. Er gab es zu und brüstete sich damit.

Was er hatte, war eine unheimliche Art, die Anwendung einer Theorie zu erfassen, den Weg zu erfassen, auf dem sie nutzbar gemacht werden konnte.

Er konnte offensichtlich mühelos in dem kühlen Marmorblock abstrakter Konstruktionen den verwickelten Plan zu einem herrlichen Gerät sehen. Auf seine Berührung hin fiel der Block auseinander und gab das Gerät frei.

Alle Welt weiß, und es ist nicht übertrieben, daß nichts, was Bloom je baute, versagt hätte oder nicht zu patentieren oder zu Geld zu machen wäre. Als er fünfundvierzig war, gehörte er zu den reichsten Männer der Erde.

Und der Techniker Bloom hatte sich nie auf eine Sache besser eingestellt als auf die Denkweise des Theoretikers Priss. Die großartigsten Apparate Blooms wurden auf Grund der großartigsten Gedanken von Priss gebaut, und während Bloom reich und berühmt wurde, erlangte Priss unter seinen Kollegen einen phänomenalen Ruf.

Als Priss seine Zwei-Felder-Theorie vortrug, erwartete man natürlich, daß sich Bloom sofort daran machen werde, das erste brauchbare Anti-Schwerkraft-Gerät zu bauen.

Es war meine Aufgabe, für die Abonnenten der *Tele-News Press* menschlich Interessantes an der Zwei-Felder-Theorie aufzuspüren, und darauf stößt man, wenn man sich mit menschlichen Wesen und nicht mit abstrakten Ideen beschäftigt. Menschlich Interessantes in einem Interview mit Professor Priss herauszuarbeiten war keine leichte Sache.

Natürlich wollte ich ihn über die Möglichkeiten der Anti-Schwerkraft fragen, für die sich jeder interessierte, und nicht über die Zwei-Felder-Theorie, die niemand verstehen konnte.

»Anti-Schwerkraft?« Priss preßte die bleichen Lippen aufeinander und überlegte. »Ich bin mir nicht ganz sicher, ob sie je möglich sein wird. Ich habe die Sache noch nicht zu meiner Zufriedenheit gelöst. Ich sehe nicht genau, ob die Gleichungen der Zwei-Felder-Theorie eine endliche Lösung haben, die sie selbstverständlich haben müßten, wenn . . .«

Und dann versank er in seinen Gedanken.

Ich stachelte ihn an. »Bloom sagt, er glaubt, daß solch ein Gerät gebaut werden kann.«

Priss nickte. »Jaja, aber ich überlege noch. Ed Bloom hat in der Vergangenheit die verblüffende Gabe gehabt, Dinge zu sehen, die nicht gleich zu bemerken waren. Er hat einen ungewöhnlichen Kopf. Er ist damit ja auch reich genug geworden.«

Wir saßen in der Wohnung von Priss. Gewöhnlich und bürgerlich. Ich konnte mir nicht verkneifen, rasch hierhin und dorthin zu schauen. Priss war nicht reich.

Ich glaube nicht, daß er meine Gedanken las. Er sah meine Blicke. Und ich glaube, *seine* Gedanken beschäftigten sich damit. Er sagte: »Der reine Wissenschaftler wird gewöhnlich nicht mit Reichtum belohnt, der auch gar nicht erstrebenswert wäre.«

Ich dachte dabei, das kann schon sein. Priss war gewiß auf seine Weise belohnt worden.

Er war der dritte Mensch in der Geschichte des Nobelpreises, der ihn zweimal erhalten hatte, und der erste, der beide für wissenschaftliche Leistungen bekam, und zwar ungeteilt. Da kann man sich nicht beschweren. Wenn er nicht reich war, so war er auch nicht arm.

Aber er hörte sich nicht wie ein zufriedener Mensch an. Vielleicht ärgerte Priss nicht nur der Reichtum Blooms, vielleicht auch die Berühmtheit Blooms. Vielleicht war es die Tatsache, daß Bloom gefeiert wurde, wohin er auch kam, während Priss außerhalb wissenschaftlicher Kongresse und Vereinigungen weithin unbekannt war.

Ich kann nicht sagen, wieviel davon meinen Augen oder den Falten meiner Stirn anzusehen war, aber Priss fuhr fort: »Aber wir sind Freunde, wissen Sie. Ein-, zweimal die Woche spielen wir zusammen Billard. Ich schlage ihn regelmäßig.«

Ich sagte: »Möchten Sie sich dazu äußern, ob es Bloom gelingen wird, ein Anti-Schwerkraft-Gerät zu bauen?«

»Sie meinen, ob ich mich auf etwas festlegen will? Hm. Nun, lassen Sie mich nachdenken, junger Mann. Was verstehen wir überhaupt unter Anti-Schwerkraft? Unsere Auffassung von Schwerkraft gründet sich auf Einsteins Allgemeine Relativitätstheorie, die jetzt einhundertfünfzig Jahre alt ist, die sich innerhalb ihrer Grenzen aber als fest erwiesen hat. Wir können uns eine Vorstellung von ihr machen . . .«

Ich lauschte höflich. Ich hatte Priss schon darüber reden hören; es war gar nicht sicher, ob ich etwas aus ihm herausbekommen würde; ich mußte ihn jedoch bis dahin seinen eigenen Weg gehen lassen.

»Wir können uns eine Vorstellung von ihr machen«, sagte er, »wenn wir uns das Universum als eine flache, dünne, superelastische und unzerreißbare Gummidecke vorstellen. Wenn wir uns Masse mit

Gewicht verknüpft vorstellen, wie es auf der Erdoberfläche ist, dann würden wir erwarten, daß eine Masse, die auf der Gummidecke ruht, eine Vertiefung hervorruft. Je größer die Masse, desto tiefer die Vertiefung.«

Er fuhr fort: »Im wirklichen Universum gibt es alle Arten von Massen, und man muß sich unsere Gummidecke als übersät mit Vertiefungen vorstellen. Jeder Gegenstand, der über die Decke rollen würde, müßte auf seinem Lauf in Vertiefungen hinein und wieder hinaus und dabei ziellos seine Richtung ändern. Dieses Schwanken und Richtungswechseln deuten wir als Beweis für die Existenz der Schwerkraft. Wenn der sich bewegende Gegenstand der Mitte einer solchen Vertiefung nahe genug kommt und sich langsam genug bewegt, dann wird er eingefangen und wirbelt in dieser Vertiefung herum. Bei Abwesenheit von Reibungskräften wirbelt er im Kreis herum. Anders ausgedrückt, was Isaac Newton als Kraft deutete, hat Albert Einstein als geometrische Verzerrung betrachtet.«

Er hielt an diesem Punkt inne. Er hatte verhältnismäßig flüssig gesprochen, da er Dinge sagte, über die er schon oft geredet hatte. Aber jetzt kam er nur noch zögernd voran.

Er sagte: »Wenn wir also versuchen, Anti-Schwerkraft herzustellen, versuchen wir, die Geometrie des Universums zu ändern. Um unseren Vergleich fortzusetzen, versuchen wir, die eingedellte Gummidecke glattzuziehen. Wir könnten uns auch denken, wir begeben uns unter die Masse, die die Vertiefung verursacht, heben sie hoch und tragen sie, damit sie keine Vertiefung hervorrufen kann. Wenn wir die Gummidecke auf diese Weise glatt bekommen, schaffen wir ein Universum — oder zumindest einen Abschnitt des Universums, in dem es keine Schwerkraft gibt. Ein rollender Körper würde an der Masse, die keine Vertiefung hervorruft, ohne eine Richtungsänderung vorbeikommen, und wir könnten das so deuten, daß die Masse keine Schwerkraft hätte. Um das bewerkstelligen zu können, brauchten wir allerdings eine Masse, die der entspricht, die die Vertiefung verursacht. Um auf der Erde so Anti-Schwerkraft herstellen zu können, müßten wir eine Masse benutzen, die der der Erde entspräche, und sie sozusagen über unsere Köpfe heben.«

Ich unterbrach ihn. »Aber Ihre Zwei-Felder-Theorie . . .«

»Eben. Die Allgemeine Relativitätstheorie erklärt Schwerkraftfeld und elektromagnetische Felder nicht in einem einzigen Satz von Gleichungen. Einstein brachte sein halbes Leben damit zu, diesen einzigen Satz für eine einheitliche Feld-Theorie zu suchen — und versagte. Alle, die Einstein folgten, versagten ebenfalls. Ich begann jedoch mit der Annahme, daß es zwei Felder gäbe, die sich nicht vereinigen ließen, und kam zu Schlußfolgerungen, die ich zum Teil mit Hilfe des Bildes der Gummidecke erklären kann.«

Wir kamen jetzt auf etwas, was ich, glaube ich, noch nie zuvor gehört hatte. »Wie geht das?« fragte ich.

»Nehmen wir an, wir versuchen, anstatt die Masse aus ihrer Vertiefung zu heben, die Decke selbst zu versteifen, sie weniger nachgiebig zu machen. Sie würde sich zumindest in einem kleinen Gebiet zusammenziehen und glatter werden. Schwerkraft und Masse würden geschwächt, weil die beiden in Anbetracht des Universums, das aus Vertiefungen besteht, im wesentlichen dasselbe sind. Wenn wir die Gummidecke völlig flach bekämen, würden Schwerkraft und Masse völlig verschwinden. Unter den richtigen Voraussetzungen könnte man das elektromagnetische Feld dazu benutzen, dem Schwerkraftfeld entgegenzuwirken und so das eingedellte Gebilde des Universums versteifen zu helfen. Das elektromagnetische Feld ist enorm stärker als das Schwerkraftfeld, und man könnte das erstere dazu bringen, letzteres zu überwinden.«

Ich sagte unsicher: »Aber Sie sagten, ›unter den richtigen Voraussetzungen‹. Herr Professor, können diese richtigen Voraussetzungen, von denen Sie sprechen, geschaffen werden?«

»Eben das weiß ich nicht« sagte Priss langsam. »Wenn das Universum wirklich eine Gummidecke wäre, dann müßte ihre Versteifung einen unendlich großen Grad erreichen, bevor man erwarten könnte, daß sie unter einer drückenden Masse völlig glatt bliebe. Wenn das im wirklichen Universum auch so ist, dann benötigte man ein unendlich starkes elektromagnetisches Feld, und das würde heißen, daß Anti-Schwerkraft unmöglich ist.«

»Aber Bloom sagt . . .«

»Ja, ich kann mir denken, daß Bloom meint, ein endliches Feld würde genügen, wenn man es richtig einsetzt. Trotzdem, wie genial er auch sein mag«, sagte Priss und lächelte mit schmalen Lippen, »müssen wir nicht denken, er sei unfehlbar. Er hat kein sehr gutes Verständnis der Theorie. Er hat nie seinen Collegeabschluß gemacht, wußten Sie das?«

Ich wollte schon sagen, daß ich es wisse. Schließlich wußte es jeder. Aber der Stimme von Priss war ein Eifer anzumerken, als sei er erfreut, diese Neuigkeit unter die Leute zu bringen. Ich nickte also, als würde ich es mir für eine spätere Erwähnung merken.

»Sie würden also sagen, Professor Priss«, versuchte ich es wieder, »daß Bloom wahrscheinlich unrecht hat und daß Anti-Schwerkraft unmöglich ist?«

Und Priss nickte und sagte: »Das Schwerkraftfeld kann natürlich geschwächt werden, aber wenn wir unter Anti-Schwerkraft ein echtes Schwerkraftfeld mit dem Wert Null verstehen — gar keine Schwerkraft in einem bedeutenden Raumabschnitt —, dann fürchte ich, daß sie sich als vielleicht unmöglich herausstellen wird.«

Und ich hatte mehr oder weniger, was ich wollte.

Danach vergingen fast drei Monate, bevor es mir gelang, Bloom zu sehen, und als ich ihn sah, hatte er schlechte Laune.

Er war natürlich sofort verärgert gewesen, als die Erklärung von Priss bekannt wurde. Er ließ wissen, daß er Priss zur Vorführung des Anti-Schwerkraft-Geräts einladen würde, und man werde ihn sogar bitten, bei der Vorführung mitzuwirken. Ein Reporter erwischte ihn zwischen seinen Terminen und bat ihn, sich ausführlich darüber zu äußern, und er sagte:

»Ich werde das Gerät vielleicht schon bald haben. Und Sie und jeder kann dabeisein, den die Presse dabeihaben will. Und Professor James Priss kann auch dabeisein. Er kann die theoretische Wissenschaft vertreten, und nachdem ich die Anti-Schwerkraft vorgeführt haben werde, kann er seine Theorie berichtigen. Ich bin mir sicher, daß er seine Berichtigungen in meisterlicher Art vornehmen und genau zeigen wird, warum ein Versagen meinerseits überhaupt nicht möglich war. Er könnte das jetzt schon tun und sich Zeit sparen, aber ich nehme an, er wird das nicht tun.«

Es war alles sehr höflich gesagt, aber durch den rasch ausgestoßenen Wortschwall hindurch war ein bösartiges Knurren zu bemerken.

Er setzte dennoch seine gelegentlichen Billardspiele mit Priss fort, und wenn sich die beiden trafen, benahmen sie sich äußerst anständig. Man konnte ihrem Verhalten der Presse gegenüber den Fortschritt ansehen, den Bloom machte. Bloom wurde wortkarg und hochfahrend, während Priss sich immer besser gelaunt gab.

Als meine soundsovielte Bitte um ein Interview mit Bloom endlich erhört wurde, fragte ich mich, ob Bloom vielleicht bei seinem Vorhaben einen Durchbruch erzielt habe. Ich baute schon an dem kleinen Luftschloß, er werde *mir* seinen endgültigen Erfolg verkünden.

Es kam anders. Wir trafen uns in seinem Büro der Bloom Enterprises im Staat New York. Eine herrliche Anlage, fernab allen bewohnten Gegenden, inmitten wunderbar gestalteter Landschaft.

Bloom war nicht gut gelaunt. Er kam zehn Minuten zu spät hereingestürmt, lief knurrend am Tisch seiner Sekretärin vorbei und nickte kaum in meine Richtung. Er hatte einen weißen Arbeitskittel an, der nicht zugeknöpft war.

Er warf sich in seinen Stuhl und sagte: »Tut mir leid, daß ich Sie warten ließ, aber ich hatte weniger Zeit, als ich dachte.« Bloom beherrschte die Kunst, sich in Szene zu setzen, und war klug genug, die Presse nicht zu verprellen. Ich hatte aber den Eindruck, daß er im Augenblick große Schwierigkeiten hatte, sich an diesen Grundsatz zu halten.

Ich sprach aus, was offensichtlich war. »Sir, ich nehme an, daß Ihre letzten Versuche ohne Erfolg geblieben sind.«

»Wer sagt Ihnen das?«

»Ich möchte sagen, es ist allgemein bekannt, Mr. Bloom.«

»Nein, das ist es nicht. Sagen Sie das nicht, junger Mann. Es ist nicht allgemein bekannt, was in meinen Laboratorien und Werkstätten vor sich geht. Sie geben die Meinung des Professors wieder, nicht wahr? Ich meine die von Priss.«

»Nein, ich . . .«

»Aber natürlich. Sind Sie nicht der, dem er erklärte, Anti-Schwerkraft sei unmöglich?«

»So glatt hat er es nicht gesagt.«

»Er drückt sich nie glatt aus, aber für ihn war es glatt genug, aber doch nicht so glatt, wie ich sein verflixtes Gummidecken-Universum haben werde, wenn ich soweit bin.«

»Heißt das etwa, daß Sie Fortschritte machen, Mr. Bloom?«

»Sie wissen, ich mache Fortschritte«, schnauzte er. »Oder Sie sollten es wissen. Waren Sie nicht letzte Woche bei der Vorführung?«

»Ja, ich war dort.«

Ich vermutete Bloom in Schwierigkeiten, sonst hätte er diese Vorführung nicht erwähnt. Es klappte alles, aber es geschah nichts Aufregendes. Zwischen den beiden Polen eines Magneten wurde ein Bereich verringerter Schwerkraft hergestellt.

Es war sehr geschickt gemacht. Man benutzte ein Meßverfahren für den Mößbauer-Effekt, um den Raum zwischen den Polen zu untersuchen. Eine solche M-E-Waage besteht in der Hauptsache aus einem engen, monochromatischen Bündel von Gammastrahlen, die durch das Feld niederer Schwerkraft geschossen werden. Unter dem Einfluß des Schwerkraftfeldes ändern die Gammastrahlen schwach, aber meßbar die Wellenlänge, und wenn durch irgend etwas die Stärke des Felds verändert wird, verlagert sich auch entsprechend die Veränderung der Wellenlänge. Ein äußerst empfindliches Verfahren, um ein Schwerkraftfeld zu untersuchen, und es ging alles wie am Schnürchen. Kein Zweifel, Bloom hatte die Schwerkraft verringert.

Das Problem war nur, daß es andere vor ihm schon geschafft hatten. Sicher, Bloom hatte Schaltungen verändert, die die Hervorbringung einer solchen Wirkung bedeutend vereinfacht hatten — sein System war auf typische Weise genial und war gleich patentiert worden —, und er behauptete, daß auf Grund dieser Methode die Anti-Schwerkraft nicht nur eine wissenschaftliche Kuriosität bleiben, sondern zu einer praktischen Sache werde, die sich industriell verwerten lasse.

Möglich. Aber es war keine ganze Arbeit geleistet worden, und für gewöhnlich machte er keinen Wirbel um Unfertiges. Auch diesmal hätte er es nicht getan, wenn er nicht verzweifelt *irgend etwas* gesucht hätte, was sich herzeigen ließ.

Ich sagte: »Ich habe den Eindruck, Sie haben bei dieser einstweiligen Vorführung nur 0,82 g erreicht, und in Brasilien ist man letztes Frühjahr weitergekommen.«

»Wirklich? Nun, berechnen Sie mal den Energieverbrauch in Brasilien und hier, und dann sagen Sie mir den Unterschied in der Verminderung der Schwerkraft pro Kilowattstunde. Da werden Sie überrascht sein.«

»Aber der springende Punkt ist doch, ob Sie Schwerkraft vom Wert Null erreichen werden. Professor Priss meint, das sei unmöglich. Alle sind seiner Meinung, daß es keine große Sache ist, die Stärke des Feldes herabzusetzen.«

Bloom ballte die Fäuste. Ich hatte das Gefühl, daß an diesem Tag ein maßgebendes Experiment fehlgeschlagen war, was für ihn ein fast unerträgliches Ärgernis war. Bloom konnte es nicht ausstehen, vom Universum Hindernisse in den Weg gelegt zu bekommen.

Er sagte: »Bei Theoretikern wird mir schlecht.« Er sagte es, als wolle er endlich seine Meinung deutlich sagen. »Priss hat zwei Nobelpreise bekommen, weil er ein paar Gleichungen durcheinandergemischt hat, aber was hat er mit ihnen angefangen? Nichts! Ich *habe* mit ihnen etwas angefangen, und ich werde auch noch mehr mit ihnen machen, ob es Priss nun paßt oder nicht. *Ich* bin derjenige, an den sich die Leute erinnern werden. Ich bin der, der Anerkennung findet. Er kann seinen blöden Titel und seine Preise und sein Renommee unter den Gelehrten behalten. Hören Sie, ich sage Ihnen, was ihm Bauchweh macht. Nichts als altmodische Mißgunst. Es bringt ihn um, daß mein Tun mir etwas einbringt. Er möchte, daß ihm das *Denken* das gleiche einbringt. Ich sagte einmal zu ihm — wissen Sie, wir spielen zusammen Billard . . .«

An diesem Punkt gab ich Priss' Äußerung über Billard zum besten, und Bloom machte seine Gegendarstellung.

»Wir spielen Billard«, sagte Bloom, als er sich wieder beruhigt hatte, »und ich habe genug Spiele gewonnen. Wir bleiben dabei ganz freundlich. Zum Teufel, wir sind Schulkameraden — obwohl ich nie begreife, wie er auf dem College durchgekommen ist. In Physik und Mathematik hat er's selbstverständlich geschafft, aber in den Geisteswissenschaften hat man ihn, glaube ich, nur aus purem Mitleid durchrutschen lassen.«

»Sie haben Ihren Collegeabschluß nicht gemacht, nicht wahr, Mr. Bloom?« Das war reine Boshaftigkeit von mir. Sein Ausbruch machte mir Spaß.

»Ich hab' aufgehört, um ins Geschäftsleben einzutreten, verdammt noch mal. Die drei Jahre, die ich dort war, hatte ich im Durchschnitt immer eine gute Zwei. Was anderes brauchen Sie gar nicht zu glauben, hören Sie. Zum Teufel, als Priss seinen Doktor machte, war ich dabei, meine zweite Million zu machen.«

Deutlich gereizt fuhr er fort: »Wir spielten jedenfalls Billard, und ich sagte zu ihm: ›Jim, der Mann auf der Straße wird nie verstehen, warum du den Nobelpreis kriegst, wenn ich derjenige bin, der die Erfolge hat. Warum brauchst du zwei? Gib mir einen!‹ Er stand da, schmierte Kreide an sein Queue und sagte dann auf seine leise, alberne Art: ›Du hast zwei Millionen, Ed. Gib mir eine.‹ Sehen Sie, er möchte das Geld.«

Ich sagte: »Ich nehme an, es macht Ihnen nichts aus, daß er die Ehrungen einheimst.«

Einen Augenblick lang glaubte ich, er werde mir die Tür weisen. Er tat es aber nicht. Statt dessen lachte er, wedelte mit der Hand, als wollte er auf einer unsichtbaren Tafel etwas auswischen. Er sagte: »Ach, lassen Sie's. Das ist alles nicht für die Öffentlichkeit. Hören Sie, Sie wollen eine Erklärung? Okay. Heute ist was schiefgegangen, aber das wird sich ändern. Ich glaube, ich weiß, was nicht stimmt. Und wenn nicht, dann werde ich es wissen. Hören Sie, Sie können schreiben, ich sage, wir brauchen *kein* unendlich starkes Magnetfeld. Wir *werden* die Gummidecke flach kriegen. Wir *werden* den Nullpunkt erreichen. Und wenn wir dort sind, werden wir die tollste Vorführung machen, die es je gab, und Sie werden auch dazu eingeladen. Und Sie können schreiben, daß es nicht mehr lange dauern wird.«

Mir blieb danach noch Zeit, jeden der beiden ein- oder zweimal zu sehen. Ich sah sie sogar zusammen, als ich bei einem ihrer Billardspiele anwesend war. Wie ich vorhin schon sagte, waren beide *wirklich* gut.

Aber die Einladung zur Vorführung kam nun doch nicht so schnell. Nur sechs Wochen fehlten, dann wäre es ein Jahr her gewesen, daß mir Bloom seine Erklärung abgegeben hatte. Wobei es wahrscheinlich ungerecht war, schnellere Arbeit zu erwarten.

Ich erhielt eine besonders fein gedruckte Einladung, auf der versichert wurde, daß zuerst Cocktails gereicht würden. Bloom ließ sich auf keine halben Sachen ein und beabsichtigte, eine Gruppe zufriedener Reporter zur Hand zu haben. Es gab auch eine Vereinbarung über eine trimensionale Fernsehübertragung. Offenbar fühlte sich Bloom sicher genug, um die Vorführung in jedes Wohnzimmer auf dem Planeten tragen zu lassen.

Ich rief Professor Priss an, um mich zu vergewissern, daß er auch eingeladen war. Er war es.

»Haben Sie vor zu kommen, Sir?«

Es herrschte Schweigen, und das Gesicht des Professors auf der Sichtscheibe war ein Musterbeispiel an Ungewißheit und Zögern. »Eine Vorführung dieser Art ist höchst unangebracht, wenn eine ernste wissenschaftliche Frage zur Debatte steht. Solche Sachen unterstütze ich nicht gern.«

Ich fürchtete, er werde absagen, und die Situation würde sehr an Spannung zu wünschen übrig lassen, wenn er nicht anwesend wäre. Aber dann wurde ihm vielleicht klar, daß er es nicht wagte, vor allen Augen einen Rückzieher zu machen. Mit deutlichem Widerwillen sagte er: »Ed Bloom ist natürlich kein echter Wissenschaftler und muß seinen Spaß haben. Ich werde anwesend sein.«

»Glauben Sie, daß Mr. Bloom den Nullpunkt der Schwerkraft erreicht, Sir?«

»Mhm . . . Mr. Bloom hat mir eine Kopie seines Plans zu dem Gerät geschickt, und ich . . . bin mir nicht sicher. Vielleicht gelingt es ihm, wenn . . . mhm . . . er sagt, er schafft es. Selbstverständlich . . .« Er machte wieder eine ziemlich lange Pause. »Selbstverständlich würde ich es gern sehen, glaube ich.«

Und ich und viele andere auch.

Die Inszenierung war tadellos. Im Hauptgebäude der Bloom Enterprises war ein ganzes Stockwerk freigemacht worden. Es gab die versprochenen Cocktails, ein blendend aufgebautes kaltes Büfett, leise Musik, sanfte Beleuchtung und einen sorgsam gekleideten und jovialen Edward Bloom, der den vollkommenen Gastgeber spielte, während ihm dabei eine Reihe höflicher und unauffälliger Diener zur Hand ging. Es herrschte eitel Freude und Zuversicht.

James Priss verspätete sich, und ich ertappte Bloom, wie er verbittert den Blick über die Menge schweifen ließ. Dann kam Priss und brachte seine Langweiligkeit mit.

Bloom sah ihn, und sein Gesicht hellte sich sofort auf. Er sprang auf ihn zu, nahm die Hand des kleineren Mannes und zog ihn zur Bar.

»Jim! Erfreut, dich zu sehen. Was magst du? Mensch, ich hätte alles abgeblasen, wenn du nicht gekommen wärst. Ohne den Star geht es nun mal nicht, weißt du.« Er schüttelte Priss die Hand. »Weißt du, es ist deine Theorie. Wir armen Sterblichen können nichts machen, wenn ihr wenigen nicht den Weg zeigen würdet.«

Er schäumte vor lauter Schmeicheleien über, weil er sie sich leisten konnte. Er wollte Priss für das Schlachtfest mästen.

Priss wollte das Getränk ausschlagen, aber man drückte ihm ein Glas in die Hand, und Bloom ließ seine Stimme anschwellen.

»Meine Herren! Einen Augenblick Ruhe bitte! Auf Professor Priss, den größten Kopf seit Einstein, zweifacher Nobelpreisträger, Vater der Zwei-Felder-Theorie und geistiger Anreger der Vorführung, die wir sehen werden — auch wenn er glaubte, es würde nicht funktionieren, und den Mut hatte, das öffentlich zu sagen.«

Man hörte vernehmliches Gelächter, das aber rasch verstummte. Priss blickte so verbissen drein, wie es zu erwarten war.

»Aber da jetzt Professor Priss hier ist«, sagte Bloom, »und wir unseren Trinkspruch ausgebracht haben, soll es weiter gehen. Folgen Sie mir, meine Herren!«

Der Schauplatz befand sich diesmal im obersten Stock des Gebäudes. Es waren andere Magnete aufgebaut — noch kleinere, du lieber Himmel —, aber soweit ich sehen konnte, war wieder dieselbe M-E-Waage im Einsatz.

Eins war auf jeden Fall neu und verblüffte jeden. Es war ein Billardtisch, den man unter den einen Pol des Magneten gestellt hatte. Unter ihm befand sich der Gegenpol. Genau in der Mitte des Tisches hatte man ein Loch von etwa dreißig Zentimeter Durchmesser gemacht, und offensichtlich sollte das Feld ohne Schwerkraft, sollte es herzustellen sein, durch das Loch in der Mitte des Billardtisches gehen.

Es war, als wollte man durch die surrealistisch inszenierte Vorführung den Sieg Blooms über Priss besonders deutlich zeigen. Es war eine Abwandlung ihrer ewigen Billardwettkämpfe, und Bloom war auf dem Weg zum Gewinn.

Ich weiß nicht, ob die anderen Presseleute die Sache so auffaßten, aber Priss, glaube ich, tat es. Ich drehte mich um und sah ihn an und bemerkte, daß er das Glas noch in der Hand hielt, das man ihm aufgezwungen hatte. Ich wußte, daß er selten trank, aber jetzt hob er das Glas an die Lippen und leerte es mit zwei Schlucken. Er starrte auf die Billardkugel, und ich brauchte keine übersinnlichen Fähigkeiten, um zu merken, daß er es als absichtliche Spitze gegen ihn aufnahm.

Bloom führte uns zu den zwanzig Sitzen, die an drei Seiten des Tisches aufgestellt waren. Die vierte war für Hantierungen freigelassen worden. Priss wurde aufmerksam zu dem Sitz geleitet, der die beste Sicht bot. Priss warf einen raschen Blick auf die trimensionalen Kameras, die jetzt liefen. Ich fragte mich, ob er ans Gehen dachte, dann aber merkte, daß es vor den Augen der ganzen Welt nicht möglich war.

Die Vorführung war eigentlich einfach. Es kam alles auf die Regie an. Es gab deutlich sichtbare Skalen, die den Aufwand an Energie anzeigten. Es gab andere, die die Meßdaten der M-E-Waage so wiedergaben, daß sie für alle sichtbar waren. Alles war so angeordnet, daß ohne weiteres trimensional übertragen werden konnte.

Bloom erklärte freundlich jeden Schritt, schwieg ein-, zweimal, um sich an Priss zu wenden und eine Bestätigung einzuholen, die einfach kommen mußte. Er tat es, um Priss im eigenen Saft braten zu lassen, doch nicht so oft, daß die anderen etwas merkten. Von meinem Sitzplatz aus konnte ich Priss auf der anderen Seite des Tisches sitzen sehen.

Er sah aus, als stecke er in der Hölle.

Wie wir alle wissen, erreichte Bloom sein Ziel. Während das elektromagnetische Feld verstärkt wurde, zeigte die M-E-Waage an, daß die Stärke des Schwerkraftfelds ständig abnahm. Beifallsrufe erklangen, als sie unter den Wert von 0,52 g fiel, der auf dem Anzeigegerät durch einen roten Strich hervorgehoben war.

»Wie Sie wissen«, sagte Bloom zuversichtlich, »stand der Rekord für den tiefsten Wert der Schwerkraft bei 0,52 g. Wir liegen jetzt tiefer, und das bei einem Stromverbrauch, der nur zehn Prozent von dem ausmacht, der beim letzten Rekord benötigt wurde. Und wir werden noch weiter hinuntergehen.«

Bloom verlangsamte am Ende das Fallen — ich glaube, absichtlich, um die Spannung zu steigern. Die trimensionalen Kameras schwenkten vom Loch im Billardtisch zum Anzeigegerät, das die weiter absinkenden Werte der M-E-Waage angab, und zurück.

Bloom sagte plötzlich: »Meine Herren, in der Tasche neben jedem Stuhl finden Sie dunkle Schutzbrillen. Setzen Sie die jetzt bitte auf. Der Nullpunkt des Schwerkraftfelds ist bald erreicht, und es wird ein Licht aussenden, das in hohem Maß ultraviolette Strahlen enthält.«

Er setzte selbst eine Schutzbrille auf, und es entstand ein allgemeines Geraschel, als man es ihm nachmachte.

Ich glaube, während der letzten Minute wagte niemand zu atmen, als der Zeiger auf Null fiel und dort verharrte. Und im gleichen Augenblick bildete sich zwischen den beiden Polen durch das Loch im Billardtisch hindurch ein Zylinder aus Licht.

Zwanzig Menschen hielten die Luft an. Dann rief jemand: »Mr. Bloom, wodurch entsteht das Licht?«

»Es ist typisch für den Nullpunkt der Schwerkraft«, sagte Bloom ruhig, was natürlich keine Antwort war.

Einige Reporter standen jetzt auf und drängten zum Tisch. Bloom scheuchte sie weg. »Meine Herren, treten Sie bitte zurück.«

Nur Priss blieb sitzen. Er schien in Gedanken versunken, und ich war die ganze Zeit danach sicher, daß es an den Schutzbrillen lag, daß die mögliche Bedeutung dessen, was dann folgte, nicht klar zu erkennen war. Ich sah seine Augen nicht, konnte sie nicht sehen. Und das hieß, weder ich noch sonst jemand konnte noch nicht einmal auf eine Vermutung kommen, was sich in diesen Augen abspielte. Nun, wir wären auf eine solche Vermutung vielleicht nicht einmal gekommen, wenn es keine Schutzbrillen gegeben hätte, aber wer kann das schon sagen?

Bloom ließ wieder seine Stimme erschallen. »Bitte! Die Vorführung ist noch nicht beendet. Bis jetzt haben wir nur wiederholt, was ich früher schon gemacht habe. Ich habe jetzt ein Schwerkraftfeld mit dem Wert Null hergestellt und gezeigt, daß das praktisch möglich ist. Aber ich möchte etwas davon vorführen, was dieses Feld machen kann. Was wir als nächstes sehen werden, hat noch niemand gesehen, auch ich nicht. Ich habe in dieser Richtung noch keine Experimente unternommen, so gern ich es auch getan hätte, weil ich der Ansicht bin, Professor Priss gebührt die Ehre . . .«

Priss riß den Kopf in die Höhe. »Was . . .?«

»Professor Priss«, sagte Bloom und lächelte offen, »ich hätte gern, daß Sie das erste Experiment durchführen, bei dem es um die Wirkung des Nullfeldes auf einen festen Körper geht. Sie sehen, daß sich das Feld in der Mitte eines Billardtisches gebildet hat. Die Welt weiß von Ihren phänomenalen Fähigkeiten als Billardspieler, Professor, ein Talent, das nur noch von Ihrer Begabung für theoretische Physik übertroffen wird. Möchten Sie nicht eine Billardkugel in den Bereich des Nullfelds stoßen?«

Eifrig reichte er dem Professor Kugel und Queue. Priss, dessen Augen durch die Schutzbrille verdeckt waren, starrte auf beides nieder und nahm sie nur langsam und zögernd an sich.

Ich frage mich, was seine Augen zeigten. Ich frage mich auch, wie weit der Entschluß, Priss bei der Vorführung Billard spielen zu lassen, auf Blooms Ärger über die Bemerkung von Priss zurückzuführen war, mit der er ihre regelmäßigen Spiele bedacht hatte, die Bemerkung, die ich weitergegeben hatte. War ich auf meine Weise für das Folgende verantwortlich?

»Kommen Sie, stehen Sie auf, Professor«, sagte Bloom, »und lassen Sie mich Ihren Platz einnehmen. Von jetzt an ist die Bühne frei für Sie. Nur zu!«

Bloom setzte sich und sprach mit dröhnender Stimme weiter. »Wenn Professor Priss die Kugel in den Bereich des Nullfelds schickt, wird sie nicht länger vom Schwerkraftfeld der Erde beeinflußt sein. Sie wird wahrscheinlich bewegungslos bleiben, während sich die Erde um ihre Achse dreht und um die Sonne kreist. Ich habe ausgerechnet, daß sich die Erde in dieser Breite und zu dieser Tageszeit nach unten bewegt. Wir werden uns mit ihr bewegen, und die Kugel wird stillstehen. Uns wird es vorkommen, als bewege sie sich nach oben, weg von der Erdoberfläche. Passen Sie auf.«

Priss war vor dem Tisch anscheinend zur Bewegungslosigkeit erstarrt. Vor Überraschung? Erstaunen? Ich weiß es nicht. Ich werde es nie wissen. Wollte er mit einer Geste Blooms kleine Rede unterbrechen, oder bemühte er sich nur verzweifelt, der schmählichen Rolle zu entrinnen, die ihm sein Widersacher aufzwang?

Priss wandte sich dem Billardtisch zu, warf zuerst einen Blick auf ihn, dann einen auf Bloom. Die Reporter hatten sich alle erhoben und drängten so nah wie möglich herbei, um gut zusehen zu können. Nur Bloom blieb allein auf seinem Sitz und lächelte. Er sah natürlich weder Tisch noch Kugel, noch Nullfeld an. Soweit ich durch die Schutzbrille erkennen konnte, sah er sich Priss an.

Priss drehte sich zum Tisch um und setzte seine Kugel auf. Er sollte das Werkzeug abgeben, das Bloom den endgültigen Triumph bringen und sich selbst — den Mann, der sagte, es sei unmöglich — zum Gespött der ganzen Welt machen sollte.

Vielleicht glaubte er, es gäbe keinen Ausweg. Vielleicht aber . . .

Mit einem sicheren Stoß seines Queues setzte er die Kugel in Bewegung. Sie lief nicht rasch, und jedes Auge folgte ihr. Sie berührte die Bande und prallte ab. Sie bewegte sich jetzt noch langsamer, als erhöhe Priss selbst die Spannung und gestaltete so den Triumph Blooms noch erregender.

Ich konnte bestens sehen, da ich an der Seite des Tisches stand, die

Priss gegenüberlag. Ich konnte sehen, wie die Kugel auf die Strahlen des Nullfeldes zulief, und dahinter konnte ich auf dem Sitz die Körperpartien Blooms sehen, die nicht durch diese Strahlen verdeckt wurden.

Die Kugel näherte sich dem Bereich des Nullfelds, schien für einen Augenblick an seinem Rand stehenzubleiben und war mit einem Lichtblitz, einem Donnerschlag und dem plötzlichen Geruch nach verbranntem Tuch verschwunden.

Wir schrien. Wir schrien alle auf.

Ich habe mit dem Rest der Welt zusammen die Szene inzwischen im Fernsehen gesehen. Ich kann mich auf dem Film selbst sehen, während dieser fünfzehn Sekunden wildesten Durcheinanders, aber ich kann mein Gesicht nicht wiedererkennen.

Fünfzehn Sekunden!

Und dann entdeckten wir Bloom. Er saß immer noch auf dem Stuhl, seine Arme waren immer noch verschränkt, aber durch Unterarm, Brust und Rücken ging ein Loch von der Größe einer Billardkugel. Wie die Autopsie später zeigte, war der größte Teil seines Herzens sauber herausgestanzt worden.

Man schaltete das Gerät ab. Man rief die Polizei. Man schleppte Priss fort, der völlig zusammengebrochen war. Ich war nicht besser dran, und wenn irgendein Reporter, der mit dabei war, je sagen sollte, er sei kaltblütig geblieben, dann ist er ein kaltblütiger Lügner.

Es vergingen einige Monate, bevor ich mit Priss wieder zusammentraf. Er war schlanker geworden, wirkte aber gesund. Seine Wangen waren gerötet, und er strahlte so etwas wie Entschlußfreudigkeit aus. Er war besser gekleidet, als ich ihn je gesehen hatte.

Er sagte: »Ich weiß *jetzt*, was geschehen ist. Wenn ich Zeit zum Nachdenken gehabt hätte, wäre es mir damals schon eingefallen. Aber ich bin ein langsamer Denker, und der arme Ed Bloom war so darauf erpicht, eine große Schau abzuziehen und machte das so gut, daß ich mitgerissen wurde. Ich habe natürlich versucht, den Schaden, den ich unabsichtlich verursacht habe, zum Teil wiedergutzumachen.«

»Sie können Bloom nicht wieder zum Leben erwecken«, sagte ich ernst.

»Nein, das kann ich nicht«, sagte er genauso ernst. »Aber man muß auch an die Bloom Enterprises denken. Was vor den Augen der Welt bei der Vorführung passierte, war die denkbar schlechteste Reklame für die Null-Schwerkraft, und es ist wichtig, daß die Sache geklärt wird. Deshalb habe ich *Sie* hergebeten.«

»Ja?«

»Wenn ich hätte schneller denken können, würde ich gewußt haben, daß Ed reinen Blödsinn erzählte, als er sagte, daß die Billardkugel in dem Nullfeld langsam in die Höhe steigen würde. Es *konnte* nicht sein.

Wenn Bloom die Theorie nicht so verachtet hätte, wenn er sich nicht so in seinen Stolz, von Theorie nichts zu wissen, verrannt hätte, wäre er selbst darauf gekommen. Schließlich ist die Bewegung der Erde nicht die einzige Bewegung, die da mit hereinspielt, junger Mann. Die Sonne bewegt sich auch in einer riesigen Kreisbahn um die Mitte der Galaxis, die wir Milchstraße nennen. Und die Galaxis bewegt sich selbst auf eine Art, die wir nicht genau bestimmen können. Man könnte meinen, wenn die Billardkugel einem Nullfeld ausgesetzt wird, bliebe sie von all diesen Bewegungen unbeeinflußt und würde plötzlich in einen Zustand absoluter Ruhe fallen — obwohl es so etwas wie absolute Ruhe nicht gibt.«

Priss schüttelte langsam den Kopf. »Ich glaube, die Schwierigkeit mit Ed war, daß er an die Art von Null-Schwerkraft dachte, die in einem Raumschiff auftritt, wenn es sich im freien Fall befindet, wenn die Leute durch die Luft schweben. Er erwartete, daß die Kugel durch die Luft schweben würde. Die Null-Schwerkraft in einem Raumschiff kommt nicht zustande, weil die Schwerkraft abwesend ist, sondern nur, weil zwei Objekte, das Raumschiff und der Mensch in ihm, gleich schnell fallen und auf genau gleiche Weise auf die Schwerkraft reagieren, so daß jedes Objekt in bezug auf das andere bewegungslos ist. In dem Nullfeld, das Ed hervorbrachte, wurde das Gummidecken-Universum glattgemacht, was einen echten Verlust der Masse bedeutet. Alles, was sich in diesem Feld befand, die Luftmoleküle darin und die Kugel, die ich hinterließ, war völlig masselos, solange es sich in ihm befand. Ein völlig masseloses Objekt kann sich nur auf eine Art bewegen.«

Er schwieg und forderte eine Frage heraus. Ich stellte sie. »Auf welche Art?«

»Mit Lichtgeschwindigkeit. Jedes masselose Objekt wie ein Neutrino oder ein Photon muß sich, solange es existiert, mit Lichtgeschwindigkeit bewegen. Das Licht bewegt sich nur deshalb mit dieser Geschwindigkeit, weil es sich aus Photonen zusammensetzt. Sobald die Billardkugel in dem Nullfeld war und ihre Masse verlor, nahm sie sogleich auch Lichtgeschwindkeit an und verschwand.«

Ich schüttelte den Kopf. »Aber hatte sie nicht sofort ihre Masse wieder, sobald sie den Bereich des Nullfelds verlassen hatte?«

»Sicher, und geriet sofort unter den Einfluß des Schwerkraftfeldes und verlangsamte sich auf Grund der Reibung mit Luft und der Fläche des Billardtisches. Aber überlegen Sie, wieviel Reibungskraft nötig wäre, um ein Objekt von der Masse einer Billardkugel, das sich mit Lichtgeschwindigkeit bewegt, abzubremsen. In einem Tausendstel einer Sekunde war es durch die hundertfünfzig Kilometer dicke Luftschicht der Erde hindurch, und ich glaube nicht, daß es sich um mehr als ein paar Kilometer pro Sekunde der ganzen 299 792 Kilometer pro Sekunde verlangsamt hat. Auf seinem Weg versengte es die Tischfläche, durchbrach glatt seinen Rand, fuhr durch den armen Ed wie auch durch das Fenster und stanzte saubere Löcher aus, weil es schon durch war, bevor das Material der Umgebung auch noch Gelegenheit hatte zu brechen und zu splittern, und das selbst bei einem so spröden Stoff wie Glas. Es war ein besonderer Glücksfall, daß wir uns im obersten Stock eines Gebäudes befanden, das mitten auf dem Land steht. Wenn wir in der Stadt gewesen wären, hätte es eine Reihe von Gebäuden durchschlagen und eine Menge Leute töten können. Inzwischen ist die Billardkugel tief in den Raum eingedrungen und hat den Rand des Sonnensystems schon weit hinter sich gelassen und wird so lange weiterfliegen, bis sie auf ein Objekt trifft, das groß genug ist, um sie aufzuhalten. Und dann wird sie einen ansehnlichen Einschlagkrater aufwerfen.«

Ich ließ mir die Sache durch den Kopf gehen und war mir nicht sicher, ob sie mir gefiel. »Wie ist das möglich? Die Billardkugel war fast zum Stillstand gekommen, als sie in das Nullfeld eintrat. Ich sah es. Und Sie sagen, daß sie es mit einer unvorstellbaren Menge an kinetischer Energie wieder verließ. Wo kam die Energie her?«

Priss zuckte die Achseln. »Sie kam nirgendwo her! Das Gesetz der Erhaltung der Energie gilt nur unter den Bedingungen, unter denen die Allgemeine Relativitätstheorie ihre Gültigkeit behält, das heißt, in einem eingedellten Gummidecken-Universum. Wo auch die Eindellung glattgemacht wird, gilt die Allgemeine Relativität nicht mehr, und Energie kann frei geschaffen und zerstört werden. Das erklärt auch die Strahlung, die an der zylindrischen Außenseite des Nullfelds auftrat. Wie Sie sich erinnern, erklärte Bloom diese Strahlung nicht, und ich fürchte, er konnte sie auch nicht erklären. Hätte er nur erst weiterexperimentiert. Wenn er nicht so verrückt darauf gewesen wäre, seine Schau abzuziehen . . .«

»Sir, wodurch erklärt sich diese Strahlung?«

»Durch die Luftmoleküle innerhalb des Bereichs. Jedes nimmt Lichtgeschwindigkeit an und bricht nach draußen. Es handelt sich nur um Moleküle, nicht um Billardkugeln. Sie werden deshalb abgebremst, aber ihre kinetische Energie wird dabei in energiegeladene Strahlung verwandelt. Das geht ununterbrochen vor sich, weil ständig neue Moleküle in den Bereich geraten, Lichtgeschwindigkeit annehmen und nach draußen brechen.«

»Dann wird ununterbrochen Energie geschaffen?«

»Genau. Und das müssen wir der Öffentlichkeit klarmachen. Die Anti-Schwerkraft ist keine Sache, mit der man hauptsächlich Raumschiffe anhebt oder mechanische Fortbewegung revolutioniert. Sie ist vielmehr die Quelle unaufhörlicher freier Energiezufuhr, da ein Teil der erzeugten Energie verwendet werden kann, das Feld aufrechtzuerhalten, das diesen Abschnitt des Universums glatthält. Ohne es zu wissen, hat Ed Bloom nicht nur die erste Anti-Schwerkraft erzeugt, sondern auch das erste erfolgreiche Spitzenmodell eines Perpetuum mobile erfunden, eins, das Energie aus dem Nichts erschafft.«

Ich sagte langsam: »Professor, stimmt es, daß jeder von uns durch die Billardkugel hätte getötet werden können? Sie hätte in jeder Richtung herauskommen können.«

Priss sagte: »Nun, bei jeder Lichtquelle treten die masselosen Photonen in jeder Richtung mit Lichtgeschwindigkeit aus. Deshalb breitet sich das Licht einer Kerze in alle Richtungen aus. Die masselosen Luftmoleküle verlassen den Bereich des Nullfelds in alle Richtungen, weshalb auch der ganze Zylinder strahlt. Die Billardkugel war jedoch nur ein Einzelobjekt. Es hätte in jeder Richtung herauskommen können, aber es mußte in irgendeiner Richtung herauskommen, die dem Zufall unterworfen war, und zufällig war es die, die Ed erwischte.«

Das war's dann. Über die Folgen weiß jeder Bescheid. Die Menschheit hatte freie Energie, und so wurde die Welt zu dem, was sie jetzt ist. Der Aufsichtsrat der Bloom Enterprises vertraute Professor Priss ihre Entwicklung an, und nach einiger Zeit war er so reich und berühmt, wie es Edward Bloom nur je gewesen war. Und Priss erhielt zwei weitere Nobelpreise.

Nur . . .

Ich mache mir weiter Gedanken. Aus einer Lichtquelle brechen Photonen in allen Richtungen hervor, weil sie in einem Augenblick erzeugt werden und es keinen Grund für sie gibt, irgendeine Richtung zu bevorzugen. Luftmoleküle verlassen ein Nullfeld in allen Richtungen, weil sie aus allen Richtungen eintreten.

Aber wie steht es mit einer einzelnen Billardkugel, die aus einer bestimmten Richtung in ein Nullfeld dringt? Verläßt sie es in derselben Richtung oder in irgendeiner Richtung?

Ich habe vorsichtig nachgeforscht, aber die theoretischen Physiker sind sich anscheinend nicht sicher, und ich kann keine Hinweise darauf finden, daß die Bloom Enterprises, die als einzige Organisation mit Nullfeldern arbeitet, jemals auf dem Gebiet experimentiert hat. Jemand von der Organisation sagte mir einmal, daß das Unschärfeprinzip gewährleistet, daß ein Objekt, das in beliebiger Richtung eintritt, in ganz zufälliger Richtung auch wieder austritt. Aber warum läßt man sich dann dort nicht auf dieses Experiment ein?

Könnte es also sein, daß Priss' Verstand einmal rasch gearbeitet hat? Könnte es sein, daß Priss unter dem Druck dessen, was Bloom ihm anzutun versuchte, plötzlich alles verstanden hatte? Er hatte die Strahlung betrachtet, die den Bereich des Nullfelds umgab. Er war ihr vielleicht auf den Grund gekommen und sich über die Lichtgeschwindigkeit dessen im klaren, was in den Bereich eindrang.

Wieso hatte er dann nichts gesagt?

Einst ist sicher. *Nichts* von dem, was Priss am Billardtisch machte, konnte Zufall sein. Er war ein Könner, und die Billardkugel machte genau das, was er wollte. Ich stand direkt dort. Ich sah, wie er Bloom und dann den Tisch ansah, als schätze er die Winkel ab.

Ich beobachtete, wie er die Kugel anstieß. Ich beobachtete sie, wie sie an der Bande abprallte und aus einer ganz bestimmten Richtung in den Bereich des Nullfelds rollte.

Als nämlich Priss die Kugel zum Bereich des Nullfeldes hinschickte — und die Tri-di-Filme bestätigten es —, zielte sie *schon* direkt auf Blooms Herz!

Ein Unglücksfall? Oder Zufall?

Mord?

13

Wenn der Wind sich dreht

Jonas Dinsmore betrat den Präsidenten-Raum des Fakultätsclubs in einer für ihn ganz charakteristischen Art, als sei ihm bewußt, daß er sich an einem Ort befand, wo er hingehörte, jedoch nicht akzeptiert wurde. Die Sicherheit seines Schrittes und das selbstverständliche Geräusch, das seine Füße erzeugten, sagten: »Ich gehöre hierhin.« Das Nichtakzeptiertwerden zeigte sich in dem raschen Blick, den er bei seinem Eintritt von einer Seite zur anderen gleiten ließ. Es war eine schnelle Bestandsaufnahme anwesender Feinde.

Er war außerordentlicher Professor der Physik, und er war nicht beliebt.

Es waren zwei andere im Raum, und Dinsmore durfte sie mit Recht als Feinde betrachten, ohne deswegen für paranoid gehalten zu werden.

Der eine war Horatio Adams, der alternde Dekan der Fakultät, der, ohne je eine einzige bemerkenswerte Leistung vollbracht zu haben, durch die zahlreichen nicht bemerkenswerten, aber völlig korrekten Dinge, die er getan hatte, zu hohem Ansehen gelangt war. Der andere war Carl Muller, dessen Arbeit über die große vereinigte Feldtheorie ihn zum Anwärter auf den Nobel-Preis (den er für wahrscheinlich hielt) und die Präsidentschaft der Universität (die ihm in seinen Augen sicher war) gemacht hatte.

Es war schwer zu sagen, welche Aussicht Dinsmore widerwärtiger fand. Man kann getrost behaupten, er verabscheute Muller.

Dinsmore setzte sich auf eine Ecke des Sofas, das alt, glitschig und kalt war. Die beiden bequemen Armsessel waren von den anderen besetzt. Dinsmore lächelte.

Er lächelte häufig, obwohl das seinem Gesicht weder ein freundliches noch ein erfreutes Aussehen gab. Zwar bestand das Lächeln aus nichts anderem als dem normalen Zurückziehen der Mundwinkel, doch jeder, auf den er es zielte, spürte eine eisige Wirkung. Sein rundes Gesicht, sein schütteres, aber sorgfältig gekämmtes Haar, seine vollen Lippen hätten mit einem solchen Lächeln jovial wirken müssen — taten es aber nicht.

Adams' langes Neuengland-Gesicht zuckte wie in einem flüchtigen Krampf der Gereiztheit. Muller, dessen Haare nahezu schwarz und dessen Augen von einem dazu nicht passenden Blau waren, machte einen ungerührten Eindruck.

Dinsmore sagte: »Ich weiß, ich störe, Gentlemen. Aber mir bleibt keine andere Wahl. Ich bin vom Kuratorium aufgefordert worden, mich einzufinden. Vielleicht dünkt Ihnen das ein Akt der Grausamkeit zu sein. Sicher erwarten Sie, Muller, jeden Augenblick vom Kuratorium eine Nachricht des Inhalts, daß Sie für die Präsidentschaft nominiert worden sind. Es wäre nur schicklich, wenn der bekannte Professor Adams, Ihr Mentor und Gönner, davon erführe. Aber warum, Muller, sollte das Kuratorium mir, Ihrem bescheidenen und ständig unterliegenden Rivalen, ein ähnliches Privileg einräumen?

Tatsächlich argwöhne ich, Muller, Ihre erste Handlung als Präsident würde sein, daß Sie mich informieren, es sei in jeder Beziehung besser, wenn ich mir anderswo eine neue Position suchte, denn mein Vertrag werde nach diesem akademischen Jahr nicht erneuert. Es könnte bequem sein, mich zur Stelle zu haben, damit es keine Verzögerung gibt. Das wäre unfreundlich, aber rationell.

Sie sehen beunruhigt aus, alle beide. Vielleicht bin ich ungerecht. Vielleicht denken Sie nicht an meine sofortige Entlassung; Sie mögen vorhaben, bis morgen damit zu warten. Ob es das Kuratorium ist, das schnell tätig werden und mich gleich zur Hand haben möchte? Einerlei. So oder so sind Sie anscheinend drinnen, und ich bin draußen. Und vielleicht ist das nichts als angemessen. Der angesehene Dekan einer großen Fakultät, der sich dem Abend seiner Laufbahn nähert, mit seinem brillanten Protegé, für dessen Ideen und Analysen auf dem Gebiet der Mathematik es keine Parallele gibt, sind bereit für die Lorbeeren. Während ich, ohne Ansehen und ohne Ehre —

Angesichts dieser Lage ist es freundlich von Ihnen, daß Sie mich reden lassen, ohne mich zu unterbrechen. Ich habe das Gefühl, daß die Botschaft, auf die wir warten, noch einige Minuten, vielleicht eine Stunde lang nicht eintreffen wird. Eine Vorahnung. Das Kuratorium selbst hätte wohl nichts gegen eine Verzögerung einzuwenden. Dies ist sein Augenblick in der Sonne, seine flüchtige Zeit des Ruhms. Und da wir uns die Zeit irgendwie vertreiben müssen, bin ich willens zu sprechen.

Manchen Verurteilten wird vor der Hinrichtung eine letzte Mahlzeit, manchen eine letzte Zigarette gewährt. Mir ein paar letzte Worte. Sie brauchen nicht zuzuhören und sich nicht einmal die Mühe zu machen, interessiert dreinzublicken.

— Ich danke Ihnen, Ihren resignierten Ausdruck, Professor Adams, nehme ich als Zustimmung. Professor Mullers leichtes Lächeln — sagen wir, der Verachtung — tut es ebenfalls.

Ich weiß, Sie werden es mir nicht verübeln, wenn ich wünschte, die Situation wäre anders. Auf welche Weise anders? Eine gute Frage. Ich möchte meinen Charakter und meine Persönlichkeit nicht verändern. Beide mögen unbefriedigend sein, aber sie gehören mir. Auch möchte ich weder die politische Leistungsfähigkeit von Adams noch die Brillanz von Muller verändern, denn das Ergebnis einer solchen Veränderung wäre ja nur, daß sie nicht länger Adams und Muller wären. Ich möchte sie haben, wie sie sind, und doch — andere Ergebnisse haben. Wenn man in der Zeit zurückgehen könnte, welche kleine Veränderung damals könnte eine große und wünschenswerte Veränderung heute erzeugen?

Das ist's, was wir brauchen. Zeitreise!

Ah, das entlockt Ihnen eine Reaktion, Muller. Das war eben der deutliche Beginn eines Schnaubens. Zeitreise! Lächerlich! Unmöglich!

Nicht nur unmöglich in dem Sinn, daß die Wissenschaft noch nicht so weit ist, sondern auch in dem umfassenderen Sinn, daß sie niemals so weit sein wird. Eine Zeitreise, bei der man in der Zeit zurückgeht, um die Realität zu verändern, ist nicht nur jetzt technisch unmöglich, sondern theoretisch ganz und gar unmöglich.

Merkwürdig, daß Sie so denken, Muller, bei Ihren Theorien. Durch Ihre eigenen Analysen, die die vier Kräfte, sogar die Gravitation, beinahe schon unter den einen Hut gegenseitiger Beziehungen gebracht haben, sind Zeitreisen theoretisch nicht länger unmöglich.

Nein, springen Sie nicht auf, um zu protestieren. Bleiben Sie sitzen, Muller, und entspannen Sie sich. Für Sie ist es unmöglich, davon bin ich überzeugt. Das wäre es für die meisten Menschen. Vielleicht für fast jeden. Aber es könnte Ausnahmen geben, und es könnte weiterhin sein, daß ich dazugehöre. Warum gerade ich? Wer weiß? Ich behaupte nicht, klüger als Sie oder Sie zu sein, doch was hat das damit zu tun?

Lassen Sie uns der Sache durch eine Analogie zu Leibe rücken. Denken Sie einmal — vor Zehntausenden von Jahren lernten menschliche Wesen nach und nach, entweder als Massen oder vermittels einiger weniger brillanter Individuen, zu kommunizieren. Die Sprache wurde erfunden, und zarte Tonmodulationen wurden mit abstrakten Bedeutungen befrachtet.

Seit Tausenden von Jahren ist jedes normale menschliche Wesen fähig zu kommunizieren. Aber wie viele sind fähig gewesen, eine Geschichte hinreißend gut zu erzählen? Shakespeare, Tolstoi, Dickens, Hugo — eine Handvoll, verglichen mit all den menschlichen Wesen, die gelebt haben — können diese modulierten Laute so benutzen, daß sie zu Herzen gehen, und Erhabenheit erreichen. Und doch benutzen sie die gleichen Laute wie wir alle.

Ich räume gern ein, daß zum Beispiel Mullers IQ höher ist als der von Shakespeare oder Tolstoi. Muller muß ebensolche Kenntnisse der Sprache haben wie jeder lebende Schriftsteller, ein ebenso großes Verständnis für ihre Bedeutung. Doch Muller könnte keine Wörter zusammensetzen und damit die gleiche Wirkung wie Shakespeare erzielen. Muller selbst würde es bestimmt nicht für einen Augenblick behaupten. Was ist es dann, das Shakespeare und Tolstoi tun und Muller oder Adams oder ich nicht tun können, welche Weisheit haben sie, die uns verschlossen bleibt? Sie wissen es nicht, und ich weiß es auch nicht. Was schlimmer ist, *sie* wußten es nicht. Shakespeare hätte Sie — oder sonstwen — auf keine Weise lehren können, so zu schreiben wie er. Er wußte nicht, wie — er konnte es nur.

Betrachten Sie als nächstes das Bewußtwerden der Zeit. Soviel wir wissen, begreifen unter allen Lebensformen nur menschliche Wesen die Bedeutung der Zeit. Alle anderen Spezies leben allein in der Gegenwart. Sie mögen vage Erinnerungen, sie mögen undeutliche und begrenzte Gedanken an die Zukunft haben. Aber gewiß verstehen nur menschliche Wesen die Vergangenheit, Gegenwart und Zukunft richtig. Sie können über ihre Bedeutung und Wichtigkeit spekulieren, können sich Gedanken machen über den Strom der Zeit, darüber, wie er uns mit sich fortträgt und wie dieser Strom verändert werden könnte.

Wann ist das geschehen? Wie ist es zustandegekommen? Wer war das erste menschliche oder hominide Wesen, das plötzlich erfaßte, wie der Strom der Zeit es aus der dunklen Vergangenheit in die dunkle Zukunft trug, und sich fragte, ob es verdammt oder erlöst werden würde?

Der Strom ist nicht immer gleich. Manchmal rast die Zeit für uns. Stunden verschwinden scheinbar wie Minuten — und ziehen sich ein anderes Mal quälend in die Länge. Im Traum, in der Trance, bei Drogen-Experimenten verändert die Zeit ihre Eigenschaften.

Sie scheinen einen Kommentar abgeben zu wollen, Adams. Bemühen Sie sich nicht. Sie wollen sagen, diese Veränderungen seien rein psychischer Natur. Ich weiß es, aber was gibt es anderes als die psychische Natur?

Gibt es eine *psychische* Zeit? Wenn ja, was ist psychische Zeit? Ganz bestimmt ist Zeit doch das, was wir daraus machen. Wir bauen die Instrumente. Wir interpretieren die Messungen. Wir entwickeln die Theorien und legen sie dann aus. Und wir haben die absolute Zeit verändert, sie zu einer Kreatur der Lichtgeschwindigkeit gemacht und entschieden, daß Gleichzeitigkeit nicht definierbar ist.

Ihre Theorie, Muller, hat uns gezeigt, daß Zeit ganz und gar subjektiv ist. Theoretisch kann jemand, der die Natur des Zeitstroms begreift, bei entsprechender Begabung sich unabhängig mit oder gegen ihn bewegen oder darin stillstehen. Es ist analog zu der Art, in der jemand, der die Symbole der Kommunikation kennt, bei entsprechender Begabung *König Lear* schreiben kann. Bei entsprechender Begabung.

Und wenn ich nun genug Begabung hätte? Wenn ich der Shakespeare des Zeitstroms wäre? Kommen Sie, machen wir uns den Spaß. Jeden Augenblick kann die Nachricht vom Kuratorium eintreffen, und dann muß ich aufhören. Erlauben Sie mir bis dahin, weiterzuplaudern. Das vertreibt die Zeit. Seit ich zu sprechen begonnen habe, sind fünfzehn Minuten vergangen. Ich bezweifle, daß es Ihnen bewußt geworden ist.

Dann folgen Sie meinem Gedankengang. Wenn ich Mullers Theorie praktisch anwenden könnte und an mir die merkwürdige Fähigkeit entdecken würde, mich ihrer zu bedienen, wie Homer sich der Wörter bediente — was würde ich dann mit meiner Gabe anfangen? Ich könnte vielleicht wie ein Geist in der Zeit zurückwandern und das Muster von Zeit und Ereignissen beobachten, um an der einen oder anderen Stelle einzugreifen und eine Veränderung vorzunehmen.

Natürlich befände ich mich bei meiner Reise außerhalb des Zeitstroms. Ihrer Theorie, Muller, ist nicht zu entnehmen, daß man sich beim Reisen rückwärts oder auch vorwärts in der Zeit inmitten des Stroms befinden, über Ereignisse stolpern und sie im Vorübergehen niederschlagen muß. Das wäre in der Tat theoretisch unmöglich. Bleib *draußen*, und die Sache wird möglich; habe Begabung, und du kannst hinein- und hinausschlüpfen.

Nehmen wir nun einmal an, ich hätte dies getan, ich sei hineingeschlüpft und hätte eine Veränderung vorgenommen. Diese eine Veränderung würde eine weitere erzeugen — die eine weitere erzeugen würde — Der Zeitstrom würde in ein neues Bett gelenkt und eigenes Leben annehmen, sich winden und schäumen, bis in ganz kurzer Zeit —

Nein, das ist ein unangemessener Ausdruck. ›Die Zeit würde in ganz kurzer Zeit —‹ Es ist, als stellten wir uns ein abstraktes und absolutes Zeitmaß vor, mit dem unsere Zeit gemessen werden könnte, als flösse unser eigener Hintergrund an Zeit vor einem anderen, tieferen Hintergrund dahin. Ich gestehe, es geht über meinen Horizont, aber tun wir einmal so, als ob Sie es verstehen.

Jeder Eingriff in die Ereignisse der Zeit würde nach — einer Weile — alles bis zur Unkenntlichkeit verändern.

Aber das möchte ich nicht. Wie ich gleich anfangs sagte, möchte ich nicht aufhören, ich zu sein. Selbst wenn ich an meiner Stelle jemanden schaffen würde, der intelligenter, vernünftiger, erfolgreicher wäre, wäre er trotzdem nicht *ich*.

Ebenso wenig möchte ich Sie, Muller, oder Sie, Adams, verändern. Auch das erwähnte ich bereits. Ich wünsche nicht über einen Muller zu triumphieren, der weniger genial, oder über einen Adams, der weniger geschickt beim Errichten eines imposanten Bauwerks von Ansehen gewesen ist. Ich würde gern über Sie triumphieren, wie Sie sind, nicht über geringere Wesen.

O ja, Triumph ist es, was ich wünsche.

Na, na. Sie zucken zusammen, als hätte ich etwas Unwürdiges gesagt. Ist Ihnen das Gefühl des Triumphes so fremd? Sind Sie so bar aller Menschlichkeit, daß Sie keine Ehre, keinen Sieg, keinen Ruhm, keine Belohnungen suchen? Soll ich annehmen, daß der geachtete Professor Adams seine lange Liste von Veröffentlichungen, seine hochgeschätzte Reihe vo Ehrengraden, seine zahlreichen Medaillen und Plaketten, seine Stellung als Leiter einer der berühmtesten Physik-Fakultäten in der Welt nicht besitzen möchte?

Und wären Sie zufrieden, Adams, wenn Sie das alles hätten, aber keiner davon wüßte, wenn das Vorhandensein dieser Dinge aus allen

Aufzeichnungen und Geschichtsbüchern ausgelöscht würde, wenn es ein Geheimnis zwischen Ihnen und dem Allmächtigen bliebe? Dumme Frage! Ich verlange keine Antwort, denn wir wissen ja, wie sie lauten würde.

Und ich brauche auch nicht den gleichen langen Sums wegen Mullers Anwartschaft auf den Nobel-Preis und auf die anscheinend sichere Präsidentenwürde — und das an dieser Universität! — durchzugehen.

Wie nennt man nun das, was Sie sich wünschen, da Sie doch nicht die Dinge selbst, sondern das Wissen der Öffentlichkeit von Ihrem Besitz dieser Dinge wollen? Doch natürlich Triumph! Sie möchten über Ihre Konkurrenz als eine abstrakte Klasse, über Ihre Mitmenschen triumphieren. Sie möchten etwas tun, das andere nicht tun können, und alle diese anderen sollen wissen, daß Sie etwas getan haben, das sie nicht tun können, so daß sie in hilflosem Bewußtsein dieser Tatsache und voller Neid und erzwungener Bewunderung zu Ihnen aufblicken müssen.

Soll ich edler sein als Sie? Warum? Lassen Sie mir das Privileg, zu wünschen, was Sie sich wünschen, nach dem Triumph zu hungern, nach dem Sie gehungert haben. Warum soll ich mich nicht nach dem Ansehen, dem Lob, der hohen Stellung sehnen, die auf Sie beide warten? Und mich an Ihre Stelle versetzen? Warum soll ich Ihnen diese Dinge nicht in dem Augenblick wegnehmen, wo sie Ihnen zufallen wollen? Es ist nicht unwürdiger, wenn ich mich in derlei Gedanken sonne, als wenn Sie es tun.

Ah, aber Sie verdienen es, und ich nicht. Das ist genau der Punkt. Wenn ich nun den Strom und den Inhalt der Zeit so umlenken könnte, daß ich es verdiene, und Sie nicht?

Stellen Sie sich vor, ich wäre immer noch ich, Sie beide wären immer noch Sie beide. Sie wären nicht weniger würdig, und ich wäre nicht würdiger — die Bedingung, die ich selbst aufgestellt habe, lautet, daß keiner von uns sich verändert —, und doch verdiene ich es, und Sie nicht. Mit anderen Worten, ich möchte Sie schlagen als das, was Sie sind, und nicht als mindere Substitute.

Auf gewisse Weise ist das ein Tribut an Sie, nicht wahr? Ich lese Ihnen am Gesicht ab, daß Sie das glauben. Vermutlich empfinden Sie beide eine Art von verächtlichem Stolz. Es ist schließlich etwas, das Maß zu sein, an dem der Sieg gemessen wird. Sie genießen es, die Ehren zu verdienen, nach denen ich lechze — besonders wenn dies Lechzen unbefriedigt bleiben muß.

Ich mache Ihnen das nicht zum Vorwurf. An Ihrer Stelle würde ich genauso empfinden.

Aber muß das Lechzen unbefriedigt bleiben? Malen wir es uns aus —

Angenommen, ich ginge in der Zeit zurück, sagen wir, um fünfundzwanzig Jahre. Eine hübsche Zeit, ein rundes Vierteljahrhundert. Sie, Adams, wären vierzig. Sie wären gerade hier eingetroffen, ein ordentlicher Professor nach Ihrer schlechtbezahlten Dozentenstelle am Case-Institut. Ihre Arbeit über Diamagnetismus hätten Sie bereits beendet, obwohl Ihr nicht veröffentlichter Versuch, etwas mit Wismut-Hypochromeisen anzufangen, ein ziemlich lächerlicher Fehlschlag war. Himmel, Adams, blicken Sie nicht so überrascht drein! Meinen Sie, ich kenne Ihre berufliche Laufbahn nicht bis ins letzte Detail?

Und Sie, Muller, wären sechsundzwanzig und gerade dabei, Ihre Dissertation über die Allgemeine Relativitätstheorie zu schreiben, die zu ihrer Zeit faszinierend war, aber rückblickend viel weniger befriedigend ist als damals. Wäre sie richtig interpretiert worden, hätte sie die meisten von Hawkings späteren Schlußfolgerungen vorweggenommen, wie Sie heute wissen. Sie interpretierten sie zu der Zeit nicht richtig, und es ist Ihnen gelungen, diese Tatsache zu verschleiern.

Ich fürchte, Muller, Sie sind nicht gut im Interpretieren. Sie haben die These Ihrer eigenen Doktorarbeit nicht zu Ihrem größtmöglichen Vorteil interpretiert, und Sie haben Ihre große Feldtheorie auch nicht richtig interpretiert. Aber vielleicht ist das keine Schande, Muller. Das Unvermögen, richtig zu interpretieren, ist allgemein verbreitet. Wir können den Kniff nicht alle heraushaben, und das Talent, Schlußfolgerungen vom Baum zu schütteln, mag nicht in dem gleichen Gehirn anzutreffen sein, das das Talent zu brillanten Ideen birgt. Ich besitze ersteres ohne letzteres, also warum sollten Sie nicht letzteres ohne ersteres haben?

Wenn Sie, Muller, doch nur Ihre wunderbaren Gedanken erzeugen und es mir überlassen würden, daraus ebenso wunderbare Schlußfolgerungen zu ziehen! Was für ein Team gäben wir ab, Sie und ich, Muller — aber Sie würden mich nicht haben wollen. Darüber beklage ich mich nicht, denn ich würde Sie auch nicht haben wollen.

Wie dem auch sei, das sind Kleinigkeiten. Mit dem Nadelstich bezüglich Ihrer törichten Behandlung der Wismut-Salze kann ich Ihnen keinen Schaden zufügen, Adams. Schließlich konnten Sie Ihres Fehlers mit einiger Mühe noch habhaft werden, bevor Sie ihn in den Seiten eines gelehrten Journals einbalsamierten — er ist jetzt nur noch im Gedächtnis der Lektoren vorhanden. Und den Sonnenschein, der über Sie, Muller, hinspielt, kann ich nicht verdunkeln, indem ich auf Ihrer Unfähigkeit herumreite, die Schlüsse zu ziehen, die aus Ihren Ideen gezogen werden könnten. Man mag es sogar als Beweis Ihrer Genialität ansehen: Ihre Gedanken sind mit so vielem beladen, daß nicht einmal Sie brillant genug sind, um alle Schlußfolgerungen aus ihnen herauszuwringen.

Aber wenn es so nicht geht, wie ginge es dann? Wie könnten die Dinge entsprechend verändert werden? Glücklicherweise wäre ich in der Lage, die Situation eine Zeitlang zu studieren, die mein Bewußtsein als Jahre interpretieren würde, und doch gäbe es währenddessen kein physisches Verstreichen der Zeit und deshalb auch kein Altern. Meine Gedanken würden weiterarbeiten, aber mein körperlicher Metabolismus täte es nicht.

Wieder lächeln Sie. Nein, ich weiß nicht, wie das sein könnte. Natürlich sind unsere Gedanken Teil der metabolischen Veränderung unseres Körpers. Ich gehe einfach von der Annahme aus, daß Gedanken außerhalb des Zeitstroms keine Gedanken im körperlichen Sinn sind, sondern etwas anderes, das gleichwertig ist.

Nun studiere ich einen Augenblick in der Zeit und suche nach einer Veränderung, die vollbrächte, was ich mir wünsche. Wie finge ich das an? Könnte ich eine Veränderung vornehmen, mich in der Zeit vorwärtsbewegen, mich über die Folgen vergewissern und, wenn sie mir nicht gefielen, zurückkehren, die Veränderung rückgängig machen und es mit einer anderen versuchen? Wenn ich das fünfzigmal, tausendmal täte, bewirkte ich je die richtige Veränderung? Die Zahl der Veränderungen, jede mit zahllosen Folgen, jede mit weiteren zahllosen Folgen, liegt jenseits von Berechnung und Begreifen. Wie fände ich die Veränderung, die ich suche?

Und doch habe ich sie gefunden. Ich habe gelernt, wie es zu machen ist, und ich kann Ihnen nicht sagen, wie ich es lernte und was ich tat, nachdem ich es gelernt hatte. Wäre es so schwer? Denken Sie an die Dinge, die wir tatsächlich lernen.

Wir stehen, wir gehen, wir rennen, wir hüpfen — und das alles tun wir hochkant. Wir befinden uns in einem Zustand äußerster Unstabilität. Wir bleiben nur aufrecht stehen, weil die großen Muskeln unserer Beine und unseres Rumpfes in ständiger leichter Bewegung sind und hierin und dahin ziehen, ganz wie ein Zirkusartist, der eine Stange auf der Nasenspitze balanciert.

Körperlich ist das schwer. Darum erschöpft uns das Stehen immer noch. Wir sind froh, wenn wir uns nach einer Weile niedersetzen dürfen. Deshalb führt es zu einem Kollaps, wenn Leute übermäßig lange in Habacht-Stellung stehen müssen. Und doch, wenn wir nicht zu sehr übertreiben, bringen wir es so gut fertig, daß wir uns dessen nicht einmal bewußt werden. Wir können den ganzen Tag lang immer wieder von neuem stehen und gehen und rennen und hüpfen, ohne jemals zu fallen oder auch nur ernsthaft ins Schwanken zu geraten. Und nun beschreiben Sie das mal jemandem, der es nie versucht hat, so, daß er es nachmachen kann. Sie sind nicht imstande dazu.

Ein anderes Beispiel. Wir können sprechen. Mit einer rapiden und unrhythmischen Folge von Dehnungen und Kontraktionen der Muskeln in Zunge, Lippen, Wangen und Gaumen lassen wir Laute in genau der Klangfarbe entstehen, die wir haben wollen. Es hat uns viel Mühe gekostet, das zu lernen, als wir kleine Kinder waren, aber sobald wir es einmal gelernt hatten, konnten wir Dutzende von Wörtern in der Minute ohne bewußte Anstrengung produzieren. Nun, wie tun wir es?

Welche Muskelbewegungen vollführen wir, um zu sagen: ›Wie tun wir es?‹ Beschreiben Sie diese Muskelbewegungen jemandem, der nie gesprochen hat, so, daß er Laute von sich geben kann! Es ist unmöglich.

Aber wir können die Laute erzeugen. Und das ohne Anstrengung.

Da ich genug Zeit hatte — ich weiß nicht einmal, wie ich das Vergehen von dem, was ich meine, nennen soll. Zeit war es nicht; bezeichnen wir es als ›Dauer‹. Da ich genug Dauer hatte, *ohne* daß Zeit verging, lernte ich, die Realität meinen Wünschen anzupassen. Ich war ein stammelndes Kind, das aber allmählich lernte, unter den gestammelten Lauten auszuwählen und Wörter zu bilden. Ich lernte es, auszuwählen.

Natürlich war es riskant. Während ich lernte, hätte ich etwas tun können, das nicht umkehrbar war oder dessen Umkehrung zumindest subtile Veränderungen erforderte, die über meine Kräfte gingen. Es widerfuhr mir nicht. Vielleicht war das mehr Glück als sonst etwas.

Nach und nach fand ich Freude daran. Es war wie das Malen eines Bildes, das Aushauen einer Skulptur. Es war mehr als das; es war das Schaffen einer neuen Realität. — Einer neuen Realität, die sich in ihren Schlüsselbegriffen nicht von unserer eigenen unterschied. Ich blieb genau, was ich bin, Adams blieb der ewige Adams, Muller der geniale Muller. Die Universität blieb die Universität, die Wissenschaft die Wissenschaft.

Hat sich also nichts verändert? — Aber Sie entziehen mir Ihre Aufmerksamkeit. Sie glauben mir nicht länger, und ich selbst schüttele den Kopf über das, was ich sage. Ich habe mich von meiner Begeisterung hinreißen lassen. Ich habe geredet, als gebe es tatsächlich Zeitreisen und als hätte ich getan, was ich gerne tun würde. Verzeihen Sie mir. Nennen Sie es Vorstellungskraft — Phantasie —, ich spreche davon, was ich getan hätte, wenn Zeitreisen möglich wären und wenn ich das Talent dazu hätte.

Hat sich in dem Fall — in meiner Phantasie — nichts verändert? Es hätte *irgendeine* Veränderung geben müssen, eine, bei der Adams zwar ganz und gar Adams bliebe und doch ungeeignet als Dekan wäre, bei der Muller genau Muller wäre und doch kaum Aussicht auf den Nobel-Preis und gar keine auf die Präsidentschaft der Universität hätte.

Und ich wäre ich selbst. Ich wäre ungeliebt und würde mich abstrampeln und hätte keine Kreativität — und doch wäre ich im Besitz der Eigenschaften, die mich zum Universitätspräsidenten machen würden.

Es könnte nichts Wissenschaftliches sein. Es müßte etwas sein, das außerhalb der Wissenschaft liegt, etwas Schändliches und Gemeines, das feine Herren wie Sie disqualifizierte —

Na, ja. Diese Blicke, in denen sich Verachtung und ölige Selbstzufriedenheit mischen, verdiene ich nicht. Sie sind also sicher, daß Sie nichts Schändliches und Gemeines zu tun vermögen? Wie können Sie sicher sein? Da ist nicht einer von uns, der unter entsprechenden Bedingungen nicht in — sollen wir es Sünde nennen? — fallen würde. Wer von uns bliebe ohne Sünde, wenn die richtige Versuchung an ihn heranträte? Wer von uns *ist* ohne Sünde?

Denken Sie nach, denken Sie nach! Sind Ihre Seelen rein? Haben Sie niemals etwas Unrechtes getan? Sind Sie niemals zumindest fast in den Abgrund gestürzt? Und sind Sie in dem Fall nicht nur knapp entronnen, haben Sie es nicht eher irgendwelchen glücklichen Umständen als Ihrer inneren Tugend zu verdanken? Und nun stellen Sie sich vor, jemand habe all Ihre Handlungen genau studiert und die glücklichen Zufälle notiert, die Sie retteten, und er habe nur einen dieser Zufälle verändert — hätten Sie dann nicht Unrecht getan?

Natürlich, hätten Sie in aller Öffentlichkeit ein böses und schmutziges Leben geführt, so daß die Menschen sich voller Abscheu und Ekel von Ihnen abgewendet hätten, dann wären Sie nie in Ihre augenblicklichen geachteten Stellungen gelangt. Sie wären längst gefallen, und ich würde nicht über Ihre geschändeten Körper schreiten, denn Sie wären gar nicht da, um mir als Trittsteine zu dienen.

Sehen Sie, wie kompliziert das alles ist?

Aber gerade das macht es ja so aufregend, sehen Sie. Wenn ich in der Zeit zurückkreiste und feststellte, die Lösung sei nicht kompliziert und ich könne mein Ziel mit einem Streich erreichen, fände ich vielleicht Vergnügen daran, aber jede intellektuelle Aufregung würde fehlen.

Wenn wir Schach spielten und ich durch ein irrtümliches Schachmatt in drei Zügen gewänne, wäre dieser Sieg schlimmer als eine Niederlage. Ich hätte dann gegen einen unwürdigen Gegner gespielt, und das wäre eine Schande für mich.

Nein. Der Mühe wert ist nur ein Sieg, den man dem festen Griff des Gegners langsam und mit Mühe entringt, ein Sieg, der unerreichbar scheint, ein Sieg, der die Kräfte verzehrt, die Hoffnung nimmt und die Knochen bricht, der sich von der schlimmsten und aufreibendsten Niederlage nur durch die Tatsache unterscheidet, daß man, keuchend und röchelnd in völliger Erschöpfung, die Flagge, die Trophäe in der Hand hält.

Die Dauer, die ich im Spiel mit diesem flüchtigsten aller Stoffe, der Realität, verbrachte, war angefüllt mit der mir selbst auferlegten Schwierigkeit. Verbissen hielt ich mich daran, nicht nur mein Ziel zu erreichen, sondern es auch auf meine Weise zu erreichen. Ich wies alles zurück, was nicht *genauso* war, wie ich es haben wollte. Verfehlte mein Ziel um Haaresbreite, sah ich es als verfehlt an, traf ich es beinahe, merzte ich das Resultat als nicht getroffen aus. Auf meiner Zielscheibe gab es das Schwarze und sonst nichts.

Und auch nachdem ich gewonnen hatte, mußte mein Sieg so subtil sein, daß Sie nichts davon bemerken würden, bis ich es Ihnen sorgfältig erklärt hatte. Bis zum letzten Augenblick sollten Sie nicht wissen, daß in Ihrem Leben das Oberste zuunterst gekehrt worden war. Aus diesem Grund —

Aber halt, ich habe etwas ausgelassen. Ich habe mich ganz auf meine Absicht konzentriert, uns und die Universität und die Wissenschaft unverändert zu lassen, und so habe ich versäumt zu erklären, daß sich andere Dinge sehr wohl ändern könnten. Es müßte Veränderungen in den gesellschaftlichen, politischen und wirtschaftlichen Kräften geben, auch in den internationalen Beziehungen. Wer würde sich schließlich um derlei Dinge kümmern? Bestimmt nicht wir drei.

Das ist ja das Wunder der Wissenschaft und des Wissenschaftlers, nicht wahr? Was bedeutet es uns, wen wir in unseren guten Vereinigten Staaten wählen oder wie in den Vereinten Nationen abgestimmt wurde oder ob die Aktienkurse stiegen oder fielen oder ob der immerwährende Tanz der Nationen diesem oder jenem Muster folgte? Solange es die Wissenschaft gibt und die Naturgesetze gültig bleiben und das Spiel, das wir betreiben, weitergeht, ist der Hintergrund, vor dem wir spielen, nur ein bedeutungsloser Wechsel von Licht und Schatten.

Vielleicht werden Sie das nicht zugeben wollen, Muller. Ich weiß recht gut, daß Sie sich zu Ihrer Zeit als Teil der Gesellschaft empfanden und Ansichten über dies und das verlautbart haben. In geringerem Umfang haben auch Sie das getan, Adams. Sie beide haben exaltierte Ansichten über die Menschheit und die Erde und verschiedene Abstraktionen ausgesprochen. Doch wieviel davon diente nur dem Zweck, Ihr Gewissen zu schmieren, weil Sie in Ihrem Inneren — ganz tief unten — an gar nichts Interesse haben, solange Sie nur dasitzen und über Ihren wissenschaftlichen Gedanken brüten können?

Das ist der eine große Unterschied zwischen uns. Mir ist es gleichgültig, was mit der Menschheit geschieht, solange man mir meine Physik läßt. Da bin ich ganz offen; jeder kennt mich als zynisch und abgebrüht. Sie beide sind *insgeheim* gleichgültig. Dem Zynismus und der Abgebrühtheit, die mich kennzeichnen, fügen Sie Heuchelei hinzu. Das übertüncht Ihre Sünden für den Gedankenlosen, macht sie aber schlimmer, wenn sie herauskommen.

Oh, schütteln Sie nicht den Kopf. Als ich Ihr Leben unter die Lupe nahm, entdeckte ich so viel über Sie, wie Sie selbst wissen; mehr, weil ich Ihre Verfehlungen klar sehe und Sie sie vor sich selbst verstecken. Das ist das Amüsanteste an der Heuchelei, daß sie den Heuchler, wenn der nur konsequent genug ist, unter seine Opfer einreiht. Er ist tatsächlich sein am gründlichsten betrogenes Opfer, denn man erlebt immer wieder, daß ein vor aller Welt entlarvter Heuchler sich selbst ganz ehrlich immer noch als Säulenheiligen sieht.

Aber das sage ich nicht, um Sie zu schmähen. Ich sage es, um Ihnen zu erklären: Sollte ich es notwendig gefunden haben, die Welt so zu verändern, daß wir die gleichen blieben und doch ich anstelle von Ihnen nach oben käme, würde es Ihnen im Grunde nichts ausmachen. — Das heißt, was die Welt betrifft.

Es wäre Ihnen gleichgültig, wenn die Republikaner nach oben und die Demokraten nach unten kämen oder umgekehrt, ob der Feminismus in Blüte stände und der Berufssport seine Attraktion verlöre, ob dies oder das in Kleidung, Möbeln, Musik oder Theater in Mode wäre oder nicht. Was bedeuten Ihnen diese Dinge?

Nichts.

Eigentlich weniger als nichts, denn eine veränderte Welt hätte uns eine neue Realität gebracht, *die* Realität, soweit die Menschen auf der Welt davon betroffen wären, die *einzige* Realität, die Realität der Geschichtsbücher, die Realität, die während der letzten fünfundzwanzig Jahre *real* war.

Wenn Sie mir glaubten, wenn Sie vermuteten, ich trüge Ihnen nicht nur meine Phantasien vor, wären Sie immer noch hilflos. Könnten Sie zu irgendeinem Amtsinhaber gehen und sagen: ›Die Dinge sind nicht so, wie sie sein sollten. Sie sind von einem Schurken verändert worden‹? Was würde das anderes beweisen, als daß Sie wahnsinnig sind? Wer könnte glauben, die Realität sei nicht die Realität, wenn es der Stoff und das Muster ist, die in unglaublich verwickelter Art während dieser ganzen fünfundzwanzig Jahre gewebt wurden, und wenn jeder Mensch sie als gewoben im Gedächtnis hat und danach lebt?

Aber Sie glauben mir eben nicht. Sie wagen es nicht, zu glauben, daß ich nicht nur darüber spekuliere, ich sei in der Zeit zurückgereist, ich hätte Sie beide studiert, ich hätte mich abgemüht, eine neue Realität zu schaffen, in der Sie unverändert sind, aber, ach, die Welt verändert ist. Ich habe es *getan*, ich habe *das alles* getan. Und ich allein erinnere mich an beide Realitäten, weil ich mich außerhalb der Zeit befand, als die Veränderung vorgenommen wurde, und weil *ich* sie vornahm.

Und immer noch glauben Sie mir nicht. Sie wagen es nicht, mir zu glauben, denn wenn Sie mir glaubten, würden Sie sich selbst als Wahnsinnige ansehen. Hätte ich diese uns vertraute Welt von 1982 verändern können? Unmöglich.

Wenn ich es getan hätte, wie könnte die Welt ausgesehen haben, bevor ich daran herumpfuschte? Ich will es Ihnen sagen — sie war chaotisch! Sie war voll von Zügellosigkeit! Jeder Mensch machte sich sein Gesetz selbst! Auf gewisse Weise bin ich froh, daß ich die Welt verändert habe. Jetzt haben wir eine Regierung, und das Land wird regiert. Unsere Herrscher haben bestimmte Ansichten, und diese Ansichten werden durchgesetzt. Gut!

Aber, Gentlemen, in der Welt, die einmal war, in dieser alten Realität, die niemand kennt oder sich vorstellen kann, machten Sie beide sich Ihre eigenen Gesetze und kämpften für Zügellosigkeit und Anar-

202

chie. Das war in der alten Realität kein Verbrechen. Vielen galt es als bewundernswert.

In der neuen Realität habe ich Sie unverändert gelassen. Sie blieben Kämpfer für Zügellosigkeit und Anarchie, und das *ist* ein Verbrechen in der gegenwärtigen Realität, in der einzigen Realität, die Sie kennen. Ich sorgte dafür, daß Sie es verheimlichen konnten, und es gelang Ihnen, zu Ihrer gegenwärtigen Höhe aufzusteigen. Aber ich wußte, wo die Beweise waren und wie sie ausgegraben werden könnten. Und zum richtigen Zeitpunkt — grub ich sie aus.

Ich glaube, jetzt sehe ich zum erstenmal einen Ausdruck auf Ihren Gesichtern, der außerhalb der Skala von müder Toleranz, Verachtung, Belustigung und Verärgerung liegt. Erkenne ich eine Spur von Angst? Geht Ihnen auf, worüber ich spreche?

Denken Sie nach! Denken Sie nach! Wer war Mitglied der Liga für konstitutionelle Freiheit? Wer half, das *Manifest der freien Gedanken* in Umlauf zu bringen? Es war sehr mutig und ehrenvoll von Ihnen, das zu tun, dachten einige Leute. Sie erhielten viel Beifall vom Untergrund. — Kommen Sie, Sie wissen, wen ich mit Untergrund meine. Sie sind darin nicht mehr aktiv. Sie bekleiden zu exponierte Stellungen, und Sie haben noch mehr zu erwarten. Warum wollen Sie es für etwas aufs Spiel setzen, das die Menschen nicht wollen?

Sie tragen Ihre Anhänger, und Sie zählen zu den Frommen. Aber mein Anhänger ist größer, und ich bin frömmer, denn ich habe nicht Ihre Verbrechen begangen. Noch wichtiger ist, Gentlemen, mir gebührt der Ruhm, Sie angezeigt zu haben.

Eine schändliche Tat? Eine skandalöse Tat? Meine Anzeige? Ganz und gar nicht. Ich werde belohnt werden. Ich war entsetzt über die Heuchelei meiner Kollegen, ihre subversive Vergangenheit erregte in mir Ekel und Abscheu, ich machte mir Sorgen, was sie von neuem gegen die beste und edelste und frömmste Gesellschaft, die es je auf der Erde gegeben hat, aushecken mochten. Die Folge war, daß ich all dies zur Kenntnis der anständigen Männer brachte, die mit dazu beitragen, in dieser Gesellschaft die Tugendhaftigkeit der Gedanken und die Demut des Geistes aufrechtzuerhalten. Diese Männer werden mit Ihren Sünden ringen, um Ihre Seelen zu retten und Sie zu wahren Kindern des Geistes zu machen. Ich könnte mir denken, daß Ihre Körper im Verlauf dieses Prozesses einigen Schaden nehmen werden, aber was tut's? Es wären geringe Kosten im Vergleich zu dem gewaltigen und ewigen Guten, das er Ihnen bringen wird. Und ich werde belohnt dafür, daß ich es alles möglich gemacht habe.

Ich glaube, jetzt haben Sie wirklich Angst bekommen, Gentlemen. Denn die Botschaft, auf die wir alle gewartet haben, kommt gleich, und Sie erkennen, warum ich aufgefordert worden bin, hier bei Ihnen zu bleiben. Die Präsidentschaft gehört mir, und meine Interpretation der Muller-Theorie wird sie zusammen mit der Schande, die über

Muller hereinbricht, in den Lehrbüchern zu der Dinsmore-Theorie machen und mir vielleicht den Nobel-Preis eintragen. Was Sie betrifft —«

Taktmäßige Schritte erklangen draußen vor der Tür; eine hallende Stimme rief: »Halt!«

Die Tür flog auf. Herein trat ein Mann, dessen nüchterne graue Tracht mit dem breiten weißen Kragen, der Agraffe auf dem hohen Hut und dem großen Bronze-Kreuz ihn als Hauptmann in der gefürchteten Legion des Anstands auswies.

Mit nasaler Stimme sagte er: »Horation Adams, ich verhafte Sie im Namen Gottes und der Kongregation wegen des Verbrechens der Teufelei und Zauberkunst. Carl Muller, ich verhafte Sie im Namen Gottes und der Kongregation wegen des Verbrechens der Teufelei und Zauberkunst.«

Seine Hand winkte kurz und schnell. Zwei gewöhnliche Legionäre traten zu den beiden Physikern, die in sprachlosem Entsetzen auf ihren Sesseln hockten, zerrten sie auf die Füße und legten ihnen Handschellen an. Als eine erste Geste der Demut vor dem geheiligten Symbol rissen sie ihnen die kleinen Kreuze von den Aufschlägen.

Der Hauptmann wandte sich an Dinsmore. »Der Ihre in Heiligkeit, Sir. Ich habe den Auftrag, Ihnen diese Mitteilung vom Kuratorium auszuhändigen.«

»Der Ihre in Heiligkeit, Hauptmann«, antwortete Dinsmore ernst und befühlte seinen eigenen Kreuz-Anhänger. »Es ist mir eine Freude, die Worte jener frommen Männer zu erhalten.«

Er wußte, was die Nachricht enthielt.

Als neuer Präsident der Universität konnte er, wenn er wollte, die Strafe der beiden Kollegen mildern. Sein Triumph würde auch dann noch groß genug sein.

— Aber nur, wenn er damit kein Risiko einging.

— Und in der Gewalt der moralischen Majorität, das durfte er nicht vergessen, war niemand jemals *wirklich* sicher.

14

Die Bestimmung der Lichtgeschwindigkeit

Manchmal ist die Durchführung einer sorgfältigen Messung von größter Bedeutung, erheblich mehr noch, als die Wissenschaftler selbst erkannten, welche die Messung ursprünglich vornahmen. Zu Anfang hatte beispielsweise niemand auch nur die geringste Ahnung, was für eine grundlegende Größe die Lichtgeschwindigkeit ist. Manchmal erhält man die Messung auch, wenn sie erfolgreich durchgeführt wird, auf unerwartete Weise aus unerwarteter Quelle, wie es bei dem Vorgang der Fall war, der im nächsten Artikel beschrieben wird.

Sie können sich sicher vorstellen, daß ich häufig Darstellungen von seltsamen Theorien erhalte, die sich einer meiner Leser ausgedacht hat. Die meisten behandeln weitgesteckte Begriffe wie die grundlegenden Gesetze von Raum und Zeit. Die meisten sind außerdem unleserlich (oder übersteigen meinen Horizont, wenn Ihnen das lieber ist). Viele werden von ernsten Teenagern entwickelt, manche von pensionierten Ingenieuren. Diese Theoretiker scheinen zu glauben, ich sei im Besitz einer besonderen Fähigkeit, tiefgehende und scharfsinnige Begriffe abzuwägen, verbunden mit einer Phantasie, die durch das ungezügelte Schöpferische nicht aufzuhalten sei.

Das alles ist natürlich nutzlos. Ich bin kein Schiedsrichter großartiger neuer Theorien. Ich kann nicht mehr tun, als das Material (das manchmal viele Seiten umfaßt und mir erhebliche Portokosten verursacht) zurückzuschicken und in aller Bescheidenheit zu erklären, warum ich nicht helfen kann.

Gelegentlich jedoch — in viel zu langen Abständen — flattert mir ein Brief auf den Schreibtisch, den ich amüsant finde. Das war auch vor einigen Jahren der Fall. Er bestand aus vierzehn tadelnden, zunehmend unzusammenhängenden Seiten in Prosa, die auf eine in zwei Rubriken zerfallende Schmähschrift gegen Albert Einstein hinausliefen:

1. Albert Einstein habe Weltruhm erlangt (so schrieb der Verfasser) durch die Entwicklung einer großen und scharfsinnigen Theorie der Relativität, die er einem armen, hart arbeitenden Wissenschaftler gestohlen habe. Einsteins Opfer sei deshalb in Vergessenheit und Not gestorben, ohne je die Anerkennung zu erhalten, die er für diese monumentale Entdeckung verdient habe.
2. Albert Einstein habe Weltruhm erlangt (so schrieb der Verfasser weiter), indem er eine völlig irrige und lächerliche Relativitätstheo-

rie erfunden habe, die der Welt durch eine Verschwörung von Physikern aufgezwungen worden sei.

Der Schreiber des Briefes verfocht *beide* Thesen abwechselnd mit gleicher Vehemenz und erkannte sichtlich nicht, daß sie unvereinbar waren. Selbstverständlich blieb ich ihm eine Antwort schuldig.

Aber woran mag es liegen, daß manche Menschen so heftig gegen die Relativitätstheorie wettern? Die meisten Menschen, die Einwände dagegen erheben (für gewöhnlich weitaus rationalere als der unselige Schreiber des erwähnten Briefes), wissen herzlich wenig darüber. so ungefähr das einzige, was ihnen bekannt ist (und was beinahe jeder Nichtphysiker weiß), ist der Umstand, daß es nach dieser Theorie nichts Schnelleres geben kann als die Geschwindigkeit des Lichts, und das kränkt sie.

Ich will hier nicht auf die Frage eingehen, warum Wissenschaftler glauben, daß nichts, was Masse besitzt, sich schneller fortbewegen kann als Licht. Ich möchte aber gerne über die tatsächliche Grenzgeschwindigkeit, nämlich die Lichtgeschwindigkeit sprechen, was sie in Wirklichkeit ist und wie sie bestimmt wurde.

Der dänische Astronom Oleus Roemer schlug als erster eine brauchbare Zahl für die Lichtgeschwindigkeit vor, die er durch das Studium der Verfinsterungen der Jupitersatelliten durch den Planeten ermittelte.

Im Jahre 1676 schätzte er, daß das Licht 22 Minuten brauche, um die äußerste Breite der Erdumlaufbahn um die Sonne zu durchqueren. Zu jener Zeit nahm man die Gesamtbreite der Erdumlaufbahn mit ungefähr 174 000 000 Meilen an; Roemers Resultate bedingten demzufolge eine Lichtgeschwindigkeit von 132 000 Meilen in der Sekunde.

Das ist nicht schlecht. Die Zahl liegt zwar um rund 30 Prozent zu niedrig, jedoch in der richtigen Größenordnung, und für einen ersten Versuch ist das durchaus respektabel. Roemer bestimmte wenigstens die erste Zahl richtig, denn die Lichtgeschwindigkeit liegt tatsächlich zwischen 100 000 und 200 000 Meilen pro Sekunde.

Die nächste Messung der Lichtgeschwindigkeit erfolgte ganz zufällig ein halbes Jahrhundert später.

Der englische Astronom James Bradley versuchte, die Parallaxe (das sind winzige Verschiebungen in der Position) der näheren Sterne im Verhältnis zu den ferneren zu ermitteln. Diese Verschiebung würde sich aus der veränderten Position der Erde bei ihrer Bewegung um die Sonne ergeben.

Im Idealfall sollte sich jeder Fixstern am Himmel im Laufe eines Jahres in der Ellipse bewegen, deren Größe und Form von der Entfernung des Sterns zur Sonne und seiner Stellung im Verhältnis zur Bahnebene der Erde abhängt.

Je größer die Entfernung des Sterns, desto kleiner die Ellipse, und bei allen mit Ausnahme der nächsten Sterne wäre die Ellipse für eine Messung viel zu klein. Die weiter entfernten Sterne könnten daher als bewegungslos angesehen werden, und die Verschiebung der näheren Sterne im Verhältnis zu den unbeweglichen wäre die Parallaxe, nach der Bradley Ausschau hielt.

Bradley entdeckte in der Tat Verschiebungen von Sternen, doch sie entsprachen nicht dem, was er erwartet hatte, falls die Bewegung der Erde um die Sonne dafür verantwortlich war. Die Verschiebungen konnten nicht von der Parallaxe herrühren, sondern mußten eine andere Ursache haben. Im Jahre 1728 befand er sich auf einer Vergnügungsfahrt auf der Themse und bemerkte dabei, daß der Wimpel an der Mastspitze seine Richtung nach der relativen Bewegung von Schiff und Wind und *nicht* allein nach der Windrichtung veränderte.

Dies führte ihn zu einer Reihe von Überlegungen. Angenommen man stand in einem heftigen Regen ganz still und die Regentropfen fielen aufgrund von Windstille senkrecht herab. Wenn man nun einen Schirm direkt über sich hielte, bliebe man trocken. Beim Gehen müßte man jedoch von einigen Regentropfen getroffen werden, die den Schirm verpaßt hatten, falls man ihn weiter gerade über den Kopf hielt. Wollte man also trocken bleiben, so mußte man den Schirm ein wenig in der Richtung neigen, in der man ging.

Je schneller man ging oder je langsamer die Tropfen fielen, desto weiter mußte der Schirm geneigt werden, um weiter Schutz vor dem Regen zu bieten. Der genaue Winkel, in dem der Schirm geneigt werden mußte, hing vom Verhältnis der beiden Geschwindigkeiten ab, der Geschwindigkeit der Regentropfen und der des Gehenden.

In der Astronomie ergibt sich eine ähnliche Situation. Licht fällt von einem Stern in einer bestimmten Richtung und einer bestimmten Geschwindigkeit auf die Erde. In der Zwischenzeit bewegt sich die Erde mit einer anderen Geschwindigkeit um die Sonne. Das Teleskop kann, genauso wie der Schirm, nicht direkt auf den Stern gerichtet werden, um das Licht einzufangen, sondern muß ein wenig in der Richtung geneigt werden, in der sich die Erde bewegt. (Man nennt das die ›Aberration des Lichts‹.) Da sich das Licht weit schneller bewegt als die Erde auf ihrer Umlaufbahn, ist das Geschwindigkeitsverhältnis hoch, und das Teleskop muß nur ganz leicht geneigt werden.

Die Neigung kann gemessen werden, und aus diesem Wert läßt sich das Verhältnis der Lichtgeschwindigkeit zur Geschwindigkeit des Erdumlaufs berechnen. Da die Bahngeschwindigkeit der Erde recht zuverlässig bekannt war, konnte die Lichtgeschwindigkeit berechnet werden. Bradley kam zu dem Ergebnis, daß Licht die volle Breite der Erdumlaufbahn in 16 Minuten 26 Sekunden durchläuft.

Wenn die Breite der Erdbahn mit 174 000 000 Meilen angesetzt wurde, so ergab das für das Licht eine Ausbreitungsgeschwindigkeit von rund 176 000 Meilen in der Sekunde. Dieser zweite Versuch zur

Bestimmung der Lichtgeschwindigkeit ergab damit einen erheblich höheren Wert als der von Roemer und kam der heute akzeptierten Zahl deutlich näher, obwohl er immer noch um 5 Prozent darunter lag.

Die Methoden von Roemer und Bradley basierten beide auf astronomischen Beobachtungen und hatten den Nachteil, für ihre Genauigkeit auf die Kenntnis über die Entfernung der Erde von der Sonne angewiesen zu sein. Diese Kenntnis aber war noch bis ins neunzehnte Jahrhundert hinein nicht sehr präzise. (Wäre die Breite der Erdumlaufbahn in Bradleys Tagen so exakt bekannt gewesen wie heute, dann hätte seine Zahl für die Lichtgeschwindigkeit innerhalb von 1,6 Prozent des nunmehr angenommenen Wertes gelegen.)

Gab es also eine Möglichkeit, eine Meßmethode für die Lichtgeschwindigkeit nur auf der Basis von erdgebundenen Experimenten zu entwickeln? In diesem Falle wäre die Unzuverlässigkeit astronomischer Statistiken ohne Bedeutung. Aber welche sollte das sein? Die Messung einer Geschwindigkeit, die nicht viel unter 200 000 Meilen pro Sekunde liegen dürfte, stellt ein heikles Problem dar.

Im Jahre 1849 fand ein französischer Physiker, Armand Hippolyte Louis Fizeau, den Trick heraus. Er stellte auf einem Hügel eine Lichtquelle und auf einem 5 Meilen entfernten anderen Hügel einen Spiegel auf. Das Licht fiel von der Lichtquelle auf den Spiegel und wurde von dort zurückgeworfen, überwand also eine Gesamtdistanz von 10 Meilen. Fizeau beabsichtigte, die dabei verstreichende Zeit zu messen. Da sie mit Sicherheit unter 1/10 000 Sekunde liegen würde, konnte Fizeau schwerlich eine Armbanduhr dazu benutzen, und das tat er auch nicht.

Er stellte vor die Lichtquelle eine Zahnscheibe. Wenn er die Scheibe unbewegt ließe, würde das Licht zwischen zwei nebeneinanderliegenden Zähnen hindurchschießen, auf den Spiegel fallen und zwischen den Zähnen wieder zurückgeworfen werden.

Angenommen, die Scheibe würde in Drehung versetzt, dann müßte das Licht sich so schnell bewegen, daß es auf dem Spiegel angelangt und wieder zurückgeworfen wäre, bevor die Zähne sich in den Lichtweg schieben könnten. Wenn man nun aber die Drehgeschwindigkeit der Scheibe erhöhte, würde der Lichtstrahl in dem Augenblick, da sich die Scheibe genügend schnell drehte, auf seinem Weg zum Spiegel und zurück auf einen der Zähne treffen. Der reflektierte Lichtstrahl wäre dann nicht mehr zu beobachten.

Bei noch höherer Drehgeschwindigkeit würde der Lichtstrahl zwischen zwei Zähnen hindurchgehen und zurückgeworfen werden, wenn sich der Zahn bereits vorbeigedreht hätte und schon die *nächste* Lücke im Lichtweg wäre. Dann müßte man die Reflexion wieder erkennen können.

Wenn man weiß, wie schnell sich die Scheibe dreht, kennt man den Bruchteil einer Sekunde, den der Zahn für seine Bewegung in den Lichtweg des reflektierten Strahls hinein und wieder heraus braucht.

Dann weiß man auch, wie lange das Licht braucht, um die 10 Meilen zurückzulegen, und auch wie weit es sich in einer Sekunde bewegt.

Der von Fizeau ermittelte Wert betrug 196 000 Meilen pro Sekunde. Er war damit nicht besser als Bradleys Wert, denn er lag immer noch 5 Prozent daneben, allerdings in diesem Falle zu hoch.

Fizeau wurde bei seinen Experimenten von einem anderen französischen Physiker, Jean Bernard Léon Foucault, unterstützt. Foucault machte sich nun daran, mit einer etwas veränderten Versuchsanordnung selbst die Lichtgeschwindigkeit zu messen.

Bei Foucaults Anordnung wurde das Licht immer noch von einer Lichtquelle auf einen Spiegel geworfen und von dort reflektiert. Foucault ließ jedoch den Lichtstrahl bei seiner Rückkehr auf einen zweiten Spiegel fallen, der den Strahl auf einen Wandschirm warf.

Angenommen, der zweite Spiegel wurde zum Rotieren gebracht, dann traf der Lichtstrahl auf den zweiten Spiegel, nachdem er seinen Winkel geringfügig verändert hatte, und der Lichtstrahl wurde an einer etwas anderen Stelle auf den Schirm geworfen, als dies bei einem starren Spiegel der Fall gewesen wäre.

Foucault ordnete seinen Versuch so an, daß er diese Verschiebung des Lichtstrahls messen konnte. Aus dieser Verschiebung und der Kenntnis der Rotationsgeschwindigkeit des zweiten Spiegels konnte Foucault die Lichtgeschwindigkeit berechnen.

Foucaults beste Messung aus dem Jahre 1862 ergab 185 000 Meilen in der Sekunde. Dies war der genaueste, bis dahin erzielte Meßwert. Er lag nur um 0,7 Prozent zu niedrig, und Foucault ging augenblicklich daran, die zweite Zahl durch immer neue Versuche zu korrigieren. Die Lichtgeschwindigkeit lag in der Tat irgendwo zwischen 180 000 und 190 000 Meilen in der Sekunde.

Foucaults Messungen waren so fein, daß er nicht einmal besonders große Entfernungen dazu benötigte. Er benutzte keine gegenüberliegenden Bergspitzen, sondern führte die ganzen Versuche in dem Laboratorium mit einem Lichtstrahl durch, der nur eine Gesamtstrecke von rund 22 Metern durchlief.

Die Verwendung einer so kurzen Distanz führte noch zu einem anderen Umstand, der berücksichtigt werden mußte. Wenn Licht etwa 10 Meilen durchlaufen muß, erweist es sich als schwierig, daß der Lichtweg nur durch Luft oder ein anderes Gas führt. Auf kurze Strecken kann eine Flüssigkeit oder ein fester Stoff lichtdurchlässig sein, doch auf 10 Meilen ist jede Flüssigkeit und jeder feste Stoff einfach undurchsichtig. Über eine Entfernung von 22 Metern jedoch ist es möglich, einen Lichtstrahl durch Wasser oder jedes beliebige andere Medium treten zu lassen.

Foucault ließ also Licht durch Wasser hindurchfallen und stellte dabei fest, daß nach seiner Methode die Geschwindigkeit erheblich geringer war, nur ungefähr drei Viertel der Geschwindigkeit wie in

Luft. Es erwies sich, daß die Lichtgeschwindigkeit tatsächlich vom Brechungsindex des Mediums abhing, durch das das Licht trat. Je höher der Brechungsindex, desto langsamer die Lichtgeschwindigkeit.

Doch auch die Luft selbst besitzt einen Brechungsindex, wenn auch einen sehr geringen. Daher mußte die von Fizeau und Foucault gemessene Lichtgeschwindigkeit immer ein kleines bißchen zu niedrig sein, unabhängig von der Perfektion der Messung. Um die maximale Lichtgeschwindigkeit zu erfassen, mußte man in einem Vakuum messen.

Zufälligerweise gehörte zu den astronomischen Methoden von Roemer und Bradley der Durchgang des Lichts durch das Vakuum des interplanetarischen und interstellaren Raums. Das Licht durchlief zwar auch die ganze Höhe der Atmosphäre, doch diese Strecke war verglichen mit den Millionen von Meilen im Vakuum, die das Licht zurückgelegt hatte, ohne Bedeutung. Allerdings wiesen die astronomischen Methoden des achtzehnten und neunzehnten Jahrhunderts Fehlerquellen auf, die den winzigen Vorteil, der im Austausch der Luft gegen ein Vakuum lag, völlig zunichte machten.

Die nächste bedeutende Gestalt bei der Bestimmung der Lichtgeschwindigkeit war der deutsch-amerikanische Physiker Albert Abraham Michelson. Er begann im Jahre 1878 an dem Problem zu arbeiten, wobei er Foucaults Schema benutzte, die Genauigkeit aber beträchtlich steigerte. Während Foucault mit einer Verschiebung des Lichtflecks um wenig mehr als 1/40 Zoll arbeiten mußte, gelang es Michelson, eine Verschiebung von rund 5 Zoll herzustellen.

1879 gab er die Lichtgeschwindigkeit mit 186 355 Meilen pro Sekunde an. Dieser Wert liegt nur um 0,04 Prozent zu hoch und war der bei weitem genaueste, der bis dahin erreicht worden war. Michelson war der erste, der die dritte Zahl richtig errechnete, denn die Lichtgeschwindigkeit liegt tatsächlich zwischen 186 000 und 187 000 Meilen in der Sekunde.

Michelson arbeitete weiter und benutzte jede nur mögliche Methode, um die Genauigkeit der Messung zu erhöhen, vor allen Dingen, seit 1905 Einsteins Relativitätstheorie die Lichtgeschwindigkeit zu einer fundamentalen Konstante des Universums gemacht hatte.

Im Jahre 1923 wählte Michelson zwei Bergspitzen in Kalifornien aus, die nicht etwa 5 Meilen auseinanderlagen wie bei Fizeau, sondern ganze 22 Meilen. Dann vermaß er die Entfernung zwischen beiden, bis er sie auf ein Zoll genau bestimmt hatte! Er benutzte einen achtseitigen Spezialdrehspiegel und verkündete 1927, daß die Lichtgeschwindigkeit ungefähr 186 295 Meilen pro Sekunde betrüge. Das lag nur noch um 0,007 Prozent zu hoch; er hatte jetzt die ersten vier Zahlen richtig ermittelt. Die Lichtgeschwindigkeit beläuft sich in der Tat auf zwischen 186 200 und 186 300 Meilen pro Sekunde.

Michelson war immer noch nicht zufrieden. Nun wollte er die Lichtgeschwindigkeit *in einem Vakuum* messen. Schließlich war sie nichts anderes als eine Grundkonstante des Universums.

Michelson verwendete dazu eine lange Röhre von genau bekannter Länge, in der er ein Vakuum erzeugte. Innerhalb der Röhre installierte er ein System, durch das der Lichtstrahl im Vakuum vor- und zurückgelenkt wurde, bis er eine Strecke von 10 Meilen zurückgelegt hatte. Immer wieder führte er seine Messungen durch, und erst 1933 wurde die endgültige Zahl bekanntgegeben (zwei Jahre nach seinem Tod).

Sie betrug 186 271 Meilen pro Sekunde; sie kam der Wahrheit abermals näher und lag nur noch um 0,006 Prozent zu niedrig.

In den vier Jahrzehnten seit Michelsons abschließender Festlegung haben Physiker eine Reihe verschiedener neuer Techniken und Geräte entwickelt, die bei der Bestimmung der Lichtgeschwindigkeit angewandt werden können.

So wurde es zum Beispiel möglich, Licht einer einzigen Wellenlänge mittels eines Laserstrahls zu erzeugen und diese Wellenlänge mit einem höheren Grad an Genauigkeit zu messen. Ferner gelang es, die Frequenz der Wellenlänge (die Zahl der Schwingungen pro Sekunde) mit gleich hoher Präzision zu messen.

Multipliziert man die Länge einer Wellenlänge mit der Zahl der Wellenlängen pro Sekunde, dann ist das Produkt die vom Licht in einer Sekunde zurückgelegte Distanz — mit anderen Worten, die Lichtgeschwindigkeit.

Diese Messungen wurden mit immer größerer Präzision durchgeführt, und im Oktober 1972 wurde die exakteste bisher erfolgte Messung von einem Forscherteam unter Leitung von Kenneth M. Evenson bekanntgegeben, das mit einer Kette von Laserstrahlen in den Laboratorien des National Bureau of Standards in Boulder, Colorado, gearbeitet hatte.

Die von diesen Forschern verkündete Lichtgeschwindigkeit betrug 186 282,3959 Meilen in der Sekunde.

Die Meßgenauigkeit liegt innerhalb von rund einem Yard in beiden Richtungen, so daß wir, da eine Meile 1 760 Yards enthält, sagen können, die Lichtgeschwindigkeit liegt irgendwo zwischen 327 857 015 und 327 857 017 Yards pro Sekunde.

Ich denke zwar aufgrund der törichten Erziehung, die alle amerikanischen Kinder genießen, nicht instinktiv im metrischen System, kann aber wenigstens mathematisch damit umgehen und habe die Absicht, es im weiteren Verlauf dieser Essays mehr und mehr zu verwenden. Die korrekte Weise, die Lichtgeschwindigkeit anzugeben, ist nicht in Meilen pro Sekunde oder Yards pro Sekunden, sondern in Kilometern pro Sekunde und Metern pro Sekunde. Unter Zugrundelegung der korrekten Ausdrucksweise wird die Lichtgeschwindigkeit nunmehr auf 299 792,4562 Kilometer in der Sekunde festgelegt. Wenn wir das mit 1 000 multiplizieren (die Schönheit des metrischen Systems liegt darin, daß viele Multiplikationen und Divisionen so einfach sind), ergibt das 299 792 456,2 Meter in der Sekunde.

Nur wenige Messungen unter denen, die wir durchführen können, weisen ein solches Maß an Genauigkeit auf wie der gegenwärtige Wert der Lichtgeschwindigkeit. Eine davon ist die Länge des Jahres, die in der Tat mit noch größerer Exaktheit bekannt ist.

Da die Zahl der Sekunden in einem Jahr 31 556 925.9747 beträgt, können wir auch die Länge eines Lichtjahrs (die Entfernung, welche das Licht in einem Jahr zurücklegt) berechnen: 5 878 499 776 000 Meilen oder 9 460 563 614 000 Kilometer. (Es ist zwecklos, sich die letzten drei Zahlen, die 000, auszurechnen. Selbst heute ist die Lichtgeschwindigkeit nicht so exakt bekannt, daß das Lichtjahr genauer als bis auf tausend Meilen oder so angegeben werden kann.)

Natürlich sind das alles keine runden Zahlen und schwer im Gedächtnis zu behalten. Dies ist zwar bedauerlich, da die Lichtgeschwindigkeit eine so grundlegende Größe darstellt, aber wohl nicht anders zu erwarten. Die verschiedenen Einheiten — Meilen, Kilometer und Sekunden — wurden alle aus Gründen festgelegt, die nichts mit der Lichtgeschwindigkeit zu tun haben. Es ist daher in höchstem Maße unwahrscheinlich, daß diese Geschwindigkeit je eine gerade Zahl ergibt. Selbst daß wir einer runden Zahl nahekommen, ist nichts anderes als ein besonders glücklicher Zufall.

In Meilen pro Sekunde beträgt der gewöhnlich für die Lichtgeschwindigkeit — etwa in einem Zeitungsartikel — angegebene Wert 186 000; das ist nur 0,15 Prozent zu niedrig. Das bedeutet, daß es drei Zahlen gibt, die wir im Gedächtnis behalten müssen — 186.

In Kilometern pro Sekunde liegt die Sache sehr viel günstiger, da wir hier die Lichtgeschwindigkeit mit 300 000 angeben können, was nur 0,07 Prozent zu niedrig liegt. Die Annäherung ist doppelt so groß wie bei der Angabe in Meilen pro Sekunde, und wir müssen uns nur eine einzige Zahl merken, die 3. (Natürlich müssen Sie sich auch die Größenordnung merken, nämlich Hunderttausende von Kilometern und nicht etwa Zehntausende).

Hier erweist sich wieder einmal die Schönheit des metrischen Systems.

Die Tatsache, daß die Lichtgeschwindigkeit annähernd 300 000 Kilometer pro Sekunde beträgt, bedeutet, daß sie damit auch annähernd 300 000 000 Meter pro Sekunde und annähernd 30 000 000 000 Zentimeter pro Sekunde beträgt. Alle drei Zahlen kommen der Wahrheit im gleichen Maß nahe.

Bei der Verwendung von Exponentialzahlen können wir sagen, daß die Lichtgeschwindigkeit 3×10^5 Kilometer in der Sekunde oder

3 x 10 ^{8} Meter in der Sekunde beträgt. Man braucht sich nur eine dieser Zahlen zu merken, da sich die anderen leicht aus dieser einen errechnen lassen. Die Exponentialzahl 10 ist besonders einfach im Gedächtnis zu behalten; wenn man sie dann noch mit ›Zentimetern pro Minute‹ in Verbindung bringt und nicht vergißt, mit 3 zu multiplizieren, hat man's geschafft.

Natürlich ist es reiner Zufall, daß die Lichtgeschwindigkeit im metrischen System einer runden Zahl dermaßen nahekommt. Wir wollen diesem Zufall nun ein wenig nachgehen.

Eines der bequemsten Längenmaße, das in Gebrauch ist, macht sich den Abstand von der Nase bis zu den Fingerspitzen eines waagerecht ausgestreckten Arms zunutze. Man kann sich gut vorstellen, wie ein Händler ein Stück Stoff oder Kleidung oder sonst einen biegsamen Artikel verkauft, indem er in dieser Weise eine Reihe von Längen abmißt. Demzufolge hat beinahe jeder Kulturkreis irgendeine Maßeinheit, die dieser Länge entspricht. In der angloamerikanischen Kultur ist dies das ›yard‹, im deutschsprachigen Raum war es die Elle.

Als das Revolutionskomitee in Frankreich nach 1790 ein neues System der Maßeinheiten vorbereitete, brauchte es als Ausgangspunkt ein Grundmaß für die Länge, und es war nur natürlich, daß man sich des guten alten Längenmaßes von der Nase bis zu den Fingerspitzen erinnerte. Um es aus der ›Menschbezogenheit‹ zu lösen, sollte es mit irgendeiner Messung aus der Natur verknüpft werden.

Nun waren in den vergangenen Jahrzehnten Franzosen führend an zwei Expeditionen beteiligt gewesen, die der genauen Vermessung der Erdkrümmung dienen sollten, um herauszufinden, ob die Erdkugel an den Polen wirklich abgeflacht ist, wie Isaac Newton vorausgesagt hatte. Diese Tatsache hatte die genaue Größe und Form der Erde stark im Bewußtsein der französischen Intellektuellen verankert.

Die Untersuchungen hatten ergeben, daß dies tatsächlich zutraf, so daß der Erdumfang über die Pole gemessen etwas geringer ist als der um den Äquator herum. Wenn man nun die grundlegende Längeneinheit mit einem dieser beiden Werte verknüpfte, zeigte man sich auf der Höhe der Zeit. Die Wahl fiel auf den polaren Erdumfang, da man ihn auch durch Paris hindurchführen konnte, während dies beim äquatorialen Erdumfang ausgeschlossen war.

Nach den Messungen jener Zeit betrug der polare Erdumfang grob gerechnet 44 000 000 Yards und jener Quadrant vom Äquator bis zum Nordpol, der durch Paris verlief, ungefähr 11 000 000 Yards. Daher wurde beschlossen, daß die Länge des Quadranten genau 10 000 000 Mal die Grundeinheit sein, die neue Einheit 1/10 000 000 jenes Quadranten sein und sie die Bezeichnung ›Meter‹ erhalten sollte.

Diese Definition des Meters war romantisch, aber töricht, denn sie unterstellte, daß der polare Erdumfang mit größter Genauigkeit bekannt wäre, was natürlich keineswegs der Fall war. Als bessere Messungen der grundlegenden statistischen Werte der Erde vorgenommen wurden, ergab sich, daß der Quadrant geringfügig länger war als angenommen. Die Länge des Meters konnte nicht mehr angeglichen werden, dazu waren schon zu viele Messungen auf seiner Grundlage durchgeführt worden. Aber die Länge des Quadranten beträgt, wie wir heute wissen, nicht etwa 10 000 000 Meter, wie die französische Logik angenommen hatte, sondern 10 002 288,3 Meter.

Natürlich ist der Meter inzwischen nicht mehr an die Maße der Erde gebunden. Er wurde im Laufe der Zeit als der Abstand zwischen zwei Markierungen auf einem Platin-Iridium-Stab definiert, der unter Beachtung größter Sorgfalt bei konstanter Temperatur in einem Gewölbe aufbewahrt wird, aber auch als eine gewisse Anzahl von Wellenlängen eines bestimmten Lichtstrahls (des durch das Edelgasisotop Krypton-86 emittierten orangeroten Lichts, um es genau zu sagen).

Nun wollen wir *uns einmal die Zufälle näher betrachten:*

1. *Zufälligerweise* liegt die Lichtgeschwindigkeit ziemlich nahe dem 648 000fachen der Geschwindigkeit, mit der sich die Erdoberfläche am Äquator bei der Drehung unseres Planeten um seine Achse bewegt. Dies ist wirklich ein Zufall, denn die Erde könnte auch mit jeder anderen Geschwindigkeit rotieren. In der Vergangenheit drehte sie sich bedeutend schneller, und in der Zukunft wird ihre Drehung bedeutend langsamer werden.

2. Eine Einzelumdrehung der Erde um ihre Achse ist als Tag definiert, und unsere kurzen Zeiteinheiten basieren auf exakten Unterteilungen des Tages. Dank der Babylonier und ihrer Vorgänger benutzen wir die Faktoren 24 und 60 bei der Teilung des Tages in kleinere Einheiten, und durch Zufall sind 24 und 60 auch Faktoren von 648 000. Als Folge von Zufall 1. und 2. vollführt alles, was sich mit Lichtgeschwindigkeit bewegt, einen vollständigen Kreis am Erdäquator, und zwar fast genau 450 Mal pro Minute oder fast genau 7,5 Mal pro Sekunde — also ganz einfache Zahlen.

3. Da durch einen dritten Zufall die französischen Kommissare beschlossen, den Meter mit dem Erdumfang zu verknüpfen und ihn zu einem glatten Bruch dieses Umfangs zu machen, ist das Ergebnis unvermeidlich eine beinahe runde Zahl für die Lichtgeschwindigkeit im metrischen System. Annähernd 40 000 000 Meter machen den Erdumfang aus, und wenn man mit 7,5 multipliziert, erhält man daraus 300 000 000 Meter in der Sekunde.

Läßt sich noch etwas Besseres finden? Können wir einfach eine Exponentialzahl erhalten, ohne multiplizieren zu müssen? Können wir die Lichtgeschwindigkeit als eine bestimmte Zahl von Längeneinheiten pro Zeiteinheit errechnen mit einer Zahl, die aus einer 1 mit einer Anzahl von Nummern besteht und der Wahrheit ziemlich nahekommt?

Wenn wir 3 mit 36 multiplizieren, erhalten wir als Produkt 108. Erinnern wir uns daran, daß die Stunde 3 600 Sekunden hat, dann folgt daraus, daß die Lichtgeschwindigkeit 1 079 252 842 Kilometer pro Sekunde beträgt. Das liegt rund acht Prozent über der Zahl von 1 000 000 000 Kilometer pro Stunde. Wir können nun sagen, die Lichtgeschwindigkeit betrüge 10^9 Kilometer in der Stunde, und lägen damit nur 8 Prozent unter dem tatsächlichen Wert. Das ist gar nicht so schlecht, wie ich meine.

Hinsichtlich des Lichtjahrs könnten wir den Wert von 6 000 000 000 000 (6 Billionen) angeben und lägen damit nur um 2 Prozent zu hoch. Als Exponentialzahl ausgedrückt, müßten wir von 6×10^{12} Meilen sprechen, doch die Multiplikation mit 6 ist lästig. Im metrischen System ließe sich sagen, das Lichtjahr betrüge zehn Billionen oder 10^{13} Kilometer; das läge nur 6 Prozent zu hoch. Die geringere Genauigkeit würde durch die Eleganz der einfachen Zahl 10^{13} mehr als wettgemacht.

Die Ehrlichkeit zwingt mich jedoch zu dem Eingeständnis, daß die verachteten Messungen mit den im angelsächsischen Raum üblichen Maßen einen besseren Näherungswert für das Lichtjahr als Exponentialzahl bieten. Wenn wir sagen, das Lichtjahr entspreche 10^{16} Yards, liegen wir nur um 3,5 Prozent zu hoch.

15

Das Chronoskop

Der Wissenschaftler ist keineswegs immer ein Held. Ich denke vor allem an die Forscher, die die Atombombe erfanden, und diejenigen, die an der Entwicklung immer modernerer Waffen arbeiten.

Aber was ist ›gut‹, und was ist ›schlecht‹? Die Atombombe ist ›schlecht‹, doch wir befanden uns damals im Jahre 1942 im tödlichen Kampf mit Adolf Hitler, dem größten Mörder aller Zeiten. Was wäre passiert, hätte er diese Waffe zuerst besessen?

Und selbst das, was eindeutig als ›gut‹ angesehen wird, mag unerwartete negative Auswirkungen haben, und umgekehrt. Ich befasse mich mit diesem Problem in der folgenden Geschichte, in der ich außerdem (als wäre das noch nicht genug) die wachsenden Schwierigkeiten des wissenschaftlichen Austausches behandele; die Inhalte und Bereiche der Wissenschaft werden ständig größer, und damit einher schreitet eine wachsende Spezialisierung der Wissenschaftler.

Arnold Potterley, Ph. D., war Professor der Alten Geschichte. Das war für sich genommen nicht gefährlich. An der Tatsache, daß er wie ein Professor der Alten Geschichte aussah, lag es, daß sich die Welt so änderte, wie es sich niemand je hätte träumen lassen.

Thaddeus Araman, der Leiter der Abteilung Chronoskopie, hätte vielleicht die richtigen Schritte unternommen, wenn Dr. Potterley ein großes, eckiges Kinn, blitzende Augen, Adlernase und breite Schultern gehabt hätte.

Aber so sah sich Thaddeus Araman hinter seinem Schreibtisch einer wohlerzogenen Person gegenüber, deren matte blaue Augen ihn über eine flache Knopfnase hinweg wehmütig anblickten, deren kleine, ordentlich gekleidete Gestalt die reine Sanftmut darzustellen schien, angefangen vom schütter werdenden braunen Haar bis zu den ordentlich geputzten Schuhen, die die zurückhaltend bürgerliche Aufmachung vollendeten.

Araman sagte zuvorkommend: »Und was kann ich jetzt für Sie tun, Dr. Potterley?«

Dr. Potterley entgegnete mit leiser Stimme: »Mr. Araman, ich bin zu Ihnen gekommen, weil Sie in der Chronoskopie der oberste Mann sind.«

Araman lächelte. »Nicht ganz. Über mir ist der Weltkommissar für Forschung, und über dem ist der Generalsekretär der Vereinten Nationen. Und über beiden stehen natürlich die souveränen Völker der Erde.«

Dr. Potterley schüttelte den Kopf. »Die interessieren sich nicht für Chronoskopie. Sir, ich bin zu Ihnen gekommen, weil ich seit zwei Jahren versuche, im Zusammenhang mit meinen Forschungen über das alte Karthago die Genehmigung für etwas Zeitschau, ich meine Chronoskopie, zu erhalten. Ich kann diese Genehmigung nicht bekommen. Meine Forschungszuschüsse sind in bester Ordnung. Meine intellektuellen Bemühungen zeigen keinerlei Regelwidrigkeiten und doch . . .«

»Ich bin sicher, daß von Regelwidrigkeiten gar nicht die Rede sein kann«, besänftigte ihn Araman.

Er blätterte in den dünnen reproduzierten Seiten der Akte, auf der Potterleys Name stand. Sie war von Multivac hergestellt worden, in dessen riesigem analogen Geist alle Unterlagen der Abteilung ruhten. Wenn das hier vorüber war, konnten die Seiten vernichtet und dann bei Bedarf in Minutenschnelle wieder hergestellt werden.

Und während Araman die Seiten umblätterte, sprach Dr. Potterley mit leiser, monotoner Stimme weiter.

Der Historiker sagte: »Ich muß Ihnen erklären, warum es sich bei meinem Problem um ein sehr wichtiges handelt. In Karthago hatte der antike Handelsgeist seinen Höhepunkt erreicht. Das vorrömische Karthago hatte in der Antike die größte Ähnlichkeit mit dem voratomaren Amerika, wenigstens, was seine Neigung zu Handel, Wirtschaft und Geschäft angeht. Dort gab es die wagemutigsten Seeleute und Entdecker. Sie waren viel besser als die weit überschätzten Griechen. Karthago zu kennen, brächte großen Gewinn, aber das einzige Wissen, über das wir verfügen, beziehen wir aus den Werken der Todfeinde, der Griechen und Römer. Karthago hat sich nie schriftlich verteidigt, und wenn es das tat, so sind die Bücher nicht zu uns gekommen. Daher kommt es, daß die Karthager in der Geschichte mit die beliebtesten Bösewichter abgeben, und das vielleicht ungerechtigterweise. Eine Zeitschau kann die Überlieferung vielleicht berichtigen.«

Er sagte noch sehr viel mehr.

Araman sagte und blätterte dabei noch immer in den reproduzierten Seiten vor ihm: »Dr. Potterley, Sie müssen wissen, daß Chronoskopie oder Zeitschau, wenn Sie wollen, eine schwierige Angelegenheit ist.«

Dr. Potterley runzelte die Stirn und sagte: »Ich bitte nur um eine Schau auf gewisse ausgewählte Zeitabschnitte und Orte, die ich angeben würde.«

Araman seufzte. »Selbst ein paar Blicke, ein einziger . . . das ist eine unglaublich heikle Kunst. Da ist die Frage der Scharfeinstellung, wie die richtige Szene einfangen und sie halten. Dann die Synchronisation des Tons, was völlig unabhängige Schaltkreise verlangt.«

»Mein Problem ist doch sicher wichtig genug, um beträchtlichen Aufwand zu rechtfertigen.«

»Ja, Sir, zweifellos«, sagte Araman sofort. Jemand die Bedeutung seines Forschungsvorhabens abzusprechen, wäre ein unverzeihlich schlechtes Benehmen gewesen. »Aber Sie müssen verstehen, wie lang sich selbst die einfachste Schau hinzieht. Und es gibt eine lange Warteliste für das Chronoskop, und die Warteliste für den Multivac ist noch länger, der uns beim Gebrauch unserer Regler leitet.«

Potterley fuhr unglücklich auf: »Kann gar nichts getan werden? Zwei Jahre . . .«

»Eine Frage der Dringlichkeit, Sir. Es tut mir leid . . . Zigarette?«

Der Historiker fuhr bei dem Angebot mit plötzlich aufgerissenen Augen zurück und starrte auf die Schachtel, die ihm entgegengehalten wurde. Araman blickte ihn überrascht an, machte dann eine Bewegung, als wollte er sich selbst eine Zigarette nehmen, überlegte es sich dann jedoch.

Potterley stieß einen Seufzer der Erleichterung aus, als die Schachtel außer Sichtweite gebracht wurde. Er sagte: »Gibt es irgendeine Möglichkeit, die Sache noch einmal zu überprüfen und mich so weit wie möglich zum Anfang der Liste hin zu versetzen? Ich weiß nicht, wie ich erklären kann..«

Araman lächelte. Manche hatten in ähnlicher Lage Geld angeboten, das sie selbstverständlich auch nicht weitergebracht hatte. Er sagte: »Die Festlegung der Dringlichkeit geschieht über Computer. Darauf kann ich von mir aus überhaupt keinen Einfluß nehmen.«

Dr. Potterley erhob sich steifbeinig. Er war etwas über einen Meter siebzig groß. »Dann guten Tag, Sir«.

»Guten Tag, Dr. Potterley. Und mein aufrichtiges Bedauern.«

Er streckte die Hand aus, und Dr. Potterley berührte sie kurz.

Der Historiker ging, und ein Druck auf den Klingelknopf brachte Aramans Sekretärin ins Zimmer. Er gab ihr die Akte.

»Das hier«, sagte er, »kann beiseite geschafft werden.«

Als er wieder allein war, lächelte er bitter. Ein weiterer Punkt in seinem fünfundzwanzigjährigen Dienst an der Menschheit erledigt. Dienst durch Ablehnung.

Dieser Bursche war wenigstens leicht abzufertigen gewesen. Manchmal mußte Druck über die Universitäten ausgeübt oder sogar mit Streichung der Forschungszuschüsse gedroht werden.

Fünf Minuten später hatte er Dr. Potterley vergessen. Und wenn er sich später zurückerinnerte, war es ihm auch nicht, als habe es irgendein Vorgefühl von Gefahr gegeben.

Während des ersten Jahres seines Festsitzens war Arnold Potterley eben nur festgesessen, auf seiner Enttäuschung nämlich. Während des zweiten Jahres entsprang seiner Enttäuschung jedoch ein Einfall, der ihn zunächst entsetzte, dann aber in Bann schlug. Zwei Dinge hielten ihn davon ab, seinen Einfall in die Tat umzusetzen, doch war keins der beiden Hindernisse mit der eindeutigen Tatsache verknüpft, daß es sich bei seinem Gedanken um einen höchst unmoralischen handelte.

Das erste war bloß die fortgesetzte Hoffnung, daß die Regierung schließlich die Genehmigung erteilen würde und er es nicht nötig hätte, etwas zu unternehmen. Diese Hoffnung war schließlich in der Unterredung zerstoben, die er eben mit Araman geführt hatte.

Das zweite Hindernis hatte gar nichts mit Hoffnung zu tun, sondern bestand in der trostlosen Erkenntnis seiner eigenen Unfähigkeit. Er war kein Physiker und kannte keinen Physiker, der ihm hätte helfen können. Die Abteilung Physik an der Universität setzte sich aus Männern zusammen, die bestens mit Zuschüssen versehen waren und sich bestens hinter ihren Spezialgebieten verschanzt hatten. Im günstigsten Fall würden sie ihn wegen intellektueller Anarchie anzeigen, und man konnte ihm sogar den Grundzuschuß für seine karthagischen Forschungen streichen.

Das durfte er nicht riskieren. Und doch war Chronoskopie der einzige Weg, sein Werk fortzusetzen. Ohne sie war er genauso schlecht dran wie nach einem Verlust seines Zuschusses.

Der erste Hinweis darauf, daß das zweite Hindernis zu überwinden sei, war ihm eine Woche vor der Unterredung mit Araman gekommen, war zu dem Zeitpunkt aber nicht erkannt worden. Er war auf einer der Teeladungen für den Lehrkörper gewesen. Potterley erschien treu bei diesen Treffen, weil er das Erscheinen als Pflicht ansah, und mit seinen Pflichten nahm er es ernst. Aber war er einmal da, so sah er es nicht als seine Aufgabe an, leichte Konversation zu machen oder neue Freundschaften zu schließen. Enthaltsam nippend, nahm er ein, zwei Gläser zu sich, wechselte ein freundliches Wort mit dem Fakultätsvorstand oder anderen Abteilungsleitern, die anwesend waren, bedachte die übrigen mit einem knappen Lächeln und ging.

Normalerweise hätte er bei dem letzten Tee dem jungen Mann, der ruhig, ja sogar schüchtern in einer Ecke saß, keine Aufmerksamkeit geschenkt. Nicht einmal im Traum wäre ihm eingefallen, ihn anzusprechen. Doch dies eine Mal brachte ihn ein Wirrwarr von Umständen dazu, sich über seine Veranlagung hinwegzusetzen.

An jenem Morgen hatte Mrs. Potterley beim Frühstück melancholisch verkündet, daß sie wieder einmal von Laurel geträumt hatte. Aber diesmal von einer erwachsenen Laurel, die dennoch ihr dreijähriges Gesicht behalten hatte, dem anzusehen war, daß sie ihr Kind war. Potterley hatte sie reden lassen. Es hatte eine Zeit gegeben, da er dagegen ankämpfte, daß sie sich zu häufig mit nichts als der Vergangenheit und dem Tod beschäftigte. Laurel würde nicht zu ihnen zurückkehren, durch Träume nicht und durch Gespräche nicht. Wenn es Caroline Potterley jedoch beruhigte, so mochte sie nur träumen und reden.

Aber als Potterley an jenem Morgen zum Unterricht ging, spürte er, daß ihn diesmal ihr dummes Geschwätz angesteckt hatte. Laurel erwachsen! Vor beinahe zwanzig Jahren war sie gestorben, ihr einziges

Kind. Er hatte in der ganzen Zeit seither an sie immer nur als Dreijährige gedacht.

Jetzt dachte er: aber wenn sie jetzt noch lebte, wäre sie nicht drei, sondern fast schon dreiundzwanzig.

Er konnte sich nicht helfen, er versuchte sich vorzustellen, wie sie langsam älter wurde und schließlich dreiundzwanzig war. Es gelang ihm überhaupt nicht.

Und dennoch versuchte er es. Laurel benützt Make-up. Laurel geht mit Jungs aus. Laurel — heiratet!

Als er den jungen Mann am Rand der aneinander vorbeitreibenden Leute des Lehrkörpers herumstehen sah, geschah es, daß ihm die Donquichotterie unterlief, zu denken, ein junger Mann wie dieser könnte gut und gern Laurel geheiratet haben. Vielleicht sogar dieser junge Mann selbst.

Laurel hätte ihn hier an der Universität oder eines Abends treffen können, wenn er bei den Potterleys zum Essen eingeladen gewesen wäre. Sie hätten sich füreinander interessieren können. Laurel wäre sicherlich hübsch gewesen, und dieser Mann sah gut aus. Er war dunkel, hatte ein entschlossenes Gesicht und gab sich lässig.

Der Wachtraum riß ab, und Potterley merkte, daß er den jungen Mann törichterweise nicht wie einen Fremden, sondern wie einen möglichen Schwiegersohn seiner Einbildung anblickte. Er merkte, wie er sich zu dem jungen Mann hin durchschlängelte. Fast wie in einer Art Selbsthypnose.

Er streckte die Hand aus. »Ich heiße Arnold Potterley und bin von der Abteilung Geschichte. Ich nehme an, Sie sind neu hier?«

Der junge Mann wirkte leicht erstaunt und brachte ungeschickt sein Glas von der Rechten in die Linke, um ihm die Hand schütteln zu können. »Mein Name ist Jonas Foster, Sir. Ich bin ein neuer Dozent für Physik. Ich fange dieses Semester an.«

Potterley nickte. »Ich wünsche Ihnen hier einen angenehmen Aufenthalt und viel Erfolg.«

Das war dann damals auch das Ende. Potterley war nervös wieder zu sich gekommen. Es war ihm peinlich, und er ging weiter. Er blickte einmal über die Schulter zurück, aber der Eindruck einer Beziehung war verschwunden, und er ärgerte sich über sich selbst, daß er auf das dumme Gerede seiner Frau über Laurel hereingefallen war.

Doch eine Woche später war ihm, während Araman noch sprach, der junge Mann wieder eingefallen. Ein Dozent für Physik. Ein neuer Dozent. War er denn taub gewesen? Gab es zwischen Ohr und Hirn einen Kurzschluß? Oder hatte er sich automatisch selbst zensiert, weil die Unterredung mit dem Vorsitzenden für Chronoskopie bevorstand?

Die Unterredung war jedoch ein Mißerfolg, und der Gedanke an den jungen Mann, mit dem er ein paar Sätze gewechselt hatte, hielt

Potterley davon ab, sich weiter auf ein Bitten um Überprüfung einzulassen. Er konnte es beinahe kaum erwarten, sich zu empfehlen.

Im Autogiroexpreß auf dem Weg zurück zur Universität wünschte er fast, abergläubisch zu sein. Dann könnte er sich nämlich mit dem Gedanken trösten, das zufällige, bedeutungslose Zusammentreffen sei vom wissenden und zielbewußten Schicksal wirklich eingerichtet worden.

Das akademische Leben war für Jonas Foster nichts Neues. Der langwierige Kampf um die Doktorwürde hätte jeden zum Veteranen werden lassen. Zusätzliche Arbeit als Lehrbeauftragter hatte nach seiner Promotion wie eine Wiederholungsimpfung gewirkt.

Aber jetzt war er der Dozent Jonas Foster. Vor ihm lag professorale Würde. Und jetzt stand er in einer neuen Art von Beziehung zu anderen Professoren.

Zum einen würden sie über zukünftige Beförderungen bestimmen. Zum anderen sah er sich noch nicht in der Lage, das Spiel so zu überblicken, daß er hätte sagen können, welche Angehörigen des Lehrkörpers das Ohr des Fakultätsvorstands oder gar das des Universitätspräsidenten hatten oder nicht hatten. Er hielt sich für einen schlechten Universitätspolitiker, und es hatte keinen Sinn, sich die Füße wundzulaufen, nur um das bestätigt zu bekommen.

Foster hörte also diesem wohlerzogenen Historiker zu, der dennoch irgendwie Spannung verbreitete, fuhr ihm nicht unvermittelt über den Mund, was seine erste Regung gewesen war.

Er erinnerte sich durchaus an Potterley. Potterley hatte ihn bei diesem Tee (einer trüben Angelegenheit) angesprochen. Der Kerl hatte steif mit ihm zwei Sätze gewechselt, hatte irgendwie glasige Augen gehabt, war mit einem sichtlichen Ruck zu sich gekommen und davongeeilt.

Foster fand es damals lustig, aber jetzt . . .

Vielleicht hatte Potterley absichtlich mit ihm Bekanntschaft schließen oder sich ihm eher als eine Art komischer Kauz, exzentrisch, aber harmlos, aufdrängen wollen. Vielleicht wollte er jetzt in Fosters Absichten eindringen und solche suchen, die ins Wanken gebracht werden könnten. Das hätte man freilich tun sollen, bevor man ihm die Stelle bewilligte. Und doch . . .

Potterley meinte es vielleicht ernst, begriff möglicherweise wirklich nicht, was er tat. Oder begriff vielleicht ganz und gar, was er tat. Vielleicht war er nichts als ein gefährlicher Gauner.

Foster murmelte: »Also nun . . .«

Er wollte Zeit gewinnen und zog eine Schachtel Zigaretten heraus, wollte Potterley eine anbieten, sie anzünden und sich dann ganz langsam selbst eine anstecken.

Aber Potterley sagte sofort: »Dr. Foster, bitte keine Zigaretten.«

Foster sah ihn verblüfft an. »Entschuldigen Sie, Sir.«

»Nein, ich muß mich entschuldigen. Ich kann den Geruch nicht ausstehen. Eine Überempfindlichkeit. Entschuldigen Sie.«

Er war ausgesprochen bleich. Foster steckte die Zigaretten weg.

Foster fehlte die Zigarette, nahm sich aber vor, nicht gleich in die Luft zu gehen. »Es schmeichelt mir, daß Sie mich um meinen Rat fragen und so weiter, Dr. Potterley, aber mit Neutrinik kenne ich mich nicht aus. Offiziell kann ich kaum etwas in dieser Richtung tun. Es ist sogar undenkbar, eine Meinung zu äußern, und rundheraus gesagt wäre es mir lieber, wenn Sie gar nicht erst auf die Einzelheiten eingingen.«

Das spröde Gesicht des Historikers verhärtete sich. »Was soll das heißen, Sie kennen sich in Neutrinik nicht aus? Bis jetzt kennen Sie sich doch nirgendwo aus. Sie haben doch noch keinerlei Zuschüsse bewilligt bekommen?«

»Das ist mein erstes Semester.«

»Das weiß ich. Ich nehme an, Sie haben noch nicht einmal einen Zuschuß beantragt.«

Foster lächelte leicht.

In den drei Monaten an der Universität war es ihm noch nicht gelungen, seine ersten Gesuche für Forschungszuschüsse in eine so gute Form zu bringen, daß er sie einem wissenschaftlichen Schriftsteller, geschweige denn der Forschungskommission übergeben konnte.

(Der Vorsitzende seiner Abteilung nahm es glücklicherweise recht gut auf. »Lassen Sie sich jetzt Zeit, Foster«, sagte er. »Bringen Sie Ihre Gedanken in Reih und Glied. Überzeugen Sie sich ganz genau von Ihrem Weg und wohin er führt, denn sobald Sie einen Zuschuß bekommen, ist damit Ihre Spezialisierung offiziell anerkannt, und Sie werden, komme, was da wolle, Ihre ganze Laufbahn hindurch nicht mehr von ihr loskommen.« Ein banaler Rat, aber hinter Banalitäten verbirgt sich oft Wahrheit, und Foster war sich dessen bewußt.)

Foster sagte: »Meiner Ausbildung und Neigung nach gehöre ich der Hyperoptik, bei einem Nebeninteresse an der Gravitik. So habe ich mich bei meiner Bewerbung um die Stelle hier dargestellt. Offiziell ist das vielleicht noch nicht mein Spezialgebiet, wird es aber einmal sein. Und nichts anderes. Was die Neutrinik angeht, so habe ich mich nie mit dem Gebiet befaßt.«

»Warum nicht?« wollte Potterley sofort wissen.

Foster starrte ihn an. Diese Art nackter Neugier, wie es mit der beruflichen Stellung anderer Menschen bestellt war, machte ihn immer gereizt. Er sagte mit kaum merklichem Nachlassen an Höflichkeit: »Weil an meiner Universität kein Kursus in Neutrinik gegeben wurde.«

»Guter Gott, wo waren Sie denn?«

»Auf dem Massachusetts Institute of Technology«, sagte Foster ruhig.

»Und dort wird Neutrinik nicht gelehrt?«

»Nein.« Foster spürte, wie er rot wurde, und sah sich zu einer Verteidigung genötigt. »Das ist ein ganz besonderes Spezialgebiet, das keinen großen Wert hat. Die Chronoskopie hat vielleicht einen gewissen Wert, aber sie ist die einzige praktische Anwendung — und ist eine Sackgasse.«

Der Historiker blickte ihn eindringend an. »Sagen Sie mir eins. Wissen Sie, wo ich jemand finden kann, der sich mit Neutrinik beschäftigt?«

»Nein, weiß ich nicht«, sagte Foster kurz.

»Schön. Kennen Sie dann eine Universität, an der Neutrinik gelehrt wird?«

»Nein, kenne ich nicht.«

Potterley lächelte knapp.

Foster gefiel das Lächeln nicht, weil es ihm beleidigend vorkam, und er wurde so ärgerlich, daß er sagte: »Ich möchte darauf hinweisen, Sir, daß Sie gegen die Grundsätze verstoßen.«

»Was?«

»Ich meine, Ihr Interesse als Historiker an irgend etwas Physikalischem ist . . .« Er schwieg, weil er sich nicht überwinden konnte, das Wort auszusprechen.

»Unmoralisch?«

»Das ist das Wort, Dr. Potterley.«

»Meine Forschungen haben mich dazu getrieben«, flüsterte Potterley.

»Da müssen Sie sich an die Forschungskommission wenden. Wenn die zuläßt . . .«

»Ich bin dort gewesen und habe nichts erreicht.«

»Dann müssen Sie offensichtlich die Sache aufgeben.« Foster wußte, daß er wie ein Tugendbold von Spießer redete, aber er wollte sich von diesem Mann nicht zu einer intellektuell anarchistischen Äußerung verleiten lassen. Er stand zu sehr am Anfang seiner Laufbahn, als daß er sich Dummheit leisten konnte.

Die Bemerkung tat ihre Wirkung bei Potterley. Ohne Vorwarnung brach aus ihm ein unverantwortlicher Schwall sich jagender Worte hervor.

Gelehrte, sagte er, konnten nur frei sein, wenn sie frei ihrer frei schweifenden Neugier folgen konnten. Eine Forschung, sagte er, die von den Mächten, die über das Geld verfügten, in vorgeplante Bahnen gezwängt wurde, verfiel der Sklaverei und trat auf der Stelle. Kein Mensch habe das Recht, sagte er, einem anderen intellektuelle Neigungen vorzuschreiben.

Foster hörte sich alles ungläubig an. Ihm war nichts davon fremd. Er hatte auf dem College Jungen so reden hören, die Professoren schockieren wollten, und hatte sich selbst auf diese Weise ein- oder zweimal vergnügt. Jeder, der Wissenschaftsgeschichte studierte, wußte, daß früher viele Menschen so gedacht hatten.

Und doch kam es Foster merkwürdig vor, ja fast widernatürlich, daß ein moderner Wissenschaftler solchen Unsinn von sich geben konnte. Niemand würde dafür eintreten, eine Fabrik so zu leiten, daß jeder Arbeiter machen könne, was ihm eben einfiele, oder ein Schiff zu lenken und dabei ständig auf die sich widersprechenden Einfälle der Mannschaft einzugehen. In beiden Fällen wäre selbstverständlich, daß es eine Art zentralisierter Überwachung gäbe. Und warum sollte das, was für eine Fabrik und ein Schiff gut war, nicht auch für die wissenschaftliche Forschung gut sein?

Man konnte sagen, daß sich der menschliche Geist qualitativ irgendwie von einem Schiff oder einer Fabrik unterschied, aber die Geschichte der geistigen Anstrengungen bewiesen das Gegenteil.

Als die Wissenschaft jung und das komplizierte Ineinander des Bekannten dem einzelnen Geist mehr oder weniger faßlich war, benötigte man vielleicht keine Führung. Blindes Wandern über die auf keiner Karte verzeichneten Gebiete der Unwissenheit konnte zu herrlichen Zufallsfunden führen.

Aber als das Wissen zunahm, mußten immer mehr Daten verarbeitet werden, bevor man Reisen in die Unwissenheit unternehmen konnte, die sich lohnten. Der Mensch mußte sich spezialisieren. Der Forscher war auf die Mittel einer Bibliothek angewiesen, die er nicht zusammenbringen konnte, dann auf Instrumente, die er sich nicht leisten konnte. Der einzelne Forscher wurde immer mehr durch Forschungsgruppen und Institutionen ersetzt.

So, wie das Werkzeug zunahm, wuchsen auch die Mittel an, die man benötigte. Welches College war heute noch so klein, daß es nicht mindestens einen Mikrokernreaktor und einen Dreistufencomputer brauchte?

Schon vor Jahrhunderten konnten Einzelpersonen die wissenschaftliche Forschung nicht länger subventionieren. Gegen 1940 konnten nur noch die Regierung, große Industrieunternehmen und große Universitäten die Grundlagenforschung angemessen subventionieren.

Gegen 1960 waren sogar die größten Universitäten ganz auf Regierungszuschüsse angewiesen, während Forschungsinstitute ohne Steuerbegünstigungen und öffentliche Spenden nicht hätten existieren können. Gegen 2000 waren die Industriekonzerne ein Teil der Weltregierung geworden, und danach war die Forschungsfinanzierung und als Folge davon auch ihre Führung natürlich in einem Ministerium der Regierung zentral zusammengefaßt worden.

Alles ging seinen natürlichen Gang. Jeder Zweig der Wissenschaft war den Erfordernissen der Öffentlichkeit füglich angepaßt, und die verschiedenen Wissenschaftszweige waren sauber aufeinander abgestimmt worden. Der materielle Fortschritt der letzten fünfzig Jahre war

Beweis genug für die Tatsache, daß die Wissenschaft nicht in einen Stillstand verfiel.

Foster versuchte, darüber ein wenig zu sagen. Potterley winkte aber ungeduldig ab und sagte: »Sie plappern nur die offizielle Propaganda nach. Sie haben ein Beispiel vor der Nase, das der offiziellen Anschauung völlig entgegengesetzt ist. Können Sie das überhaupt glauben?«

»Offen gesagt, nein.«

»Nun, warum sagen Sie dann, daß die Zeitschau eine Sackgasse ist? Warum ist Neutrinik unwichtig? Sie sagen, es sei so, und zwar ganz kategorisch. Und doch haben Sie sie nie studiert. Sie behaupten, das ganze Gebiet gar nicht zu kennen. An Ihrer Universität wird es nicht einmal gelehrt . . .«

»Ist nicht die Tatsache, daß es nicht gelehrt wird, schon Beweis genug?«

»Ach, ich verstehe. Es wird nicht gelehrt, weil es unwichtig ist. Und es ist unwichtig, weil es nicht gelehrt wird. Sind Sie mit diesem Argument zufrieden?«

Foster spürte wachsende Verwirrung. »So steht's in den Büchern.«

»Das wär's dann. In den Büchern steht, Neutrinik ist unwichtig. Ihre Professoren erzählen Ihnen das, weil sie es in den Büchern lesen. Und in den Büchern steht es so, weil die Professoren sie schreiben. Wer sagt es auf Grund persönlicher Erfahrung, persönlichen Wissens? Wer forscht darüber? Kennen Sie jemanden?«

Foster sagte: »Wir kommen, glaube ich, nicht weiter, Dr. Potterley. Ich habe zu tun . . .«

»Einen Augenblick. Ich möchte nur, daß Sie sich folgendes überlegen. Ich sage, daß die Regierung in Wirklichkeit Grundlagenforschung in Neutrinik und Chronoskopie unterdrückt. Daß sie die Anwendung der Chronoskopie unterdrückt.«

»Aber nein.«

»Wieso nicht? Sie könnte es. Da haben Sie Ihre zentral gelenkte Forschung. Wenn sie irgendeinem Zweig der Wissenschaft die Zuschüsse sperrt, stirbt er ab. Man hat die Neutrinik erstickt. Man kann das machen, und man hat es getan.«

»Aber warum?«

»Ich weiß nicht, warum. Ich möchte, daß Sie das herausfinden. Ich würde es selbst tun, wenn ich genug wüßte. Ich kam zu Ihnen, weil Sie ein junger Bursche mit einer nagelneuen Ausbildung sind. Haben sich Ihre geistigen Adern schon verhärtet? Stecken Sie nicht voller Neugierde? Möchten Sie es nicht wissen?«

Der Historiker sah Foster aufmerksam an. Ihre Nasen waren nur Zentimeter voneinander entfernt, und Foster war so in Gedanken versunken, daß er nicht daran dachte, zurückzuweichen.

Es wäre sein gutes Recht gewesen, Potterley die Tür zu weisen. Es war nicht die Achtung vor Amt und Würden, die ihn hinderte. Und

Potterleys Argumente hatten ihn ganz gewiß nicht überzeugt. Es handelte sich eher darum, daß er auf seine Universität ein bißchen stolz war.

Warum gab das M. I. T. keinen Kursus in Neutrinik? Und da er gerade bei dem Gedanken war, bezweifelte er auch das Vorhandensein auch nur eines einzigen Buches über Neutrinik in der Bibliothek dort. Er konnte sich nicht erinnern, je eines gesehen zu haben.

Er hielt inne, um darüber nachzudenken.

Und das war der Untergang.

Caroline Potterley war einst eine gutaussehende Frau gewesen. Bei Anlässen wie Abendessen oder Universitätsveranstaltungen konnten mit einigem Aufwand Reste dieses guten Aussehens wiederhergestellt werden.

Für gewöhnlich ließ sie sich gehen. Im Laufe der Jahre war sie rundlich geworden, aber die Schlaffheit an ihr war nicht nur auf Verfettung zurückzuführen. Es war, als hätten ihre Muskeln aufgegeben, als seien sie kraftlos geworden, so daß sie beim Gehen schlurfte. Um ihre Augen hatten sich Säcke gebildet, und ihre Wangen waren schwammig geworden. Selbst ihr ergrauendes Haar schien müde zu werden.

Caroline Potterley sah sich im Spiegel an und gestand sich ein, daß es einer ihrer schlechten Tage war. Sie wußte den Grund.

Es war der Traum mit Laurel. Der seltsame, in dem Laurel erwachsen war. Seiher war sie wie zerschlagen.

Trotzdem tat es ihr leid, daß sie zu Arnold davon gesprochen hatte. Er sagte nie mehr etwas, aber es tat ihm nicht gut. Noch Tage danach war er ungewöhnlich verschlossen. Das lag vielleicht daran, daß er sich auf die wichtige Unterredung mit dem hohen Regierungsbeamten vorbereitete, aber es konnte genausogut an ihrem Traum liegen.

Es war früher besser gewesen, wenn er sie laut anschrie: »Laß die tote Vergangenheit doch *los*, Caroline! Reden bringt sie nicht zurück!«

Es war für beide schrecklich gewesen. Sie war nicht zu Hause gewesen und hatte sich seitdem Vorwürfe gemacht. Wenn sie zu Hause geblieben wäre, wenn sie nicht auf diesen unnötigen Einkaufsbummel gegangen wäre, dann wären sie zu zweit gewesen. Einem von ihnen wäre es gelungen, Laurel zu retten.

Der arme Arnold hatte keinen Erfolg gehabt. Weiß Gott, er hatte es versucht. Er war beinahe selbst gestorben. Er war fast erstickt und halb blind mit der toten Laurel in den Armen aus dem brennenden Haus gekommen.

Dieser Alptraum war immer gegenwärtig, wich nie ganz.

Arnold kapselte sich danach langsam ein. Er sprach leise und pflegte eine Sanftmut, die nichts aufbrechen konnte. Er wurde puritanisch und gab sogar seine kleinen Laster wie Zigaretten und seinen Hang zu gelegentlichen Flüchen auf. Der Zuschuß für die Vorbereitung einer neuen Geschichte Karthagos wurde ihm bewilligt, und alles andere war nur noch zweitrangig für ihn.

Sie versuchte, ihm eine Hilfe zu sein. Sie forschte für ihn nach Quellen, tippte seine Aufzeichnungen für ihn ab und nahm sie auf Mikrofilm auf. Das fand plötzlich sein Ende.

Eines Abends sprang sie plötzlich vom Schreibtisch auf, kam gerade noch rechtzeitig ins Bad und mußte sich übergeben. Ihr Gatte folgte ihr verwirrt und besorgt.

»Caroline, was ist los?«

Sie war nicht ohne einen Schluck Schnaps wieder auf die Beine zu bringen. Sie sagte: »Stimmt das? Was die getan haben?«

»Wer?«

»Die Karthager.«

Er starrte sie an, und sie brachte es nur auf Umwegen heraus. Geradeheraus konnte sie es nicht sagen.

Die Karthager verehrten Moloch anscheinend in der Gestalt eines hohlen, ehernen Standbildes, das in seinem Bauch einen Feuerofen hatte. In nationalen Krisenzeiten versammelten sich Priester und Volk, und kleine Kinder wurden nach gebührenden Zeremonien bei lebendigem Leibe in die Flammen geschleudert.

Kurz vor dem entscheidenden Augenblick gab man ihnen Süßigkeiten, damit die Wirkung des Opfers nicht durch Schreckensschreie gestört wurde. Gleich danach dröhnten die Trommeln, um die paar Sekunden Kindergeschrei zu übertönen. Die Eltern waren anwesend, freuten sich vermutlich, da das Opfer den Göttern wohlgefällig war . . .

Arnold Potterley legte die Stirn in finstere Falten. Gehässige Lügen, sagte er, von Karthagos Feinden in Umlauf gebracht. Er hätte sie warnen sollen. Schließlich waren solche propagandistischen Lügen nicht selten. Die Griechen behaupteten, daß die Juden in ihrem Allerheiligsten einen Eselskopf anbeteten. Und die Römer gar, daß die Urchristen Menschenhasser waren, die in den Katakomben Heidenkinder opferten.

»Dann haben sie's also nicht getan?« fragte Caroline.

»Ich bin sicher, daß sie es nicht getan haben. Die primitiven Phönizier haben es vielleicht getan. In primitiven Kulturen sind Menschenopfer nichts Ungewöhnliches. Aber Karthago auf seinem Höhepunkt war keine primitive Kultur. Menschenopfer werden dann oft durch symbolische Handlungen wie zum Beispiel Beschneidung ersetzt. Die Griechen und Römer haben möglicherweise so eine symbolische Handlung als ursprüngliches Ritual mißverstanden, entweder aus Unwissenheit oder aus Böswilligkeit.«

»Bist du sicher?«

»Ich kann mir noch nicht sicher sein, Caroline, aber wenn ich genug Material gesammelt habe, will ich Antrag stellen, die Chronoskopie benutzen zu dürfen, was diese Sache dann ein für allemal klären wird.«

»Chronoskopie?«

»Zeitschau. Wir können das Karthago einer Krisenzeit anpeilen, sagen wir zur Landung von Scipio Africanus um 202 vor Christus, und dann mit eigenen Augen genau sehen, was passiert. Und du wirst sehen, ich habe recht.«

Er tätschelte sie und lächelte ihr ermutigend zu, aber danach träumte sie zwei Wochen lang jede Nacht von Laurel, und sie half ihm nie wieder bei seinem karthagischen Vorhaben. Und er bat sie nie wieder darum.

Doch jetzt bereitete sie sich auf seine Ankunft vor. Er hatte sie angerufen und ihr mitgeteilt, daß er den Regierungsmann gesehen hatte, und daß es wie erwartet gelaufen war. Das hieß Mißerfolg, aber seiner Stimme hatte trotzdem jedes verräterische Zeichen von Niedergeschlagenheit gefehlt, und auf dem Bildtelefon hatte sein Gesicht recht ruhig gewirkt. Bevor er nach Hause käme, sagte er, hätte er noch etwas anderes zu erledigen.

Das hieß, daß es spät werden würde, aber das machte nichts. Keiner von ihnen hielt strenge Essenszeiten ein.

Als er jedoch kam, überraschte er sie. Ihm war gar keine Bedrücktheit anzumerken. Er küßte sie pflichtschuldigst und lächelte, nahm seinen Hut ab und fragte, ob alles gutgegangen war, während er weg gewesen sei. Es war alles beinahe ganz normal. Beinahe.

Sie hatte aber gelernt, auf Kleinigkeiten zu achten, und er hatte sich bei allem ein wenig zu rasch bewegt. Genug, um ihrem geübten Auge zu zeigen, daß er in Spannung war.

Sie sagte: »Ist etwas passiert?«

Er sagte: »Wir werden übermorgen abend einen Gast zum Essen haben, Caroline. Du hat doch nichts dagegen?«

»Nein, nein. Jemand, den ich kenne?«

»Nein. Einen jungen Dozenten. Einen Neuankömmling. Ich habe mit ihm geredet.« Er wirbelte plötzlich auf sie zu und nahm sie bei den Ellbogen, hielt sie einen Augenblick fest und ließ sie dann verwirrt los, als habe ihn die Zurschaustellung seiner Gefühle aus der Fassung gebracht.

Er sagte: »Ich bin beinahe nicht zu ihm durchgedrungen. Schrecklich, wie wir uns alle unter das Joch haben drücken lassen. Wie sehr wir die Zügel schätzen, die man uns angelegt hat.«

Mrs. Potterley war sich nicht sicher, ob sie ihn verstand, aber seit einem Jahr beobachtete sie, wie er heimlich immer aufsässiger wurde, mehr und mehr Kritik an der Regierung wagte. Sie sagte: »Du hast doch nichts Dummes zu ihm gesagt?«

»Was meinst du, Dummes? Er wird für mich etwas in Neutrinik machen.«

»Neutrinik« war für Mrs. Potterley nichts als drei sinnlose Silben, aber sie wußte, daß es nichts mit Geschichte zu tun hatte. Sie sagte schwach: »Arnold, mir gefällt nicht, was du da machst. Du wirst deine Stellung verlieren. Es ist . . .«

»Es ist intellektuelle Anarchie, meine Liebe«, sagte er. »Den Ausdruck suchst du doch. Na schön. Ich bin ein Anarchist. Wenn mir die Regierung nicht gestattet, meine Forschungen voranzutreiben, dann muß ich es eben auf eigene Faust tun. Und wenn ich den Weg zeige, werden mir andere folgen . . . und wenn nicht, dann macht das auch nichts. Nur Karthago und das menschliche Wissen zählen, nicht du und ich.«

»Aber du kennst diesen jungen Mann nicht. Und wenn er ein Spitzel der Forschungskommission ist?«

»Glaube ich nicht, und ich lasse es darauf ankommen.« Er ballte die Rechte zur Faust und rieb sie sanft in der Handfläche der Linken hin und her. »Er ist jetzt auf meiner Seite. Da bin ich mir sicher. Er kann gar nicht anders. Ich erkenne geistige Neugierde, wenn ich sie in den Augen, auf dem Gesicht, in der Haltung eines Menschen sehe. Eine tödliche Krankheit für einen zahmen Wissenschaftler. Selbst heute dauert es seine Zeit, bis man sie einem Mann ausgetrieben hat, und die jungen Männer sind anfällig . . .

Ach, warum sich denn überhaupt beschränken? Warum bauen wir uns nicht unser eigenes Chronoskop, dann kann uns die Regierung nämlich mal . . .«

Er schwieg unvermittelt, schüttelte den Kopf und wandte sich ab.

»Ich hoffe, daß alles in Ordnung ist«, sagte Mrs. Potterley und konnte sich des sicheren Gefühls nicht erwehren, daß gar nichts in Ordnung sein würde, und machte sich im voraus Sorgen um die Stellung ihres Mannes als Professor, um die Sicherheit ihres Alters. Von allem war sie die einzige, die ein heftiges Vorgefühl von Unannehmlichkeiten hatte. Nur irrte sie sich in der Art der Unannehmlichkeiten völlig.

Jonas Foster erreichte mit fast einer halben Stunde Verspätung das Haus der Potterleys, das außerhalb des Campus lag. Bis zu dem Abend hatte er sich nicht entschließen können zu gehen. Im letzten Augenblick merkte er dann, daß er es nicht über sich bringen konnte, die gesellschaftliche Ungeheuerlichkeit zu begehen, in letzter Minute eine Einladung zum Abendessen abzusagen. Und dann war da noch die quälende Neugier.

Das Essen selbst zog sich endlos hin. Foster aß ohne Appetit. Mrs. Potterley saß kühl und gedankenversunken da und raffte sich nur ein einziges Mal zu einer Frage auf. Ob er verheiratet sei? Auf die Nachricht hin, daß er es nicht sei, gab sie ein mißbilligendes Geräusch von sich. Dr. Potterley fragte gleichgültig nach seiner Berufslaufbahn und nickte steif mit dem Kopf.

Es war so gesetzt und schwerfällig, eigentlich sogar langweilig, wie es nur sein konnte.

Foster dachte: er wirkt so harmlos. Foster hatte die letzten beiden Tage damit verbracht, sich über Dr. Potterley zu informieren. Natürlich ganz beiläufig, fast sogar heimlich. Er wollte nicht gerade in der Sozialwissenschaftlichen Bibliothek gesehen werden. Immerhin gehörte Geschichte zu diesen Randgebieten, und die breite Öffentlichkeit las zur Belustigung oder zur Erbauung gern in Geschichtswerken.

Nur war ein Physiker nicht gerade die ›breite Öffentlichkeit‹. Angenommen, Foster würde sich auf Geschichte einlassen, dann würde man ihn für komisch halten, und nach einiger Zeit würde sich der Abteilungsleiter fragen, ob sein neuer Dozent auch der richtige Mann für die Stelle war.

Er hatte sich deshalb vorgesehen. Er setzte sich in die abgelegeneren Lesenischen und senkte den Kopf, wenn er zu ungewöhnlichen Zeiten kam oder ging.

Wie sich zeigte, hatte Dr. Potterley drei Bücher und ein gutes Dutzend Aufsätze über die antike Welt des Mittelmeerraumes geschrieben, und die späteren Aufsätze befaßten sich alle von einem wohlwollenden Standpunkt aus mit dem Karthago der vorrömischen Zeit.

Das paßte wenigstens zu Potterleys Erzählung und hatte Fosters Argwohn ein wenig besänftigt . . . Und doch spürte Foster, daß es viel klüger, viel ungefährlicher gewesen wäre, sich der Sache gleich von Anfang an entgegengestellt zu haben.

Ein Wissenschaftler sollte nicht zu neugierig sein, dachte er. Ein gefährlicher Zug.

Nach dem Essen wurde er in das Arbeitszimmer des Professors geführt, und er blieb wie angewurzelt auf der Türschwelle stehen. Vor lauter Büchern konnte man buchstäblich die Wände nicht mehr sehen.

Es gab nicht bloß Filme. Die gab es natürlich auch, aber sie wurden an Menge bei weitem durch die Bücher übertroffen — Bücher auf Papier gedruckt. Er hätte nie gedacht, daß es noch so viele in brauchbarer Verfassung gab.

Foster war unangenehm berührt. Wieso wollte jemand so viele Bücher zu Hause haben? Sie waren sicher alle in der Universitätsbücherei zu haben, auf jeden Fall aber in der Kongreßbibliothek, wenn man sich der kleinen Mühe unterzog, einen Mikrofilm anzusehen.

Eine private Bibliothek sah nach Heimlichtuerei aus, roch nach intellektueller Anarchie. Merkwürdigerweise beruhigte der letzte Gedanke Foster. Potterley war ihm als wirklicher Anarchist lieber als in der Rolle eines Lockspitzels.

Und jetzt fingen die Stunden an, auf erstaunliche Weise vorbeizufliegen.

»Sehen Sie«, sagte Potterley mit ruhiger Stimme, »es ging darum, jemand zu finden, der bei seiner Arbeit die Chronoskopie eingesetzt hatte. Ich konnte natürlich nicht einfach drauflos fragen, weil das ja unbefugtes Forschen gewesen wäre.«

»Ja«, sagte Foster trocken. Er war ein wenig überrascht, daß eine so kleine Bedenklichkeit den Mann aufhalten konnte.

»Ich ging auf eine indirekte Art vor . . .«

Und wie er das gemacht hatte. Foster verblüffte der Umfang des Briefwechsels, der sich um winzige strittige Fragen mittelmeerischer Kultur rankte und in dessen Folge es immer wieder gelungen war, beiläufige Bemerkungen herauszuholen, die etwa so aussahen: »Da ich nun freilich nie die Chronoskopie benutzt habe . . .« oder »Da es im Augenblick zweifelhaft ist, ob mein Antrag auf Verwendung chronoskopischer Daten berücksichtigt wird . . .«

»Das waren nicht Fragen aufs Geradewohl«, sagte Potterley. »Das Institut für Chronoskopie gibt jeden Monat ein Heft heraus, in dem Einzelheiten zur Vergangenheit abgedruckt werden, die durch Zeitschau entschieden wurden. Immer nur ein oder zwei Punkte. Was mich zunächst aufmerken ließ, war die Trivialität der meisten Punkte, ihre Abgeschmacktheit. Weshalb hatten solche Forschungen den Vorrang vor meiner? Ich schrieb also an Leute, die höchstwahrscheinlich in Richtungen forschten, über die in den Heften berichtet wurde. Wie ich Ihnen zeigte, hat keiner von ihnen das Chronoskop benutzt. Gehen wir es jetzt einmal Punkt für Punkt durch.«

Schließlich drehte sich Foster bei all dem Material, das Potterley sauber zusammengetragen hatte, der Kopf, und er fragte: »Aber wieso?«

»Ich weiß nicht, wieso«, sagte Potterley. »Ich habe jedoch eine Theorie. Das Chronoskop war ursprünglich von Sterbinski erfunden worden, soviel weiß ich wenigstens, wie Sie sehen, und es ist viel darüber gesprochen worden. Aber dann nahm die Regierung das Gerät an sich und beschloß, weitere Forschungen in der Richtung zu unterdrücken und keinen Gebrauch des Geräts zuzulassen. Aber dann mochten sich die Leute vielleicht fragen, warum es nicht benutzt wurde. Neugier ist ein großes Laster, Dr. Foster.«

Der Physiker stimmte ihm im stillen zu.

»Stellen Sie sich dann die Wirkung vor«, fuhr Potterley fort, »wenn man so tut, als benutze man das Chronoskop. Dann wäre es eine gewöhnliche Sache, von keinem Geheimnis umwittert. Es wäre nicht länger ein geeigneter Gegenstand erlaubter Neugier und auch kein anziehender mehr für unerlaubte Neugier.«

»*Sie* waren aber neugierig«, machte ihn Foster aufmerksam.

Potterley wirkte ein wenig unruhig. »In meinem Fall war das anders«, sagte er ärgerlich. »Bei mir gibt es etwas, was unbedingt getan werden muß, und ich wollte mich nicht auf so lächerliche Art abspeisen lassen, wie die es versucht haben.«

Selbst ein bißchen paranoid, dachte Foster verdrießlich.

Aber paranoid oder nicht, Potterley hatte doch etwas herausgefunden. Foster konnte nicht länger bestreiten, daß sich in Sachen Neutrinik merkwürdige Dinge abspielten.

Aber worauf wollte Potterley hinaus? Das machte Foster noch Sorgen. Wenn Potterley nicht beabsichtigte, Fosters moralische Ansichten auf die Probe zu stellen, was wollte er dann?

Foster dachte logisch nach. Wenn ein intellektueller Anarchist mit einem Hauch von Geistesgestörtheit ein Chronoskop benutzen wollte und überzeugt war, daß ihm dabei die herrschenden Mächte im Weg standen, was würde er wohl tun?

Angenommen, dachte er, es handelt sich um mich. Was würde ich machen?

Er sagte langsam: »Vielleicht gibt es überhaupt kein Chronoskop?«

Potterley zuckte zusammen. Seine oberflächliche Gemütsruhe hätte beinahe einen Riß bekommen. Einen Augenblick lang sah sich Foster etwas gegenüber, was überhaupt nichts mit Ruhe zu tun hatte.

Der Historiker behielt sich aber in der Gewalt und sagte: »Es muß ein Chronoskop geben.«

»Wieso? Haben Sie es gesehen? Oder ich vielleicht? Vielleicht liegt da die Erklärung für alles. Vielleicht machen sie das Chronoskop, das sie haben, gar nicht absichtlich rar. Vielleicht haben sie überhaupt keins.«

»Aber Sterbinski hat es gegeben. Er baute ein Chronoskop. Das ist eine Tatsache.«

»So steht es in den Büchern«, sagte Foster kühl.

»Hören Sie mal.« Potterley streckte tatsächlich die Hand aus und faßte ihn am Jackenärmel. »Ich brauche das Chronoskop. Ich muß es haben. Sagen Sie mir nicht, daß es nicht existiert. Was wir machen werden, ist, genug über Neutrinik herauszukriegen, um uns selbst . . .«

Foster befreite seinen Jackenärmel. Er brauchte nichts weiter zu hören. Er konnte sich die Fortsetzung denken. Er sagte: »Ein eigenes zu bauen?«

Potterley sah verstimmt aus, als hätte er es lieber nicht so frei heraus gesagt. Trotzdem sagte er: »Wieso nicht?«

»Weil das nicht in Frage kommt«, sagte Foster. »Wenn es stimmt, was ich gelesen habe, so brauchte Sterbinski zwanzig Jahre, um seinen Apparat zu bauen — und Millionenzuschüsse. Sie glauben doch nicht, daß Sie und ich das unerlaubt nachmachen können? Selbst wenn wir die Zeit hätten, was aber nicht so ist, und selbst wenn ich genug aus Büchern lernen könnte, was ich bezweifle, wo bekämen wir denn Geld und Material her? Meine Güte, das Chronoskop soll schließlich so groß wie ein fünfstöckiges Gebäude sein.«

»Sie wollen mir also nicht helfen?«

»Also gut, ich sage Ihnen etwas. Es gibt eine Möglichkeit, wie ich vielleicht etwas erfahren kann . . .«

»Wie?« fragte Potterley sogleich.

»Das ist unwichtig. Aber ich kann möglicherweise genug herausfinden, um Ihnen sagen zu können, ob die Regierung absichtlich Forschung mit dem Chronoskop unterbindet. Ich kann möglicherweise das Beweismaterial stützen, das Sie schon haben, oder beweisen, daß es irreführend ist. Wieviel Ihnen das in jedem Fall nützen wird, weiß ich nicht, aber ich kann nur so weit gehen.«

Potterley brachte den jungen Mann endlich zur Tür. Er war wütend auf sich selbst. Wieso hatte er es sich gestattet, so unvorsichtig zu sein, den Burschen erraten zu lassen, daß er ein eigenes Chronoskop im Auge hatte? Das war voreilig.

Aber warum mußte der junge Narr auch davon sprechen, daß es möglicherweise gar kein Chronoskop gab?

Es mußte es einfach geben. Was für einen Nutzen hatte es denn, das Gegenteil zu behaupten?

Und wieso konnte man kein zweites bauen? In den fünfzig Jahren seit Sterbinski hatte sich die Wissenschaft weiterentwickelt. Man benötigte nichts als das Wissen.

Der junge Mann mochte das Wissen zusammentragen. Er mochte glauben, das bißchen Zusammentragen sei das Äußerste. Einmal auf dem Weg zur Anarchie, gab es kein Halten. Wenn der Junge nicht von sich aus weitergetrieben würde, so wären die ersten Schritte Abweichung genug, um den Rest durchzusetzen. Potterley war sich ziemlich sicher, daß er vor einer Erpressung nicht zurückscheuen würde.

Foster lenkte seinen Wagen durch die öden Randgebiete der Stadt und bemerkte kaum den Regen.

Er sagte sich, er sei wirklich ein Idiot, aber er konnte die Sache bei dem Stand der Dinge nicht auf sich beruhen lassen. Er wollte Bescheid wissen.

Er würde aber nicht weiter als bis zu Onkel Ralph gehen. Er schwor sich mit allem Nachdruck, daß es damit sein Bewenden hätte. Auf diese Weise würde man keine handfesten Beweise gegen ihn haben. Onkel Ralph würde schweigen.

In gewisser Hinsicht schämte er sich heimlich seines Onkels. Zum Teil hatte er ihn Potterley gegenüber aus Vorsicht nicht erwähnt, zum Teil auch, weil er weder hochgezogene Augenbrauen noch das unvermeidliche Lächeln sehen wollte. so nützlich auch Menschen waren, die als wissenschaftliche Schriftsteller ihr Brot verdienten, sie gehörten doch nicht ganz dazu und verdienten nichts als Herablassung und Geringschätzung. Die Tatsache, daß diese Gruppe von Leuten mehr Geld verdiente als die Forschungswissenschaftler, machte die Sache natürlich nicht besser.

Es gab immerhin Zeiten, wo es angenehm war, einen wissenschaftlichen Schriftsteller in der Familie zu haben. Da sie keine richtige Ausbildung besaßen, brauchten sie sich nicht zu spezialisieren. Und folglich kannte sich ein guter wissenschaftlicher Schriftsteller praktisch auf allen Gebieten aus.

Ralph Nimmo hatte keinen Collegeabschluß und war recht stolz darauf. »Ein Abschluß«, hatte er einst Jonas Foster mitgeteilt, als sie beide etliche Jahre jünger waren, »ist der erste Schritt, mit dem man sich auf einen verderblichen Weg begibt. Man möchte ihn nicht ungenutzt lassen und macht sich an seine Doktorarbeit. Man endet damit, bis auf diese winzige Unterabteilung von Nichts gar keine Ahnung von dem zu haben, was es auf der Welt gibt. Wenn man andererseits vorsichtig mit seinem Kopf umgeht und ihn nicht mit Einzelheiten vollstopft, bis man reif geworden ist, sondern es nur auf Verständnis abgesehen hat und sich in klarem Denken übt, so hat man dann ein mächtiges Werkzeug zur Verfügung und kann wissenschaftlicher Schriftsteller werden.«

Nimmo bekam seinen ersten Auftrag mit fünfundzwanzig, als er seine Lehrzeit beendet hatte und kaum drei Monate auf dem Gebiet tätig war. Der Auftrag kam in Form eines Manuskripts, in dem alles wie Kraut und Rüben durcheinanderging, dessen Sprache keinem Leser auch nur einen Schimmer an Verständnis vermitteln konnte, ganz gleich, wie kompetent der Text auch war, es sei denn, man vertiefte sich sorgfältig in ihn und ließ sich auf schöpferische Mußmaßungen ein. Nimmo nahm ihn auseinander und setzte ihn wieder zusammen (nach fünf langen und erbitterten Unterredungen mit den Autoren, bei denen es sich um Biophysiker handelte), straffte die Sprache, gab ihr Sinn und glättete den Stil, bis er angenehm glänzte.

»Warum denn nicht?« teilte er wohl nachgiebig seinem Neffen mit, der seinen kritischen Bemerkungen dadurch zum Teil entgegentrat, daß er ihm vorhielt, sich allzu bereit auf die Grenzgebiete der Wissenschaft einzulassen. »Die Grenzgebiete sind wichtig. Deine Wissenschaftler können nicht schreiben. Warum sollte man es auch von ihnen erwarten? Man erwartet nicht von ihnen, daß sie große Schauspieler oder Geiger sind, warum also erwarten, daß sie mit der Sprache umgehen können? Warum das nicht auch Spezialisten überlassen? Meine Güte, Jonas, lies deine Literatur, die vor hundert Jahren geschrieben wurde. Laß die Tatsache beiseite, daß sie wissenschaftlich veraltet ist und daß ein paar Ausdrücke überholt sind. Versuch nur mal, sie zu lesen und zu verstehen. Zungenbrecherisches, dilettantisches Zeug. Seiten um Seiten umsonst veröffentlicht. Ganze Artikel, die unverständlich und auch umsonst sind.«

»Aber du findest keine Anerkennung, Onkel Ralph«, protestierte der junge Foster, der eben seine Laufbahn auf dem College beginnen wollte und ziemlich romantische Vorstellungen hatte. »Du könntest ein phantastischer Forscher sein.«

»Ich finde Anerkennung«, sagte Nimmo. »Denk bloß nicht, daß ich sie nicht kriege. Klar, ein Biochemiker oder Stratometerologe würden nicht einmal einen Gruß für mich übrig haben, aber sie zahlen mich glänzend. Überleg dir nur mal, was passiert, wenn ein prima Chemiker sieht, daß ihm die Kommission das Jahresbudget für einen wissenschaftlichen Schriftsteller gestrichen hat. Er kämpft verbissener um das Geld, mit dem er mich oder jemand wie mich bezahlen kann, als um die Anschaffung eines automatischen Ionenschreibers.«

Er grinste offen, und Foster grinste zurück. Er war eigentlich stolz auf seinen dickbäuchigen Onkel mit dem rundlichen Gesicht und den Wurstfingern, der sich eitel die letzten Haare vergebens über den Kahlkopf bürstete und der sich anzog, daß er wie ein umgeworfener Heuhaufen aussah, weil Nachlässigkeit sein Markenzeichen war. Er schämte sich und war gleichzeitig stolz.

Und jetzt betrat Foster das vollgestopfte Appartement seines Onkels, und ihm war gar nicht nach Grinsen zumute. Er und Onkel Ralph waren jetzt neun Jahre älter. Neun Jahre lang hatten ihn alle möglichen wissenschaftlichen Aufsätze erreicht, um aufpoliert zu werden, und von jedem war ein bißchen in seinem geräumigen Geist zurückgeblieben.

Nimmo verzehrte kernlose Trauben und steckte sich eine nach der anderen hastig in den Mund. Er warf Foster eine Traube zu, die er mit knapper Not fing.

»Was ist los?« fragte Nimmo.

»Hast du Schwierigkeiten mit der Abfassung deines Antrags auf Zuschußbewilligung?«

»Daran habe ich mich eigentlich noch gar nicht gemacht.«

»Wirklich nicht? Dann aber mal Bewegung, Junge. Wartest du auf mein Angebot, letzte Hand anzulegen?«

»Dich kann ich mir nicht leisten, Onkel.«

»Ach, hör auf. Bleibt in der Familie. Überlaß mir die Rechte für populärwissenschaftliche Veröffentlichungen, und es muß kein Geld den Besitzer wechseln.«

Foster nickte: »Wenn du das ernst meinst, abgemacht.«

»Abgemacht.«

Das war natürlich ein Wagnis, aber Foster hatte genug von Nimmos wissenschaftlicher Schriftstellerei gesehen, um zu wissen, daß es sich lohnen konnte. Eine aufsehenerregende Entdeckung von allgemeinem Interesse über den Urmenschen oder eine neue chirurgische Technik oder in irgendeinem Zweig der Raumfahrt konnte einen geldbringenden Aufsatz in einem der Massenmedien bedeuten.

Nimmo hatte zum Beispiel eine Reihe von Abhandlungen von Brace und seinen Mitarbeitern für wissenschaftliche Leser umgeschrieben, die die Feinstruktur zweier Krebsviren zum Inhalt hatten, wofür er die lächerliche Summe von fünfzehnhundert Dollar verlangte, vorausgesetzt, man überließe ihm die Rechte für populärwissenschaftliche Veröffentlichungen. Dann schrieb er allein dieselbe Arbeit in verständlicher Form für das Trimensionalfernsehen um, erhielt dafür einen Vorschuß von zwanzigtausend Dollar nebst Tantiemen, die nach fünf Jahren immer noch flossen.

Foster sagte rundheraus: »Was weißt du über Neutrinik, Onkel Ralph?«

»Neutrinik?« Nimmo sah ihn überrascht aus seinen kleinen Augen an. »Hast du damit zu tun? Ich dachte, es sei pseudogravitische Optik?«

»Ja, es ist P. G. O. Ich frage dich nur zufällig nach Neutrinik.«

»Das ist ja eine höllische Sache. Du scherst aus der Reihe. Das ist dir wohl klar?«

»Ich glaube nicht, daß du die Kommission anrufen wirst, nur weil ich ein bißchen neugierig bin.«

»Vielleicht sollte ich es, bevor du Schwierigkeiten bekommst. Neugier ist bei Wissenschaftlern ein Berufsrisiko. Ich hab's mitangesehen. Da verfolgt einer still ein Problem, und dann bringt ihn die Neugier in ein seltsames Fahrwasser. Und ehe man sich's versieht, haben sie so wenig an ihrem eigentlichen Problem gearbeitet, daß sie keine Berechtigung mehr haben, ihr Projekt verlängern zu lassen.«

»Ich möchte doch nur wissen«, sagte Foster geduldig, »was dir in letzter Zeit in Neutrinik unter die Finger gekommen ist.«

Nimmo lehnte sich zurück und zerkaute nachdenklich eine Traube. »Nichts. Noch nie etwas. Ich erinnere mich nicht, jemals eine Schrift über Neutrinik bekommen zu haben.«

»Was?« Foster war sichtlich überrascht. »Wer kriegt dann die Arbeiten?«

»Wenn du mich so fragst«, sagte Nimmo, »ich weiß es nicht. Auf den jährlichen Tagungen habe ich nie jemand darüber sprechen hören. Ich glaub' nicht, daß auf dem Gebiet viel gearbeitet wird.«

»Wieso nicht?«

»He, schnauz mich nicht an. Ich tu ja gar nichts. Ich würde vermuten . . .«

Foster war erbost. »Wissen tust du nichts?«

»Hm. Ich sag' dir, was ich über Neutrinik weiß. Es dreht sich dabei um die Anwendung der Bewegung und Kräfte der Neutrinos . . .«

»Aber sicher. So, wie sich Elektronik um die Anwendung der Bewegungen und Kräfte der Elektronen dreht, und Pseudeogravitik um die Anwendung künstlicher Schwerkraftfelder. Deshalb bin ich nicht zu dir gekommen. Mehr weißt du nicht?«

»Und Neutrinik«, sagte Nimmo unerschütterlich, »ist die Grundlage für die Zeitschau, und das ist alles, was ich weiß.«

Foster sank auf seinem Stuhl zusammen und rieb sich die mageren

Wangen. Er fühlte sich enttäuscht. Ohne es sich deutlich einzugestehen, war er sich irgendwie sicher gewesen, daß Nimmo mit den neuesten Unterlagen über interessante Seiten der modernen Neutrinik aufwarten und ihn zu Potterley zurückschicken würde, um dem ältlichen Historiker zu sagen, er irre sich und seine Folgerungen seien verfehlt.

Dann hätte er sich wieder richtig an seine Arbeit machen können. Aber so . . .

Er sagte sich ärgerlich: Man arbeitet also nicht viel auf dem Gebiet. Heißt das schon absichtliche Unterdrückung? Und wenn Neutrinik ein unergiebiger Wissenszweig ist? Vielleicht doch. Ich weiß es nicht. Und Potterley auch nicht. Warum die geistigen Kräfte der Menschheit an ein Nichts verschwenden? Oder die Arbeit war möglicherweise aus gutem Grund geheim. Konnte sein . . .

Die Schwierigkeit war, er mußte es wissen. Er konnte die Sache nicht auf sich beruhen lassen. Es ging nicht.

Er sagte: »Gibt es einen Text über Neutrinik, Onkel Ralph? Ich meine einen einfachen und klaren. Eine Einführung.«

Nimmo dachte nach, und seine dicken Backen blähten sich, während er eine Reihe von Seufzer ausstieß.

»Du stellst die blödesten Fragen. Der einzige, von dem ich je gehört habe, ist von Sterbinski und noch jemand. Ich hab' ihn nie gesehen, bin aber mal auf etwas darüber gestoßen . . . Sterbinski und LaMarr, das war's.«

»Ist das der Sterbinski, der das Chronoskop erfunden hat?«

»Denke ich mir. Dann müßte das Buch gut sein.«

»Gibt es eine neue Ausgabe? Sterbinski ist vor dreißig Jahren gestorben.«

Nimmo zuckte mit den Achseln und schwieg.

»Kannst du das herauskriegen?«

Einen Augenblick saßen sie still da, während Nimmo seine Massen unter dem Knarren des Stuhls, auf dem er saß, verlagerte. Dann sagte der wissenschaftliche Schrifsteller: »Willst du mir sagen, was das alles soll?«

»Kann ich nicht. Wirst du mir trotzdem helfen, Onkel Ralph? Wirst du mir ein Exemplar des Textes verschaffen?«

»Schön, du hast mir alles beigebracht, was ich über Pseudogravitik weiß. Ich sollte dir Dank wissen. Ich sag' dir was — unter einer Bedingung werde ich dir helfen.«

»Und die wäre?«

Der Ältere war plötzlich sehr ernst. »Daß du vorsichtig bist, Jonas. Offenbar bist du weit ab von dem, was deine Aufgabe ist. Setz deine Karriere nicht aufs Spiel, nur weil du neugierig auf etwas bist, was mit deinem Auftrag nichts zu tun hat und dich auch nichts angeht. Du verstehst?«

Foster nickte, hörte aber kaum hin. Er dachte angestrengt nach.

Eine ganze Woche später bewegte Ralph Nimmo seine rundliche Figur vorsichtig in Jonas Fosters Zweizimmerwohnung, die auf dem Campus lag, und wisperte heiser. »Ich hab' was.«

»Was?« Foster war sofort gespannt.

»Ein Exemplar von Sterbinski und LaMarr«. Er zog es hervor, ließ vielmehr unter seinem weiten Mantel ein kleines Eckchen blicken. Foster sah fast automatisch auf Tür und Fenster, ob sie geschlossen, beziehungsweise die Rollos herabgelassen waren, und streckte dann die Hand aus.

Die Filmschachtel war vor Alter rissig, und als er sie aufklappte, war der Film verblaßt und spröd geworden. Er sagte hart: »Ist das alles?«

»Wo bleibt die Dankbarkeit, mein Junge?« Nimmo setzte sich brummend und zog aus einer Tasche einen Apfel hervor.

»Ach, ich bin dir dankbar, aber der Film ist so alt.«

»Dabei kannst du noch von Glück reden. Ich wollte mir einen Film aus der Kongreßbibliothek zeigen lassen. Unmöglich. Das Buch ist nur für den Dienstgebrauch.«

»Und wie bist du an den hier gekommen?«

»Hab' ich gestohlen.« Er biß sich knackend zum Kerngehäuse durch. »Öffentliche Bibliothek, New York.«

»Was?«

»War einfach. Ich hatte natürlich Zugang zum Hauptmagazin. Als niemand in der Nähe war, stieg ich über eine Absperrkette, trieb das hier auf und spazierte damit davon. Die werden nach Jahren den Verlust noch nicht bemerkt haben . . . Nur, mein lieber Neffe, läßt du das besser keinen bei dir sehen.«

Foster starrte auf den Film, als sei er buchstäblich zu heiß zum Anfassen.

Nimmo ließ das Kerngehäuse fallen und griff nach einem zweiten Apfel. »Wirklich komisch. Auf dem ganzen Gebiet der Neutrinik gibt es keine neuere Veröffentlichung. Keine Monographie, keinen Aufsatz, keinen Forschungsbericht. Seit dem Chronoskop nichts mehr.«

»Mhm«, sagte Foster abwesend.

Foster arbeitete abends im Haus der Potterleys. In seinem Zimmer auf dem Campus fühlte er sich nicht sicher. Diese abendliche Arbeit wurde ihm wichtiger als die Erstellung seines Antrags auf Zuschuß. Manchmal bekümmerte ihn es, aber das legte sich auch.

Am Anfang bestand seine Arbeit nur darin, sich den Film des Textes immer wieder anzusehen. Später bestand sie in Nachdenken, während manchmal ein Teil des Buches unbeachtet durch den Taschenprojektor lief.

Manchmal kam Potterley zu ihm hinunter und sah ihm zu, saß mit starren, ungeduldigen Augen neben ihm, als erwarte er, die Gedankenarbeit werde feste Formen annehmen und in all ihren Windungen sichtbar werden. Er mischte sich nur in zweierlei Hinsicht ein. Er untersagte Foster das Rauchen, und manchmal redete er.

Es ging dabei nicht um ein Gespräch. Es war eher ein leiser Monolog, bei dem er anscheinend kaum die Erwartung hegte, Aufmerksamkeit zu erregen. Es war vielmehr so, als wolle er so innere Spannungen loswerden.

Karthago! Immer Karthago!

Karthago, das New York des Mittelmeeres der Antike. Karthago, Reich des Handels und Königin der Meere. Karthago alles das, was Syracus und Alexandria vorgaben zu sein. Karthago, von seinen Feinden verleumdet und keine Verteidigung vorbringend.

Es war einmal von Rom zerstört worden, von Sizilien und Sardinien vertrieben worden, wurde aber durch neue Besitzungen in Spanien mehr als entschädigt und brachte Hannibal hervor, der sechzehn Jahre lang der Schrecken der Römer war.

Schließlich verlor es ein zweites Mal, söhnte sich mit seinem Schicksal aus und baute sich mit zerbrochenem Werkzeug auf geschrumpftem Herrschaftsgebiet ein neues Leben auf, hatte dabei soviel Erfolg, daß das neidische Rom einen dritten Krieg vom Zaune brach. Und Karthago, das nichts als seine nackten Hände und seine Beharrlichkeit hatte, baute Waffen und zwang Rom einen zweijährigen Krieg auf, der erst mit der völligen Zerstörung der Stadt endete, wobei sich die Einwohner lieber in ihre brennenden Häuser stürzten, als sich den Römern zu ergeben.

»Konnten die Leute so für eine Stadt und eine Lebensart kämpfen, die den antiken Schriftstellern nach nur schlecht gewesen waren? Hannibal war ein besserer Heerführer als irgendeiner der Römer, und seine Soldaten waren ihm absolut treu ergeben. Selbst seine bittersten Feinde priesen ihn. Ein Karthager. Es ist üblich zu sagen, er sei kein typischer Karthager gewesen, sei besser als die anderen, ein Diamant in einem Haufen Mist. Aber warum war er denn Karthago so treu ergeben, durch Jahre des Exils hindurch bis in den Tod? Man spricht vom Moloch . . .«

Foster hörte nicht immer zu, konnte manchmal aber nicht anders.

Er schauderte zusammen und fühlte sich unwohl bei der grausamen Geschichte vom Kindesopfer.

Doch Potterley fuhr ernst fort: »Auf jeden Fall ist es nicht wahr. Eine Ente, die vor zweitausendfünfhundert Jahren von den Griechen und Römern in die Welt gesetzt wurde. Die hatten selbst ihre Sklaven, ihre Kreuzigungen und Foltern, ihre Gladiatorenkämpfe. Die waren selbst keine Heiligen. Diese Geschichte von Moloch ist etwas, was man später Kriegspropaganda genannt hätte, eine Riesenlüge. Ich kann beweisen, daß es eine Lüge ist. Ich kann es beweisen. Himmel, ich werde es beweisen . . .«

In seinem Eifer murmelte er dieses Versprechen immer wieder vor sich hin.

Mrs. Potterley leistete ihm auch Gesellschaft, allerdings weniger häufig, gewöhnlich an Dienstagen und Donnerstagen, wenn sich Dr. Potterley um einen Abendkursus kümmern mußte und nicht anwesend war.

Sie saß ruhig da, sagte kaum etwas, hatte ein teigiges, schlaffes Gesicht mit leeren Augen und wirkte abwesend und in sich versunken.

Beim ersten Mal versuchte Foster nervös, ihr nahezulegen zu gehen. Sie sagte mit ausdrucksloser Stimme: »Störe ich Sie?«

»Nein, natürlich nicht«, log Foster unruhig. »Es ist nur, daß . . .« Er konnte den Satz nicht zu Ende sprechen.

Sie nickte, als fasse sie es als Einladung zum Bleiben auf. Dann öffnete sie einen Beutel, den sie mitgebracht hatte, entnahm ihm eine Lage Vitrontücher, die sie mit raschen und zarten Bewegungen zweier dünner, vierflächiger Depolarisatoren miteinander verwob. Sie hatten dünne, batteriebetriebene Drähte, und sie sah aus, als halte sie eine große Spinne in den Händen.

Eines Abends sagte sie leise: »Meine Tochter Laurel ist so alt wie Sie.«

Foster fuhr auf, weil ihn Laut und Bedeutung der Worte gleich getroffen hatten. Er sagte: »Ich wußte nicht, daß Sie eine Tochter hatten, Mrs. Potterley.«

»Sie starb. Vor vielen Jahren.«

Die Vitrontücher formten sich unter den gewandten Bewegungen zum unregelmäßigen Umriß eines Kleidungsstücks, über das Foster sich noch keinen Reim machen konnte.

Es blieb ihm nichts übrig, als dumm zu murmeln: »Tut mir leid.«

Mrs. Potterley seufzte. »Ich träume oft von ihr.« Sie hob ihre blauen Augen und sah ihn an.

Foster zuckte zusammen und blickte weg.

An einem anderen Abend fragte sie, während sie an einem Vitrontuch zog, das sich sanft an sie gelegt hatte. »Was ist Zeitschau überhaupt?«

Diese Bemerkung platzte mitten in eine besonders verwickelte Gedankenkette, und Foster sagte barsch: »Dr. Potterley kann es Ihnen erklären.«

»Er hat's versucht. Aber ich glaube, er hat nicht viel Geduld mit mir. Die meiste Zeit nennt er es Chronoskopie. Kann man wirklich Dinge wie im Trimensionalfernsehen sehen? Oder tauchen nur kleine Punktmuster wie bei Ihrem Computer auf?«

Foster blickte mit Abscheu auf seinen Tischcomputer. Er arbeitete nicht schlecht, aber jeder Rechengang mußte von Hand überwacht werden, und die Antworten wurden in Code ausgegeben. Wenn er nur den Universitätscomputer benutzen könnte . . . nun, warum träumen. Er kam sich schon auffällig genug vor, wenn er jeden Abend mit dem Tischcomputer unter dem Arm sein Büro verließ.

Er sagte: »Ich habe das Chronoskop nie selbst gesehen, aber ich habe den Eindruck, daß man tatsächlich Bilder sehen und Geräusche hören kann.«

»Man kann Leute auch reden hören?«

»Ich glaube schon.« Dann sagte er halb verzweifelt. »Hören Sie, Mrs. Potterley, das hier muß schrecklich langweilig für Sie sein. Ich verstehe, daß Sie einen Gast nicht allein lassen wollen, aber Mrs. Potterley, Sie müssen sich wirklich nicht gezwungen fühlen . . .«

»Ich fühlte mich zu nichts gezwungen«, sagte sie. »Ich sitze hier und warte.«

»Sie warten? Worauf?«

Sie sagte gelassen: »Ich habe Sie an jenem ersten Abend belauscht. Als Sie sich zum ersten Mal mit Arnold unterhielten. Ich habe an der Tür gelauscht.«

Er sagte: »Wirklich?«

»Ich weiß, ich hätte es nicht tun sollen, aber ich machte mir solche Sorgen um Arnold. Ich hatte das Gefühl, er wollte etwas tun, das nicht recht war, und wollte wissen, worum es ging. Und als ich dann hörte . . .« Sie schwieg, beugte sich über das Vitron und starrte es aus der Nähe an.

»Was haben Sie gehört, Mrs. Potterley?«

»Daß Sie kein Chronoskop bauen wollten.«

»Selbstverständlich will ich keins bauen.«

»Ich dachte, vielleicht überlegen Sie es sich noch mal.«

Foster sah sie wütend an. »Soll das heißen, daß Sie hier 'runterkommen, weil Sie hoffen, ich werde ein Chronoskop bauen, weil Sie es abwarten wollen?«

»Ach, hoffentlich tun Sie es, Dr. Foster.«

Es war, als sei ganz plötzlich ein blasser Schimmer von ihrem Gesicht gefallen, so klar und bestimmt sah auf einmal ihr Gesicht aus. Ihre Wangen färbten sich, ihre Augen belebten sich, ihre Stimme klang fast erregt.

»Wäre es nicht herrlich«, flüsterte sie, »eins zu haben? Menschen der Vergangenheit könnten wieder zum Leben erwachen. Pharaone und Könige und — einfach Menschen. Ich hoffe, Sie bauen eins, Dr. Foster. Ich hoffe — wirklich . . .«

Sie verschluckte sich offenbar an der Dringlichkeit ihrer Worte und ließ die Vitrontüchter vom Schoß gleiten. Sie erhob sich und rannte die Kellertreppe hinauf, während Foster ihre unbeholfene Flucht mit erstaunten Augen verfolgte.

Es drang jetzt bis in Fosters Nächte, machte ihn schlaflos und schmerzlich angespannt vor Gedanken. Es war beinahe, als hätte er geistige Verdauungsbeschwerden.

Sein Antrag auf Zuschuß nahm dank Ralph Nimmo endlich schleppend Gestalt an. Er machte sich kaum Hoffnungen. Dumpf dachte er: man wird ihn zurückweisen.

Wenn das geschah, würde es in der Abteilung natürlich einen Skandal geben und wahrscheinlich bedeuten, daß seine Anstellung an der Universität nach Ablauf des akademischen Jahres ein Ende finden würde. Es kümmerte ihn kaum. Es ging um das Neutrino, nichts als das Neutrino. Seine Spur wand sich und schlug Haken, die ihn auf unbekannte Pfade führten, die selbst Sterbinski und LaMarr nicht betreten hatten.

Er rief Nimmo an. »Onkel Ralph, ich brauche ein paar Sachen. Ich rufe von der Universität aus an.«

Nimmos Gesicht auf der Sichtscheibe wirkte freundlich, aber seine Stimme klang hart. »Was du brauchst, ist ein Kurs im Schreiben. Ich habe Riesenschwierigkeiten, deinen Antrag in eine verständliche Form zu bringen. Wenn du deshalb anrufst . . .«

Foster schüttelte ungeduldig den Kopf. »*Deshalb* rufe ich nicht an. Ich brauch' das hier.«

Er kritzelte rasch etwas auf ein Stück Papier und hielt es vor den Empfänger.

Nimmo stieß einen Schrei aus. »He, was soll ich denn noch alles deichseln.«

»Du kannst dir das beschaffen, Onkel, das weiß ich.«

Nimmo las die Liste von Gegenständen und blickte ernst drein.

»Was geschieht, wenn du diese Dinger zusammenbaust?« fragte er. Foster schüttelte den Kopf. »Was dabei auch herauskommt, du hast die Exklusivrechte der populärwissenschaftlichen Veröffentlichungen, wie immer. Aber stell mir jetzt bitte keine Fragen.«

»Ich kann keine Wunder tun, weißt du.«

»Tu wenigstens das eine Wunder. Du mußt einfach. Du bist wissenschaftlicher Schriftsteller, kein Forscher. Du bist niemandem Rechenschaft schuldig. Du hast Freunde und Verbindungen. Die können doch ein Auge zudrücken, damit du dich dann bei ihrer nächsten Veröffentlichung besonders anstrengst?«

»Dein Glaube, mein Neffe, ist rührend. ich werd's versuchen.«

Nimmo hatte Erfolg. Das Material und die Geräte wurden eines Abends spät in einem Privatwagen herübergebracht. Nimmo und Foster schafften es mit dem Stöhnen von Männern herein, die keine körperliche Arbeit gewohnt waren.

Als Nimmo gegangen war, stand Potterley am Kellereingang. Er fragte leise: »Wofür ist das alles?«

Foster strich sich das Haar aus der Stirn und rieb sich sanft das verstauchte Handgelenk. Er sagte: »Ich möchte ein paar einfache Versuche durchführen.«

»Wirklich?« Die Augen des Historikers blitzten vor Aufregung.

Foster fühlte sich ausgenutzt. Er fühlte sich einen gefährlichen Weg entlanggezogen. Obwohl er die Katastrophe am Ende des Pfades deutlich lauern sah, ging er doch eifrig und entschlossen weiter. Am schlimmsten war — er spürte, daß er es selbst war, der sich weiterzog.

Potterley hatte angefangen, Potterley, der da drüben stand und alles mit den Augen verschlang. Der Zwang ging jedoch von ihm, von Foster selbst aus.

Foster sagte verdrossen: »Ich würde von jetzt an gerne ungestört sein, Potterley. Sie und Ihre Frau können nicht dauernd herunterkommen und mich stören.«

Er dachte: wenn ihn das beleidigt, soll er mich' rauswerfen. Soll er allem ein Ende machen.

Tief in seinem Innern wußte er jedoch, daß ein Hinauswurf nichts aufhalten könnte.

Aber dazu kam es gar nicht. Potterley war offensichtlich nicht beleidigt. Sein sanfter Blick blieb unverändert. Er sagte:»Natürlich, Dr. Foster, selbstverständlich. So ungestört Sie sein wollen.«

Foster sah ihm nach. Er marschierte immer weiter auf seinem Weg, freute sich perverserweise darüber und konnte es nicht ausstehen, daß er sich freute.

Er gewöhnte sich an, in Potterleys Keller auf einem Feldbett zu schlafen und verbrachte alle Wochenenden dort. Während dieser Zeit wurde ihm inoffiziell mitgeteilt, daß sein Antrag auf Zuschuß bewilligt sei. Der Abteilungsleiter teilte es ihm mit, er gratulierte ihm.

Foster starrte ihn kühl an und murmelte:» Schön. Ich freue mich.« Dabei klang er so wenig überzeugt, daß sich der andere mit einem Stirnrunzeln wortlos abwandte.

Foster verschwendete keine Gedanken daran. Eine Nebensächlichkeit, die es nicht wert war, beachtet zu werden. Er hatte etwas vor, was wirklich zählen würde, wollte an diesem Abend den entscheidenden Versuch unternehmen.

Ein Abend, ein zweiter und dritter, dann rief er übernächtigt und halb außer sich vor Erregung Potterley zu sich.

Potterley kam die Treppe herunter und ließ seinen Blick über die selbstgebastelten Apparate schweifen. Er sagte mit seiner sanften Stimme: »Die Elektrizitätsrechnungen sind ziemlich hoch. Mich stört die Ausgabe nicht, aber die Stadtverwaltung wird vielleicht anfragen. Kann man da etwas tun?«

Der Abend war warm, aber Potterley hatte den Kragen geschlossen und trug eine Weste. Foster war im Unterhemd und sagte zitternd, wobei er die trüben Augen hob: »Es dauert nicht mehr lange, Dr. Potterley. Ich habe Sie hergerufen, weil ich Ihnen etwas mitteilen möchte.

Man kann ein Chronoskop bauen. Selbstverständlich nur ein kleines, aber es geht.«

Potterley faßte nach dem Treppengeländer. Er sackte zusammen. Er konnte gerade noch flüstern: »Kann man es hier bauen?«

»Hier im Keller«, sagte Foster matt.

»Guter Gott. Sie sagten doch . . .«

»Ich weiß, was ich gesagt habe«, rief Foster ungeduldig. »Ich sagte, es ginge nicht. Damals hab' ich überhaupt nichts gewußt. Selbst Sterbinski wußte gar nichts.«

Potterley schüttelte den Kopf. »Sind Sie sicher? Sie irren sich nicht, Dr. Foster? Ich könnte nicht ertragen, wenn . . .«

Foster sagte: »Ich irre mich nicht. Verdammt noch mal, Mann, wenn es nur auf die Theorie ankäme, hätten wir schon vor über hundert Jahren einen Zeitschauapparat gehabt, als man zum erstenmal annahm, es müsse ein Neutrino geben. Die Schwierigkeit war, daß die damaligen Forscher es nur als geheimnisvolles Teilchen ohne Masse und ohne Ladung ansahen, das nicht nachzuweisen war. Mit seiner Hilfe konnte man einfach die Buchführung ausgleichen und das Gesetz der Erhaltung der Massen-Energie aufrechterhalten.«

Er war sich nicht sicher, ob Potterley wußte, wovon er sprach. Es war ihm gleich. Er hatte eine Atempause nötig. Er mußte den Hintergrund darstellen, damit er Potterley die nächste Mitteilung machen konnte.

Er fuhr fort: »Sterbinski entdeckte als erster, daß das Neutrino die Schranke des Raum-Zeit-Gitters durchbricht, daß es sich ebenso durch die Zeit wie durch den Raum bewegt. Sterbinski war der erste, der ein Verfahren erfand, Neutrinos aufzuhalten. Er entwickelte ein Aufnahmegerät für Neutrinos und lernte, wie das Muster des Neutrinostroms zu deuten war. Natürlich war der Strom durch die Materie, die er durchdrungen hatte, beeinflußt und abgelenkt worden, durch die Materie, durch die er auf seiner Reise durch die Zeit gestoßen war, und die Ablenkungen konnten analysiert werden, umgesetzt werden in Bilder der Materie, von der die Ablenkung herrührte. Damit war Zeitschau möglich. Selbst die Schwingungen der Luft konnten auf diese Weise aufgespürt und in Ton umgewandelt werden.«

Potterley hörte zweifellos nicht zu. Er sagte: »Jaja. Aber bis wann können Sie ein Chronoskop bauen?«

Foster sagte nachdrücklich: »Lassen Sie mich ausreden. Alles hängt von dem Verfahren ab, mit dem der Neutrinostrom aufgespürt und analysiert wird. Sterbinskis Methode war schwierig und umständlich. Er brauchte Riesenmengen Energie. Aber ich habe Pseudogravitik studiert, die Wissenschaft von künstlichen Schwerkraftfeldern. Ich habe mich auf das Verhalten von Licht in solchen Feldern spezialisiert. Eine neue Wissenschaft. Sterbinski wußte nichts darüber. Wenn er etwas gewußt hätte, würde er wie jeder andere auch auf eine viel bessere und wirkungsvollere Methode gekommen sein, mit Hilfe eines pseudogravitischen Feldes die Neutrinos aufzuspüren. Wenn ich von Anfang an gleich mehr über Neutrinik gewußt hätte, wäre es mir sofort aufgefallen.«

Potterleys Miene hellte sich ein wenig auf. »Ich wußte es«, sagte er.

»Selbst wenn man die Forschung in der Neutrinik aufhält, so kann die Regierung doch nicht sicher sein, daß Entdeckungen auf anderen Wissenschaftsgebieten nicht auch Erkenntnisse über Neutrinik zur Folge haben werden. Soviel über den Wert zentralisierter Führung der Wissenschaft. Ich denke seit langem so, Dr. Foster, noch bevor Sie herkamen, um hier zu arbeiten.«

»Da gratuliere ich Ihnen«, sagte Foster, »aber da ist noch ein Punkt . . .«

»Ach, lassen wir das doch. Sagen Sie mir bitte, wann können Sie ein Chronoskop bauen?«

»Ich versuche die ganze Zeit, Ihnen etwas zu sagen, Dr. Potterley. Ein Chronoskop nützt Ihnen überhaupt nichts.«

Potterley kam langsam die Treppe herab. Er blieb vor Foster stehen. »Wie meinen Sie das? Wieso nützt es mir nichts?« fragte er gepreßt.

»Karthago werden Sie nicht sehen. Das ist's, was ich Ihnen sagen muß. Ich bin da allmählich draufgekommen. Sie können Karthago nie sehen.«

Potterley schüttelte leicht den Kopf. »Aber nein, Sie haben unrecht. Wenn Sie das Chronoskop haben, dann stellen Sie es nur richtig scharf ein . . .«

»Nein, Dr. Potterley. Es hat mit Scharfeinstellung nichts zu tun. Es gibt Zufallsfaktoren, die den Neutrinostrom beeinflussen, wie sie alle subatomaren Teilchen beeinflussen. Was wir Unschärfeprinzip nennen. Wenn der Strom aufgenommen und gedeutet wird, dann treten die zufälligen Faktoren als Trübung oder als › Rauschen ‹ auf, wie es die Jungs von den Massenmedien nennen. Je tiefer man in die Zeit zurücktaucht, desto stärker die Trübung, desto größer das Rauschen. Nach einiger Zeit wird das Bild vom Rauschen verschluckt. Verstehen Sie?«

»Mehr Energie«, sagte Potterley mit erloschener Stimme.

»Das nützt nichts. Wenn das Rauschen die Einzelheiten verschluckt, wird bei einer Vergrößerung der Einzelheiten auch das Rauschen mitvergrößert. Ein von der Sonne überbelichteter Film wird doch durch Vergrößern auch nicht besser, oder? Merken Sie sich eines: Der physikalischen Natur des Universums sind Grenzen gesetzt. Die zufällige Wärmebewegung der Luftmoleküle setzt dem Grenzen, wie schwach Töne sein können, daß man sie noch mit einem Instrument messen kann. Die Länge der Lichtwellen, der Elektronenwellen setzt der Größe von Objekten, die mit irgendeinem Gerät betrachtet werden können, Grenzen. Bei der Chronoskopie ist es das gleiche. Die Zeitschau reicht nur soundso weit.«

»Wie weit?«

Foster holte tief Luft. »Hundertfünfundzwanzig Jahre. Allerhöchstens.«

»Aber die Monatsschrift der Kommission befaßt sich fast ausschließlich mit alter Geschichte.« Der Historiker lachte unsicher. »Sie müssen sich irren. Die Regierung hat Unterlagen, die bis ins Jahr 3000 vor Christus zurückreichen.«

»Seit wann sind Sie denn dazu übergegangen, ihr Glauben zu schenken?« wollte Foster spöttisch wissen. »Sie haben die Sache durch den Beweis ins Rollen gebracht, daß sie lügt, daß kein Historiker das Chronoskop benutzt hat. Begreifen Sie nicht, warum? Kein Historiker hätte etwas davon, von dem abgesehen, der sich für zeitgenössische Geschichte interessiert. Unter gar keinen Umständen kann man mit einem Chronoskop weiter als bis 1920 in die Zeit zurückblicken.«

»Sie irren sich, Sie wissen nicht alles.« sagte Potterley.

»Auch wenn es Ihnen unangenehm ist, das bleibt die Wahrheit. Sehen Sie ihr ins Gesicht. Die Regierung macht dabei insoweit mit, daß sie eine Falschmeldung bestehen läßt.«

»Warum?«

»Ich weiß nicht, warum.«

Um Potterleys Stupsnase zuckte es. Die Augen traten ihm aus dem Kopf. »Das ist nichts als Theorie, Dr. Foster. Bauen Sie ein Chronoskop. Bauen Sie eins und versuchen Sie es.«

Foster packte Potterley plötzlich fest an den Schultern. »Glauben Sie etwa, ich hab's noch nicht getan? Glauben Sie, ich würde Ihnen das sagen, bevor ich mich nicht auf jede Weise vergewissert hätte? Ich habe eins gebaut. Sie stehen mitten in ihm drin. Schauen Sie.«

Er rannte zu den Schaltern an den Kabeln. Er legte einen nach dem anderen um. Er drehte an einem Widerstand, stellte einige Knöpfe ein, schaltete die Kellerbeleuchtung aus. »Warten Sie. Es muß erst warm werden.«

In der Nähe der Wandmitte tauchte ein schwaches Glimmen auf. Potterley brabbelte unzusammenhängendes Zeug, und Foster rief noch einmal. »Schauen Sie!«

Das Leuchten wurde schärfer und heller, teilte sich in ein Muster aus Helligkeit und Dunkelheit auf. Männer und Frauen! Verschwommen. Arme und Beine lediglich Striche. Ein altmodischer Wagen sauste vorbei, nicht genau zu sehen, aber doch als einer zu erkennen, der mit einem Benzinverbrennungsmotor, wie man sie früher hatte, ausgerüstet war.

Foster sagte: »Mitte des zwanzigsten Jahrhunderts, irgendwo. Ich kann noch kein Tongerät dranhängen, deswegen ist alles stumm. In der Zukunft werden wir auch Ton haben. Mitte zwanzigstes Jahrhundert ist übrigens das Äußerste, wie weit man zurück kann. Glauben Sie mir, schärfer kann man es nicht einstellen.«

Potterley sagte: »Bauen Sie einen größeren, stärkeren Apparat. Verbessern Sie die Schaltkreise.« »Mann, gegen das Unschärfeprinzip kommen Sie nicht an. Das ist das gleiche, als ob Sie auf der Sonne leben wollten. Dem, was man tun kann, sind physikalische Grenzen gesetzt.«

»Sie lügen. Ich glaube Ihnen nicht. Ich . . .«

Eine weitere Stimme mischte sich schrill ein, um nicht überhört zu werden.

»Arnold! Dr. Foster!«

Sofort drehte sich der junge Physiker herum. Dr. Potterley verharrte einen langen Augenblick wie angewurzelt und sagte dann, ohne sich umzudrehen: »Was gibt's, Caroline? Laß uns allein.«

»Nein.« Mrs. Potterley kam die Treppe herunter. »Ich hab' alles gehört. Es war nicht zu überhören. Dr. Foster, Sie haben hier ein Zeitschaugerät? Hier im Keller?«

»Allerdings, Mrs. Potterley. Eine Art Zeitschaugerät. Kein sehr gutes. Ich kann noch keinen Ton kriegen, und das Bild ist verdammt unscharf, aber es funktioniert.«

Mrs. Potterley schlug die Hände zusammen und preßte sie dann gegen die Brust. »Herrlich, so etwas Herrliches!«

»Es ist überhaupt nicht herrlich«, schnauzte Potterley. »Der idiotische junge Mann kann nicht weiter zurück als bis . . .«

»Hören Sie mal«, fing Foster gereizt an.

»Hört mir bitte zu!« rief Mrs. Potterley. »Arnold, verstehst du denn nicht, wenn es auch nur zwanzig Jahre zurückreicht, dann können wir Laurel wieder sehen? Was kümmert uns denn Karthago? Wir können Laurel sehen. Sie wird wieder leben für uns. Lassen Sie uns den Apparat hier, Dr. Foster. Zeigen Sie uns, wie man ihn bedient.«

Foster starrte erst sie, dann ihren Mann an. Dr. Potterleys Gesicht war weiß wie die Wand. Obwohl seine Stimme leise und gleichmäßig blieb, hatte sie doch ihre Ruhe verloren. Er sagte: »Du bist närrisch.«

Caroline sagte schwach: »Arnold!«

»Ich sage, du bist närrisch. Was wirst du sehen? Die Vergangenheit, die tote Vergangenheit. Laurel wird nichts tun, was sie nicht schon getan hat. Wirst du irgend etwas sehen, was du nicht schon gesehen hast? Willst du wieder und wieder drei Jahre betrachten, ein Baby ansehen, das nie erwachsen werden wird, ganz gleich, wie oft du zusiehst?«

Er sprach mit fast gebrochener Stimme weiter. Er trat auf sie zu, packte sie an den Schultern und schüttelte sie. »Weißt du, was mit dir passieren wird, wenn du das tust? Man wird kommen und dich abholen, weil du verrückt werden wirst. Willst du in eine Heilanstalt kommen, eingesperrt werden, die psychische Sondierung über dich ergehen lassen?«

Mrs. Potterley riß sich los. »Arnold, ich möchte mein Kind sehen! Laurel ist in dem Apparat, und ich möchte sie haben.«

»Sie ist *nicht* in dem Apparat. Es ist nur ein Bild. Kannst du denn nicht verstehen? Ein Bild! Etwas, was keine Wirklichkeit hat.«

»Ich möchte mein Kind. Hörst du mich?« Mit hämmernden Fäusten warf sie sich kreischend auf ihn. *»Ich will mein Kind.«*

Der Historiker zog sich unter dem wilden Angriff schreiend zurück. Foster wollte sich zwischen sie werfen, aber Mrs. Potterley stürzte schluchzend zu Boden.

Potterley drehte sich um und blickte verzweifelt in die Runde. Mit einem plötzlichen Sprung packte er eine Lando-Antenne, riß sie aus ihrer Halterung und wirbelte davon, bevor ihn Foster, der von dem Geschehen wie betäubt war, noch zurückhalten konnte.

»Bleiben Sie stehen!« keuchte Potterley. »Oder ich bring' Sie um, das schwör' ich Ihnen!«

Er holte mit Macht aus, und Foster sprang zurück.

Potterley stürzte sich wie wild auf jedes Teil der Anlage im Keller, und Foster schaute ihm benommen zu.

Potterley tobte sich aus und bleib dann mit zerbrochener Lando-Antenne in den Händen inmitten von Scherben und Schrott stehen. Flüsternd sagte er zu Foster: »Und jetzt verschwinden Sie hier! Lassen Sie sich nie wieder blicken. Wenn Sie Unkosten hatten, schicken Sie mir eine Rechnung, und ich werde zahlen. Ich gebe Ihnen die doppelte Summe dafür.«

Foster zuckte die Achseln, nahm sein Hemd an sich und ging die Kellertreppe hinauf. Er konnte Mrs. Potterley laut schluchzen hören, und als er sich oben an der Treppe zu einem letzten Blick umdrehte, sah er Dr. Potterley sich über sie beugen.

Als sich zwei Tage später der Unterrichtstag seinem Ende zuneigte und sich Foster müde umsah, ob er Material zu seinem frisch bewilligten Vorhaben entdecken konnte, das er mit in seine Wohnung nehmen wollte, tauchte Dr. Potterley noch einmal auf. Er stand vor der offenen Tür zu Fosters Büro.

Wie immer war der Historiker ordentlich gekleidet. Er hob die Hand zu einer Geste, die zu unbestimmt war, daß sie als Gruß gelten konnte, zu kümmerlich, um sie als Bitte aufzufassen. Foster starrte ihn kalt an.

Potterley sagte: »Ich wartete bis fünf Uhr, bis Sie . . . darf ich hereinkommen?«

Foster nickte.

Potterley sagte: »Ich nehme an, ich sollte mich für mein Betragen entschuldigen. Ich war schrecklich enttäuscht, nicht mehr Herr meiner selbst. Es ist dennoch nicht zu entschuldigen.«

»Ich nehme Ihre Entschuldigung an«, sagte Foster. »Sonst noch etwas?«

»Ich glaube, meine Frau hat Sie angerufen.«

»Ja, allerdings.«

»Sie ist recht hysterisch gewesen. Sie hat es mir erzählt, aber ich konnte nicht sicher sein, ob . . .«

»Sie hat mich angerufen.«

»Könnten Sie mir sagen — würden Sie so liebenswürdig sein und mir sagen, was sie wollte?«

»Sie wollte ein Chronoskop. Sie sagte, sie verfüge über etwas eigenes Geld. Sie wollte es bezahlen.«

»Haben Sie — irgendwelche Zusagen gegeben?«

»Ich sagte, daß ich keine Fabrik bin.«

»Gut«, flüsterte Potterley, und seine Brust dehnte sich in einem Seufzer der Erleichterung.

»Nehmen Sie bitte keine Anrufe von ihr entgegen. Sie ist nicht recht . . .«

»Hören Sie, Dr. Potterley«, sagte Foster, »ich will mich nicht in einen Ehestreit einmischen, aber Sie machen sich besser etwas klar. Jedermann kann sich ein Chronoskop bauen. Ein paar einfache Teile vorausgesetzt, die man sich über ein elektronisches Einkaufszentrum beschaffen kann, ist es in einer Heimwerkerstätte zu bauen. Der Bildteil auf jeden Fall.«

»Aber außer Ihnen denkt doch niemand in der Richtung. Bis jetzt niemand.«

»Ich habe nicht vor, es geheimzuhalten.«

»Aber Sie können darüber nicht veröffentlichen. Es ist unerlaubte Forschung.«

»Das ist mir jetzt gleich, Dr. Potterley. Wenn ich meinen Zuschuß verliere, dann verliere ich ihn eben. Wenn es der Universität nicht paßt, kündige ich. Es ist mir gleich.«

»Sie können das aber nicht tun!«

»Bis jetzt«, sagte Foster, »machte es Ihnen nichts aus, daß ich Zuschüsse und Stellung aufs Spiel setzte. Woher auf einmal die Rücksichtnahme? Ich möchte Ihnen etwas erklären. Als Sie zuerst zu mir kamen, glaubte ich an eine organische, gelenkte Forschung. Mit anderen Worten an die Gegebenheiten, wie sie waren. Ich hielt Sie, Dr. Potterley, für einen intellektuellen Anarchisten und für gefährlich. Aber aus irgendeinem Grund bin ich selbst seit Monaten ein Anarchist und habe viel erreicht. Diese Sachen wurden nicht erreicht, weil ich ein glänzender Wissenschaftler bin. Ganz und gar nicht. Es war nur, daß die Forschung von oben gelenkt wurde und Löcher entstanden waren, die jeder füllen konnte, der in die richtige Richtung sah. Jeder hätte das tun können, hätte die Regierung nicht absichtlich versucht, es zu verhindern. Verstehen Sie mich richtig. Ich glaube immer noch, daß gelenkte Forschung nützlich sein kann. Ich bin nicht dafür, die totale Anarchie wieder einzuführen. Aber es muß einen Mittelweg geben. Die gelenkte Forschung kann geistige Beweglichkeit unterstützen.«

Einem Wissenschaftler muß wenigstens in seiner Freizeit gestattet sein, seiner Neugier zu folgen.«

Potterley setzte sich.

Mit einschmeichelnder Stimme sagte er: »Reden wir darüber, Foster. Ich schätze Ihren Idealismus. Sie sind jung. Sie wollen nach den Sternen greifen. Aber Sie können sich nicht durch Phantasievorstellungen darüber, wie die Forschung sein sollte, selbst zerstören. Ich habe Sie da hineingezogen. Ich bin dafür verantwortlich und mache mir die bittersten Vorwürfe. Ich handelte gefühlsbetont. Mein Interesse an Karthago machte mich blind, und ich war ein entsetzlicher Narr.«

Foster unterbrach ihn: »Soll das heißen, daß Sie sich in zwei Tagen völlig geändert haben? Karthago bedeutet nichts? Unterdrückung der Forschung durch die Regierung auch nichts?«

»Selbst ein verdammter Idiot wie ich kann dazulernen, Foster. Durch meine Frau habe ich etwas gelernt. Ich verstehe jetzt, warum die Regierung die Neutrinik unterdrückt hat. Vor zwei Tagen tat ich das nicht. Sie sahen, wie meine Frau auf die Neuigkeit reagierte, im Keller sei ein Chronoskop. Ich hatte an ein Chronoskop gedacht, das der Forschung nützlich sein sollte. Sie konnte nur an das persönliche Vergnügen denken, neurotisch, eine persönliche Vergangenheit wieder aufzusuchen, eine tote Vergangenheit. Foster, der reine Forscher ist in der Minderzahl. Leute wie meine Frau würden überwiegen. Wenn die Regierung die Chronoskopie gefördert hätte, hätte man Einblick in die Vergangenheit von jedermann nehmen können. Die Regierungsbeamten wären Erpressungen und ungebührlichem Druck ausgesetzt gewesen. Wer auf Erden hat denn eine Vergangenheit, die absolut sauber wäre? Eine organisierte Regierungsarbeit würde vermutlich ganz unmöglich werden.«

Foster fuhr sich mit der Zunge über die Lippen. »Die Regierung war in eigener Sache vielleicht dazu berechtigt. Und trotzdem geht es hierbei um eine wichtige Grundtatsache. Wer weiß, was sonst noch für wissenschaftliche Fortschritte vereitelt werden, weil die Wissenschaftler auf einen schmalen Pfad gezwungen werden. Wenn das Chronoskop für ein paar Politiker zum Schrecken wird, so ist das ein Preis, der gezahlt werden muß. Die Öffentlichkeit muß einsehen, daß die Wissenschaft frei sein muß, und das kann ihr nicht dramatischer klargemacht werden, als meine Entdeckung irgendwie zu veröffentlichen, auf erlaubtem oder unerlaubtem Wege.«

Potterleys Stirn war feucht vor Schweiß, seine Stimme blieb jedoch ruhig. »Oh, nicht nur ein paar Politiker, Dr. Foster. Glauben Sie das ja nicht. Es würde auch für mich zu einem Schrecken werden. Meine Frau würde ihre Zeit damit zubringen, mit unserer toten Tochter zu leben. Sie würde sich weiter aus der Wirklichkeit zurückziehen. Sie würde verrückt werden, wenn sie sich dieselben Szenen immer wieder ansieht. Es würde nicht nur mein Schrecken sein. Es würde viele wie sie geben. Kinder, die ihre toten Eltern suchen würden oder ihre eigene Jugend. Die ganze Welt würde in der Vergangenheit leben. Der Gipfel des Wahnsinns.«

Foster sagte: »Moralische Überlegungen können nicht berücksichtigt werden. Die ganze Geschichte hindurch gibt es nicht einen einzigen Fortschritt, den die schlaue Menschheit nicht verdreht hätte. Die Menschheit muß auch schlau genug sein, das zu verhindern. Und was das Chronoskop betrifft, wird es den Leuten, die in die tote Vergangenheit zurücktauchen, bald langweilig werden. Sie werden ihre geliebten Eltern bei etwas Unschönem erwischen und werden ihre Begeisterung für die ganze Sache los sein. Aber das ist alles unerheblich. Für mich ist das eine wichtige Sache, bei der es um das Prinzip geht.«

Potterley sagte: »Zum Teufel mit Ihrem Prinzip. Können Sie außer dem Prinzip nicht auch Männer und Frauen verstehen? Verstehen Sie nicht, daß sich meine Frau das Feuer ansehen wird, das unser Baby getötet hat? Sie wird es nicht lassen können. Ich kenne sie. Sie wird es sich Schritt für Schritt ansehen, versuchen, es zu verhindern. Sie wird es sich immer wieder ansehen und dabei jedesmal hoffen, daß es nicht passieren wird. Wie oft wollen Sie Laurel töten?« Seine Stimme war heiser geworden.

Foster kam ein Gedanke. »Was wird sie eigentlich entdecken, Dr. Potterley, vor dem Sie so große Angst haben? Was an dem Abend geschah, als das Feuer ausbrach?«

Der Historiker nahm rasch die Hände hoch, um sein Gesicht zu verdecken. Sie zitterten, während er trocken schluchzte. Foster wandte sich ab und blickte unbehaglich aus dem Fenster.

Nach einiger Zeit sagte Potterley: »Es ist lange her, seit ich zum letzten Mal daran denken mußte. Caroline war nicht da. Ich paßte auf das Kind auf. Später am Abend ging ich in das Schlafzimmer des Babys, um nachzusehen, ob es sich nicht freigestrampelt hatte. Ich hatte meine Zigarette bei mir. Damals rauchte ich. Ich muß sie ausgedrückt haben, bevor ich sie in den Aschenbecher auf der Kommode legte. Ich paßte immer auf. Mit dem Kind war alles in Ordnung. Ich kehrte ins Wohnzimmer zurück und schlief vor dem Fernseher ein. Ich wachte hustend auf, und um mich herum brannte es. Ich weiß nicht, wie das Feuer ausgebrochen ist.«

»Aber Sie glauben, daß die Zigarette vielleicht der Grund war, oder?« sagte Foster. »Die Zigarette, die Sie vielleicht einmal nicht ausgedrückt haben?«

»Ich weiß nicht. Ich versuchte, Laurel zu retten, aber sie lag tot in meinen Armen, als ich draußen war.«

»Ich nehme an, Sie haben Ihrer Frau nie von der Zigarette erzählt?«

Potterley schüttelte den Kopf. »Aber ich habe damit gelebt.«

»Aber mit einem Chronoskop kann sie jetzt darauf kommen. Vielleicht war es gar nicht die Zigarette. Vielleicht haben Sie sie ausgedrückt. Wäre das nicht möglich?«

Die wenigen Tränen auf Potterleys Gesicht waren getrocknet. Er sagte: »Das Risiko kann ich nicht eingehen. Aber es geht nicht nur um mich selbst, Foster. Die Vergangenheit hat für die meisten Leute Schrecken. Lassen Sie diese Schrecken nicht auf die Menschheit los.«

Foster lief auf und ab. Irgendwie erklärte das Potterleys fanatischen, unvernünftigen Wunsch, die Karthager zu preisen, zu vergöttern, und vor allem die Berichte über ihre Feueropfer an Moloch zu widerlegen. Wenn er sich vom Vorwurf der Kinderverbrennung befreite, befreite er sich symbolisch vom selben Vorwurf.

Dasselbe Feuer, das ihn dazu getrieben hatte, den Grund zum Bau eines Chronoskops zu legen, trieb ihn jetzt dazu, es zu vernichten.

Foster sah den Älteren traurig an. »Ich verstehe Ihre Lage, Dr. Potterley, aber das alles hat mit persönlichen Gefühlen nichts zu tun. Ich werde den Würgegriff an der Kehle der Wissenschaft nicht hinnehmen.«

Potterley sagte bösartig: »Das soll wohl heißen, Sie wollen den Ruhm und den Reichtum, der mit einer solchen Entdeckung verbunden ist.«

»Reichtum? Ich weiß nicht, aber wahrscheinlich den auch. Ich bin kein Übermensch.«

»Sie werden Ihr Wissen nicht für sich behalten?«

»Unter keinen Umständen.«

»Nun, dann . . .«

Foster erlebte einen merkwürdigen Moment der Furcht. Der Mann war älter als er, kleiner und zarter, und sah unbewaffnet aus. Und doch . . .

Foster sagte: »Wenn Sie an so etwas Wahnsinniges denken, wie mich umzubringen, dann lassen Sie sich sagen, daß das Material in einem Stahlfach liegt, wo es die richtigen Leute finden werden, sollte ich verschwinden oder sterben.«

Potterley sagte: »Seien Sie kein Idiot.« Dann ging er steif hinaus.

Foster machte die Tür zu, schloß sie ab, und setzte sich, um nachzudenken. Er kam sich lächerlich vor. Natürlich hatte er kein Material in einem Stahlfach liegen. Gewöhnlich wäre ihm etwas so Überspanntes nicht eingefallen. Aber jetzt war es geschehen.

Er kam sich noch lächerlicher vor, als er eine Stunde damit zubrachte, die Gleichungen für die Anwendung pseudogravitischer Optik auf das neutrinische Aufnahmeverfahren und einige Zeichnungen technischer Konstruktionsdetails niederzulegen. Er versiegelte sie in einem Umschlag und kritzelte Ralph Nimmos Namen darauf.

Er verbrachte eine reichlich unruhige Nacht und gab den Umschlag am nächsten Morgen auf dem Weg zur Universität in der Bank ab. Dem Angestellten erteilt er besondere Anweisungen. Der ließ ihn ein Papier unterschreiben, daß das Schließfach nach seinem Tod geöffnet werden durfte.

Foster rief Nimmo an und berichtete ihm von dem Umschlag, weigerte sich aber, etwas über den Inhalt zu sagen.

Diese Nacht und die folgende fand Foster nur wenig Schlaf. Er sah sich dem Problem gegenüber, wie man Daten veröffentlichen konnte, die man auf unmoralische Art gesammelt hatte.

Die *Abhandlungen der Gesellschaft für Pseudo-Gravitik*, die Zeitschrift, die er am besten kannte, würde gewiß keinen Aufsatz nehmen, bei dem die zauberische Fußnote fehlte: ›Die Arbeit, die dieser Aufsatz beschreibt, wurde durch Zuschuß Nr. Soundso der Forschungskommission der Vereinten Nationen ermöglicht.‹

Und die *Zeitschrift für Physik* würde zweifellos genauso verfahren.

Es gab immerhin kleinere Zeitschriften, die der Sensation halber den Artikel nicht so genau ansehen würden, aber das würde eine kleine finanzielle Verhandlung erfordern, auf die einzugehen er Bedenken hatte. Vielleicht wäre es besser, die Druckkosten einer kleinen Broschüre zu übernehmen, die dann an alle Gelehrten verteilt werden könnte. In dem Fall wäre es ihm sogar möglich, auf die Dienste eines wissenschaftlichen Schriftstellers zu verzichten, den Glanz der Schnelligkeit zu opfern. Er müßte einen verläßlichen Drucker finden. Vielleicht kannte Onkel Ralph einen.

Er ging den Flur hinunter zu seinem Büro und fragte sich unruhig, ob er das Risiko eingehen könne, von seinem Büro aus Ralph Nimmo anzurufen. Er war so tief in seine Gedanken versunken, daß er nicht merkte, daß jemand in seinem Zimmer war, bis er seinem Schrank den Rücken zukehrte und zum Schreibtisch ging.

Dr. Potterley war da und noch ein Mann, den Foster nicht kannte.

Foster starrte sie an. »Was soll das?«

Potterley sagte: »Es tut mir leid, aber ich mußte Ihnen Einhalt gebieten.«

Foster starrte ihn immer noch an.

»Wovon reden Sie?«

Der Unbekannte sagte: »Ich möchte mich vorstellen.« Er hatte große, unregelmäßige Zähne, die deutlich in Erscheinung traten, wenn er lächelte. »Ich bin Thaddeus Araman, Leiter der Abteilung für Chronoskopie. Ich bin hier, um mich über eine Mitteilung mit Ihnen zu unterhalten, die uns Professor Arnold Potterley machte und die uns eigene Quellen bestätigt haben . . .«

Potterley sagte außer Atem: »Ich habe alle Schuld auf mich genommen, Dr. Foster. Ich erklärte, daß ich es war, der Sie gegen Ihren Willen zu dem unmoralischen Vorgehen überredet hat. Ich habe mich bereiterklärt, jede Verantwortung und jede Strafe auf mich zu nehmen. Ich möchte nicht, daß Ihnen irgend etwas angetan wird. Es ist nur so, daß keine Chronoskopie gestattet werden darf.«

Araman nickte. »Wie er sagt, hat er die Schuld auf sich genommen, Dr. Foster, aber die Sache ist seinen Händen jetzt entglitten.«

Foster sagte: »Und? Was wollen Sie machen? Mich bei der Verteilung von Forschungszuschüssen ganz übergehen?«

»Das liegt in meiner Macht«, sagte Araman.

»Der Universität befehlen, mich zu entlassen?«

»Auch das liegt in meiner Macht.«

»Na schön, nur zu. Betrachten Sie es als schon getan. Ich verlasse jetzt mit Ihnen mein Büro. Meine Bücher kann ich später holen lassen. Wenn Sie darauf bestehen, lasse ich meine Bücher sogar zurück. Genügt das?«

»Nicht ganz«, sagte Araman. »Sie müssen sich verpflichten, auf dem Gebiet der Chronoskopie keine Forschung mehr zu betreiben, nichts von Ihren Entdeckungen in der Chronoskopie zu veröffentlichen und natürlich auch, kein Chronoskop zu bauen.

Sie werden auf unbestimmte Zeit unter Aufsicht gestellt, damit wir sichergehen, daß Sie die Zusage einhalten.«

»Angenommen, ich gebe diese Zusage nicht? Was können Sie tun? Außerhalb meines Gebietes zu forschen mag unmoralisch sein, es ist jedoch kein Verbrechen.«

»Mein junger Freund, im Fall der Chronoskopie«, sagte Araman geduldig, »ist es ein Verbrechen. Wenn nötig, steckt man Sie ins Gefängnis und behält Sie dort.«

»Weshalb?« schrie Foster. »Was ist denn so Geheimnisvolles an der Chronoskopie?«

Araman sagte: »Es ist eben so. Wir können keine weitere Entwicklung auf dem Gebiet zulassen. Meine Aufgabe besteht vor allem darin, dafür zu sorgen, und ich habe vor, meine Aufgabe zu erfüllen. Leider wußte niemand in unserer Abteilung, auch nicht ich, daß sich die Optik pseudo-gravitischer Felder so direkt auf die Chronoskopie anwenden läßt. Da hat die allgemeine Unwissenheit eines ausgewischt bekommen, aber von jetzt an wird die Forschung auch in dieser Hinsicht richtig gelenkt werden.«

Foster sagte: »Das wird nichts nützen. Etwas anderes kann vielleicht Verwendung finden, von dem weder Sie noch ich uns etwas träumen lassen. Die ganze Wissenschaft hängt zusammen. Sie ist ein Ganzes. Wenn Sie einen Teil aufhalten wollen, müssen Sie das Ganze aufhalten.«

»Das ist zweifellos wahr«, sagte Araman, »in der Theorie. In der Praxis ist es uns doch ziemlich gut gelungen, die Chronoskopie auf dem ursprünglichen Stand zu halten, auf den sie Sterbinski vor fünfzig Jahren brachte. Da wir Sie zur rechten Zeit erwischt haben, Dr. Foster, hoffen wir, auch unbegrenzt so weitermachen zu können. Und wir hätten uns der Katastrophe nicht so weit genähert, wenn ich Dr. Potterley nicht nur nach seinem Aussehen beurteilt hätte.«

Er wandte sich dem Historiker zu und zog die Augenbrauen in die Höhe. »Sir, ich fürchte, ich betrachtete Sie kurzerhand als Geschichtsprofessor und nichts weiter, als wir uns zu unserer ersten Unterredung trafen. Wenn ich Sie hätte überprüfen lassen, dann wäre das nicht passiert.«

Foster sagte plötzlich: »Darf das Regierungs-Chronoskop von jemand benutzt werden?«

»Unter keinen Umständen darf es jemand benutzen, der nicht unserer Abteilung angehört. Ich sage das, weil mir klar ist, daß Sie es sich bestimmt schon gedacht haben. Ich warne Sie aber. Jede Verbreitung dieser Tatsache ist nicht nur unmoralisch, sondern ein Verbrechen.«

»Und Ihr Chronoskop reicht auch nicht weiter zurück als hundertfünfundzwanzig Jahre?«

»Genau.«

»Dann ist Ihr Heft mit Geschichten über Zeitschau bis in die Antike zurück ein Schwindel?«

Araman sagte kühl: »Bei dem Wissen, das Sie haben, sind Sie sich dessen doch ganz sicher. Trotzdem bestätige ich es Ihnen. Das Monatsheft ist ein Schwindel.«

»In dem Fall«, sagte Foster, »werde ich mich nicht verpflichten, meine Kenntnis der Chronoskopie für mich zu behalten. Wenn Sie mich festnehmen wollen, nur zu. Meine Verteidigung vor Gericht wird ausreichen, das verwerfliche Kartenhaus gelenkter Forschung zum Einsturz zu bringen. Lenkung der Forschung ist eine Sache, sie zu unterdrücken und der Menschheit ihre Wohltaten vorzuenthalten, ist eine ganz andere.«

Araman sagte: »Ach, seien wir doch ganz offen miteinander, Dr. Foster. Wenn Sie nicht mit uns zusammenarbeiten, verschwinden Sie sofort im Gefängnis. Sie werden *keinen* Anwalt und *keine* Anklageschrift sehen und auch *keine* Verhandlung vor Gericht bekommen. Sie werden einfach im Gefängnis bleiben.«

Vor dem Büro rührte sich etwas, man hörte Schuhe klappern und einen schrillen Schrei, der Foster bekannt vorkam. Die Tür krachte mit splitterndem Schloß auf, und drei ineinander verknäulte Personen stürzten herein.

Dabei hob einer der Männer einen Strahler in die Höhe und ließ seinen Kolben hart auf den Schädel eines der anderen Männer niedersausen.

Man hörte ein pfeifendes Ausatmen, und der, dessen Kopf getroffen worden war, sackte zusammen.

»Onkel Ralph!« schrie Foster.

Araman runzelte die Stirn. »Legen Sie ihn in den Stuhl dort«, befahl er, »und holen Sie Wasser.«

Ralph Nimmo rieb sich den Kopf und sagte: »Es bestand kein Anlaß, grob zu werden, Araman.«

Araman sagte: »Der Wächter hätte eher grob sein müssen und Sie von hier fernhalten sollen, Nimmo. Wäre besser für Sie gewesen.«

»Ihr kennt euch?« fragte Foster.

»Ich hatte mit dem Mann zu tun«, sagte Nimmo, der sich noch immer den Kopf rieb. »Mein lieber Neffe, wenn der hier in deinem Büro ist, dann steckst du in Schwierigkeiten.«

»Und Sie auch«, sagte Araman erzürnt. »Ich weiß, daß Dr. Foster sich von Ihnen über Literatur zur Neutrinik beraten ließ.«

»Na und?« sagte Nimmo. »Was wissen Sie denn noch von mir?«

»Von Ihnen werden wir bald genug alles wissen. In der Zwischenzeit genügt die eine Sache, um Sie mit in den Fall hineinzuziehen. Was machen Sie hier?«

»Mein lieber Dr. Araman«, sagte Nimmo, »dieser Esel von Neffe rief mich vorgestern an. Er hatte irgendwelches geheimnisvolles Material . . .«

»Sag's ihm nicht!« rief Foster.

Araman warf ihm einen kühlen Blick zu. »Wir wissen darüber Bescheid, Dr. Foster. Das Stahlfach in der Bank wurde geöffnet und sein Inhalt herausgenommen.«

»Aber wie können Sie wissen . . .« Foster verstummte in wilder Verzweiflung.

»Auf jeden Fall«, sagte Nimmo, »dachte ich mir, daß sich das Netz um ihn schließen würde, und nachdem ich ein paar Dinge erledigt hatte, kam ich her, um ihm zu sagen, er solle die ganze Sache fallenlassen. Seine Karriere ist wichtiger.«

»Soll das heißen, Sie wissen, was er macht?« fragte Araman.

»Er hat mir nie etwas gesagt«, sagte Nimmo, »aber ich bin ein wissenschaftlicher Schriftsteller, der höllisch Bescheid weiß. Ich weiß, wo das Atom seine Elektronen holt. Der Junge spezialisiert sich auf pseudo-gravitische Optik und hat mich selbst in sie eingeführt. Er brachte mich dazu, ihm ein Lehrbuch über Neutrinik zu besorgen, und ich habe selbst ein bißchen darin geblättert, bevor ich es weiterreichte. Ich kann die beiden Gebiete miteinander in Verbindung bringen. Er bat mich, bestimmte physikalische Sachen zu besorgen, und die waren mir auch Beweis. Unterbrechen Sie mich, wenn ich mich irre, aber mein Neffe hat ein zum Teil tragbares, niedergespanntes Chronoskop gebaut. Ja?«

»Ja.« Araman griff gedankenverloren nach einer Zigarette und schenkte Dr. Potterley keine Beachtung, der stumm wie in einem Traum alles beobachtete und jetzt keuchend vor der Zigarette zurückwich. »Wieder ein Fehler. Ich sollte zurücktreten. Ich hätte auch Sie in die Zange nehmen müssen, Nimmo, anstatt mich zu sehr auf Potterley und Foster zu konzentrieren. Ich hatte natürlich nicht viel Zeit, und Sie sind ja auch sicher hier eingetrudelt, aber das ist keine Entschuldigung für mich. Sie sind verhaftet, Mr. Nimmo.«

»Weshalb?« wollte der wissenschaftliche Schriftsteller wissen.

»Unerlaubte Forschung.«

»Hab' ich nicht gemacht. Kann ich gar nicht, da ich kein eingeschriebener Forscher bin. Und selbst wenn ich es getan hätte, ist es kein Verbrechen.«

Foster sagte wütend: »Hat keinen Zweck, Onkel Ralph. Dieser Bürokrat macht seine eigenen Gesetze.«

»Wie zum Beispiel?« wollte Nimmo wissen.

»Ohne Verhandlung lebenslänglich Gefängnis.«

»Blödsinn«, sagte Nimmo. »Wir leben nicht im zwanzigsten Jahrhundert . . .«

»Hab' ich schon versucht«, sagte Foster.

»Das stört ihn nicht.«

»Also so ein Blödsinn«, schrie Nimmo.

»Hören Sie mal, Araman, mein Neffe und ich, wir haben Verwandte, die mit uns noch in Verbindung stehen, wissen Sie. Ich nehme an, der Professor hat auch welche. Sie können uns nicht einfach verschwinden lassen. Es wird Fragen geben und einen Skandal. Wir leben *wirklich* nicht im zwanzigsten Jahrhundert. Wenn Sie versuchen wollen, uns Angst einzujagen, wird Ihnen das nicht gelingen.«

Die Zigarette zwischen Aramans Fingern zerbrach, und er warf sie zornig fort.

Er sagte: »Verdammt, ich weiß nicht, *was* ich tun soll. So etwas ist mir noch nie passiert . . . Hören Sie! Sie Narren wissen nicht, was Sie da vorhaben. Sie verstehen überhaupt nichts. Wollen Sie mir jetzt vielleicht zuhören?«

»Wir hören schon«, sagte Nimmo verbissen.

Foster saß schweigend da, biß die Zähne zusammen. Potterleys Hände bildeten ein Knäuel.

Araman sagte: »Für Sie ist die Vergangenheit die tote Vergangenheit. Wenn Sie sich jemals darüber unterhalten haben, ist dieser Ausdruck gefallen, darauf möchte ich wetten. Die tote Vergangenheit. Wenn Sie wüßten, wie oft ich diese drei Worte gehört habe, dann würde Ihnen dabei auch schlecht werden. Wenn die Leute an die Vergangenheit denken, dann denken sie, sie sei tot, weit entfernt und schon lange vorbei. Wir unterstützen sie in diesem Denken. Wenn wir über Zeitschau berichten, dann schreiben wir immer über vergangene Jahrhunderte, obwohl Sie, meine Herren, wissen, daß man etwas mehr als ein Jahrhundert zurückschauen kann. Die Leute schlucken es. Die Vergangenheit heißt Griechenland, Rom, Karthago, Ägypten, die Steinzeit. Je toter, desto besser. Sie wissen jetzt aber, daß über ein Jahrhundert etwa die Grenze ist. Was heißt für Sie also Vergangenheit? Ihre Jugend. Ihr erstes Mädchen. Ihre tote Mutter. Was vor zwanzig, dreißig, fünfzig Jahren war. Je toter, desto besser . . . Aber wann fängt denn die Vergangenheit wirklich an?«

Wütend hielt er inne.

Die anderen starrten ihn an, und Nimmo machte eine unruhige Bewegung.

»Schön«, sagte Araman.

»Wann fängt sie an? Vor einem Jahr? Vor fünf Minuten? Vor einer Sekunde? Es ist doch offensichtlich, daß die Vergangenheit nur einen Augenblick von uns entfernt beginnt. Die tote Vergangenheit ist nur eine andere Bezeichnung für die lebendige Gegenwart. Und wenn Sie das Chronoskop auf die Vergangenheit richten, die ein Hundertstel einer Sekunde zurückliegt, beobachten Sie dann nicht die Gegenwart? Fangen Sie langsam an zu begreifen?«

Nimmo sagte: »Verdammt noch mal.«

»Verdammt noch mal«, äffte ihn Araman nach. »Als Potterley vorgestern abend mit der Geschichte zu mir kam, was glauben Sie wohl, wie ich Sie beide überprüft habe? Ich tat es mit dem Chronoskop und spähte bis zur Gegenwart die maßgeblichen Augenblicke aus.«

»Deshalb wußten Sie von dem Schließfach?« sagte Foster.

»Und über jede andere wichtige Sache. Was, glauben Sie, würde passieren, wenn wir die Öffentlichkeit erfahren lassen, daß es ein Heimchronoskop gibt? Die Leute könnten damit anfangen, ihre Jugend, ihre Eltern und so weiter anzusehen, aber es würde nicht lange dauern, bis sie auf alle Möglichkeiten kommen würden. Die Hausfrau wird ihre arme, tote Mutter vergessen und dazu übergehen, sich ihren Nachbarn in seinem Heim und ihren Mann im Büro anzusehen. Der Geschäftsmann wird seinen Konkurrenten, der Arbeitgeber seinen Angestellten überwachen. Es wird keine Privatsphäre mehr geben. Der Gemeinschaftstelefonanschluß, der Neugierige hinter dem Vorhang werden nichts dagegen sein. Die Fernsehstars werden unaufhörlich von jedermann genau beobachtet werden. Jeder sein Fenstergucker, und vor den Beobachtern gibt es kein Entrinnen. Selbst in die Dunkelheit wird man sich nicht flüchen können, da die Chronoskopie auf Infrarotstrahlung einstellbar ist, und menschliche Gestalten auf Grund ihrer Körperwärme sichtbar sind. Die Gestalten werden natürlich verschwommen sein, die Umgebung dunkel, aber das wird vielleicht den Kitzel des Ganzen noch erhöhen . . . Hm, die Männer, die für die Maschine verantwortlich sind, experimentieren jetzt manchmal, obwohl das gegen die Bestimmungen verstößt.«

Nimmo fühlte sich anscheinend schlecht. »Sie können doch eine private Fabrikation verbieten . . .«

Araman ging hitzig auf ihn los: »Das kann man, aber glauben Sie, es hilft etwas? Kann man mit Erfolg gesetzlich gegen Trinken, Rauchen, Ehebruch und Hinterhofklatsch vorgehen? Und diese Mischung aus Neugier und Lüsternheit kann man nicht stärker in die Zange nehmen als jene anderen Dinge. Mein Gott, in tausend Jahren ist es uns nicht einmal gelungen, den Heroinhandel zu zerschlagen, und Sie reden davon, gesetzlich ein Gerät zu verbieten, mit dem man jederzeit jeden Beliebigen beobachten kann und das man zu Hause im Bastelraum herstellen kann.«

Foster sagte plötzlich: »Ich werde nichts veröffentlichen.«

Potterley platzte halb schluchzend heraus: »Keiner von uns wird reden. Ich bedaure . . .«

Nimmo unterbrach ihn. »Araman, Sie sagten, daß Sie mich nicht mit dem Chronoskop überprüft haben.«

»Keine Zeit«, sagte Araman matt. »Im Chronoskop läuft alles nicht schneller ab als im wirklichen Leben. Man kann es nicht schneller laufen lassen als den Film in einem Buchbetrachter. Wir brachten ganze vierundzwanzig Stunden damit zu, die wichtigen Augenblicke der letzten sechs Monate im Leben von Potterley und Foster herauszufinden. Wir hatten keine Zeit für etwas anderes, und es reichte uns auch.«

»Es genügte nicht«, sagte Nimmo.

»Wovon sprechen Sie?« Aramans Gesicht sah plötzlich unendlich besorgt aus.

»Ich sagte Ihnen, daß mich mein Neffe Jonas angerufen hatte, um mir mitzuteilen, daß er wichtiges Material in ein Schließfach gelegt hatte. Er benahm sich so, als sei er in Schwierigkeiten. Er ist mein Neffe. Ich mußte versuchen, ihn aus der Klemme zu ziehen. Das dauerte seine Zeit. Dann kam ich her, um ihm zu sagen, was ich getan hatte. Als ich hier war, sagte ich Ihnen gleich, nachdem mich Ihr Mann niedergeschlagen hatte, daß ich ein paar Dinge erledigt habe.«

»Was? So reden Sie doch . . .«

»Nur das: ich habe die Einzelheiten über das tragbare Chronoskop an ein halbes Dutzend der Abnehmer meiner Veröffentlichungen geschickt.«

Kein Wort.

Kein Laut.

Kein Atemzug.

Sie hatten alle nichts mehr zu sagen.

»Starrt mich nicht so an«, schrie Nimmo. »Könnt ihr mich nicht verstehen? Ich hatte die Rechte für populärwissenschaftliche Veröffentlichungen. Jonas wird es bestätigen. Ich wußte, daß es ihm gesetzlich unmöglich war, wissenschaftlich zu veröffentlichen. Ich war mir sicher, daß er heimlich veröffentlichen wollte und deshalb das Schließfach brauchte. Ich dachte, wenn ich die Einzelheiten vorzeitig durchgebe, wird alle Verantwortung mich treffen. Seine Karriere wäre gerettet. Und wenn man mir dann meine Lizenz als wissenschaftlicher Schriftsteller nehmen würde, hätte ich durch meinen Alleinbesitz der chronometrischen Daten für mein Leben ausgesorgt. Ich nahm an, daß Jonas wütend sein würde, aber ich konnte ihm mein Motiv erklären und wir würden halbe-halbe machen . . . Starrt mich nicht so an. Wie konnte ich wissen . . .«

»Niemand wußte etwas«, sagte Araman bitter, »aber Sie alle nahmen stillschweigend an, daß die Regierung nichts als bürokratisch, idiotisch, niederträchtig, tyrannisch sei und einfach zum Spaß die Forschung unterdrücke. Keinem von Ihnen kam je der Gedanke, daß wir die Menschheit schützen wollen, so gut wir konnten.«

»Was soll das Herumsitzen und Reden«, heulte Potterley. »Rufen Sie die Leute an, die die Mitteilung erhalten haben . . .«

»Zu spät«, sagte Nimmo achselzuckend. »Die hatten mehr als einen Tag Zeit, um es weiterzuerzählen. Meine Leute werden eine Reihe Physiker angerufen haben, um die Daten überprüfen zu lassen, bevor sie weitere Schritte unternehmen, und einer wird den nächsten anrufen, um die Sache herumzuerzählen. Sobald die Wissenschaftler Neutrinik und Pseudo-Gravitik zusammentun, wird die Heimchronoskopie offensichtlich. Bevor die Woche um ist, werden fünfhundert Leute wissen, wie man ein kleines Chronoskop bauen kann, und wie wollen Sie die alle schnappen?« Seine Pausbacken wurden schlaff. »Ich nehme an, man kann die Atompilzwolke nicht wieder in diese hübsche, glänzende Urankugel zurückbringen.«

Araman stand auf. »Wir werden es versuchen, Potterley, aber ich bin einer Meinung mit Nimmo. Es ist zu spät. Ich weiß nicht, wie die Welt von jetzt an sein wird, aber die Welt, die wir kennen, ist völlig zerstört. Bis jetzt konnte man bei jeder Gewohnheit, jeder kleinsten Lebensäußerung mit einer gewissen Menge privater Ungestörtheit rechnen, aber das ist jetzt alles vorüber.«

Er grüßte jeden der drei mit ausgesuchter Höflichkeit.

»Sie haben ganz allein eine neue Welt geschaffen. Meine Glückwünsche. Auf Ihr, auf mein, auf jedermanns ganz Spezielles, und mögen Sie für immer in der Hölle braten. Verhaftung aufgeben.«

16

Der schicksalhafte Blitz

Wir erwarten, daß eine erstaunliche wissenschaftliche Entdeckung auch die Chance hat, in einem anwendbaren Bereich die Wissenschaft zu revolutionieren. Erregender ist es allerdings, wenn eine Entdeckung die menschliche Gesellschaft ganz allgemein revolutioniert und die Art und Weise verändert, in der menschliche Wesen (selbst ›gewöhnliche‹ Menschen) das Universum betrachten. Es gibt einen Fall, in dem, wenigstens meiner Meinung nach, genau dies geschah, und der Mann, der die Entdeckung machte, wurde von den Amerikanern nicht einmal für einen Wissenschaftler gehalten. Natürlich war er einer, und zwar ein guter, doch er war auch noch so vieles andere, daß der Wissenschaftler in ihm praktisch übersehen wurde.

In den letzten fünf Jahren oder so habe ich begonnen, über die Geschichte zu schreiben. Damit meine ich nicht die Geschichte der Wissenschaft (das mache ich nun schon seit langer Zeit). Ich meine über ›richtige‹ Geschichte. Bis jetzt habe ich sieben Bücher über Geschichte veröffentlicht, und weitere sollen folgen.

Für mich ist das in vielerlei Hinsicht wertvoll. Meine Finger bleiben emsig auf den Tasten der Schreibmaschine, und mein Geist übt sich in neuen, erfrischenden Gefilden. Die geringste und zugleich größte Bedeutung für mich aber ist: Es verlockt mich zu neuen Spielereien.

Keinem Leser meiner Artikel dürfte entgangen sein, daß es liebe, mit Zahlen zu spielen. Nun, inzwischen habe ich entdeckt, daß ich auch gerne mit Wendepunkten spiele. Es liegt eine gewisse Erregung darin, einem Ereignis nachzuspüren und zu sagen: ›An diesem Punkt, genau an diesem Punkt, hat sich die Geschichte des Menschen gegabelt, und der Mensch hat unwiderruflich diesen Weg eingeschlagen und nicht einen anderen.‹

Ich bin, um das klarzustellen, einigermaßen Fatalist und glaube, daß die ›Menschheitsgeschichte‹ das Produkt ziemlich massiver Kräfte ist, die nicht geleugnet werden können, und daß eine Wende, die an diesem Punkt umgangen wird, im Laufe der Zeit dann an einem anderen Punkt erfolgt. Doch selbst unter diesem Gesichtspunkt bleibt es interessant, den Punkt zu finden, an dem die Wende tatsächlich stattfand.

Am meisten Spaß macht es natürlich, einen Wendepunkt ganz neu zu entdecken, einen, auf den nach eigenem Wissen bisher noch niemand verwiesen hat. Meine Chancen hierfür sind um einiges besser als bei den meisten Forschern und Verfassern von Geschichtsbüchern, wie ich meine, da ich den Vorteil habe, gleichzeitig in Geschichte wie in den Naturwissenschaften bewandert zu sein.

Im großen und ganzen neigen Historiker nämlich dazu, auf wissenschaftlichem Gebiet äußerst schwach zu sein. Sie suchen ihre Wendepunkte meist in politischen und militärischen Ereignissen. Jahre einer historischen Wasserscheide sind für sie 1453, 1492, 1517, 1607, 1789, 1815 und 1917, die nicht unmittelbar etwas mit Wissenschaft zu tun haben. Wissenschaftler neigen wiederum dazu, über die Wissenschaften in Begriffen nachzudenken, die keine Berührung mit der Gesellschaft aufweisen, sondern nur über Wendepunkte wie die Jahre 1543, 1687, 1774, 1803, 1859, 1895, 1900 und 1905, die jedoch nicht unmittelbar mit der Gesellschaft verknüpft sind*.

Ein Wendepunkt, den ich allerdings für außerordentlich bedeutsam für Wissenschaft und Gesellschaft gleichermaßen halte, fällt ins Jahr 1752. Soweit mir bekannt ist, hat bisher noch niemand darauf gesondert hingewiesen. Und daher, mein geneigter Leser, werde *ich* das jetzt tun . . .

Seit es Aufzeichnungen gibt, und wahrscheinlich schon weitaus länger, haben sich Menschen zu Meistern in der Kunst entwickelt, sich gegen die Launen der Natur zu schützen.

Diesen Schutz hatten sie auch bitter nötig, denn Menschen waren Zeiten schlechter Jagd unterworfen, als sie noch Jäger waren, und Zeiten mit geringen Niederschlägen, als sie zu Bauern wurden. Sie fielen geheimnisvollen Zahnschmerzen und Bauchgrimmen zum Opfer, sie erkrankten und starben, sie gingen in Unwettern und Kriegen zugrunde, sie erlagen Unfällen und Unglücken.

Das ganze Universum schien sich gegen die armen, zitternden Menschen verschworen zu haben, und doch war es in gewisser Weise sein überragender Triumph, daß er spürte, es müsse eine Möglichkeit geben, das Blatt zu wenden. Wenn er nur die richtige Formel, das richtige mystische Zeichen, den richtigen Glücksbringer, die richtige Methode der Drohung oder Bitte hätte — dann, ja dann würde es Wild in Fülle geben, der Regen ergiebige Feuchtigkeit bringen, und kein Unglück würde ihn mehr befallen — das Leben wäre wundervoll.

Hätte er das nicht geglaubt, dann hätte er in einem Universum gelebt, das launisch, feindselig und trostlos war; nur wenige Menschen, vom Neandertaler, der seine Toten mit der angemessenen Zeremonie begrub, bis hin zu Albert Einstein, der sich weigerte zu glauben, daß Gott mit dem Universum Würfel spiele, wären willens gewesen, in einer solchen Welt zu leben.

Die Menschen verwendeten daher einen Großteil ihrer Energien in

---

*   Sie sind herzlich eingeladen, sich am Wendepunkt-Spaß zu beteiligen, indem Sie herauszubringen versuchen, was in diesen Jahren geschah, ohne nachzuschlagen. Die Details sind allerdings für den Fortgang unserer Geschichte ohne Belang.

der Frühgeschichte und den größten Teil der historischen Zeit über auf die Entwicklung der passenden Rituale zur Kontrolle des Universums und auf das Bemühen, eine starre Befolgung dieses Rituals festzulegen. Der Stammesälteste, der Patriarch, der Schamane, der Medizinmann, der Zauberer, der Magier, der Seher, der Priester, kurz alle diejenigen, die weise waren, weil sie ein höheres Alter erreicht hatten oder weil sie Zugang zu geheimen Lehren besaßen, oder auch einfach nur, weil sie über die Fähigkeit verfügten, Schaum vor die Lippen treten zu lassen und in Trance zu verfallen, waren Hüter der Rituale, und an sie wandten sich die Menschen auf der Suche nach Schutz.

Vieles davon hat sich bis heute erhalten. Man verläßt sich noch immer darauf, daß gesprochene Formeln, von Spezialisten vorgetragen, einer Fischerflotte Glück bringen, deren Mitglieder Unbehagen empfänden, wenn sie ohne diese Zeremonie aus dem Hafen auslaufen müßten. Wenn wir meinen, das sei nur eine Grille ungebildeter Fischer, dann möchte ich darauf hinweisen, daß der Kongreß der Vereinigten Staaten von höchstem Unbehagen erfüllt wäre, müßte er seine Tätigkeit ohne einen Kaplan beginnen, der vorgibt, biblisches Englisch von sich zu geben, um ein gutes Urteil von oben auf die gnädigen Mitglieder herabzuflehen — ein Vorgang, der dem Kongreß nur äußerst selten geholfen zu haben scheint.

Es ist noch nicht lange her, daß es üblich war, die Felder mit Weihwasser zu besprengen, um die Heuschrecken fernzuhalten, daß man Kirchenglocken läutete, um Kometen zu vertreiben, oder sich bemühte, den dringend benötigten Regen durch vereinte Bittgebete nach festgelegtem Wortlaut herabzuflehen. Kurzum, wir haben den Versuch, das Weltall durch Magie zu steuern, noch lange nicht aufgegeben.

Bis weit in das achtzehnte Jahrhundert hinein gab es praktisch keinen anderen Weg, um Sicherheit zu finden. Entweder wurde das Weltall durch Magie kontrolliert (durch Beschwörungen oder durch Gebete), oder es ließ sich überhaupt nicht kontrollieren.

Vielleicht schien es manchem, als *gäbe* es eine Alternative. Wie stand es denn zum Beispiel mit der Wissenschaft? Um die Mitte des achtzehnten Jahrhunderts herum war die ›wissenschaftliche Revolution‹ gerade zwei Jahrhunderte alt und hatte schon ein dreiviertel Jahrhundert zuvor mit Isaac Newton ihren Höhepunkt erreicht. Westeuropa und ganz besonders Frankreich glänzten im Ruhm des ›Zeitalters der Vernunft‹.

Und doch war die Wissenschaft keine Alternative.

Um die Mitte des achtzehnten Jahrhunderts hatte die Wissenschaft für den Durchschnittsmenschen nicht die geringste Bedeutung. Es gab eine Handvoll von Gelehrten und Dilettanten, die sich für die neuen Wissenschaften als intellektuelles Spiel interessierten, das sich für Gentlemen mit hohem Intelligenzquotienten eignete, aber das war auch schon alles. Wissenschaft war eine durch und durch abstrakte Angelegenheit, die keinerlei praktische Dinge umfaßte (und nach Ansicht vieler Wissenschaftler, die in einer bis zu den alten Griechen zurückreichenden Tradition standen, auch nicht umfassen *sollte*).

Kopernikus mochte die Ansicht vertreten, daß die Erde um die Sonne kreise und nicht umgekehrt; Galileo mochte wegen dieser Frage in ernsthafte Schwierigkeiten geraten; Newton mochte die ungeheuerliche mechanische Struktur ausarbeiten, durch welche sich die Bewegungen der Himmelskörper erklären ließen — doch inwieweit berührte das den Bauern, den Fischer oder den Handwerker?

Gewiß gab es schon vor der Mitte des achtzehnten Jahrhunderts technische Fortschritte, die auch für den einfachen Menschen Auswirkungen hatten, manchmal sogar sehr tiefgreifende, doch solche Fortschritte schienen mit der Wissenschaft nichts zu tun zu haben. Erfindungen wie das Katapult, der Kompaß der Seeleute, das Hufeisen, Schießpulver und der Buchdruck waren in ihrer Art alle revolutionierend, doch sie waren das Produkt einfallsreichen Denkens, das nichts mit den verfeinerten Denkprozessen des Wissenschaftlers zu schaffen hatte (der im achtzehnten Jahrhundert Naturphilosoph genannt wurde, denn der Begriff ›Wissenschaftler‹ war noch nicht erfunden).

Kurz und bündig ausgedrückt, betrachtete die Durchschnittsbevölkerung noch in der Mitte des achtzehnten Jahrhunderts die Wissenschaft nicht nur als *keine* Alternative zum Aberglauben, sondern sie ließ sich auch nicht im mindesten träumen, daß die Wissenschaft einmal eine Anwendung auf das praktische Leben finden könnte.

Es war im Jahre 1752, als sich das zu ändern begann, und die Veränderung, die nun einsetzte, stand mit dem Phänomen des Blitzes in Zusammenhang.

Der Blitzschlag ist unter allen katastrophalen Erscheinungen der Natur die persönlichste. Er repräsentiert am deutlichsten den vernichtenden Schlag eines göttlichen Wesens gegen einen einzelnen Menschen.

Krieg, Krankheiten und Hungersnöte sind insgesamt umfassende Zerstörungsformen. Selbst wenn sie für den wahren Gläubigen Ausdrucksformen einer Strafe für die Sünde sind, die man immer irgendwann einmal begeht, so sind sie doch gleichzeitig auch Strafen in großem Umfang. Nicht nur Sie, sondern all Ihre Freunde und Nachbarn leiden unter den Plünderungen einer siegreichen Armee, der Agonie des Schwarzen Todes, den Hungersnöten durch Ernteausfälle, wenn die Dürre das Getreide bis auf den Halm verdorrt hat. Ihre Sünde wird in der mächtigen Sünde des Dorfes, der Region, der Nation ertränkt und damit vermindert.

Der Mann jedoch, der vom Blitz getroffen wird, ist ein ganz persönlicher Sünder, denn seine Nachbarn werden verschont und nicht einmal angesengt. Das Opfer ist ausgewählt, ausgesondert. Es trägt das Mal eines göttlichen Mißfallens noch deutlicher sichtbar an sich als ein Mensch, der an einem plötzlichen Schlaganfall stirbt. Im zweiten Falle ist die Ursache unsichtbar und kann vieles sein, doch im ersten Falle bleibt für Zweifel kein Raum mehr. Das göttliche Mißfallen wird laut verkündet, und dem Blitzschlag haftet eine Art von überragender Ungnade an und verleiht dem Gedanken, sein Opfer zu werden, eine zusätzliche Dimension von Schmach und Schrecken.

Und tatsächlich ist der Blitz in unseren bekanntesten Mythen eng mit dem Göttlichen verknüpft. Für die Griechen war es Zeus, der den Blitz schleuderte, und für die nordischen Völker war er der Hammer Thors. Wenn Sie sich einmal den 18. Psalm ansehen (insbesondere den vierzehnten Vers), dann finden Sie, daß auch der biblische Gott Blitze schleudert. Julia Ward Howe drückt es in ihrer ›Battle Hymn of the Republic‹ so aus: ›Er hat den schicksalhaften Blitz Seines schrecklichen, schnellen Schwertes gelöst‹.

Doch wenn der Blitzschlag offensichtlich die zornige Waffe eines übernatürlichen Wesens war, dann gab es da einige Folgen, die schwer zu erklären waren.

Es geschieht nun einmal, daß hohe Objekte häufiger vom Blitz getroffen werden als niedrige Objekte. Und es trifft sich, daß die höchsten Objekte von Menschenhand in der kleinen europäischen Stadt der frühen Moderne die Türme von Dorfkirchen waren. Die Schlußfolgerung, daß das häufigste Ziel des Blitzschlags die Kirche selbst war, mußte also recht verwirrend gewirkt haben.

Ich habe gelesen, daß im achtzehnten Jahrhundert in Deutschland in einem Zeitraum von dreiunddreißig Jahren nicht weniger als vierhundert Kirchtürme durch Blitzschlag in Mitleidenschaft gezogen wurden. Dazu kam noch, daß die Glockenläuter oft in ganz besonderer Gefahr schwebten, da häufig während eines Gewitters die Glocken geläutet wurden, um den Zorn des Herrn abzuwenden. In dem gleichen Zeitraum von dreiunddreißig Jahren fanden 120 Glockenläuter auf diese Weise den Tod.

Doch keiner dieser Umstände schien die vorgefaßte Meinung erschüttert zu haben, die den Blitz mit Sünde und Bestrafung in Verbindung brachte. Bis die Wissenschaft eingriff.

In der Mitte des achtzehnten Jahrhunderts waren die Wissenschaftler fasziniert von einem Gebilde namens Leidener Flasche. Ohne jetzt ins Detail zu gehen, soll hier nur gesagt werden, daß es sich um eine Vorrichtung handelte, mit der eine beträchtliche elektrische Ladung erzeugt werden konnte, von einer Stärke, die bei der Entladung manchmal einen Menschen zu Boden streckte. Die Ladung einer Leidener Flasche konnte bis zu dem Punkt aufgebaut werden, wo die Entladung über eine schmale Luftspalte übersprang und dabei einen kurzen Funken und ein ganz bestimmtes knisterndes Geräusch hervorrief.

Einer Reihe von Gelehrten muß der Gedanke gekommen sein, daß die Entladung einer Leidener Flasche einen winzigen Blitzschlag mit einem ebenso winzigen Donnergrollen enthielt. Umgekehrt ausgedrückt, muß eine Anzahl von Gelehrten zu der Einsicht gelangt sein, daß bei einem Gewitter Himmel und Erde die Rolle einer riesigen Leidener Flasche spielten und daß der massive Blitzschlag und das Donnergrollen nichts anderes waren als Funke und Knistern in gewaltigem Maßstab.

Doch auf diesen Gedanken zu verfallen und ihn auch beweisen zu können, war zweierlei. Der Mann, der das demonstrierte, war Benjamin Franklin — der ›Renaissancemensch‹ der amerikanischen Kolonien.

Im Juni 1752 fertigte Franklin einen Drachen und befestigte an dem hölzernen Rahmen einen spitz zulaufenden Metallstab. An den Metallstab band er ein Stück Schnur, dessen anderes Ende er mit dem Bindfaden verknüpfte, der den Drachen hielt. Am unteren Ende dieses Bindfadens befestigte er einen elektrischen Leiter in Gestalt eines eisernen Schlüssels.

Er ging dabei von der Überlegung aus, daß eine elektrische Ladung, die sich in den Wolken aufbaute, an dem spitzen Metallstab und der regennassen Schnur entlang bis zu dem eisernen Schlüssel geleitet würde. Franklin war kein Narr; er war sich durchaus bewußt, daß die Ladung ihren Weg auch zu ihm selbst finden könnte. Deshalb befestigte er an der Drachenschnur einen nichtleitenden Seidenfaden und hielt diesen fest und nicht die Drachenmuster selbst. Außerdem blieb er unter einem Unterstand, damit er und der Seidenfaden nicht naß wurden. So war er genügend gegen den Blitz isoliert.

Während ein kräftiger Wind den Drachen in der Luft hielt, zogen sich Gewitterwolken zusammen. Allmählich verschwand der Drachen in einer der Wolken, und Franklin bemerkte, daß die Fasern der Drachenschnur abstanden. Er war sicher, daß sich eine elektrische Ladung aufgebaut hatte.

Franklin brachte mit großem Mut — denn das war der gefahrvollste Teil seines Experiments — seinen Fingerknöchel in die Nähe des Schlüssels. Ein Funke sprang vom Schlüssel zum Knöchel über. Franklin hörte das Knattern und spürte ein Prickeln. Das war der gleiche Funke, das gleiche Knistern und Prickeln, wie er es Hunderte von Malen bei Leidener Flaschen erlebt hatte. Franklin tat nun den nächsten Schritt. Er nahm eine nichtgeladene Leidener Flasche mit, brachte sie in die Nähe des Schlüssels und lud sie mit Elektrizität vom Himmel auf. Daraufhin stellte er fest, daß sich diese Elektrizität genau so verhielt wie normale Elektrizität, die mit gewöhnlichen irdischen Mitteln erzeugt wurde.

Franklin hatte bewiesen, daß der Blitz eine elektrische Entladung darstellt, die sich von der Leidener Flasche nur darin unterschied, daß sie unendlich viel größer war.

Dies bedeutete, daß die Regeln, die für die Leidener Flasche galten, auch auf die Entladung des Blitzes anzuwenden waren.

Franklin hatte beispielsweise bemerkt, daß elektrische Entladungen rascher und völlig ruhig durch eine dünne Spitze erfolgten statt durch einen plumpen Vorsprung. Wurde an der Leidener Flasche eine Nadel befestigt, dann floß die Ladung ruhig und so schnell durch die Nadelspitze, daß man die Flasche nie dazu bringen konnte, Funken zu sprühen und zu knistern.

Wenn man nun, so dachte er sich, auf die Spitze eines Gebäudes einen spitzen Metallstab montierte und ihn richtig erdete, würde eine elektrische Ladung, die sich während eines Gewitters auf dem Gebäude bildete, ruhig zur Entladung gebracht, und die Wahrscheinlichkeit, daß es zu der katastrophalen Entfesselung eines Blitzschlages kam, würde weitgehend eingeschränkt.

Franklin trug die Vorstellung seines ›Blitzableiters‹ in der Ausgabe von 1753 des *Poor Richard's Almanac* vor. Die Idee war so einfach, das Prinzip so klar und der Aufwand an Zeit und Material so verschwindend gering, gleichzeitig die mögliche Befreiung von Gefahr so groß, daß in Philadelphia beinahe über Nacht zu Hunderten Blitzableiter auf den Dächern auftauchten, später auch in New York und Boston und bald sogar in Europa.

Es funktionierte wirklich! Wo sich die Blitzableiter erhoben, gab es keine Blitzschläge mehr. Zum erstenmal in der Geschichte der Menschheit war eine der Geißeln des Universums besiegt worden, nicht durch Magie oder Beschwörung und Gebet, nicht durch den Versuch, die Naturgesetze aus den Angeln zu heben — sondern allein durch die Wissenschaft, durch das Begreifen der Naturgesetze und eine intelligente Zusammenarbeit mit diesen Gesetzen.

Darüber hinaus war der Blitzableiter ein Gerät, das für jeden einzelnen Bedeutung hatte. Es war nicht nur Spielzeug von Gelehrten, sondern ein Lebensretter für das Haus jedes Handwerkers und die Scheune jedes Bauern — also keine ferne Theorie, sondern ein handgreifliches Instrument. Am schwersten wog jedoch, daß es nicht den Händen eines genialen Bastlers entsprungen war, sondern der logischen Arbeit auf der Basis wissenschaftlicher Beobachtungen. Der Blitzableiter war eindeutig ein Produkt der Wissenschaft.

Natürlich gaben sich die Kräfte des Aberglaubens nicht geschlagen. So beharrten sie auf dem Standpunkt, da doch der Blitz ein Ausdruck des Zorns Gottes sei, stelle es wohl den Gipfel an Gottlosigkeit dar, wenn man versuche, ihn abzuwehren.

Diesem Einwand ließ sich leicht begegnen. Wenn der Blitz eine Waffe Gottes war und man ihn mit einem Stück Eisen abwehren konnte, dann war es mit Gottes Macht nicht weit her, und kein Pfarrer wagte das zu behaupten. Außerdem war ja auch der Regen von Gott gesandt, und wenn es ungehörig war, Blitzableiter zu verwenden, dann wäre in der Tat auch der Gebrauch von Schirmen oder Wettermänteln zur Abwehr von Gottes Winterstürmen ungehörig.

Das große Erdbeben von Lissabon im Jahre 1755 lieferte den Predigern in den Kirchen Bostons vorübergehend wieder Anlaß für ihr Triumphgeschrei. Nicht wenige wiesen darauf hin, daß Gott in seinem gerechten Zorn über die Bürger von Boston die Stadt Lissabon vernichtet habe. Das gab den Gemeindegliedern allerdings eine recht armselige Vorstellung von der Präzision des göttlichen Zorns.

Der Hauptwiderstand war jedoch ganz anderer Art. Immer noch gab es häufig verwirrtes Zögern, ob man auf dem Kirchturm einen Blitzableiter anbringen solle. Man glaubte damit einen Mangel an Gottvertrauen zu zeigen oder, was noch schlimmer war, eine Wissenschaftsgläubigkeit, die dem Atheismus gleichkam.

Doch die Folgen der Weigerung erwiesen sich als untragbar. Der Kirchturm blieb das höchste Objekt im Ort und wurde nach wie vor vom Blitz getroffen. Es war nicht zu übersehen, daß es in die Kirche der Stadt, sofern sie ungeschützt lag, einschlug, während das durch einen Blitzableiter geschützte Stadtbordell verschont blieb.

Erst nach und nach und mit großer Verzögerung erschienen Blitzableiter auch auf Kirchtürmen, und es zeigte sich bald, daß eine bestimmte Kirche, deren Turm immer wieder getroffen worden war, keine derartigen Probleme mehr hatte, wenn erst einmal ein Blitzableiter auf dem Dach montiert war.

Nach einer Geschichte, die ich einmal las, trug sich das Ereignis, das allem die Krone aufsetzte, in der italienischen Stadt Brescia zu. Die Kirche von San Nazaro dort war nicht durch Blitzableiter geschützt, und die Bevölkerung war von ihrer Unverletzlichkeit so überzeugt, daß sie in ihren Gewölben, die sie für den unbedingt sichersten Platz hielt, hundert Tonnen Schießpulver lagerte.

Doch im Jahre 1767 schlug der Blitz in die Kirche ein, und das Schießpulver flog in einer ungeheuren Explosion in die Luft, die ein Sechstel der Stadt zerstörte und dreitausend Menschen das Leben kostete.

Das war zuviel. Der Blitzableiter hatte gewonnen, und der Aberglaube kapitulierte. Jeder Blitzableiter auf einer Kirche war Zeugnis für den Sieg und die Niederlage, und keiner konnte vor diesem Beweis die Augen verschließen. Für jeden, der sich darüber Gedanken machte, war es offenkundig, daß der richtige Weg zu Gott nicht über die menschliche Absicht selbsterdachter magischer Formeln führte, sondern über die demütige Erforschung der Gesetze, die das Universum regieren.

Obgleich der Sieg über den Blitz in gewisser Weise eine untergeordnete Größe besaß, denn die Zahl der im Laufe eines Jahres durch Blitzschlag Getöteten ist minimal im Vergleich zu der Zahl der Menschen, die durch Hungersnöte, Krieg oder Krankheiten dahingerafft werden, kam ihm doch eine entscheidende Bedeutung zu. Von diesem Zeitpunkt an konnten die Kräfte des Aberglaubens, nur noch Rückzugsgefechte liefern und keine größere Schlacht mehr gewinnen.

Hier ein weiteres Beispiel. Nach 1840 wurden die ersten wirklich effektiven Anaesthetika eingeführt. Damit ergab sich die Möglichkeit, Schmerzen als notwendige Begleiterscheinungen chirurgischer Eingriffe zu beseitigen, wodurch Krankenhäuser nicht länger die am raffiniertesten ausgestatteten Folterkammern der Menschheitsgeschichte waren. Gezielt konnten nun Narkosen eingesetzt werden, um etwa die Schmerzen während des Geburtsvorganges zu lindern.

Im Jahre 1847 begann ein schottischer Arzt, James Young Simpson, mit dem Gebrauch von Anaesthetika bei Frauen, die in den Wehen lagen, und sogleich stiegen die heiligen Männer auf die Kanzeln und prangerten die neuen Mittel an.

Von einer Kanzel um die andere erinnerten sie mit donnernder Stimme an den Fluch, den Gott auf Eva gelegt hatte, nachdem sie von der verbotenen Frucht vom Baume der Erkenntnis des Guten und Bösen gegessen hatte. Männliche Prediger, die persönlich vor den Schmerzen und der tödlichen Gefahr einer Schwangerschaft und Geburt sicher waren, ließen sich also vernehmen: ›Ich will dir viel Mühsal schaffen, wenn du schwanger wirst; unter Mühen sollst du Kinder gebären . . .‹ (1. Mos. 3, 16).

Die übliche Geschichte lautet, daß diese Befürworter von mütterlicher Qual, diese Männer, die einen Gott anbeteten, der ihrer Meinung nach bereit war, Hunderte von Millionen schmerzvoller Geburten in jeder Generation mit anzusehen, wo die Mittel zur Erleichterung dieser Pein doch zur Hand waren, von Simpson selbst mit einem Gegenzitat aus der Bibel zum Schweigen gebracht wurden.

Die erste in der Bibel verzeichnete ›Geburt‹ war Eva selbst, denn sie wurde aus der Rippe Adams geboren. Und wie kam dieser Geburtsvorgang zustande? In 1. Mos. 2, 21 steht geschrieben: ›Da ließ Gott der Herr einen tiefen Schlaf fallen auf den Menschen, und er schlief ein; und er nahm eine seiner Rippen und schloß die Stelle mit Fleisch‹.

Mit anderen Worten, sagte Simpson, Gott hatte eine Narkose benutzt.

Eigentlich bin ich von dieser Entgegnung nicht sehr beeindruckt.

---

* Ich spreche von Aberglauben, *nicht* Religion. Die ethische und moralische Seite der Religion ist nicht in den Kampf gegen Blitzableiter oder gegen irgendeine wissenschaftliche Entdeckung verwickelt. Nur traditionell abergläubische Vorstellungen laufen dagegen Sturm, und man kann ohne weiteres sagen, daß sie für die wahre Religion noch viel schädlicher sind als für Wissenschaft und Rationalismus.

Eva wurde erschaffen, während Adam noch im Garten Eden war und bevor er von der verbotenen Frucht gegessen hatte, also bevor die Sünde in die Welt gekommen war. Erst nach dem Verzehr der verbotenen Frucht drangen die Sünde und damit auch der Schmerz in die Welt ein. Simpsons Argument war daher wertlos.

Es war auch ganz gut so, denn Aberglauben kann man nicht mit Aberglauben besiegen. Ein Aufstand der Frauen war es, der die Kräfte der Mythologie besiegte. Sie bestanden auf der Anaesthesie und weigerten sich, länger mit dem Fluch behaftet zu sein, der nur sie selbst betraf, aber nicht die Geistlichen, die diesen Fluch nachbeteten. Königin Victoria selbst akzeptierte eine Narkose bei ihrer nächsten Niederkunft, und damit war die Sache ein für allemal erledigt.

Im Jahre 1859 brachte Charles Robert Darwin sein *Über die Entwicklung der Arten* heraus und rief damit die Kräfte des Aberglaubens zur größten aller Schlachten auf den Plan. Diesmal schien die Macht auf ihrer Seite zu sein. Das Schlachtfeld eignete sich hervorragend für Aberglauben; nun konnte die Wissenschaft ganz sicher besiegt werden.

Das Ziel, das sie unter Beschuß nahmen, war die Theorie von der Evolution durch natürliche Selektion, eine Theorie, die direkt ins Herz der menschlichen Eitelkeit traf.

Diesmal handelte es sich nicht einfach um eine nachprüfbare Feststellung von der Art, daß ein Stück Metall den Menschen gegen Blitzschlag schützen oder ein wenig Dampf ihn von Schmerzen befreien konnte. Vielmehr war es eine zutiefst abstrakte Aussage, von schwierigen und schwer verständlichen Beweisen abhängig, die andeutete, daß der Mensch ziemlich genau so war wie andere Tiere und sich aus Ahnen entwickelt hatte, die von affenartiger Natur waren.

Menschen mochten auf der Seite der Wissenschaft gegen Aberglauben ankämpfen, um gegen Blitzschlag oder vor Schmerzen geschützt zu werden, weil sie davon Vorteile hatten. Ganz gewiß würden sie sich jedoch weigern, der sogenannten Wissenschaft zuzuneigen, wenn sie bloß zu hören bekämen, daß sie Affen seien, während die Opposition ihnen erklärte, sie seinen ›nach dem Bilde Gottes‹ geschaffen.

Das bekannte Parlamentsmitglied der Konservativen Partei Benjamin Disraeli (der später Premierminister wurde), brachte die Sache im Jahre 1864 präzise auf folgenden Nenner: ›Ist der Mensch nun ein Affe oder ein Engel? Ich stehe jedenfalls auf der Seite der Engel‹.

Wer würde das nicht?

So schien die Wissenschaft auf verlorenem Posten zu kämppfen, denn die Öffentlichkeit war einfach nicht auf ihrer Seite.

Doch es mangelte nicht an Männern, die sich der zornigen Menge entgegenstellten. Einer von ihnen war Thomas Henry Huxley, ein englischer Biologe, der weitgehend Autodidakt war. Zu Beginn hatte er die

Evolutionstheorie strikt abgelehnt, doch nachdem er *Über die Entwicklung der Arten* gelesen hatte, rief er aus: ›Warum ist *mir* das denn nicht eingefallen?‹ und begab sich als ›Darwins Bulldogge‹ an das Lehrpult.

Auf einer Veranstaltung der Britischen Gesellschaft für den Fortschritt der Wissenschaft unternahm der Bischof von Oxford im Jahre 1860 den Versuch, in öffentlicher Debatte ›Darwin zu zerschmettern‹. Es handelte sich bei dem Bischof um Samuel Wilberforce, einen vollendeten Redner mit einer so salbungsvollen Stimme, daß er allgemein nur als ›Soapy Sam‹ (Seifiger Sam) bekannt war.

Wilberforce erhob sich und hielt mit seinen eigenen Worten eine Menge von siebenhundert Zuhörern in entzückter Spannung, während Huxley nüchtern wartete, bis die Reihe an ihn kam. Als sich der Bischof dem Ende seiner Ausführungen näherte, wandte er sich an Huxley, dämpfte seine Orgeltöne zu zuckersüßem Spott und bat um die Erlaubnis, seinen ehrenwerten Gegner zu fragen, ob er von Großmutters oder Großvaters Seite her seine Abstammung von den Affen herleite.

Bei diesen Worten murmelte Huxley vor sich hin: ›Der Herr hat ihn in meine Hand gegeben.‹ Er erhob sich, trat vor das Publikum und wartete ernst und geduldig, bis das Gelächter erstarb.

Dann sprach er: ›Wenn die Frage in dieser Weise an mich gerichtet wird, nun, dann möchte ich lieber einen elenden Affen als Großvater haben als einen Mann, der von der Natur reich mit Gaben ausgestattet wurde und große Mittel und Einfluß besitzt und diese Fähigkeiten und diesen Einfluß lediglich dazu benutzt, eine ernsthafte wissenschaftliche Diskussion ins Lächerliche zu ziehen — ich zögere keinen Augenblick, dem Affen den Vorzug zu geben‹.

Nur wenige Debatten endeten jemals in einem derart beißenden Gegenschlag. Von diesem Augenblick an war die letzte Offensive des Aberglaubens gegen die Wissenschaft zum Scheitern verurteilt.

Huxley hatte keinen Zweifel daran gelassen, daß nun die Reihe an der Wissenschaft war, mit dem Donner des Sinai zu sprechen, und daß es die ältere Orthodoxie war, die in der Art von Wilberforces unglückseliger Bemerkung in endloser Verblendung um das Goldene Kalb des von Menschen ersonnenen Mythos tanzte.

Sicherlich war der Kampf damit nicht zu Ende. Disraelis Bemerkung stand noch aus, und auf Jahrzehnte hinaus dröhnte es von den Kanzeln. Selbst heute, in diesem Jahr, in dem wir gerade leben, bin ich häufig Zielscheibe von aufrichtigen Mitgliedern von Jehovas Zeugen, die mich mit Publikationen eindecken, mit denen die Evolutionstheorie widerlegt werden soll.

Doch die eigentliche Schlacht ist geschlagen. Es mag noch vereinzelte Scharmützel von Hinterwäldlern geben, aber keine Persönlichkeit von *Format* aus dem nichtwissenschaftlichen Bereich erhebt sich mehr, um gegen die Wissenschaft anzutreten.

Wenn gewisse Aspekte der Wissenschaft die Menschheit bedrohen, wie im Fall der Atombombe, der bakteriologischen Kriegsführung oder der Umweltverschmutzung, oder wenn sie einfach nur ihre Anstrengungen und Mittel verschwendet, wie dies nach Ansicht mancher beim Weltraumprogramm der Fall ist, dann erheben sich die Warnungen und die Kritik heute aus dem Bereich der Wissenschaft selbst.

Die Wissenschaft ist die säkularisierte Religion unserer Zeit, und die Wissenschaftler sind in einem sehr wörtlichen Sinne die neue Priesterschaft. Dies alles nahm seinen Anfang in dem entscheidenden Jahr 1752, als Benjamin Franklin in einem Gewitter seinen Drachen steigen ließ.

17

Die Experimentatoren

Plaziert man fiktionale Wissenschaftler zeitlich allzu nah in die Zukunft, besteht die Gefahr, daß die Story von der Wirklichkeit eingeholt wird; das muß einer Geschichte allerdings nicht ihren Wert nehmen. Romane von Jules Verne und H. G. Wells sind immer noch sehr beliebt, obwohl sie unverkennbar ins 19. Jahrhundert gehören. Nichtsdestotrotz — lebt ein Autor noch, wenn seine Geschichte gemeinhin als überholt gilt, und legt er großen Wert auf die Genauigkeit seiner wissenschaftlichen Ansichten, mag ihn diese Entwicklung ein wenig verlegen machen; und in der Tat macht sie mich verlegen.

Die folgende Geschichte behandelt so ziemlich genau das, was wir heute als ein Verteidigungssystem gegen Atomwaffen betrachten, doch unsere heutigen realen Pläne unterscheiden sich völlig von denen, die ich in meiner Geschichte beschrieb.

Und doch — die Abwehr von Atomwaffen ist nicht das Hauptthema der Story!

Polizei-Sergeant Mankiewicz telefonierte, und er fühlte sich dabei überhaupt nicht wohl in seiner Haut. Was von seiner Unterhaltung zu hören war, klang wie die eine Seite eines großen Feuerwerkes.

»Das stimmt! Er kam einfach hier rein und sagte: ›Sperren Sie mich ins Gefängnis, denn ich will mich umbringen‹.

. . . Ich kann es nicht ändern. Das waren genau seine Worte. Mir erscheint das auch ziemlich verrückt.

. . . Hören Sie, die Beschreibung paßt auf den Kerl. Sie haben mich nach Informationen gefragt, und die gebe ich Ihnen.

. . . Er hat genauso eine Narbe auf der rechten Wange und sagte, er hieße John Smith. Aber daß er irgendwie einen Doktor hätte, hat er nicht gesagt.

Na klar ist der falsch. Niemand heißt John Smith. Jedenfalls nicht auf einer Polizeistation.

. . . Wir haben ihn jetzt eingebuchtet.

. . . Ja, genau das meine ich.

. . . Widerstand gegen die Staatsgewalt, tätliche Beleidigung, grober Unfug. Das sind drei Punkte.

. . . Es mir egal, wer er ist.

. . . In Ordnung, ich bleibe dran.«

Er blickte zu Officer Brown auf und legte die Hand über die Sprechmuschel des Hörers, eine Hand, die so groß war wie ein Schinken und beinahe das ganze Telefon verschlang. Sein offenes Gesicht war rot angelaufen und glänzte unter dem Schopf blaßblonder Haare vor Schweiß.

Er sagte: »Ärger! Nichts als Ärger auf so 'ner Bezirksstation. Da würde ich lieber jeden Tag meine Streifengänge machen.«

»Wer ist denn am Telefon?« fragte Brown. Er war gerade hereingekommen, und eigentlich war es ihm egal. Er teilte durchaus die Ansicht, daß Mankiewicz beim Streifendienst in der Vorstadt besser aufgehoben wäre.

»Oak Ridge. Ferngespräch. Ein Kerl namens Grant. Der Chef von irgendeiner wissenschaftlichen Abteilung, er holt gerade jemand anderen für fünfundsiebzig Cents die Min— . . . Hallo!«

Mankiewicz faßte den Hörer wieder anders und beherrschte sich.

»Hören Sie«, sagte er. »Lassen Sie mich das Ganze noch einmal von vorn durchgehen. Ich möchte, daß Sie alles genau mitkriegen, und wenn es Ihnen dann nicht gefällt, können Sie ja jemanden hier runterschicken. Der Kerl will keinen Anwalt. Er behauptet, daß er einfach nur im Gefängnis bleiben will, und was mich angeht, Kumpel, so ist mir das ganz recht.

. . . Also, wollen Sie mir jetzt zuhören? Er kam gestern herein, marschierte direkt auf mich los und sagte: ›Officer, ich will, daß Sie mich ins Gefängnis stecken, denn ich habe den Wunsch, mich umzubringen.‹ Also erwiderte ich: ›Mister, es tut mir leid, daß Sie sich umbringen wollen. Tun Sie's nicht, denn sonst bereuen Sie es mit Sicherheit Ihr ganzes Leben lang.‹

. . . Ich spaße nicht. Ich erzähle Ihnen nur, was ich gesagt habe. Ich behaupte ja nicht, daß es ein besonders guter Witz war, aber ich habe hier genug Ärger, wenn Sie verstehen, was ich meine. Glauben Sie, daß ich nichts Besseres zu tun habe, als irgendwelchen schrägen Typen zuzuhören, die hier hereingeschneit kommen und —

. . . Geben Sie mir eine Chance, ja? Ich hab' ihm gesagt: ›Ich kann Sie nicht ins Gefängnis stecken, bloß weil Sie sich umbringen wollen. Das ist kein Verbrechen.‹ Und er sagte: ›Aber ich will nicht sterben‹. Darauf ich: ›Hör zu Kumpel, mach, daß du hier rauskommst.‹ Ich meine, wenn ein Typ Selbstmord begehen will, in Ordnung, und wenn er es nicht will, auch gut, aber ich lege keinen Wert darauf, daß er sich an meiner Schulter ausweint.

. . . Ich *bin* dabei fortzufahren. Er sagte also zu mir: ›Wenn ich ein Verbrechen begehe, sperren Sie mich dann ein?‹ Darauf ich: ›Wenn Sie gefaßt werden und wenn jemand Anklage erhebt und wenn Sie die Kaution nicht bezahlen können, dann natürlich. Und jetzt hau ab.‹ Da griff er sich das Tintenfaß aus meinem Schreibtisch, und bevor ich ihn aufhalten konnte, kippte er es über den aufgeschlagenen Polizeiakten aus.

. . . Das stimmt! Wieso, glauben Sie, haben wir es hier mit ›grobem Unfug‹ zu tun? Die Tinte lief mir über die ganze Hose.

274

. . . Ja, auch tätliche Beleidigung! Ich ging dann nämlich auf ihn zu, um ihn wieder ein wenig zur Vernunft zu bringen, und er trat mich vors Schienbein und schlug mir eins aufs Auge.

. . . Das habe ich mir nicht ausgedacht. Wollen Sie herunterkommen und sich mein Gesicht ansehen?

. . . Er wird in den nächsten Tagen vor Gericht erscheinen. Am Donnerstag, schätze ich.

. . . Neunzig Tage kriegt er mindestens, wenn die Psychos nicht was anderes sagen. Ich glaube ja auch, daß er in die Klapsmühle gehört.

. . . Offiziell heißt er John Smith. Das war der einzige Name, den er angegeben hat.

. . . Nein, Sir, er wird nicht einfach so entlassen ohne entsprechende juristische Schritte.

Okay, tun Sie das, wenn Sie wollen, Kumpel! Ich mache hier einfach meine Arbeit.«

Er knallte den Hörer auf die Gabel, starrte ihn einen Augenblick finster an, nahm ihn dann wieder ab und begann zu wählen. Er fragte: »Gianetti?«, erhielt die entsprechende Antwort und legte los.

»Was ist die A.E.C.? Ich habe mit irgendeinem Joe telefoniert, und er sagt —

. . . Nein, ich mache keine Witze, du Komiker. Wenn ich Witze machen will, stelle ich vorher ein Schild auf. Was bedeutet diese Buchstabensuppe?«

Er lauschte, sagte dann kleinlaut »Danke« und legte wieder auf.

Sein Gesicht war bleich geworden. »Dieser zweite Kerl war der Chef der Atomenergie-Kommission«, erklärte er zu Brown gewandt. »Sie müssen mich von Oak Ridge aus direkt mit Washington verbunden haben.«

Brown sprang auf. »Vielleicht ist das FBI hinter diesem John Smith her. Vielleicht ist er einer von diesen komischen Wissenschaftlern.« Er fühlte sich bemüßigt, philosophisch zu werden. »Sie sollten diese Typen eben nicht an ihre Atomgeheimnisse ranlassen. Alles war in Ordnung, solange General Groves der einzige war, der über die Atombombe Bescheid wußte. Aber wenn sie erst einmal diese Wissenschaftlertypen einschalten, dann —«

»Ach, halt's Maul«, knurrte Mankiewicz.

Dr. Oswald Grant hielt seine Augen starr auf die weiße Linie gerichtet, die den Highway begrenzte, und behandelte dabei sein Auto, als ob es sein persönlicher Feind wäre. Das tat er immer. Er war groß und knorrig, und auf seinem Gesicht lag ständig ein Ausdruck der Zurückhaltung. Seine Knie preßten sich unter das Lenkrad, und seine Knöchel wurden weiß, wann immer er in die Kurve ging.

Inspektor Darrity saß neben ihm mit übereinandergeschlagenen Beinen, so daß die Sohle seines linken Schuhs hart gegen die Tür drückte. Sie würde einen sandigen Abdruck hinterlassen, wenn er den Fuß dort wegnahm. Er ließ ein nußbraunes Taschenmesser von einer Hand in die andere springen. Zuvor hatte er die bösartig schimmernde Klinge ausgeklappt und während der Fahrt nebenbei seine Nägel saubergekratzt, aber ein plötzlicher Schlenker hatte ihn beinahe einen Finger gekostet und ihn bewogen, davon abzulassen.

Jetzt fragte er: »Was wissen Sie über diesen Ralson?«

Dr. Grant nahm seinen Blick für einen Moment von der Straße, richtete ihn aber sofort wieder darauf. Er sagte unsicher: »Ich kenne ihn, seit er seinen Doktorgrad in Princeton erworben hat. Er ist ein äußerst brillanter Kopf.«

»So. Brillant, was? Wie kommt es bloß, daß ihr Wissenschaftler euch immer gegenseitig als ›brillant‹ bezeichnet? Gibt es bei euch keine durchschnittlichen Leute?«

»Viele. Ich bin einer davon. Aber Ralson nicht. Da können Sie jeden fragen. Fragen Sie Oppenheimer. Fragen Sie Bush. Er war der jüngste Beobachter in Alamogordo.«

»Okay, er ist also brillant. Was ist mit seinem Privatleben?«

Grant zögerte. »Darüber weiß ich nichts.«

»Sie kennen ihn doch von Princeton. Wie lange ist das jetzt her?«

Von Washington aus waren sie den Highway nach Norden gefahren, ohne auch nur ein Wort zu wechseln. Grant fühlte, daß sich die Atmosphäre verändert hatte; er spürte den Griff des Gesetzes an seinem Mantelkragen.

»Er hat 43 seinen Abschluß gemacht.«

»Dann kennen Sie ihn also seit acht Jahren.«

»Das stimmt.«

»Und Sie wissen nichts über sein Privatleben?«

»Das Leben eines Menschen gehört ihm, Inspektor. Er war nicht sehr gesellig. Viele von den Männern sind so. Sie arbeiten unter Druck, und wenn sie frei haben, sind sie nicht daran interessiert, die Laborbekanntschaften fortzusetzen.«

»Wissen Sie was darüber, ob er irgendeiner Organisation angehört hat?«

»Nein.«

»Hat er jemals Ihnen gegenüber eine Bemerkung gemacht, die darauf schließen ließ, daß er nicht loyal war?« wollte der Inspektor wissen.

Grant brüllte: »Nein!«, und danach herrschte eine ganze Zeitlang eisiges Schweigen.

Schließlich fragte Darrity: »Wie wichtig ist Ralson für die Atomforschung?«

Grant beugte sich über sein Steuerrad. »So wichtig wie ein Mensch nur sein kann. Ich bin überzeugt davon, daß niemand unersetzlich ist, aber Ralson erschien mir immer irgendwie einzigartig. Er besitzt einen technischen Verstand.«

»Was heißt das?«

»Er ist selbst kein allzu großer Mathematiker, aber er kann die Tricks ausknobeln, die die Berechnungen eines anderen zum Leben erwecken. Wenn es darum geht, kann sich niemand mit ihm messen. Unzählige Male hatten wir ein Problem zu überwinden, und die Zeit drängte. Ringsherum gab es nur leere Köpfe, bis er ein paar Gedanken einbrachte und sagte: ›Warum versucht ihr es nicht so-und-so?‹ Dann verschwand er. Sein Interesse war nicht einmal groß genug, um abzuwarten, ob es funktionierte. Aber es funktionierte immer. Immer! Vielleicht hätten wir es mit der Zeit selbst herausbekommen, aber das hätte wahrscheinlich zusätzliche Monate gedauert. Ich weiß nicht, wie er das macht. Es hat auch keinen Zweck, ihn zu fragen. Er schaut Sie bloß an und sagt: ›Das war doch offensichtlich‹, und dann geht er fort. Wenn er uns erst einmal gezeigt hatte, wie wir eine Sache anpacken sollten, dann war es auch wirklich offensichtlich.«

Der Inspektor ließ ihn ausreden. Als Grant schwieg, fragte er: »Würden Sie sagen, daß er geistig irgendwie seltsam war? Unstet, wissen Sie.«

»Wenn ein Mensch ein Genie ist, dann erwarten Sie nicht von ihm, daß er normal ist, oder?«

»Vielleicht nicht. Aber wie abnorm war denn nun dieses besondere Genie?«

»Er sprach niemals von sich aus. Manchmal hat er nicht gearbeitet.«

»Er blieb zu Hause und ging statt dessen zum Fischen?«

»Nein. Er kam schon ins Labor, aber er saß einfach nur an seinem Schreibtisch. Manchmal ging das wochenlang so. Er antwortete nicht, schaute einen nicht einmal an, wenn man mit ihm sprach.«

»Hat er jemals seinen Arbeitsplatz tatsächlich verlassen?«

»Früher, meinen Sie? Niemals!«

»Hat er jemals erklärt, er wollte Selbstmord begehen? Gesagt, er würde sich nirgends sicher fühlen, außer im Gefängnis?«

»Nein.«

»Sind Sie sicher, daß dieser John Smith Ralson ist?«

»Ich bin beinahe überzeugt davon. Er hat eine Verbrennung von einem Chemieunfall auf der rechten Wange, die man nicht verwechseln kann.«

»Okay. Das wär's dann. Ich werde mit ihm reden und herausfinden, was mit ihm los ist.«

Dieses Mal war die Stille nicht bedrückend. Dr. Grant folgte der kurvigen Strecke, während Inspektor Darrity das Taschenmesser in flachen Bögen von einer Hand in die andere warf.

Der Wärter lauschte in sein Sprechgerät und blickte dann seine Besucher an. »Wir könnten ihn trotz allem hier heraufbringen lassen, Inspektor.«

»Nein.« Grant schüttelte den Kopf. »Wir werden zu ihm gehen.«

»Ist das normal für Ralson, Dr. Grant? Hätten Sie von ihm erwartet, daß er einen Wächter angreift, der ihn aus seiner Zelle führen will?« fragte Darrity.

»Das kann ich nicht sagen.«

Der Wärter breitete seine schwieligen Handflächen aus. Seine dicke Nase zuckte ein wenig. »Wir haben bis jetzt noch nicht alles bei ihm versucht, wegen dem Telegramm aus Washington, aber ehrlich gesagt, er gehört hier nicht hin. Ich bin froh, wenn er mir abgenommen wird.«

»Wir werden ihn in seiner Zelle aufsuchen«, meinte Darrity.

Sie gingen den harten, vergitterten Korridor entlang. Leere, gleichgültige Augen starrten sie an, als sie vorüberschritten.

Dr. Grant spürte, wie er eine Gänsehaut bekam. »Ist er die ganze Zeit *hier* untergebracht gewesen?«

Darrity antwortete nicht.

Der Wächter, der sie führte, blieb stehen. »Das ist die Zelle.«

Darrity fragte: »Ist das Dr. Ralson?«

Dr. Grant betrachtete schweigend die Gestalt auf der Pritsche. Der Mann hatte darauf gelegen, als sie die Zelle betreten hatten, aber jetzt stützte er sich auf einen Ellenbogen; es hatte den Anschein, als versuche er, in die Wand hineinzukriechen. Sein Haar war sandfarben und dünn, seine Figur schmächtig, der Blick aus dunkelblauen Augen ausdruckslos. Auf seiner rechten Wange war ein großer, rosafarbener Fleck zu sehen, der wie der Schwanz einer Kaulquappe allmählich auslief.

Dr. Grant sagte: »Das ist Ralson.«

Der Wärter öffnete die Tür und trat ein, aber Inspektor Darrity schickte ihn mit einer knappen Geste wieder hinaus. Ralson beobachtete sie schweigend. Er hatte beide Füße auf die Pritsche emporgezogen und schob sich immer mehr nach hinten. Sein Adamsapfel hüpfte auf und nieder, während er schluckte.

Darrity fragte ruhig: »Dr. Elwood Ralson?«

»Was wollen Sie?« Die Stimme besaß einen überraschenden Bariton.

»Würden Sie bitte mit uns kommen? Wir möchten Ihnen gern ein paar Fragen stellen.«

»Nein! Lassen Sie mich in Ruhe!«

»Dr. Ralson«, schaltete sich Grant ein, »ich bin hierhergeschickt worden, um Sie zu bitten, daß Sie Ihre Arbeit wiederaufnehmen.«

Ralson schaute den Wissenschaftler an, und für einen Augenblick ersetzte ein schwacher Schimmer den Ausdruck der Furcht in seinen Augen. Er sagte: »Hallo, Grant.« Dann stand er von seiner Pritsche auf. »Hören Sie. Ich habe alles versucht, damit sie mich in eine gepolsterte Zelle stecken. Können Sie das nicht für mich erreichen? Sie kennen mich, Grant. Ich würde nicht um etwas bitten, wenn ich nicht überzeugt wäre, daß es notwendig ist. Helfen Sie mir. Ich kann diese harten Wände nicht ertragen. Sie reizen mich, ständig dagegenzu . . .« Er schlug mit der flachen Hand gegen den harten, düster-grauen Beton hinter seiner Pritsche.

Darrity blickte gedankenverloren vor sich hin. Er zog sein Taschenmesser hervor und bog die glänzende Klinge heraus. Vorsichtig kratzte er damit an seinem Daumennagel herum, während er fragte: »Hätten Sie gern einen Arzt?«

Aber Ralson antwortete nicht darauf. Er folgte mit den Augen dem Glitzern des Metalls, seine Lippen öffneten sich und wurden feucht. Sein Atem ging stoßweise und unregelmäßig.

»Stecken Sie das weg!« verlangte er.

Darrity unterbrach sein Tun. »Was wegstecken?«

»Das Messer. Halten Sie es mir nicht so vor die Augen. Ich kann den Anblick nicht ertragen.«

»Warum nicht?« Er hielt es ihm hin. »Stimmt irgendwas nicht damit? Es ist ein gutes Messer.«

Ralson hechtete nach vorn. Darrity trat zurück, und seine linke Hand schloß sich um das Handgelenk des anderen. Er hielt das Messer hoch in die Luft. »Was ist los, Ralson? Was wollen Sie von mir?«

Grant protestierte laut, aber Darrity wehrte ihn ab.

Er wiederholte: »Was wollen Sie, Ralson?«

Ralson versuchte nach oben zu greifen und knickte unter dem furchtbaren Griff des anderen zusammen. Er keuchte: »Geben Sie mir das Messer.«

»Warum, Ralson? Was wollen Sie damit?«

»Bitte. Ich muß doch —« Er flehte ihn an. »Ich muß meinem Leben ein Ende machen.«

»Wollen Sie sterben?«

»Nein, aber ich muß.«

Darrity schob ihn von sich. Ralson flog zurück und taumelte auf seine Pritsche, die laut quietschte. Darrity klappte die Klinge seines Taschenmessers ein und steckte es weg. Ralson hielt sich die Hände vor das Gesicht. Seine Schultern zuckten, aber ansonsten rührte er sich nicht.

Vom Korridor her drangen Schreie zu ihnen, als die anderen Gefangenen auf den Lärm reagierten, der aus Ralsons Zelle gedrungen war. Der Wärter kam herbeigeeilt und brüllte: »Ruhe!«, als er an den anderen Zellen vorüberhastete.

Darrity blickte auf. »Es ist alles in Ordnung.«

Er wischte sich die Hände an einem großen, weißen Taschentuch ab. »Ich glaube, wir holen besser einen Arzt für ihn.«

Dr. Gottfried Blaustein war klein und dunkel, er sprach mit einem Anflug von österreichischem Akzent. Ihm fehlte eigentlich nur noch ein Ziegenbärtchen, um für einen Laien die Karikatur eines Psychiaters abzugeben. Aber er war glattrasiert und sehr sorgfältig gekleidet. Er beobachtete Grant sehr genau, machte sich ein Bild von ihm, warf gewisse Beobachtungen und Schlußfolgerungen ein. Mittlerweile machte er das automatisch bei jedem Menschen so, mit dem er zusammenkam.

Er sagte: »Sie geben mir eine Art Bild. Sie beschreiben einen Mann mit großen Fähigkeiten, vielleicht sogar ein Genie. Sie sagen mir, daß er sich unter Menschen immer unwohl gefühlt, daß er sich niemals innerhalb der Laboratorien eingefügt hat, obwohl das doch der Ort war, wo er die größten Erfolge verzeichnen konnte. Gibt es denn überhaupt irgendeine Umgebung, an die er sich angepaßt hat?«

»Ich verstehe nicht recht.«

»Es ist nicht jedem von uns gegeben, das Glück zu haben, verwandte Geister an dem Platz oder in dem Gebiet zu finden, in dem wir uns unseren Lebensunterhalt verdienen müssen. Vielfach wird so etwas kompensiert durch das Spielen eines Instruments, durch lange Wanderungen oder den Eintritt in irgendeinen Club. Mit anderen Worten, man schafft sich eine neue Art von Gesellschaft außerhalb der Arbeit, in der man sich eher zu Hause fühlen kann. Dabei braucht sie nicht die geringste Verbindung mit der alltäglichen Beschäftigung aufzuweisen. Es ist eine Flucht und nicht notwendigerweise eine ungesunde.« Er lächelte und fügte hinzu: »Ich für meinen Teil sammle Briefmarken. Ich bin aktives Mitglied der Gesellschaft der Philatelisten Amerikas.«

Grant schüttelte den Kopf. »Ich habe keine Ahnung, was er außerhalb seiner Arbeitsstunden getan hat. Ich bezweifle allerdings, daß es irgend etwas in der von Ihnen erwähnten Richtung sein könnte.«

»Hm-m-m. Nun, das wäre bedauerlich. Entspannung und Vergnügen, wo auch immer man sie finden mag, aber man muß sie eben irgendwo finden, nicht?«

»Haben Sie bereits mit Dr. Ralson gesprochen?«

»Über seine Probleme? Nein.«

»Aber Sie haben es vor?«

»Oh ja. Doch er ist erst seit einer Woche hier. Man muß ihm Gelegenheit geben, sich zu erholen. Er war in einem Zustand starker Erregung, als er hier ankam. Man kann es schon beinahe als Delirium bezeichnen. Lassen Sie ihn ausspannen und sich an seine neue Umgebung gewöhnen. Dann werde ich ihn befragen.«

»Werden Sie es schaffen, ihn dazu zu bewegen, daß er seine Arbeit wieder aufnimmt?«

Blaustein lächelte. »Wie soll ich das wissen? Ich weiß ja noch nicht einmal, was es mit seiner Krankheit auf sich hat.«

»Könnten Sie nicht wenigstens erst einmal das Schlimmste beheben

— seine selbstmörderische Besessenheit — und den Rest der Behandlung durchführen, während er wieder arbeitet?«

»Möglicherweise. Doch ich kann keine Behauptung aufstellen, solange er nicht einige Sitzungen hinter sich gebracht hat.«

»Wie lange, schätzen Sie, wird es dauern?«

»Bei solchen Dingen kann das niemand mit Bestimmtheit sagen.« Grant schlug die Hände mit scharfem Klatschen zusammen. »Tun Sie also das, was Ihnen am besten erscheint. Aber die Angelegenheit ist ernster, als Sie denken.«

»Vielleicht. Sie könnten mir allerdings dabei helfen, Dr. Grant.«

»Wie denn?«

»Wie kann ich an gewisse Informationen herankommen, die möglicherweise als top secret eingestuft worden sind?«

»Was sollen das für Informationen sein?«

»Ich würde gern die Selbstmordrate bei Atomwissenschaftlern seit 1945 in Erfahrung bringen. Wie viele haben außerdem ihre Jobs aufgegeben, um sich anderen Sparten der Wissenschaft zuzuwenden, oder die wissenschaftliche Arbeit insgesamt verlassen?«

»Steht das in Zusammenhang mit Ralson?«

»Glauben Sie nicht auch, daß es sich hier bei diesem furchtbaren Zustand des Unglücklich-seins um eine Berufskrankheit handeln könnte?«

»Nun — die Zahl derer, die ihre Jobs aufgegeben haben, ist natürlich recht beträchtlich.«

»Wieso natürlich, Dr. Grant?«

»Sie müssen sich das vorstellen, Dr. Blaustein. Die Atmosphäre in der heutigen Atomforschung ist geprägt durch den großen Druck und starken Bürokratismus. Sie arbeiten mit der Regierung zusammen und mit Militärpersonen. Sie dürfen über ihre Arbeit nicht sprechen; sie müssen ständig darauf achten, was sie sagen. Daher ist es nur natürlich, daß sie zugreifen, wenn ihnen eine Beschäftigung an der Universität angeboten wird, wo sie ihre Arbeitszeit selbst festlegen können, ihre eigene Arbeit machen, Abhandlungen schreiben können, die nicht der A.E.C. vorgelegt werden müssen, und Versammlungen besuchen können, die nicht hinter verschlossenen Türen abgehalten werden.«

»Und für immer ihr Spezialgebiet aufgeben.«

»Es gibt ja nicht nur den militärischen Anwendungsbereich. Einer der Männer ist allerdings damals aus anderen Gründen gegangen. Er hat mir einmal anvertraut, daß er nachts nicht schlafen könnte. Er sagte, sobald er das Licht ausgemacht hätte, würde er aus Hiroshima die Schreie von Hunderttausenden hören. Das letzte, was ich über ihn in Erfahrung bringen konnte, war, daß er als Verkäufer in einem Herrenmodegeschäft gelandet ist.«

»Und hören Sie selbst auch manchmal Schreie?«

Grant nickte. »Es ist nicht gerade ein angenehmes Gefühl zu wissen, daß ein Teil der Verantwortung für die nukleare Zerstörung, auch wenn er sehr gering sein mag, auf das eigene Konto geht.«

»Wie hat sich Ralson dabei gefühlt?«

»Er hat niemals darüber gesprochen.«

»Mit anderen Worten, wenn er auch so empfunden hat, dann gab es für ihn nicht einmal den Sicherheitsventil-Effekt, gegenüber den anderen gelegentlich Dampf abzulassen.«

»Ich denke, nein.«

»Doch die nukleare Forschung muß ihren Fortgang nehmen, nicht?«

»Das würde ich sagen.«

»Wie würden Sie sich verhalten, Dr. Grant, wenn Sie das Gefühl hätten, etwas tun zu *müssen,* was Sie nicht tun *könnten?*«

Grant zuckte die Achseln. »Ich weiß es nicht.«

»Manche Menschen bringen sich um.«

»Sie meinen, das ist es, was Ralson fertigmacht.«

»Ich weiß es nicht. Ich weiß es nicht. Ich werde mich heute abend mit Dr. Ralson unterhalten. Natürlich kann ich nichts versprechen, aber ich werde Sie, so weit es geht, über alles auf dem laufenden halten.«

Grant erhob sich. »Danke, Doktor. Ich versuche die Informationen zu beschaffen, die Sie benötigen.«

Elwood Ralsons Erscheinung hatte sich in der Woche, die er in Dr. Blausteins Sanatorium verbracht hatte, erheblich gebessert. Sein Gesicht war voller geworden, und ein wenig von der Ruhelosigkeit war von ihm gewichen. Er trug weder Krawatte noch Gürtel. An seinen Schuhe waren keine Schnürsenkel.

Blaustein fragte: »Wie fühlen Sie sich, Dr. Ralson?«

»Erholt.«

»Sie sind gut behandelt worden?«

»Keine Beschwerden, Doktor.«

Blausteins Hand tastete nach dem Brieföffner, mit dem er in Augenblicken geistiger Abwesenheit zu spielen pflegte, aber seine Finger griffen ins Leere. Der Gegenstand war natürlich entfernt worden, gemeinsam mit allem anderen, das scharfe Kanten besaß. Auf dem Schreibtisch des Doktors lag nichts außer Papieren.

»Setzen Sie sich, Dr. Ralson. In welcher Weise entwickeln sich Ihre Symptome?« fragte er.

»Sie meinen, ob ich das habe, was Sie einen Suizid-Impuls nennen würden? Ja. Er wird stärker oder schwächer, und ich vermute, daß das davon abhängig ist, was ich gerade denke. Aber er ist nie ganz weg. Sie können nichts tun, um mir zu helfen.«

»Vielleicht haben Sie recht. Es kommt oft vor, daß ich machtlos bin. Aber ich würde gern so viel wie möglich über Sie erfahren. Sie sind ein bedeutender Mann —«

Ralson schnaubte verächtlich.

»Sie teilen meine Ansicht, nicht?« fragte Blaustein.

»Nein. Es gibt keine bedeutenden Menschen, genausowenig, wie es bedeutende individuelle Bakterien gibt.«

»Das verstehe ich nicht.«

»Das hatte ich auch nicht erwartet.«

»Aber es will mir scheinen, als stünden hinter Ihrer Aussage gründliche und lange Überlegungen. Es wäre ohne Zweifel von größtem Interesse für mich, in einen Teil dieser Überlegungen von Ihnen eingeweiht zu werden.«

An dieser Stelle lächelte Ralson zum ersten Mal. Es war kein angenehmes Lächeln. Seine Nasenlöcher schimmerten weiß. Er sagte: »Es ist amüsant, Sie zu beobachten, Doktor. Sie machen Ihre Arbeit überaus gewissenhaft. Sie müssen mir zuhören, nicht wahr, mit genau der richtigen Mischung aus vorgetäuschtem Interesse und öligem Mitgefühl. Ich kann Ihnen die lächerlichsten Dinge auftischen und doch sicher sein, daß ich mein Publikum nicht verliere; ist es nicht so?«

»Glauben Sie nicht, daß mein Interesse echt sein könnte, selbst wenn wir davon ausgehen, daß es beruflicher Natur ist?«

»Nein, das glaube ich nicht.«

»Warum nicht?«

»Ich habe nicht das Bedürfnis, darüber zu diskutieren.«

»Würden Sie lieber auf Ihr Zimmer zurückkehren?«

»Wenn Sie nichts dagegen haben. Nein!« In seiner Stimme schwang plötzlich Zorn mit, als er aufstand und sich im nächsten Moment wieder hinsetzte. »Warum sollte ich Sie eigentlich nicht benutzen? Ich unterhalte mich zwar nicht gern mit anderen Menschen. Sie sind dumm. Sie sehen nichts. Sie starren stundenlang das Offensichtliche an, und es hat keinerlei Bedeutung für sie. Wenn ich mit anderen reden würde, würden sie mich nicht verstehen; sie würden die Geduld verlieren und mich auslachen. Doch Sie müssen zuhören. Das ist Ihr Job. Sie können mich nicht unterbrechen und mir sagen, ich sei verrückt, auch wenn Sie es vielleicht denken mögen.«

»Ich wäre froh, Ihnen zuhören zu dürfen, was immer Sie mir auch erzählen wollen.«

Ralson holte tief Atem. »Seit einem Jahr weiß ich etwas, das nur sehr wenige Menschen wissen. Vielleicht ist es etwas, das kein *Lebender* weiß. Sind Sie sich darüber im klaren, daß die kulturellen Fortschritte der Menschen in Sprüngen erfolgen? Über eine Zeitspanne von zwei Generationen hinweg entfaltet sich zum Beispiel in einer Stadt, in der dreißigtausend freie Menschen leben, genügend literarisches und künstlerisches Genie von Rang, um eine Nation von Millionen unter gewöhnlichen Bedingungen ein ganzes Jahrhundert lang zu versorgen. Ich spreche von dem Athen des Perikles.

Aber es gibt noch andere Beispiele. Das ist das Florenz der Medici, das England Elizabeths, das Spanien der Emire von Córdoba. Da war der Kampf der sozialen Reformer unter den Israeliten im achten und siebten Jahrhundert vor Christus. Verstehen Sie, was ich meine?«

Blaustein nickte. »Ich sehe, daß die Geschichte ein Gebiet ist, das Sie interessiert.«

»Warum nicht? Ich glaube nicht, daß es ein Gesetz gibt, das mir vorschreibt, mich nur auf Atomspaltung und Wellenmechanik zu beschränken.«

»Ganz und gar nicht. Bitte fahren Sie fort.«

»Zunächst dachte ich, ich könnte mehr über die wahre Beschaffenheit der historischen Zyklen lernen, wenn ich mich an einen Spezialisten wandte. Ich hatte einen flüchtigen Gedankenaustausch mit einem professionellen Historiker. Reine Zeitverschwendung!«

»Wie hieß dieser professionelle Historiker?«

»Spielt das eine Rolle?«

»Vielleicht nicht, wenn Sie das lieber vertraulich behandeln wollen. Was hat er Ihnen gesagt?«

»Er sagte, ich hätte unrecht; daß die Geschichte nur, oberflächlich besehen, in Sprüngen verliefe. Er sagte, daß bei näherem Studium die großen Zivilisationen der Ägypter und der Sumerer nicht plötzlich und aus dem Nichts aufgestiegen wären, sondern auf der Grundlage einer sich über einen längeren Zeitraum entwickelnden Sub-Zivilisation, die, was die Künste anginge, bereits ziemlich weit forgeschritten gewesen wäre. Er sagte, daß das Athen des Perikles aus einem vor-perikleischen Zeitalter auf tieferer Entwicklungstufe hervorgegangen wäre, ohne das das Zeitalter des Perikles überhaupt nicht möglich gewesen wäre.

Ich fragte, warum es dann nicht ein nach-perikleisches Athen von noch höher entwickelter Kultur gegeben habe, und er erzählte mir, daß Athen durch die Pest und durch einen langen Krieg mit Sparta ruiniert worden wäre. Ich habe ihn dann nach anderen kulturellen Sprüngen gefragt, und jedes Mal war es ein Krieg gewesen, der die Entwicklung beendet oder sie in einigen Fällen sogar begleitet hatte. Doch dieser Historiker war wie alle anderen. Die Wahrheit lag vor ihm; er mußte sich nur bücken und sie aufnehmen, aber er tat es nicht.«

Ralson starrte zu Boden und sagte mit müder Stimme: »Manchmal kommen sie im Labor zu mir, Doktor. Sie sagen, ›Wie zum Teufel können wir den So-und-so-Effekt loswerden, Ralson, der unsere ganzen Messungen beeinträchtigt?‹ Sie zeigen mir die Instrumente und die Schaltpläne, und ich sage dann: ›Es starrt euch an. Warum tut ihr nicht das-und-das? Ein Kind hätte euch das sagen können.‹ Dann haue ich ab, denn ich kann den verstörten Ausdruck nicht ertragen, der jedes Mal über ihre Gesichter kriecht. Später kommen sie dann zu mir und sagen: ›Es hat funktioniert, Ralson. Wie sind Sie bloß darauf gekommen?‹ Ich kann es ihnen nicht erklären, Doktor; es wäre so, als versuche man zu erklären, daß Wasser naß ist. Und ich konnte es auch dem

Historiker nicht erklären: Und auch Ihnen nicht. Es wäre Zeitverschwendung.«

»Möchten Sie wieder auf Ihr Zimmer gehen?«

»Ja.«

Blaustein blieb ein paar Minuten in Gedanken versunken sitzen, nachdem Ralson aus seinem Büro geführt worden war. Seine Hand fand automatisch ihren Weg in das obere rechte Schubfach seines Schreibtischs und holte den Brieföffner heraus. Dann drehte er ihn zwischen den Fingern hin und her.

Schließlich hob er den Hörer ab und wählte die Geheimnummer, die man ihm gegeben hatte.

Er sagte: »Hier ist Blaustein. Es gibt einen Historiker, der von Ralson in der Vergangenheit einige Male aufgesucht worden ist, vermutlich vor etwas über einem Jahr. Ich weiß nicht, wie er heißt. Ich weiß noch nicht einmal, ob er mit irgendeiner Universität in Verbindung steht. Wenn Sie ihn finden könnten, würde ich ihn sehr gern sprechen.«

Dr. phil. Thaddeus Milton blinzelte Blaustein nachdenklich an und fuhr sich mit der Hand durch sein eisengraues Haar. Er sagte: »Sie sind zu mir gekommen und haben mir erklärt, daß ich mich mit diesem Mann getroffen hätte. Aber der Kontakt mit ihm war nicht besonders intensiv, bis auf ein paar Gespräche, bei denen es sich ausschließlich um berufliche Dinge drehte.«

»Wie ist er mit Ihnen in Kontakt getreten?«

»Er schrieb mir einen Brief — warum ausgerechnet mir, weiß ich nicht. Zu jener Zeit hatte ich in etlichen populärwissenschaftlichen Zeitschriften eine Reihe von Artikeln veröffentlicht. Vielleicht hat das seine Aufmerksamkeit geweckt.«

»Ich verstehe. Um welches Thema ging es im großen und ganzen in diesen Artikeln?«

»Um die Erörterung der Allgemeingültigkeit von zyklischen Erscheinungen in der Geschichte. Das heißt, darum, ob man wirklich sagen kann, daß eine beliebige Zivilisation im Hinblick auf die daran beteiligten Individuen bestimmten Gesetzen des Wachstums und des Verfalls folgen muß.«

»Ich habe Toynbee gelesen, Dr. Milton.«

»Nun, dann wissen Sie ja, was ich meine.«

Blaustein sagte: »Und diese zyklische Betrachtung der Geschichte war also der Grund, warum sich Dr. Ralson mit Ihnen in Verbindung setzte?«

»In gewisser Weise, ja, nehme ich an. Natürlich ist der Mann kein Historiker, und einige seiner Überlegungen zu kulturellen Entwicklungen sind recht interessant und . . . wie soll ich sagen . . . tabellarisch gewesen. Verzeihen Sie mir, Dr. Blaustein, wenn ich Ihnen eine Frage stelle, die vielleicht unangebracht ist. Ist Dr. Ralson einer Ihrer Patienten?«

»Dr. Ralson fühlt sich nicht wohl, und er steht unter meiner Aufsicht. Dies und alles andere, was wir hier besprechen, ist natürlich streng vertraulich.«

»Das versteht sich von selbst. Aber Ihre Antwort erklärt einiges. Etliche seiner Ideen lagen hart an der Grenze des Irrationalen. Es schien mir so, als befürchtete er eine Verbindung zwischen dem, was er ›kulturelle Sprünge‹ nannte, und irgendeinem drohenden Unheil. Nun sind derartige Verbindungen häufiger festgestellt worden. Die größte Blüte einer Nation kann durchaus mit einer Zeit extremer nationaler Unsicherheit zusammenfallen. Die Niederlande bieten dafür ein gutes Beispiel. Ihre größten Künstler, Staatsmänner und Eroberer finden sich im frühen siebzehnten Jahrhundert, zu einer Zeit, als das Land in eine tödliche Auseinandersetzung mit der größten damaligen Macht in Europa verstrickt war: mit Spanien. In dem Moment, wo die Zerstörung der Heimat drohte, schufen sie ein Imperium im Fernen Osten, sicherten sich feste Standorte an den nördlichen Küsten Südamerikas, der Südspitze Afrikas und dem Hudson-Tal in Nordamerika. Ihre Flotten schlugen England. Und dann, als die politische Sicherheit der Niederlande gewährleistet war, kam der Niedergang.

Nun, wie ich schon sagte, ist daran nichts Ungewöhnliches. Sowohl ganze Gruppen wie auch Individuen sind zu außergewöhnlichen Leistungen fähig, wenn sie mit einer bedrohlichen Situation konfrontiert sind, und das Fehlen einer solchen Bedrohung läßt sie vor sich hinvegetieren. Dr. Ralson verließ jedoch den Pfad der Vernunft, indem er darauf bestand, daß eine derartige Betrachtungsweise zu einer Verwechslung von Ursache und Wirkung führte. Er erklärte, daß es nicht Kriege und andere Gefahren wären, die ›kulturelle Sprünge‹ stimulierten, sondern genau umgekehrt. Er behauptete, daß immer dann, wenn eine Gruppe von Menschen zuviel Energie und Können zeigte, zwangsläufig ein Krieg kommen mußte, der ihre Weiterentwicklung verhinderte.«

»Ich verstehe«, sagte Blaustein.

»Ich fürchte, ich habe ihn ausgelacht. Vielleicht war das der Grund, daß er unsere letzte Verabredung nicht eingehalten hat. Gegen Ende unserer letzten Zusammenkunft fragte er mich in der eindringlichsten Weise, die man sich vorstellen kann, ob ich es nicht eigenartig fände, daß ausgerechnet eine derart unmögliche Spezies wie der Mensch die Erde beherrschte, wenn alles, was zu seinen Gunsten spräche, die Intelligenz sei. Da habe ich laut gelacht. Vielleicht hätte ich das besser nicht tun sollen.«

»Es war eine durchaus natürliche Reaktion«, versicherte Blaustein. »Aber ich darf Ihre Zeit nicht länger in Anspruch nehmen. Sie haben mir sehr geholfen.«

Sie gaben sich die Hand, und Thaddeus Milton verließ ihn.

»Also«, sagte Darrity, »hier haben Sie die neuesten Zahlen über die Selbstmordrate bei wissenschaftlichem Personal. Können Sie damit irgend etwas anfangen?«

»Das frage ich Sie«, versetzte Blaustein freundlich. »Das FBI hat doch bestimmt gründliche Untersuchungen angestellt.«

»Darauf können Sie die gesamten Staatsschulden wetten. Es *sind* Selbstmorde. Daran besteht gar kein Zweifel. Einige Leute in anderen Abteilungen haben das sichergestellt. Die Rate ist fünfmal so hoch wie normal, wenn man Alter, soziale Stellung und Einkommensklasse betrachtet.«

»Wie ist das bei britischen Wissenschaftlern?«

»Genau das gleiche.«

»Und in der Sowjetunion?«

»Wer weiß das schon?« Der Ermittlungsbeamte beugte sich vor. »Doktor, Sie glauben doch nicht, daß die Russen irgendwelche Strahlen haben, mit denen sie Leute veranlassen können, Selbstmord zu begehen, nicht wahr? Es ist schon verdächtig, daß ausgerechnet die Menschen in der Atomforschung so stark davon betroffen sind.«

»So, glauben Sie? Vielleicht auch nicht. Atomphysiker stehen schließlich extrem unter Druck. Aber ohne gründliche Studien ist das schwer zu sagen.«

»Sie meinen, dabei können Komplexe durchbrechen?« fragte Darrity vorsichtig.

Blaustein verzog das Gesicht. »Die Psychiatrie fängt an, zu volkstümlich zu werden. Jeder spricht von Komplexen und Neurosen, Psychosen und Zwangshandlungen und was weiß ich nicht noch alles. Der Schuldkomplex des einen ist die ungestörte Nachtruhe des anderen. Wenn ich mit jedem der Menschen hätte sprechen können, die Selbstmord verübten, dann wüßte ich jetzt vielleicht etwas Genaueres darüber.«

»Sie sprechen doch mit Ralson.«

»Ja, ich spreche mit Ralson.«

»Hat er einen Schuldkomplex?«

»Nicht direkt. Aber bei den Erfahrungen, die er in seiner Jugend gemacht hat, würde es mich nicht wundern, wenn er eine morbide Einstellung zum Tod entwickelt hätte. Als er zwölf Jahre alt war, wurde er Zeuge, wie seine Mutter von einem Automobil überfahren wurde. Sein Vater starb langsam und qualvoll an Krebs. Aber die Auswirkungen dieser Erfahrungen auf seine jetzigen Probleme sind nicht bekannt.«

Darrity griff sich seinen Hut. »Na ja, auf alle Fälle wünschte ich, Sie würden vorankommen, Doktor. Irgendwas Großes geht vor, noch größer als die H-Bombe. Ich kann mir zwar kaum vorstellen, was noch größer sein soll, aber so ist es.«

Ralson bestand darauf, stehenzubleiben. »Ich habe eine schlimme Nacht hinter mir, Doktor.«

»Ich hoffe, diese Sitzungen wühlen Sie nicht allzusehr auf«, meinte Blaustein besorgt.

»Na ja, vielleicht doch. Sie bringen mich dazu, wieder über dieses Thema nachzudenken. Und es verschlimmert die Sache, wenn ich das tue. Was glauben Sie, wie man sich als Teil einer Bakterienkultur fühlt, Doktor?«

»Darüber habe ich mir noch nie Gedanken gemacht. Wahrscheinlich fühlt sich ein Bakterium dabei ganz normal.«

Ralson hatte nicht zugehört. Er sagte langsam: »Eine Kultur, in der die Intelligenz erforscht wird. Wir untersuchen alle möglichen Arten von Lebewesen, was die genetischen Zusammenhänge angeht. Wir nehmen Fruchtfliegen und kreuzen die rotäugigen mit den weißäugigen, um zu sehen, was dabei herauskommt. Dabei sind uns die rotäugigen genauso egal wie die weißäugigen, wir versuchen nur, durch sie gewisse Grundprinzipien der Genetik zu erkennen. Verstehen Sie, was ich meine?«

»Sicherlich.«

»Selbst bei den Menschen können wir verschiedene körperliche Merkmale verfolgen. Es gibt die Habsburg-Lippen und die Hämophilie, die mit Königin Viktoria ihren Anfang nahm und bei ihren Nachkommen in den spanischen und russischen Königsfamilien ebenfalls auftrat. Wir können die Vererbung des Schwachsinns bei den Jukesen und den Kallikaken verfolgen. Das hören wir schon im Biologieunterricht an den Hochschulen. Aber man kann menschliche Wesen nicht züchten wie Fruchtfliegen. Die Menschen leben zu lange. Es würde Jahrhunderte dauern, bis man verläßliche Schlüsse ziehen könnte. Es ist überaus bedauerlich, daß wir nicht über eine menschliche Rasse verfügen, die sich in wöchentlichen Intervallen vermehrt, nicht wahr?«

Er wartete auf eine Antwort, aber Blaustein lächelte bloß.

Ralson fuhr fort: »Aber für eine andere Gruppe von Lebewesen, deren Lebensspanne vielleicht Tausende von Jahren beträgt, wären wir geeignete Forschungsobjekte. Für sie würden wir uns schnell genug vermehren. Wir wären in ihren Augen kurzlebige Kreaturen, und sie könnten unsere genetische Struktur bequem studieren, unterteilt in musikalische Fähigkeiten, wissenschaftliche Intelligenz und so weiter. Nicht, daß diese Eigenschaften für sich gesehen eine Bedeutung für sie hätten; sie betrachten sie genauso, wie wir die weißen Augen einer Fruchtfliege eben auch nur als weiße Augen betrachten.«

»Das ist eine sehr interessante Überlegung«, bemerkte Blaustein.

»Es ist nicht bloß eine Überlegung. Es ist wahr. Für mich ist es offensichtlich, und es ist mir egal, wie Sie darüber denken. Sehen Sie sich um. Werfen Sie einen Blick auf den Planeten Erde. Was für eine lächerliche Tiergattung sind wir, dafür, daß wir die Herren der Welt darstellen, nachdem die Dinosaurier versagt haben? Sicher, wir sind intelligent, aber was ist Intelligenz? Wir glauben, daß sie wichtig ist, denn wir haben sie. Wenn der Tyrannosaurus die Eigenschaft hätte herausstellen können, die seiner Meinung nach eine dominierende Spezies ausmachen würde, dann wären das Größe und Kraft gewesen. Und er hätte damit den besseren Teil gewählt. Der Zeitraum, in dem er die Erde beherrschte, war vermutlich länger als unsrer je sein wird.

Die Intelligenz an sich ist, was ihren Wert fürs Überleben angeht, kein sehr bedeutender Faktor. Der Elefant steht sich nicht allzu günstig, wenn man ihn mit dem Spatzen vergleicht, obwohl er wesentlich intelligenter ist. Der Hund macht sich gut unter dem Schutz des Menschen, aber nicht so gut wie die Hausfliege, gegen die sich jedes Menschen Hand erhebt. Oder nehmen Sie die Primaten als Gruppe. Die kleineren unter ihnen zittern vor ihren Feinden; die größeren waren von je her bemerkenswert unfähig, mehr zu erreichen, als eben ihre eigene Existenz zu sichern. Am erfolgreichsten sind noch die Paviane, und das wegen ihrer Eckzähne und nicht wegen ihres Gehirns.«

Ein dünner Schweißfilm bedeckte Ralsons Stirn. »Und man kann deutlich sehen, daß der Mensch nach den genauen Vorstellungen dieser Dinger, die uns erforschen, zurechtgeschneidert wurde. Im allgemeinen ist der Primat ziemlich kurzlebig. Natürlich leben die größeren unter ihnen länger, was im Tierreich im großen und ganzen gesehen die Regel ist. Aber der Mensch besitzt eine Lebensspanne, die zweimal so lang ist wie die der anderen großen Affen, beträchtlich länger sogar als die eines Gorillas, der ihn an Gewicht übertrifft. Wir erlangen später die Reife. Es ist, als wären wir durch sorgfältige Auswahl gezüchtet worden, ein wenig länger zu leben, so daß die Dauer unseres Lebenszyklus sich für sie günstiger entwickelt hat.«

Er sprang auf und schüttelte die Faust über seinem Kopf. »Tausend Jahre sind wie ein Tag —«

Blaustein drückte hastig auf einen Knopf.

Einen Moment lang kämpfte Ralson gegen die Krankenwärter in weißen Kitteln, die daraufhin eingetreten waren; dann ließ er es zu, daß sie ihn fortführten.

Blaustein blickte ihm nach, schüttelte den Kopf und nahm den Telefonhörer ab.

Er erreichte Darrity. »Inspektor, ich kann Ihnen schon jetzt mitteilen, daß das hier eine langwierige Angelegenheit werden wird.«

Er lauschte und schüttelte dann den Kopf. »Ich weiß. Ich spiele die Dringlichkeit nicht herunter.«

Die Stimme aus dem Hörer war blechern und grob. »Sie sind bereits dabei, das zu tun. Ich werde Dr. Grant zu Ihnen schicken. Er kann Ihnen die Situation erklären.«

Dr. Grant fragte zunächst, wie es Ralson ging, und dann ein wenig drängend, ob er ihn sehen könnte. Blaustein schüttelte freundlich den Kopf.

Daher begann Grant: »Man hat mir aufgetragen, Ihnen die gegenwärtige Situation in der Atomforschung zu verdeutlichen.«

»Damit ich Verständnis für Ihre Probleme aufbringe, nicht?«

»Ich hoffe es. Es ist eine Maßnahme aus purer Verzweiflung. Ich muß Sie daran erinnern, —«

»Keine Silbe davon verlauten zu lassen. Ja, ich weiß. Diese Unsicherheit bei Ihren Leuten ist ein ziemlich ernstes Symptom. Sie müssen doch wissen, daß solche Dinge nicht verschwiegen werden können.«

»Man lebt mit der Geheimhaltung. Das ist ansteckend.«

»Genau. Also, wie lautet das gegenwärtige Geheimnis?«

»Es gibt . . . oder zumindest könnte es eine Verteidigung gegen die Atombombe geben.«

»Und das ist ein Geheimnis? Es wäre besser, wenn man diese Nachricht augenblicklich in alle Welt hinausschreien würde.«

»Um Himmels willen, nein! Hören Sie mir zu, Dr. Blaustein. Eine solche Möglichkeit existiert bisher nur auf dem Papier. Wir haben beinahe den Punkt erreicht, an dem E gleich mc Quadrat ist. Vielleicht ist es praktisch gar nicht durchführbar. Es wäre schlimm, Hoffnungen zu wecken, die wir dann enttäuschen müßten. Andererseits: würde bekannt, daß wir kurz davor stehen, eine solche Abwehr zu entwickeln, dann könnte das den Wunsch wecken, einen Krieg anzufangen und zu gewinnen, bevor die Verteidigungsanlagen vollständig fertiggestellt wären.«

»Das glaube ich nicht. Aber ich will Sie nicht ablenken. Welcher Art ist diese Abwehr, oder haben Sie mir bereits alles erzählt, was Sie riskieren konnten?«

»Nein, ich kann so weit gehen, wie ich möchte, so weit wie nötig, um Sie zu überzeugen, daß wir Ralson haben müssen — und das schnellstens!«

»Nun, dann erzählen Sie es mir, und auch ich werde Geheimnisträger sein. Ich fühle mich schon wie ein Mitglied des Kabinetts.«

»Sie werden sogar mehr wissen als die meisten von denen. Sehen Sie, Dr. Blaustein, ich werde versuchen, es Ihnen in der Sprache des Laien verständlich zu machen. Bis jetzt sind militärische Fortschritte sowohl bei den Offensiv- als auch bei den Defensivwaffen ziemlich gleichmäßig erzielt worden. Nur ein einziges Mal schien es eine entscheidende und dauerhafte Neige in der Waagschale der Kriegsführung zugunsten des Angriffs gegeben zu haben: durch die Erfindung des Schießpulvers. Aber die Verteidigung holte auf. Der mittelalterliche Krieger in Rüstung zu Pferde wurde zum modernen Krieger im Panzer auf Kettenfahrwerk, und das steinerne Schloß verwandelte sich in einen Betonbunker. Wie Sie sehen, immer noch das gleiche Prinzip, außer daß alles etliche Stufen in der Größenordnung nach oben verschoben wurde.«

»Sehr gut. Sie verdeutlichen das recht ordentlich. Aber mit der Atombombe kommt es noch einmal zu einer Veränderung in der Größenordnung, nicht? Sie müssen über Beton und Stahl hinausgehen, was den Schutz betrifft.«

»Richtig. Wir können allerdings nicht einfach immer dickere und dickere Mauern bauen. Wir besitzen keine Materialien mehr, die stark genug wären. Daher müssen wir Baumaterialien insgesamt aufgeben. Wenn das Atom zuschlägt, dann müssen wir das Atom zur Verteidigung aufrufen. Wir werden die Energie selbst nutzen, in Form eines Kraftfelds.«

»Und was«, begann Blaustein freundlich, »ist ein Kraftfeld?«

»Ich wünschte, ich könnte es Ihnen erklären. Bis jetzt ist es eine Gleichung auf dem Papier. Die Energie kann in einer Weise in Kanäle geleitet werden, daß sie durch ihre Beharrungskraft eine materielose Mauer bildet — zumindest in der Theorie. Wir haben keine Ahnung, wie das in der Praxis durchführbar sein soll.«

»Es müßte eine Mauer sein, die nicht durchdrungen werden kann, ist es so? Nicht einmal von einem Atom?«

»Nicht einmal von Atombomben. Die einzige Begrenzung ihrer Stärke würde in der Energiemenge liegen, die wir hineinleiten können. Sie könnte theoretisch auch für Strahlen undurchdringlich gemacht werden. Gammastrahlen würden daran abprallen. Was wir uns erträumen, ist ein Schirm von minimaler Stärke, der auf Dauer um die Städte herum errichtet werden könnte und dabei praktisch keine Energie verbrauchen würde. Beim Aufprall kurzwelliger Strahlung würde er dann im Bruchteil einer Millisekunde auf Maximumintensität hochgefahren werden; zum Beispiel, wenn die Strahlenmenge einer Plutoniummasse erreicht würde, die die Stärke eines Atomsprengkopfes besitzt. Theoretisch wäre das möglich.«

»Und warum brauchen Sie Ralson so dringend?«

»Weil er der einzige ist, der dies alles, so schnell es irgend geht, in die Praxis umsetzen kann, vorausgesetzt, daß das überhaupt möglich ist. Heutzutage zählt jede Minute. Sie kennen die internationale Lage. Die Atomabwehr muß bereit sein, bevor der Atomkrieg beginnt.«

»Sind Sie so überzeugt von Ralsons Fähigkeiten?«

»Ich bin mir so sicher, wie man überhaupt sein kann. Der Mann ist höchst ungewöhnlich, Dr. Blaustein. Er hat immer recht. Niemand in unserem Bereich weiß, wie er das macht.«

»Eine Art Intuition vielleicht?« Der Psychiater wirkte irritiert. »Eine Art Urteilsvermögen, die das gewöhnliche menschliche Maß übersteigt. Ist es so?«

»Ich kann nicht behaupten, daß ich wüßte, was es ist.«

»Dann lassen Sie mich noch einmal mit ihm sprechen. Ich werde es für Sie herausfinden.«

»Gut.« Grant erhob sich, um sich zu verabschieden; fügte aber dann noch hinzu: »Ich darf Ihnen verraten, Dr. Blaustein, daß die Kommission vorhat, Dr. Ralson aus Ihrer Obhut zu nehmen, falls Sie nichts erreichen.«

»Und es mit einem anderen Psychiater versucht? Wenn sie das wünscht, stehe ich selbstverständlich nicht im Weg. Es ist jedoch meine Überzeugung, daß kein ehrbarer Praktiker behaupten wird, er hätte hier eine schnelle Heilung anzubieten.«

»Es könnte sein, daß wir es nicht weiter mit psychischer Behandlung probieren werden. Möglicherweise wird er einfach so an die Arbeit zurückgeschickt.«

»Dagegen, Dr. Grant, werde ich Widerstand leisten. Es brächte keinerlei Nutzen für Sie. Und es würde seinen Tod bedeuten.«

»Wir hätten so oder so nichts von ihm.«

»Doch dieser Weg hier bietet zumindest eine Chance, nicht?«

»Ich hoffe es. Ach übrigens, bitte erwähnen Sie niemandem gegenüber, daß ich Ihnen das anvertraut habe.«

»Das werde ich nicht. Ich bin Ihnen dankbar für die Warnung. Auf Wiedersehen, Dr. Grant.«

»Beim letzten Mal habe ich mich wie ein Narr aufgeführt, nicht wahr, Doktor?« sagte Ralson stirnrunzelnd.

»Wollen Sie damit sagen, daß Sie nicht mehr an das glauben, was Sie gesagt haben?«

»Nein, durchaus nicht!« Ralson magere Gestalt zitterte bei dieser Bekräftigung.

Er trat hastig ans Fenster, und Blaustein fuhr in seinem Stuhl herum, um ihn im Auge zu behalten. Die Fenster waren vergittert. Er konnte nicht springen. Das Glas war obendrein unzerbrechlich.

Die Dämmerung verging, und allmählich traten die Sterne hervor. Ralson blickte fasziniert zu ihnen auf, dann wandte er sich an Blaustein und zeigte mit dem Finger nach oben. »Jeder einzelne von ihnen ist ein Brutkasten. Die Experimentatoren regeln die Temperaturen, die auf ihnen herrschen, nach ihren Vorstellungen. Unterschiedliche Experimente; unterschiedliche Temperaturen. Und die Planeten, die sie umkreisen, stellen riesige Kulturen dar, in denen verschiedene Nahrungsgemische und verschiedene Lebensformen vorhanden sind. Was und wer immer sie auch sein mögen, sie gehen dabei auch noch ziemlich sparsam vor. Allein in unserem Reagenzglas haben sie bisher die unterschiedlichsten Lebensformen kultiviert. Dinosaurier in einem feuchten, tropischen Zeitalter, und wir zwischen Eiszeitgletschern. Sie fahren die Sonne hoch und runter, und wir versuchen die physikalischen Gesetze zu erforschen, nach denen dies geschieht. Physikalische Gesetze!« Er bleckte die Zähne mit einem Knurren.

»Es ist doch wohl kaum möglich, die Temperatur der Sonne nach Bedarf zu verändern«, meinte Dr. Blaustein.

»Warum nicht? Es ist auch nichts anderes als ein Heizelement in einem Herd. Glauben Sie, daß die Bakterien wissen, wie die Wärme erzeugt wird, die bei ihnen ankommt? Wer weiß, vielleicht entwickeln sie auch Theorien darüber. Vielleicht besitzen sie ihre eigene Kosmogonie hinsichtlich kosmischer Katastrophen, nach der kollidierende Glühbirnen Reihen von Petrischalen erzeugen. Vielleicht glauben sie, daß es einen gütigen Schöpfer gibt, der sie mit Nahrung und Wärme versorgt und ihnen sagt: ›Seid fruchtbar und mehret euch!‹

Wir züchten sie und wissen nicht, warum. Wir gehorchen den sogenannten Gesetzen der Natur, die nur unsere Interpretation der unverstandenen Kräfte darstellen, denen wir ausgesetzt sind.

Und jetzt sind die Experimentatoren dabei, das größte Experiment aller Zeiten durchzuführen. Es läuft bereits seit zweihundert Jahren. Ich stelle mir vor, daß sie damals beschlossen, im England des siebzehnten Jahrhunderts den Grundstein für die Entwicklung mechanischer Fähigkeiten zu legen. Wir nennen das die Industrielle Revolution. Sie begann mit Dampf, ging über zu Elektrizität, dann kam das Atom. Es war ein interessantes Experiment, aber sie verpaßten ihre Chance, seine Ausbreitung zu verhindern. Das ist der Grund, warum sie jetzt ziemlich drastisch vorgehen müssen, wenn sie es beenden wollen.«

Blaustein fragte: »Und wie würden sie es beenden? Haben Sie darüber eine Vorstellung?«

»Sie fragen *mich,* wie sie es beenden wollen. Sie können sich tatsächlich in der Welt von heute umsehen und immer noch fragen, was für unser technologisches Zeitalter das Ende bedeuten wird. Die ganze Welt fürchtet einen Atomkrieg und würde alles tun, um ihn zu vermeiden; doch gleichzeitig fürchtet dieselbe Welt, daß ein Atomkrieg unvermeidbar ist.«

»Mit anderen Worten, die Experimentatoren werden einen Atomkrieg arrangieren — ob wir ihn nun wollen oder nicht —, um das technologische Zeitalter, in dem wir uns befinden, zu einem Ende zu bringen und von vorn zu beginnen. Ist es so?«

»Ja. Das ist völlig logisch. Wenn wir ein Instrument sterilisieren, wissen dann die Keime, wo die tödliche Hitze herkommt? Oder was sie hervorgerufen hat? Es gibt eine Möglichkeit, wie die Experimentatoren die Hitze unserer Emotionen erhöhen können; in irgendeiner Weise, die unser Verständnis übersteigt, können sie uns manipulieren.«

»Sagen Sie mir«, forderte Blaustein ihn auf, »ist das der Grund, warum Sie sterben wollen? Weil Sie glauben, die Zerstörung der Zivilisation steht bevor und kann durch nichts aufgehalten werden?«

Ralson erwiderte: »Ich will *nicht* sterben, aber ich muß.« In seinen Augen zeigte sich seine Qual. »Doktor, wenn Sie eine Bakterienkultur hätten, die extrem gefährlich wäre und die Sie unter absoluter Kontrolle halten müßten, hätten Sie dann nicht vermutlich ein Medium zur Verfügung, das mit, sagen wir, Penicillin getränkt ist und diese Kultur in einem bestimmten Abstand umgibt? Alle Keime, die sich zu weit vom Mittelpunkt entfernen, würden sterben. Dabei hätten Sie gar nichts gegen die besonderen Keime, die getötet würden; Sie wüßten vielleicht noch nicht einmal, daß es überhaupt welche gegeben hat, die sich so weit ausgebreitet haben. Es geschähe rein automatisch.

Doktor, genauso ist unser Intellekt von einem Penicillinring umgeben. Wenn wir zu weit abweichen, wenn wir in die wahre Bedeutung unserer Existenz eindringen, dann haben wir das Gift erreicht und müssen sterben. Es arbeitet langsam — aber es ist schwer, sich dagegen am Leben zu erhalten.«

Er lächelte flüchtig und traurig. Dann sagte er: »Vielleicht gehe ich jetzt besser auf mein Zimmer zurück, Doktor?«

Am nächsten Tag gegen Mittag suchte Dr. Blaustein Ralson in seinem Zimmer auf. Es war ein kleiner Raum ohne besondere Merkmale. Die Wände waren grau gepolstert. Die kleinen Fenster befanden sich in unerreichbarer Höhe, und die Matratze lag direkt auf dem gepolsterten Boden. Es gab keinen Gegenstand aus Metall in dem Raum; nichts, das dazu benutzt werden konnte, einem Körper das Leben zu entziehen. Sogar Ralsons Fingernägel waren kurz geschnitten.

Ralson setzte sich auf. »Hallo!«

»Hallo, Dr. Ralson. Kann ich Sie sprechen?«

»Hier? Es gibt hier keinen Sitzplatz, den ich Ihnen anbieten könnte.«

»Das ist schon in Ordnung. Ich werde stehen. Ich sitze dauernd bei der Arbeit, und es tut mir ganz gut, wenn ich hin und wieder einmal stehe. Dr. Ralson, ich habe die ganze Nacht über das nachgedacht, was Sie mir gestern und in den vergangenen Tagen erzählt haben.«

»Und jetzt werden Sie eine Behandlung einleiten, um mich von dem zu befreien, was Sie für Wahnvorstellungen halten.«

»Nein. Ich möchte Ihnen nur noch ein paar Fragen stellen und Sie vielleicht auf einige Konsequenzen Ihrer Theorie hinweisen, an die Sie . . . verzeihen Sie mir . . . vielleicht noch nicht gedacht haben.«

»Oh?«

»Sehen Sie, Dr. Ralson, seit Sie mir Ihre Theorien erläutert haben, teile ich Ihr Wissen. Dennoch verspüre ich nicht den Drang, mir das Leben zu nehmen.«

»Der Glaube ist mehr als die intellektuelle Spielerei, Doktor. Man muß es aus tiefster Seele glauben, doch das tun Sie nicht.«

»Können Sie sich nicht vorstellen, daß es eher ein Phänomen der Anpassung sein können?«

»Wie meinen Sie das?«

»Sie sind kein richtiger Biologe, Dr. Ralson. Und obwohl Sie in der Physik äußerst brillant sind, bedenken Sie doch nicht alles, was mit diesen Bakterienkulturen zusammenhängt, die Sie als Analogie verwenden. Wußten Sie, daß es möglich ist, Bakterien zu züchten, die gegen Penicillin und gegen nahezu alle Bakteriengifte resistent sind?«

»Und?«

»Die Experimentatoren, die uns züchten, arbeiten seit unzähligen Generationen mit Menschen, nicht? Und dieser besondere Stamm, mit dem sie seit zwei Jahrhunderten Kulturen bilden, zeigt keinerlei Anzeichen dafür, spontan auszusterben. Es ist eher ein ziemlich zäher Stamm und ein fruchtbarer dazu. Ältere Stämme der Hochkulturen waren auf einzelne Städte oder kleine Gebiete beschränkt und überdauerten nur eine oder zwei Generationen. Dieser hier verteilt sich jedoch über die ganze Welt. Es ist ein *sehr* fruchtbarer Stamm. Können Sie sich nicht vorstellen, daß er möglicherweise gegen Penicillin immun geworden ist? Mit anderen Worten, die Methoden, die die Experimentatoren benutzen, um Kulturen auszuwischen, funktionieren vielleicht nicht mehr so besonders gut, oder?«

Ralson schüttelte den Kopf. »Sie funktionieren an mir.«

»Vielleicht sind Sie nicht resistent. Oder Sie sind tatsächlich in eine extrem hohe Konzentration von Penicillin geraten. Betrachten Sie all die Menschen, die versucht haben, den Atomkrieg unmöglich zu machen, eine Art Weltregierung zu errichten und dauerhaften Frieden zu schaffen. Die Anstrengung hat in den letzten Jahren zugenommen; ohne allzu fruchtbare Ergebnisse.«

»Das hält den kommenden Atomkrieg nicht auf.«

»Nein, aber vielleicht ist nur ein sehr kleiner weiterer Schritt dazu notwendig. Die Anwälte des Friedens bringen sich nicht selbst um. Mehr und mehr Menschen sind immun gegen die Experimentatoren. Wissen Sie, was im Augenblick in den Laboratorien vor sich geht?«

»Ich will es nicht wissen.«

»Aber das *müssen* Sie. Ihre Kollegen versuchen ein Kraftfeld zu erfinden, das die Atombombe aufhalten kann. Dr. Ralson, wenn ich ein lebenstüchtiges und krankheitserregendes Bakterium züchte, dann kann es, selbst bei Wahrung aller Vorsichtsmaßnahmen, passieren, daß es eine Seuche hervorruft. Wir sind für die vielleicht bloß Bakterien, aber wir sind ihnen auch gefährlich, sonst würden sie sich nicht die Mühe machen, uns nach jedem Experiment so sorgfältig auszulöschen.

Sie sind zudem nicht besonders schnell, nicht? Für sie sind tausend Jahre wie ein Tag, nicht? Wenn es so weit ist, daß sie merken, daß wir außer Kontrolle geraten sind, daß wir über das Penicillin hinaus sind, könnte es für sie zu spät sein, uns aufzuhalten. Sie haben uns an das Atom gebracht, und wenn wir uns selbst davon abhalten könnten, es aneinander auszuprobieren, dann würden wir uns vielleicht als zu großer Brocken für die Experimentatoren erweisen.«

Ralson sprang auf. Obwohl er ziemlich klein war, überragte er Blaustein doch noch um vier Zentimeter. »Sie arbeiten wirklich an einem Kraftfeld?«

»Sie versuchen es zumindest. Aber sie brauchen Sie.«

»Nein. Ich kann nicht.«

»Sie brauchen Sie, denn Sie sehen das, was nach Ihrer Meinung so offensichtlich ist. Die anderen nicht. Bedenken Sie, entweder Ihre Hilfe oder — die Niederlage des Menschen gegen die Experimentatoren.«

Ralson machte ein paar hastige Schritte zur Seite und starrte die leere, gepolsterte Wand an. Er murmelte: »Aber diese Niederlage ist unausweichlich. Wenn sie ein Kraftfeld errichten, bedeutet das den Tod für alle, die daran beteiligt sind, noch bevor es fertiggestellt werden kann.«

»Einige von ihnen oder auch alle könnten immun sein, nicht? Und außerdem wird es in jedem Fall für sie den Tod bedeuten. Sie unternehmen wenigstens etwas dagegen.«

»Ich werde versuchen, ihnen zu helfen«, sagte Ralson.

»Wollen Sie sich immer noch umbringen?«

»Ja.«

»Aber Sie werden dagegen ankämpfen, es zu tun, in Ordnung?«

»Ich versuche es, Doktor.« Seine Lippen bebten. »Man wird mich beobachten müssen.«

Blaustein stieg die Treppe hinauf und zeigte seinen Paß dem Wächter in der Eingangshalle vor. Er war bereits am Außentor kontrolliert worden, aber hier wurden er, sein Paß und seine Unterschrift noch einmal unter die Lupe genommen. Nach einer Weile kehrte der Wächter in seinen kleinen Glaskasten zurück und telefonierte. Die Antwort fiel offenbar zufriedenstellend aus. Blaustein nahm sich einen Stuhl, stand jedoch eine halbe Minute später wieder auf und schüttelte Grant die Hand.

»Selbst der Präsident der Vereinigten Staaten würde Mühe haben, hier hereinzukommen, nicht wahr?«

Der schmächtige Physiker lächelte. »Falls er ohne Vorwarnung hier auftauchen würde, hätten Sie recht.«

Sie nahmen den Fahrstuhl und fuhren zwölf Stockwerke hinauf. Das Büro, in das Grant ihn führte, besaß nach drei Seiten Fenster. Es war schalldicht und mit einer Klimaanlage ausgestattet. Die Nußbaummöbel waren auf Hochglanz poliert.

Blaustein sagte: »Meine Güte. Es sieht aus wie das Büro eines Aufsichtsratsvorsitzenden. Wissenschaft wird zum großen Geschäft.«

Grant wirkte verlegen. »Ja, ich weiß. Die Regierungsgelder fließen leicht, aber es ist schwer, einen Kongreßabgeordneten davon zu überzeugen, daß eine Arbeit bedeutend ist, wenn er nicht die glitzernde Oberfläche sehen, riechen und berühren kann.«

Blaustein setzte sich und fühlte, wie er langsam in den gepolsterten Sitz einsank. Er sagte: »Dr. Elwood Ralson hat sich bereit erklärt, wieder an seine Arbeit zurückzukehren.«

»Wunderbar. Ich hatte gehofft, daß Sie das sagen würden. Ich hatte so gehofft, daß das der Grund war, warum Sie mich sprechen wollten.« Als wäre er durch diese Neuigkeit inspiriert, bot Grant dem Psychiater eine Zigarre an, die dieser jedoch ablehnte.

»Dennoch«, gab Blaustein zu bedenken, »ist er immer noch ein kranker Mann. Er muß vorsichtig und mit Einfühlungsvermögen behandelt werden.«

»Selbstverständlich. Das versteht sich.«

»Es ist nicht so einfach, wie Sie vielleicht denken mögen. Ich möchte Ihnen etwas über Ralsons Probleme erzählen, damit Sie wirklich verstehen, wie schwierig die Situation ist.«

Er fuhr fort zu berichten, und Grant lauschte, zunächst besorgt, dann erstaunt. »Aber dann ist der Mann von Sinnen, Dr. Blaustein. Er wird für uns keinen Nutzen haben. Er ist verrückt.«

Blaustein zuckte die Achseln. »Das hängt davon ab, wie Sie ›verrückt‹ definieren. Es ist ein schlimmes Wort. Benutzen Sie es besser nicht. Er hat Wahnvorstellungen, das stimmt. Ob sie jedoch seine besonderen Talente beeinträchtigen, kann man nicht wissen.«

»Aber ein vernünftiger Mensch kann doch nicht —«

»Bitte, bitte. Lassen Sie uns nicht in weitschweifige Diskussionen über psychiatrische Definitionen von Vernunft und so weiter verfallen. Der Mann hat Wahnvorstellungen, und normalerweise würde ich sie von allen weiteren Überlegungen ausschließen. Doch man hat mir zu verstehen gegeben, daß dieser Mann ungewöhnliche Fähigkeiten besitzt, was die Lösung von Problemen angeht, die außerhalb jeder normalen Betrachtungsweise zu liegen scheinen. So ist es doch, nicht wahr?«

»Ja. Das muß man zugeben.«

»Wie können Sie oder ich dann den Wert seiner Schlußfolgerungen beurteilen? Lassen Sie mich Ihnen eine Frage stellen: Haben Sie in letzter Zeit einmal den Drang verspürt, sich umzubringen?«

»Ich glaube nicht.«

»Und andere Wissenschaftler hier?«

»Nein, natürlich nicht.«

»Ich würde dennoch vorschlagen, daß diejenigen Wissenschaftler, die an diesem Kraftfeldprojekt beteiligt sind, für die Dauer der Forschungen hier und auch zu Hause unter Beobachtung gestellt werden. Vielleicht wäre es überhaupt besser, wenn sie gar nicht erst nach Hause gingen. Ein Büro wie dieses könnte leicht in einen kleinen Schlafraum umgewandelt werden —«

»Am Arbeitsplatz schlafen. Dazu erhalten Sie niemals ihre Zustimmung.«

»Oh doch. Wenn Sie ihnen nicht den wahren Grund mitteilen, sondern einfach sagen, daß es aus Sicherheitsgründen geschehen muß, werden sie zustimmen. ›Sicherheitsgründe‹ ist heutzutage eine wundervolle Phrase, oder nicht? Ralson muß dabei schärfer beobachtet werden als jeder andere.«

»Selbstverständlich.«

»Aber all dies ist von untergeordneter Bedeutung. Es ist etwas, das getan werden muß, um mein Gewissen zu beruhigen, für den Fall, daß Ralsons Theorien sich als richtig erweisen sollten. Doch daran glaube ich eigentlich nicht. Es *sind* Wahnvorstellungen, aber wenn das feststeht, dann muß man sich auch fragen, wo die Gründe dafür liegen. Was war es in Ralsons Geist, in seinem Milieu, in seinem Leben, das ihn dazu brachte, diesen besonderen Wahnvorstellungen zu erliegen? Darauf gibt es keine einfache Antwort. Es kann gut Jahre ununterbrochener Psychoanalyse dauern, bis die Antwort gefunden wird, und bevor diese Antwort nicht gefunden ist, wird er nicht geheilt sein.

Aber in der Zwischenzeit können wir vielleicht intelligente Vermutungen anstellen. Er hatte eine unglückliche Kindheit, in der er auf die eine oder andere Art in sehr unangenehmer Weise mit dem Tod konfrontiert wurde. Außerdem war er niemals in der Lage gewesen, eine Gemeinschaft mit anderen Kindern zu bilden oder, als er älter wurde, mit anderen Erwachsenen. Er hatte nie die Geduld für ihre langsamere Denkweise. Was immer den Unterschied zwischen seinem Geist und dem anderer Menschen ausmachen mag, es hat eine Mauer zwischen ihm und der Gesellschaft errichtet, die so stark ist wie das Kraftfeld, das Sie zu entwerfen versuchen. Aus ähnlichen Gründen ist er auch unfähig gewesen, ein normales Sexualleben zu führen. Er hat nie geheiratet, er hatte keine Liebschaften.

Wir sehen also, daß es relativ einfach für ihn war, sein Versagen, das in der fehlenden Anerkennung durch sein soziales Umfeld lag, damit zu kompensieren, daß er sich in die Vorstellung flüchtete, andere Menschen seien ihm unterlegen. Was natürlich stimmt, soweit es die Intelligenz angeht. Doch die menschliche Persönlichkeit weist zahllose Facetten auf, und nicht in allen war er der Überlegenere. Niemand ist das. Denn andere wiederum, die eher seine Unzulänglichkeit in vielen Bereichen erkannten, akzeptierten seine affektierte Vormachtstellung keineswegs. Sie hielten ihn für verschroben, sogar lächerlich, was es für Ralson noch wichtiger machte, zu beweisen, wie armselig und unterlegen die menschliche Spezies insgesamt ist. Wie hätte er das besser erreichen können als dadurch, daß er der Menschheit zeigte, daß sie für andere, überlegenere Kreaturen nicht mehr als eine Bakterienart darstellte, mit der sie herumexperimentierten. Und sein Drang, sich umzubringen, wäre dann das wilde Verlangen, endgültig mit dem zu brechen, was das menschliche Dasein ausmacht, seine Identifizierung mit dieser elenden Spezies zu beenden, wie sie sein Geist geschaffen hat. Verstehen Sie?«

Grant nickte. »Armer Kerl.«

»Ja, es ist schade um ihn. Wenn er in seiner Kindheit richtig betreut worden wäre — nun, es ist am besten, wenn Dr. Ralson keinen Kontakt zu irgendeinem der Männer hier hat. Er ist zu krank, um ihnen anvertraut zu werden. Sie müssen dafür sorgen, daß Sie der einzige Mensch sind, der ihn zu sehen bekommt und mit ihm spricht. Dr. Ralson ist damit einverstanden. Er hält Sie offensichtlich nicht für so dumm wie einige der anderen.«

Grant lächelte schwach. »Das ist erfreulich für mich.«

»Sie werden natürlich vorsichtig sein. Ich würde über nichts anderes mit ihm reden als über seine Arbeit. Sollte er von sich aus mit seinen Theorien anfangen, was ich bezweifle, so beschränken Sie sich auf etwas Unverfängliches und lassen ihn allein. Und halten Sie alles von ihm fern, das scharf und spitz ist. Lassen Sie ihn nicht ans Fenster. Versuchen Sie, seine Hände im Auge zu behalten. Sie verstehen. Ich übergebe meinen Patienten in Ihre Obhut, Dr. Grant.«

»Ich werde mein Bestes tun, Dr. Blaustein.«

Zwei Monate lang lebte Ralson in einer Ecke von Grants Büro, und Grant war ständig mit ihm zusammen. Vor dem Fenster war ein Gitterwerk angebracht worden, sämtliche Möbel aus Holz hatte man entfernt und statt dessen gepolsterte Sofas hereingestellt. Ralson zog sich zum Nachdenken auf die Couch zurück und erledigte seine Berechnungen auf einem Schreibbrett, das auf einem Sitzkissen lag.

Das Schild, auf dem »Kein Zutritt« stand, hing ständig an der Bürotür. Alle Mahlzeiten wurden draußen abgestellt. Die Herrentoilette, die an das Büro angrenzte, wurde für andere gesperrt und die Zwischentür entfernt. Grant wechselte zu einem elektrischen Rasierapparat über. Er vergewisserte sich, daß Ralson jede Nacht Schlaftabletten nahm, und wartete jedes Mal, bis der andere schlief, bevor er sich selbst zur Ruhe begab.

Und der Zustrom der Berichte, die Ralson erhielt, riß nicht ab. Er las sie, während Grant ihn beobachtete und so tat, als würde er woanders hinschauen.«

Doch jedesmal ließ Ralson sie fallen, starrte an die Decke und beschirmte mit einer Hand seine Augen.

»Irgendwas dabei?« fragte Grant.

Ralson schüttelte den Kopf.

Grant sagte: »Hören Sie, ich werde das Gebäude während der Spätschicht räumen lassen. Sie müssen einige der Versuchsanlagen in Augenschein nehmen, die wir bis jetzt errichtet haben.«

So wanderten sie also Hand in Hand durch das erleuchtete, verlassene Gebäude wie umherirrende Geister. Immer Hand in Hand. Grants Griff war fest. Aber nach jedem dieser Gänge schüttelte Ralson stets den Kopf.

Ein halbes Dutzend Mal setzte er zum Schreiben an; doch jedes Mal trat er nach ein paar hingekritzelten Worten das Sitzkissen auf die Seite.

Bis er schließlich erneut zu schreiben begann und hastig eine halbe Seite füllte. Grant trat automatisch näher. Ralson blickte auf und bedeckte das Blatt Papier mit zitternder Hand.

Er sagte: »Rufen Sie Blaustein.«

»Was?«

»Ich sagte ›Rufen Sie Blaustein‹. Holen Sie ihn her. Jetzt!«

Grant ging zum Telefon.

Ralson schrieb jetzt mit großer Eile, unterbrach sich nur kurz, um sich erregt mit dem Handrücken über die Stirn zu wischen, der anschließend naß vor Schweiß war.

Er blickte auf, und seine Stimme war rauh. »Kommt er?«

Grant wirkte besorgt. »Er ist nicht in seinem Büro.«

»Dann versuchen Sie es bei ihm zu Hause. Treiben Sie ihn auf, egal wo er ist. *Benutzen* Sie das Telefon gefälligst. Und spielen Sie nicht bloß damit herum.«

Grant benutzte es, und Ralson zog ein weiteres Blatt zu sich heran.

Fünf Minuten später sagte Grant: »Er kommt. Was ist denn los? Sie sehen krank aus.«

Ralson konnte nur mit Mühe sprechen. »Keine Zeit — kann nicht reden —«

Er schrieb, kritzelte, warf unleserliche Worte aufs Papier und zittrige Diagramme. Es sah aus, als müsse er seine Hände dazu zwingen, als kämpfe er regelrecht mit ihnen.

»Diktieren Sie!« drängte Grant. »Und ich schreibe.«

Ralson schüttelte ihn ab. Seine Worte waren unverständlich. Er hielt sein Handgelenk mit der anderen Hand gepackt, schob es hin und her, als sei es ein Stück Holz, und dann brach er über seinen Papieren zusammen.

Grant zog sie unter ihm hervor und legte Ralson auf die Couch nieder. Aufgeregt und ohne Hoffnung beugte er sich über ihn, bis Blaustein eintraf.

Der Psychiater warf nur einen Blick auf die Szene. »Was ist passiert?«

Grant stammelte: »Ich glaube, er lebt«, aber das hatte Blaustein mittlerweile schon selbst herausgefunden, und Grant berichtete nun, was geschehen war.

Blaustein gab Ralson eine Spritze, dann warteten sie. Als Ralson die Augen aufschlug, war sein Blick ausdruckslos. Er stöhnte.

Blaustein beugte sich über ihn. »Ralson.«

Ralsons Hände tasteten blind nach dem Psychiater und hielten sich an ihm fest. »Doktor, bringen Sie mich wieder zurück.«

»Das werde ich. Jetzt gleich. Sie haben das Kraftfeld ausgearbeitet, das ist der Grund, nicht wahr?«

»Ich habe es aufgeschrieben. Grant, ich hab' alles aufgeschrieben.«

Grant nahm die Papiere zur Hand und blätterte sie skeptisch durch, als Ralson mit schwacher Stimme sagte: »Es fehlt noch einiges. Aber das ist alles, was ich aufschreiben kann. Sie *müssen* es damit schaffen. Bringen Sie mich zurück, Doktor!«

»Warten Sie.« Grant sprach im Flüsterton eindringlich auf Blaustein ein. »Können Sie ihn nicht wenigstens hierlassen, bis wir die Sache durchgetestet haben? Mit den meisten seiner Notizen kann ich nichts anfangen; die Schrift ist unleserlich. Fragen Sie ihn, was ihn so sicher macht, daß es funktioniert.«

»*Ihn* fragen?« meinte Blaustein freundlich. »Ist er nicht derjenige, der immer alles weiß?«

»Fragen Sie mich trotzdem«, ließ sich Ralson vernehmen, der von der Couch aus, auf der er lag, alles mitangehört hatte. Seine Augen waren plötzlich weit aufgerissen und glühten wie im Fieber.

Die beiden drehten sich um.

»*Sie* wollen kein Kraftfeld. *Sie!* Die Experimentatoren! Solange ich keinen wirklichen Zugang zu dem Problem fand, blieb alles beim alten. Aber ich hatte diesen Gedanken noch keine dreißig Sekunden lang verfolgt — *diesen* Gedanken, den ich dort zu Papier gebracht habe — noch keine dreißig Sekunden, als ich auch schon spürte . . . ich fühlte — Doktor —«

Blaustein fragte: »Was ist los?«

Ralson hatte erneut die Stimme gesenkt. »Ich bin tiefer im Penicillin drin. Ich konnte fühlen, wie ich immer weiter hineingeriet, je länger ich an dieser Arbeit saß. Nie zuvor war ich . . . so tief drin. Ich weiß jetzt, daß ich recht hatte. Bringen Sie mich fort.«

Blaustein richtete sich auf. »Ich muß ihn mitnehmen, Grant. Es gibt keine Alternative. Wenn Sie entziffern können, was er geschrieben hat, gut. Wenn nicht, kann ich Ihnen auch nicht helfen. Dieser Mann jedenfalls kann nicht daran weiterarbeiten, sonst stirbt er, verstehen Sie mich?«

»Aber«, wandte Grant ein, »er stirbt an etwas, das er sich einbildet.«

»Schon möglich. Gehen wir ruhig davon aus, daß es so ist. Aber trotzdem wird sein Tod nur allzu wirklich sein, nicht«

Ralson hatte wieder das Bewußtsein verloren und hörte nichts von dem, was sie sprachen. Grant blickte düster auf ihn nieder und sagte dann: »Also gut, bringen Sie ihn weg.«

Zehn der Spitzenleute des Instituts sahen trübsinnig zu, wie ein Dia nach dem anderen auf die beleuchtete Wand geworfen wurde. Grant beobachtete sie stirnrunzelnd und wild entschlossen.

»Ich glaube, die Sache ist ganz einfach. Sie sind Mathematiker, und Sie sind Ingenieure. Das Gekritzel mag unleserlich sein, aber es liegt ein Sinn darin, der vielleicht verzerrt irgendwo in der Schrift verborgen liegt. Die erste Seite ist noch ziemlich deutlich geschrieben und sollte Ihnen einen guten Einstieg ermöglichen. Jeder einzelne von Ihnen wird sich jede dieser Seiten immer wieder ansehen und dabei jede nur mögliche Version ihrer Bedeutung niederschreiben. Sie werden unabhängig voneinander arbeiten. Ich wünsche keinerlei Gedankenaustausch.«

Einer der Männer fragte: »Woher wollen Sie wissen, daß überhaupt eine Bedeutung dahintersteckt, Grant?«

»Weil das Ralsons Aufzeichnungen sind.«

»*Ralsons!* Ich dachte, er sei —«

»Sie dachten, er sei krank«, ergänzte Grant. Er mußte schreien, um das lauter werdende Gemurmel der Stimmen zu übertönen. »Ich weiß. Das stimmt auch. Das ist die Schrift eines Mannes, der dicht vor dem Tod stand. Das ist alles, was wir jemals von Ralson bekommen werden. Irgendwo in dem Gekritzel liegt die Antwort auf unser Kraftfeldproblem. Wenn wir sie nicht finden können, müssen wir wahrscheinlich zehn Jahre lang woanders danach suchen.«

Sie machten sich an die Arbeit. Die Nacht verging. Zwei Nächte vergingen. Drei Nächte —

Grant sah sich die Ergebnisse an. Er schüttelte den Kopf. »Ich nehmen Sie beim Wort, daß das alles in sich folgerichtig ist. Ich kann nicht behaupten, daß ich irgendwas davon verstehe.«

Lowe, der in der Abwesenheit von Ralson ohne weiteres als bester Nuklearingenieur bezeichnet werden konnte, zuckte die Achseln. »Es ist mir durchaus nicht hundertprozentig klar. Wenn es funktioniert, dann hat er jedenfalls nicht erklärt, warum.«

»Er hatte keine Zeit für Erklärungen. Können Sie den Generator so bauen, wie er ihn beschrieben hat?«

»Ich könnte es versuchen.«

»Würden Sie sich auch noch die anderen Versionen der Seiten ansehen?«

»Die anderen sind definitiv nicht in sich schlüssig.«

»Würden Sie das noch einmal überprüfen?«

»Sicher.«

»Und könnten Sie trotzdem mit dem Bau beginnen?«

»Ich werde in der Fertigungshalle entsprechende Anweisungen geben. Aber ich sage Ihnen ganz offen, daß ich ziemlich pessimistisch bin.«

»Ich weiß. Das geht mir nicht anders.«

Das Ding wuchs. Hal Ross, leitender Techniker, wurde schließlich mit der Aufsicht über die Konstruktion betraut, und er fand keinen Schlaf mehr. Zu jeder Tages- und Nachtzeit konnte man ihn dort herumlaufen sehen, wobei er sich ständig den kahlen Kopf kratzte.

Doch nur ein einziges Mal stellte er Fragen dazu. »Was ist denn das, Dr. Lowe? Hab' so etwas noch nie gesehen. Was soll das sein?«

Dr. Lowe erwiderte nur: »Sie wissen, wo Sie hier sind, Ross. Sie wissen, daß wir hier keine Fragen stellen. Also lassen Sie das in Zukunft.«

Und Ross fragte nicht weiter. Es war bekannt, daß er nicht mochte, was er da baute. Er nannte es häßlich und unnatürlich. Aber er blieb dran.

Eines Tages rief Blaustein an.

Grant fragte: »Wie geht es Ralson?«

»Nicht gut. Er möchte bei dem Test des Feldprojektors, den er entworfen hat, dabeisein.«

Grant zögerte. »Eigentlich sollten wir das genehmigen. Es ist schließlich seine Entdeckung gewesen.«

»Ich werde mitkommen müssen.«

Grant war darüber auch nicht glücklicher. »Es könnte gefährlich werden, wissen Sie. Selbst in einem Pilottest spielen wir mit enormen Energiemengen.«

Blaustein erwiderte nur: »Auch nicht gefährlicher für uns als für Sie.«

»Na gut. Die Liste der Beobachter muß von der Kommission und dem FBI abgesegnet werden, aber ich bringe Sie drauf.«

Blaustein blickte sich um. Der Feldprojektor hockte mitten im Zentrum des riesigen Testlaboratoriums, aus dem alles andere entfernt worden war. Es bestand keine sichtbare Verbindung zu dem Plutoniumgenerator, der als Energiequelle diente, aber aus dem, was der Psychiater den Bruchstücken entnahm, die er ringsum aufschnappte — er hütete sich, Ralson zu fragen —, verlief diese Leitung unter der Erde.

Die Beobachter hatten zunächst die Maschine umrundet, wobei ihre Gespräche mit unverständlichen Ausdrücken gespickt waren, und zogen sich jetzt allmählich in den Hintergrund zurück. Die Galerie füllte sich. Mindestens drei Männer auf der gegenüberliegende Seite trugen eine Generalsuniform; daneben drängte sich eine Ansammlung niederer Dienstgrade. Hauptsächlich Ralson zuliebe suchte sich Blaustein einen freien Abschnitt am Geländer.

»Sind Sie immer noch sicher, daß Sie bleiben wollen?« fragte er besorgt.

In dem Labor war es ziemlich warm, aber Ralson hatte seinen Mantel anbehalten und obendrein noch den Kragen hochgeschlagen. Blaustein bezweifelte, daß das nötig gewesen wäre. Er glaubte nicht, daß Ralson jetzt noch von einem seiner früheren Bekannten wiedererkannt werden würde.

»Ich bleibe«, sagte Ralson entschieden.

Blaustein war das ganz recht. Er wollte den Test sehen. Jetzt drehte er sich wieder um, als er eine andere Stimme hörte. »Hallo, Dr. Blaustein.«

Einen Augenblick lang konnte der Psychiater das Gesicht nicht mit einem Namen verbinden, doch dann sagte er: »Ah, Inspektor Darrity. Was machen Sie denn hier?«

»Genau das, was Sie vermuten.« Er deutete auf die Zuschauer. »Es gibt keine Möglichkeit, sie so auszusortieren, daß man alle Störfälle völlig ausschließen kann. Ich stand einmal so dicht neben Klaus Fuchs, wie ich jetzt neben Ihnen stehe.« Er warf sein Taschenmesser in die Luft und fing es mit einer geschickten Bewegung wieder auf.

»Ah, ja. Wo kann man schon die perfekte Sicherheit finden? Welcher Mench kann auch nur seinem eigenen Unterbewußtsein trauen? Und Sie werden jetzt also die ganze Zeit dicht bei mir stehenbleiben, nicht?«

»Das sollte ich wohl.« Darrity lächelte. »Sie waren ziemlich drauf versessen, hier hereinzukommen, nicht wahr?«

»Nicht meinetwegen, Inspektor. Und würden Sie bitte das Messer wegstecken.«

Darrity wandte sich überrascht in die Richtung, in die Blausteins Hand mit einer unauffälligen Geste deutete. Er steckte sein Messer ein und warf erneut einen Blick auf Blausteins Begleiter. Dann gab er einen leisen Pfiff von sich.

»Hallo, Dr. Ralson.«

Ralson krächzte: »Hallo.«

Darritys Reaktion überraschte Blaustein nicht sonderlich. Ralson hatte zwanzig Pfund verloren, seit er in das Sanatorium zurückgekehrt war. Sein Gesicht war gelblich und von Falten durchzogen; das Gesicht eines Mannes, der schlagartig gealtert war.

»Wird der Test bald anfangen?« wollte Blaustein wissen.

»Es scheint, als würden sie jetzt loslegen«, meinte Darrity.

Er wandte sich um und lehnte sich an das Geländer. Blaustein nahm Ralson am Arm und wollte ihn woandershin führen, aber Darrity sagte freundlich: »Bleiben Sie hier, Doktor. Ich möchte nicht, daß Sie überall herumwandern.«

Blaustein blickte über das Labor hinweg. Die Männer standen ungemütlich herum, als wären sie halb zu Stein erstarrt. Er konnte Grant erkennen, groß und hager, der langsam die Hand ausstreckte, um sich eine Zigarette anzuzünden, sich dann aber anders besann und Feuerzeug und Zigarette wieder in seine Tasche steckte. Die jungen Männer an den Schaltpulten warteten angespannt.

Dann ertönte ein tiefes Summen, und schwacher Ozongeruch füllte die Luft.

Ralson sagte rauh: »Sehen Sie!«

Blaustein und Darrity blickten an dem ausgestreckten Finger entlang. Der Projektor schien zu flimmern. Es sah aus, als würde zwischen ihnen und der Maschine erhitzte Luft aufsteigen. Eine Eisenkugel schwang wie ein Pendel herunter und durchdrang den flimmernden Bereich.

»Sie ist gebremst worden, nicht?« meinte Blaustein aufgeregt.

Ralson nickte. »Sie messen die Steighöhe auf der anderen Seite, um den Verlust der Schwungkraft zu berechnen. Dummköpfe! Ich habe doch gesagt, daß es funktioniert.« Er sprach mit deutlicher Anstrengung.

Blaustein meinte beruhigend: »Achten Sie auf sich, Dr. Ralson. Ich würde mich an Ihrer Stelle nicht unnötig aufregen.«

Der Schwung des Pendels wurde unterbrochen und die Kugel wieder nach oben gezogen. Das Flimmern um den Projektor verstärkte sich ein wenig, und das eiserne Gewicht schwang erneut im Bogen herunter.

Das wiederholte sich etliche Male, und bei jedem Durchgang wurde die Bewegung der Kugel abrupter verlangsamt. Wenn sie auf den flimmernden Bereich auftraf, war deutlich ein Geräusch zu hören. Und schließlich *prallte sie ab*. Zunächst weich, als träfe sie auf Gummi auf, und dann klirrend, als schlage sie auf Stahl, wobei ein lauter Knall die Halle erschütterte.

Sie zogen das Pendelgewicht zurück, und es kam nicht mehr zum Einsatz. Hinter dem Dunst, der ihn umgab, war der Projektor jetzt kaum noch zu sehen.

Grant erteilte eine Anweisung, und der Ozongeruch wurde plötzlich scharf und stechend. Die versammelten Beobachter stießen einen Schrei aus; jeder brüllte seinem Nachbarn eine Bemerkung zu. Ein Dutzend Finger zeigten nach vorn.

Blaustein lehnte sich über das Geländer; er war genauso aufgeregt wie der Rest der Anwesenden. Wo der Projektor gestanden hatte, befand sich nun ein mächtiger, halbkugelförmiger Spiegel. Er war vollkommen und schön in seiner Klarheit. Blaustein konnte sich selbst darin erkennen, ein kleiner Mann auf einem kleinen Balkon, dessen Seiten sich emporbogen. Er konnte die fluoreszierenden Lichter sehen, die sich als glühende Punkte spiegelten. Es war ein wunderbar scharfes Bild.

Er schrie: »Sehen Sie doch, Ralson. Es reflektiert Energie. Es reflektiert Lichtwellen wie ein Spiegel. Ralson —«

Er wandte sich um. »Ralson! Inspektor, wo ist Ralson?«

»Was?« Darrity wirbelte herum. »Ich habe ihn nicht gesehen.«

Er blickte wild um sich. »Na ja, er kommt nicht weit. Es gibt keine Möglichkeit, jetzt hier herauszukommen. Nehmen Sie die andere

Seite.« Und dann schlug er die Hände auf seine Hüften, suchte einen Augenblick lang in seinen Taschen und sagte schließlich: »Mein Messer ist weg.«

Blaustein war es, der ihn fand. Er lag in dem kleinen Büro, das Hal Ross gehörte. Es war direkt vom Balkon aus zugänglich, unter diesen Umständen aber natürlich verlassen. Ross selbst war noch nicht einmal unter den Beobachtern. Ein leitender Techniker mußte nicht zusehen. Aber sein Büro war gut geeignet für das Ende eines langen Kampfes gegen den Selbstmord.

Blaustein stand einen entsetzlichen Moment lang in der offenen Tür, dann wandte er sich ab. Er fing Darritys Blick auf, als dieser von einem ähnlichen Büro hundert Fuß unterhalb des Balkons zurückkehrte. Er winkte, und Darrity eilte hastig herbei.

Dr. Grant zitterte vor Aufregung. Er hatte an zwei Zigaretten jeweils nur zwei Züge gemacht und sie danach unter seinen Füßen ausgetreten. Jetzt tastete er nach der dritten und sagte:

»Das Ergebnis ist besser, als wir alle gehofft hatten. Morgen machen wir dann den Feuerwaffentest. Das Ergebnis steht zwar eigentlich schon fest, aber er war eingeplant gewesen; daher werden wir ihn auch durchführen. Wir könnten die kleineren Waffen eigentlich überspringen und gleich mit der Bazooka-Größe anfangen. Andererseits ist es vielleicht notwendig, einen besonderen Testaufbau zu konstruieren, um das Problem der Querschläger in den Griff zu bekommen.«

Er ließ seine dritte Zigarette unbeachtet.

Einer der Generäle bemerkte: »Wir müssen natürlich noch einen echten Atombombentest durchführen.«

»Sicher. Es sind bereits Vorkehrungen getroffen worden, eine Attrappenstadt bei Eniwetok aufzubauen. Wir können dort einen Generator errichten und die Bombe abwerfen. Im Innern der Stadt sollten sich dabei Tiere aufhalten.«

»Und Sie glauben wirklich, daß ein Feld in voller Stärke die Bombe abhalten kann?«

»Nicht nur das, General. Es gibt gar kein erkennbares Feld, bis die Bombe abgeworfen worden ist. Durch die Plutoniumstrahlung wird es erst vor der Explosion mit Energie aufgeladen. So, wie wir es hier bei unserem letzten Schritt versucht haben. Das ist der Kern der Sache.«

»Wissen Sie«, warf ein Professor von Princeton ein. »Ich sehe auch die Nachteile. Wenn das Feld mit voller Kraft arbeitet, dann liegt das, was von ihm geschützt wird, soweit es die Sonnenstrahlung angeht, in totaler Dunkelheit. Darüber hinaus habe ich mir überlegt, daß der Feind die Möglichkeit hat, harmlose radioaktive Flugkörper abzuwerfen, um das Feld in häufigen Abständen außer Kraft zu setzen. Das wäre eine ärgerliche Störung und würde unserem Reaktor beträchtliche Energiemengen abzapfen.«

»Störungen kann man überstehen«, meinte Grant. »Ich bin ganz sicher, daß diese Schwierigkeiten bald behoben sein werden, jetzt, wo das Hauptproblem gelöst worden ist.«

Der britische Beobachter hatte sich zu Grant durchgekämpft und schüttelte ihm die Hand. »Jetzt fühle ich mich schon besser, was London angeht. Ich kann mir nicht helfen, aber ich wünschte, Ihre Regierung würde mir den Einblick in die vollständigen Pläne gestatten. Was ich hier gesehen habe, war das Werk eines Genies. Jetzt scheint es so klar auf der Hand zu liegen, aber wie ist bloß jemals ein Mensch auf diese Idee gekommen?«

Grant lächelte. »Diese Frage ist im Hinblick auf Dr. Ralsons Fähigkeiten schon oft gestellt worden —«

Er wandte sich um, als er eine Hand auf seiner Schulter spürte. »Dr. Blaustein! Sie hatte ich beinahe vergessen. Kann ich Sie kurz sprechen?«

Er zog den kleinen Psychiater auf die Seite und flüsterte ihm ins Ohr: »Hören Sie, können Sie Ralson nicht dazu bewegen, daß er sich den Leuten hier vorstellen läßt? Das ist doch sein Triumph.«

»Ralson ist tot«, sagte Blaustein.

»*Was?*«

»Können Sie diese Leute einen Augenblick allein lassen?«

»Ja . . . ja — Gentlemen, würden Sie mich bitte ein paar Minuten entschuldigen?«

Er eilte mit Blaustein davon.

Die Polizei hatte bereits alles im Griff. Unauffällig sperrte sie den Zugang zu Ross' Büro ab. Draußen die brodelnde Menge, die aufgeregt die Antwort auf Alamogordo diskutierte, deren Zeugen sie soeben geworden waren. Drinnen der Tod des Entdeckers dieser Antwort, von dem sie nichts wußten. Die Barriere der Polizisten teilte sich, um Grant und Blaustein eintreten zu lassen. Hinter ihnen schloß sich die Mauer wieder.

Grant hob das Tuch kurz hoch und sagte. »Er sieht friedlich aus.«

»Ich würde sagen — glücklich«, meinte Blaustein.

Darritys Stimme war ohne jede Klangfarbe. »Die Selbstmordwaffe war mein eigenes Taschenmesser. Es war meine Nachlässigkeit, so wird es im Bericht stehen.«

»Nein, nein«, beruhigte ihn Blaustein, »das wäre sinnlos. Er war mein Patient, und ich bin verantwortlich. Aber er hätte sowieso keine Woche länger gelebt. Seit er den Projektor erfand, war er ein sterbender Mann.«

»Wieviel davon muß in den Akten des FBI erscheinen? Könnten wir nicht seinen Geisteszustand unterschlagen?« schlug Grant vor.

»Ich fürchte, das geht nicht, Dr. Grant«, sagte Darrity.

»Ich habe ihm die ganze Geschichte erzählt«, seufzte Blaustein.
Grant blickte von einem zum anderen. »Ich werde mit dem Direktor
sprechen. Wenn nötig, gehe ich bis zum Präsidenten. Ich sehe nicht
ein, warum irgend etwas über Selbstmord und Wahnsinn an die
Öffentlichkeit dringen muß. Als Erfinder des Feldprojekts wird ihm der
ganze Ruhm zuteil werden. Das ist das mindeste, was wir für ihn tun
können.« Seine Zähne knirschten aufeinander.

»Er hat eine Nachricht hinterlassen«, teilte Blaustein mit.

»Eine Nachricht?«

Darrity übergab ihm ein Blatt Papier und sagte: »Das tun Selbstmör-
der immer. Darum hat mir der Doktor auch erzählt, was Ralson wirklich umgebracht hat.«

Die Nachricht war an Blaustein gerichtet und lautete wie folgt:
»Der Projektor funktioniert. Das habe ich gewußt. Der Handel ist
abgeschlossen. Sie haben ihn, und Sie brauchen mich nicht mehr.
Darum gehe ich. Sie brauchen sich keine Sorgen um die menschliche
Rasse zu machen, Doktor. Sie hatten recht. Sie haben uns zu lange
gezüchtet und zu viele Chancen vertan. Jetzt sind wir aus der Kultur
heraus, und sie haben keine Möglichkeit mehr, uns aufzuhalten. Ich
weiß es. Das ist alles, was ich sagen kann. Ich weiß es.«

Er hatte hastig mit seinem Namen unterschrieben, und daruntergeb-
setzt fand sich noch eine hingekritzelte Zeile:

»Vorausgesetzt, genügend Menschen sind resistent gegen Penicillin.«

Grant machte eine Bewegung, als wollte er das Papier zerknüllen,
aber Darrity streckte rasch die Hand aus.

»Für den Bericht, Doktor«, sagte er.

Grant gab ihm das Blatt. »Armer Ralson! Er starb im festen Glauben an all diesen Quatsch.«

Blaustein nickte. »So ist es. Ralson wird ein prächtiges Begräbnis
erhalten, nehme ich an, und seine Erfindung wird veröffentlicht werden, ohne daß dabei sein Wahnsinn und der Selbstmord erwähnt werden. Aber die Männer der Regierung werden sich trotzdem für seine
verrückten Theorien interessieren. Vielleicht sind sie ja gar nicht so
verrückt, nicht, Mr. Darrity?«

»Das ist lächerlich, Doktor«, beharrte Grant. »Es gibt bei der ganzen
Sache keinen einzigen Wissenschaftler, der sich während der Arbeit im
geringsten unwohl gefühlt hätte.«

»Sagen Sie es ihm, Mr. Darrity«, meinte Blaustein.

Darrity erklärte: »Es hat einen weiteren Selbstmord gegeben. Nein,
keiner der Wissenschaftler. Niemand mit einem Titel. Es geschah
heute morgen, und wir haben die Ermittlungen aufgenommen, weil
wir dachten, der Tod könnte vielleicht mit dem heutigen Test in
Zusammenhang stehen. Zunächst fanden wir keine Verbindung, und
wir wollten es für uns behalten, bis der Test vorbei war. Aber jetzt
scheint es doch einen Zusammenhang zu geben.

Der Mann, der gestorben ist, war ein einfacher Angestellter mit Frau und drei Kindern. Kein Grund zu sterben. Keine geistige Störung in der Vergangenheit. Er hat sich vor ein Auto geworfen. Wir haben Zeugen dafür, und es ist sicher, daß er es absichtlich getan hat. Er starb nicht auf der Stelle, und sie haben einen Arzt geholt. Er war furchtbar zugerichtet, aber seine letzten Worte lauteten: ›Jetzt fühle ich mich viel besser‹, und dann starb er.«

»Aber wer war es?« rief Grant.

»Hal Ross, der Mann, der den Projektor eigentlich gebaut hat. Der Mann, dem dieses Büro gehört.«

Blaustein trat ans Fenster. Der Abendhimmel verdunkelte sich, und die Sterne wurden sichtbar.

Er sagte: »Der Mann wußte nichts über Ralsons Ansichten. Er hat niemals mit Ralson gesprochen, das sagte mir Mr. Darrity. Insgesamt sind Wissenschaftler vielleicht resistent. Das müssen sie sein, oder sie werden ziemlich bald für ihren Beruf untauglich. Ralson bildete die Ausnahme, ein penicillin-empfindlicher Mann, der darauf bestand, zu bleiben. Sie haben gesehen, was mit ihm geschehen ist. Aber was ist mit den anderen: jenen, die in den Bahnen des Lebens verblieben sind, wo keine ständige Auslese der Empfindsamen stattfindet. Wie groß ist der Anteil der Menschheit, der penicillin-resistent ist?«

»Sie *glauben* Ralson?« fragte Grant entsetzt.

»Ich weiß es wirklich nicht.«

Blaustein blickte zu den Sternen auf.

18

Der Mann, der die Erde wog

Manchmal liefert die äußerst sorgfältige Messung eines winzigen Phäno-
mens im Labor und nicht der Schock einer plötzlichen Entdeckung oder das
»Heureka« einer blitzartigen Eingebung die Antwort auf ein damit in
Zusammenhang stehendes Phänomen — eine Antwort, die zufällig von
ungeheurer Bedeutung ist.

Vor einigen Tagen war ich auf einer Dinnerparty. Eine entzückende,
mir unbekannte Dame nagelte mich fest und fing aus einem mir nicht
ersichtlichen Grunde an, in überquellenden Details von den vielfälti-
gen Errungenschaften ihres Sohnes zu erzählen.

Es ist nun allerdings so, daß meine Aufmerksamkeit einen sehr niedrigen Pegel aufweist, wenn sich das Gesprächsthema um etwas anderes als mich selbst dreht*, und so versuchte ich einigermaßen verzweifelt, den Redestrom durch die eine oder andere Frage zu unterbrechen.

Die erste, die mir in den Sinn kam, war: »Ist dieser bewundernswerte
junge Mann Ihr einziger Sohn?«

Darauf antwortete die Dame tiefernst: »O *nein*! Ich habe auch noch
eine Tochter.«

Letzten Endes hatte sich die Sache doch gelohnt. Die Dame begriff
nicht, warum ich in fröhliches Gelächter ausgebrochen war, und selbst
nach meiner Erklärung hatte sie Mühe, das Komische an ihrer
Antwort zu erkennen.

Der springende Punkt war natürlich nicht nur, daß die Dame mir
nicht richtig zugehört hatte (das könnte jedem passieren), sondern daß
mir ihre Antwort auf geradezu perfekte Weise die altmodischen, über-
lieferten Denkschemata widerzuspiegeln schien, die sich mit dem heutigen Weltverständnis nicht mehr vertragen.

In der vorindustriellen Gesellschaft waren männliche Kinder beispielsweise bedeutend wertvoller als weibliche. Buben würden zu Männern heranwachsen und stellten damit potentiell die verzweifelt benötigten Hilfskräfte in Landwirtschaft und Armee dar. Kleine Mädchen
dagegen wuchsen zu Frauen heran, die unter großen Kosten verheira-

---

* Meine Verwandten und Bekannten reiben mir das mit unterschiedlicher Bissigkeit
immer wieder unter die Nase. Ich bleibe aber dabei, daß das nicht nur eine üble
Angewohnheit von mir, sondern weit verbreitet und für Schriftsteller allgemein ein
notwendiges Attribut ist.

tet werden mußten. Daher war die Tendenz weit verbreitet, Töchter zu ignorieren und ›Kind‹ mit ›Sohn‹ gleichzusetzen.

Diese Einstellung hält sich meiner Meinung nach selbst heute noch, auch wenn jemandem diese Einstellung nicht bewußt sein mag und er eine entsprechende Unterstellung aufgebracht leugnen würde. Ich glaube, als die nette Dame den Satz ›Ihr einziger Sohn‹ hörte, erkannte sie aufrichtig keinen Unterschied zwischen dieser Version und ›Ihr einziges Kind‹, und entsprechend fiel ihre Antwort aus.

Was hat das alles mit diesem Kapitel zu schaffen? Nun, Wissenschaftler stehen vor ähnlichen Problemen, wenn es um die Zuweisung von Wichtigkeit geht, und bis zum heutigen Tag können sie sich nicht gänzlich von veralteten Denkvorstellungen freimachen.

So glauben wir zum Beispiel alle zu wissen, wovon wir sprechen, wenn wir vom ›Gesicht‹ eines Gegenstands reden, und wir glauben auch zu wissen, wovon wir sprechen, wenn wir sagen, daß wir etwas ›wiegen‹ oder daß ein Gegenstand ›schwer‹ oder ›leichter‹ ist als ein anderer.

Nur bin ich keineswegs sicher, daß wir uns wirklich darüber im klaren sind. Selbst Physiker, die genau wissen, was Gewicht tatsächlich ist, und es zutreffend definieren und erklären können, neigen zu ungenauem Denken, wenn sie nicht achtgeben.

Ich will Ihnen das einmal erklären.

Die unvermeidliche Reaktion auf ein Schwerefeld ist eine Beschleunigung. Stellen Sie sich beispielsweise ein materielles Objekt vor, dessen Erscheinen im Raum (im Verhältnis zu einem großen, in der Nähe befindlichen astronomischen Körper) plötzlich und ohne Beschleunigung erfolgt. Entweder ist es im Verhältnis zu diesem Körper bewegungslos, oder es bewegt sich mit konstanter Geschwindigkeit.

Wenn nun im Raum an dem Punkt, wo das Objekt erscheint, kein Schwerefeld vorhanden ist, dann wird das Objekt weiter im Ruhezustand verharren oder sich mit konstanter Geschwindigkeit weiterbewegen. Wenn sich jedoch an diesem Punkt ein Schwerefeld befindet, wie es bei dem großen, in der Nähe befindlichen astronomischen Körper der Fall sein muß, dann beginnt sich das Objekt zu beschleunigen. Es bewegt sich immer schneller oder immer langsamer, oder es tritt aus seiner ursprünglichen Bewegungsbahn in eine Kurve ein, oder es erfährt gar eine Kombination dieser Auswirkungen.

Da es in jedem Universum, das ein Mindestmaß an Materie enthält, an allen Punkten ein wenn auch noch so schwaches Schwerefeld geben muß, ist die beschleunigte Bewegung die Norm für alle Objekte im Weltraum, die mithin von Schwerefeldern angezogen werden, und die Bewegung ohne Beschleunigung stellt ein nicht realisierbares Ideal dar.

Wenn sich allerdings zwei Objekte im Verhältnis zu einem dritten mit genau derselben Geschwindigkeit bewegen, dann befinden sie sich scheinbar in einem Zustand der Ruhe in bezug zueinander. Aus diesem Grunde haben Sie selbst so oft das Gefühl, sich im ›Ruhezustand‹ zu befinden. Das trifft tatsächlich zu im Verhältnis zur Erde, jedoch nur, weil Sie selbst und die Erde in Reaktion auf das Schwerefeld der Sonne auf genau dieselbe Weise beschleunigen.

Doch wie steht es nun mit Ihnen und dem Schwerefeld der *Erde*? Sie mögen sich im Verhältnis zur Erde ja im ›Ruhezustand‹ befinden, aber nehmen Sie einmal an, daß plötzlich unter Ihnen ein Loch aufklafft. Als Reaktion auf das Schwerefeld der Erde würden Sie plötzlich anfangen, abwärts zu beschleunigen.

Der einzige Grund, warum dies normalerweise nicht geschieht, liegt darin, daß sich in der Richtung, in der Sie sich sonst bewegen würden, dichte Materie befindet. Die von den Atomen, aus denen diese Materie besteht, ausgehenden elektromagnetischen Kräfte halten die betreffenden Atome zusammen und hindern Sie ohne jede Schwierigkeit daran, auf das Schwerefeld zu reagieren.

In gewissem Sinne ›versucht‹ jedoch jeder materielle Gegenstand, der daran gehindert wird, auf ein Schwerefeld mit Beschleunigung zu reagieren, dies trotzdem zu tun*. Er übt einen Schub in der Richtung aus, in der er sich ›gerne‹ fortbewegen möchte. Dieser ›Versuch‹ einer Beschleunigung als Reaktion auf die Gravitation zeigt sich in Form einer Kraft, und diese Kraft können wir messen. Wir nennen sie *Gewicht*.

Angenommen wir benutzen eine Spiralfeder zur Messung einer Kraft. Wenn wir an einer solchen Feder ziehen, dann wird sie länger. Wenn wir doppelt so kräftig ziehen, dehnt sie sich doppelt so weit aus. Innerhalb der Elastizitätsgrenzen der Feder ist das Ausmaß der Dehnung proportional der Intensität der Kraft.

Wenn man nun ein Ende der Feder an einem Deckenbalken befestigt und am anderen Ende einen festen Gegenstand anhängt, dann dehnt sich die Feder genau so, als wirke eine Kraft auf sie ein, und das ist ja auch tatsächlich der Fall. Der Gegenstand ›versucht‹, abwärts zu beschleunigen, und die als Resultat dieses ›Versuchs‹ entstehende Kraft dehnt die Feder.

Wir können die Feder eichen, indem wir das Ausmaß der Dehnung festlegen, die durch Gegenstände erzeugt wurde, deren Gewicht wir willkürlich in Begriffen eines irgendwo aufbewahrten Standardgewichts definiert haben. Danach können wir das Gewicht jedes beliebigen

---

* Ich setze in diesem Absatz bewußt alle Wörter, die unbelebten Gegenständen scheinbar menschliche Wünsche verleihen, in Anführungszeichen. Das ist ein ›gefühlvoller Trugschluß‹, den man vermeiden sollte, nur bietet er einen bequemen Weg, Dinge zu erklären, so daß ich manchmal einfach der Versuchung erliege, mich seiner zu bedienen.

Gegenstandes ablesen, wenn an der sich dehnenden Feder ein Zeiger angebracht ist, der eine Zahl auf einer Skala angibt.

Schön und gut, doch unsere Vorstellung von Gewicht leitet sich im einfachsten Falle von dem Gefühl ab, das wir empfinden, wenn ein Gegenstand auf unserer Hand oder einem anderen Teil unseres Körpers ruht und wir Muskelkraft aufwenden müssen, um ihn im Verhältnis zum Schwerefeld der Erde im Ruhezustand zu halten. Da wir das Schwerefeld der Erde als gegeben hinnehmen und nie eine wesentliche Änderung daran wahrnehmen, schreiben wir das Gefühl des Gewichts ausschließlich dem jeweiligen Gegenstand zu.

Ein Gegenstand ist unserer Meinung nach schwer, einfach weil er von Natur aus schwer ist, und damit ist die Sache erledigt. Wir sind an diesen Gedanken so gewöhnt, daß wir keine Störung durch offenkundig gegenteilige Beweise zulassen. Wie zum Beispiel durch folgenden: Das Gewicht eines in eine Flüssigkeit eingetauchten Gegenstandes vermindert sich, weil die nach oben wirkende Auftriebskraft von der abwärts wirkenden Kraft des Schwerefeldes abgezogen werden muß. Wenn die Auftriebskraft ausreichend groß ist, schwimmt der Gegenstand; je dichter die Flüssigkeit, desto größer die Auftriebskraft. So schwimmt Holz auf Wasser und Eisen auf Quecksilber.

Wir können tatsächlich spüren, daß eine Kugel aus Eisen unter Wasser leichter ist als an der Luft, doch wir verdrängen diesen Gedanken. Wir denken an Gewicht nicht als eine Kraft, die anderen Kräften entgegenwirkt. Beharrlich halten wir an der Vorstellung fest, sie sei einer der Materie innewohnende Eigenschaft, und wenn das Gewicht eines Gegenstandes unter bestimmten Bedingungen auf Null fällt, sind wir erstaunt und betrachten die Kapriolen der Astronauten im Zustand der Schwerelosigkeit als etwas Unnatürliches. (Sie sind ›dem Zugriff der Schwerkraft entzogen‹, um das ungebildete Geschwätz allzuvieler Nachrichtensprecher zu zitieren.)

Es stimmt schon, daß das Gewicht teilweise von einer bestimmten, dem Gegenstand innewohnenden Eigenschaft abhängt, aber genauso hängt es von der Intensität der Anziehungskraft ab, auf die der Gegenstand reagiert. Wenn wir auf der Oberfläche des Mondes stehen und einen Gegenstand in der Hand halten, würde dieser ›versuchen‹, auf ein Schwerefeld zu reagieren, das nur ein Sechstel so stark ist wie das Schwerefeld der Erdoberfläche. Der Gegenstand würde deshalb auch nur ein Sechstel soviel wiegen wie auf der Erde.

Welcher Art ist aber nun die den Gegenständen innewohnende Eigenschaft, von der das Gewicht teilweise abhängt? Es ist die ›Masse‹, ein von Newton eingeführter Ausdruck und Begriff.

Die von einem Körper, der ›versucht‹, auf ein Schwerefeld zu reagieren, erzeugte Kraft ist proportional seiner Masse wie der Intensität des Schwerefeldes. Wenn die Intensität des Schwerefeldes die ganze Zeit über konstant bleibt (dies gilt in jeder Hinsicht für das Schwerefeld der

Erde, wenn wir auf oder nahe der Erdoberfläche bleiben), dann kann man dieses Feld vernachlässigen. Wir können dann sagen, daß die von einem Körper, der auf das Schwerefeld der Erde zu reagieren ›versucht‹, erzeugte Kraft einfach proportional seiner Masse ist.

(Tatsächlich schwankt das Schwerefeld der Erde von einem Ort zum anderen je nach dem genauen Abstand des Ortes zum Erdmittelpunkt und nach der genauen Verteilung der Materie in der Umgebung des Ortes. Diese Schwankungen sind viel zu minimal, um sie anhand von Veränderungen der Muskelkraft, die für den Ausgleich des Gewichtseffektes erforderlich sind, wahrzunehmen, doch mit feinen Instrumenten lassen sie sich feststellen.)

Da das Gewicht unter normalen Umständen proportional der Masse ist und umgekehrt, ist die Versuchung überwältigend, beide als identisch zu betrachten. Als der Begriff der Masse erstmals aufgebracht wurde, gab man ihm Maßeinheiten, wie man sie früher für das Gewicht benutzte, (beispielsweise ›Pfund‹). Bis heute sprechen wir von einer *Masse* von zwei Kilogramm und einem *Gewicht* von zwei Kilogramm. Das ist jedoch falsch. Maßeinheiten wie Kilogramm sollten nur für Masse verwendet werden, während für Gewicht Maßeinheiten der Kraft benutzt werden sollten, aber das könnte man genauso gut in den Wind reden.

Die Einheiten wurden so festgelegt, daß auf der Erdoberfläche eine Masse von sechs Kilogramm auch ein Gewicht von sechs Kilogramm besitzt, doch auf der Mondoberfläche zum Beispiel hat eine Masse von sechs Kilogramm nur ein Gewicht von *einem* Kilogramm.

Ein um die Erde kreisender Satellit etwa befindet sich im Verhältnis zur Erde im freien Fall und reagiert bereits in vollem Umfang auf die Anziehungskraft der Erde. Er kann daher keine weitere Reaktion mehr ›versuchen‹. Eine Masse von sechs Pfund auf einem Satelliten hat somit ein Gewicht von null Pfund; das gleiche gilt für alle Objekte, unabhängig von ihrer Masse. Objekte auf einem Satelliten in einer Umlaufbahn sind also *gewichtslos*. (Objekte auf einem kreisenden Satelliten sollten wohl ›versuchen‹, auf die Schwerefelder des Satelliten selbst und andere auf ihm befindlicher Objekte zu reagieren, doch sind diese Felder vernachlässigbar klein und können daher außer Betracht bleiben.)

Spielt es eigentlich eine Rolle, daß die annähernde Gleichheit von Masse und Gewicht, an die wir auf der Erde gewöhnt sind, anderswo nicht zutrifft? Gewiß ist das der Fall. Die Trägheit eines Gegenstandes, das heißt die Kraft, die zu seiner Beschleunigung erforderlich ist, hängt völlig von seiner Masse ab. Ein großer Metallträger ist auf dem Mond genau so schwierig zu handhaben (aus dem Ruhezustand in Bewegung zu versetzen oder aus der Bewegung heraus anzuhalten) wie auf der Erde, obwohl sein Gewicht auf dem Mond wesentlich geringer ist. Die Schwierigkeit der Handhabung ist selbst in einer Raumstation gegeben, obgleich das Gewicht dort gleich Null ist.

Astronauten müssen sehr vorsichtig sein, und wenn sie ihre von der Erde stammenden Vorstellungen nicht vergessen, kann das ihren Tod bedeuten. Wenn man zwischen zwei in rascher Bewegung befindliche Träger gerät, so ist das tödlich, obwohl beide gewichtslos sind. Man kann sie nicht einfach mit einem Fingerschnippen anhalten, auch wenn sie weniger wiegen als eine Daunenfeder.

Wie läßt sich Masse nun aber messen? Eine Methode besteht in der Benutzung einer Waage, bei der zwei Schalen mit einem zentralen Drehpunkt verbunden sind. Wenn ein Gegenstand mit unbekanntem Gewicht in die linke Schale gelegt wird, dann sinkt sie nach unten, während sich die rechte Schale hebt.

In die rechte Schale sollen nun eine Reihe von Metallscheiben gebracht werden, von denen jede ein Gramm wiegt. Solange alle Scheiben gemeinsam weniger wiegen als der unbekannte Gegenstand, bleibt die rechte Waagschale in ihrer erhöhten Position. Wiegt die Summe der Scheiben jedoch mehr als der unbekannte Gegenstand, dann senkt sich die rechte Schale, und die linke steigt hoch. Wenn sich beide Schalen auf der gleichen Höhe ausbalancieren, so sind die beiden Gewichte gleich, und man kann sagen, daß der unbekannte Gegenstand beispielsweise zweiundsiebzig Gramm wiegt.

Doch nun werden beide Gewichte auf einmal dem Zugriff des Schwerefeldes ausgesetzt, und die Wirkung dieses Feldes hebt sich auf. Verstärkt oder vermindert man es daraufhin, tritt die Verstärkung oder Verminderung an beiden Schalen gleichzeitig auf; die Tatsache, daß sich beide Schalen im Gleichgewicht befinden, wird davon nicht berührt. Beide Schalen würden zum Beispiel auch auf dem Mond im Gleichgewicht bleiben. Eine solche Waage mißt daher in jeder Hinsicht die eine andere Eigenschaft, aus der sich das Gewicht ergibt — die Masse.

Wissenschaftler ziehen es vor, die Masse und nicht das Gewicht zu messen, und erziehen sich dazu, ›massereicher‹ und ›weniger massereich‹ zu sagen anstatt ›schwerer‹ oder ›leichter‹ (allerdings mit erheblicher Anstrengung und häufigen Versprechern).

Und dennoch haben sie sich bis heute, dreihundert Jahre nach Newton, noch nicht von den Denkweisen aus der Zeit vor Newton befreit.

Nehmen wir folgende Situation. Ein Chemiker mißt sorgfältig die Masse eines Gegenstandes mit Hilfe einer hochempfindlichen chemischen Waage und bringt die beiden Schalen wie oben beschrieben ins Gleichgewicht. Was hat er damit getan? Er hat von einem Objekt ›die Masse gemessen‹. Gibt es eine kürzere Form, den Vorgang korrekt auszudrücken? Nein, die gibt es nicht. Er kann nichts anderes sagen, als daß er den Gegenstand ›gemessen‹ hat, und so drückt er sich auch aus. Ich übrigens ebenfalls.

Doch einen Gegenstand wiegen heißt nichts anderes, als sein Gewicht bestimmen und nicht seine Masse. Die Sprache zwingt uns hier, uns vor-Newtonscher Vorstellungen zu bedienen.

Die kleinen Metallscheiben wiederum, die jeweils ein Gramm oder jede beliebige andere Quantität aufweisen, sollten eigentlich »Standardmasse« genannt werden, wenn man darauf hinweisen will, daß sie zur Messung der Masse benutzt werden. Das geschieht jedoch nicht — man nennt sie einfach »Gewichte«.

Chemiker müssen sich häufig mit der relativen durchschnittlichen Masse der Atome befassen, aus denen die verschiedenen Elemente bestehen. Diese relative durchschnittliche Masse nennt man weltweit ›Atomgewicht‹. Es handelt sich jedoch *nicht* um ein Gewicht, sondern um Masse.

Ganz gleich, wie gut ein Wissenschaftler (im Kopf) den Unterschied zwischen Masse und Gewicht kennt, wird er (im Herzen) doch niemals genau Bescheid wissen, solange er eine Sprache gebraucht, in der sich überkommene Traditionen erhalten haben. Genau wie die Dame, die zwischen dem ›einzigen Sohn‹ und ›einzigem Kind‹ keinen Unterschied sah.

Aber nun weiter. Der Jupiter ist beispielsweise 318mal so massereich wie die Erde, die Sonne ist 330 000mal so massereich wie die Erde, der Mond hingegen nur 1/81mal so massereich.

Doch was ist nun die Masse der Erde selbst in Kilogramm ausgedrückt (oder jeder anderen Masseeinheit, die wir mit vertrauten Gegenständen von heute gleichsetzen können)?

Zu ihrer Bestimmung müssen wir Newtons Gleichung heranziehen, die folgendermaßen lautet:

$$K = f \times \frac{m_1 m_2}{r^2} \qquad \text{(Gleichung 1)}$$

Wird diese Gleichung beispielsweise auf einen fallenden Stein angewendet, dann ist K die Anziehungskraft, auf die der Stein durch Abwärtsbeschleunigung reagiert, f ist die Gravitationskonstante, m die Masse des Steins, m die Masse der Erde und r die Entfernung zwischen dem Mittelpunkt des Steins und dem Mittelpunkt der Erde.

Von diesen fünf Größen konnten die Wissenschaftler des achtzehnten Jahrhunderts bedauerlicherweise nur drei bestimmen. Die Masse des Steins war leicht zu ermitteln, und die Entfernung des Steins vom Mittelpunkt der Erde (r) war bereits seit den Zeiten der alten Griechen bekannt. Die Anziehungskraft (K) konnte durch Messung der Beschleunigung bestimmt werden, mit der der Stein auf das Schwerefeld reagierte. Diese Messung hatte Galileo durchgeführt.

Nur die Werte für f, die Gravitationskonstante, und m, die Masse der Erde, blieben weiterhin unbekannt. Wenn der Wert für f bekannt gewesen wäre, hätte sich die Erdmasse leicht errechnen lassen. Umgekehrt wäre die allgemeine Gravitationskonstante rasch zu bestimmen gewesen, hätte man m gekannt.

Wie war dieses Problem zu lösen?

Wenn sich die Erdmasse manipulieren ließe, hätte sie direkt bestimmt werden können, etwa indem man sie auf einer Waagschale gegen Standardgewichte abgewogen hätte oder etwas Ähnliches. Da die Erde aber nicht manipuliert werden kann, wenigstens nicht in einem Laboratorium von Menschenhand, können wir diese Möglichkeit vergessen.

Die andere Möglichkeit bestünde nun darin, f zu bestimmen, die allgemeine Gravitationskonstante, die für *jedes* Schwerefeld gleich ist. Das hieße, daß zu ihrer Bestimmung das Schwerefeld der Erde gar nicht erforderlich wäre. Man könnte dazu das Schwerefeld irgendeines kleineren Objektes benutzen, mit dem sich ohne Schwierigkeiten hantieren läßt.

Angenommen man hängt einen Gegenstand an einer Feder auf und dehnt die Feder unter Ausnutzung der Wirkung der Erdanziehungskraft. Als nächstes nimmt man einen großen Steinbrocken und legt ihn unter den aufgehängten Gegenstand. Die Anziehungskraft des Steinbrockens addiert sich zu der Anziehungskraft der Erde, und die Feder dehnt sich ein wenig weiter.

Aus dem Betrag der zusätzlichen Dehnung der Feder kann man die Stärke der Anziehungskraft des Steinbrockens berechnen.

Dazu benutzen wir folgende Variante von Newtons Gesetz:

$$K = fmm'/r^2 \quad \text{(Gleichung 2)}$$

Dabei ist K die Stärke der Anziehungskraft des Steinbrockens (gemessen durch die zusätzliche Dehnung der Feder), f ist die Gravitationskonstante, m die Masse des an der Feder aufgehängten Gegenstandes, m' die Masse des Steinbrockens und r der Abstand zwischen dem Mittelpunkt des Steinbrockens und dem Mittelpunkt des aufgehängten Gegenstandes.

Jede dieser Größen mit Ausnahme von f kann bestimmt werden, also stellen wir Gleichung 2 wie folgt um:

$$f = Kr^2/mm' \quad \text{(Gleichung 3)}$$

Sofort erhalten wir den Wert von f. Wenn wir diesen Wert erst einmal haben, können wir ihn in Gleichung 1 einsetzen, die wir dann wie folgt nach m_2 (Masse der Erde) auflösen:

$$m_2 = Kr^2/fm_1 \quad \text{(Gleichung 4)}$$

Doch die Sache hat einen Haken. Schwerefelder sind im Verhältnis zur Masse so unglaublich schwach, daß ein ungeheuer massereiches Objekt erforderlich wäre, damit seine Anziehungskraft auch stark genug ist, daß man sie ohne weiteres messen kann. Der Stein unter dem aufgehängten Gegenstand würde einfach keine meßbare Dehnung der Feder bewirken.

Es gibt keine Möglichkeit, die Anziehungskraft zu vergrößern; wenn also die Frage der Erdmasse überhaupt gelöst werden sollte, mußte eine außergewöhnlich empfindliche Vorrichtung benutzt werden. Das Problem bestand also darin, ein Instrument zu finden, das die verschwindend kleine Anziehungskraft messen konnte, die von dem verschwindend kleinen Schwerefeld eines Objekts erzeugt wurde, das klein genug war, um in einem Laboratorium gemessen zu werden.

Die erforderliche Verfeinerung der Messung kam im Jahre 1777 mit der Erfindung der Drehwaage durch den französischen Physiker Charles Augustin Coulomb und — unabhängig davon — durch den englischen Geologen John Michell.

Anstelle einer Kraft, die eine Feder dehnt oder eine Schale um einen Drehpunkt bewegt, wurde eine Kraft zur Torsion eines Fadens oder Drahtes benutzt.

Wenn Faden oder Draht sehr fein waren, wurde nur eine winzige Kraft benötigt, um ihn ein wenig zu verdrehen. Um diese Verdrehung nachzuweisen, mußte an dem senkrechten Draht ein langer waagerechter Stab angebracht werden, der im Zentrum ausbalanciert war. Selbst eine minimale Drehung würde am Ende der Stäbe schon eine starke Bewegung auslösen. Benutzt man einen dünnen Draht und einen langen Stab, so kann eine Drehwaage äußerst empfindlich reagieren, empfindlich genug, um selbst die winzige Anziehungskraft eines gewöhnlichen Gegenstandes zu erfassen.

Im Jahre 1798 machte sich der englische Chemiker Henry Cavendish mit Hilfe des Grundsatzes der Drehwaage daran, den Wert von f zu bestimmen.

Stellen Sie sich einen sechs Fuß langen Stab vor, an dessen beiden Enden je eine Bleikugel von zwei Zoll Durchmesser befestigt ist. Der Stab wird in seinem Mittelpunkt an einem dünnen Draht aufgehängt.

Wird nun an einer der beiden Bleikugeln eine ganz geringe Kraft angelegt und die gleiche geringe Kraft an der Bleikugel auf der anderen Seite, dann dreht sich der waagerechte Stab, und der Draht, an dem der Stab aufgehängt ist, verdreht sich. Der in drehende Bewegung geratene Draht ›versucht‹, sich wieder zurückzudrehen. Je mehr er verdreht ist, desto stärker wird die Kraft, die nötig ist, um die Drehung rückgängig zu machen. Schließlich gleicht diese Kraft die andere Kraft aus, die den Draht verdreht hat, und der Stab bleibt in einer neuen Gleichgewichtslage. Das Ausmaß der Verschiebung in der Position des

Stabes ermöglicht es, den Kraftaufwand zu bestimmen, der auf die Bleikugeln einwirkt.

(Natürlich muß die ganze Apparatur in einem Kasten aufgestellt sein, der in einem abgeschlossenen Raum mit konstanter Temperatur untergebracht ist, damit keine Luftströmungen — die durch Temperaturunterschiede oder mechanische Bewegungen hervorgerufen werden — die Situation verfälschen.)

Wenn der Stab seine Position nur geringfügig verändert, bedeutet dies, daß selbst eine winzige Torsion des feinen Drahtes schon genügend Gegenkraft hervorruft, um die angelegte Kraft auszugleichen. Die ausgeübte Kraft mußte ganz winzig sein — und genau das hatte Cavendish bei seinem Versuch im Sinn.

Er hängte an einer Seite einer der beiden kleinen Bleikugeln am Ende des waagerechten Stabes eine Bleikugel von acht Zoll Durchmesser auf und eine weitere solche Kugel auf der gegenüberliegenden Seite bei der anderen kleinen Kugel.

Das Schwerefeld der großen Bleikugeln diente nun dazu, den Stab zu drehen und ihn in eine neue Position zu zwingen (vgl. Abbildung 1).

Abbildung 1

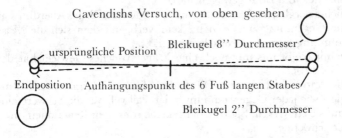

Cavendishs Versuch, von oben gesehen

ursprüngliche Position   Bleikugel 8'' Durchmesser

Endposition   Aufhängungspunkt des 6 Fuß langen Stabes

Bleikugel 2'' Durchmesser

Cavendish wiederholte das Experiment immer wieder und bestimmte aus der Positionsverschiebung des Stabes und der damit einhergehenden Torsion des Drahtes den Wert von K in Gleichung 3. Da er die Werte von m, m' und r kannte, vermochte er den Wert von f ohne weiteres zu berechnen.

Der von Cavendish ermittelte Wert wich weniger als ein Prozent von dem heute akzeptierten Wert von 0,0000000000667 m³/Kilogramm-sekunde ab. (Fragen Sie mich bitte nicht nach der Bedeutung dieser Einheit. Es kommt nur darauf an, daß die Gleichungen aufgehen.)

Wenn wir erst einmal den Wert für f in den gegebenen Einheiten

319

haben, können wir Gleichung 4 lösen, und wenn wir die entsprechenden Einheiten benutzen, kriegen wir auf Anhieb die Masse der Erde in Kilogramm heraus. Die ergibt sich mit
5 983 000 000 000 000 000 000 000 oder 5 983 x 10^{24} Kilogramm. (Wenn Sie es in Worten ausdrücken wollen, können Sie sagen: ›Ungefähr sechs Septillionen Kilogramm.‹)

Wenn uns die Erdmasse in Kilogramm bekannt ist, können wir auch die Masse jedes anderen Gegenstands bestimmen, vorausgesetzt wir kennen das Verhältnis seiner Masse zur Erdmasse.

Der Mond, dessen Masse 1/81 der Erdmasse beträgt, besitzt eine Masse von 7,4 x 10^{22} Kilogramm. Die Jupitermasse mit dem 318fachen der Erdmasse beträgt 1,9 x 10^{27} Kilogramm und die Sonnenmasse mit dem 330 000fachen der Erdmasse 2 x 10^{30} Kilogramm.

So bestimmte Cavendish nicht nur die Masse der Erde, sondern — wenigstens potentiell — auch die Masse eines jeden anderen Objekts im Weltraum, und zwar einzig und allein durch die Wahrnehmung der geringfügigen Positionsverschiebung von zwei Bleikugeln, wenn ein Paar größere Kugeln in die Nähe gebracht wurde.

Aber — und damit sind wir am Kernpunkt dieses Essays angekommen — wenn nun jemand die erstaunliche Errungenschaft Cavendishs beschreiben will, wie drückt er sich dann aus? Er sagt: »Cavendish hat die Erde gewogen.«

Selbst Physiker und Astronomen sprechen von Cavendish als dem Mann, der ›die Erde gewogen hat‹.

Nichts dergleichen! Er bestimmte die *Masse* der Erde. Allerdings gibt es, im Gegensatz zum Gewicht, kein Verb, mit dem sich die Massebestimmung zum Ausdruck bringen läßt.

Damit bleibt uns nur noch eine Frage: Welches Gewicht hat denn nun die Erde?

Die Antwort ist einfach. Die Erde befindet sich im freien Fall und reagiert wie jeder Gegenstand im freien Fall voll auf die Schwerefelder, die auf sie einwirken. Sie ›versucht‹ keine sonstigen Reaktionen und ist daher schwerelos.

Das Gewicht der Erde ist also *null*.

19

Und Finsternis wird kommen

Könnte ein Buch wie dieses vollständig sein, ohne die Existenzmöglichkeit nicht-menschlicher Wissenschaftler zu erwägen? In der folgenden Geschichte unterscheiden sich die Wissenschaftler nicht so sehr von den Menschen, daß eine Übersetzung ihrer fremden Sprache ins Englische nicht möglich wäre. Man kann also, wie ich es tat, ihr nichtmenschliches Denken und Sprechen in gewöhnliche, menschliche Begriffe übertragen.

Auf der anderen Seite aber ist das Problem, um das es hier geht, völlig nicht-menschlich.

› Wenn sich die Sterne eines Nachts in tausend Jahren zeigen würden, wie würden die Menschen dann über viele Generationen an das Andenken der Stadt Gottes glauben, es verehren und bewahren. ‹

EMERSON

Aton 77, Direktor der Universität von Saro, schob angriffslustig die Unterlippe vor und funkelte den jungen Reporter wutentbrannt an.

Theremon 762 blieb von dieser Wut unbeeindruckt. In seinen frühen Tagen, als seine inzwischen in vielen Zeitungen erscheinende Kolumne nur eine verrückte Idee im Kopf eines jungen Reporters gewesen war, hatte er sich auf ›unmögliche‹ Interviews spezialisiert. Es hatte ihm Schrammen, blaue Augen und Knochenbrüche eingebracht, aber es hatte ihm auch einen breiten Rückhalt an Kaltblütigkeit und Selbstvertrauen gegeben.

Jetzt ließ er die ausgestreckte Hand sinken, die so nachdrücklich übersehen worden war, und wartete gelassen ab, bis sich der betagte Direktor wieder etwas beruhigt hatte. Astronomen waren sowieso komische Vögel, und wenn das, was Aton in den vergangenen zwei Monaten getan hatte, irgendeine Bedeutung hatte, war dieser Aton der komischste von allen.

Aton 77 fand seine Stimme wieder, und wenn sie auch vor unterdrückter Erregung bebte, hielt er an der gewählten, etwas pedantischen Ausdrucksweise fest, für die der berühmte Astronom bekannt war.

»Sir, Sie legen eine infernalische Frechheit an den Tag, daß Sie mit einem solchen unerhörten Ansinnen zu mir kommen.«

Der stämmige Telephotograph des Observatoriums, Beenay 25, ließ die Zungenspitze zwischen trockenen Lippen sehen und warf ein: »Nun, Sir, Sie dürfen nicht vergessen . . .«

Der Direktor drehte sich zu ihm herum und hob eine weiße Augenbraue. »Mischen Sie sich nicht ein, Beenay. Ich will Ihnen zugute halten, daß Sie diesen Mann in gutem Glauben hergebracht haben, aber ich dulde jetzt keine Subordination.«

Theremon fand, daß es an der Zeit war, einzuschreiten. »Direktor Aton, wenn Sie mich zu Ende führen lassen, was ich eben sagten wollte, werden Sie . . .«

»Ich glaube nicht, junger Mann«, unterbrach ihn Aton, »daß Sie nach Ihren täglichen Kolumnen der letzten beiden Monate jetzt noch etwas von großer Bedeutung zu sagen haben könnten. Sie haben eine groß angelegte Zeitungskampagne gegen die Bemühungen meiner eigenen Person und die meiner Kollegen angeführt, die Welt gegen eine Gefahr zu organisieren, die sich nun nicht mehr abwenden läßt. Sie haben mit Ihren sehr persönlichen Angriffen Ihr möglichstes getan, das Kollegium dieses Observatoriums zum Ziel des Gespötts zu machen.«

Der Direktor nahm eine Ausgabe des Saro City *Chronicle* vom Tisch und hielt sie Theremon wütend unter die Nase. »Selbst jemand, der für seine Unverschämtheit so bekannt ist wie Sie, hätte Bedenken haben müssen, mit der Bitte zu mir zu kommen, für sein Blatt über die Ereignisse des heutigen Tages berichten zu dürfen. Sie, ausgerechnet Sie!«

Aton warf die Zeitung auf den Boden, schritt zum Fenster und verschränkte die Arme hinter dem Rücken.

»Sie können gehen«, bellte er über seine Schulter und starrte übellaunig hinaus auf den Horizont, wo Gamma, die hellste der sechs Sonnen des Planeten, gerade unterging. Im fernen Dunst war nur noch ihr gelblicher Schein zu erkennen, und Aton wußte, daß er sie nie wieder als geistig gesunder Mensch sehen würde.

Er fuhr herum. »Nein, warten Sie! Kommen Sie her!« Er winkte herrisch mit der Hand. »Ich werde Ihnen Ihre Geschichte geben.«

Der Reporter, der noch keine Anstalten gemacht hatte, zu gehen, kam jetzt langsam auf den alten Mann zu. Aton deutete nach draußen. »Von den sechs Sonnen steht nur noch Beta am Himmel. Sehen Sie sie?«

Die Frage war ziemlich überflüssig. Beta stand fast im Zenit, und ihr rötlicher Schein tauchte die Landschaft in ein ungewohntes orangefarbenes Licht, als die leuchtenden Strahlen der untergehenden Gamma verblaßten. Beta stand im Aphel. Sie war klein; kleiner, als Theremon sie je gesehen hatte, und im Augenblick war sie die unangefochtene Herrscherin über den Himmel von Lagash.

Lagashs eigene Sonne, Alpha, die Sonne, um die sich der Planet drehte, befand sich auf der anderen Seite, genauso wie die beiden entfernten Begleiterpaare. Der rote Zwerg Beta — Alphas direkter Begleiter — war allein, unheilvoll allein.

Atons aufwärts gerichtetes Gesicht erglühte rötlich im Licht der Sonne. »In etwas weniger als vier Stunden«, begann er, »wird die Zivilisation, wie wir sie kennen, untergehen. Sie wird deshalb untergehen, weil, wie Sie sehen, Beta die einzige Sonne am Himmel ist.« Er lächelte verbissen. »Drucken Sie das ruhig! Es wird doch niemand mehr da sein, der es liest.«

»Aber wenn nun nach diesen vier Stunden — und nach weiteren vier — immer noch nichts passiert ist?« fragte Theremon ruhig.

»Zerbrechen Sie sich darüber nicht den Kopf. Es wird etwas passieren — genug.«

»Schön! Und *trotzdem* — wenn jetzt nichts passiert?«

Zum zweitenmal meldete sich Beenay 25 zu Wort. »Sir, ich finde, Sie sollten ihn anhören.«

»Lassen Sie doch abstimmen, Direktor Aton«, schlug Theremon vor.

Unruhe machte sich unter den übrigen fünf Mitgliedern des Observatoriumkollegiums breit, die bis jetzt eine Haltung wachsamer Neutralität gezeigt hatten.

»Das«, stellte Anton ausdruckslos fest, »ist nicht notwendig.« Er zog seine Taschenuhr heraus. »Da Ihr guter Freund Beenay so darauf drängt, gebe ich Ihnen fünf Minuten. Sprechen Sie.«

»Gut! Also, was für einen Unterschied würde es machen, wenn Sie mir erlaubten, einen Augenzeugenbericht über das zu schreiben, was passieren wird? Wenn sich Ihre Voraussage bewahrheitet, wird meine Gegenwart nicht schaden, denn in diesem Fall würde mein Artikel doch nicht zu Papier kommen. Sollte sich aber das Ganze als Irrtum herausstellen, wird man Sie auslachen oder noch schlimmeres. Es wäre klug, dies wohlmeinenden Händen zu überlassen.«

Aton schnaubte verächtlich. »Meinen Sie die Ihren, wenn Sie von wohlmeinenden Händen sprechen?«

»Natürlich!« Theremon setzte sich und schlug die Beine übereinander. »Meine Artikel sind vielleicht ein bißchen hart gewesen, aber ich habe nie ausgeschlossen, daß Sie nicht möglicherweise doch recht haben könnten. Schließlich sind wir nicht mehr in einem Jahrhundert, in dem man Lagash mit ›Das Ende der Welt ist nahe‹ kommen kann. Sie müssen verstehen, daß die Leute nicht mehr an das *Buch der Offenbarungen* glauben, und sie regen sich darüber auf, wenn die Wissenschaftler auf einmal ihre Meinung ändern und uns erklären, daß die Kultanhänger nun doch recht haben . . .«

»Kommen Sie mir nicht damit, junger Mann«, fiel ihm Aton ins Wort. »Es ist zwar richtig, daß ein Großteil unserer Informationen vom Kult herstammt, aber unsere Ergebnisse haben nichts mit dem Mystizismus des Kults zu tun. Fakten sind Fakten, und hinter der sogenannten Mythologie des Kults *stehen* gewisse Fakten. Wir haben sie aufgedeckt und ihnen alles Mystische genommen. Glauben Sie mir, der Kult haßt uns jetzt noch mehr als Sie.«

»Ich hasse Sie nicht. Ich versuche nur, Ihnen verständlich zu machen, daß die Öffentlichkeit in einer üblen Stimmung ist. Sie ist wütend.«

Aton zog verächtlich die Mundwinkel herab. »Sollen sie doch wütend sein.«

»Schon, aber was ist mit morgen?«

»Es wird kein Morgen geben!«

»Aber wenn nun doch? Nehmen wir an, daß es doch ein Morgen gibt — rein theoretisch. Diese Wut könnte irgendwelche ernsten Formen annehmen. Mit der Wirtschaft ist es in den letzten beiden Monaten ziemlich bergab gegangen. Die Geldanleger glauben zwar eigentlich nicht an das Ende der Welt, aber trotzdem sind sie vorsichtig mit ihrem Geld, bis alles vorbei ist. Der Mann von der Straße glaubt Ihnen auch nicht, aber mit den neuen Frühjahrsmöbeln könnte man auch ruhig noch ein paar Monate warten — für alle Fälle.

Sie sehen, worauf ich hinaus will. Sobald das hier alles vorbei ist, wird Ihnen die Geschäftswelt ans Fell wollen. Sie werden sagen, wenn ein paar — entschuldigen Sie — Spinner frei nach Belieben die Konjunktur des Landes durcheinanderbringen können, einfach indem sie eine verrückte Voraussage machen, daß es Aufgabe des Planeten ist, etwas gegen sie zu unternehmen. Die Fetzen werden fliegen, Sir.«

Der Direktor betrachtet den Kolumnisten finster. »Und was schlagen Sie nun vor, wie man die Situation ändern könnte,«

»Nun« — Theremon grinste — »ich wollte Ihnen vorschlagen, daß ich mich um die Öffentlichkeit kümmere. Ich kann die Sache so drehen, daß die Leute das Ganze nur von der lächerlichen Seite her sehen. Zugegeben, es würde ganz schön hart für Sie, weil ich Sie als einen Haufen sabbernder Idioten darstellen müßte, aber wenn ich die Leute soweit kriegen kann, daß sie über Sie lachen, vergessen sie vielleicht ihre Wut. Alles, was mein Verleger als Gegenleistung dafür verlangt, ist eine Exklusivstory.«

Beenay nickte. »Sir«, platzte er heraus, »wir meinen, daß er recht hat. In diesen letzten beiden Monaten haben wir alles berücksichtigt außer der eins-zu-eine Million-Chance, daß uns doch in unserer Theorie oder unseren Berechnungen ein Fehler unterlaufen sein könnte. Wir sollten auch an diese Möglichkeit denken.«

Die Männer, die um den Tisch versammelt waren, murmelten zustimmend, und Atons Gesicht nahm den Ausdruck eines Mannes an, dessen Mund voll mit etwas Bitterem war und der es nicht loswerden konnte.

»Also gut, Sie können bleiben, wenn Sie wollen. Sie werden allerdings freundlicherweise unterlassen, uns in irgendeiner Weise an unseren Pflichten zu hindern. Sie werden auch daran denken, daß ich die Verantwortung für alles trage, was wir hier tun, und ich erwarte trotz Ihrer Ansichten, wie Sie sie in Ihren Artikeln zum Ausdruck gebracht haben, volle Mitarbeit und vollen Respekt . . .«

Seine Hände hatte er auf dem Rücken verschränkt, und das faltige Gesicht hatte er entschlossen vorgereckt, während er sprach. Er hätte vielleicht noch ewig so weitergeredet, wenn ihn nicht eine neue Stimme unterbrochen hätte.

»Hallo, hallo, hallo!« Es war ein hoher Tenor, und die dicken Wangen des Neuankömmlings drehten sich zu einem erfreuten Lächeln. »Was sollen denn diese Leichenbittermienen? Es wird doch niemand die Nerven verlieren, hoffe ich?«

Aton starrte den Mann konsterniert an und meinte gereizt: »Was zum Teufel machen Sie hier, Sheerin? Ich dachte, Sie sollten im Versteck bleiben.«

Sheerin lachte und ließ seine füllige Gestalt in einen Sessel plumpsen. »Zum Teufel mit dem Versteck! Dort war es mir zu langweilig. Ich wollte hier sein, am Ort des Geschehens. Was meinen Sie wohl, ich bin genauso neugierig wie jeder andere. Ich will diese Sterne sehen, von denen die Kultanhänger ständig reden.« Er rieb sich die Hände und fügte etwas sachlicher hinzu: »Es friert draußen. Der Wind ist so kalt, daß man Eiszapfen an der Nase bekommt. Beta scheint in der Entfernung, in der sie sich jetzt befindet, überhaupt keine Wärme abzugeben.«

Der weißhaarige Direktor knirschte vor plötzlichem Ärger mit den Zähnen. »Warum machen Sie so etwas Verrücktes, Sheerin? Was nützen Sie uns hier?«

»Was nütze ich dort?« Sheerin breitete in komischer Resignation die Handflächen aus. »Ein Psychologe ist im Versteck keinen Schuß Pulver wert. Sie brauchen Männer der Tat und kräftige, gesunde Frauen, die Kinder in die Welt setzen können. Und ich? Ich bin hundert Pfund zu schwer für einen Mann der Tat, und im Kinderkriegen wäre ich wohl auch nicht sehr erfolgreich. Warum soll ich also da bleiben und ihnen einen zusätzlichen Mund zu stopfen geben? Ich bin lieber hier.«

»Was ist denn dieses Versteck, Sir?« fiel Theremon rasch ein.

Sheerin schien den Reporter erst jetzt zu bemerken. Er runzelte die Stirn und blies seine fülligen Wangen auf. »Und wer, auf Lagash, sind Sie, Rotschopf?«

Aton preßte die Lippen zusammen. »Das ist Theremon 762«, murmelte er verdrießlich, »der Zeitungsschmierer. Sie haben sicher schon von ihm gehört.«

Der Kolumnist streckte seine Hand aus. »Und Sie sind natürlich Sheerin 501 von der Saro-Universität. Ich habe schon von Ihnen gehört.« Dann wiederholte er: »Was ist nun das Versteck, Sir?«

»Nun«, antwortete Sheerin, »es ist uns gelungen, ein paar Leute von der Stichhaltigkeit unserer — eh, um es einmal spektakulär auszudrücken — Untergangsprophezeiung zu überzeugen, und diese paar haben entsprechende Maßnahmen ergriffen. Es handelt sich hauptsächlich um direkte Angehörige der Familien des Observatoriumkollegiums, dann ein paar von der Fakultät der Saro-Universität und einige Außenstehende. Es sind insgesamt rund dreihundert Personen, drei Viertel davon Frauen und Kinder.«

»Ich verstehe! Sie sollen sich dort verstecken, wo ihnen die Finsternis und die — eh — Sterne nichts anhaben können, und dann da aushalten, wenn der Rest der Welt in die Binsen geht.«

»Wenn sie können. Es wird nicht leicht sein. Wenn die gesamte Menschheit wahnsinnig ist und die großen Städte in Flammen aufgehen, wird die Umwelt nicht gerade überlebensfreundlich sein. Aber sie haben zu essen, Wasser, Schutz und Waffen . . .«

»Sie haben noch mehr«, mischte sich Aton ein. »Sie haben unsere sämtlichen Aufzeichnungen, mit Ausnahme derer, die wir heute machen. Diese Aufzeichnungen werden alles für den nächsten Zyklus bedeuten, und *sie* sind es, die erhalten bleiben müssen. Alles andere kann zum Teufel gehen.«

Theremon stieß einen langen, leisen Pfiff aus und saß ein paar Minuten lang grübelnd da. Die Männer um den Tisch hatten ein Multischachbrett hervorgeholt und begannen ein Spiel für sechs Spieler. Rasch und schweigend machten sie ihre Züge. Alle Augen waren in grimmiger Konzentration auf das Brett gerichtet. Theremon sah ihnen aufmerksam zu, dann stand er auf und ging zu Aton hinüber, der abseits saß und sich flüsternd mit Sheerin unterhielt.

»Hören Sie«, meinte er, »gehen wir doch irgendwo hin, wo wir die übrigen nicht stören. Ich würde Ihnen gern ein paar Fragen stellen.«

Der betagte Astronom runzelte mürrisch die Stirn, doch Sheerin zwitscherte los: »Sicher. Es wird mir guttun zu reden. Das tut es immer. Aton hat mir gerade von Ihren Ansichten über die Reaktion der Welt erzählt, falls sich die Prophezeitung als Irrtum herausstellen sollte — und ich stimme Ihnen zu. Ich lese Ihre Spalte übrigens ziemlich regelmäßig, und im allgemeinen gefallen mir Ihre Ansichten.«

»Bitte, Sheerin«, grollt Aton.

»Was? Ach so, ja gut. Gehen wir in den Nebenraum. Er hat sowieso die weicheren Sessel.«

Die Sessel im Nebenraum waren weicher. Außerdem hingen dicke rote Vorhänge vor den Fenstern, und auf dem Boden lag ein kastanienbrauner Teppich. Mit dem hereinfallenden rötlich-braunen Licht von Beta bekam das Ganze einen abstoßenden Effekt von getrocknetem Blut.

Theremon schüttelte sich. »Meine Güte, ich würde glatt zehn Credits für eine einzige Sekunde weißes Licht geben. Ich wünschte, Gamma oder Delta wären am Himmel.«

»Was möchten Sie fragen?« wollte Aton wissen. »Bitte vergessen Sie nicht, daß unsere Zeit begrenzt ist. In etwas über eineinviertel Stunde werden wir nach oben gehen, und danach wird zum Reden keine Zeit mehr sein.«

»Okay. Also . . .« Theremon lehnte sich zurück und faltete seine Hände auf der Brust. »Ihr tut alle so verdammt ernst in dieser Sache, daß ich langsam anfange, euch zu glauben. Könnten Sie mir vielleicht einmal erklären, worum es eigentlich hier geht?«

»Wollen Sie etwa behaupten«, explodierte Aton, »daß Sie uns die ganze Zeit mit Ihrem Spott bombardiert haben, ohne überhaupt zu wissen, was wir sagen wollen?«

Der Kolumnist grinste einfältig. »Ganz so schlimm ist es nicht, Sir. Ich habe schon die ungefähre Vorstellung. Sie behaupten, daß es in wenigen Stunden eine weltweite Dunkelheit geben und die gesamte Menschheit völlig wahnsinnig werden wird. Was ich jetzt hören möchte, ist der wissenschaftliche Aspekt, der dahinter steht.«

»Nein, besser nicht. Besser nicht«, unterbrach ihn Sheerin. »Wenn Sie Aton darum bitten — angenommen, er wäre überhaupt dazu aufgelegt, Ihnen eine Antwort zu geben —, würde er Ihnen seitenweise Zahlen und Schaubilder unter die Nase halten, und Sie wüßten vorn und hinten nichts damit anzufangen. Wenn Sie mich dagegen fragen, könnte ich Ihnen den Standpunkt eines Laien geben.«

»Also schön; ich frage Sie.«

»Dann möchte ich zuerst etwas trinken.« Er rieb sich die Hände und sah Aton an.

»Wasser?«

»Seien Sie nicht albern!«

»Seien *Sie* nicht albern. Kein Alkohol heute. Meine Leute würden zu leicht betrunken werden. Ich kann es mir nicht leisten, sie in Versuchung zu führen.«

Der Psychologe brummte etwas Unverständliches. Dann wandte er sich an Theremon, durchbohrte ihn mit seinen scharfen Augen und begann.

»Ich muß Ihnen sicher nicht sagen, daß die Geschichte der Zivilisation auf Lagash einen *zyklischen* Charakter aufweist — und ich meine zyklisch!«

»Ich weiß«, erwiderte Theremon vorsichtig, »daß dies die geläufige archäologische Theorie ist. Ist sie denn als Tatsache akzeptiert worden?«

»So gut wie. In diesem letzten Jahrhundert ist man sich allgemein darüber einig geworden. Dieser zyklische Charakter ist — oder besser war — eins der großen Geheimnisse. Wir haben Folgen von Zivilisation ausfindig machen können, neun davon definitiv, sowie Hinweise auf andere, die alle auf einem ähnlichen Höhepunkt wie wir jetzt gestanden haben und die alle, ohne Ausnahme, genau in der Blütezeit ihrer Kultur durch Feuer vernichtet wurden.«

Und niemand wußte, warum. Alle Kulturzentren wurden durch Feuer völlig zerstört, und es blieb nichts zurück, das einen Hinweis auf die Ursache hätte geben können.«

Theremon hörte aufmerksam zu. »Hat es nicht auch eine Steinzeit gegeben?«

»Wahrscheinlich, aber darüber wissen wir bisher noch kaum etwas, außer daß die Menschen in dieser Periode nicht viel mehr als ziemlich intelligente Affen waren. Das können wir vergessen.«

»Ich verstehe. Fahren Sie fort!«

»Natürlich gibt es Erklärungen für diese sich ständig wiederholenden Katastrophen, die aber alle mehr oder weniger phantastisch sind. Einige sagen, daß periodisch Feuerregen auftritt; andere, daß Lagash in bestimmten Abständen dicht an einer Sonne vorbeikommt, und wieder andere noch wildere Dinge. Es gibt aber eine Theorie, die sich völlig von diesen anderen unterscheidet und die seit einer Reihe von Jahrhunderten weitergegeben wird.«

»Ich weiß. Sie meinen diesen Mythos über die ›Sterne‹, den die Kultanhänger in ihrem *Buch der Offenbarungen* haben.«

»Genau.« Sheerin nickte mit Befriedigung. »Die Kultanhänger sagen, daß Lagash alle zweitausendundfünfzig Jahre in eine riesige Höhle eintrat, so daß alle Sonnen verschwanden, und es kam eine *totale Finsternis über die ganze Welt!* Und dann, sagen sie, zeigten sich Dinge, die Sterne hießen, die die Menschen ihrer Seele beraubten und sie zu vernunftlosen Tieren machten, so daß sie die Zivilisation zerstörten, die sie selbst aufgebaut hatten. Natürlich vermischen sie das alles mit einer Reihe religiös-mystischer Vorstellungen, aber das ist der Zentralgedanke.«

Es entstand eine kurze Pause, in der Sheerin tief Luft holte. »Und jetzt kommen wir zu der Theorie der Universalen Gravitation.« Er sprach den Satz so aus, daß die Anfangsbuchstaben betont waren — und an diesem Punkt wandte sich Aton vom Fenster ab, schnaubte laut und stakte aus dem Raum.

Die beiden starrten ihm nach, und Theremon meinte: »Was ist denn los?«

»Nichts weiter. Zwei der Männer sollten schon vor Stunden hier sein, sind aber bisher noch nicht aufgetaucht. Er ist natürlich schrecklich knapp an Leuten, weil alle außer den wirklich unabkömmlichen Männern zum Versteck sind.«

»Sie glauben doch nicht, daß die beiden desertiert sind, oder?«

»Wer? Faro und Yimot? Natürlich nicht. Trotzdem, wenn sie nicht innerhalb der nächsten Stunde zurück sind, könnte es ein bißchen eng werden.« Er stand unvermittelt auf und zwinkerte mit den Augen. »Wie dem auch sei, solange Aton nicht zusehen kann . . .«

Er schlich auf Zehenspitzen zum nächsten Fenster, ging in die Hocke und holte aus dem Blumenkasten darunter eine Flasche mit einer roten Flüssigkeit, die verlockend gluckste, als er sie schüttelte.

»Ich *dachte* mir doch, daß Aton nichts davon wußte«, bemerkte er, als er zurück zum Tisch trottete. »Hier! Wir haben bloß ein Glas, und das dürfen Sie nehmen, da Sie der Gast sind. Ich behalte die Flasche.« Er füllte das winzige Glas mit penibler Sorgfalt.

Theremon erhob sich, um zu protestieren, doch Sheerin warf ihm einen strengen Blick zu. »Respekt vor dem Alter, junger Mann.«

Der Reporter setzte sich wieder mit einem schmerzlichen Ausdruck im Gesicht. »Dann machen Sie schon, Sie alter Schurke.«

Der Adamsapfel des Psychologen hüpfte, als er die Flasche ansetzte, und dann, nach einem zufriedenen Grunzen und einem schmatzenden Laut, begann er wieder. »Was wissen Sie über Gravitation?«

»Nichts, außer daß es sich dabei um eine sehr neue Entwicklung handelt, die noch nicht richtig erfaßt ist, und daß die Mathematik so kompliziert ist, daß sie angeblich nur zwölf Leute auf Lagash verstehen.«

»*Pah!* Unsinn! Quatsch! Ich kann Ihnen die Grundmathematik in einem Satz geben. Das Gesetz der Universalen Gravitation besagt, daß zwischen allen Körpern des Universums eine Anziehungskraft besteht, und die Kraft, mit der sich zwei Körper anziehen, proportional ist dem Produkt ihrer Massen geteilt durch das Quadrat ihrer Entfernung voneinander.«

»Ist das alles?«

»Das reicht! Es hat vierhundert Jahre gedauert, das herauszufinden.«

»Warum so lange? Es klingt doch ziemlich einfach, so wie Sie es gerade gesagt haben.«

»Weil sich große Gesetze nicht durch Geistesblitz erkennen lassen, wie Sie vielleicht glauben. Es erfordert gewöhnlich die gemeinsame Arbeit einer Welt voll Wissenschaftler über einen Zeitraum von Jahrhunderten. Nachdem Genovi 41 entdeckte, daß sich Lagash um die Sonne Alpha dreht und nicht umgekehrt — und das war vor vierhundert Jahren — haben sich die Astronomen an die Arbeit gemacht. Die komplexen Bewegungen der sechs Sonnen wurden aufgezeichnet, analysiert und entworfen. Eine Theorie nach der anderen wurde entwickelt und überprüft und gegengeprüft und abgeändert und verworfen und wieder neu aufgegriffen und in etwas anderes umgewandelt. Es war eine Heidenarbeit.«

Theremon nickte nachdenklich und hielt Sheerin dann sein Glas hin. Zähneknirschend gab der Psychologe ein paar rote Tropfen aus der Flasche frei.

»Vor zwanzig Jahren«, fuhr er fort, nachdem er sich auch noch einmal die Kehle angefeuchtet hatte, »wurde dann endgültig bewiesen, daß sich mit dem Gesetz der Universalen Gravitation die Bahnbewegungen der sechs Sonnen exakt erklären lassen. Es war ein großer Triumph.«

Sheerin stand auf und ging zum Fenster, wobei er die Flasche nicht aus der Hand gab. »Und nun kommen wir zum Kern der Sache. In den letzten zehn Jahren wurden die Bewegungen Lagashs um Alpha nach der Gravitation berechnet, und *sie erklärte nicht die beobachtete Bahn;* selbst dann nicht, als alle Perturbationen durch die anderen Sonnen mit einbezogen wurden. Entweder war das Gesetz ungültig, oder es spielte noch ein weiterer, bisher unbekannter Faktor mit.«

Theremon gesellte sich zu Sheerin ans Fenster und starrte hinaus über die baumbestandenen Hänge auf den Horizont, wo die Türme von Saro City in ein blutiges Licht getaucht waren. Der Reporter fühlte, wie die Spannung der Unsicherheit in ihm wuchs, als er einen flüchtigen Blick auf Beta warf. Sie glühte rötlich im Zenit, geschrumpft und böse.

»Fahren Sie fort, Sir«, sagte er leise.

»Die Astronomen rätselten Jahre herum, und jede Theorie, mit der sie kamen, war unhaltbarer als die vorhergehende — bis Aton die Eingebung hatte, den Kult zur Hilfe zu ziehen. Der Führer des Kults, Sor 5, hatte Zugang zu gewissen Informationen, die das Problem beträchtlich vereinfachten. Aton begann, an einer neuen Spur zu arbeiten.

Was war, wenn es nun einen anderen nicht leuchtenden Planetenkörper wie Lagash gäb? Wenn dies so war, würde er nur durch reflektiertes Licht scheinen, und wenn er aus bläulichen Felsen bestehen würde, wie der größte Teil von Lagash, dann würde ihn die Röte des Himmels, das ewige Licht der Sonnen, unsichtbar machen — ihn völlig überdecken.«

Theremon stieß einen Pfiff aus. »Was für eine verrückte Idee.«

»*Das* halten Sie für verrückt? Dann hören Sie sich das hier mal an: Angenommen, dieser Himmelskörper würde in der und der Entfernung und auf der und der Bahn um Lagash kreisen und besäße eine solche Masse, daß sich durch seine Anziehungskraft die Abweichungen der Umlaufbahn Lagashs von der Theorie erklären ließen — wissen Sie, was passieren würde?

Nun, manchmal würde dieser Körper in den Weg einer Sonne kommen.« Sheerin leerte in einem Zug, was noch in der Flasche war.

»Was der Fall ist, wie ich annehme«, bemerkte Theremon tonlos.

»Ja! Aber es liegt nur eine Sonne in seiner Umlaufebene.« Er ruckte mit dem Daumen in Richtung der eingeschrumpften Sonne über ihnen. »Beta! Und es ist bewiesen worden, daß die Eklipse nur auftritt, wenn die Anordnung der Sonnen so ist, daß Beta allein in ihrer Hemisphäre und in maximaler Entfernung ist, zu welchem Zeitpunkt der Mond unveränderlich im geringsten Abstand steht. Die daraus resultierende Eklipse, wobei der Durchmesser des Mondes siebenmal so groß ist wie der sichtbare von Beta, erstreckt sich über ganz Lagash und dauert über einen halben Tag, so daß keine Stelle auf dem Planeten dem Effekt entgeht. Diese *Eklipse kommt einmal alle zweitausendneunundvierzig Jahre vor.*«

Theremons Gesicht war zu einer ausdruckslosen Maske verzogen. »Und das ist meine Geschichte?«

Der Psychologe nickte. »Das ist alles. Zuerst die Eklipse — die in einer Dreiviertelstunde einsetzen wird —, dann die weltweite Finsternis und, vielleicht, diese mysteriösen Sterne — dann Wahnsinn und das Ende des Zyklus.«

Er runzelte die Stirn. »Wir hatten einen Spielraum von zwei Monaten — wir im Observatorium —, und das war nicht genug Zeit, um Lagash von der Gefahr zu überzeugen. Vielleicht wären noch nicht einmal zweihundert Jahre genug gewesen. Aber unsere Aufzeichnungen befinden sich im Versteck, und heute photographieren wir die Eklipse. Der nächste Zyklus wird direkt mit der Wahrheit *beginnen*, und wenn dann die *nächste* Eklipse kommt, wird die Menschheit endlich darauf vorbereitet sein. Übrigens, auch das gehört zu Ihrer Geschichte.«

Ein leiser Wind fuhr durch die Vorhänge am Fenster, als Theremon es öffnete und sich hinauslehnte. Der Wind spielte kalt in seinen Haaren, während Sheerin auf das blutig rote Sonnenlicht auf seiner Hand starrte.

»Wie könnte *mich* Finsternis in den Wahnsinn treiben?«

Sheerin lächelte vor sich hin, während er die leere Flasche mit zerstreuten Bewegungen kreisen ließ. »Haben Sie denn schon jemals Finsternis erlebt, junger Mann?«

Der Reporter lehnte sich gegen die Wand und dachte nach. »Nein. Das habe ich nicht. Aber ich weiß, wie es ist. Einfach — eh —« Er fuchtelte mit den Fingern herum, dann hellte sich seine Miene auf. »Einfach kein Licht. Wie in einer Höhle.«

»Sind Sie schon mal in einer Höhle gewesen?«

»In einer *Höhle*! Natürlich nicht!«

»Das habe ich mir gedacht. Ich habe es letzte Woche versucht — nur um zu sehen, wie es ist — und bin auf dem schnellsten Weg wieder raus. Ich bin soweit hineingegangen, bis der Höhleneingang nur noch als undeutlicher Lichtfleck zu sehen und sonst alles schwarz war. Ich hätte nie gedacht, daß jemand mit meinem Gewicht so schnell laufen könnte.«

Theremon kräuselte die Lippen. »Also, was das betrifft, glaube ich kaum, daß ich gelaufen wäre, wenn ich an Ihrer Stelle gewesen wäre.«

Der Psychologe studierte den jungen Mann mit verärgertem Stirnrunzeln.

»Mein Gott, spucken Sie nicht so große Töne! Sie trauen sich ja nicht, den Vorhang zuzuziehen.«

Theremon sah ihn überrascht an. »Wozu? Wenn wir vier oder fünf Sonnen da draußen hätten, dann könnte ich es ja verstehen, damit es nicht ganz so hell ist, aber jetzt haben wir ja noch nicht mal genug Licht.«

»Genau darum geht es. Ziehen Sie den Vorhang vor, und dann kommen Sie her und setzen sich.«

»Von mir aus.« Theremon griff nach der Schnur mit dem Quast und zog daran. Der rote Vorhang glitt vor das breite Fenster, wobei die Metallringe schnarrend über die Querstange rutschten und sich eine dämmrig-rote Dunkelheit über den Raum legte.

Theremons Schritte klangen hohl in der Stille, als er sich auf den Weg zurück zum Tisch machte und dann auf halber Strecke stehenblieb. »Ich kann Sie nicht sehen, Sir«, flüsterte er.

»Dann ertasten Sie sich Ihren Weg«, befahl Sheerin gezwungen.

»Aber ich kann Sie nicht sehen, Sir.« Der Reporter atmete hart. »Ich kann überhaupt nichts sehen.«

»Was haben Sie denn erwartet?« kam die verbissene Antwort. »Kommen Sie her und setzen Sie sich!«

Wieder erklangen die Schritte, zögernd kamen sie langsam näher. Dann konnte man hören, wie sich jemand mit einem Stuhl zu schaffen machte. »Da bin ich«, kam Theremons Stimme. »Ich bin . . . okay.«

»Es gefällt Ihnen, oder?«

»N-ein. Es ist verdammt schrecklich. Die Wände scheinen —« Er brach ab. »Sie scheinen auf mich zuzukommen. Ich meine, ich müßte sie zurückdrücken. Aber ich werde nicht *verrückt*! Eigentlich ist es jetzt schon gar nicht mehr so schlimm wie am Anfang.«

»Schön. Ziehen Sie die Vorhänge wieder auf.«

Vorsichtige Schritte waren im Dunkeln zu hören, dann das Rascheln von Theremon, wie er den Vorhang streifte, als er nach der Schnur tastete, und schließlich das triumphierende Rauschen des zurückgleitenden Vorhangs. Rotes Licht flutete in den Raum, und mit einem Freudenschrei sah Theremon zu der Sonne auf.

Sheerin wischte sich mit dem Handrücken den Schweiß von der Stirn. »Und das war nur ein dunkler Raum«, meinte er mit bebender Stimme.

»Es läßt sich aushalten«, gab Theremon leichthin zurück.

»Ja, ein dunkler Raum schon. Sagen Sie, sind Sie auf der Jonglor-Jahrhundertausstellung vor zwei Jahren gewesen?«

»Nein, dazu bin ich nicht gekommen. Sechstausend Meilen war doch ein bißchen weit, selbst für diese Ausstellung.«

»Nun, ich bin dort gewesen. Können Sie sich an den ›Geheimnisvollen Tunnel‹ erinnern, der alle Rekorde auf dem Vergnügungsplatz gebrochen hat — zumindest im ersten Monat?«

»Ja. Hat es damit nicht Theater gegeben?«

»Alles wurde mehr oder weniger vertuscht. Dieser ›Geheimnisvolle Tunnel‹ war einfach ein Tunnel von einer Meile Länge — ohne Licht. Man stieg in einen kleinen offenen Wagen und wurde fünfzehn Minuten lang durch Finsternis kutschiert. Es war sehr beliebt — solange es bestand.«

»Beliebt?«

»Natürlich. Es geht eine Faszination von dem Gefühl aus, Angst zu haben, *wenn es zu einem Spiel gehört*. Ein Baby wird mit drei instinktiven Ängsten geboren: vor lauten Geräuschen, vor dem Fallen und vor dem Fehlen von Licht. Deshalb findet man es auch so spaßig, auf jemanden zuzuspringen und ›Buh!‹ zu rufen. Deshalb macht es auch so viel Vergnügen, mit der Berg- und Talbahn zu fahren. Und deshalb war der ›Geheimnisvolle Tunnel‹ auch so ein Bombengeschäft. Die Leute kamen zitternd, atemlos und halb tot vor Angst wieder aus jener Finsternis heraus, aber trotzdem bezahlten sie weiter, um hineinzukommen.«

»Warten Sie mal, jetzt erinnere ich mich. Ein paar Leute kamen tot heraus, nicht? Es sind jedenfalls solche Gerüchte kursiert, nachdem der Laden dicht machte.«

Der Psychologe schnaubte verächtlich. »Pah! Zwei oder drei sind gestorben. Das war nichts! Sie haben die Familien der Toten ausbezahlt und den Stadtrat von Jonglor dazu überredet, die Angelegenheit zu vergessen. Schließlich, argumentierten sie, geschähe es auf eigene Gefahr, wenn Leute mit einem schwachen Herzen unbedingt durch den Tunnel wollten — und außerdem würde so etwas nicht wieder vorkommen. Sie setzten also einen Arzt in das Eingangsbüro, und jeder Besucher mußte sich einer körperlichen Untersuchung unterziehen, bevor er in den Wagen durfte. Und das trieb dann die Besucherzahlen erst recht in die Höhe.«

»Und dann?«

»Sehen Sie, es kam noch etwas anderes hinzu. Leute kamen manchmal völlig normal wieder heraus, nur daß sie sich plötzlich weigerten, Gebäude zu betreten — ganz gleich, welche Art von Gebäuden, ob Paläste, Villen, Miets- oder Einfamilienhäuser, Hütten, Scheunen, Schuppen oder Zelte.«

Theremon sah ihn entsetzt an. »Sie meinen, sie weigerten sich, aus dem Freien zu gehen? Wo haben sie denn geschlafen?«

»Im Freien.«

»Man hätte sie nach drinnen *zwingen* sollen.«

»Oh, das hat man getan, das hat man getan. Worauf dieselben Leute die schlimmsten hysterischen Anfälle bekamen und mit aller Gewalt versuchten, sich den Kopf an der nächsten Wand einzuschlagen. In geschlossenen Räumen waren sie nur mit einer Zwangsjacke oder einer starken Dosis von Beruhigungsmitteln friedlich zu halten.«

»Sie müssen verrückt gewesen sein.«

»Genau das waren sie. Einer von zehn, die in diesen Tunnel fuhren, kam so wieder heraus. Man rief die Psychologen zu Hilfe, und wir haben das einzig Mögliche getan. Nämlich das Ding geschlossen.« Er breitete die Hände aus.

»Was war denn mit diesen Leuten los?« fragte Theremon schließlich.

»Im Grunde genau das gleiche, was mit Ihnen los war, als Sie dachten, daß die Wände Sie im Dunkeln erdrücken würden. Es gibt einen psychologischen Ausdruck für die instinktive Angst des Menschen vor dem Fehlen von Licht. Wir nennen es ›Klaustrophobie‹, weil das Fehlen von Licht immer mit geschlossenen Räumen verbunden ist, so daß die Angst vor dem einen auch die Angst vor dem anderen ist. Verstehen Sie?«

»Und diese Leute aus dem Tunnel?«

»Diese Leute aus dem Tunnel waren jene Unglücklichen, die geistig nicht die Widerstandskraft besaßten, die Klaustrophobie zu überwinden, die sie in der Finsternis überkam. Fünfzehn Minuten ohne Licht ist eine lange Zeit; bei Ihnen waren es eben nur zwei oder drei Minuten, und ich glaube, Sie waren doch ziemlich durcheinander.

Die Leute aus dem Tunnel hatten eine sogenannte ›klaustrophobische Zwangsvorstellung‹. Ihre latente Angst vor Finsternis und geschlossenen Räumen hatte sich manifestiert und war aktiv und, soweit wir sagen können, permanent geworden. Das passiert, wenn Sie fünfzehn Minuten im Dunkeln sind.«

Es trat eine lange Pause ein, und Theremons Stirn zog sich langsam zu einem Runzeln zusammen. »Ich glaube nicht, daß es so schlimm ist.«

»Sie meinen, Sie wollen es nicht glauben«, fauchte Sheerin. »Sie haben Angst, es zu glauben. Sehen Sie aus dem Fenster!«

Theremon gehorchte, und der Psychologe fuhr ohne Unterbrechung fort. »Stellen Sie sich Finsternis vor — überall. Kein Licht, soweit Sie sehen können. Die Häuser, Bäume, Felder, die Erde, der Himmel — schwarz! Und dann auf einmal die Sterne, oder was weiß ich — was immer *das* auch sein mag. Können Sie sich das vorstellen?«

»Ja, kann ich«, erklärte Theremon aufsässig.

Sheerin schlug in einer plötzlichen Wut mit der Faust auf den Tisch. »Sie lügen! Das können Sie sich nicht vorstellen. Ihr Gehirn ist genauso wenig für diese Vorstellung ausgelegt wie für die der Unendlichkeit oder Ewigkeit. Sie können nur darüber sprechen. Ein Bruchteil der Realität bringt Sie schon aus der Fassung, und wenn es dann wirklich ernst wird, steht Ihr Gehirn vor einem Phänomen, das über seine Fassungskraft hinausgeht. Sie werden wahnsinnig werden, total und für immer! Daran besteht kein Zweifel!«

Betrübt fügte er hinzu: »Und wieder sind ein paar tausend Jahre mühevoller Anstrengungen umsonst. Morgen wird keine Stadt auf ganz Lagash mehr unbeschädigt stehen.«

Theremon gelang es, einen Teil seines geistigen Gleichgewichts zurückzufinden. »Das leuchtet mir nicht ein. Ich kann immer noch nicht begreifen, daß ich verrückt werden soll, nur weil keine Sonne mehr am Himmel ist — aber selbst wenn ich verrückt würde und alle anderen auch, was hat das mit den Städten zu tun? Sollen wir sie vielleicht in die Luft jagen?«

Sheerin war jetzt ebenfalls wütend. »Wenn Sie im Finstern wären, was würden sie mehr als alles andere wollen; wonach würde jeder Instinkt in Ihnen rufen? Nach Licht, verdammt noch mal, nach *Licht*!«

»Und?«

»Und woher würden Sie Licht bekommen?«

»Ich weiß es nicht«, antwortete Theremon tonlos.

»Was ist der einzige Weg, Licht zu bekommen, außer durch eine Sonne?«

»Woher soll ich das wissen?«

Sie standen sich jetzt Gesicht an Gesicht und Nase an Nase gegenüber.

»Indem Sie etwas verbrennen«, fuhr Sheerin fort. »Haben Sie schon mal einen Waldbrand gesehen? Sind Sie schon mal zelten gewesen und haben über einem Holzfeuer gekocht? Wärme ist nicht das einzige, was brennendes Holz abgibt. Es gibt auch Licht ab, und das wissen die Leute. Und wenn es dunkel ist, wollen sie Licht, und *das* werden sie sich holen.«

»Also verbrennen sie Holz?«

»Sie werden alles verbrennen, was ihnen in die Hände kommt. Sie müssen Licht haben. Sie müssen etwas verbrennen, und Holz ist nicht bei der Hand — also werden sie verbrennen, was gerade greifbar ist. Sie werden ihr Licht bekommen — und jede Ansiedlung wird in Flammen aufgehen!«

Jeder hielt den Blick des anderen fest, als ob das Ganze eine persönliche Sache respektiver Willenskraft sei, bis sich Theremon dann wortlos abwandte. Sein Atem ging hart und unregelmäßig, und er bemerkte kaum den Tumult, der aus dem angrenzenden Raum durch die geschlossene Tür hereindrang.

Als Sheerin jetzt wieder das Wort ergriff, hatte er Mühe, seine Stimme sachlich klingen zu lassen. »Ich glaube, ich habe Yimots Stimme gehört. Er und Faro werden wahrscheinlich zurück sein. Gehen wir hinüber und hören uns an, was sie aufgehalten hat.«

»Von mir aus!« murmelte Theremon. Er holte tief Luft und schien sich zu schütteln. Die Spannung war gebrochen.

Der Raum war in Aufruhr, und die Mitglieder des Kollegiums standen um zwei junge Männer herum, die gerade ihre Überkleidung auszogen, während sie gleichzeitig die verschiedenen Fragen parierten, die ihnen zugerufen wurden.

Aton schob sich durch die Menge und stellte sich zornig vor die Neuankömmlinge. »Ist Ihnen eigentlich bewußt, daß es keine halbe Stunde mehr bis zum entscheidenden Augenblick ist? Wo sind Sie gewesen?«

Faro 24 setzte sich und rieb sich die Hände. Seine Wangen waren von der Kälte draußen gerötet. »Yimot und ich haben eben ein eigenes kleines verrücktes Experiment durchgeführt. Wir wollten sehen, ob wir nicht etwas zusammenbasteln konnten, wodurch wir das Phänomen der Finsternis und der Sterne simulieren konnten, um im voraus einen Eindruck zu bekommen, wie es aussehen würde.«

Unter den Zuhörern wurde verwirrtes Gemurmel laut, und in Atons Augen trat plötzlich ein interessierter Ausdruck. »Davon haben Sie vorher nichts erwähnt. Wie haben Sie es angefangen?«

»Nun«, erklärte Faro, »die Idee ist Yimot und mir schon vor langem gekommen, und in unserer freien Zeit haben wir sie ausgearbeitet. Yimot wußte ein niedriges, einstöckiges Gebäude in der Stadt mit einem Kuppeldach — ich glaube, es ist früher mal ein Museum gewesen. Jedenfalls, wir haben es gekauft . . .«

»Woher hatten Sie das Geld?« unterbrach ihn Aton bestimmt.

»Von unseren Bankkonten«, antwortete Yimot 70. »Es kostete zweitausend Credits.« Dann fügte er verteidigend hinzu: »Was soll's schon? Morgen sind zweitausend Credits nur noch zweitausend Fetzen Papier. Mehr nicht.«

»Genau«, pflichtete ihm Faro bei. »Wir haben das Haus also gekauft und es vom Boden bis zur Decke mit schwarzem Samt ausgeschlagen, um eine so perfekte Finsternis wie möglich zu bekommen. Dann haben wir kleine Löcher in die Decke und durch das Dach gestoßen und sie mit kleinen Metallkappen abgedeckt, die durch das Drücken eines Schalters alle gleichzeitig zur Seite geschoben werden konnten. Das haben wir allerdings nicht selbst gemacht; wir haben einen Zimmermann, einen Elektriker und ein paar andere Handwerker damit beauftragt — Geld spielte ja keine Rolle. Worum es uns ging, war, daß Licht durch die Löcher im Dach fiel, so daß wir einen sternenähnlichen Effekt hatten.«

In der anschließenden Pause herrschte atemloses Schweigen. »Sie hatten kein Recht, ein privates . . .« begann Aton steif.

Faro schien verlegen. »Ich weiß, Sir — aber offengestanden hielten Yimot und ich das Experiment für etwas gefährlich. Wenn der beabsichtigte Effekt eintrat, rechneten wir halb damit, verrückt zu werden — nach dem, was Sheerin dazu sagt, hielten wir es für ziemlich wahrscheinlich. Wir wollten das Risiko allein eingehen. Natürlich haben wir uns überlegt, daß wir, wenn wir bei dem Experiment nicht wahnsinnig wurden, vielleicht eine Art Immunität gegen das tatsächliche Ereignis entwickeln und die übrigen von uns dann dem gleichen Versuch unterziehen konnten. Nur hat das Ganze dann nicht geklappt . . .«

»Was ist denn passiert?«

Es war Yimot, der die Antwort übernahm. »Wir haben uns eingeschlossen und gewartet, bis sich unsere Augen an die Dunkelheit gewöhnt hatten. Es ist ein ganz schön ekelhaftes Gefühl, denn in der totalen Finsternis hat man den Eindruck, als ob die Wände und die Decke einen erdrücken. Aber wir haben es ausgehalten und schließlich den Schalter gedrückt. Die Kappen fielen zur Seite, und überall im Dach glitzerten kleine Lichtpunkte . . .«

»Und?«

»Und — nichts. Das war ja gerade das Verrückte. Nichts passierte. Es war einfach ein Dach mit Löchern, und genauso hat es auch ausgesehen. Wir haben es immer wieder versucht — deshalb sind wir auch so spät gekommen —, aber es hat nicht den geringsten Effekt gehabt.«

Es folgte entsetztes Schweigen, und alle Augen richteten sich auf Sheerin, der regungslos und mit offenem Mund dasaß.

Theremon war der erste, der seine Sprache wiederfand. »Sie wissen, was das für diese Theorie bedeutet, die Sie aufgestellt haben, Sheerin, nicht?« Er grinste erleichtert.

Sheerin hob die Hand. »Jetzt warten Sie mal einen Augenblick. Lassen Sie mich überlegen.« Dann schnippte er mit den Fingern, und als er den Kopf hob, lag weder Überraschung noch Unsicherheit in seinen Augen. »Natürlich . . .«

Er kam nicht dazu, auszuführen, was er hatte sagen wollen. Von irgendwo über ihnen war plötzlich ein scharfes Klirren zu hören, worauf Beenay aufsprang und mit einem »Was zum Teufel ist denn los?« die Treppe hinaufstürzte.

Die anderen folgten ihm.

Die Ereignisse überstürzten sich. Sobald er die Kuppel erreicht hatte, erfaßte Beenay mit einem entsetzten Blick die zerbrochenen Photoplatten und den Mann, der sich über sie beugte; und dann stürzte er sich voll Wut auf den Eindringling und ging ihm mit einem mörderischen Griff an die Kehle. Ein wildes Gerangel entstand, und nachdem andere aus dem Kollegium zu Hilfe kamen, wurde der Fremde unter dem Gewicht eines halben Dutzends aufgebrachter Männer begraben und fast erdrückt.

Aton kam als letzter hoch. Er atmete schwer. »Laßt ihn los!«

Zögernd lösten sich die Männer von dem Fremden, der, keuchend, mit zerrissenen Sachen und zerschrammter Stirn, auf die Füße gerissen wurde. Er trug einen kurzen, flachsfarbenen Bart, der kunstvoll in der Mode onduliert war, wie sie die Kultanhänger bevorzugten.

Beenay lockerte seinen Griff, packte den Mann statt dessen am Kragen und schüttelte ihn hin und her. »So, du Dreckskerl, und jetzt verrat uns mal, was das Ganze soll. Diese Platten . . .«

»Auf sie hatte ich es nicht abgesehen«, gab der Kultanhänger kalt zurück. »Das war ein Unfall.«

Beenay folgte seinem finsteren Blick und zischte dann: »Ich verstehe. Sie hatten es auf die Kameras abgesehen. Dann können Sie von Glück sagen, daß Ihnen das mit den Platten passiert ist. Wenn Sie die Schnappschuß-Bertha oder eine der anderen angefaßt hätten, wären Sie eines langsamen Foltertodes gestorben. So dagegen . . .« Er holte mit der Faust aus.

Aton schnappte ihn beim Ärmel. »Schluß damit! Lassen Sie ihn los!«

Der junge Techniker zögerte, dann ließ er den Arm widerwillig sinken. Aton schob ihn zur Seite und stellte sich vor den Kultanhänger. »Sie sind Latimer, nicht?«

Der Kultanhänger verbeugte sich förmlich und deutete auf das Symbol an seiner Hüfte. »Ich bin Latimer 25, Adjutant Seiner Durchlaucht, Sor 5«.

»Sie sind doch« — Atons weiße Augenbraue hob sich — »bei Seiner Durchlaucht gewesen, als er mich letzte Woche besucht hat, oder?«

Latimer verbeugte sich ein zweites Mal.

»Schön, also was wollen Sie?«

»Nichts, das Sie mir freiwillig geben würden.«

»Sor 5 hat Sie geschickt, nehme ich an — oder war es Ihre eigene Idee?«

»Auf diese Frage antworte ich nicht.«

»Werden noch weitere Besucher kommen?«

»Auch darauf gebe ich keine Antwort.«

Aton sah auf seine Uhr. »So, Mann«, meinte er mit finsterer Miene, »was will Ihr Meister von mir? Ich habe meinen Teil der Abmachung erfüllt.«

Latimer lächelte leise, sagte aber nichts.

»Ich habe ihn um Informationen gebeten«, fuhr Aton zornig fort, »die mir nur der Kult geben konnte, und diese habe ich bekommen. Dafür sage ich vielen Dank. Als Gegenleistung habe ich versprochen, zu beweisen, wie wahr der Glauben des Kults ist.«

»Dies zu beweisen, bestand keine Notwendigkeit«, kam die stolze Antwort. »Es steht im *Buch der Offenbarungen* bewiesen.«

»Ja, für die paar, die den Kult bilden. Geben Sie nicht vor, Sie wüßten nicht, was ich damit meine. Ich habe Ihnen angeboten, Ihren Glauben wissenschaftlich zu untermauern. Und das habe ich getan!«

Die Augen des Kultanhängers verengten sich verbittert. »Ja, das haben Sie — mit der Schläue eines Fuchses, denn Ihre angebliche Erklärung untermauerte zwar unseren Glauben, nahm ihm aber gleichzeitig jede Notwendigkeit. Sie machten die Finsternis und die Sterne zu einem Naturereignis und nahmen ihr ihre wirkliche Bedeutung. Das war Blasphemie.«

»Wenn das so ist, ist es nicht meine Schuld. Die Fakten existieren nun einmal. Was anders kann ich tun, außer sie festzustellen und zu nennen?«

»Ihre ›Fakten‹ sind nichts als Betrug und Täuschung.«

Aton stampfte wütend mit dem Fuß auf. »Woher wollen Sie das wissen?«

Und die Antwort kam mit der Sicherheit des bedingungslosen Glaubens: »Ich weiß es!«

Der Direktor lief rot an, und Beenay redete flüsternd auf ihn ein, doch Aton brachte ihn mit einer Handbewegung zum Schweigen. »Und was erwartet Sor 5 nun von uns? Er denkt wohl immer noch, daß wir unzählige Seelen in Gefahr bringen, indem wir versuchen, die Welt zu warnen und sie zu veranlassen, Maßnahmen gegen die Gefahr des Wahnsinns zu ergreifen. Es ist uns nicht gelungen, wenn ihn das beruhigt.«

»Der Versuch an sich hat schon genug Schaden angerichtet, und Ihre verderbten Bemühungen, mit Hilfe Ihrer teuflischen Instrumente Informationen zu bekommen, müssen gestoppt werden. Wir folgen dem Willen der Sterne, und ich bedaure nur, daß ich durch meine eigene Ungeschicklichkeit daran gehindert worden bin, Ihre Teufelsgeräte zu vernichten.«

»Es hätte Ihnen nicht viel genützt«, gab Aton zurück. »Unsere sämtlichen Informationen, ausgenommen die direkten Beweise, die wir jetzt sammeln wollen, sind in sicherer Verwahrung, so daß ihnen nichts passieren kann.« Er lächelte verbissen. »Aber das ändert nichts an der Tatsache, daß Sie hier eingebrochen und damit ein Krimineller sind.«

Er wandte sich an die Männer hinter ihm. »Jemand soll die Polizei rufen.«

Sheerin mischte sich entrüstet ein. »Verdammt, Aton, was ist los mit Ihnen? Für so was haben wir jetzt keine Zeit. Kommen Sie . . .« er schob sich zu ihm vor — »lassen Sie mich das übernehmen.«

Aton starrte über seine Nase auf den Psychologen. »Wir haben jetzt keine Zeit für Ihre Narreteien, Sheerin. Ich möchte Sie bitten, mich die Angelegenheit auf meine Weise regeln zu lassen. Im Augenblick sind Sie hier nur ein Außenstehender, bitte vergessen Sie das nicht.«

Sheerin verzog vielsagend den Mund. »Warum sollten wir uns derart viele Umstände machen und die Polizei rufen — wo es nur noch Minuten bis zu Betas Eklipse sind —, wenn dieser junge Mann hier bereit ist, uns sein Ehrenwort zu geben, daß er hierbleibt und uns keinen Ärger macht?«

»Das werde ich nicht tun«, meldete sich der Kultanhänger sofort. »Es steht Ihnen frei zu tun, was Sie wollen, aber ich halte es nur für recht und billig, Sie darauf hinzuweisen, daß ich versuchen werde, das zu Ende zu bringen, weswegen ich hergekommen bin, sobald sich mir eine Chance dazu bietet. Wenn Sie sich auf mein Ehrenwort verlassen wollen, rufen Sie besser die Polizei.«

Sheerin lächelte liebenswürdig. »Sie sind ein ganz schön entschlossener Bursche, was? Passen Sie auf, ich möchte Ihnen etwas erklären. Sehen Sie diesen jungen Mann da am Fenster? Er ist ein starker, kräftiger Bursche, der ganz gut mit seinen Fäusten umzugehen weiß, und außerdem ist er ein Außenstehender. Sobald die Eklipse beginnt, wird es für ihn nichts weiter zu tun geben, als ein Auge auf Sie zu halten. Und ich bin auch noch da — vielleicht ein bißchen schwerfällig, um aktiv mitzumischen, aber helfen kann ich ihm trotzdem.«

»Und?« wollte Latimer eisig wissen.«

»Hören Sie zu, dann werde ich es Ihnen erklären. Sobald die Eklipse beginnt, werden Theremon und ich Sie in einen kleinen Abstellraum mit nur einer Tür verfrachten, der keine Fenster, aber dafür ein riesiges Schloß hat. Und dort werden Sie für die Dauer der Eklipse bleiben.«

»Und hinterher«, stieß Latimer heftig hervor, »wird niemand mehr dasein, der mich herausläßt. Ich weiß ebenso gut wie Sie, was das Erscheinen der Sterne bedeutet — ich weiß es viel besser als Sie. Wenn Sie alle Ihren Verstand verloren haben, werden Sie mich kaum wieder herauslassen. Ich werde ersticken oder langsam verhungern, nicht? Genau das, was ich von einer Gruppe Wissenschaftler hätte erwarten können. Aber ich gebe Ihnen mein Wort nicht. Es ist eine Prinzipsache, und ich möchte nicht weiter darüber diskutieren.«

Aton schien verstört, und in seinen Augen spiegelte sich Besorgnis. »Also wirklich, Sheerin, Sie können doch nicht . . .«

»Bitte!« Sheerin bedeutete ihm ungeduldig zu schweigen. »Ich glaube nicht einen Moment, daß es soweit kommen wird. Latimer hat gerade einen cleveren kleinen Bluff versucht, aber ich bin ja nicht Psychologe, nur weil mir der Name so gut gefällt.« Er sah den Kultanhänger grinsend an. »Kommen Sie, Sie glauben doch nicht im Ernst, daß ich so grausam sein könnte und Sie langsam verhungern lassen würde. Mein lieber Latimer, wenn ich Sie im Abstellraum einsperren würde, dann würden Sie die Finsternis nicht sehen, und Sie würden die Sterne nicht sehen. Man braucht nicht viel über den fundamentalen Glauben des Kults zu wissen, um zu verstehen, daß es für Sie den Verlust Ihrer unsterblichen Seele bedeuten würde, wenn Sie die Sterne nicht sehen könnten, sobald sie sich zeigen. Nun, ich halte Sie für einen ehrenhaften Mann. Ich nehme Ihr Ehrenwort an, keinen weiteren Versuch mehr zu unternehmen, die Handlungen hier zu behindern, wenn Sie es geben.«

An Latimers Schläfe klopfte eine Ader, und er schien in sich zusammenzufallen, als er mit belegter Stimme sagte: »Sie haben es! Aber«, fügte er in plötzlicher Wut hinzu, »es ist mir ein Trost, daß Sie alle für Ihre heutigen Taten verdammt werden.« Er machte auf dem Absatz kehrt und stakste hinüber zu dem hohen, dreibeinigen Stuhl an der Tür.

Sheerin nickte dem Reporter zu. »Setzen Sie sich neben ihn, Theremon — nur rein formell. Hey, Theremon!«

Doch der Kolumnist rührte sich nicht. Er war bis zu den Lippen blaß geworden. »Sehen Sie da!« Mit zitterndem Finger deutete er auf den Himmel, und seine Stimme war trocken und brüchig.

Allen stockte der Atem, als sie dem ausgestreckten Finger folgten, und für einen atemlosen Augenblick waren sie wie erstarrt.

Bei Beta fehlte ein Stück an einer Seite!

Das winzige schwarze Stück, das aus der Sonne herausgefressen war, hatte etwa die Größe eines Fingernagels, aber in den Augen der entsetzten Betrachter wurde es zu einem Fanal ähnlich den Posaunen des Jüngsten Gerichts.

Sie sahen nur einen Augenblick hin, danach entstand ein wildes Durcheinander, das noch kürzer dauerte und sich dann in hastige Aktivität verwandelte — jeder eilte an den ihm zugewiesenen Posten. Im entscheidenden Augenblick war keine Zeit für Emotionen. Die Männer waren jetzt Wissenschaftler, die eine Aufgabe hatten. Sogar Aton hatte sich verflüchtigt.

»Der erste Kontakt muß vor fünfzehn Minuten stattgefunden haben«, erklärte Sheerin prosaisch. »Ein bißchen früh, aber trotzdem ganz gut, wenn man die Unsicherheiten in der Berechnung berücksichtigt.« Er blickte sich um und kam dann auf Zehenspitzen auf Theremon zu, der noch immer vor dem Fenster stand und hinausstarrte. Sheerin zog ihn sanft beiseite.

»Aton ist wütend«, flüsterte er, »also bleiben Sie lieber da weg. Wegen dieses Durcheinanders mit Latimer hat er den ersten Kontakt verpaßt, und wenn Sie ihm jetzt in die Quere kommen, wird er Sie aus dem Fenster werfen lassen.«

Theremon nickte knapp und setzte sich. Sheerin sah ihn überrascht an.

»Teufel, Mann«, rief er, »Sie zittern ja.«

»Wie?« Theremon leckte sich über seine trockenen Lippen und versuchte zu lächeln. »Ich fühle mich nicht besonders, und das ist eine Tatsache.«

Der Blick des Psychologen wurde härter. »Sie werden doch nicht die Nerven verlieren?«

»Nein!« schrie Theremon in einem Anflug von Gekränktheit. »Geben Sie mir eine Chance, ja? Ich habe diese ganze Faselei bis zu diesem Augenblick nicht geglaubt — zumindest nicht alles. Geben Sie mir die Gelegenheit, mich an die Vorstellung zu gewöhnen. Sie hatten zwei Monate mehr Zeit dazu als ich.«

»Da haben Sie recht«, erwiderte Sheerin nachdenklich. »Hören Sie! Haben Sie eine Familie — Eltern, Frau, Kinder?«

Theremon schüttelte den Kopf. »Ich nehme an, Sie meinen das Versteck. Nein, darüber machen Sie sich mal keine Sorgen. Ich habe nur eine Schwester, und die ist zweitausend Meilen weit weg. Ich weiß noch nicht einmal ihre genaue Adresse.«

»Nun, und was ist mit Ihnen? Es bleibt Ihnen immer noch Zeit, sich dort hinzubegeben, und es ist sowieso jetzt einer zu wenig, weil ich weggegangen bin. Hier werden Sie doch nicht gebraucht, und Sie wären eine verdammt gute Ergänzung . . .«

Theremon sah den anderen müde an. »Sie glauben, daß ich mir vor Angst bald in die Hose mache, nicht? Dann passen Sie mal auf, Mister, ich bin Reporter, und ich habe den Auftrag, eine Story zu schreiben. Und die werde ich auch schreiben.«

Ein schwaches Lächeln erschien auf dem Gesicht des Psychologen. »Ich verstehe. Berufsehre, ist es das?«

»So könnte man es nennen. Mann, ich würde meinen rechten Arm für noch eine Flasche von diesem Zeug geben, und wenn sie nur halb so groß wäre wie die, die Sie hatten. Wenn je einer einen Schnaps gebraucht hat, dann bin ich es.«

Er brach ab, weil Sheerin ihn heftig anstieß. »Hören Sie das? Machen Sie mal die Ohren auf!«

Theremon folgte der Richtung, in die das Kinn des anderen wies, und sah den Kultanhänger, der, für alle sichtbar, das Gesicht dem Fenster zugewandt, mit einem Ausdruck wilder Erredung in einem Singsang vor sich hinmurmelte.

»Was redet er da?« flüsterte der Kolumnist.

»Er zitiert aus dem *Buch der Offenbarungen*, fünftes Kapitel«, erklärte Sheerin. »Seien Sie still und hören Sie zu«, setzte er eindringlich hinzu.

Die Stimme des Kultanhängers war mit steigender Erregung lauter geworden: »Und in jenen Tagen geschah es, daß die Sonne Beta einsame Wache hielt am Himmel für eine immer längere Zeit, als sich die Umdrehungen vollzogen; bis die Zeit kam, als sie bei einer vollen halben Umdrehung allein, zusammengeschrumpft und kalt, auf Lagash herabschien.

Und die Leute versammelten sich auf den öffentlichen Plätzen und Straßen, um den Anblick zu bereden und zu bestaunen, denn eine seltsame Niedergeschlagenheit hatte von ihnen Besitz ergriffen. Ihr Geist war getrübt und ihre Sprache wirr, denn die Seelen der Menschen erwarteten die Ankunft der Sterne.

Und in der Stadt Trigon, um die Mittagsstunde, erschien Vendret 2 und sagte zu den Menschen von Trigon: ›Höret, ihr Sünder! Möget ihr auch der Rechtschaffenheit spotten, es kommt die Zeit der Abrechnung. Es nähert sich die Höhle, um Lagash zu verschlingen; ja, und alles, was darauf ist.‹

Und noch während er redete, kam die Höhle der Finsternis über Beta, so daß sie für ganz Lagash dem Blick entzogen war. Laut waren die Schreie der Menschen, als die Sonne verschwand, und groß die Angst um die Seele, die sie befiel.

Und es geschah, daß die Finsternis der Höhle über Lagash fiel, und nirgends auf der ganzen Oberfläche von Lagash gab es mehr Licht. Die Menschen waren wie geblendet, und niemand konnte mehr seinen Nachbarn sehen, auch wenn er dessen Atem auf seinem Gesicht fühlte.

Und in dieser Dunkelheit erschienen die Sterne, unzählige an der Zahl, zu den Klängen von Musik so wunderschön, daß die Blätter an den Bäumen verwundert ausriefen.

Und in diesem Augenblick verließen die Seelen der Menschen ihre Körper, und die Seelenlosen wurden wie Tiere, ja, wie wilde Tiere, und sie strichen mit wilden Schreien durch die schwarzen Straßen der Städte von Lagash.

Und dann kam von den Sternen das Himmlische Feuer auf Lagash herab, und wo es niederfiel, gingen die Städte von Lagash in Flammen auf, so daß vom Menschen und seinem Werk nichts mehr blieb.

Dann —«

Eine feine Veränderung war aus Latimers Tonfall herauszuhören. Seine Augen hatten sich nicht bewegt, aber irgendwie hatte er bemerkt, wie aufmerksam ihm die anderen beiden zuhörten. Mühelos, ohne dazwischen Atem zu holen, wechselte die Klangfarbe seiner Stimme, und die Silben wurden flüssiger.

Theremon starrte ihn überrascht an. Die Worte erschienen seltsam vertraut. Es war eine unbestimmte Veränderung im Akzent eingetreten, eine kaum merkbare in der Betonung, mehr nicht — und doch war plötzlich kein Wort mehr von dem zu verstehen, was Latimer sagte.

Sheerin lächelte schlau. »Er hat auf eine Sprache eines alten Zyklus umgewechselt, wahrscheinlich auf ihre traditionelle des zweiten Zyklus. Das ist die Sprache, in der das *Buch der Offenbarung* ursprünglich geschrieben war.«

»Es spielt keine Rolle; ich habe genug gehört.« Theremon schob seinen Stuhl zurück, und die Hände, mit denen er sich das Haar aus der Stirn strich, zitterten nicht mehr. »Ich fühle mich jetzt viel besser.«

»Tatsächlich?« Sheerin schien leicht überrascht.

»Ja. Ich hatte vorhin eine Heidenangst, als Sie mir von Gravitation und allem erzählten und ich dann sah, wie die Eklipse anfing. Es hätte mich fast geschafft. Aber das da« — er ruckte mit dem Daumen in Richtung des bärtigen Kultanhängers —, »das ist genau wie das, was mir mein Kindermädchen früher immer erzählt hat. Über so etwas habe ich schon immer nur lachen können. Und *jetzt* lasse ich mir davon auch keine Angst machen.«

Er holte tief Luft und meinte mit einer hektischen Fröhlichkeit: »Trotzdem, wenn ich weiter bei Verstand bleiben will, drehe ich besser meinen Stuhl vom Fenster weg.«

»Ja, und Sie sollten lieber ein bißchen leiser sprechen«, erwiderte Sheerin. »Atons Kopf ist gerade aus diesem Kasten aufgetaucht, in den er ihn gesteckt hat, und der Blick, den er Ihnen zugeworfen hat, war tödlich.«

Theremon verzog das Gesicht. »Den alten Knaben hatte ich glatt vergessen.« Betont vorsichtig drehte er seinen Stuhl vom Fenster weg, warf noch einen letzten Blick zurück und meinte dann: »Ich habe den Eindruck, daß es eine beträchtliche Immunität gegen den Sternenwahnsinn geben muß.«

Der Psychologe antwortete nicht sofort. Beta war jetzt über ihren Zenit hinaus, und das Viereck des blutigroten Sonnenlichts, das das Fenster nachzeichnete, fiel jetzt in Sheerins Schoß. Er starrte nachdenklich auf seine dunkle Farbe, beugte sich dann vor und blinzelte in die Sonne hinein.

Die fehlende Ecke in Betas Seite hatte sich weitergefressen und bedeckte jetzt ein Drittel der Kugel. Sheerin schüttelte sich, und als er sich wieder aufrichtete, war auf seinen rosigen Wangen nicht mehr ganz so viel Farbe wie vorher.

Mit einem Lächeln, das fast entschuldigend wirkte, drehte auch Sheerin jetzt seinen Stuhl herum. »Es sind wahrscheinlich zwei Millionen Menschen in Saro City, die jetzt alle versuchen, dem Kult in einer einzigen gigantischen Erweckung beizutreten.« Ironisch fuhr er fort: »Für eine Stunde erlebt der Kult eine beispiellose Blüte, und ich schätze, sie werden versuchen, das nach Kräften auszunützen. Eh, was haben Sie eben gesagt?«

»Genau das. Wie haben die Kultanhänger es überhaupt fertiggebracht, das *Buch der Offenbarungen* von einem Zyklus zum nächsten zu bewahren, und wie, auf Lagash, ist es eigentlich geschrieben worden? Es muß doch irgendeine Art von Immunität gegeben haben, denn wenn alle verrückt geworden wären, wer hätte das Buch dann schreiben können?«

Sheerin sah den Reporter trübselig an. »Nun, junger Mann, darüber gibt es keine Augenzeugenberichte, aber wir haben ein paar verdammt gute Vorstellungen, was passiert ist. Sehen Sie, es gibt drei Gruppen von Leuten, auf die das Geschehen möglicherweise kaum eine Wirkung hat. Einmal die wenigen, die die Sterne überhaupt nicht sehen: die geistig Zurückgebliebenen oder diejenigen, die sich zu Beginn der Eklipse sinnlos betrinken und bis zu ihrem Ende in diesem Zustand bleiben. Die lassen wir einmal beiseite, weil es keine wirklichen Augenzeugen sind.

Dann sind da die Kinder unter sechs, für die die Welt als Ganzes zu neu und fremd ist, als daß ihnen die Sterne und die Finsternis Angst machen könnten, denn es wären einfach zwei weitere Erscheinungen in einer Welt, die ohnehin voller Überraschungen steckt. Das verstehen Sie, nicht wahr?«

Sein Gegenüber nickte unsicher. »Ich glaube schon.«

»Und zu guter Letzt diejenigen, deren Verstand zu grobkörnig ist, als daß sie ein solches Ereignis völlig aus dem Gleichgewicht bringen könnte. Die sehr Insensiblen würden kaum betroffen werden — zum Beispiel Leute wie einige unserer älterem Menschen oder von der Arbeit abgehärtete Bauern. Nun, die Kinder hätten flüchtige Erinnerungen, und das, plus das wirre, zusammenhanglose Gestammel der Halbverrückten, war dann die Basis für das *Buch der Offenbarungen*.

Natürlich basiert das Buch in erster Linie auf dem Zeugnis derer, die am wenigsten als Historiker geeignet sind, das heißt Kinder und Verrückte, und wurde wahrscheinlich über die Zyklen hinweg immer wieder neu bearbeitet.«

»Glauben Sie«, unterbrach ihn Theremon, »daß sie das Buch so über die Zyklen weitergegeben haben, wie wir es jetzt mit dem Geheimnis der Gravitation beabsichtigen?«

Sheerin zuckte die Achseln. »Vielleicht, aber wie sie es tatsächlich machen, ist unwichtig. Sie machen es irgendwie. Worauf ich hinaus wollte, ist folgendes: Das Buch kann nur aus lauter Entstellungen bestehen, selbst wenn es auf Fakten basiert. Erinnern Sie sich zum Beispiel an das Experiment mit den Löchern im Dach, das Faro und Yimot probiert haben — und das danebenging?«

»Ja.«

»Wissen Sie auch, warum es da . . .« Er brach ab und stand alarmiert auf, denn Aton kam heran. Sein Gesicht war eine verzerrte Maske der Bestürzung. »*Was ist passiert?*«

Aton zog ihn beiseite, und Sheerin konnte fühlen, wie Atons Finger an seinem Ellbogen zuckten.

»Nicht so laut!« Atons Stimme war leise und gepreßt. »Ich habe gerade über die Geheimleitung Nachricht vom Versteck bekommen.«

»Sind sie in Schwierigkeiten?« unterbrach ihn Sheerin besorgt.

»Nicht *sie*.« Aton betonte das Pronomen bedeutungsvoll. »Sie haben sich vor noch nicht allzu langer Zeit eingeschlossen und werden bis übermorgen versteckt bleiben. Sie sind in Sicherheit. Aber die *Stadt*, Sheerin — das reinste Schlachtfeld. Sie haben keine Vorstellung . . .« Er hatte Mühe, weiterzusprechen.

»Ja?« zischte Sheerin ungeduldig. »Was ist damit? Nun sagen Sie es schon. Warum zittern Sie so?« Mißtrauisch fügte er hinzu: »Wie fühlen Sie sich?«

Atons Augen blitzten zornig bei dieser Anspielung, doch dann nahmen sie wieder ihren alten, besorgten Ausdruck an. »Sie begreifen nicht. Die Kultanhänger sind aktiv geworden. Sie hetzen die Leute auf, das Observatorium zu stürmen — versprechen ihnen sofortigen Eingang in die Gnade, versprechen ihnen die Rettung ihrer Seelen, versprechen ihnen alles. Was sollen wir nur tun, Sheerin?«

Der Psychologe senkte den Kopf und starrte lange gedankenverloren auf seine Schuhspitzen. Er klopfte sich mit einem Knöchel ans Kinn, dann blickte er auf und meinte knapp: »Tun? Was gibt es da zu tun? Nichts, gar nichts. Wissen die Männer davon?«

»Nein, natürlich nicht!«

»Gut! Dann sorgen Sie dafür, daß es so bleibt. Wie lange noch bis zur Totalen?«

»Nicht mehr ganz eine Stunde.«

»Wir können nichts weiter tun, als auf unser Glück hoffen. Es dauert seine Zeit, eine wirklich anständige Menschenmenge auf die Beine zu stellen, und es dauert wieder, sie hierherzubringen. Wir sind gut fünf Meilen von der Stadt entfernt . . .«

Er blickte zum Fenster hinaus und über die Hügel, wo unbebautes Ackerland von Gruppen weißer Häuser der Vorstadtsiedlungen abgelöst wurde; hinunter in die Ferne, wo die Metropole selbst als Schemen am Horizont lag — ein Dunst im abnehmenden Licht von Beta.

»Es wird seine Zeit dauern«, wiederholte er, ohne sich umzudrehen. »Arbeiten Sie weiter und beten Sie, daß die Totale als erste kommt.«

Beta war jetzt nur noch zur Hälfte da, und die Trennlinie schob sich leicht konkav in den noch leuchtenden Teil der Sonne vor. Es war wie ein gigantisches Augenlid, das sich schräg über dem Licht einer Welt schloß.

Die leisen Geräusche des Raums, in dem er stand, versanken in Vergessenheit, und er nahm nur das schwere Schweigen der Felder draußen wahr. Sogar die Insekten schienen vor Angst stumm. Alles war gedämpft.

Beim Klang der Stimme an einem Ohr zuckte er zusammen. »Ist irgend etwas nicht in Ordnung?« Es war Theremon.

»Wie? Eh — nein. Setzen Sie sich wieder. Wir stehen hier im Weg.« Sie gingen zurück in ihre Ecke, wo der Psychologe weiter schwieg. Mit einem Finger lockerte er seinen Kragen, dann drehte er seinen Hals hin und her, fand aber keine Erleichterung. Plötzlich sah er auf.

»Haben Sie irgendwie Schwierigkeiten beim Atmen?«

Der Reporter riß die Augen weit auf und holte ein paarmal tief Luft. »Nein. Warum?«

»Ich glaube, ich habe zu lange aus dem Fenster gesehen. Diese Düsterkeit macht mir zu schaffen. Atemschwierigkeiten sind die ersten Symptome für einen klaustrophobischen Anfall.«

Theremon holte noch einmal tief Luft. »Nein, ich merke noch nichts. Sehen Sie mal, da kommt einer von den Jungs.«

Beenay hatte sich zwischen das Licht und das Paar in der Ecke geschoben, und Sheerin blinzelte besorgt in seine Richtung. »Hallo, Beenay.«

Der Astronom verlagerte sein Gewicht auf das andere Bein und grinste schwach. »Sie haben doch nichts dagegen, wenn ich mich einen Augenblick zu Ihnen setze und mich an der Unterhaltung beteilige? Meine Kameras stehen bereit, und es ist nichts mehr zu tun bis zur Totalen.« Er schwieg und betrachtete den Kultangehörigen, der eine Viertelstunde vorher ein kleines, ledergebundenes Buch aus seinem Ärmel gezogen hatte und seitdem ganz darin vertieft war. »Dieser Mistkerl hat doch keinen Ärger gemacht, oder?«

Sheerin schüttelte den Kopf. Er hatte die Schultern zurückgenommen, und seine Stirn zog sich vor Konzentration zusammen, als er sich zwang, gleichmäßig zu atmen. »Haben Sie irgendwie Atemschwierigkeiten, Beenay?«

Beenay schnüffelte. »Also, stickig ist die Luft nicht.«

»Ein Symptom der Klaustrophobie«, erklärte Sheerin.

»Ach sooo! Bei mir wirkt sich das anders aus. Ich habe das Gefühl, als würden mich meine Augen im Stich lassen. Alles sieht irgendwie verzerrt aus und — nun, es ist einfach nichts mehr klar. Und außerdem ist es kalt.«

»Und ob es kalt ist. Aber das ist keine Sinnestäuschung.«

Theremon schnitt eine Grimasse. »Meine Zehen fühlen sich an, als würde ich sie in einem Kühlwagen spazierenfahren.«

»Wichtig ist jetzt«, unterbrach ihn Sheerin, »daß wir uns mit ganz anderen Dingen ablenken. Ich wollte Ihnen vorhin erzählen, Theremon, warum Faros Experimente mit den Löchern im Dach nicht geklappt haben.«

»Sie hatten gerade damit angefangen.« Theremon schlang seine Arme um ein Knie und stützte sein Kinn darauf.

»Also, was ich sagen wollte: Sie ließen sich täuschen, indem sie das *Buch der Offenbarungen* wörtlich nahmen. Wahrscheinlich ist den Sternen überhaupt keine physikalische Bedeutung zuzuschreiben. Wissen Sie, es könnte sein, daß der Verstand bei totaler Finsternis einfach Licht erzeugen muß. Es wäre denkbar, daß diese Sterne nichts weiter als die Illusion von Licht sind.«

»Mit anderen Worten«, warf Theremon ein, »Sie meinen, daß die Sterne das Resultat des Wahnsinns und nicht eine seiner Ursachen sind. Was sollen dann Beenays Photos?«

»Sie sollen beweisen, daß es sich um eine Illusion handelt, oder auch nicht. Ich kann es nicht sagen. Auf der anderen Seite . . .«

Beenay hatte seinen Stuhl näher herangezogen, und auf seinem Gesicht zeigte sich ein enthusiastischer Ausdruck. »Hören Sie, ich bin froh, daß Sie beide das Thema angeschnitten haben.« Seine Augen verengten sich, und er hob einen Finger. »Ich habe über diese Sterne nachgedacht, und dabei ist mir eine Idee gekommen. Es ist natürlich alles nur so eine Theorie, die ich nicht ernsthaft weiter ausarbeiten will, aber ich meine doch, daß sie ganz interessant ist, Wollen Sie sie hören?«

Er schien sich seiner Sache nicht ganz sicher, aber Sheerin lehnte sich zurück und meinte: »Schießen Sie los! Ich bin ganz Ohr.«

»Schön, also angenommen, es gäbe noch andere Sonnen im Universum.« Er brach ein bißchen schüchtern ab. »Ich meine, Sonnen, die so weit weg sind, daß sie zu schwach sind, als daß man sie sehen könnte. Das klingt jetzt wohl so, als hätte ich zu viele dieser phantastischen Geschichten gelesen.«

»Nicht unbedingt. Aber wird diese Möglichkeit nicht durch die Tatsache ausgeschlossen, daß sie nach dem Gesetz der Gravitation aufgrund ihrer Anziehungskräfte feststellbar sein müßte?«

»Nicht, wenn sie weit genug weg sind«, erklärte Beenay. »Wirklich weit weg — vielleicht vier Lichtjahre oder noch weiter. Dann würden wir keine Perturbationen feststellen können, weil sie zu minimal wären. Nehmen wir an, es gäbe eine Menge Sonnen so weit weg; ein Dutzend, oder vielleicht auch zwei Dutzend.«

Theremon pfiff melodiös. »Was für eine Idee für eine gute Sonntagsbeilage. Zwei Dutzend Sonnen in einem Universum von acht Lichtjahren im Durchmesser. Wow! Das würde unsere Welt zur Bedeutungslosigkeit schrumpfen lassen. Die Leser würden den Artikel verschlingen.«

»Es ist nur eine Idee«, meinte Beenay grinsend. »Aber Sie verstehen, worauf ich hinaus will. Bei einer Eklipse würden diese Sonnen sichtbar werden, weil kein richtiges Sonnenlicht mehr da wäre, das sie verdeckt. Da sie so weit weg sind, wären sie ganz klein, so wie eine Reihe Murmeln. Natürlich reden die Kultgläubigen von Millionen von Sternen, aber das ist wahrscheinlich eine Übertreibung. Eine Million Sonnen hätte gar keinen Platz im Universum — es sei denn, sie würden sich berühren.«

Sheerin hatte mit wachsendem Interesse zugehört. »Ich glaube, Sie sind da auf etwas Wichtiges gestoßen, Beenay. Und Übertreibung ist genau das, was passieren würde. Unser Verstand kann, wie Sie wahrscheinlich wissen, eine Zahl über fünf nicht mehr konkret fassen; alles, was darüber liegt, ist in unseren Augen einfach ›viele‹. Aus einem Dutzend würde also ohne weiteres eine Million. Eine verdammt gute Idee!«

»Und mir ist da noch ein anderer Gedanke gekommen«, fuhr Beenay fort. »Haben Sie sich schon einmal überlegt, was für ein simples Problem die Gravitation wäre, wenn man nur ein System hätte, das unkompliziert genug ist? Angenommen, Sie hätten ein Universum, in dem es einen Planeten nur mit einer Sonne gibt. Der Planet würde sich auf einer Ellipse bewegen, und das Prinzip der Gravitationskraft wäre so augenscheinlich, daß man es als Axiom annehmen könnte. Astronomen auf einem solchen Planeten würden wahrscheinlich noch vor der Erfindung des Teleskops mit der Untersuchung der Gravitation beginnen. Die Beobachtung mit dem bloßen Auge würde ausreichen.«

»Aber wäre ein solches System denn dynamisch stabil?« wollte Sheerin zweifelnd wissen.

»Sicher! Es wird als der ›eins-und-eins‹ Fall bezeichnet. Mathematisch hat man es schon ausgearbeitet, aber es sind die philosophischen Folgerungen, die mich interessieren.«

»Ganz hübsch«, gab Sheerin zu, »das Ganze als Abstraktion zu behandeln wie ein reines Gas oder den absoluten Nullpunkt.«

»Natürlich«, fuhr Beenay fort, »hat diese Theorie den einen Haken, daß Leben auf einem solchen Planeten unmöglich wäre. Er würde nicht genug Wärme und Licht bekommen, und die Hälfte eines jeden Tags würde totale Finsternis herrschen. Leben — das in erster Linie von Licht abhängt — könnte sich unter solchen Bedingungen natürlich nicht entwickeln. Außerdem . . .«

Sheerins Stuhl kippte nach hinten um, als er aufsprang und Beenay unhöflich unterbrach. »Aton hat die Lichter herausgeholt.«

»Huh?« Beenay fuhr herum, dann verzog sich sein Gesicht zu einem sichtlich erleichterten Grinsen.

Aton hatte ein halbes Dutzend Stangen von einem Fuß Länge und einem Zoll Dicke im Arm. Er sah über sie hinweg auf das versammelte Kollegium.

»Zurück an die Arbeit, alle. Sheerin, kommen Sie her und helfen Sie mir!«

Sheerin trottete zu dem alten Mann hinüber, und schweigend steckten die beiden einen Stab nach dem anderen in die provisorischen Metallhalter an den Wänden.

Mit einer Miene, als würde er die heiligste Handlung eines religiösen Rituals durchführen, rieb Sheerin ein großes, unhandliches Streichholz zu zischendem Leben und gab es an Aton weiter, der die Flamme an das obere Ende eines der Stäbe hielt.

Dort zögerte sie eine Weile und spielte wirkungslos um die Spitze, bis ein plötzlicher, knisternder Lichtschein Atons zerfurchtes Gesicht in gelbes Licht tauchte. Er zog das Streichholz zurück, und das Fenster klapperte unter dem spontanen Jubel.

Der obere Teil der Stange war über eine Länge von sechs Zoll in eine flackernde Flamme gehüllt! Der Reihe nach wurden jetzt auch die übrigen Stäbe entzündet, bis sechs einzelne Feuer den hinteren Teil des Raumes in gelbes Licht tauchten.

Es war düster, noch düsterer als das zaghafte Sonnenlicht. Die Flammen hüpften wild und erweckten trunkene, taumelnde Schatten zum Leben. Sie qualmten entsetzlich und stanken infernalisch. Aber sie gaben ein gelbes Licht ab.

Nach vier Stunden einer düster und immer schwächer werdenden Beta hatte dieses gelbe Licht eine ganz besondere Wirkung. Sogar Latimer hatte von seinem Buch aufgesehen und starrte verwundert auf die Fackeln.

Sheerin wärmte sich die Hände an der nächsten, ohne sich um den Ruß zu kümmern, der sich als feiner, grauer Staub auf ihnen sammelte, und murmelte begeistert vor ich hin: »Phantastisch! Phantastisch! Ich habe nie gewußt, was für eine herrliche Farbe Gelb doch ist!«

Theremon dagegen betrachtete die Fackeln voller Mißtrauen. Er rümpfte die Nase angesichts der ranzigen Geruchs und fragte: »Was sind das für Dinger?«

»Holz«, antwortete Sheerin knapp.

»O nein, Holz ist das nicht. Sie brennen ja nicht. Das oberste Stück ist verkohlt, und die Flamme schießt weiter einfach aus dem Nichts auf.«

»Das ist ja gerade das Phantastische daran. Sie sehen hier einen wirkungsvollen Kunstlicht-Mechanismus. Wir haben Hunderte von diesen Dingern gemacht, aber die meisten sind natürlich ins Versteck gegangen. Sehen Sie« — er drehte sich herum und wischte sich die Hände an seinem Taschentuch ab — »Sie nehmen den Markkern von grobem Wasserschilf, trocknen es sorgfältig und tauchen es in Tierfett. Dann zünden Sie es an, und das Fett verbrennt langsam. Diese Fackeln werden fast eine halbe Stunde ununterbrochen brennen. Genial, nicht? Die Idee wurde von einem unserer eigenen jungen Männer an der Universität von Saro entwickelt.«

Nach der momentanen Erregung war es wieder ruhig in der Kuppel geworden. Latimer hatte seinen Stuhl direkt unter eine Fackel gesetzt und las weiter, wobei sich seine Lippen im monotonen Rezitieren der Anrufungen der Sterne bewegten. Beenay war wieder zu seinen Kameras zurückgegangen, und Theremon nutzte die Gelegenheit, seine

Notizen für den Artikel zu vervollständigen, den er am nächsten Tag für den Saro City *Chronicle* schreiben wollte — eine Prozedur, der er in den vergangenen beiden Stunden ganz mechanisch, ganz gewissenhaft und, wie er sehr wohl wußte, ganz sinnlos gefolgt war.

Aber auf diese Weise, wie das belustigte Funkeln in Sheerins Augen andeutete, beschäftigten sich seine Gedanken wenigstens mit etwas anderem als mit der Tatsache, daß der Himmel langsam eine gräßliche, tiefrote Färbung annahm, als sei er eine riesige, frisch geschälte rote Rübe, und so erfüllten die Notizen doch ihren Zweck.

Die Luft wurde irgendwie dichter. Dämmerung drang wie ein greifbares Gebilde in den Raum, und die tanzenden gelben Lichtkreise um die Fackeln hoben sich immer schärfer vom Grau des Hintergrundes ab. Da war der Rauchgeruch, und da waren die leisen, knisternden Geräusche, die die brennenden Fackeln verursachten; die gedämpften Schritte eines der Männer, der auf Zehenspitzen um den Tisch herumging, an dem er arbeitete; hin und wieder ein seufzender Atemzug von jemandem, der versuchte, seine Fassung zu bewahren in einer Welt, die sich in Dunkelheit zurückzog.

Es war Theremon, der den Lärm von draußen als erster hörte. Es war der vage, wirre *Eindruck* eines Geräuschs, das niemand bemerkt hätte, wenn es in der Kuppel nicht so totenstill gewesen wäre.

Der Reporter richtete sich auf und legte sein Notizbuch beiseite. Er hielt den Atem an und lauschte, und dann suchte er sich, mit deutlichem Widerstreben, zwischen dem Solarskop und einer von Beenays Kameras einen Weg zum Fenster.

»*Sheerin!*« Sein entsetzter Ausruf zerriß die Stille.

Alle Arbeit wurde eingestellt! Einen Moment später stand der Psychologe schon neben ihm. Aton gesellte sich als dritter dazu. Selbst Yimot 70, der hoch oben auf seinem kleinen Sitz vor dem Okular des gigantischen Solarskops saß, hielt inne und sah hinunter.

Beta war nur noch ein glühender Splitter und warf einen letzten, verzweifelten Blick auf Lagash hinunter. Der östliche Horizont, die Richtung, in der die Stadt lag, verlor sich in Finsternis, und die Straße von Saro zum Observatorium war nur noch eine dunkelrote Linie, auf beiden Seiten von Waldstrichen gesäumt, deren Bäume irgendwie ihre Individualität verloren hatten und zu einer einheitlichen, schemenhaften Masse verschmolzen waren.

Doch es war die Straße selbst, die alle Aufmerksamkeit auf sich zog, denn auf ihr entlang wogte eine andere, und unendlich bedrohliche, schemenhafte Masse.

»Die Verrückten aus der Stadt!« rief Aton mit brüchiger Stimme. »Sie sind auf dem Weg hierher!«

»Wie lange noch bis zur Totalen?« wollte Sheerin wissen.

»Fünfzehn Minuten, aber . . . aber sie werden in fünf Minuten schon hier sein.«

»Kümmern Sie sich nicht darum, sehen Sie nur zu, daß die Männer weiter arbeiten. Wir werden sie schon aufhalten. Dieses Observatorium ist wie eine Festung gebaut. Behalten Sie für alle Fälle den jungen Kultgläubigen hier im Auge, Aton. Theremon, kommen Sie mit.«

Sheerin war schon zur Tür hinaus, und der Reporter folgte ihm auf den Fersen. Unter ihnen liefen die Stufen der Treppe in engen, kreisförmigen Windungen um die Mittelsäule hinunter und verschwammen im dumpfen, trüben Dunkel.

Der erste Schwung ihres Anlaufs hatte sie fünfzehn Fuß hinunter getragen, so daß der düstere, flackernde Schein aus der offenen Tür der Kuppel jetzt verschwunden war und sowohl von oben wie auch von unten die gleiche dumpfe Dunkelheit auf sie eindrang.

Sheerin blieb stehen und griff sich mit der feisten Hand an die Brust. Die Augen traten ihm aus den Höhlen, und seine Stimme war ein trockenes Husten. »Ich . . . bekomme keine . . . Luft mehr . . . Gehen Sie . . . allein . . . weiter. Schließen Sie alle Türen . . .«

Theremon ging ein paar Stufen hinunter, dann drehte er sich wieder um. »Warten Sie! Können Sie noch eine Minute aushalten?« Er keuchte jetzt auch. Wie Sirup floß die Luft in seine Lungen und wieder heraus, und in seinem Geist entstand ein kleiner Keim schreiender Panik bei dem Gedanken daran, allein seinen Weg in die mysteriöse Finsternis unter ihm machen zu müssen.

Theremon hatte also doch Angst vor dem Dunkel!

»Warten Sie hier«, sagte er zu Sheerin. »Ich bin sofort wieder zurück.« Er stürmte, immer zwei Stufen auf einmal und mit klopfendem Herzen — und das nicht nur von der Anstrengung — die Treppe hinauf in die Kuppel und schnappte sich eine Fackel aus einem Halter. Sie stank, und der rußende Qualm blendete ihn fast, aber er umklammerte die Fackel so fest, als wollte er sie vor Freude küssen, und ihre Flamme wehte zurück, als er wieder die Stufen hinuntereilte.

Sheerin öffnete die Augen und stöhnte, als sich Theremon über ihn beugte. Der Reporter schüttelte ihn rauh. »Los, reißen Sie sich zusammen. Wir haben Licht.«

Er hielt die Fackel hoch und stieg, den wankenden Psychologen unter dem Ellbogen gestützt, im schützenden Lichtkreis hinunter.

In den Büros im Erdgeschoß empfing sie das schwache Licht, das noch geblieben war, und Theremon merkte, wie sein Entsetzen langsam wich.

»Hier«, sagte er brüsk und reichte Sheerin die Fackel. »Man kann *sie* draußen hören.«

Und sie konnten sie hören. Kleine Fetzen heiserer Rufe.

Aber Sheerin hatte recht; das Observatorium war tatsächlich wie eine Festung erbaut. Errichtet im letzten Jahrhundert, als der neugavottische Stil seinen häßlichen Höhepunkt erreicht hatte, war es weniger für Schönheit als für Stabilität und Haltbarkeit ausgelegt worden.

Die Fenster waren mit Gittern aus zolldicken Eisenstäben gesichert, die tief in den Betonrahmen eingelassen waren. Die Wände bestanden aus solidem Mauerwerk, dem selbst ein Erdbeben nichts hätte anhaben können, und den Haupteingang verschloß eine gewaltige, mit Eisen verstärkte Eichentür. Theremon schob die Riegel vor, die mit einem dumpfen Dröhnen zuglitten.

Am anderen Ende des Korridors stieß Sheerin einen leisen Fluch aus. Er zeigte auf das Schloß der Hintertür, das mit einem Brecheisen aufgebrochen und nicht mehr zu benutzen war.

»So muß Latimer hereingekommen sein«, erklärte er.

»Stehen Sie nicht herum!« rief Theremon ungeduldig. »Helfen Sie mir, ein paar Möbelstücke vor die Tür zu schieben — und gehen Sie mir mit der Fackel aus den Augen. Der Rauch bringt mich noch um.«

Während er sprach, wuchtete er den schweren Tisch gegen die Tür, und in zwei Minuten hatte er eine Barrikade errichtet, die durch ihre reine Trägheit und Masse wettmachte, was ihr an Schönheit und Symmetrie fehlte.

Irgendwo, ganz schwach und ganz weit weg, konnte er das Trommeln von nackten Fäusten gegen die Tür hören, und die Schreie und Rufe von draußen schienen irgendwie nicht real.

In den Köpfen des Mobs, der sich von Saro City auf den Weg gemacht hatte, hatten nur zwei Dinge Platz: die Erlangung des Kultischen Heils durch die Zerstörung des Observatoriums und eine wahnsinnige Angst, die sie fast lähmte. Es war keine Zeit, an Fahrzeuge oder Waffen oder eine Führung zu denken, noch nicht einmal an Organisation. Zu Fuß machten sie sich auf den Weg zum Observatorium und griffen es mit bloßen Händen an.

Und jetzt, nachdem sie endlich da waren, flackerte der letzte Rest von Beta, der letzte dunkelrote Lichttropfen kläglich über einer Menschheit, der nur die nackte Angst geblieben war!

»Gehen wir zurück in die Kuppel«, ächzte Theremon.

In der Kuppel war nur noch Yimot am Solarskop an seinem Platz. Alle anderen standen um die Kameras herum, während Beenay mit heiserer, gespannter Stimme seine Instruktionen gab.

»Passen Sie alle jetzt gut auf. Ich schieße Beta unmittelbar vor der Totalen und wechsle die Platte. Damit bleibt einer von Ihnen für jede Kamera. Sie wissen alle über . . . über die Belichtungszeiten Bescheid . . .«

Atemloses Gemurmel bejahte seine Frage.

Beenay fuhr sich mit der Hand über die Augen. »Brennen die Fackeln noch? Lassen Sie, ich sehe sie!« Er stützte sich schwer gegen die Lehne eines Stuhls. »Und denken Sie daran, versuchen Sie nicht, unbedingt gute Aufnahme zu machen. Vergeuden Sie keine Zeit mit einem Versuch, z-zwei Sterne gleichzeitig einzufangen. Einer reicht.

Und . . . und wenn Sie merken, daß Ihnen schlecht wird, *dann verschwinden Sie von der Kamera.*«

»Bringen Sie mich zu Aton«, flüsterte Sheerin dem Reporter an der Tür zu. »Ich sehe ihn nicht.«

Theremon antwortete nicht sofort. Die vagen Formen der Astronomen schwankten und verschwammen, und die Fackeln über ihnen waren nur noch gelbe Flecke.

»Es ist finster«, wimmerte er.

Sheerin streckte die Hand aus. »Aton.« Er stolperte vorwärts. »Aton!«

Theremon folgte ihm und faßte ihn am Arm. »Warten Sie, ich führe Sie.« Irgendwie schaffte er den Weg durch den Raum. Er verschloß die Augen vor der Finsternis und seinen Geist vor dem Chaos, das in ihm war.

Niemand hörte sie oder kümmerte sich um sie. Sheerin stolperte gegen die Wand. »Aton!«

Der Psychologe fühlte, wie ihn bebende Hände berührten, sich zurückzogen, und murmelte dann: »Sind Sie das, Sheerin?«

»Aton!« Sheerin bemühte sich, ruhig zu atmen. »Machen Sie sich keine Sorge wegen der Menge. Sie kann dieses Gebäude nicht bezwingen.«

Latimer, der Kultgläubige, stand auf, und sein Gesicht verzerrte sich vor Verzweiflung. Er hatte sein Wort gegeben, und es zu brechen würde bedeuten, seine Seele tödlicher Gefahr preiszugeben. Andererseits hatte man ihm sein Wort abgezwungen, er hatte es nicht freiwillig gegeben. Die Sterne würden bald kommen! Er konnte nicht einfach dastehen und zusehen — aber er hatte sein Wort gegeben!

Auf Beenays Gesicht lag ein düsterer Schein, als er hinauf auf Betas letzten Strahl blickte, und als Latimer sah, wie er sich über seine Kamera beugte, traf er seine Entscheidung.

Er stolperte unsicher, als er seinen Angriff begann. Vor ihm war nichts als Dunkelheit, und selbst der Boden unter seinen Füßen schien substanzlos. Und dann war jemand über ihm, und Finger krallten sich um seinen Hals, als er zu Boden fiel.

Er riß sein Knie an sich und stieß es hart in den Angreifer. »Laß mich los, oder ich bringe dich um.«

Theremon schrie laut auf und murmelte dann etwas durch einen blendenden Nebel von Schmerzen. »Du hinterhältiges Schwein!«

Der Reporter schien alles gleichzeitig wahrzunehmen. Er hörte Beenay krächzen: »Ich hab's. An eure Kameras, Leute!«, und dann wurde ihm bewußt, daß der letzte Rest Sonnenlicht noch spärlicher wurde und auf einmal verlosch.

Gleichzeitig hörte er ein letztes, ersticktes Atmen von Beenay, und einen seltsamen, kurzen Schrei von Sheerin, ein hysterisches Kichern, das in einem Krächzen erstickte — und eine abrupte Stille, eine seltsame, tödliche Stille von draußen.

Latimer war in seinem sich lockernden Griff schlaff geworden. Theremon starrte in die Augen des Kultgläubigen und sah die Leere in ihnen, wie sie aufwärts blickten und sich das schwache Gelb der Fackeln in ihnen spiegelte. Er sah den Schaum auf Latimers Lippen und hörte das leise, animalische Wimmern.

Mit der langsamen Faszination der Angst richtete er sich auf und lenkte den Blick auf die grausige Schwärze des Fensters.

Durch das die Sterne schienen!

Nicht die schwachen dreitausendsechshundert Sterne um die Erde, die mit dem Auge zu erkennen sind; Lagash befand sich im Zentrum eines gigantischen Sternenhaufens. Dreißigtausend mächtige Sonnen schienen in einem die Seele verbrennenden Glanz, der in seiner furchtbaren Unbestimmtheit erschreckender kalt war als der rauhe Wind, der über die kalte, gräßlich düstere Welt fuhr.

Theremon kam taumelnd auf die Füße, die Kehle zugeschnürt, so daß er keine Luft mehr bekam, während sich seine Muskeln in einer Intensität des Entsetzens und der nackten Angst verzerrten, die über die Grenzen des Erträglichen hinausging. Er war dabei, wahnsinnig zu werden, und wußte es, und irgendwo tief im Innern schrie ein letzter Rest von gesundem Verstand und versuchte, gegen die hoffnungslose Flut des schwarzen Entsetzens anzukämpfen. Es war ein gräßliches Gefühl, wahnsinnig zu werden und zu wissen, daß man wahnsinnig wurde — zu wissen, daß man im nächsten Augenblick zwar noch physisch da sein würde, aber das wirkliche Sein tot und in schwarzem Wahnsinn untergegangen sein würde. Denn dies war die Finsternis — die Finsternis und die Kälte und der Untergang. Die leuchtenden Mauern des Universums waren zerschlagen, und ihre schrecklich schwarzen Teile fielen herab, um ihn zu zermalmen, zu vernichten.

Er stieß gegen jemanden, der auf Händen und Knien herumkroch, stolperte aber irgendwie über ihn hinweg. Hände griffen nach seiner gemarterten Kehle, als er sich auf die Flamme der Fackeln zuschleppte, die sein ganzes verrücktes Blickfeld ausfüllte.

»Licht!« schrie er.

Irgendwo weinte Aton, wimmerte furchtbar wie ein zu Tode verängstigtes Kind. »Sterne — die ganzen Sterne — wir wußten es nicht. Wir wußten gar nichts. Wir dachten, sechs Sterne in einem Universum wären gewaltig . . . die Sterne merkten nicht . . . es ist Finsternis für immer und immer und ewig und die Wände stürzen ein und wir wußten es nicht wir konnten es nicht wissen . . .«

Jemand krallte sich in seine Fackel, und sie fiel hin und erlosch. Und augenblicklich sprang der schreckliche Glanz der unbestimmten Sterne näher auf sie zu.

Am Horizont auf der anderen Seite des Fensters, in der Richtung von Saro City, begann ein rotes Leuchten zu wachsen, ein Leuchten, das an Intensität zunahm und das nicht das Leuchten einer Sonne war.

Wieder war die lange Nacht gekommen.

20

Der Planet, der keiner war

Es kann durchaus geschehen, daß ein wissenschaftliches Problem auftaucht, für das über Jahrzehnte hinweg keine Lösung gefunden wird. Das Problem bleibt als ständige Irritation bestehen, bis es endlich gelöst wird. Bringt man es jedoch fertig, das ganz natürliche Gefühl des Ärgers über die Sache zu überwinden, könnte sich statt dessen eine erwartungsvolle Erregung einstellen, denn ich meine, je länger die Lösung eines Problems auf sich warten läßt, desto bedeutsamer wird sie sein, wenn man sie endlich entdeckt.

Ich wurde einmal gefragt, ob die alten Griechen vielleicht schon über die Saturnringe Bescheid gewußt haben konnten. Der Grund, warum solche Fragen überhaupt auftauchen, liegt im folgenden . . .

Saturn ist der Name einer ländlichen römischen Gottheit. Als die Römer den Punkt erreicht hatten, wo sie sich mit den Griechen an kultureller Bedeutung auf eine Stufe stellen wollten, gingen sie daran, ihre eigenen uninteressanten Gottheiten mit den faszinierenden Göttern der einfallsreichen Griechen gleichzusetzen. Kronos, der Vater des Zeus und der anderen olympischen Götter und Göttinnen, wurde bei ihnen zu Saturn.

Die berühmteste mythische Erzählung von Kronos (Saturn) berichtet, wie er seinen Vater Ouranos (Uranus) kastrierte, den er dann als Herrscher des Universums ablöste. Nicht zu Unrecht befürchtete Kronos, seine eigenen Kinder könnten aus seinem Beispiel lernen, und so beschloß er, das zu verhindern. Da ihm Methoden der Geburtenkontrolle fremd waren und er zur Zurückhaltung nicht fähig war, zeugte er mit seiner Frau Rhea sechs Kinder, drei Söhne und drei Töchter. Um jegliche Gefahr im Keim zu ersticken, verschlang er jedes Kind unmittelbar nach der Geburt.

Als das sechste Kind, Zeus, geboren war, wickelte Rhea, die es müde war, Kinder für nichts und wieder nichts zur Welt zu bringen, einen Stein in Windeln und gab das dem stumpfsinnigen Herrn des Weltalls zu schlucken. Zeus wurde im geheimen aufgezogen, und als er erwachsen war, brachte er Kronos durch List und Tücke dazu, seine verschluckten Brüder und Schwestern (die noch am Leben waren!) wieder auszuwürgen. Zeus und seine Geschwister traten dann gegen Kronos und dessen Geschwister, die Titanen, zum Krieg an. Nach einem großen, zehn Jahre dauernden Kampf besiegte Zeus den Kronos und übernahm selbst die Herrschaft über das Weltall.

Lassen Sie uns nun zu dem Planeten zurückkehren, den die Griechen Kronos genannt hatten, weil er sich gegen den Hintergrund der

Fixsterne langsamer bewegte als alle anderen Planeten und sich daher verhielt wie ein gealterter Gott. Natürlich gaben ihm die Römer den Namen Saturn, und wir halten das ebenso.

Rings um den Saturn ziehen sich seine wunderschönen Ringe, die wir alle kennen. Diese Ringe liegen in der Äquatorebene des Saturn, die gegen die Bahnebene um 26,7 Grad geneigt ist. Aufgrund dieser Neigung können wir die Ringe in der Schräge sehen.

Der Neigungswinkel ist im Verhältnis zu den Fixsternen konstant, allerdings nicht im Verhältnis zu uns selbst. Uns scheint die Neigung je nach der Stellung des Saturn in seiner Umlaufbahn unterschiedlich groß zu sein. An einem Punkt seiner Bahn zeigt der Saturn seine Ringe nach unten geneigt, so daß wir sie von oben sehen können. Am gegenüberliegenden Punkt sind sie nach oben geneigt, und wir erblicken sie von unten.

Auf seiner Umlaufbahn verändert sich die Neigung übergangslos von unten nach oben und umgekehrt. Halbwegs zwischen oben und unten und dann wieder halbwegs zwischen unten und oben präsentieren sich uns die Ringe an zwei gegenüberliegenden Punkten der Saturnbahn von der Kante her. Zu diesem Zeitpunkt sind sie so dünn, daß sie nicht einmal mit einem guten Teleskop zu erkennen sind. Da der Saturn für einen Umlauf um die Sonne knapp unter dreißig Jahre benötigt, verschwinden die Ringe alle fünfzehn Jahre aus unserem Sichtfeld.

Als Galileo damals um 1610 den Himmel mit seinem primitiven Teleskop betrachtete, richtete er das Instrument auf den Saturn und entdeckte etwas Seltsames. Er schien zu beiden Seiten des Saturn zwei kleine Himmelskörper wahrzunehmen, konnte jedoch nicht herausfinden, worum es sich dabei handelte. So oft er sich dem Saturn zuwandte, wurde es schwieriger, diese Objekte zu sehen, bis er schließlich nur noch die Kugel des Saturn selbst erblickte und sonst nichts.

»Was?« brummte Galileo. »Verschlingt Saturn etwa immer noch seine Kinder?« Nie wieder richtete er seinen Blick auf den Planeten. Vierzig Jahre vergingen, bis der niederländische Astronom Christiaan Huygens, der die Ringe dabei ertappte, wie sie sich weiter und weiter neigten, und außerdem ein besseres Teleskop besaß als Galileo, den richtigen Sachverhalt herausfand.

Könnten sich die Griechen bei der Entstehung ihres Mythos von Kronos, der seine Kinder verschlingt, auf den Planeten Saturn, seine Ringe, die Neigung seiner Äquatorebene und sein Bahnverhältnis zur Erde bezogen haben?

Nein, erkläre ich immer, wenn mir Leute diese Frage stellen, solange wir nicht eine weit einfachere und direktere Antwort ersinnen können. In diesem Falle können wir das — durch Zufall.

Die Menschen sind dem Zufall gegenüber viel zu ungläubig. Sie sind allzu schnell bereit, ihn zu verwerfen und statt dessen geheimnisvolle

Strukturen von äußerst gebrechlicher Natur zu errichten, um ihn zu umgehen. Ich für meinen Teil sehe hingegen den Zufall überall als unausweichliche Folge der Wahrscheinlichkeitsgesetze an, nach denen das Nichtvorhandensein eines ungewöhnlichen Zufalls weit ungewöhnlicher ist, als irgendein Zufall es sein könnte.

Die Menschen, die Sinn und Zweck in etwas sehen, was nur Zufall ist, kennen im allgemeinen nicht einmal die wirklich guten Zufälle — ein Thema, über das ich früher bereits einmal diskutierte*. Wie steht es aber nun in diesem Falle mit Beziehungen zwischen den Namen anderer Planeten und der griechischen Mythologie? Was ist mit dem Planeten, den die Griechen Zeus und die Römer Jupiter nannten? Der Planet erhielt seinen Namen nach dem Obersten der Götter, und es hat sich herausgestellt, daß er größer und schwerer ist als alle anderen Planeten zusammengenommen. Könnten die Griechen womöglich die relative Masse der Planeten gekannt haben,

Der erstaunlichste Zufall dreht sich jedoch um einen Planeten, von dem die Griechen (wie man annehmen sollte) noch überhaupt nichts wußten.

Sehen wir uns einmal Merkur, den sonnennächsten Planeten, an. Er besitzt die am stärksten exzentrische Umlaufbahn unter allen im neunzehnten Jahrhundert bekannten Planeten. Die Bahn ist so stark exzentrisch, daß die Sonne im Fokus der elliptischen Bahn deutlich außerhalb des Zentrums liegt.

Wenn Merkur den sonnennächsten Punkt seiner Umlaufbahn (das Perihel) erreicht hat, beträgt sein Abstand von ihr nur 46 Millionen Kilometer und seine Bahngeschwindigkeit sechsundfünfzig Kilometer pro Sekunde. Am gegenüberliegenden Punkt seiner Bahn, der größten Sonnenferne (dem Aphel), ist er 70 Millionen Kilometer von ihr entfernt und hat seine Geschwindigkeit entsprechend auf siebenunddreißig Kilometer pro Sekunde verringert. Die Tatsache, daß Merkur an manchen Punkten nur halb so weit von der Sonne entfernt ist wie an anderen und daß er sich wiederum an bestimmten Punkten nur halb so schnell bewegt wie an anderen, wirft bei der exakten Aufzeichnung seiner Bewegungen mehr Schwierigkeiten auf als bei den übrigen, regelmäßigeren Planeten.

Diese Schwierigkeit ergibt sich am deutlichsten in einer ganz speziellen Hinsicht . . .

Da Merkur der Sonne näher ist als die Erde, wandert er von Zeit zu Zeit genau zwischen Erde und Sonne hindurch; die Astronomen können dann seine dunkle Scheibe erkennen, wie sie über die Sonnenoberfläche dahinzieht.

Solche ›Durchgänge‹ des Merkur ereignen sich wegen der exzentrischen Bahn des Planeten und weil sie gegenüber der Bahnebene der

---

* ›Drehmomente‹, zuletzt als Ullstein-Taschenbuch 3330, Frankfurt/Berlin/Wien 1977

Erde um sieben Grad geneigt ist in ziemlich unregelmäßigen Abständen. Die Durchgänge geschehen nur im Mai oder November (die Novemberdurchgänge sind im Verhältnis 7 zu 3 häufiger als im Mai) und in aufeinanderfolgenden Intervallen von dreizehn, sieben, zehn und drei Jahren.

Um 1700 wurden Durchgänge mit großem Eifer beobachtet, weil sie einerseits nicht mit bloßem Auge zu erkennen waren, andererseits aber sehr gut mit den primitiven Teleskopen der damaligen Zeit betrachtet werden konnten. Außerdem veränderten sich die genauen Zeiten, zu denen der Durchgang anfing und endete, und der genaue Weg über die Sonnenscheibe geringfügig je nach dem Beobachtungsstandpunkt auf der Erde. Aus solchen Veränderungen konnte die Entfernung des Merkur und hieraus wiederum alle übrigen Entfernungen im Sonnensystem berechnet werden.

Aus astronomischer Sicht war es daher recht verwirrend, daß die Voraussage über den Zeitpunkt des Durchgangs manchmal um bis zu einer Stunde abwich, ein eindeutiger Hinweis auf die Grenzen der Himmelsmechanik zu jener Zeit.

Wenn außer Merkur und Sonne nichts weiter im Weltall existierte, dann würde Merkur, unabhängig von der Beschaffenheit seiner Bahn, der Sonne ganz genau auf jedem Umlauf folgen. Es gäbe dann keine Schwierigkeiten für die exakte Angabe der Durchgangszeit.

Nun übt jedoch jeder andere Himmelkörper unseres Universums ebenfalls eine Anziehungskraft auf Merkur aus, und die Kraft der ihm nächsten Planeten — Venus, Erde, Mars und Jupiter — ist, so gering sie auch sein mag, groß genug, um hier einen Unterschied zu machen.

Jede einzelne Anziehungskraft bewirkt eine geringfügige Abweichung der Merkurbahn (eine ›Störung‹), die bei mathematischen Berechnungen mit einkalkuliert werden muß, wobei die genaue Masse und Bewegung des Objekts, von dem die Anziehungskraft ausgeht, zu berücksichtigen ist. Die hieraus resultierenden Komplikationen sind in der Theorie ganz einfach, da sie sich ausnahmslos auf das Gesetz der Schwerkraft von Isaac Newton gründen. In der Praxis ist das jedoch reichlich kompliziert, da die Berechnungen zeitaufwendig und mühevoll waren.

Doch die Berechnungen mußten durchgeführt werden, und immer sorgfältigere Versuche wurden unternommen, um die genauen Bewegungen des Merkur unter Berücksichtigung aller möglichen Störungen zu erarbeiten.

Im Jahre 1843 veröffentlichte ein französischer Astronom, Urbain Jean Joseph Leverrier, eine gründliche Berechnung der Merkurbahn. Er stellte dabei fest, daß minimale Widersprüche bestehen blieben. Seine ungewöhnlich detaillierten Kalkulationen zeigten, daß nach Berücksichtigung aller erkennbaren Störungen *eine* leichte Verschiebung blieb, für die es keine Erklärung gab. Der Punkt, an dem Merkur sein Perihel erreichte, bewegte sich ein ganz kleines bißchen schneller in seiner Bewegungsrichtung, als durch sämtliche Störungen zusammengenommen zu erwarten war.

Der kanadisch-amerikanische Astronom Simon Newcomb korrigierte im Jahre 1882 unter Verwendung besserer Instrumente und eingehenderer Beobachtungen Leverriers Zahlen geringfügig. Unter Zugrundelegung dieser Korrektur scheint es, daß das Perihel des Merkur bei jeder Umkreisung der Sonne um 0,104 Bogensekunden weiter voraus ist, als nach Berechnung der aufaddierten Störungen zu erwarten gewesen wäre.

Das ist nicht viel. In einem einzigen Erdenjahrhundert würde sich die Diskrepanz auf nur dreiundvierzig Bogensekunden belaufen. Es bräuchte viertausend Jahre, bis die Diskrepanz die scheinbare Breite unseres Mondes erreichte, und drei Millionen Jahre, bis sie einen vollständigen Umlauf der Merkurbahn ausmachte.

Doch das genügte. Wenn das Vorhandensein dieser Vorwärtsbewegung des sonnenentferntesten Punktes von Merkur nicht erklärt werden konnte, dann stimmte etwas nicht mit Newtons Gravitationsgesetz. Dieses Gesetz aber hatte sich in jeder Hinsicht als so vollkommen erwiesen, daß kein Astronom darüber erfreut sein konnte, wenn es sich nun als fehlerhaft herausstellen sollte.

Tatsächlich jedoch hatte das Gravitationsgesetz, selbst als Leverrier seine Diskrepanz in der Merkurbahn ermittelte, seinen größten Sieg überhaupt davongetragen. Und wer war die treibende Kraft hinter diesem Sieg gewesen? Nun, Leverrier, wer sonst?

Der Planet Uranus, der sonnenentfernteste der damals bekannten Planeten, wies ebenfalls eine geringe Abweichung in seinen Bewegungen auf, die durch die Anziehungskraft der anderen Planeten nicht zu erklären war. Überlegungen wurden angestellt, daß es einen weiteren Planeten geben könnte, der von der Sonne noch weiter entfernt war als Uranus, und daß die Anziehungskraft dieses fernen und noch unbekannten Planeten der sonst nicht erklärlichen Abweichung in der Uranusbahn zugrundeliegen könnte.

Ein englischer Astronom, John Couch Adams, hatte unter Benutzung des Gravitationsgesetzes, das er zum Ausgangspunkt seiner Berechnungen machte, im Jahre 1843 eine mögliche Umlaufbahn für einen solchen fernen Planeten entwickelt. Die Bahn würde die Abweichung in den Bewegungen des Uranus erklären und voraussagen, wo sich zu jenem Zeitpunkt der unentdeckte Planet befinden müßte.

Adams Berechnungen fanden keine Beachtung, doch einige Monate später kam Leverrier, der völlig unabhängig von ihm arbeitete, zu dem gleichen Schluß, hatte jedoch mehr Glück. Leverrier übersandte seine Kalkulationen dem deutschen Astronomen Johann Gottfried Galle, der zufällig eine neue Sternkarte der Himmelsregion besaß, in der nach Leverriers Angabe ein unbekannter Planet existieren mußte. Am 23.

September 1846 nahm Galle seine Suche auf und lokalisierte den Planeten, den wir nun Neptun nennen, innerhalb weniger Stunden.

Nach einem solchen Sieg wollte niemand mehr (und Leverrier am allerwenigsten) das Gravitationsgesetz in Frage stellen. Die Abweichung in den Bahnbewegungen des Merkur mußte das Ergebnis einer Anziehungskraft sein, die bisher noch nicht berücksichtigt worden war.

Die Masse eines Planeten läßt sich beispielsweise am leichtesten berechnen, wenn er Satelliten besitzt, die ihn in einer bestimmten Entfernung und in einer bestimmten Umlaufperiode umkreisen. Die Kombination Entfernung-Periode ist von der Planetenmasse abhängig, die auf diese Weise ganz präzise errechnet werden kann. Venus hat jedoch keine Satelliten. Ihre Masse konnte daher nur sehr vage bestimmt werden, und sie mochte ohne weiteres zehn Prozent größer sein, als die Astronomen um die Mitte des neunzehnten Jahrhunderts herum angenommen hatten. Falls dies wirklich zutraf, dann hätten die zusätzliche Masse und die daraus resultierende Anziehungskraft eine exakte Erklärung für die Bewegung des Merkur geliefert.

Das Problem war nur, wenn die Venus tatsächlich mehr Masse besaß als angenommen, dann müßte diese zusätzliche Masse auch die Umlaufbahn des anderen Nachbarn — nämlich der Erde — beeinflussen und sie in einer Weise stören, wie sie jedoch nicht zu beobachten ist. Eine Lösung für die Merkurbahn auf Kosten einer Störung der Erdbahn war kein glücklicher Handel, und Leverrier verwarf die Venuslösung.

Leverrier brauchte einen dem Merkur nahen massereichen Himmelskörper, der aber keinem anderen Planeten so nahe kam, daß er zu Abweichungen von dessen Bahn führte, und um 1859 brachte er den Gedanken ins Spiel, die Gravitationsquelle müsse sich auf der abgewandten Seite des Merkur befinden. Es mußte innerhalb der Umlaufbahn des Merkur einen Planeten geben, der dem Merkur so nahe kam, daß er eine Erklärung für die Bahnabweichung lieferte, aber doch weit genug von den sonnenferneren Planeten war, daß er auf ihre Bahnen keinen Einfluß mehr ausüben konnte.

Leverrier gab dem vermuteten Planeten zwischen Merkur und Sonne den Namen Vulkan. Dies war die römische Entsprechung für den griechischen Gott Hephaistos, der als göttlicher Schmied über die Esse herrschte. Ein Planet, der für immer in der Nähe des himmlischen Sonnenfeuers schwebte, fand damit eine angemessene Bezeichnung.

Es konnte nur zwei Zeitpunkte geben, wo Vulkan leicht zu sehen sein würde. Einmal wäre dies anläßlich einer totalen Sonnenfinsternis, wenn der Himmel in unmittelbarer Nähe der Sonne verfinstert und jedes Objekt in unmittelbarer Nähe der Sonne mit einer Leichtigkeit zu entdecken war, die sonst völlig ausschied.

In gewisser Weise bietet diese Möglichkeit einen bequemen Ausweg, da die Astronomen Zeitpunkt und Ort einer totalen Sonnenfinsternis exakt festlegen und sich dann für die Beobachtung bereit machen können. Auf der anderen Seite treten Sonnenfinsternisse nicht gerade häufig auf, sind für gewöhnlich mit umfangreichen Reisen verbunden und dauern nur wenige Minuten an.

Wie steht es nun aber mit der zweiten Gelegenheit für eine gute Sicht auf Vulkan? Sie ergäbe sich immer dann, wenn Vulkan bei einem Durchgang direkt zwischen Erde und Sonne hindurchwanderte. Er würde sich dann als dunkler Kreis vor der Sonnenscheibe abzeichnen, der sich auf einer Geraden von West nach Ost bewegt.

Durchgänge sind häufiger als Sonnenfinsternisse, bleiben in größeren Bereichen für längere Zeit sichtbar und würden einen weit besseren Hinweis auf die exakte Umlaufbahn von Vulkan geben — die dann zur Voraussage weiterer Durchgänge genutzt werden könnte, in deren Verlauf sich eingehendere Forschungen durchführen und die Eigenschaften des Planeten ermitteln ließen.

Andererseits war der Zeitpunkt eines Durchgangs nicht sicher vorauszuberechnen, solange man die Umlaufbahn von Vulkan nicht genau kannte, und das hatte wiederum zur Voraussetzung, daß man den Planeten sichtete und eine Weile ständig beobachtete. Die erste visuelle Entdeckung müßte daher durch Zufall erfolgen.

Oder war Vulkan bereits einmal gesichtet worden? Das war durchaus möglich und sogar wahrscheinlich. Der Planet Uranus etwa war vor seiner Entdeckung durch William Herschel schon bei mehreren Gelegenheiten gesichtet worden. Der erste Königliche Astronom von Großbritannien, John Flamsteed, hatte ihn hundert Jahre vor seiner Entdeckung gesehen, ihn als gewöhnlichen Stern betrachtet und als »34 Tauri« aufgeführt. Herschels Entdeckung bestand nicht darin, Uranus zum erstenmal zu sehen, sondern ihn zum erstenmal als Planeten zu erkennen.

Nachdem Leverrier seine Anregung geäußert hatte (und der Entdecker des Neptun besaß zu dieser Zeit bereits großes Prestige), begaben sich Astronomen auf die Suche nach möglichen früheren Beobachtungen von fremdartigen Objekten, die man nun als den geheimnisvollen Vulkan würde erkennen können.

Eine Reaktion ergab sich sofort. Ein französischer Amateurastronom, Dr. Lescarbault, teilte Leverrier mit, er habe 1845 ein dunkles Objekt vor der Sonne beobachtet, dem er damals wenig Beachtung geschenkt habe, das aber seiner Ansicht nach Vulkan gewesen sein müsse.

Leverrier studierte diesen Bericht höchst erregt und schloß daraus, daß Vulkan ein Himmelskörper sei, der in einem durchschnittlichen Abstand von 21 Millionen Kilometer die Sonne umkreist, etwas mehr als ein Drittel der Entfernung des Merkur zu ihr. Danach mußte seine Umlaufzeit ungefähr 19,7 Tage betragen.

Bei dieser Entfernung konnte er nie mehr als acht Grad von der

Sonne entfernt sein. Dies bedeutete, daß die einzigen Zeitpunkte, an denen Vulkan bei Abwesenheit der Sonne am Himmel gesichtet werden konnte, die Halbstundenspanne vor Sonnenaufgang oder die Halbstundenspanne nach Sonnenuntergang (abwechselnd in Intervallen von zehn Tagen) war. Es handelt sich hier um eine Periode von hellem Dämmerlicht, was die Beobachtung sehr schwierig gestaltete, es war also nicht überraschend, daß Vulkan sich so lange der Entdeckung entzogen hatte.

Aus Lescarbaults Beschreibung schätzte Leverrier den Durchmesser Vulkans auf ungefähr zweitausend Kilometer oder etwas mehr als die Hälfte des Monddurchmessers. Ging man davon aus, daß Vulkan etwa die gleiche Zusammensetzung hatte wie Merkur, dann müßte er eine Masse von circa einem Siebzehntel von der des Merkur oder einem Viertel von der des Mondes besitzen. Diese Masse reichte jedoch nicht aus, um als Ursache für das ›Vorgehen‹ des Perihels von Merkur gelten zu können. Vulkan konnte ebensogut auch nur das größte Objekt einer Asteroidenschar sein, die innerhalb der Merkurbahn verkehrte.

Auf der Grundlage von Lescarbaults Daten berechnete Leverrier die Zeiten, zu denen künftige Durchgänge erfolgen sollten, und die Astronomen begannen bei diesen Gelegenheiten ebenso die Sonne wie die Umgebung der Sonne zu beobachten, so oft Finsternisse eintraten.

Bedauerlicherweise gab es keine eindeutigen Beweise dafür, daß Vulkan sich dort befand, wo er nach den vorausgesagten Gelegenheiten hätte sein sollen. Von Zeit zu Zeit gab es immer wieder Berichte von Leuten, die behaupteten, Vulkan gesehen zu haben. Das bedeutete jedoch in jedem Fall, daß eine neue Bahn berechnet und neue Durchgänge vorhergesagt werden mußten — die dann aber auch zu keinen eindeutigen Ergebnissen führten. Es gestaltete sich immer schwieriger, Bahnen zu berechnen, die alle Beobachtungen berücksichtigten, und keine ergab eine erfolgreiche Voraussage künftiger Durchgänge.

Das Ganze entwickelte sich zu einer heftigen Kontroverse zwischen den Astronomen; die einen beharrten auf der Existenz Vulkans, die anderen bestritten sie.

Leverrier starb 1877. Bis ans Ende glaubte er fest an die Existenz des vermeintlichen Planeten und verpaßte nur um ein Jahr die größte Aufregung um Vulkan. Im Jahre 1878 sollte eine Sonnenfinsternis in den Weststaaten der USA sichtbar sein, und amerikanische Astronomen rüsteten sich zu einer Massensuche nach Vulkan.

Die meisten Beobachter erblickten nichts, doch zwei Astronomen von eindrucksvollem Ruf, James Craig Watson und Lewis Swift, berichteten von Beobachtungen, die den gesuchten Vulkan darstellen könnten. Aus den Berichten ergab sich, daß Vulkan ungefähr 650 Kilometer Durchmesser hatte und nur ein Vierzigstel so hell war wie Merkur. Das war kein sonderlich befriedigendes Ergebnis, dann es stellte nur die Größe eines großen Asteroiden dar und kam nicht als Ursache für die Bewegung des Perihels von Merkur in Frage, aber es war immerhin etwas.

Und doch geriet auch dieses Wenige unter Beschuß. Die Genauigkeit der für die Position des Objekts genannten Zahlen wurden angefochten, und es ließ sich keine Umlaufbahn errechnen, die weitere visuelle Beobachtungen erlaubt hätte.

Als das neunzehnte Jahrhundert sich seinem Ende zuneigte, begann die Photographie Geltung zu gewinnen. Es war nicht mehr notwendig, vor Beendigung der Sonnenfinsternis fieberhafte Messungen durchzuführen oder eindeutig festzustellen, was vor der Sonnenfläche vor sich ging. Man machte einfach photographische Aufnahmen und studierte sie anschließend in aller Ruhe.

Zehn Jahre nach der Einführung der Photographie verkündete 1900 der amerikanische Photograph Edward Charles Pickering, es könne keinen Himmelskörper von größerer Helligkeit als der 4. Klasse innerhalb der Merkurbahn geben.

Im Jahre 1909 ging der amerikanische Astronom William Wallace Campbell noch weiter und erklärte kategorisch, daß sich innerhalb der Merkurbahn nichts befinde, was heller als ein Körper der 8. Klasse war. Das bedeutete, daß ein vermutetes Objekt nicht größer als achtundvierzig Kilometer im Durchmesser sein konnte. Um die Bewegungen des Perihels von Merkur zu erklären, hätte es eine Million Himmelskörper der genannten Größe gebraucht*.

Damit sank die Hoffnung auf eine Existenz von Vulkan praktisch auf Null. Doch an der Bewegung des Perihels von Merkur war nicht zu rütteln. Wenn Newtons Gravitationsgesetz stimmte (und seit den Tagen Newtons hatte es niemals irgendeinen Grund gegeben, daran zu zweifeln), dann mußte aus dem Raum innerhalb der Merkurbahn eine irgendwie geartete Anziehungskraft ausgehen.

Natürlich war sie vorhanden, doch sie hatte einen völlig anderen Ursprung, als alle angenommen hatten. Im Jahre 1915 erklärte Albert Einstein die Sache in seiner Allgemeinen Relativitätstheorie.

Einsteins Vorstellung von der Schwerkraft war eine Erweiterung der Newtonschen. Unter den meisten Bedingungen vereinfachte sie sich auf den Begriff Newtons, wich jedoch unter Extrembedingungen ab und war zugleich besser. Das Vorhandensein Merkurs so nahe der überwältigenden Gegenwart der Sonne war ein Beispiel für eine Extrembedingung, der Einstein Rechnung tragen konnte, nicht aber Newton.

Das geschieht auf folgende Weise. Nach Einsteins relativistischer

---

* Soweit bekannt, ist diese Aussage zutreffend. Bis zum heutigen Tage kennt man nur zwei Objekte, die sich der Sonne stärker genähert haben als Merkur, nämlich ein gelegentlicher Komet und ein Asteroid, die beide eine vernachlässigbar geringe Masse darstellen.

Ansicht vom Universum sind Masse und Energie äquivalent, wobei gemäß der Gleichung $E = mc^2$ eine kleine Menge von Masse einer großen Menge von Energie entspricht.

Das ungeheure Schwerefeld der Sonne stellt eine große Energiemenge dar, die einer bestimmten, jedoch weit geringeren Menge an Masse entspricht. Da jede Masse ein Schwerefeld hervorruft, muß das Schwerefeld der Sonne, als Masse betrachtet, ein eigenes, bedeutend kleineres Schwerefeld erzeugen.

Diese nachgeordnete Anziehungskraft, die geringe Schwerkraft des Massenäquivalents der großen Schwerkraft der Sonne, stellt die zusätzliche Masse und die zusätzliche Anziehungskraft innerhalb der Merkurbahn dar. Einsteins Berechnungen zeigten, daß dieser Effekt genau für die Bewegung des Perihels von Merkur verantwortlich ist und gleichermaßen für weit geringere Bewegungen der Perihele von sonnenferneren Planeten.

Von da an brauchte es weder Vulkan noch eine andere Newtonsche Masse. Vulkan wurde auf immer vom astronomischen Himmel verstoßen.

Lassen Sie uns wieder zu den Zufällen zurückkehren — und zwar zu einem, der noch viel erstaunlicher ist als der Zufall, der den seine Kinder verschlingenden Kronos mit den Ringen des Saturn in Verbindung bringt.

Vulkan ist, wie Sie sich erinnern werden, die Entsprechung des griechischen Hephaistos, und der bekannteste Mythos um Hephaistos lautet folgendermaßen . . .

Hephaistos, der Sohn von Zeus und Hera, ergriff einmal Heras Partei, als Zeus sie wegen Unbotmäßigkeit bestrafte. Zeus ergrimmte über die Einmischung von Hephaistos und verbannte ihn aus dem Himmel. Hephaistos stürzte daraufhin auf die Erde hinunter und brach sich beide Beine. Obwohl er unsterblich war und sein Leben nicht beenden konnte, blieb er für immer gelähmt.

Mutet es nicht seltsam an, daß der Planet Vulkan (Hephaistos) ebenfalls vom Himmel verstoßen wurde? Er konnte aus dem einfachen Grunde nicht sterben, weil die Masse, welche die zusätzliche Anziehungskraft lieferte, unter allen Umständen vorhanden sein mußte. Sie war jedoch verkrüppelt in dem Sinne, daß sie keine Masse der uns geläufigen Art war, Masse in Form von planetarischen Masseansammlungen nämlich. Statt dessen war sie ein Masseäquivalent, ein riesiges Energiefeld.

Läßt Sie der Zufall immer noch unbeeindruckt? Nun, wir wollen ihn noch ein bißchen weiterverfolgen.

Sie erinnern sich vielleicht daran, daß in dem Mythos von Kronos, der seine Kinder verschlingt, Zeus durch seine Mutter gerettet wurde, indem sie statt des Kindes einen Stein in die Säuglingskleider packte. Da nun ein Stein als Ersatz für Zeus diente, stimmen Sie sicher zu, daß der Ausdruck ›ein Stein‹ als Äquivalent für ›Zeus‹ betrachtet werden kann.

Nun, und wer hat Hephaistos (den Vulkan des Mythos) vom Himmel gestürzt? Zeus!

›Ein Stein‹, Einstein — ich überlasse Ihnen das Urteil über meine sprachkundlichen Erläuterungen.

Wir können behaupten, daß die Griechen die ganze vulkanische Verwicklung bis hin zum Namen des Mannes, der sie löste, vorhergesehen haben müssen. Wir können aber auch sagen, daß Zufälle außerordentlich verblüffend — und außerordentlich bedeutungslos sein können.

21

Der häßliche kleine Junge

Sind Wissenschaftler herzlos? Nicht mehr als andere Menschen, doch tauchen immer wieder Fragen auf, wie die Prioritäten zu setzen sind. Tierversuche müssen durchgeführt werden, wenn es einen Fortschritt in der Medizin geben soll. Selbst wenn man bei den Forschungen so human wie möglich vorgeht, ist es unvermeidlich, daß viele Tiere unter qualvollen Umständen sterben. Wie soll ein Tier als › Tier‹ behandelt werden? Behandeln wir Schimpansen und Gorillas mit besonderer Rücksichtsnahme? Treffen wir besondere Vorkehrungen in den Fällen, die Wale und Delphine betreffen?

Doch lesen Sie selbst die folgende Geschichte.

Edith Fellowes glättete ihren Arbeitskittel, wie sie es immer tat, bevor sie die sorgfältig verschlossene Tür öffnete und die unsichtbare Trennlinie zwischen dem *Sein* und dem *Nichtsein* überschritt. Sie trug ihr Notizbuch und einen Stift bei sich, obwohl sie schon lange nichts mehr schriftlich festhielt, außer wenn ihr eine Berichterstattung dringend erforderlich schien.

Diesmal hatte sie auch einen Koffer bei sich (»Spielsachen für den Jungen«, hatte sie dem Wachmann lächelnd erklärt. Und seit langem schon dachte dieser nicht einmal mehr daran, ihr Fragen zu stellen. Er winkte ihr einfach zu und ließ sie passieren.)

Wie immer wußte der häßliche kleine Junge schon, daß sie es war, die zu ihm kam. Er lief weinend auf sie zu und rief auf seine sanfte, nuschelige Art: »Miss Fellowes, Miss Fellowes . . .«

»Timmie«, begrüßte sie ihn und strich mit der Hand über das struppige, braune Haar auf seinem kleinen, mißgestalteten Kopf. »Was ist geschehen?«

Er schluchzte: »Wird Jerry wieder zum Spielen kommen? Was passiert ist, tut mir so leid.«

»Denk nicht mehr daran, Timmie. Weinst du deshalb?«

Er senkte seinen Blick. »Nicht nur deshalb, Miss Fellowes. Ich habe wieder geträumt.«

»Den gleichen Traum?« Miss Fellowes' Lippen erstarrten. Natürlich hatte die Sache mit Jerry den Traum wieder ausgelöst.

Er nickte. Als er zu lächeln versuchte, wurden seine allzu großen Zähne sichtbar, und die Lippen seines weit vorspringenden Mundes dehnten sich zu unglaublicher Breite. »Wann bin ich groß genug, um hier herausgehen zu können, Miss Fellowes?«

»Bald«, sagte sie sanft, und es brach ihr fast das Herz. »Bald.«

366

Miss Fellowes ließ ihn ihre Hand nehmen und genoß den warmen Druck seiner fleischigen, trockenen Handfläche. Er zog sie mit sich durch die drei Räume, aus denen Stasis, Abteilung I bestand. Es war zwar einigermaßen gemütlich, aber für den häßlichen kleinen Jungen ein ewiges Gefängnis durch die sieben (waren es sieben?) Jahre seines Lebens hindurch.

Er führte sie zu dem einzigen Fenster und schaute hinaus in ein kümmerliches Waldgebiet, das zu der Welt des *Seins* gehörte (nun in der Nacht verborgen). Dort gab es einen Zaun und warnende Schilder, die es niemandem gestatteten, ohne besondere Erlaubnis das Gebiet zu betreten.

Er drückte seine Nase gegen die Fensterscheibe. »Dort hinaus, Miss Fellowes?«

»An bessere Orte, hübschere Orte«, murmelte sie traurig, während sie dieses arme, kleine, von der Welt abgeschiedene Gesicht betrachtete, dessen Profil sich scharf von dem schwarzen Fenster abhob. Seine Stirn trat flach zurück, sein Haar lag in Büscheln darauf. Sein Hinterkopf trat stark gewölbt hervor und vermittelte so den Eindruck, er sei übermäßig schwer. Er schien nach unten zu drücken, war nach vorn geneigt und zwang dem ganzen Körper eine gebeugte Haltung auf. Schon begannen knochige Wülste die Haut über seinen Augen auszubuchten. Sein breiter Mund stand weiter vor als seine breite, abgeflachte Nase. Von einem Kinn konnte kaum die Rede sein; da war nur ein Kieferknochen, der in schwacher Rundung nach unten hin zurücktrat. Er war klein für sein Alter, und seine kurzen Beine waren gekrümmt.

Er war wirklich ein sehr häßlicher kleiner Junge, aber Miss Fellowes liebte ihn von ganzem Herzen.

Ihr Gesicht lag außerhalb seines Blickwinkels, und deshalb gestattete sie ihren Lippen den Luxus eines Zitterns.

Sie würden ihn *nicht* töten. Sie würde alles tun, um das zu verhindern. Alles. Sie öffnete den Koffer und nahm die Kleidungsstücke heraus.

Es war ein wenig mehr als drei Jahre her, daß Edith Fellowes die Schwelle der Stasis AG zum ersten Mal überschritten hatte. Damals hatte sie nicht die geringste Ahnung, was Stasis bedeutete noch was an diesem Ort vor sich ging. Niemand wußte es zu der Zeit, ausgenommen die Menschen, die hier arbeiteten. Tatsächlich wurde Stasis genau einen Tag nachdem sie hierher gekommen war, der Weltöffentlichkeit bekannt.

Damals wurde über eine Annonce eine Frau mit Kenntnissen in der Physiologie, Erfahrung in klinischer Chemie und Liebe zu Kindern gesucht. Edith Fellowes war bis dahin Krankenschwester auf einer Entbindungsstation gewesen und glaubte daher, die genannten Bedingungen zu erfüllen.

Gerald Hoskins, auf dessen Namensschild auf dem Schreibtisch vor seinem Namen ein Dr. prangte, rieb seine Wange mit dem Daumen, während er sie beständig ansah.

Miss Fellowes verspannte sich automatisch und spürte, daß ihr Gesicht (mit seiner leicht asymmetrischen Nase und eine Idee zu schweren Augenbrauen) zu zucken begann.

Er ist auch nicht gerade ein Traummann, dachte sie ärgerlich. Er wird fett, verliert Haare und hat einen verbissenen Mund. Das Gehalt aber, das zur Debatte stand, war erheblich höher, als sie sich vorgestellt hatte, deshalb wartete sie geduldig ab.

Endlich sprach Hoskins. »Sie lieben Kinder also wirklich?«

»Das würde ich nicht behaupten, wenn es nicht so wäre.«

»Nun, vielleicht lieben Sie nur hübsche Kinder? Süße pausbäckige Kinder mit niedlichen, kleinen Stupsnasen und glucksenden Lauten?«

Miss Fellowes entgegnete: »Kinder sind Kinder, Dr. Hoskins, und diejenigen, die nicht so hübsch ausschauen, brauchen oft gerade um so mehr Hilfe.«

»Richten Sie sich also darauf ein, daß . . .«

»Heißt das, Sie bieten mir den Job ab sofort an?«

Er lächelte kurz, und einen Augenblick lang strahlte sein grobes Gesicht einen etwas besinnlichen Charme aus. Er sagte: »Ich pflege rasche Entscheidungen zu treffen. Und das Angebot ist ja auch wohl reizvoll. Ich könnte mich ebenso rasch wieder gegen Sie entscheiden. Nehmen Sie also an oder nicht?«

Miss Fellowes griff unwillkürlich nach ihrer Handtasche und versuchte schnell noch einmal alles durchzurechnen. Dann gab sie auf und folgte nur ihrem Impuls. »Einverstanden.«

»Schön. Wir werden die Stasis heute abend formieren, und es wäre das beste, wenn Sie dann da sind, um sofort Ihre Arbeit zu übernehmen. Das wird um 20 Uhr sein. Ich würde es begrüßen, wenn Sie bereits um 19 Uhr 30 hier sein können.«

»Aber was . . .«

»Gut, gut. Das ist alles für den Augenblick.« Auf sein Signal hin trat eine lächelnde Sekretärin ein, um sie hinauszuführen.

Eine Weile starrte Miss Fellowes noch auf die geschlossene Tür zurück. Was war Stasis überhaupt? Was hatte dieses fabrikartige Gebäude mit den gehetzten Angestellten, den behelfsmäßig wirkenden Korridoren und dieser Atmosphäre einer Maschinenhalle mit Kindern zu tun?

Sie fragte sich, ob sie an dem Abend überhaupt zurückkehren oder einfach fernbleiben solle, um dem arroganten Mann eine Lektion zu erteilen. Doch sie wußte, sie würde zurückkehren, wenn nur aus purer Frustration. Sie mußte herausfinden, was es mit den Kindern auf sich hatte.

Sie war also um 19 Uhr 30 dort. Sie brauchte sich nicht anzumelden. Ein jeder, Männer und Frauen, schien sie zu kennen und über ihre Funktion Bescheid zu wissen. Sie hatte beinahe das Gefühl, auf Gleitschienen hineinbefördert zu werden.

Dr. Hoskins war schon da, doch beachtete er sie nur aus der Ferne und murmelte »Miss Fellowes«.

Er bot ihr nicht einmal einen Sitzplatz an, aber sie nahm sich einfach einen Stuhl, schob ihn schweigend zum Geländer und setzte sich.

Sie befanden sich auf einem Balkon und blickten in einen gewaltigen Schacht hinunter, der mit Instrumenten angefüllt war, die aussahen wie eine Mischung zwischen dem Armaturenfeld eines Raumschiffs und dem eines Computers. An einer Seite waren abgeteilte Räume zu sehen, die so etwas wie eine unbedachte Wohnung zu bilden schienen, ein riesiges Puppenhaus, in dessen Zimmer sie von oben hineinschauen konnte.

Sie erblickte in einem der Räume einen elektronischen Kocher und eine Gefriereinheit, in einem anderen sanitäre Anlagen. Der Gegenstand, den sie im dritten Raum ausmachte, schien ein Teil eines Bettes zu sein, eines Kinderbettes.

Hoskins führte ein Gespräch mit einem Mann. Sie beide und Miss Fellowes waren die einzigen Personen auf dem Balkon. Hoskins machte keine Anstalten, ihr den Mann vorzustellen, und Miss Fellowes betrachtete ihn verstohlen. Er war mager und sah sehr gut aus wie gewisse Männer mittleren Alters. Er trug einen schmalen Schnurrbart und hatte lebhafte Augen, die sich mit allem, was ihn umgab, zu beschäftigen schienen.

Er sagte gerade: »Ich möchte keineswegs behaupten, Dr. Hoskins, daß ich das alles verstünde — ich meine außer in dem Maße, in dem man es von einem Laien, einem doch einigermaßen intelligenten Laien, erwarten kann. Wenn ich aber eine Sache nennen soll, die ich weniger als alle anderen verstehe, so ist es das Problem der Trennschärfe. Sie vermögen nur so und so weit vorzustoßen; das ist nachvollziehbar. Die Dinge werden unschärfer, je weiter Sie gehen; es verbraucht mehr Energie. Aber auch die Nähe, die Sie festmachen können, ist begrenzt. Das ist es, was mich verwirrt.«

»Ich kann es Ihnen weniger paradox erscheinen lassen, Deveney, wenn Sie mir erlauben, eine Analogie zu gebrauchen.«

(Miss Fellowes konnte den Mann einordnen, sobald sie seinen Namen gehört hatte, und fühlte sich gegen ihren Willen beeindruckt. Dies war offensichtlich Candide Deveney, der Wissenschaftsreporter der Fernsehnachrichten, der bei jedem neuen wissenschaftlichen Durchbruch immer sogleich zur Stelle war. Nun erkannte sie sogar sein Gesicht, das sie neulich auf dem Bildschirm gesehen hatte, als die Landung auf dem Mars verkündet wurde. Das bedeutete, daß Dr. Hoskins hier etwas Außerordentliches durchführte.)

»Bitte, bitte benutzen Sie unbedingt eine Analogie, wenn Sie glauben, daß sie mir hilft«, gab Deveney etwas kläglich von sich.

»Nun, Sie können kein Buch mit normal großem Druck lesen, wenn es zwei Meter von Ihren Augen entfernt ist. Sie können es aber bei einem Abstand von etwa dreißig Zentimetern. Soweit gilt: je näher, desto besser. Halten Sie das Buch dann drei Zentimeter vor Ihre Augen, ist wieder alles vorbei. Sie sehen also, es gibt so etwas wie zu nahe.«

»Mmmmh«, lies Deveney vernehmen.

»Oder nehmen wir ein anderes Beispiel. Ihre rechte Schulter ist knapp achtzig Zentimeter von der Spitze Ihres rechten Zeigefingers entfernt, und Sie können mit Ihrem rechten Zeigefinger ohne weiteres Ihre rechte Schulter berühren. Ihr rechter Ellbogen ist nur halb so weit von Ihrem rechten Zeigefinger entfernt; nach dem Gesetz der einfachen Logik müßte es also viel leichter sein, Ihren rechten Ellbogen mit dem rechten Zeigefinger zu berühren. Das aber können Sie nicht. Wiederum gilt: es gibt so etwas wie zu nahe.«

Deveney fragte: »Erlauben Sie, daß ich diese Analogien in meiner Story verwende?«

»Ja, natürlich. Nur zu gern. Ich habe lange genug darauf gewartet, daß jemand wie Sie über uns berichtet. Ich stehe Ihnen voll und ganz zur Verfügung. Endlich ist es soweit, daß wir uns nur wünschen können, daß die ganze Welt uns über die Schulter blickt. Und sie wird etwas zu sehen bekommen.«

(Miss Fellowes bemerkte, daß sie seine ruhige Gewißheit bewunderte, obwohl sie das nicht wollte. Es lag eine große Kraft darin.)

»Wie weit werden Sie zurückgehen«, wollte nun Deveney wissen.

»Vierzigtausend Jahre.«

Miss Fellowes atmete kurz und heftig ein.

Jahre?

Eine Spannung lag in der Luft. Die Männer an den Armaturen standen fast reglos da. Ein Mann sprach leise und monoton kurze Sätze in ein Mikrophon, die für Miss Fellowes keinen Sinn ergaben.

Deveney, der sich weit über das Balkongeländer beugte und angestrengt hinunterstarrte, fragte: »Werden wir etwas sehen können, Dr. Hoskins?«

»Was? Nein, nichts bis die Arbeit abgeschlossen ist. Wir ermitteln indirekt; es ist dem Funktionsprinzip des Radars verwandt, außer daß wir Mesotronen statt Strahlen verwenden. Mesotronen reichen unter den geeigneten Konditionen nach rückwärts. Einige werden dann reflektiert, und wir haben nur noch die Reflexion zu analysieren.«

»Das klingt kompliziert.«

Wieder lächelte Hoskins, kurz wie immer. »Es ist immerhin das

Endergebnis von fünfzig Jahren Forschung; vierzig davon, bevor ich mich auf dieses Gebiet wagte. Ja, es ist kompliziert.«

Der Mann an dem Mikrophon hob eine Hand.

Hoskins erklärte: »Es war uns gelungen, wochenlang einen bestimmten Augenblick in der Zeit zu fixieren. Wir brachen ab, wiederholten die Fixierung, nachdem wir unsere eigene Bewegung im Zeitfluß berechnet hatten, um sicherzustellen, daß wir mit ausreichender Präzision in den Zeitfluß eingreifen können. Heute muß es klappen.«

Seine Stirn glänzte.

Miss Fellowes ertappte sich selbst dabei, daß sie ihren Sitz verlassen hatte und über dem Geländer lehnte, aber es gab nichts zu sehen.

Der Mann am Mikrophon sagte ruhig: »Jetzt.«

Ein Zwischenraum vollkommenen Schweigens reichte gerade für einen Atemzug, dann erscholl von den Zimmern des Puppenhauses her der Aufschrei eines völlig verängstigten kleinen Jungen. Entsetzen! Mark und Bein durchbohrendes Entsetzen!

Miss Fellowes Kopf schnellte in die Richtung, aus der der Schrei kam. Ein Kind war in die Sache verwickelt. Sie hatte es ganz vergessen.

Hoskins schlug mit der Faust auf das Geländer und rief mit gepreßter Stimme, die im Triumph erzitterte: »Es *hat* geklappt!«

Der harte Druck von Hoskins' Handfläche zwischen ihren Schulterblättern drängte Miss Fellowes die kurze Wendeltreppe hinunter. Er sprach kein Wort mit ihr.

Die Männer, die sich zuvor an den Armaturen aufgehalten hatten, standen nun bunt durcheinander, lachten zufrieden und rauchten. Sie beobachteten die drei, als sie auf der Hauptebene ankamen. Ein leises Summen ertönte von dem Puppenhaus her.

Hoskins sagte an Deveney gerichtet: »Es ist absolut sicher, Stasis zu betreten. Ich habe es schon mehr als tausendmal getan. Man hat dabei zwar ein seltsam unangenehmes Gefühl, aber das dauert einen Augenblick und hat nichts zu bedeuten.«

Schweigend und mit augenscheinlich großer Entschlossenheit schritt er durch eine offene Tür. Deveney lächelte steif, holte offensichtlich tief Atem und folgte ihm dann.

Hoskins rief: »Miss Fellowes! Bitte!« Er winkte sie ungeduldig mit gekrümmtem Zeigefinger heran.

Miss Fellowes nickte und trat vorsichtig über die Schwelle. Ihr war, als durchfahre sie ein Rieseln, ein innerliches Kitzeln.

Kaum war sie aber drinnen, fühlte sich alles wieder normal an. Sie nahm den Geruch von frischem Holz wahr, aus dem das Puppenhaus gebaut war, und . . . von etwas . . . etwas, das wie Erde roch.

Es war still. Jedenfalls hörte man keine Stimme, nur das stumpfe

Schlurfen von Füßen, das Reiben einer Hand auf Holz, dann ein leises, trauriges Stöhnen.

»Wo ist es?« fragte Miss Fellowes erschüttert. *Kümmerte* das alles diese unverständigen Männer nicht?

Der Junge befand sich im Schlafzimmer, das heißt, in dem Raum, in dem das Bett stand.

Er war ganz nackt. Seine kleine, dreckverschmierte Brust hob und senkte sich stoßweise. Ein Haufen Dreck und grasartige Büschel waren um seine bloßen, braunen Füße herum auf dem Boden verstreut. Daher also stammten der Geruch von Erde und ein anderer, unangenehmer Gestank.

Hoskins folgte ihrem entsetzten Blick und sagte, ohne einen gewissen Ärger zu verbergen: »Man kann einen Jungen eben nicht völlig sauber aus der Zeit herausreißen, Miss Fellowes. Wir mußten zu seiner Sicherheit Teilchen aus seiner Umgebung mitnehmen. Oder würden Sie es vorziehen, wir hätten ihn ohne ein Bein oder mit einem halben Kopf hergeholt?«

»*Ich bitte Sie!*« preßte Miss Fellowes in einem Anfall von Abscheu hervor. »Müssen wir hier so herumstehen? Das arme Kind fürchtet sich. Und es ist *dreckig.*«

Da hatte sie recht. Es war über und über mit einer Kruste von Dreck und Erde bedeckt, und an einem Oberschenkel zeigte sich ein Kratzer, der rot und entzündet aussah.

Als Hoskins sich ihm nähern wollte, duckte sich der Junge, der etwas über drei Jahre alt sein mochte, und wich behende nach hinten aus. Er zog die Oberlippen hoch und stieß einen zischenden, fauchenden Laut aus wie eine Katze. Mit einer blitzschnellen Bewegung ergriff Hoskins beide Arme des sich windenden und schreienden Kindes und hob es vom Boden hoch.

Miss Fellowes befahl: »Halten Sie ihn einen Moment. Er braucht als erstes ein heißes Bad. Ich muß ihn säubern. Haben Sie ~~das~~ Nötige vorgesehen? Wenn ja, dann lassen Sie alles herbringen, und für's erste werde ich Hilfe brauchen, um ihn festzuhalten. Und dann, um Himmels willen, lassen Sie diesen Dreck entfernen.«

Ja, jetzt gab sie die Anweisungen; sie fühlte sich verdammt gut dabei, weil sie sich endlich als tüchtige Krankenschwester betätigen konnte, statt als verwirrte Zuschauerin herumzustehen. Sie betrachtete das Kind mit ihren klinisch geschulten Augen — und zögerte unter dem Schock des ersten Augenblicks. Sie achtete nicht auf die Dreckkruste, nicht auf das Geschrei, nicht auf das sinnlose Drehen und Winden des Kindes. Sie sah den Jungen, wie er wirklich war. Es war der häßlichste kleine Junge, den sie jemals gesehen hatte. Er war einfach schrecklich häßlich, vom mißgestalteten Kopf bis hinunter zu den O-Beinen.

Es gelang ihr schließlich mit Hilfe dreier Männer, den Jungen zu baden. Andere machten sich eifrig daran, den Raum zu säubern. Sie arbeitete schweigend und voller Entrüstung, verärgert durch das ständige Zappeln und Schreien des Jungen und durch die Wogen von Seifenwasser, die über sie hereinbrachen.

Dr. Hoskins hatte zwar darauf hingewiesen, daß es kein hübsches Kind sein würde, aber dieses Wesen hier war einfach abstoßend mißgestaltet. Außerdem hatte der Junge einen Geruch an sich, den selbst Wasser und Seife nur nach und nach zu mildern vermochten.

Sie hatte große Lust, den Jungen, seifig wie er war, Hoskins in die Arme zu werfen und zu verschwinden. Aber es gab so etwas wie Berufsethos. Zudem hatte sie einen Vertrag geschlossen. Sie würde es in seinen Augen lesen können, in einem kalten Blick: Nur hübsche Kinder, Miss Fellowes?

Er war etwas abseits stehengeblieben und sah sie kühl an, wenn ihre Blicke sich trafen. Aber sein Gesicht verriet ein halbes Lächeln, so als amüsiere er sich über ihre Empörung.

Sie beschloß, eine Weile mit der Kündigung zu warten. Es jetzt zu tun, würde sie disqualifizieren.

Dann, als der Junge endlich gewaschen war und nach duftender Seife roch, fühlte sie sich schon besser. Seine Schreie schwächten sich zu einem erschöpften Wimmern ab, als er mit der Vorsicht ängstlichen Argwohns die Anwesenden einen nach dem anderen musterte. Seine Augen bewegten sich überaus schnell, erfüllt von erschrecktem Mißtrauen. Da er nun sauber war, stach seine nackte Magerkeit um so mehr hervor, und er zitterte vor Kälte nach dem heißen Bad.

Miss Fellowes ordnete in aller Schärfe an: »Bringen Sie mir ein Nachthemd für das Kind!«

Augenblicklich wurde ihr eines gereicht. Es war, als stünde alles bereit — und doch nicht bereit, es sei denn, sie ordnete es an. Möglicherweise überließ man absichtlich alles ihrer Entscheidung, um sie zu testen.

Der Nachrichtenmann Deveney trat auf sie zu und sagte: »Ich werde ihn halten, Miss. Sie werden es wohl nicht alleine schaffen.«

»Ich danke Ihnen«, erwiderte Miss Fellowes. Tatsächlich war es ein Kampf, aber das Nachthemd wurde schließlich übergestreift. Als der Junge versuchte, es zu zerreißen, gab sie ihm einen heftigen Klaps auf die Hand.

Der Junge lief rot an, aber er weinte nicht. Er starrte sie nur an, während seine gespreizten Finger langsam über den Flanell strichen, um dieses fremde Etwas zu erkunden.

Verzweifelt dachte Miss Fellowes: Was kommt als nächstes?

Alle schienen in schwebender Erwartung zu verharren. Man wartete auf sie — auch der häßliche kleine Junge.

In scharfem Ton fragte sie: »Haben Sie für Nahrung gesorgt? Ist Milch da?«

Ja, Milch war da. Ein Lebensmittelwagen wurde herbeigerollt. Seine Kühleinheit enthielt drei Liter Milch. Es gab auch eine Vorrichtung, die Milch zu erwärmen, und eine Auswahl an verschiedenen Stärkungsmitteln, wie etwa Vitamintropfen, Kupfer-Kobalt-Eisen-Sirup und weitere, um die sie sich jetzt gar nicht kümmern konnte. Außerdem war eine ganze Sammlung Kleinkinderkost zusammengestellt, in sich selbst erhitzenden Dosen.

Sie entschied sich für Milch, nur Milch, für den Anfang jedenfalls. Die Radareinheit erwärmte die Milch in Sekundenschnelle auf die richtige Temperatur. Das Kontrollämpchen erlosch, und sie goß die Milch in eine Untertasse. Sie hatte bereits ein sicheres Gefühl für die Wildheit des Jungen entwickelt. Er würde mit einer Tasse nichts anzufangen wissen.

Miss Fellowes nickte dem Jungen zu. »Trink nur, trink!« Sie machte eine Geste, so als wolle sie die Untertasse mit der Milch zu ihrem Mund führen. Die Augen des Jungen folgten ihr, aber er bewegte sich nicht.

Plötzlich ergriff die Schwester drastischere Maßnahmen. Sie hielt den Oberarm des Jungen mit einer Hand fest und tauchte die andere in die Milch. Dann strich sie die Milch über seine Lippen, so daß sie an seinen Wangen und dem zurückfallenden Kinn hinuntertropfte.

Einen Augenblick lang stieß das Kind einen schrillen Schrei aus, doch dann fuhr seine Zunge über die befeuchteten Lippen. Miss Fellowes trat zurück.

Der Junge näherte sich vorsichtig der Untertasse und beugte sich darüber. Dann sah er wieder auf, blickte gehetzt um sich, als rechne er mit einem irgendwo verborgenen Feind. Ein zweites Mal beugte er sich über die Milch und begann, sie gierig aufzulecken wie eine Katze. Dabei ließ er das entsprechende, schlabbernde Geräusch vernehmen. Aber er benutzte nicht seine Hände, um die Untertasse hochzuheben.

Miss Fellowes ließ es zu, daß sich eine Spur ihres Abscheus in ihrer Miene widerspiegelte; sie konnte auch gar nichts dagegen tun.

Vielleicht hatte Deveney das bemerkt, jedenfalls sagte er: »Weiß die Schwester Bescheid, Dr. Hoskins?«

»Worüber?« verlangte Miss Fellowes zu wissen.

Deveney zögerte, doch Hoskins reagierte wieder mit jener verhaltenen Belustigung in seinen Gesichtszügen. »Nun, sagen Sie es ihr.«

Deveney wandte sich Miss Fellowes zu. »Sie mögen sich dessen nicht bewußt sein, aber Sie sind die erste zivilisierte Frau in der Geschichte, die sich um einen Neandertalerjungen kümmert.«

Mit einigermaßen kontrollierter Wut drehte sie sich zu Dr. Hoskins um. »Das hätten Sie mir sagen sollen, Doktor.«

»Warum? Macht das einen Unterschied?«

»Sie sagten, es gehe um ein Kind.«

»Ist das kein Kind? Haben Sie jemals einen kleinen Hund oder eine Katze gehabt, Miss Fellowes? Sind die den Menschen etwa näher? Und wenn das hier ein Schimpansenbaby wäre, würde Sie das so abstoßen? Sie sind Kinderkrankenschwester, Miss Fellowes. Ihre Zeugnisse verraten, daß Sie drei Jahre lang auf einer Entbindungsstation gearbeitet haben. Haben Sie es jemals abgelehnt, sich um ein mißgestaltetes Kind zu kümmern?«

Miss Fellowes sah ihre Felle davonschwimmen. Schon weniger energisch wiederholte sie: »Sie hätten es mir dennoch sagen sollen.«

»Und dann hätten Sie die Stelle abgelehnt, nicht wahr? Nun, wollen Sie sie jetzt ablehnen?« Er musterte sie kühl. Deveney betrachtete sie von der anderen Seite des Raumes her, und das Neandertaler-Kind, das die Milch getrunken und die Untertasse saubergeleckt hatte, sah zu ihr auf mit seinem feuchten Gesicht und seinen großen, sehnsüchtigen Augen.

Der Junge zeigte auf die Milch und gab plötzlich eine ganze Reihe sich wiederholender Laute von sich; Laute, die hauptsächlich aus Gutturalen und einem überaus geschickten Schnalzen der Zunge bestanden.

Miss Fellowes rief ganz überrascht aus: »Er spricht ja!«

»Natürlich«, sagte Dr. Hoskins, »der *Homo neandertalensis* stellt im eigentlichen Sinne keine eigene Gattung dar, sondern ist eher eine Untergattung des *Homo sapiens*. Warum also sollte er nicht sprechen? Vermutlich verlangt er nach mehr Milch.«

Miss Fellowes griff automatisch nach der Milchflasche, doch Hoskins hielt ihr Handgelenk fest. »Miss Fellowes, bevor Sie jetzt weitermachen, behalten Sie den Job nun oder nicht?«

Miss Fellowes befreite sich verärgert aus seinem Griff. »Würden Sie ihn denn füttern, wenn ich es nicht tue? Ich werde bei ihm bleiben — für eine Weile jedenfalls.«

Sie goß die Milch aus.

Hoskins verabschiedete sich. »Wir werden Sie nun mit dem Jungen allein lassen, Miss Fellowes. Dies ist die einzige Tür zu Stasis I. Sie ist sorgfältigst verschlossen und bewacht. Ich wünsche, daß Sie sich mit den Einzelheiten des Verschlußsystems vertraut machen, das natürlich auf Ihre Fingerabdrücke programmiert werden wird, wie es mit meinen schon geschehen ist. Auch oben . . .« — er schaute aufwärts zur offenen Decke des Puppenhauses — »ist alles bewacht. Wir werden es bemerken, wenn hier irgend etwas Unerwünschtes vor sich geht.«

Miss Fellowes entgegnete ungehalten: »Wollen Sie damit sagen, daß ich unter ständiger Beobachtung stehe?« Ihr fiel plötzlich der Überblick über das Innere der Räume ein, den sie selbst vom Balkon aus gehabt hatte.

»Nein, nein«, sagte Dr. Hoskins ernst. »Ihre Intimsphäre wird vollständig respektiert. Die Beobachtung wird ausschließlich in elektronische Symbole übersetzt, und nur ein Computer verarbeitet sie. Sie werden heute nacht bei ihm bleiben, Miss Fellowes, sowie jede weitere Nacht, bis ich neue Anweisungen gebe. Sie werden tagsüber Freizeit haben nach einem Stundenplan, der Ihnen gewiß entgegenkommt. Sie können selbst darüber mitbestimmen.«

Miss Fellowes schaute sich verwirrt im Puppenhaus um. »Aber warum das alles, Dr. Hoskins? Ist der Junge gefährlich?«

»Es ist ein Problem der Energie, Miss Fellowes. Er darf niemals diese Räume verlassen. Niemals. Auch nicht für einen Augenblick. Unter gar keinen Umständen. Nicht, um sein Leben zu retten, und, Miss Fellowes, nicht einmal, um *Ihr* Leben zu retten. Ist das klar?«

Miss Fellowes hob ihr Kinn. »Ich verstehe Ihre Anweisungen, Dr. Hoskins. In meinem Beruf ist es selbstverständlich, daß die Pflichten über der Selbsterhaltung stehen.«

»Gut. Sie können jederzeit ein Signal geben, wenn Sie jemanden brauchen.« Die beiden Männer verließen das Puppenhaus.

Miss Fellowes wandte sich dem Jungen zu. Er beobachtete sie. Es war immer noch Milch in der Untertasse. Unermüdlich versuchte sie, ihm zu zeigen, wie er die Untertasse zu heben und an seine Lippen zu führen habe. Er verweigerte sich, aber immerhin ließ er sich von ihr berühren, ohne wieder aufzuschreien.

Seine ängstlichen Augen hingen beständig an ihr und lauerten, lauerten auf die erste falsche Bewegung. Sie machte sich an den Versuch, ihn zu besänftigen. Ganz langsam bewegte sie ihre Hand auf seinen Haarschopf zu, sorgte dafür, daß er ihre Hand die ganze Zeit sehen konnte und erkannte, von ihr drohe ihm keine Gefahr.

Tatsächlich gelang es ihr, einen Augenblick lang sein Haar zu streicheln.

Sie sagte: »Jetzt werde ich dir wohl zeigen müssen, wie man das Badezimmer benutzt. Glaubst du, daß du es lernen kannst?«

Sie sprach leise und freundlich, wohl wissend, daß er die Worte nicht verstehen konnte. Aber sie hoffte, er werde auf die Ruhe in ihrem Tonfall reagieren.

Der Junge stimmte wieder eine Äußerung in seiner schnalzenden Sprache an.

Sie fragte ihn: »Darf ich deine Hand halten?«

Sie streckte ihm ihre geöffnete Hand entgegen, und der Junge betrachtete sie. Sie wartete. Dann bewegte sich die Hand des Jungen langsam und zögernd auf die ihre zu.

»Ja, schön so«, ermutigte sie ihn.

Seine Hand näherte sich der ihren bis auf wenige Zentimeter, doch dann verließ ihn der Mut. Sein Arm schnellte zurück.

»Nun«, sagte Miss Fellowes ruhig, »wir werden es ein anderes Mal wieder versuchen. Möchtest du dich dort hinsetzen?« Sie klopfte auf die Matratze des Bettes.

Die Stunden vergingen langsam, und der Fortschritt war nur minimal. Weder mit dem Badezimmer noch mit dem Bett hatte sie Erfolg. Als nämlich das Kind unmißverständliche Anzeichen von Müdigkeit verriet, legte es sich auf den bloßen Fußboden und rollte sich dann mit einer blitzschnellen Bewegung unter das Bett.

Sie beugte sich zu ihm hinunter, und während er das Zungenschnalzen vernehmen ließ, blitzte er sie mit seinen dunklen Augen an.

»Also einverstanden«, seufzte sie, »wenn du dich dort sicherer fühlst, wirst du halt da unten schlafen.«

Nachdem sie die Badezimmertür geschlossen hatte, zog sie sich endlich in das Feldbett zurück, das man für sie in dem größten der Zimmer aufgestellt hatte. Sie hatte darauf bestanden, daß man einen provisorischen Baldachin darüber errichte. Dann dachte sie noch: diese dummen Männer werden einen Spiegel und eine größere Kommode in sein Zimmer schaffen müssen, wenn sie von mir erwarten, daß ich die Nächte hier verbringe.

Es fiel ihr schwer, einzuschlafen. Beständig war sie darauf konzentriert, aus dem Nebenzimmer mögliche Geräusche wahrzunehmen. Er konnte doch nicht ausbüchsen, oder? Die Wände waren nackt und glatt und viel zu hoch. Aber angenommen, das Kind konnte klettern wie ein Affe? Nun, Hoskins hatte ja gesagt, daß für Überwachungseinrichtungen gesorgt war.

Plötzlich beunruhigte sie wieder ein Gedanke: Ob er wohl gefährlich werden kann? Körperlich gewalttätig?

Gewiß konnte Hoskins das nicht gemeint haben. Er würde sie doch nicht hier allein lassen, wenn . . .

Sie versuchte, über sich selbst zu lachen. Es war doch nur ein Kind von drei oder vier Jahren. Dennoch war es ihr nicht gelungen, seine Nägel zu schneiden. Sollte er sie, während sie schlief, mit seinen Nägeln und Zähnen angreifen . . .?

Ihr Atem beschleunigte sich. Oh, es war einfach lächerlich, und doch . . .

Sie lauschte mit gequälter Aufmerksamkeit, und diesmal hörte sie wirklich ein Geräusch.

Der Junge weinte.

Es war kein Angst- oder Wutgebrüll, kein Kreischen, kein Schreien. Es war ein leises Weinen, das herzzerreißende Schluchzen eines einsamen, verlassenen Kindes.

Zum ersten Mal dachte Miss Fellowes mit einem spürbaren Stich im Herzen: armes Kind!

O ja, natürlich war es ein Kind; was bedeutete schon seine Kopfform? Dies war ein Kind, das auf eine Art und Weise zur Waise geworden war wie niemals ein Kind zuvor. Nicht nur seine Mutter und sein Vater lebten nicht mehr, sondern seine ganze Art. Grausam aus seiner Zeit gerissen, war es nun das einzige Geschöpf seiner Art auf der ganzen Welt. Das letzte. Das einzige.

Ihr Mitleid wuchs, wurde stärker und mit ihm auch die Scham über ihre eigene Gefühllosigkeit. Sie stand auf, zog sorgfältig ihr Nachthemd um die Waden herum zurecht (ausgerechnet jetzt dachte sie daran, daß sie am folgenden Tag einen Bademantel mitbringen sollte) und ging in das Zimmer des Jungen.

»Mein Kleiner«, flüsterte sie, »mein Kleiner.«

Gerade wollte sie unter das Bett fassen, da fiel ihr ein, daß sie mit einem Biß rechnen müsse, und unterließ es. Statt dessen machte sie zuerst Licht und schob dann das Bett beiseite.

Das arme Ding lag da in der Ecke zusammengekauert, die Knie bis zum Kinn hochgezogen. Es sah mit tränenverschmierten, furchtsamen Augen zu ihr auf.

»Armer Junge, armer Junge.« Sie spürte, daß er sich versteifte, als sie über sein Haar strich, doch dann entspannte er sich. »Armer Junge. Darf ich dich in die Arme nehmen?« Leise begann sie, ein langsames, sanftes Lied zu singen.

Er richtete sein Köpfchen auf und starrte in dem gedämpften Licht auf ihren Mund, so als sei er über diesen Klang ganz erstaunt.

Sie zog ihn etwas näher an sich, während er ihr aufmerksam zuhörte. Langsam und behutsam drückte sie gegen eine Seite seines Kopfes, bis er schließlich an ihrer Schulter ruhte. Sie schob ihren Arm unter seine Beine und hob ihn mit einer vorsichtigen, nicht übereilten Bewegung auf ihren Schoß.

Dabei hörte sie nicht auf, zu singen, immer wieder den gleichen, einfachen Vers, während sie ihn wiegte; vor und zurück, vor und zurück.

Er weinte nicht mehr, und nach einer Weile verriet der gleichmäßige Rhythmus seines Atems, daß er eingeschlafen war.

In unendlicher Behutsamkeit schob sie das Bett wieder an die Wand und legte ihn hinein. Sie deckte ihn zu und betrachtete ihn. Sein Gesicht schaute so friedlich und kleinjungenhaft drein, als er schlief. Es war unwichtig geworden, daß er so häßlich war.

Auf Zehenspitzen wollte sie sich gerade entfernen, als sie sich fragte: Und wenn er aufwacht?

Sie schlich zurück, kämpfte unentschlossen mit sich selbst, seufzte schließlich und legte sich zu dem Kind ins Bett.

Es war zu kurz für sie. Sie fühlte sich verkrampft und unbehaglich, weil es hier keinen Baldachin gab. Aber wie sich die Hand des Kindes in ihre hineinschob, schlief sie trotz der unbequemen Lage ein.

Als sie erwachte, fuhr sie auf und spürte einen unbändigen Drang zu schreien. Es gelang ihr gerade noch, dies in einen merkwürdigen Gurgellaut umzuwandeln. Der Junge sah sie mit weit aufgerissenen Augen an. Sie brauchte eine Weile, bis sie wieder wußte, wie sie zu ihm ins Bett geraten war. Und jetzt erst, ganz langsam, ohne ihren Blick von dem seinen zu wenden, wagte sie es, ein Bein auszustrecken, so daß ihr Fuß den Boden berührte. Dann kam das andere.

Sie warf einen raschen, beschämten Blick nach oben durch die offene Zimmerdecke. Schon spannte sie ihre Muskeln an, um sich aus dieser Lage zu befreien.

Doch in diesem Augenblick streckte der Junge seine gedrungenen Fingerchen aus und berührte ihre Lippen. Er sagte etwas.

Sie zuckte unter der Berührung zusammen. Bei Tageslicht war er wirklich erschreckend häßlich.

Der Junge sprach ein zweites Mal. Nun öffnete er seinen eigenen Mund und gestikulierte mit einer Hand, so als komme da etwas heraus.

Miss Fellowes erriet die Bedeutung und sagte mit zitternder Stimme: »Ach, du möchtest, daß ich singe?«

Der Junge antwortete nicht, starrte weiter auf ihren Mund.

Vor lauter Anspannung leicht mißtönend, stimmte Miss Fellowes das kurze Liedchen an, das sie in der Nacht gesungen hatte, und der häßliche, kleine Junge lächelte. Er wiegte sich unbeholfen und etwas abrupt nach dem Rhythmus der Musik und stieß einen kleinen Gurgellaut aus, der wohl die Anfänge eines Lachens darstellen mochte.

Miss Fellowes seufzte innerlich. Musik also hatte einen Zauber, der das wilde Tier besänftigte. Das könnte ihr weiterhelfen . . .

Nun sagte sie: »Warte. Ich möchte mich gerne fertigmachen. Es wird nur eine Minute dauern. Dann werde ich für dich ein Frühstück zubereiten.«

Sie beeilte sich, und ständig war sie sich des Fehlens einer Zimmerdecke bewußt. Der Junge blieb im Bett. Er beobachtete sie, solange sie sich in seinem Blickfeld aufhielt. Dann lächelte sie und winkte ihm zu. Schließlich winkte er zurück, und sie fühlte deutlich, wie sehr sie sich darüber freute.

»Ob du wohl Hafergrütze mit Milch magst?« Es dauerte eine Weile, bis der Brei fertig war. Dann winkte sie den Jungen zu sich.

Miss Fellowes wußte nicht, ob er die Geste verstanden hatte oder nur dem Duft folgte, aber immerhin verließ er das Bett.

Sie wollte ihm zeigen, wie man einen Löffel benutzt, aber er schrak ängstlich davor zurück. (Wir haben ja Zeit, dachte sie.) Indem sie darauf bestand, daß er die Schale wenigstens in beide Hände nahm, schuf sie einen Kompromiß. Und selbst dabei war er unbeholfen genug, und es gab eine entsetzliche Schmiererei, aber das meiste gelangte doch in seinen Mund.

Diesmal bot sie ihm die Milch in einem Glas an. Der Kleine winselte, aber er bemerkte, daß die Öffnung zu schmal war, um sein Gesicht hineinzubekommen. Sie faßte seine Hand, zwang sie um das Glas herum, führte sie dabei, das Glas zu neigen, und drückte seinen Mund an den Rand des Glases.

Wieder wurde einiges verschüttet, doch das meiste trank der Junge begierig.

Im Badezimmer verlief alles zu ihrem Erstaunen und ihrer Erleichterung weniger frustrierend. Er verstand, was sie von ihm erwartete.

Sie tätschelte sein Köpfchen und sagte immer wieder: »Guter Junge. Kluger Junge.« Und zu Miss Fellowes' wachsender Freude lächelte er dann. Sie dachte bei sich: Wenn er lächelt, ist er wirklich ganz erträglich.

Etwas später erschienen die Herren von der Presse.

Sie trug den Jungen auf ihrem Arm. Er klammerte sich verzweifelt an sie, während die Leute jenseits der geöffneten Tür mit ihren Kameras herumhantierten. Der Aufruhr erschreckte das Kind, und es begann zu weinen. Das geschah zehn Minuten bevor Miss Fellowes frei hatte. Man gestattete ihr, den Jungen in das Nebenzimmer zu bringen.

Dann kehrte sie zurück mit zornigem, errötetem Gesicht. Sie verließ die Wohnung (das erste Mal seit achtzehn Stunden) und schloß die Tür hinter sich. »Ich glaube, Sie haben genug gesehen. Es wird mich eine ganze Weile kosten, ihn wieder zu beruhigen. Gehen Sie jetzt.«

»Ist ja schon gut, ist ja schon gut«, murmelte ein Mann vom *Times-Herald*. »Aber ist das wirklich ein Neandertaler, oder ist das vielleicht so eine Art Gag?«

»Ich versichere Ihnen«, war Hoskins' Stimme aus dem Hintergrund zu hören, »daß es kein Gag ist. Das Kind ist ein authentischer *Homo neandertalensis.*«

»Mädchen oder Junge?«

»Junge«, sagte Miss Fellowes kurz angebunden.

»Ein Affenjunge«, ließ der Herr von der *News* vernehmen, »einen Affenjungen haben wir hier also. Wie verhält er sich, Schwester?«

»Er verhält sich genauso wie ein kleiner Junge«, zischte Miss Fellowes, erbost darüber, sich in der Defensive zu befinden. »Und er ist auch kein Affenjunge. Sein Name ist . . . Timothy, Timmie . . ., und er verhält sich völlig normal.«

Rein zufällig hatte sie den Namen Timothy gewählt. Es war der erste, der ihr eingefallen war.

»Timmie, der Affenjunge«, rief der Herr von der *News* aus, und damit wurde das Kind als Timmie, der Affenjunge, der ganzen Welt bekannt.

Der Herr von der *Globe* wandte sich an Hoskins und fragte: »Doktor, was haben Sie mit dem Affenjunge vor?«

Hoskins zuckte die Achseln. »Mein ursprünglicher Plan war abgeschlossen mit meinem Beweis, daß es möglich sei, ihn herzubringen. Ich kann mir aber vorstellen, daß jetzt die Anthropologen und Physiologen sehr an ihm interessiert sind. Wir haben hier immerhin ein Wesen vor uns, das an der Schwelle zum Menschsein steht. Wir könnten an ihm eine ganze Menge über uns und unsere Vorfahren lernen.«

»Wie lange werden Sie den Affenjungen hierbehalten?«

»Solange bis wir die Räumlichkeiten dringender brauchen als ihn. Vielleicht noch eine ganze Weile.«

Der Herr von der *News* schlug vor: »Können Sie ihn nicht nach draußen lassen? Wir könnten für etwas urzeitliche Kulisse sorgen und eine richtige Show daraus machen.«

»Tut mir leid, aber das Kind kann Stasis nicht verlassen.«

»Was genau ist eigentlich Stasis?«

»Ah!« Hoksins gestattete sich eines seiner kurzen Lächeln. »Das würde eigentlich eine ausführlichere Erklärung erfordern, meine Herren. Innerhalb von Stasis gibt es keine Zeit, wie wir sie kennen. Diese Räume befinden sich sozusagen in einer unsichtbare Blase, die im strengen Sinn nicht Teil unseres Universums ist. Nur deshalb konnte das Kind, so wie es war, aus seiner Zeit heraus transferiert werden.«

»Moment mal«, wandte der Herr von der *News* unbefriedigt ein, »was verkaufen Sie uns da? Die Schwester geht in den Räumen doch aus und ein?«

»Das könnte auch jeder von Ihnen«, stellte Hoskins nüchtern fest. »Sie würden sich auch parallel zu den Kraftströmungen der Zeit bewegen, und das würde weder Zunahme noch Verlust an Energie mit sich bringen. Das Kind aber stammt aus der sehr weit zurückliegenden Vergangenheit. Es bewegte sich quer zum Strömungsverlauf und nahm auf diese Weise die ungeheure Spannung der Zeitkräfte in sich auf. Es in unser Universum und in unsere Zeit zu überführen würde so viel Energie absorbieren, daß hier jede Leitung durchbrennen und vermutlich die gesamte Stromversorgung von Washington lahmgelegt würde. Wir mußten sogar Schmutz, den es mit sich brachte, hier lagern und können ihn erst nach und nach beseitigen.«

Die Zeitungsmenschen schrieben eifrig Satz für Satz mit, den Dr. Hoskins sprach. Sie verstanden nichts, und sie wußten genau, daß ihre Leser ebensowenig verstehen würden. Aber Hoskins Erklärungen klangen sehr wissenschaftlich, und das war es, was zählte.

Der Herr vom *Times-Herald* fragte: »Stehen Sie uns heute abend für ein Interview im Weltfunk zur Verfügung?«

»Ich denke, das wird möglich sein«, sagte Hoskins sofort. Danach verschwanden sie alle.

Miss Fellowes schaute ihnen nach. Sie hatte ebensowenig wie die Presseleute verstanden, was es mit Stasis und den Kraftströmungen der Zeit auf sich hatte, aber immerhin so viel: Timmies Gefangenschaft (sie dachte also plötzlich an den kleinen Jungen nur noch als Timmie) war also eine echte, nicht nur eine, die aus einer willkürlichen Entscheidung von Dr. Hoskins erwachsen war. Offenbar war es unmöglich, ihn überhaupt und jemals aus Stasis herauszulassen.

Das arme Kind, das arme Kind!

Plötzlich wurde ihr wieder bewußt, daß er ja weinte, und sie eilte hinein, um ihn zu trösten.

Miss Fellowes fand keine Gelegenheit, Hoskins im Weltfunk zu sehen, obwohl sein Interview in alle Länder der Erde ausgestrahlt wurde und sogar zu den Außenposten auf dem Mond. Die Wohnung, in der Miss Fellowes mit dem häßlichen kleinen Jungen wohnte, war dafür unerreichbar.

Aber am nächsten Morgen kam er strahlend und gutgelaunt herunter.

Miss Fellowes fragte: »Hat es mit dem Interview gut geklappt?«

»Ausgezeichnet. Wie geht es . . . Timmie?«

Miss Fellowes war erfreut darüber, daß er den Namen nannte. »Ganz gut. Komm her, Timmie, der nette Herr wird dir nichts tun.«

Timmie aber blieb in dem anderen Zimmer. Nur eine Locke seines verfilzten Haares und gelegentlich ein Augenwinkel zeigten sich im Türrahmen.

»Übrigens«, fügte Miss Fellowes hinzu, »macht er sich erstaunlich. Er ist ziemlich intelligent.«

»Überrascht Sie das?«

Sie zögerte einen Moment. »Ehrlich gesagt, ja. Ich habe ihn wohl auch für einen Affenjungen gehalten.«

»Nun, ob Affenjunge oder nicht, er hat eine Menge für uns getan. Er hat der Stasis AG auf der ganzen Welt Beachtung verschafft. Wir bedeuten etwas, Miss Fellowes, wir bedeuten etwas.« Er wirkte, als müsse er sein Triumphgefühl unbedingt jemandem mitteilen, wenn es auch nur Miss Fellowes war.

»Oh!« äußerte sie nur und ließ ihn reden.

Er steckte seine Hände in die Hosentaschen und erklärte: »Zehn Jahre lang haben wir nahezu ohne Mittel gearbeitet. Wir haben unser Budget zusammengekratzt, wo auch immer wir konnten. Wir mußten unsere ganze Arbeit auf eine große Sensation konzentrieren. Es ging um alles oder nichts. Und wenn ich sage unsere ganze Arbeit, dann meine ich das auch. Dieser Versuch, einen Neandertaler herzuschaffen, kostete jeden Cent, den wir leihen oder stehlen konnten, und so mancher davon *war* gestohlen — wenn es sich nämlich um Gelder für andere Projekte handelte, die wir ohne Erlaubnis für dieses eingesetzt haben. Wenn dieses Experiment nicht gelungen wäre, wären wir am Ende.«

Miss Fellowes platzte heraus: »Haben wir deshalb hier keine Zimmerdecken?«

»Wie?« Dr. Hoskins schaute verdutzt auf.

»Gab es kein Geld für Zimmerdecken?«

»Ach so. Nein, das war nicht der einzige Grund. Wir konnten im vorhinein nicht wissen, wie alt der Neandertaler sein würde. Wir können nur vage in der Zeit ermitteln, und es hätte durchaus ein Erwachsener, ein wirklich Wilder sein können. Es wäre also möglich gewesen, daß wir nur aus großer Entfernung mit ihm hätten umgehen können, wie mit einem Tier im Käfig halt.«

»Da sich nun herausgestellt hat, daß eben das nicht der Fall ist, könnten Sie doch Decken einziehen lassen.«

»Jetzt ja. Jetzt haben wir einen Haufen Geld. Uns sind aus jeder erdenklichen Quelle Mittel zugesagt worden. Das ist alles wunderbar, Miss Fellowes.« Sein grobes Gesicht erstrahlte in einem Lächeln, das diesmal andauerte, auch als er hinausging; sogar sein Rücken schien noch zu lächeln.

Miss Fellowes dachte: Eigentlich ist er ein ganz netter Mann, wenn er sich nicht so unter Kontrolle hat und vergißt, daß er ein Wissenschaftler ist.

Einen Moment lang fragte sie sich, ob er wohl verheiratet sei, doch verlegen schob sie diesen Gedanken sogleich beiseite.

»Timmie«, rief sie, »komm her, Timmie!«

Im Verlauf der folgenden Monate fühlte Miss Fellowes sich mehr und mehr als ein integrierter Bestandteil der Stasis AG. Man hatte ihr inzwischen ein eigenes Büro zugeteilt, mit ihrem Namen an der Tür. Das Büro befand sich ganz in der Nähe des Puppenhauses. (Sie konnte es sich nicht abgewöhnen, Timmies Stasis-Blase so zu nennen.) Man hatte ihr auch eine beträchtliche Gehaltserhöhung gewährt. Das Puppenhaus war mit einer Decke versehen worden, seine Möblierung war besser und reicher bestückt. Ein zweites Badezimmer war installiert worden — und außerdem hatte sie noch eine eigene Wohnung auf dem Grundstück des Instituts bekommen. Sie verbrachte nun nicht mehr jede Nacht bei Timmie. Es gab eine Sprechanlage zwischen dem Puppenhaus und ihrer Wohnung, und Timmie hatte gelernt, diese zu benutzen.

Miss Fellowes hatte sich sehr an Timmie gewöhnt. Selbst seine Häßlichkeit fiel ihr nicht mehr sonderlich auf. Eines Tages ertappte sie sich dabei, daß sie auf der Straße einen normalen Jungen anstarrte und seine gewölbte Stirn und sein vorspringendes Kinn irgendwie merkwürdig und unattraktiv fand. Sie mußte sich erst schütteln, um diesen Bann zu brechen.

Umso angenehmer war es ihr, sich an Dr. Hoskins' gelegentliche Besuche zu gewöhnen. Es war offensichtlich, daß er jede Gelegenheit genoß, aus seiner in wachsendem Maße hochgespielten Rolle als Direktor der Stasis AG zu entwischen. Ja, er machte sogar den Eindruck, ein gefühlvolles Interesse an dem Kind zu entwickeln, das dies alles ins Rollen gebracht hatte. Aber nicht zuletzt schien es Miss Fellowes, daß er sehr gern mit ihr redete.

(Sie hatte inzwischen auch einiges über Dr. Hoskins in Erfahrung gebracht. Er war der Erfinder der Methode, die Reflexion der in die Vergangenheit zurückreichenden Mesotronenstrahlung zu analysieren; die Errichtung von Stasis ging auf seinen Schöpfergeist zurück; seine Kühle war nur ein mühsam aufrechterhaltenes Mittel, eine im Grunde liebenswürdige Natur zu verbergen; und — ja, natürlich: er *war* verheiratet.)

Woran Miss Fellowes sich allerdings *nicht* gewöhnen konnte, war die Tatsache, daß sie in ein wissenschaftliches Experiment verwickelt war. Gegen ihren Willen fühlte sie immer deutlicher, daß sie immer weiter in die Sache hineingeriet, gar bis zu streitbaren Kämpfen mit den Physiologen.

Einmal, als Hoskins herunterkam, fand er sie in glühender Mordlust vor. Sie hatten kein Recht; sie hatten kein Recht — wenn er auch ein Neandertaler *war,* so war er dennoch kein Tier.

In blindem Haß blickte sie den Physiologen nach, starrte durch die offene Tür hindurch und lauschte Timmies Schluchzen, als sie plötzlich gewahr wurde, daß Hoskins vor ihr stand. Möglicherweise stand er bereits minutenlang dort.

Er fragte: »Darf ich hereinkommen?«

Sie nickte nur knapp und eilte zu Timmie, der sich an sie klammerte und seine O-Beinchen — immer noch dünn, so dünn — um sie schlang.

Hoskins sah das und sagte ernst: »Er scheint sehr unglücklich zu sein.«

Miss Fellowes erwiderte: »Das kann ich ihm kaum verdenken. Inzwischen sind sie täglich hinter ihm her mit Blutproben und Untersuchungen. Sie setzen ihn auf synthetische Diäten, mit denen ich nicht einmal Schweine füttern würde.«

»Nun, verstehen Sie, das sind Versuche, die sie mit Menschen nicht machen können.«

»Und ebensowenig dürfen sie solche Versuche mit Timmie machen. Dr. Hoskins, ich bestehe darauf! Sie sagten selbst, daß es Timmie war, der Stasis weltweit Beachtung verschafft hat. Wenn Sie so etwas wie Dankbarkeit empfinden, dann *müssen* Sie sie von diesem armen Kerlchen fernhalten — wenigstens bis er alt genug ist, um ein wenig mehr zu verstehen. Er hat Alpträume, er schläft nicht, wenn er eine besonders schlimme Zusammenkunft mit ihnen hatte. Ich warne Sie« — sie steigerte sich in einen plötzlichen Zornesanfall hinein — »ich werde die Physiologen hier nicht mehr hereinlassen!«

(Sie bemerkte, daß sie den letzten Satz geschrien hatte, aber das konnte sie nun auch nicht mehr ändern.)

Etwas ruhiger fuhr sie fort: »Ich weiß, daß er ein Neandertaler ist. Aber vieler Dinge, die die Neandertaler betreffen, sind wir uns gar nicht recht bewußt. Ich habe Bücher darüber gelesen. Sie hatten durchaus ihre eigene Kultur. Einige der großen menschlichen Errungenschaften haben ihre Wurzeln in der Zeit der Neandertaler. Die Zähmung von Tieren zum Beispiel; das Rad; verschiedene Techniken, Stein zu schleifen. Sie hatten sogar geistliche Riten. Wenn sie ihre Toten begruben, begruben sie materielle Güter mit ihnen. So zeigten sie, daß sie an ein Leben nach dem Tod glaubten. Das bedeutet im Prinzip, daß sie die Religion erfunden haben. Weist das alles nicht darauf hin, daß Timmie ein Recht auf menschliche Behandlung hat?«

Sie tätschelte den kleinen Jungen zärtlich auf den Po und schickte ihn in sein Spielzimmer. Als die Tür offenstand, entlockte der Anblick der dort ausgebreiteten Spielsachen Dr. Hoskins ein kurzes Lächeln.

Miss Fellowes versuchte eine Rechtfertigung: »Das arme Kind verdient seine Spielsachen. Sie sind alles, was es hat, und es verdient sie für das, was es durchmachen muß.«

»Nein, nein. Ich habe ja gar keine Einwände, bestimmt nicht. Ich dachte nur gerade daran, wie Sie sich verändert haben seit jenem ersten Tag, an dem Sie ziemlich wütend waren, weil ich Ihnen ein Neandertaler-Kind aufgehalst hatte.«

Miss Fellowes sagte leise: »Ich wußte wohl einfach nicht . . .«, dann verstummte sie.

Hoskins wechselte das Thema. »Wie alt ist er Ihrer Meinung nach, Miss Fellowes?«

»Das kann ich nicht genau sagen, weil wir nicht wissen, wie Neandertaler sich entwickeln. Der Größe nach dürfte er erst drei Jahre alt sein, aber Neandertaler waren im allgemeinen kleiner als wir. Außerdem wächst er wohl kaum, weil dauernd an ihm herumgepfuscht wird. Wenn ich aber daran denke, wie er Englisch lernt, müßte er bereits älter als vier sein.«

»Ach ja? Aus Ihren Berichten ging gar nicht hervor, daß er Englisch lernt.«

»Er spricht auch nur mit mir. Bis jetzt jedenfalls. Er hat eine schreckliche Angst vor anderen, und das wundert mich nicht. Aber er kann jede beliebige Nahrung erbitten, kann praktisch jedes Bedürfnis artikulieren; und er versteht fast alles, was ich sage. Allerdings . . .« Sie beobachtete ihn scharf und überlegte, ob es wohl der rechte Moment sei. ». . . seine Entwicklung könnte steckenbleiben.«

»Warum?«

»Jedes Kind braucht Anregung. Dieses aber lebt sozusagen in Isolationshaft. Ich tue, was ich kann, aber ich bin nicht ständig mit ihm zusammen und bin auch nicht alles, was er braucht. Dr. Hoskins, ich meine, er braucht einen anderen kleinen Jungen, mit dem er spielen kann.«

Hoskins nickte bedächtig. »Unglücklicherweise gibt es aber nur einen seiner Art. Armes Kind.«

Sogleich empfand Miss Fellowes große Sympathie für ihn. »Sie mögen Timmie, nicht wahr?« Es tat gut zu spüren, daß jemand anders so empfand wie sie.

»Oh, ja«, sagte Hoskins, und da er in diesem Augenblick nicht wie sonst sein Auftreten kontrollierte, konnte sie in seinen Augen eine Spur von Müdigkeit und Überdruß sehen.

Miss Fellowes nahm Abstand davon, ihr Anliegen sofort durchzusetzen. Sie war wirklich besorgt. »Sie sehen erschöpft aus, Dr. Hoskins.«

»Tatsächlich, Miss Fellowes? Dann werde ich mich bemühen müssen, lebendiger auszusehen.«

»Ich habe den Eindruck, daß die Stasis AG viel zu tun hat und Sie ständig auf Trab hält.«

Hoskins zuckte die Achseln. »Ihr Eindruck ist richtig. Es laufen Projekte über Tiere, Vegetation und Mineralien. Da fällt mir ein, Miss Fellowes, Sie haben unsere Einrichtungen noch nie gesehen.«

»Das habe ich tatsächlich nicht, aber nicht etwa aus Desinteresse. Ich hatte immer so viel Arbeit.«

Er faßte einen spontanen Entschluß. »Nun, im Augenblick sind Sie ja nicht so belastet. Ich werde Sie morgen um elf rufen lassen und Sie persönlich herumführen. Was halten Sie davon?«

Sie lächelte selig. »Ich freue mich sehr darauf.«

Er nickte, lächelte ebenfalls und verließ Stasis I. An diesem Tag summte Miss Fellowes des öfteren eine Melodie. Es war — eigentlich lächerlich, so zu denken —, aber es war fast wie ein . . . Rendezvous.

Er erschien sehr pünktlich am nächsten Tag, war gut aufgelegt und lächelte. Sie hatte ihre Schwesternuniform gegen ein Kleid ausgetauscht. Es war zwar von konservativem Schnitt und natürlich zurückhaltend, aber sie hatte sich seit Jahren nicht mehr so weiblich gefühlt.

Er machte ihr mit seriöser Zurückhaltung ein Kompliment über ihr Aussehen, und sie nahm es ebenso angemessen mit formeller Anmut entgegen. Ein perfekter Auftakt, dachte sie. Und sogleich stellte sich der zweite Gedanke ein: Auftakt wozu?

Sie schob diesen Gedanken beiseite, indem sie sich hastig von Timmie verabschiedete und ihm versicherte, sie werde bald zurückkommen. Sie sorgte dafür, daß der Junge wußte, was es zu Mittag gab und wo er es finde.

Hoskins führte sie in den neuen Flügel, den sie noch nie betreten hatte. Es roch noch ganz neu dort, und leise Geräusche von Bautätigkeit wiesen darauf hin, daß er noch immer erweitert wurde.

»Tiere, Vegetation und Mineralien«, sagte Hoskins wie am Vortag. »Die Tiere sind gleich hier vorne; unsere spektakulärsten Exemplare.«

Die Abteilung bestand aus recht vielen abgetrennten Räumen. Ein jeder davon bildete eine eigene Stasis-Blase. Hoskins führte sie an eines der Sichtfenster, und sie schaute hindurch. Was sie dort sah, kam ihr im ersten Moment wie ein geschupptes Huhn mit dickem Schwanz vor. Auf zwei dünnen Beinen hüpfte es von Wand zu Wand. Sein feiner, vogelartiger Kopf war von einem knochigen Keil gekrönt, dem Kamm eines Gockels ähnlich. Und ebenso drehte es den Kopf und schaute hierhin und dorthin. Die Klauen seiner winzigen Arme öffneten und schlossen sich beständig.

Hoskins erklärte: »Das ist unser Dinosaurier. Wir haben ihn seit Monaten, und ich weiß noch nicht, wann wir ihn wieder zurückschicken können.«

»Ein Dinosaurier?«

»Haben Sie ein Ungetüm erwartet?«

Sie lächelte. »Das tut man wohl im allgemeinen. Aber ich weiß, daß einige von ihnen klein sind.«

»Wir haben uns bewußt um einen kleinen bemüht, das können Sie mir glauben. Normalerweise steht er unter Beobachtung und wird untersucht, aber jetzt scheint er gerade eine Freistunde zu haben. Man hat interessante Entdeckungen gemacht, zum Beispiel, daß er kein reiner Kaltblüter ist. Er kann, wenn auch unvollkommen, seine innere Temperatur höher halten als die seiner Umgebung. Leider ist es ein Männchen. Seit er hier ist, haben wir uns wieder und wieder bemüht, noch einen fixieren zu können, der dann möglicherweise weiblich wäre. Bis jetzt hatten wir kein Glück.«

»Warum ein Weibchen?«

Er sah sie leicht spöttisch an. »Damit wir gute Chancen haben, an befruchtete Eier zu kommen und an Dinosaurierbabys.«

»Ach ja, natürlich.«

Er führte sie in die Abteilung für Trilobiten. »Dieser Bereich untersteht Professor Dwayne von der Universität Washington«, erklärte er. »Er ist Nuklearchemiker. Wenn ich mich jetzt recht erinnere, berechnet er das Isotopenverhältnis im Sauerstoff des Wassers.«

»Warum?«

»Es ist Urzeitwasser; mindestens eine halbe Milliarde Jahre alt. Das Isotopenverhältnis verrät uns die Temperatur des Ozeans zu jener Zeit. Er selbst interessiert sich überhaupt nicht für die Trilobiten, aber andere sind hauptsächlich damit beschäftigt, sie zu sezieren. Die sind gut dran; sie brauchen nur Skalpelle und Mikroskope. Dwayne aber muß vor jedem Experiment erst ein Spektogramm der Masse erstellen.«

»Warum ist das nötig? Kann er nicht . . .?«

»Nein, er kann nicht. Er kann unter keinen Umständen etwas aus dem Raum entfernen.«

Es gab noch Proben urzeitlichen pflanzlichen Lebens zu sehen und

Bruchstücke verschiedener Gesteinsformationen; Vegetation und Mineralien also. Und mit jedem Exemplar war eigens ein Forscher beschäftigt. Es war wie ein Museum, wie ein zum Leben erwecktes Museum, das als ein hocheffizientes Forschungszentrum diente.

»Und das alles untersteht Ihrer Aufsicht, Dr. Hoskins?«

»Nur indirekt, Miss Fellowes. Auch dafür habe ich Gott sei Dank meine Leute. Mein eigenes Interesse ist ausschließlich auf die theoretischen Aspekte der Materie konzentriert: das Wesen der Zeit, die überzeitliche Forschung mittels der Mesotronentechnik und so weiter. Doch all das würde ich hergeben für die Findung einer Methode, Objekte zu ermitteln, die uns zeitlich näher liegen als zehntausend Jahre. Wenn wir in die historische Zeit eindringen könnten . . .«

Er wurde durch eine plötzliche Unruhe unterbrochen, die aus einer der weiter entfernten Abteilungen herüber drang. Eine schwächliche Stimme erhob sich in nörgelnden Lauten. Hoskins runzelte die Stirn, murmelte hastig: »Entschuldigen Sie mich« und eilte davon.

Miss Fellowes versuchte, ihm zu folgen, so gut sie konnte, vermied es jedoch zu rennen.

Ein älterer Mann mit dünnem Bart und rotem Gesicht protestierte: »Ich war dabei, wesentliche Aspekte meiner Untersuchung abzuschließen. Verstehen Sie das überhaupt?«

Ein Techniker, in dessen Kittel das Monogramm StAG (für Stasis AG) eingewebt war, erklärte: »Dr. Hoskins, es war mit Professor Ademewski von Anfang an abgesprochen, daß das Objekt nur zwei Wochen hierbleiben könne.«

»Da konnte ich nicht absehen, wieviel Zeit meine Untersuchungen in Anspruch nehmen würden. Ich bin schließlich kein Prophet«, warf Ademewski hitzig ein.

Dr. Hoskins entgegnete: »Sie wissen doch, Professor, daß wir nur wenig Platz haben; wir müssen die Objekte rotieren lassen. Dieses Stück Chalkopyrit muß jetzt zurück; es gibt andere Männer, die schon auf das nächste Objekt warten.«

»Warum kann ich es nicht für mich behalten? Lassen Sie es mich mit nach draußen nehmen.«

»Sie wissen, daß das nicht geht.«

»Ein Stück Chalkopyrit; ein winziges Stück von fünf Kilogramm. Warum nicht?«

»Wir können uns den Energieaufwand nicht leisten!« sagte Hoskins schroff. »Und das wissen Sie.«

Der Techniker meldete sich zu Wort. »Der eigentliche Streitpunkt, Dr. Hoskins, ist, daß er gegen alle Vorschriften versuchte, das Stück zu entwenden. Ich hätte fast Stasis punktiert, während er drinnen war. Ich wußte nicht, daß er sich dort befand.«

Kurzes Schweigen. Dann wandte Dr. Hoskins sich in eiskalter Formalität an den Wissenschaftler. »Ist das wahr, Professor?«

Professor Ademewski hustete. »Ich sah kein Problem . . .«

Hoskins streckte seine Hand nach einem Griff aus, der am Seil gerade in Reichweite an der Außenwand des besagten Raumes baumelte. Er zog daran.

Miss Fellowes, die zu diesem Zeitpunkt durch das Sichtfenster schaute und das völlig durchschnittliche Stück Felsen, das Gegenstand dieser heftigen Meinungsverschiedenheit war, betrachtete, sog mit einem Laut der Überraschung ihren Atem ein, als das Ding plötzlich verschwand. Der Raum war leer.

Hoskins sagte: »Professor, Sie haben für immer Ihre Befugnis, Objekte zu erforschen, die sich in Stasis befinden, verloren. Es tut mir leid.«

»So warten Sie doch . . .«

»Es tut mir leid. Sie haben eine der strengsten Vorschriften verletzt.«

»Ich werde vor der Internationalen Aufsichtsbehörde Einspruch erheben . . .«

»Erheben Sie! In einem Fall wie diesem werden Sie die Erfahrung machen, daß ich nicht überstimmt werden kann.«

Er wandte sich entschlossen ab und ließ den protestierenden Professor einfach stehen. Zu Miss Fellowes sagte er (sein Gesicht war kreideweiß vor Zorn): »Würden Sie gern das Mittagessen mit mir zusammen einnehmen, Miss Fellowes?«

In der Cafeteria führte er sie in die Nische für das leitende Verwaltungspersonal. Er grüßte die Anwesenden und stellte ihnen Miss Fellowes mit vollkommener Selbstverständlichkeit vor. Sie aber fühlte sich auf peinliche Weise unsicher.

Was werden die jetzt wohl denken, schoß ihr durch den Kopf, und sie versuchte krampfhaft, geschäftlich zu wirken.

Sie begann ein Gespräch. »Haben Sie häufiger diese Art von Ärger, Dr. Hoskins? Ich meine, wie Sie ihn eben mit dem Professor hatten?« Sie nahm ihre Gabel in die Hand und begann zu essen.

»Nein«, sagte Hoskins nachdrücklich, »das war das erste Mal. Gewiß muß ich es dauernd irgendwelchen Leuten ausreden, Proben mit nach draußen zu nehmen, aber dies war das erste Mal, daß jemand es wirklich zu *tun* versuchte.«

»Ich erinnere mich, daß Sie schon einmal von der Energie sprachen, die das verschlingen würde.«

»Ganz richtig. Natürlich haben wir uns bemüht, solches in Betracht zu ziehen. Es wird sicher gelegentlich Unfälle geben. Deshalb haben wir ein besonderes Energiereservoir, das dazu bestimmt ist, die Belastung durch ungewolltes Verschwinden von Objekten aus Stasis abzufangen. Das heißt aber nicht, daß wir freiwillig den Energievorrat eines ganzen Jahres in einer halben Sekunde verpulvern. Wir können es uns auch nicht leisten, ohne daß wir unsere Erweiterungspläne um mehrere Jahre aufschieben müßten. Abgesehen davon: Bedenken Sie, daß der

Professor sich in Stasis befand, als sie gerade punktiert werden sollte.«

»Was wäre mit ihm geschehen, wenn punktiert worden wäre?«

»Nun, wir haben mit leblosen Gegenständen und mit Mäusen experimentiert. Sie sind einfach verschwunden. Vermutlich haben sie eine Reise in die Vergangenheit angetreten, sind sozusagen von dem Sog des betreffenden Objektes mitgerissen worden, das gleichzeitig in seine Ursprungszeit zurückschnellt. Deshalb müssen wir Gegenstände, die sich in Stasis befinden, aber nicht verschwinden sollen, verankern. Und das ist ein aufwendiger Vorgang. Der Professor war wohl kaum verankert, und er wäre in dem Augenblick, in dem wir den Felsbrocken gelöscht hätten, im Pliozän gelandet — die zwei Wochen, die das Objekt hier in der Gegenwart verbracht hat, müssen Sie natürlich addieren.«

»Das wäre ja schrecklich gewesen!«

»Nicht wegen des Professors, das sage ich Ihnen. Da er dumm genug war, solches zu versuchen, wäre es ihm recht geschehen. Stellen Sie sich aber die Wirkung auf die Öffentlichkeit vor, wenn das bekannt geworden wäre! Wenn die Menschen sich der Gefahren bewußt würden, die mit unserer Arbeit verbunden sind, wäre es aus mit den Geldern.« Er schnippte mit den Fingern und spielte dann trübsinnig mit der Gabel in seinem Essen herum.

Miss Fellowes fragte: »Hätten Sie ihn nicht zurückholen können? Auf die gleiche Art, wie Sie zuvor an den Felsbrocken gekommen sind?«

»Nein. Wenn nämlich ein Objekt einmal zurückgekehrt ist, ist der ursprüngliche Fixpunkt für uns verloren, es sei denn, wir beabsichtigen, ihn festzuhalten. Aber in diesem Fall gab es dafür keinen ausreichenden Grund. Den gibt es eigentlich nie. Den Professor wiederzufinden hätte bedeutet, einen ganz bestimmten Fixpunkt wieder zu orten. Das wäre etwa wie in der Unendlichkeit des Ozeans die Angel auszuwerfen, um einen ganz bestimmten Fisch zu fangen. Mein Gott, wenn ich daran denke, welche Vorsichtsmaßnahmen wir treffen, um Pannen zu vermeiden! Es macht mich noch verrückt. Jede einzelne Stasis ist mit einer eigenen Punktierungsvorrichtung versehen. Das muß so sein, weil jede einen anderen Fixpunkt hat, und der muß unabhängig von den anderen löschbar sein. Dazu kommt noch, daß eine Punktierungsvorrichtung grundsätzlich erst in der letzten Minute aktiviert wird. Und dann drosseln wir sogar die Aktivierung und wenden das Zugsystem an: ein Seil, das vorsichtig aus dem Inneren der Stasis herausgeführt wird. Das ist ein aufwendiger mechanischer Vorgang, der seinerseits großen Einsatz erfordert. Jedenfalls auch nicht dazu geeignet, unabsichtlich eingeleitet zu werden.«

Miss Fellowes wurde nachdenklich. »Aber bedeutet es nicht, . . . die Geschichte zu verändern, wenn Dinge heraus aus der Zeit und wieder hinein bewegt werden?«

Hoskins zuckte die Achseln. »Theoretisch ja. Praktisch aber, außer in besonderen Fällen, nein. Wir bringen die ganze Zeit Dinge aus der Stasis-Blase. Luftmoleküle, Bakterien, Staub. Etwa zehn Prozent unseres Energieverbrauchs gehen dafür drauf, Minimalverluste dieser Art auszugleichen. Aber selbst der Transfer größerer Objekte durch die Zeit bewirkt Veränderungen, die nach und nach abklingen. Nehmen Sie zum Beispiel das Stück Chalkopyrit aus dem Pliozän. Wegen seines Nichtvorhandenseins für zwei Wochen mag ein Insekt auf die Zuflucht, die es sonst gefunden hätte, verzichtet haben müssen und ist verendet. Das könnte zwar eine ganze Kette von Veränderungen nach sich ziehen, aber die Berechnungen von Stasis zeigen, daß sie gegen Null konvergieren. Das Ausmaß der Veränderungen nimmt mit der Zeit ab, und dann ist wieder alles wie vorher.«

»Heißt das, die Wirklichkeit heilt sich selbst?«

»In gewisser Weise ja. Nähmen Sie aber einen Menschen aus der Zeit heraus oder schickten einen zurück, würden Sie schon eine größere Wunde schlagen. Ist das entsprechende Individuum ein unbedeutendes, würde auch diese Wunde noch heilen. Nun gibt es natürlich eine Menge Leute, die uns täglich schreiben und vorschlagen, Abraham Lincoln, Mohammed oder Lenin in die Gegenwart zu holen. *Das* ist gewiß nicht machbar. Selbst wenn wir sie aufspüren könnten, wäre die Entfernung eines der großen Gestalter der Geschichte eine zu große Veränderung der Wirklichkeit, um noch heilen zu können. Wir haben unsere Methoden, zu berechnen, wann eine Veränderung wahrscheinlich zu folgenschwer sein würde, und wir vermeiden es sogar, uns den Grenzwerten zu nähern.«

»Und Timmie . . .?« begann Miss Fellowes.

»Nein, er stellt in dieser Hinsicht kein Problem dar. Die Kontinuität der Wirklichkeit ist gesichert. Aber . . .« Er warf ihr einen schnellen, prüfenden Blick zu, redete dann weiter, ». . . lassen wir das. Gestern erwähnten Sie, daß er Gesellschaft brauchte.«

»Ja.« Miss Fellowes lächelte hocherfreut. »Ich hatte nicht den Eindruck, daß Sie dem Bedeutung beimaßen.«

»Natürlich tue ich das. Ich mag das Kind. Ich weiß Ihre Gefühle für den Jungen zu würdigen, und Ihr Anliegen hat mich immer so beschäftigt, daß ich Ihnen mehr über unsere Arbeit erklären wollte. Das habe ich nun getan; Sie haben gesehen, was wir machen; Sie haben ein wenig Einblick in die damit verbundenen Schwierigkeiten gewonnen. Nun wissen Sie also, daß wir beim besten Willen keinen Gefährten für Timmie herschaffen können.«

»Sie können nicht?« Miss Fellowes war bestürzt.

»Das habe ich doch gerade erklärt. Wir können nicht erwarten, daß wir einen anderen Neandertaler in seinem Alter finden — es sei denn mit völlig unwahrscheinlichem Glück. Und selbst wenn wir könnten, wäre es nicht recht, die Risiken zu erhöhen durch die Anwesenheit eines weiteren menschlichen Wesens in Stasis.«

Miss Fellowes legte ihren Löffel nieder und wurde energischer: »Aber Dr. Hoskins, das ist es auch nicht, woran ich dachte. Ich will gar nicht, daß Sie einen zweiten Neandertaler in die Gegenwart holen. Daß das unmöglich ist, habe ich begriffen. Aber es ist nicht unmöglich, einfach ein anderes Kind mit Timmie spielen zu lassen.«

Hoskins starrte sie betroffen an. »Ein *Menschenkind?*«

»Einfach *ein anderes* Kind«, betonte Miss Fellowes nun ganz feindselig. »Timmie ist ein Mensch.«

»Das käme mir nicht einmal im Traum in den Sinn.«

»Warum nicht? Warum können Sie nicht? Was ist so unmöglich daran? Sie haben das Kind aus seiner Zeit gerissen und zu einem lebenslänglich Gefangenen gemacht. Schulden Sie ihm nicht etwas? Wenn irgendein Mann auf dieser Welt im umfassenden Sinne, außer im biologischen, der Vater dieses Jungen ist, Dr. Hoskins, dann sind Sie es. Warum können Sie diese Kleinigkeit nicht für ihn tun?«

Hoskins rief aus: »Sein *Vater?*« Etwas unsicher stand er auf. »Miss Fellowes, ich denke, ich bringe Sie jetzt zurück, wenn Sie nichts dagegen haben.«

In völligem Schweigen gingen sie zum Puppenhaus, und keiner von beiden brach es.

Eine lange Zeit verging, bis sie Hoskins das nächste Mal sah, ausgenommen die kurzen Blicke im Vorübergehen. Manchmal bedauerte sie das. In anderen Phasen aber, wenn Timmie mehr als sonst jammervoll zumute war oder wenn er schweigsame Stunden vor dem Fenster verbrachte, das wenig mehr als nichts von der Welt zeigte, dachte sie wütend: Typisch Mann!

Von Tag zu Tag sprach Timmie besser und deutlicher, wenn er sich auch niemals ganz ein leichtes Nuscheln abgewöhnte, das Miss Fellowes inzwischen sogar reizvoll fand. Wenn er besonders aufgeregt war, fiel er wieder in das Zungenschnalzen zurück, aber das kam immer seltener vor. Es schien, als habe er die Zeit vor seiner Ankunft in der Gegenwart vergessen — von seinen Träumen abgesehen.

Als er älter wurde, nahm das Interesse der Physiologen an ihm ab, das der Psychologen dafür um so mehr zu. Miss Fellowes konnte sich nicht entscheiden, ob sie diese neue Gruppe mehr oder weniger haßte als die erste. Es gab zwar keine Stiche mit Nadeln mehr, keine Injektionen oder Abnahmen von Flüssigkeiten, keine besonderen Diäten. Dafür wurde Timmie jetzt gezwungen, Hindernisse zu überwinden, um an seine Nahrung und an Wasser zu kommen. Er mußte Bretterwände abbauen, Stangen wegräumen, sich nach Seilen hochrecken. Die leichten Elektroschocks brachten ihn zum Weinen und Miss Fellowes zur Verzweiflung.

Sie wollte sich nicht mehr an Hoskins wenden, wollte nicht zu ihm gehen. Denn jedesmal wenn sie an ihn dachte, sah sie sein Gesicht, wie es das letzte Mal am Tisch der Cafeteria ausgesehen hatte. Ihre Augen wurden feucht, und sie dachte: dieser dumme, *dumme* Mann!

Und dann eines Tages erklang ·völlig unerwartet Dr. Hoskins' Stimme, die ins Puppenhaus hineinrief: »Miss Fellowes!«

Kühl kam sie heraus, nachdem sie ihren Kittel geglättet hatte, und blieb plötzlich verwirrt stehen, weil sie sich einer blassen, schlanken Frau mittlerer Größe gegenüber sah. Das helle Haar und die weiße Haut ließen diese Frau zerbrechlich wirken. Hinter ihr stand, an ihrem Rockzipfel hängend, mit rundem Gesicht und großen Augen, ein vierjähriges Kind.

Hoskins brach das Schweigen: »Das, meine Liebe, ist Miss Fellowes, die Krankenschwester, die sich um den Jungen kümmert. Miss Fellowes, das ist meine Frau.«

(Das sollte seine Frau sein? Miss Fellowes hatte sie sich ganz anders vorgestellt. Aber warum nicht? Ein Mann wie Dr. Hoskins mochte sich durchaus so ein schwaches Ding gewählt haben, das ihm als Hintergrund diente. Wenn es das war, was er wollte . . .)

Sie zwang sich eine formelle Begrüßung ab. »Guten Tag, Mrs. Hoskins. Ist das Ihr . . . Ihr Sohn?«

(*Das* war allerdings eine Überraschung. Sie hatte zwar immer an Hoskins als einen Ehemann gedacht, aber nicht als einen Vater — außer natürlich . . . Plötzlich begegnete sie Hoskins' vielsagendem Blick und errötete.)

Hoskins sagte: »Ja, das ist mein Sohn, Jerry. Sag Miss Fellowes guten Tag, Jerry.«

(Hatte er das Wörtchen »das« nicht ein wenig betont? Wollte er damit sagen, *das* sei sein Sohn und nicht . . .)

Jerry verschwand noch mehr in den Falten des mütterlichen Rockes und murmelte seinen Gruß. Mrs. Hoskins' Augen schauten suchend über Miss Fellowes' Schulter hinweg, blickten in den Raum, um etwas zu erspähen.

Hoskins ließ vernehmen: »Nun, gehen wir doch hinein. Komm, meine Liebe. Es fühlt sich an der Schwelle etwas unangenehm an, aber das geht vorüber.«

Miss Fellowes wollte wissen: »Soll Jerry auch mit hineinkommen?«

»Natürlich. Er wird Timmies Spielkamerad sein. Sie sagten doch, daß Timmie einen Kameraden braucht. Oder haben Sie das vergessen?«

»Aber . . .« Sie sah ihn in vollkommener, schierer Verwunderung an: »*Ihr* Junge?«

Er erwiderte gereizt: »Wessen Junge denn sonst? Ist es nicht das, was Sie wollen? Komm herein, Liebes, komm herein!«

Mrs. Hoskins hob Jerry mit offensichtlicher Mühe auf ihren Arm und überschritt zögernd die Schwelle. Jerry wand sich, als sie das tat, und wehrte sich gegen die merkwürdige Empfindung.

Mrs. Hoskins sprach mit zaghafter Stimme. »Ist der Affenjunge da? Ich sehe ihn nicht.«

Miss Fellowes rief: »Timmie, komm heraus.«

Timmie lugte vorsichtig um den Türpfosten herum und starrte den kleinen Jungen an, der ihn da besuchte. Die Muskeln in Mrs. Hoskins Armen spannten sich sichtbar an.

Sie wandte sich an ihren Mann. »Gerald, ist es wirklich sicher hier?«

Miss Fellowes ergriff das Wort. »Wenn Sie meinen, ob Timmie ungefährlich ist — natürlich ist er es. Er ist ein lieber, kleiner Junge.«

»Aber er ist doch ein Wi . . . . Wilder.«

(Die Geschichten vom Affenjungen in den Zeitungen!) Miss Fellowes sagte überbetont: »Er ist kein Wilder. Er ist geradeso friedfertig und vernünftig, wie Sie es von einem Fünfeinhalbjährigen erwarten können. Es ist sehr großzügig von Ihnen, Mrs. Hoskins, daß Sie eingewilligt haben, Ihren Jungen mit Timmie spielen zu lassen. Aber haben Sie deshalb bitte auch keine Angst.«

Mrs. Hoskins sagte etwas hitzig: »Ich bin noch nicht sicher, ob ich einwillige.«

»Wir haben das doch abgemacht, meine Liebe! Bitte keine neuen Diskussionen! Setz Jerry ab.«

Mrs. Hoskins gehorchte. Der Junge lehnte sich gegen sie und starrte in die beiden Augen, die ihrerseits ihn aus dem Nebenzimmer heraus anstarrten.

»Komm, Timmie«, ermunterte ihn Miss Fellowes, »hab keine Angst.«

Langsam trat Timmie in den Raum. Hoskins bückte sich, um Jerrys festgekrallte Finger vom Rock seiner Mutter zu lösen. »Tritt zurück, meine Liebe, gib den Kindern eine Chance.«

Die beiden Kleinen standen einander gegenüber. Obwohl Jerry der jüngere war, war er etwa drei Zentimeter größer. In der Konkurrenz seiner aufrechten Haltung, seines geraden Halses und wohlgeformten Kopfes fielen Timmies groteske Besonderheiten fast wieder so stark auf wie in den ersten Tagen.

Miss Fellowes' Lippen zitterten.

Der kleine Neandertaler sagte als erster etwas mit kindlich hoher Stimme. »Wie heißt du?« Plötzlich schob Timmie sein Gesicht nach vorn, so als wolle er die Züge des anderen genauer studieren.

Erschreckt antwortete Jerry mit einem kräftigen Schubs, der Timmie umwarf. Beide heulten laut auf, und Mrs. Hoskins riß ihr Kind hastig an sich, während Miss Fellowes, rot vor erstickter Wut, Timmie aufhalf und ihn tröstete.

Mrs. Hoskins erklärte: »Sie können sich eben instinktiv nicht ausstehen.«

»Nicht mehr instinktiv«, warf ihr Mann überdrüssig ein, »als zwei völlig beliebige Kinder, die sich nicht mögen. Setze Jerry ab und lasse ihn sich an die Situation gewöhnen. Und wir sollten besser gehen. Miss Fellowes kann Jerry nach einer Weile in mein Büro bringen, und ich werde ihn dann nach Hause fahren lassen.«

Die beiden Kinder verbrachten die folgende Stunde miteinander und musterten einander sehr eingehend. Jerry schrie nach seiner Mutter, schlug sogar mit den Händchen nach Miss Fellowes, ließ sich aber schließlich mit einem Lutscher trösten. Auch Timmie lutschte Süßigkeiten, und als eine Stunde vergangen war, hatte Miss Fellowes sie so weit, daß sie mit der gleichen Kiste Bauklötzen spielten, wenn auch in entgegengesetzten Ecken des Zimmers.

Sie empfand eine fast rührselige Dankbarkeit gegenüber Hoskins, als sie Jerry zu ihm brachte.

Sie suchte nach Worten des Dankes, aber Hoskins' Förmlichkeit gab ihr eine Abfuhr. Vielleicht konnte er ihr nicht verzeihen, daß sie ihm das Gefühl gegeben hatte, er sei ein grausamer Vater. Daß er sein eigenes Kind hierher gebracht hatte, war vielleicht ein Versuch, sich als beides zu beweisen: als ein guter Vater für Timmie und ebenso deutlich als *nicht* sein Vater. Beides auf einmal.

So blieb ihr nur zu sagen: »Danke. Vielen Dank.«

Und er erwiderte: »Ist schon gut. Reden wir nicht mehr darüber.«

Die Besuche fanden nun regelmäßig statt. Zweimal wöchentlich wurde Jerry für eine, später für zwei Stunden gebracht. Die Kinder lernten die jeweiligen Eigenarten des anderen kennen und spielten miteinander.

Doch nachdem die erste Welle von Dankbarkeit verflogen war, bemerkte Miss Fellowes, daß sie Jerry nicht mochte. Er war größer und schwerer und in allen Dingen dominant. Er drängte Timmie in eine völlig zweitrangige Rolle. Nur eines vermochte sie mit dieser Tatsache zu versöhnen, daß Timmie sich mehr und mehr auf die Besuche seines Spielkameraden freute.

Das war alles, was er hatte, klagte sie still.

Und einmal, als sie ihnen beim Spiel zusah, dachte sie: Hoskins' zwei Kinder! Eines von seiner Frau und eines von Stasis.

Und sie . . .?

Um Himmels willen, durchfuhr es sie, sie schlug die Hände über dem Kopf zusammen und schämte sich: Ich bin ja eifersüchtig!

»Miss Fellowes«, sagte Timmie eines Tages (sie ließ sich bewußt so von ihm nennen), »wann werde ich zur Schule gehen?«

Sie schaute in seine eifrigen braunen Augen hinunter, die zu ihr aufgerichtet waren, und strich mit ihren Händen sanft durch sein dickes, lockiges Haar. Das war das unordentlichste an ihm, denn sie schnitt ihm das Haar selbst, und er konnte unter der Schere nicht gut stillsitzen. Sie wollte keinen Friseur damit beauftragen, denn gerade der grobe, vollkommen unelegante Haarschnitt diente dazu, die fliehende Stirn und den weit nach hinten ragenden Schädel auszugleichen.

Sie fragte ihn: »Wo hast du etwas von der Schule gehört?«

»Jerry geht zur Schule. Zum Kin-der-gar-ten.« Er sprach es besonders sorgfältig aus. »Er geht zu ganz vielen verschiedenen Sachen. Da draußen. Wann kann ich auch nach draußen gehen, Miss Fellowes?«

Miss Fellowes verspürte einen Stich im Herzen. Sie erkannte, daß es unmöglich zu vermeiden war, daß Timmie mehr und mehr über die Außenwelt erfuhr, die er selbst niemals kennenlernen würde.

Sie versuchte, fröhlich zu wirken. »Ja, was würdest du denn im Kindergarten tun, Timmie?«

»Jerry sagt, sie spielen ganz viele Spiele, und sie haben Videos. Er sagt, daß dort ganz viele Kinder sind. Er sagt . . . er sagt . . .« Eine kurze Überlegung, dann zwei kleine triumphierend in die Höhe gestreckte Händchen mit gespreizten Fingern. »Er sagt, so viele!«

Miss Fellowes lenkte ab. »Möchtest du gern Videos sehen? Ich kann dir welche besorgen, sogar besonders hübsche. Und Musikkassetten auch.«

Damit war Timmie vorläufig getröstet.

In Jerrys Abwesenheit war er völlig in Videos vertieft, und Miss Fellowes las ihm stundenlang aus Büchern vor.

Selbst in den einfachsten Geschichten gab es so viel zu erklären, so vieles, das außerhalb dieser drei Räume lag. Und da ihm auf diese Weise die Außenwelt vorgestellt wurde, hatte Timmie um so häufiger seine Träume.

Es waren immer die gleichen, immer befaßten sie sich mit der Außenwelt. Stockend versuchte er, sie Miss Fellowes zu schildern. In seinen Träumen war er draußen, in einer leeren, aber sehr großen Welt. Kinder gab es dort und merkwürdige, unbeschreibbare Gegenstände, die in seiner Vorstellung existierten, entweder angeregt durch halbverstandene Beschreibungen in den Büchern oder halberinnert aus weit entfernter Neandertal-Erfahrungen.

Die Kinder aber beachteten ihn nicht, die Gegenstände schienen nichts mit ihm zu tun zu haben. Er befand sich in der Welt, gehörte aber nicht zu ihr. Er war ebenso allein wie in seinem Zimmer. Dann wachte er immer weinend auf.

Miss Fellowes bemühte sich, über diese Träume zu lachen, aber es gab Nächte in ihrer eigenen Wohnung, in denen auch sie weinte.

Eines Tages, als Miss Fellowes vorlas, griff Timmie mit einem Händchen unter ihr Kinn und hob es sanft, so daß ihr Blick sich von dem Buch löste und dem seinen begegnete.

»Miss Fellowes, woher wissen Sie, was Sie alles sagen müssen?« fragte er.

Sie erklärte: »Siehst du diese Zeichen? Die verraten es mir. Aus diesen Zeichen sind Wörter gebildet.«

Er nahm ihr das Buch aus der Hand und starrte eine ganze Weile neugierig darauf. »Einige dieser Zeichen sind dieselben.«

Sie lachte vor Freude über diesen Beweis seines Scharfsinns und lobte ihn. »Ganz richtig! Soll ich dir zeigen, wie man diese Zeichen malt?«

»Au ja! Das ist bestimmt ein lustiges Spiel.«

Es kam ihr gar nicht in den Sinn, daß er lesen lernen könne. Bis zu dem Zeitpunkt, an dem er begann, ihr eine Geschichte vorzulesen, kam es ihr nicht in den Sinn.

Erst Wochen nach jener Frage traf es sie wie ein Blitz, was Timmie gelernt hatte. Er saß auf ihrem Schoß, seine Augen folgten Wort für Wort der Geschichte in einem Kinderbuch. Er las ihr vor!

Voller Erstaunen erhob sie sich unsicher und sagte: »Ich werde gleich zurück sein, Timmie. Ich muß mit Dr. Hoskins sprechen.«

Außer sich vor Aufregung schien sie jetzt eine Lösung für Timmies Unglücklichsein gefunden zu haben. Wenn Timmie hier niemals herauskonnte, um in die Welt einzutreten, dann mußte die Welt in diese drei Räume zu Timmie gebracht werden — die ganze Welt in Form von Büchern, Filmen, Klängen. Er mußte entsprechend seinen Fähigkeiten unterrichtet werden. So viel war ihm die Welt schuldig.

Sie traf Hoskins in einer Stimmung an, die der ihren auf merkwürdige Weise ähnlich war, im Triumph über einen großen Erfolg. In seinen Büros herrschte ein ungewöhnlicher Andrang, und einen Augenblick lang glaubte sie, daß sie gar nicht bis zu ihm vordringen werde. Sie stand verlegen im Vorzimmer.

Aber er erblickte sie, und ein Lächeln breitete sich über sein grobes Gesicht aus. »Miss Fellowes, kommen Sie herein!«

Er murmelte hastig etwas in die Sprechanlage und schaltete sie dann aus. »Haben Sie schon gehört? Nein, das können Sie ja noch gar nicht. Wir haben es geschafft. Wir haben es tatsächlich geschafft. Wir haben für unsere überzeitliche Forschung eine ungleich nähere Reichweite hergestellt.«

Sie bemühte sich, ihre Gedanken einen Moment lang von ihrer eigenen guten Neuigkeit zu lösen. »Sie meinen, Sie sind jetzt in Lage, einen Menschen aus historischer Zeit in die Gegenwart zu holen?«

»Genau das meine ich. Uns ist die Fixierung auf ein Individuum des vierzehnten Jahrhunderts gelungen. Stellen Sie sich das vor. *Stellen Sie sich das vor!* Wenn Sie wüßten, wie froh ich bin, von der ewigen Konzentration auf das Mesozoikum loszukommen, die Paläontologen durch Historiker ersetzen zu können! — Aber es scheint, Sie wollen mir etwas mitteilen, ja? Schießen Sie los. Sie treffen mich in bester Laune an. Sie können alles haben, was Sie wollen.«

Miss Fellowes lächelte. »Wie schön. Ich mache mir nämlich Gedanken darüber, wie wir für Timmie einen vernünftigen Unterricht aufbauen können.«

»Unterricht? Worin?«

»Nun, in allen möglichen Fächern. Eine Schule, damit er lernen kann.«

»Ja aber, *kann* er denn lernen?«

»Gewiß! Er *lernt.* Er kann schon lesen. Das habe ich ihm selbst beigebracht.«

Hoskins saß still da und wirkte plötzlich niedergeschlagen. »Ich weiß nicht, Miss Fellowes.«

»Sie sagten eben: alles, was ich wolle . . .«

»Das weiß ich, und ich hätte es besser nicht gesagt. Miss Fellowes, Sie müssen doch einsehen, daß wir das Experiment mit Timmie nicht auf Dauer fortsetzen können.«

Zutiefst erschreckt starrte sie ihn an. Sie verstand noch nicht recht, was er da sagte. Wie meinte er das »nicht auf Dauer fortsetzen«? Unter einem angstvollen Schock erinnerte sie sich an Professor Ademewski und seine Gesteinsprobe, die nach zwei Wochen wieder entfernt worden war. »Aber wir sprechen doch von einem Jungen, nicht von einem Stück Felsen . . .«

Dr. Hoskins erwiderte gequält: »Auch einem Jungen sollte man nicht unangemessen viel Bedeutung beimessen, Miss Fellowes. Da wir jetzt Individuen aus historischer Zeit erwarten, brauchen wir Platz in Stasis, und zwar so viel wie möglich.«

Sie vermochte es nicht zu fassen. »Aber Sie können doch nicht . . . Timmie . . . Timmie . . .«

»Bitte regen Sie sich nicht auf, Miss Fellowes. Timmie wird nicht sofort gehen müssen, vielleicht in den nächsten Monaten noch nicht. Inzwischen werden wir tun, was wir können.«

Sie starrte ihn immer noch an.

»Lassen Sie mich Ihnen etwas geben.«

»Nein«, flüsterte sie, »ich brauche nichts.« Sie erhob sich wie in einem Alptraum und verließ das Büro.

Sie konnte nur noch eines denken: Timmie, du wirst *nicht* sterben. Du wirst *nicht* sterben.

Es war schön und gut, diesen Gedanken festzuhalten, daß Timmie nicht sterben werde, aber wie sollte sie das anstellen. In den ersten Wochen klammerte sich Miss Fellowes an die Hoffnung, daß der Versuch, einen Menschen aus dem vierzehnten Jahrhundert zu transferieren, vollständig scheitern werde. Hoskins' Theorie mochte fehlerhaft oder einfach nicht praktikabel sein. Dann würde es weitergehen können wie bisher.

Mit Sicherheit standen ihre Hoffnungen gegen die der übrigen Welt, und — völlig irrational — sie haßte die Welt dafür. Das »Projekt Mittelalter« erreichte ein unglaubliches Maß an öffentlichem Interesse. Die Medien und die gesamte Öffentlichkeit hatten begierig auf so etwas gewartet. Die Stasis AG hatte schon lange keine Sensation mehr geliefert. Eine neuentdeckte Gesteinsart oder ein Urzeitfisch bewegte die Gemüter nicht mehr. Aber *hier war das aufsehenerregende Ereignis.*

Ein historischer Mensch; ein Erwachsener, der eine bekannte Sprache sprach; jemand, der dem Wissenschaftler neue Aspekte der Geschichte eröffnen würde.

Der Tag Null nahte, und diesmal gab es statt drei Zuschauer auf dem Balkon ein weltweites Publikum. Diesmal würden die Techniker der Stasis AG ihre Arbeit vor den Augen der ganzen Menschheit tun.

Miss Fellowes war fast von Sinnen vor Spannung. Als der kleine Jerry Hoskins zur Spielstunde mit Timmie erschien, nahm sie kaum Notiz von ihm. Es war eine andere Person, die sie erwartete.

(Die Sekretärin, die Jerry brachte, eilte nach einem knappen Kopfnicken für Miss Fellowes sogleich wieder hinaus. Sie lief, um noch einen guten Platz zu erwischen und den Höhepunkt des Projektes Mittelalter nicht zu verpassen. Das sollte eigentlich auch sie tun, und zwar aus einem erheblich wichtigeren Grund, dachte sie bitter. Wenn doch nur das dumme Mädchen käme!)

Jerry Hoskins schlich sich verlegen an sie heran. »Miss Fellowes?« Er zog die Kopie eines Zeitungsausschnittes aus seiner Tasche.

»Ja, Jerry. Was gibt's?«

»Ist das ein Bild von Timmie?«

Miss Fellowes starrte ihn an, riß ihm dann das Stück Papier aus der Hand. Die Aufregung um das Projekt Mittelalter hatte eine schwache Wiederbelebung des Interesses für Timmie in der Presse zur Folge gehabt.

Jerry sah sie mit zusammengekniffenen Augen an. »Sie sagen, daß Timmie ein Affenjunge ist. Was bedeutet das?«

Miss Fellowes ergriff das Handgelenk des Kleinen und unterdrückte ihre wilde Lust, ihn zu schütteln. »Sag das nie wieder, Jerry. Niemals. Hast du das verstanden? Es ist ein häßliches Wort, und du darfst es nicht aussprechen.«

Jerry befreite sich erschreckt aus ihrem Griff.

Miss Fellowes zerriß den Papierfetzen mit einer heftigen Drehung des Handgelenks. »Geh jetzt hinein und spiele mit Timmie. Er hat ein neues Buch, das er dir zeigen möchte.«

Endlich erschien das Mädchen. Miss Fellowes kannte sie nicht. Im Augenblick, da das Projekt Mittelalter vor seinem Höhepunkt stand, war keine der üblichen Aushilfskräfte zu bekommen, die sie sonst vertreten hatten, wenn sie anderes erledigen mußte. Aber Hoskins' Sekretärin hatte versprochen, *irgend jemanden* aufzutreiben, und das mußte das Mädchen sein.

Miss Fellowes versuchte, sich ihre Verärgerung nicht anhören zu lassen. »Sind Sie das Mädchen, das augenblicklich für Stasis, Abteilung I eingesetzt ist?«

»Ja. Ich heiße Mandy Terris. Sie müssen Miss Fellowes sein.«

»Richtig.«

»Es tut mir leid, daß ich zu spät komme. Es herrscht so viel Durcheinander überall.«

»Ich weiß. Ich möchte, daß Sie jetzt . . .«

Mandy unterbrach sie. »Sie werden zuschauen, nehme ich an.« Ihr schmales, ausdrucksloses Gesicht war neiderfüllt.

»Das tut nichts zur Sache. Ich möchte, daß Sie jetzt hineingehen und Timmie und Jerry kennenlernen. Sie werden in den nächsten zwei Stunden miteinander spielen, werden Ihnen also keinen Ärger machen. Sie haben Milch da und jede Menge Spielsachen. Das beste wird sein, Sie überlassen die beiden so weit wie möglich sich selbst. Ich zeige Ihnen noch rasch, wo Sie alles finden, und . . .«

»Ist Timmie der Affe nj . . .«

»Timmie ist der Forschungsgegenstand von Stasis I«, sagte Miss Fellowes bestimmt.

»Ich meine doch, er ist derjenige, der nicht herausgehen darf. Ist das richtig?«

»Ja. Gehen Sie jetzt hinein. Wir haben nicht mehr viel Zeit.«

Als sie endlich aufbrach, rief Mandy mit ihrer schriller Stimme hinterher: »Hoffentlich kriegen Sie noch einen guten Platz. Au Mann, wie ich hoffe, daß es klappt!«

Miss Fellowes traute sich nicht zu, darauf noch eine vernünftige Antwort zu finden. Sie hastete los und blickte nicht mehr zurück.

Die Verspätung bedeutete, daß sie *keinen* guten Platz mehr bekam. Sie kam nicht näher heran als bis zu dem riesigen Bildschirm in der Versammlungshalle. Und das bereute sie bitter. Wäre sie am Ort des Geschehens gewesen, hätte sie vielleicht ihre Hand nach irgendeinem hochempfindlichen Teil der Instrumente ausstrecken können. Wenn sie auf irgendeine Weise in der Lage wäre, das Experiment zu boykottieren . . .

Sie fand die Kraft, ihre wahnsinnige Verzweiflung zu dämpfen. Eine

Zerstörung hätte nichts genutzt. Sie hätten alles wieder aufgebaut und wieder versucht. Und man hätte ihr gewiß nicht mehr erlaubt, zu Timmie zurückzukehren.

Nichts würde helfen. Nichts. Es sei denn, das Experiment mißlänge durch Zufall, bräche unwiderruflich zusammen.

So wartete sie den Countdown ab, ließ sich keine Bewegung auf dem riesigen Bildschirm entgehen, musterte die Gesichter der Techniker, die die Kamera zeigte, eines nach dem andern, lauerte auf einen Ausdruck der Sorge und Unsicherheit, der ihr anzeigen würde, daß etwas unerwartet falsch lief; sie lauerte, lauerte . . .

Sie hatte kein Glück. Der Countdown kam bei Null an, und sehr ruhig, sehr unspektakulär gelang das Experiment!

In der neuen Stasis-Blase, die man geschaffen hatte, stand ein bärtiger Bauer mittleren Alters, mit abfallenden Schultern, zerlumpter, schmutziger Kleidung und Holzschuhen. Er starrte entgeistert um sich, voller Entsetzen über diese plötzliche, verrückte Veränderung, die über ihn hereingebrochen war.

Während die Welt in ihrem Jubel fast den Verstand verlor, stand Miss Fellowes reglos da, wie erstarrt vor Kummer und Enttäuschung. Im Siegestaumel der Masse wurde sie gerempelt, gestoßen und beinah umgerannt, doch für sie war dieser Sieg eine Niederlage.

In schneidendem Ton erklang ihr Name aus dem Lautprecher. Dreimal wurde sie aufgerufen, ehe sie reagierte.

»Miss Fellowes, Miss Fellowes. Sie werden dringend in Stasis I gebraucht, Miss Fellowes. Miss Fell . . .«

»Lassen Sie mich durch!« rief sie atemlos, während sich der Lautsprecher unaufhörlich wiederholte. Sie erkämpfte sich ihren Weg durch die Menge mit der Kraft der Verzweiflung; sie schlug um sich, benutzte gar ihre geballten Fäuste, fuchtelte mit den Armen um sich und bewegte sich dennoch alptraumhaft langsam auf die Tür zu.

Mandy Terris war in Tränen aufgelöst. »Ich weiß nicht, wie es passiert ist. Ich bin nur kurz bis zum Ende des Korridors gegangen, um die Ereignisse auf dem Monitor zu verfolgen, der dort aufgestellt war. Nur eine Minute. Und dann, bevor ich mich nur umdrehen und eingreifen konnte . . .« Sie schrie plötzlich in einer Anklage auf. »Sie sagten, sie würden keinen Ärger machen; Sie *sagten,* ich solle sie sich selbst überlassen . . .«

Miss Fellowes sah sie aufgelöst, ohne Kontrolle über ihr Zittern, mit aufgerissenen Augen an. »Wo ist Timmie?«

Eine Krankenschwester war damit beschäftigt, Jerrys Arm mit einem Desinfektionsmittel abzureiben, und eine zweite zog eine Tetanusspritze auf. Jerrys Kleider zeigten Blutflecke.

»Er hat mich gebissen, Miss Fellowes«, schrie Jerry wütend. »Er hat mich *gebissen.*«

Aber Miss Fellowes sah ihn nicht einmal.

»Was haben Sie mit Timmie gemacht?« schrie sie.

»Ich habe ihn im Badezimmer eingeschlossen«, antwortete Mandy. »Ich habe das kleine Monster einfach hineingeworfen und eingeschlossen.«

Miss Fellowes rannte zum Puppenhaus. Sie hantierte an der Badezimmertür. Es dauerte eine Ewigkeit, bis sie sich endlich öffnete. Sie fand den häßlichen kleinen Jungen zusammengekauert in einer Ecke.

»Schlagen Sie mich nicht, Miss Fellowes«, flüsterte er. Seine Augen waren gerötet. Seine Lippen zitterten. »Ich wollte es nicht tun.«

»Oh, Timmie, wer hat dir etwas von Schlägen gesagt?« Sie hob ihn auf und drückte ihn leidenschaftlich an sich.

Er antwortete mit zitternder Stimme: »Sie sagte, mit einem langen Seil, sie sagte, Sie würden mich schlagen und schlagen . . .«

»Das werde ich nicht tun. Es war böse von ihr, so etwas zu sagen. Aber was ist denn geschehen? Was ist passiert?«

»Er hat mich einen Affenjungen genannt. Er hat gesagt, ich sei kein richtiger kleiner Junge. Er hat gesagt, ich sei ein Tier.« Timmie löste sich in einem Tränenstrom auf. »Er hat gesagt, er wolle nicht länger mit einem Affen spielen. Dann habe ich gesagt, daß ich kein Affe bin; daß ich kein Affe *bin.* Er hat gesagt, ich sehe überhaupt ganz komisch aus. Er hat gesagt, ich sei schrecklich häßlich. Er hat es immer wieder gesagt, und dann habe ich ihn gebissen.«

Nun weinten sie beide. Miss Fellowes schluchzte. »Aber das ist nicht wahr. Du weißt es, Timmie. Du bist ein richtiger Junge. Du bist ein lieber Junge, der liebste Junge auf der Welt. Und niemand, niemand wird dich mir wegnehmen.«

Jetzt fiel es ihr leicht, eine Entscheidung zu fällen, leicht, zu wissen, was zu tun war. Aber es mußte schnell getan werden. Hoskins würde nicht länger warten, zumal sein eigener Sohn verletzt war . . .

Diese Nacht mußte es getan werden, *diese* Nacht; wenn vier Fünftel der Besatzung schliefen und der Rest noch immer den Erfolg des Projektes Mittelalter feierte.

Es war zwar eine ungewöhnliche Zeit für ihre Rückkehr, aber der Wachmann kannte sie gut, und es würde ihm nicht im Traum einfallen, ihr eine Frage zu stellen. Er würde sich nichts dabei denken, daß sie einen Koffer trug. Sie legte sich die unverfängliche Erklärung »Spielsachen für den Jungen« zurecht und übte ein ruhiges Lächeln.

Warum sollte er ihr das nicht abnehmen?

Er nahm es ihr ab. Als sie wieder das Puppenhaus betrat, war Timmie noch wach. Sie bemühte sich verzweifelt, normal zu wirken, um den Jungen nicht zu beängstigen. Sie sprach mit ihm über seine Träume und hörte ihm ruhig zu, als er wehmütig nach Jerry fragte.

Nur wenige würden sie nachher sehen; keiner würde nach dem Bündel fragen, das sie schleppte. Timmie würde ganz still sein, und schließlich wäre es ein *fait accompli*. Es würde einfach geschehen sein und keinen Sinn haben, es ungeschehen machen zu wollen. Man würde sie leben lassen. Man würde sie beide leben lassen.

Sie öffnete den Koffer, nahm Mantel, Wollmütze mit Ohrschützern und die anderen Teile heraus.

Timmie saß da und begann etwas zu ahnen. »Warum ziehen Sie mir all die Sachen an, Miss Fellowes?«

Sie erklärte ihm: »Ich werde dich mit nach draußen nehmen, Timmie. Dahin, wo deine Träume sind.«

»Meine Träume?« Sein Gesicht strahlte eine plötzliche Sehnsucht aus, aber es lag auch Furcht darin.

»Du brauchst dich nicht zu fürchten. Du wirst bei mir bleiben. Du wirst doch keine Angst haben, wenn ich bei dir bin, Timmie?«

»Nein, Miss Fellowes.« Er barg sein kleines mißgestaltetes Gesicht in ihrer Seite, und in ihren Armen, mit denen sie ihn umschlang, spürte sie, wie sein Herz hämmerte.

Es war Mitternacht, als sie ihn auf ihren Arm hob. Sie schaltete die Alarmanlage aus und öffnete leise die Tür.

Sie schrie auf, denn in der offenen Tür stand Hoskins ihr genau gegenüber!

Mit ihm standen zwei Männer da. Er starrte sie an, ebenso überrascht wie sie.

Miss Fellowes kam innerhalb einer Sekunde wieder zu sich und machte einen blitzschnellen Versuch, sich an ihm vorbeizudrängen. Aber diese Sekunde Verzögerung reichte ihm aus. Er hielt sie mit rauhem Griff fest und stieß sie zurück gegen eine Schubladenkommode. Er winkte die Männer herein, stellte sich vor sie und blockierte ihr damit den Ausgang.

»Das hatte ich nicht erwartet. Sind Sie völlig übergeschnappt?«

Es war ihr gelungen, eine Schulter so zu drehen, daß sie auf die Kommode aufprallte statt Timmie. Sie stieß bittend hervor: »Wem sollte es schaden, wenn ich ihn mitnehme, Dr. Hoskins? Sie können doch Energieverlust nicht über Menschenleben stellen!?«

Entschlossen entwand Hoskins Timmie ihren Armen. »Ein Energieverlust dieser Größenordnung würde mehrere Millionen Dollar aus den Taschen der Investoren bedeuten. Er würde einen entsetzlichen Rückfall für Stasis nach sich ziehen. Es würde möglicherweise bedeuten, daß die Geschichte von einer sentimentalen Krankenschwester öffentliches Aufsehen erregt, die all das wegen eines Affenjungen zerstört hat.«

»*Affenjunge!*« wiederholte Miss Fellowes in glühendem Haß.

»Genau so würden die Reporter ihn wieder nennen«, erklärte Hoskins.

Nun trat einer der Männer hervor und befestigte ein Nylonseil in den Ösen, die im oberen Teil entlang der Wand angebracht waren.

Miss Fellowes erinnerte sich an das Seil, an dem Hoskins vor langer Zeit gezogen hatte, außerhalb des Raumes, in dem sich Professor Ademewskis Gesteinsprobe befand.

Sie schrie. »Nein!«

Aber Hoskins setzte Timmie ab und zog ihm sanft den Mantel aus. »Du bleibst hier, Timmie. Dir wird nichts geschehen. Wir werden nur einen Moment hinausgehen. Einverstanden?«

Timmie, kreideweiß und stumm, brachte ein Nicken zustande.

Hoskins schob Miss Fellowes vor sich her, aus dem Puppenhaus hinaus. Einen Augenblick lang war sie unfähig, sich zu wehren. Dumpf nahm sie den Handgriff wahr, der gerade außerhalb des Puppenhauses angebracht wurde.

»Es tut mir leid, Miss Fellowes«, sagte Hoskins, »das hätte ich Ihnen gerne erspart. Ich hatte es eigens für diese Nacht festgesetzt, damit Sie es erst erfahren würden, wenn alles vorbei ist.«

Sie flüsterte matt: »Weil Ihr Sohn verletzt wurde. Weil er dieses Kind so gequält hat, daß es ihn angriff.«

»Nein, glauben Sie mir. Ich durchschaue den heutigen Zwischenfall sehr wohl und weiß, daß es Jerrys Schuld war. Die Sache ist jetzt einfach ausgelaufen. Und das muß so sein, zumal wir an diesem besonderen Tag von Presseleuten umzingelt waren. Ich kann keine entstellte, verdrehte Story über Sicherheitsrisiken und sogenannte wilde Neandertaler dulden, die von dem Erfolg des Projekts Mittelalter ablenken würde. Timmie muß so oder so bald gehen; er kann es genauso gut heute tun, um den Sensationswütigen so wenig Stoff wie möglich für ihre Geschichten zu bieten.«

»Es ist nicht wie einen Stein zurückschicken. Sie sind im Begriff, einen Menschen zu töten.«

»Nicht zu töten. Es wird kein Drama geben. Er wird lediglich wieder ein Neandertaler-Junge in einer Neandertaler-Welt sein. Er wird nicht länger ein gefangenes, fremdes Wesen sein, sondern die Chance zu einem Leben in Freiheit bekommen.«

»Was für eine Chance? Er ist erst sieben Jahre alt und daran gewöhnt, gepflegt, ernährt, gekleidet und behütet zu werden. Er wird allein sein. Sein Stamm wird jetzt, nach vier Jahren, nicht mehr an dem Ort sein, an dem er ihn verließ. Und selbst wenn er das wäre, würde niemand ihn wiedererkennen. Er wird sich allein durchschlagen müssen. Woher soll er wissen, wie?«

Hoskins schüttelte seinen Kopf in hoffnungsloser Ablehnung. »Mein Gott, Miss Fellowes, glauben Sie denn, daran hätten wir nicht gedacht? Glauben Sie, wir hätten ein Kind hergebracht, wenn nicht aus dem Grund, daß es unsere erste erfolgreiche Fixierung eines Menschen oder Fast-Menschen war und daß wir es nicht wagten, diese Fixierung wieder zu verlieren, um uns nach einer anderen umzusehen? Wie können Sie uns unterstellen, wir hätten Timmie so lange hier behalten, wenn nicht genau deshalb, weil es uns widerstrebte, ein Kind in die Vergangenheit zurückzuschicken. Es ist nur . . .« Seine Stimme nahm den Ton verzweifelter Dringlichkeit an. ». . . wir können nicht länger warten. Timmie steht unserer Entwicklung im Weg. Er ist eine Quelle möglicher schlechter Publicity, und wir stehen an der Schwelle großer Ereignisse. Es tut mir leid, Miss Fellowes, aber wir können nicht zulassen, daß Timmie uns blockiert. Wir können es nicht. Wir dürfen es nicht. Es tut mir leid, Miss Fellowes.«

»Wenn das so ist«, sagte Miss Fellowes traurig, »will ich mich von dem Jungen verabschieden. Geben Sie mir fünf Minuten. Lassen Sie mir wenigstens das.«

Hoskins zögerte. »Na gut, machen Sie schon.«

Timmie lief auf sie zu. Zum letzten Mal lief er auf sie zu, zum letzten Mal umarmte sie ihn.

Einen Augenblick lang drückte sie ihn blind an sich. Sie angelte mit einem Fuß nach einem Stuhlbein, schob den Stuhl gegen die Wand und setzte sich darauf.

»Hab keine Angst, Timmie.«

»Ich habe keine Angst, wenn Sie da sind, Miss Fellowes. Ist der Mann böse auf mich, der Mann da draußen?«

»Nein, das ist er nicht. Er versteht uns nur nicht. Timmie, weißt du, was eine Mutter ist?«

»So eine wie Jerrys Mutter?«

»Hat er dir von seiner Mutter erzählt?«

»Manchmal. Ich glaube, daß eine Mutter vielleicht eine Frau ist, die für einen sorgt, die sehr lieb zu einem ist und die alle möglichen guten Dinge tut.«

»Ja, das ist richtig. Hast du dir je eine Mutter gewünscht, Timmie?«

Timmie zog sein Köpfchen ein wenig von ihr zurück, so daß er ihr ins Gesicht schauen konnte. Langsam legte er sein Händchen an ihre Wange und auf ihr Haar und streichelte sie — auf die gleiche Art, wie sie ihn vor langer, langer Zeit gestreichelt hatte. Und er fragte: »Bist du nicht meine Mutter?«

»Oh, Timmie!«

»Bist du jetzt böse, weil ich gefragt habe?«

»Nein, natürlich nicht.«

»Weil — ich weiß ja, daß du Miss Fellowes heißt, aber — aber manchmal nenne ich dich für mich selbst ›Mutter‹. Ist das in Ordnung?«

»Ja. Ja, das ist in Ordnung. Ich werde dich nicht mehr verlassen, und nichts soll dir wehtun. Ich werde bei dir bleiben, um immer für dich zu sorgen. Sag ›Mutter‹ zu mir, damit ich es hören kann.«

»Mutter«, sagte Timmie beruhigt und lehnte seine Wange an ihre.

Sie stand auf und stieg, während sie ihn fest im Arm hielt, auf den Stuhl. Den plötzlichen Schrei draußen hörte sie nicht. Mit ihrer freien Hand zog sie mit ihrem ganzen Gewicht an dem Seil, dort, wo es zwischen zwei Ösen etwas herabhing.

Damit war Stasis punktiert. Der Raum war leer.

22

Frühe Tode

Sie hätten wohl kaum erwartet, daß Leverrier lange genug lebte, um die Lösung des Geheimnisses um Merkurs fortschreitendes Perihel (siehe Kapitel 20 ›Der Planet, der keiner war‹) zu erfahren. Es gibt jedoch in der Geschichte der Wissenschaften eine Reihe von Fällen, in denen ein Wissenschaftler, dem eine entscheidende Entdeckung gelungen war, nicht so lange am Leben blieb, um noch die ganze Fülle der Konsequenzen seiner Arbeit zu erleben — nicht weil es so lange dauerte, sondern weil er jung starb. Es gibt, auch wenn das tief zu bedauern ist, nicht weniger als drei solcher Fälle, die mit einer zusammenhängenden Serie von Entdeckungen in Verbindung stehen. Von ihnen soll hier die Rede sein.

Gerade komme ich vom Philcon heim — der von der Philadelphia Science Fiction Society veranstalteten Jahresversammlung.

Meiner Ansicht nach war sie äußerst erfolgreich verlaufen, gut besucht, glänzend organisiert, mit einer ausgezeichneten Kunstausstellung und einer lebhaften Verkaufsschau. Ehrengast war Joe Haldeman gewesen. Er lieferte eine Ansprache, die von Geist nur so sprühte und vom Publikum mit großer Begeisterung aufgenommen wurde. Ich fürchte, das trieb mich ziemlich in die Enge, denn ich sollte nach ihm sprechen, und ich kann Ihnen versichern, daß ich meine gesamten Kräfte aufbieten mußte.

Am meisten gefiel mir jedoch die Kostümschau, bei der ein junger Mann mit einem unglaublich phantasiereichen Satyrkostüm den ersten Preis davontrug. Er hatte eine Planflöte um den Hals, die Hörner waren perfekt in seine Haare eingearbeitet, und er stakste auf Bocksfüßen einher, die unfaßbar echt wirkten.

Mein ganz persönliches Vergnügen erreichte jedoch seinen Höhepunkt, als drei Leute zur Begleitung von düster klingender Musik auf die Bühne kamen, ›Fundation‹, ›Foundation and Empire‹ und ›Second Foundation‹ darzustellen, die drei Teile meiner berühmten *Foundation-Trilogie**. Alle drei waren in schwarze Roben gekleidet und sahen ungemein bedrohlich aus. Ich betrachtete sie neugierig und fragte mich, wie sie es wohl schaffen mochten, diese drei hochgradig intellektuellen Romane in eine Spielhandlung zu kleiden.

Plötzlich schlugen alle drei ihre Roben zurück und enthüllten sich als höchst unvollständig bekleidete junge Leute. Der erste und dritte waren junge Männer, die wenig mehr als Korsetts trugen (die erste und

---

* Ausgabe ›Die Psycho-Historiker‹, Bastei-Lübbe-Paperback 28 108.

zweite ›Foundation‹, wie ich sogleich begriff); mein Interesse an ihnen war zwangsläufig recht begrenzt.

Die mittlere Person war eine junge Frau von ausgesprochener Schönheit und ebenmäßiger Figur, und auch sie trug ein Korsett. Sie repräsentierte jedoch ›Foundation and Empire‹, und der Empire-Anteil war, das wurde mir klar, das einzige andere Ding, was sie anhatte — ein Büstenhalter, der erfreulich schwach zu verhüllen suchte, was er eigentlich stützen sollte.

Nach einigen Augenblicken der Überraschung und des Entzückens regte sich meine wissenschaftliche Schulung. Wenn sorgfältige Beobachtung am Platze ist, muß sie unter den günstigsten Bedingungen durchgeführt werden. Also stand ich auf und beugte mich vor.

Da hörte ich neben mir eine Stimme: »Ich krieg' fünf Mäuse von dir. Er ist aufgestanden.«

Das war wirklich eine sensationell einfach gewonnene Wette — und genau so sensationell einfach gewinnen Sie jetzt eine Wette, wenn Sie mit mir einschlagen, daß ich nun mit einem Essay über die Geschichte der Naturwissenschaften fortfahre.

In anderen Artikeln habe ich bereits das sichtbare Licht, die infrarote und die ultraviolette Strahlung behandelt. Die fraglichen Frequenzen liegen zwischen 0,3 Billionen Hertz für das langwelligste Infrarot und 30 Billiarden Hertz für das kurzwelligste Ultraviolett.

Im Jahre 1864 jedoch hatte James Clerk Maxwell eine Theorie aufgestellt, die nahelegte, daß solche Strahlungen von einem schwingenden elektromagnetischen Feld (daher ›elektromagnetische Strahlung‹) hervorgerufen werden und daß die Werte von weit mehr als 30 Billiarden Herz bis weit unter 0,3 Billionen Herz reichen konnten.

Eine schöne, wasserdichte, gutdurchdachte Theorie ist eine feine Sache, aber noch schöner ist es, wenn durch diese Theorie ein bisher niemals beobachtetes Phänomen vorhergesagt und dann auch tatsächlich beobachtet wird. Die Theorie gibt den Fingerzeig, man schaut — und da ist es. Die Chancen hierfür scheinen allerdings nicht besonders groß zu sein.

Wie kam es nun dazu?

Es ist möglich, elektrischen Strom (und damit ein elektromagnetisches Feld) zum Schwingen zu bringen. Solche Schwingungen sind jedoch vergleichsweise langsam, und wenn sie, wie durch Maxwells Gleichungen vorausgesagt, eine elektromagnetische Strahlung hervorrufen, so ist die Frequenz weitaus niedriger als selbst die langwelligste Infrarotstrahlung — millionenmal niedriger. Die Nachweismethoden für die bekannten Strahlungen im Bereich des Lichts und seiner unmittelbaren Nachbarn würden auf etwas, dessen Eigenschaften dermaßen abseits des Gängigen liegen, gewiß nicht ansprechen.

Doch die elektromagnetische Strahlung mußte entdeckt werden, und zwar, um im einzelnen nachzuweisen, daß ihre Wellen die Natur und Eigenschaften des Lichts besitzen.

Der Gedanke, daß oszillierende elektrische Ströme eine Art von Strahlung hervorrufen, wurde allerdings schon vor Maxwell geäußert. Der amerikanische Physiker Joseph Henry (1797—1878) hatte das Prinzip der ›Selbstinduktion‹ im Jahre 1832 entdeckt (ich will hier darauf nicht näher eingehen, da dies den Rahmen dieses Essays sprengen würde). 1842 befaßte er sich mit bestimmten verwirrenden Beobachtungen, die es in manchen Fällen ungewiß erscheinen ließen, in welcher Richtung ein elektrischer Strom denn nun fließt. Unter bestimmten Bedingungen bewegte er sich dem Anschein nach in beiden Richtungen fort.

Unter Zugrundelegung seines Prinzips der Selbstinduktion folgerte Henry, daß bei der Entladung beispielsweise einer Leidener Flasche (oder eines Kondensators ganz allgemein) die Markierung überschritten wird und ein Strom ausfließt, der dann wieder zurückfließen muß, abermals über die Markierung hinausschießt, in die erste Richtung zurückströmt und so weiter. Kurz gesagt, der elektrische Strom schwingt ungefähr so wie eine Feder. Darüber hinaus kann es sich noch um eine gedämpfte Oszillation handeln, so daß bei jedem Hinausschießen über die Markierung eine Verringerung eintritt, bis sich der Fluß des elektrischen Stroms auf Null einpegelt.

Henry wußte, daß ein fließender elektrischer Strom in der Entfernung eine Wirkung hervorruft (beispielsweise läßt er die Nadel eines in einem gewissen Abstand aufgestellten Kompasses ausschlagen) Er ging davon aus, daß sich dieser Effekt mit den Oszillationen verändern und verschieben würde, so daß sich aus dem schwingenden Strom eine wellenförmige Strahlung ergäbe. Er verglich die Strahlung sogar mit Licht.

Bei Henry war dies nur eine unbestimmte Spekulation, doch gerade das zeichnet die großen Wissenschaftler aus: daß selbst ihre unbestimmten Spekulationen sich meist unweigerlich als richtig erweisen. Dennoch war es ein Vierteljahrhundert später Maxwell, der das ganze Problem auf eine klare mathematische Aussage reduzierte, und so gebührt ihm das eigentliche Verdienst.

Nicht alle Wissenschaftler akzeptierten jedoch Maxwells Überlegungen. Zu ihnen gehörte auch der irische Physiker George Francis Fitzgerald (1851—1901), der in einem Artikel kategorisch den Standpunkt vertrat, daß oszillierende elektrische Ströme unmöglich wellenförmige Strahlungen hervorrufen könnten. (Fitzgerald ist Science Fiktion-Lesern dem Namen nach wohlbekannt oder sollte es zumindest sein, denn auf ihn geht der Begriff der ›Fitzgerald-Kontraktion‹ zurück.)

Es konnte durchaus geschehen, daß Wissenschaftler sich auf die Seite von Maxwell oder auch von Fitzgerald stellten und stets von neuem über die Frage debattierten, solange es nicht gelang, die elektrischen Schwingungen tatsächlich nachzuweisen oder Beobachtungen zu machen, die klar erwiesen, daß es solche Wellen nicht geben konnte.

Daher überrascht es nicht, daß Maxwell einer Entdeckung dieser niederfrequenten Wellen große Bedeutung beimaß. Die Erkenntnis, daß es so schwierig, ja beinahe unmöglich schien, ihnen auf die Spur zu kommen, erfüllte ihn mit tiefer Niedergeschlagenheit.

Im Jahre 1888 gelang es dann einem deutschen Physiker von einunddreißig Jahren, Heinrich Rudolphb Hertz (1857—94), Maxwells Theorie auf eine solide, durch Beobachtungen gestützte Grundlage zu stellen. Hätte Maxwell noch gelebt, dann wäre seine Freude vermutlich noch übertroffen worden durch die Einfachheit, mit der das möglich war.

Hertz brauchte dazu nichts weiter als einen rechteckig geformten Draht, dessen eine Seite verstellbar war, so daß man sie hin- und herbewegen konnte; an der anderen Seite befand sich eine kleine Lücke. Der Draht zu beiden Seiten dieser Lücke endete in einem kleinen Messingknopf. Wenn in dem rechteckigen Draht ein Strom auftrat, konnte er die Lücke überspringen und einen Funken erzeugen.

Hertz stellte nun durch Entladung einer Leidener Flasche einen oszillierenden Strom her. Wenn hierbei elektromagnetische Wellen entstanden, wie Maxwells Gleichungen es voraussagten, dann würden diese Wellen einen elektrischen Strom in Hertzens rechteckigem Detektor (an den selbstverständlich keine andere Stromquelle angeschlossen war) induzieren. An der Lücke würde dann ein Funke überspringen und damit den sichtbaren Beweis für den induzierten elektrischen Strom und gleichzeitig auch für die Wellen, welche die Induktion bewirkten, liefern.

Hertz bekam seine Funken.

Durch Hin- und Herbewegen seines Empfängers in verschiedene Richtungen und verschiedenen Abständen von dem oszillierenden Strom, der die Quelle der Wellen bildete, fand Hertz heraus, daß die Funken an manchen Stellen intensiver, an anderen weniger intensiv waren, je nachdem, ob die Wellen eine höhere oder niedrigere Amplitude besaßen. Auf diese Weise konnte er die Wellen bis ins einzelne vermessen, die Wellenlänge bestimmen und beweisen, daß sie reflektiert und gebrochen werden konnten, daß sich aber auch Interferenzphänomene zeigten. Er konnte sogar gleichzeitig elektrische und magnetische Eigenschaften nachweisen. Kurz gesagt, er entdeckte, daß die Wellen dem Licht ganz ähnlich waren, bis auf die Wellenlänge, die im Meterbereich und nicht im Mikrometerbereich lag. Neun Jahre nach Maxwells Tod wurde seine Theorie der elektromagnetischen Wellen eindeutig als wahr bewiesen.

Die neuen Wellen und ihre Eigenschaften wurden schnell von anderen Beobachtern bestätigt und erhielten die Bezeichnung »Hertzsche Wellen«.

Weder Hertz noch einer der Forscher, die seine Resultate bestätigten, maßen der Entdeckung mehr Bedeutung bei, als daß es sich um die Demonstration der Wahrheit einer eleganten wissenschaftlichen Theorie handelte.

Im Jahre 1892 regte jedoch der englische Physiker William Crookes (1832—1919) an, daß die Hertzschen Wellen für die Kommunikation genutzt werden könnten. Sie bewegten sich mit Lichtgeschwindigkeit in gerader Linie fort, waren aber so langweilig, daß normal große Gegenstände für sie nicht ganz durchlässig waren. Die langen Wellen wanderten um Hindernisse herum und durch sie hindurch. Die Wellen ließen sich leicht nachweisen, und wenn sie nach einem sorgfältig erdachten Muster ausgelöst und gestoppt werden konnten, vermochten sie Punkte und Striche des telegraphischen Morse-Codes zu erzeugen — und das ohne ein kompliziertes und kostspieliges System von Tausenden von Kilometer Kupferdraht und Relais. Crookes schlug in der Tat nichts anderes vor als die Möglichkeit einer ›drahtlosen Telegraphie‹.

Der Gedanke mußte sich (in dem von unwissenden Snobs gebrauchten negativen Sinn) wie ›Science Fiction‹ anhören, und Hertz erlebte bedauerlicherweise nicht mehr, wie er Wirklichkeit wurde. Er starb 1894 im Alter von zweiundvierzig an einer chronischen Infektion, die sich in unseren Tagen wahrscheinlich leicht mit Antibiotika hätte heilen lassen.

Doch schon wenige Monate nach dem Tod von Hertz las ein italienischer Ingenieur, der damals erst zwanzig Jahre alte Guglielmo Marconi (1874—1937), von Hertz' Entdeckungen und hatte sofort den gleichen Gedanken wie Crookes.

Marconi benutzte das gleiche System zur Erzeugung Hertzscher Wellen wie Hertz selbst, baute jedoch einen wesentlich verbesserten Detektor, einen sogenannten Kohärer. Dieser bestand aus einem Behälter mit locker eingefüllten Metallfeilspänen, die normalerweise wenig Strom leiteten, jedoch wesentlich leitfähiger wurden, wenn Hertzsche Wellen darauffielen.

Nach und nach verbesserte Marconi seine Geräte und erdete Sender und Empfänger. Er verwendete auch einen gegen Erde isolierten Draht, der als Antenne diente, um Sendung und Empfang zu erleichtern.

Er sandte Signale über immer größere Entfernungen aus. 1895 schickte er ein Signal von seinem Haus zum Garten und später über eine Entfernung von mehr als einem Kilometer. Als sich die italienische Regierung im Jahre 1896 an seinen Arbeiten uninteressiert zeigte, ging er nach England (seine Mutter war Irin, und Marconi konnte Englisch) und sandte ein Signal über eine Entfernung von vierzehn Kilometern. Dann beantragte und erhielt er das erste Patent in der Geschichte für drahtlose Telegraphie.

1897, als er sich wieder in Italien aufhielt, sandte er ein Signal von

Land aus zu einem zwanzig Kilometer entfernten Kriegsschiff, und 1898 (nach seiner Rückkehr nach England) schickte er ein Signal sogar über eine Entfernung von dreißig Kilometern.

Er begann sein System zu propagieren. Bald bezahlte der vierundsiebzigjährige Physiker Lord Kelvin die ersten »Gebühren«, um an seinen Freund, den damals neunundsiebzigjährigen britischen Physiker G. G. Stokes, ein ›Marconigramm‹ zu schicken. Diese Kommunikation zwischen den beiden betagten Wissenschaftlern war die erste kommerzielle Botschaft durch drahtlose Telegraphie. Marconi benutzte seine Signale auch dazu, um in jenem Jahr über die Jachtrennen anläßlich der Kingstown Regatta zu berichten.

Im Jahre 1901 näherte sich Marconis Arbeit ihrem Höhepunkt. Seine Experimente hatten ihn bereits davon überzeugt, daß die Hertzschen Wellen der Krümmung der Erde folgten und nicht geradlinig in den Weltraum hinausstrahlten, wie man dies von elektromagnetischen Wellen hätte erwarten können. (Im Laufe der Zeit fand man heraus, daß die Hertzschen Wellen von den geladenen Teilchen in der ›Ionosphäre‹ einem Bereich der oberen Atmosphäre, reflektiert werden. Sie wandern rund um die Erde, indem sie zwischen Erdoberfläche und Ionosphäre hin- und hergeworfen werden.) So traf er sorgfältige Vorbereitungen, um von der Südwestspitze Englands ein Signal mit Hertzschen Wellen über den Atlantik nach Neufundland zu senden. Dazu benutzte er Ballons, um die Antenne so hoch wie möglich zu heben. Am 12. Dezember 1901 stellte sich der Erfolg ein.

In Großbritannien behielt die neue Technik die Bezeichnung ›wireless telegraphy‹ (›drahtlose Telegraphie‹) bei, doch von den Vereinigten Staaten als der technisch fortgeschrittensten Nation ausgehend, setzte sich bald weltweit die Bezeichnung ›Radio‹ durch. In den USA ging man bei der Prägung des Begriffes davon aus, daß der eigentliche Träger des Signals eine elektromagnetische Strahlung sei (›radiation‹) und nicht ein stromführender Draht. Alle Welt spricht heute vom ›Radio‹, und der 12. Dezember 1901 gilt allgemein als Tag der ›Erfindung des Radios‹.

Die Hertzschen Wellen erhielten die Bezeichnung ›Radiowellen‹; der ältere Name ist völlig außer Gebrauch geraten. Der gesamte Teil des elektromagnetischen Spektrums von einer Wellenlänge von einem Millimeter (der Obergrenze des Infrarotbereichs) bis hin zu einer maximalen Wellenlänge, die dem Durchmesser des Universums entspricht — eine Ausdehnung von 100 Oktaven — umfaßt heute den sogenannten Radiowellenbereich.

Die für normale Radioübertragungen benutzten Wellen haben Wellenlängen zwischen ungefähr 190 bis 5700 Metern. Die Frequenz dieser Wellen beträgt daher zwischen 530 000 und 1 600 000 Hz (oder 530 bis 1600 kHz). Ein ›Hertz‹ ist die zu Ehren des Wissenschaftlers eingeführte Maßeinheit für eine Periode pro Sekunde.

Höherfrequente Radiowellen werden im FM benutzt, noch höhere Frequenzen für das Fernsehen.

Im Laufe der Jahre kam das Radio immer mehr in allgemeinen Gebrauch. Methoden zur Umwandlung von Radiosignalen in Schallwellen wurden entwickelt und damit die Möglichkeit geschaffen, Rede und Musik am Rundfunkempfänger zu hören und nicht nur den Morsecode.

Das bedeutete, daß man Radio mit gewöhnlichem Telefonverkehr zum ›Funksprechverkehr‹ verbinden konnte. Man konnte das Telefon, anders ausgedrückt, dazu verwenden, um sich mit einer Person auf einem Schiff mitten auf dem Meer in Verbindung zu setzen, während man sich selbst mitten auf dem Kontinent befand. Normale Telefondrähte übertrugen die Botschaft auf dem Land, während Radiowellen sich über See weiterleiteten.

Die Sache hatte jedoch einen Haken. Durch Draht übertragene Elektrizität erzeugt einen glockenreinen Ton, doch Radiowellen, die durch die Luft übertragen werden, unterliegen ständig der Interferenz durch Störungen, die wir ›statisch‹ nennen (da eine Ursache die Ansammlung einer statischen elektrischen Ladung an der Antenne ist).

Die Gesellschaft Bell Telephone war daran interessiert, die statischen Störungen auf ein Mindestmaß zu reduzieren, doch hierzu mußte man möglichst viel über die Ursachen in Erfahrung bringen. Diese Aufgabe wurde einem jungen Ingenieur mit Namen Karl Guthe Jansky (1905—50) übertragen.

Eine der Ursachen für statische Geräusche waren zweifellos Gewitter. Jansky machte sich daher unter anderem daran, eine komplizierte Antenne zu konstruieren, die aus zahlreichen waagerecht und senkrecht angeordneten Stäben bestand und aus verschiedenen Richtungen Signale empfangen konnte. Diese Vorrichtung installierte er auf einem mit Rädern ausgestatteten Fahrzeugrahmen; so konnte er sie hin- und herdrehen und auf jedes von ihm wahrgenommene statische Geräusch einstimmen.

Mit Hilfe dieser Apparatur gelang es Jansky ohne Schwierigkeiten, Gewitter schon in großer Entfernung als knisterndes Geräusch zu entdecken.

Das war jedoch keineswegs sein einziges Ergebnis. Beim Abtasten des Himmels empfing er auch einen zischenden Ton, der sich deutlich von dem Knistern bei Gewittern unterschied. Er nahm klar Radiowellen vom Himmel auf, Radiowellen, die weder von Menschen noch von einem Gewitter erzeugt wurden. Während er tagtäglich neu dieses Zischen untersuchte, gewann er außerdem den Eindruck, daß es nicht allgemein vom Himmel kam, sondern meistens von einer ganz bestimmten Stelle des Himmels. Durch sachgemäße Bewegung konnte er seine Antennenanlage auf eine Richtung einstellen, in der das Geräusch am intensivsten war — und diese Stelle bewegte sich beinahe wie die Sonne über den Himmel.

Zuerst schien es Jansky, daß tatsächlich die Sonne die Quelle dieser Radiowellen sei, und er hätte auch recht gehabt, wäre zu dieser Zeit die Sonnenfleckenaktivität hoch gewesen.

Die Aktivität der Sonne war jedoch zu der Zeit ziemlich niedrig, und was immer sie an Radiowellen emittieren mochte, konnte mit der primitiven Apparatur von Jansky nicht aufgefangen werden. Das war vielleicht ganz gut so, denn es erwies sich, daß Jansky einer viel bedeutenderen Sache auf der Spur war. Zu Beginn hatte es tatsächlich den Anschein, als weise sein Apparat auf die Sonne, wenn das Zischen am intensivsten war, doch dann stellte Jansky fest, daß sein Apparat immer weiter von der Sonne wegzeigte.

Der Punkt, von dem das zischende Geräusch ausging, war in bezug auf die Sterne fix, während dies — von der Erde aus gesehen — für die Sonne nicht zutraf. Im Frühling 1932 war Jansky sich sicher, daß das Zischen aus dem Sternbild Schütze herrührte. Nur weil die Sonne zu dem Zeitpunkt, als Jansky das kosmische Geräusch entdeckte, im Schützen stand, unterlag er anfänglich diesem Irrtum.

Das Zentrum der Galaxis liegt nämlich zufällig in Richtung auf das Sternbild des Schützen, und Janskys Leistung bestand darin, die von diesem Zentrum ausgehenden Radioemissionen entdeckt zu haben. Das Geräusch wurde deshalb ›kosmisches Rauschen‹ genannt.

Jansky veröffentlichte seinen Bericht in den *Proceedings of the Institute of Radio Engineers* vom Dezember 1932, und sein Erscheinen bezeichnet die Geburtsstunde der »Radioastronomie«.

Wie aber konnten Radiowellen die Erdoberfläche aus dem Weltraum erreichen, wenn sie durch die Ionosphäre reflektiert werden? Die Ionosphäre hält Radiowellen von der Erde davon ab, in den Weltraum vorzudringen, und demnach sollte sie auch die aus dem Weltraum kommenden daran hindern, auf die Erde zu gelangen.

Es stellte sich heraus, daß ein Bereich von ungefähr elf Oktaven der kürzesten Radiowellen (›Mikrowellen‹ genannt), unmittelbar im Anschluß an den infraroten Bereich, von der Ionosphäre nicht reflektiert werden. Diese sehr kurzen Radiowellen vermochten, von der Erde in den Weltraum oder vom Weltraum zur Erde, die Ionosphäre zu durchdringen. Dieser Oktavenbereich ist als ›Mikrowellenfenster‹ bekannt.

Das Mikrowellenfenster umfaßt Strahlung mit Wellenlängen von ungefähr 10 Millimeter bis ungefähr 10 Meter und Frequenzen von 30 000 000 Hz (30 Megahertz) bis 30 000 000 000 Hz (30 000 MHz).

Der Zufall wollt es, daß Janskys Apparat auf eine Frequenz ansprach, die gerade innerhalb der unteren Grenze des Mikrowellenfensters lag. Ein kleines bißchen tiefer, und er hätte das kosmische Rauschen nicht mehr wahrnehmen können.

Die Nachricht von Janskys Entdeckung erschien auf der Titelseite der New York Times, und das zu Recht. Im Nachhinein können wir sofort die Bedeutung des Mikrowellenfensters erkennen. Einmal umfaßt es sieben Oktaven verglichen mit der einen Oktave des sichtbaren Lichtes (dazu kommt noch ein geringer Streifen im angrenzenden Ultraviolett und Infrarot). Zum anderen ist das Licht für die nichtsolare Astronomie nur in klaren Nächten von Nutzen, während Mikrowellen die Erde immer erreichen, gleichgültig ob der Himmel bedeckt ist oder nicht, und man kann mit ihnen auch untertags arbeiten, da sie von der Sonne nicht verdeckt werden.

Trotzdem schenkten die professionellen Astronomen der Entdeckung anfangs wenig Beachtung. Der Astronom Fred Lawrence Whipple (geb. 1906), der kurz zuvor in die Fakultät von Harvard eingetreten war, diskutierte zwar angeregt über die Angelegenheit, doch er hatte den Vorteil, Science Fiction-Leser zu sein. (Hören Sie die Ironie?)

Wir können den Astronomen daraus allerdings kaum einen Vorwurf machen. Schließlich konnten sie ohnehin nicht allzuviel ausrichten. Instrumente, wie sie für den Empfang von Mikrowellen mit der für astronomische Anwendung erforderlichen Genauigkeit gebraucht wurden, existierten nämlich noch gar nicht.

Jansky selbst verfolgte seine Entdeckung nicht weiter. Er hatte anderes zu tun, und sein Gesundheitszustand ließ zu wünschen übrig. Er starb im Alter von erst vierundvierzig Jahren an einer Herzkrankheit und lebte kaum lange genug, um zu sehen, wie die Radioastronomie ihre Anfangsschritte tat. Ein seltsames Geschick wollte es, daß damit drei der Schlüsselfiguren in der Geschichte der Radiowellenentdeckung, Maxwell, Hertz und Jansky, schon sehr jung gestorben waren und die wahren Auswirkungen ihrer Arbeit nicht mehr erleben konnten; hätte jeder von ihnen nur um zehn Jahre länger gelebt, wäre ihnen diese Erfahrung noch beschieden gewesen.

Doch die Radioastronomie wurde nicht völlig vernachlässigt. Ein Amateur war es, Grote Reber (geb. 1911), der als einziger daran weiterarbeitete. Im Alter von fünfzehn Jahren war er bereits ein begeisterter Funkamateur. Noch als Student am Illinois Institute of Technology befaßte er sich eingehend mit Janskys Entdeckung und versuchte, eigenständig und auf sich gestellt daran weiterzuarbeiten. So unternahm er beispielsweise den Versuch, Radiosignale vom Mond abprallen zu lassen und das Echo aufzufangen. (Er scheiterte damit, doch der Gedanke war gut, und ein Jahrzehnt später hatte das Army Signal Corps mit einer erheblich besseren Ausrüstung Erfolg.)

Im Jahre 1937 baute Reber in seinem Hinterhof in Wheaton, Illinois, das erste Radioteleskop. Der für den Empfang der Radiowellen bestimmte Reflektor maß 9,5 Meter im Durchmesser und war als Paraboloid gestaltet, um die auftreffenden Wellen auf den im Brennpunkt befindlichen Detektor zu konzentrieren.

Ein Jahr später begann er zu empfangen und war von da an für mehrere Jahre der einzige Radioastronom der Welt. Er entdeckte Stellen am Himmel, die Radiowellen von mehr als Hintergrundstärke aussandten. Solche ›Radiosterne‹ deckten sich seiner Feststellung nach nicht mit irgendwelchen sichtbaren Sternen. (Einige von Rebers Radiosternen wurden im Laufe der Zeit als ferne Galaxien identifiziert.)

Reber veröffentlichte seine Entdeckungen im Jahre 1942, und von da an trat eine erstaunliche Änderung in der Einstellung der Wissenschaftler zur Radioastronomie ein.

Robert Watson-Watt (1892—1973), ein schottischer Physiker, interessierte sich für die Art der Reflexion von Radiowellen. Ihn beschäftigte der Gedanke, daß Radiowellen von einem Hindernis reflektiert wurden und die Reflexion sich unter Umständen feststellen ließ. Aus der Zeitdauer zwischen Emission und Empfang der Reflexion könnte womöglich die Entfernung des Hindernisses bestimmt werden, und natürlich würde die Richtung, aus der die Reflexion empfangen wurde, auch die Richtung des Hindernisses verraten.

Je kürzer die Radiowellen, desto leichter würden sie von gewöhnlichen Hindernissen zurückgeworfen werden; waren sie jedoch zu kurz, dann würden sie nicht durch Wolken, Nebel und Staub dringen. Man brauchte also Frequenzen, die hoch genug waren für die Durchdringung, aber auch wieder niedrig genug, um von den Gegenständen reflektiert zu werden, die man ausfindig machen wollte. Für diesen Zweck eignete sich der Mikrowellenbereich ausgezeichnet, und schon im Jahre 1919 erhielt Watson-Watt ein Patent in Verbindung mit Funkortung durch Kurzwellen.

Das Prinzip ist einfach, die Schwierigkeit liegt jedoch darin, Instrumente zu entwickeln, die Mikrowellen mit der erforderlichen Leistungsfähigkeit und Feinheit aussenden und empfangen können. 1935 besaß Watson-Watt Patente für Verbesserungen, die es erlaubten, ein Flugzeug auf Grund der von ihm zurückgeworfenen Radiowellenreflexion zu verfolgen. Das System erhielt die Bezeichnung ›radio detection and ranging‹, abgekürzt ra. d. a. r. oder ›Radar‹.

Die Forschungsarbeiten wurden im geheimen fortgeführt, und bis zum Herbst 1938 waren an der britischen Küste Radarstationen in Betrieb. Die deutsche Luftwaffe griff 1940 diese Stationen an, doch Hitler, der über einen geringfügigen Bombenangriff der Royal Air Force auf Berlin außer sich vor Wut war, befahl den deutschen Flugzeugen, sich auf London zu konzentrieren. In der Folge ignorierten sie die Radarstationen, deren Leistungsfähigkeit die Deutschen nicht völlig begriffen, und mußten erkennen, daß ihnen kein Überraschungsangriff mehr gelang. Deutschland verlor als Folge davon die Schlacht um Großbritannien und den Krieg. Bei allem schuldigen Respekt vor der Tapferkeit der britischen Flieger muß doch gesagt werden, daß die Schlacht um Großbritannien vom Radar gewonnen wurde. (Andererseits erfaßten amerikanische Radareinrichtungen die anfliegenden japanischen Bomber am 7. Dezember 1941 — doch der Hinweis wurde ignoriert.)

Die gleiche Technik, die dem Radar zugrundelag, konnte auch von Astronomen benutzt werden, um Mikrowellen von den Sternen zu empfangen und gebündelte Mikrowellenstrahlen auf den Mond und andere astronomische Objekte zu richten und deren Reflexion aufzufangen.

Wenn jetzt noch ein Anlaß nötig war, um die Astronomen auf Trab zu bringen, dann ergab er sich 1942, als sämtliche britischen Radarstationen blockiert waren. Zuerst tauchte der Verdacht auf, die Deutschen hätten eine Möglichkeit gefunden, das Radar zu neutralisieren, doch das war keineswegs der Fall.

Es war nichts anderes als die Sonne! Ein gigantischer Ausbruch hatte Radiowellen in Richtung auf die Erde ausgeschleudert und die Radarempfänger überflutet, und da die Technologie zur Untersuchung dieser Wellen nun vorhanden war, konnten die Astronomen schwerlich warten, bis der Krieg vorüber war.

Nach Beendigung des Krieges ging die Entwicklung rasch voran. Die Radioastronomie nahm einen kräftigen Aufschwung, Radioteleskope wurden verfeinert, und es gelangen neue, verblüffende Entdeckungen. Unser Wissen über das Universum schwoll in einer Weise an, wie es vorher nur in den Jahrzehnten nach der Erfindung des Teleskops der Fall gewesen war.

23

Wenn die Sterne verlöschen

Wenn man über den wissenschaftlichen Fortschritt nachdenkt, taucht irgendwann die besonders schwierige Frage auf, wo dieser Fortschritt zum Stillstand kommen wird. Um dieses Problem zu behandeln, blickte ich einfach weiter und weiter in die Zukunft und folgte der Spur wissenschaftlichen Fortschritts, bis ich das Ende des Universums erreichte. Doch was dann?

Trotz der Tatsache, daß diese Story bereits im Jahre 1956 entstand, als noch niemand über Neutronensterne, Schwarze Löcher, Quasare und ähnliches sprach (obwohl all dies in die Geschichte eingefügt werden könnte, ohne ihre wesentlichen Aussagen zu verändern), ist es unter allen, die ich bisher geschrieben habe, meine Lieblingsgeschichte (noch vor ›Der häßliche kleine Junge‹).

Die letzte Frage wurde halb zum Schreck das erste Mal am 21. Mai 2061 gestellt, zu einer Zeit, als die Menschheit zum erstenmal einen Schritt auf das Licht zu machte. Bei Whisky mit Soda war um fünf Dollar gewettet worden; die Frage tauchte dabei als Ergebnis auf, und es trug sich wie folgt zu:

Alexander Adell und Bertram Lupov gehörten zu den treu ergebenen Bedienungsleuten von Multivac. Soweit es Menschen möglich war, wußten sie, was sich hinter der kalten, klickenden, leuchtenden Stirnfläche des riesenhaften Computers befand. Kilometer und Kilometer von Stirnfläche. Sie hatten zumindest eine schwache Vorstellung vom Übersichtsplan der Relais und Schaltkreise, der schon seit langem über den Punkt hinaus war, an dem sich ein einzelner Mensch noch einen deutlichen Begriff vom Ganzen machen konnte.

Multivac regulierte und korrigierte sich selbst. Das mußte er, weil ihn kein Mensch mehr schnell oder nur angemessen genug einstellen und korrigieren konnte. — Adell und Lupov bedienten also den Riesen nur leichthin und oberflächlich, doch so gut es Menschen eben konnten. Sie fütterten ihn mit Daten, richteten die Fragen nach seinen Erfordernissen ein und übersetzten die Antworten, die ausgegeben wurden. Sie und die anderen Mitarbeiter hatten sicherlich das Recht, teilzuhaben an der Herrlichkeit des Multivac.

Jahrzehnte hindurch hatte Multivac geholfen, die Schiffe zu entwerfen und die Flugbahnen zu berechnen, mit deren Hilfe der Mensch Mond, Mars und Venus erreicht hatte, aber die dürftigen Rohstoffquellen der Erde reichten dann nicht mehr aus, die Schiffe zu versorgen. Die langen Reisen zehrten zuviel Energie auf. Die Erde verwertete ihre Kohle, ihr Uran immer rationeller, aber beides war nur begrenzt vorhanden.

Multivac lernte jedoch langsam, tiefere Fragen gründlicher zu beantworten, und am 14. Mai 2061 wurde Wirklichkeit, was nur Theorie gewesen war.

Die Sonnenenergie wurde gespeichert, umgewandelt und vom gesamten Planeten direkt verwendet. Die ganze Erde löschte brennende Kohle, hielt die Spaltung des Urans an und legte den Schalter um, der alles an eine kleine Station anschloß, die einen Durchmesser von eineinhalb Kilometern hatte und in halber Mondentfernung die Erde umkreiste. Die ganze Erde lief nun mit Sonnenkraft.

Sieben Tage hatten nicht genügt, um der Herrlichkeit etwas von ihrem Glanz zu nehmen, und Adell und Lupov war es schließlich gelungen, der öffentlichen Veranstaltung zu entfliehen und sich in der Stille der unterirdischen Zimmer zu treffen, wo sie niemand suchen würde, wo Teile des mächtigen, eingegrabenen Körpers von Multivac zu sehen waren. Multivac war ohne Bedienung, lief vor sich hin, sortierte mit zufriedenem Klicken Daten und hatte die Ruhepause auch verdient. Die Jungs waren ganz dieser Meinung. Sie hatten eigentlich nicht die Absicht gehabt, sie zu stören.

Sie hatten eine Flasche mitgebracht und wollten sich im Augenblick nur gemeinsam mit Hilfe der Flasche entspannen.

»Verblüffend, wenn man es sich überlegt«, sagte Adell. Sein breites Gesicht zeigte Spuren von Müdigkeit, und er rührte mit einem Glasstab langsam sein Getränk um und sah sich die Eiswürfel an, die sich schwerfällig streiften. »Die ganze Energie, die wir wahrscheinlich immer frei verwenden können. Wenn wir wollen, können wir genug Energie abzapfen, um die ganze Erde zu einem großen Tropfen von flüssigem Eisen zusammenzuschmelzen, und uns würde die Energie nie fehlen, die dabei verbraucht würde. All die Energie, die wir nur brauchen können, für immer und ewig.«

Lupov legte den Kopf zur Seite. Das machte er aus Angewohnheit immer, wenn er widersprechen wollte, und jetzt wollte er widersprechen, zum Teil auch, weil er Gläser und Eis hatte tragen müssen.

»Für immer und ewig nicht«, sagte er.

»Ach, zum Teufel, beinahe für immer. Bis sich die Sonne erschöpft, Bert.«

»Das ist nicht für immer.«

»Also schön. Milliarden von Jahren. Vielleicht zwanzig Milliarden. Bist du zufrieden?«

Lupov fuhr sich mit den Fingern durch das sich lichtende Haar, als wolle er sich davon überzeugen, daß noch welches vorhanden war, und nippte leicht an seinem Getränk. »Zwanzig Milliarden Jahre ist nicht für immer und ewig.«

»Na, solange wir leben, wird sie wohl reichen.«

»Kohle und Uran aber auch.«

»Na schön, aber jetzt können wir jedes einzelne Raumschiff an die Sonnenstation dranhängen, und es kann eine Million mal zum Pluto und zurück ohne Treibstoffsorgen. Mit Kohle und Uran schaffst du das nicht. Kannst ja Multivac fragen, wenn du mir nicht glaubst.«

»Da brauch' ich Multivac nicht zu fragen. Ich weiß das.«

»Dann hör auf damit, das schlechtzumachen, was Multivac für uns getan hat«, sagte Adell und wurde wütend. »Hat's schon gut gemacht.«

»Wer streitet es denn ab? Ich sage nur, daß die Sonne nicht ewig reicht. Mehr sag' ich gar nicht. Für zwanzig Milliarden Jahre sind wir in Sicherheit. Aber was dann?« Lupov streckte seinem Gegenüber einen leicht zitternden Zeigefinger entgegen. »Und sag bloß nicht, daß wir dann auf eine andere Sonne umschalten.«

Eine Weile herrschte Ruhe. Adell führte nur gelegentlich sein Glas an die Lippen, und Lupov fielen langsam die Augen zu.

Dann riß Lupov die Augen auf. »Du denkst dir doch, daß wir auf eine andere Sonne umschalten, wenn unsere fertig ist?«

»Ich denke gar nichts.«

»Klar denkst du das. Du bist schwach in Logik, das ist das Problem mit dir. Du bist der Kerl in der Geschichte, der plötzlich von einem Regenguß überrascht wurde, in ein Wäldchen rannte und sich unter einen Baum stellte. Weißt du, er machte sich keine Sorgen, weil er meinte, wenn ein Baum ganz durchnäßt wäre, würde er sich einfach unter einen anderen stellen.«

»Versteh' schon«, sagte Adell. »Brauchst nicht zu schreien. Wenn die Sonne fertig ist, werden die anderen Sterne auch weg sein.«

»Das werden sie sein, verdammt noch mal«, murmelte Lupov. »Das fing alles mit der kosmischen Urexplosion an, was immer das auch gewesen war, und wird zu einem Ende kommen, wenn die Sterne verlöschen. Manche verlöschen schneller als andere. Zum Teufel, die Riesen überdauern nicht einmal hundert Millionen Jahre. Die Sonne wird zwanzig Milliarden Jahre überdauern, und die Zwerge vielleicht alles in allem hundert Milliarden. Aber nehmen wir eine Billion Jahre, und alles wird finster sein. Ganz einfach, die Entropie muß das Maximum erreichen.«

»Über Entropie weiß ich ganz genau Bescheid«, sagte Adell, der sich nichts nachsagen lassen wollte.

»Den Teufel weißt du.«

»Ich weiß soviel wie du.«

»Dann weißt du, daß eines Tages alles erschöpft sein wird.«

»Na schön. Und wer behauptet das Gegenteil?«

»Du, du armseliger Tropf. Du hast gesagt, wir haben all die Energie, die wir brauchen; für immer und ewig, hast du gesagt.«

Jetzt war es Adell, der widersprach: »Vielleicht können wir eines Tages wieder was aufbauen«, sagte er.

»Niemals.«

»Warum nicht? Eines Tages.«

»Frag Multivac.«

»Niemals.«

»Frag doch Multivac. Du traust dich ja nicht. Fünf Dollar darauf, daß es nicht gemacht werden kann.«

Adell war gerade betrunken genug, es zu versuchen, und nüchtern genug, die notwendigen Symbole und Vorgänge in eine Frage zu fassen, die, in Worten ausgedrückt, etwa so ausgesehen hätte: Wird die Menschheit eines Tages fähig sein, ohne den Netto-Aufwand an Energie der Sonne wieder volle Jugendkraft zu geben, nachdem sie an Altersschwäche eingegangen war?

Oder vielleicht konnte man es einfach ausdrücken: Wie kann das Netto-Maß der Entropie des Universums in großem Umfang herabgesetzt werden?

Multivac verstummte völlig. Das schwache Glitzern der Lampen verlosch, und die fernen Geräusche klickender Relais erstarben.

Eben als die erschrockenen Techniker kaum noch den Atem anhalten konnten, kam plötzlich Leben in den Fernschreiber, der an diesen Teil von Multivac angeschlossen war. Fünf Wörter wurden ausgedruckt: DATEN UNZUREICHEND FÜR SINNVOLLE ANTWORT.

»Mit der Wette ist's nichts«, flüsterte Lupov. Sie machten sich rasch aus dem Staub.

Am nächsten Morgen litten die beiden unter bohrendem Kopfschmerz und pelzigem Mund und hatten den Vorfall vergessen.

Jerrodd, Jerrodine und Jerrodette I und II sahen zu, wie sich das sternenübersäte Bild auf der Sichtscheibe änderte, als die Reise durch den Hyperraum nach ihrem nichtzeitlichen Ablauf beendet war. Auf einmal wich die gleichmäßige Staubwolke von Sternen der Vorherrschaft einer einzelnen, hellen Marmorscheibe, die in der Mitte erschien.

»Das ist X-23«, sagte Jerrodd voller Zuversicht. Die schmalen Hände verkrampften sich hinter seinem Rücken, bis sich die Knöchel weiß abzeichneten.

Die kleinen Jerrodettes, beides Mädchen, hatten zum ersten Mal in ihrem Leben eine Reise durch den Hyperraum erlebt und waren auf Grund der vorübergehenden Empfindung, daß sich Inneres und Äußeres verkehre, etwas befangen. Sie unterdrückten ihr Kichern, tobten wie wild um ihre Mutter herum und kreischten: »Wir haben X-23 erreicht — wir haben X-23 erreicht — wir haben . . .«

»Ruhig, Kinder«, sagte Jerrodine scharf. »Bist du sicher, Jerrodd?«

»Was soll ich denn sonst sein?« fragte Jerrodd und blickte zu dem unscheinbaren Metallwulst gleich unter der Decke hinauf. Er lief die

421

ganze Länge des Zimmers entlang und verschwand auf beiden Seiten durch die Wände. Er war so lang wie das Schiff.

Jerrodd wußte über den dicken Metallstab eigentlich nur, daß man ihn Microvac nannte, daß man ihm, wenn man wollte, Fragen stellen konnte, daß er, auch wenn man das nicht tat, die Aufgabe hatte, das Schiff zu einem vorbestimmten Ziel zu leiten, die Energie der verschiedenen untergalaktischen Kraftwerke aufzunehmen und die Gleichungen für die Sprünge durch den Hyperraum zu berechnen.

Jerrodd und seine Familie brauchten nur abzuwarten, sie lebten in dem bequemen Wohnteil des Schiffs.

Jemand hatte Jerrodd einmal erzählt, daß das »ac« am Ende von »Microvac« im alten Englisch die Abkürzung für »Analogcomputer« gewesen war, aber er war dabei, selbst das zu vergessen.

Jerrodine blickte mir feuchten Augen zur Sichtscheibe. »Ich kann mir nicht helfen, mir kommt's so komisch vor, die Erde zu verlassen.«

»Warum, um Himmels willen?« wollte Jerrodd wissen. »Dort hatten wir nichts. Auf X-23 werden wir alles haben. Du wirst nicht allein sein. Du brauchst kein Pionier zu sein. Auf dem Planeten gibt es schon über eine Million Leute. Mein Gott, unsere Urenkel werden sich nach neuen Welten umsehen, weil X-23 überbevölkert sein wird.« Er schwieg nachdenklich und fuhr dann fort: »Ich sag' dir, so wie sich das Geschlecht vermehrt, ist es ein Glück, daß die Computer interstellares Reisen gelöst haben.«

»Weiß ich«, sagte Jerrodine kläglich.

Jerrodette I sagte schnell: »Unser Microvac ist der beste Microvac in der Welt.«

»Glaub' ich auch«, sagte Jerrodd und zauste ihr das Haar.

Es war *wirklich* ein gutes Gefühl, einen eigenen Microvac zu haben, und Jerrodd war froh, seiner Generation anzuhören und keiner anderen. Als sein Vater jung war, gab es nur Computer, die riesige Anlagen waren. Jeder einzelne bedeckte mehr als hundertfünfzig Quadratkilometer Land. Pro Planet gab es nur einen. Planetarische ACs nannte man sie. Tausend Jahre lang waren sie ständig gewachsen, und dann kam ganz plötzlich die Verfeinerung. An die Stelle von Transistoren traten Molekularröhren, so daß selbst der größte planetarische AC nur halb soviel Platz wie ein Raumschiff einnahm.

Jerrodd erlebte ein Hochgefühl, wie es immer über ihn kam, wenn er daran dachte, daß sein eigener Microvac um ein Vielfaches komplizierter als der alte und primitive Multivac war, der die Sonne gezähmt hatte, und daß er fast so kompliziert wie der planetarische AC der Erde (der größte) war, der das Problem des Reisens durch den Hyperraum gelöst und Fahrten zu den Sternen ermöglicht hatte.

»So viele Sterne, so viele Planeten«, seufzte Jerrodine, in ihre Gedanken vertieft. »Ich kann mir denken, so wie es jetzt um uns steht, werden Familien für immer und ewig zu neuen Planeten aufbrechen.«

»Nicht für immer«, sagte Jerrodd mit einem Lächeln. »Irgendwann wird alles aufhören, aber erst nach Milliarden von Jahren. Nach vielen Milliarden. Weißt du, selbst die Sterne verlöschen einmal. Die Entropie muß zunehmen.«

»Was ist Entropie, Daddy?« gellte Jerrodette II.

»Meine kleine Süße, Entropie ist einfach ein Wort, das das Maß bezeichnet, in dem das Universum sich erschöpft. Weißt du, alles erschöpft sich, wie dein kleiner Funksprechroboter, erinnerst du dich?«

»Kannst du nicht einfach eine neue Kraftzelle reintun wie in meinen Roboter?«

»Die Sterne sind eben die Kraftzellen, Liebling. Wenn die weg sind, dann gibt's keine Kraftzellen mehr.«

Jerrodette I stieß sofort ein Geheul aus. »Laß sie das nicht tun, Daddy. Laß die Sterne nicht verlöschen.«

»Schau, was du wieder angestellt hast«, flüsterte die erzürnte Jerrodine.

»Wie konnte ich denn wissen, daß es sie erschrecken würde?« flüsterte Jerrodd zurück.

»Frag den Microvac« jammerte Jerrodette I. »Frag ihn, wie man die Sterne wieder anmachen kann.«

»Mach nur«, sagte Jerrodine. »Das wird sie beruhigen.« (Jerrodette II fing auch schon an zu weinen.)

Jerrodd zuckte mit den Schultern. »Schon gut, ihr Süßen. Ich frag' Microvac. Macht euch keine Sorgen, er wird's uns sagen.«

Er fragte den Microvac und fügte rasch hinzu: »Druck die Antwort aus.«

Jerrodd nahm den Streifen dünnen Cellufilms in die hohlen Hände und sagte fröhlich: »Schaut mal, der Microvac sagt, daß er sich um alles kümmern wird, wenn es an der Zeit ist. Macht euch also keine Gedanken.«

Jerrodine sagte: »Und jetzt ist's Zeit fürs Bett, Kinder. Wir werden bald in unserer neuen Heimat sein.«

Jerrodd las noch einmal die Worte auf dem Cellufilm, bevor er ihn vernichtete: DATEN UNZUREICHEND FÜR SINNVOLLE ANTWORT.

Er zuckte mit den Schultern und blickte auf die Sichtscheibe. X-23 war nahe.

VJ-23X von Lameth starrte in die schwarzen Tiefen der dreidimensionalen kleinen Karte der Milchstraße und sagte: »Ich frage mich, ob es nicht lächerlich ist, sich solche Sorgen wegen der Sache zu machen.«

MQ-17J von Nicron schüttelte den Kopf. »Ich glaube nicht. Du weißt, daß die Milchstraße bei der jetzigen Geschwindigkeit der Ausbreitung in fünf Jahren voll sein wird.«

Beide waren anscheinend Anfang Zwanzig, beide waren groß und von vollendeter Gestalt.

»Trotzdem«, sagte VJ-23X, »zögerte ich, dem Galaktischen Rat einen pessimistischen Bericht zu unterbreiten.«

»Ich würde gar keinen anderen Bericht in Betracht ziehen. Rüttle sie ein wenig auf. Wir müssen sie aufrütteln.«

VJ-23X seufte. »Der Raum ist unendlich. Hundert Milliarden Milchstraßen gibt es, die in Besitz genommen werden können. Und mehr.«

»Hundert Milliarden ist *nicht* unendlich, und mit der Zeit werden es immer weniger. Denk nach! Vor zwanzigtausend Jahren löste die Menschheit zum erstenmal das Problem, wie man sich die Energie der Sterne zunutze machen kann, und ein paar Jahrhunderte später wurden interstellare Reisen möglich. Die Menschheit brauchte eine Million Jahre, um eine kleine Welt zu füllen, und nur fünfzehntausend, um den Rest der Milchstraße zu füllen. Jetzt verdoppelt sich die Bevölkerung alle zehn Jahren . . .«

VJ-23X unterbrach ihn. »Das haben wir der Unsterblichkeit zu verdanken.«

»Sehr gut. Es gibt Unsterblichkeit, und wir müssen sie miteinbeziehen. Ich gebe zu, daß diese Unsterblichkeit auch ihre Schattenseiten hat. Der Galaktische AC hat viele Probleme für uns gelöst, aber in der Lösung der Frage, wie Alter und Tod zu überwinden seien, hat er all die anderen Lösungen übertroffen.«

»Ich nehme aber an, daß du dennoch das Leben nicht aufgeben willst?«

»Ganz und gar nicht«, stieß MQ-17J hervor und wurde sofort leiser. »Noch nicht. Ich bin auf keinen Fall alt genug. Wie alt bist du?«

»Zweihundertdreiundzwanzig. Und du?«

»Ich bin noch unter zweihundert. — Um aber zu meinem Punkt zurückzukommen. Die Bevölkerung verdoppelt sich alle zehn Jahre. Sobald diese Milchstraße voll ist, werden wir die nächste in zehn Jahren gefüllt haben. Noch zehn Jahre, und wir werden zwei weitere gefüllt haben. Nach einem Jahrzehnt vier weitere. In hundert Jahren werden wir tausend Galaxien gefüllt haben. In tausend Jahren eine Million Milchstraßen. In zehntausend Jahren das ganze bekannte Universum. Und dann was?«

VJ-23X sagte: »Als Nebenfrage erhebt sich das Transportproblem. Ich frage mich, wieviel Sonnenkrafteinheiten gebraucht werden, um eine Galaxie von Personen von einer Milchstraße zur nächsten zu schaffen.«

»Ein guter Einwand. Die Menschheit verbraucht pro Jahr schon zwei Sonnenkrafteinheiten.«

»Das meiste bleibt ungenutzt. Schließlich strahlt unsere Milchstraße allein schon tausend Einheiten Sonnenkraft pro Jahr aus, und wir verwenden nur zwei davon.«

»Zugegeben, aber selbst bei hundertprozentiger Effektivität schieben wir das Ende nur auf. Unsere Energiebedarf steigt in geometrischer Reihe sogar noch schneller als unsere Bevölkerung an. Noch bevor uns die Milchstraßen ausgehen, wird uns die Energie ausgehen. Ein guter Einwand. Ein sehr guter Einwand.«

»Wir werden einfach aus interstellarem Gas neue Sterne bauen müssen.«

»Oder aus Wärme, die sich verteilt hat?« fragte MQ-17J spöttisch.

»Vielleicht gibt es einen Weg, die Entropie umzukehren. Wir sollten den Galaktischen AC fragen.«

VJ-23X war es eigentlich nicht ernst damit, aber MQ-17J zog seinen AC-Anschluß aus der Tasche und legte ihn vor sich auf den Tisch.

»Ich habe beinahe Lust dazu«, sagte er. »Das Menschengeschlecht wird dem eines Tages ins Gesicht sehen müssen.«

Er warf einen melancholischen Blick auf seinen kleinen AC-Anschluß. Er war nur fünf Kubikzentimeter groß und stellte für sich allein genommen nichts dar, war aber über den Hyperraum mit dem größten Galaktischen AC verbunden, der der gesamten Menschheit diente.

MQ-17J schwieg und fragte sich, ob er eines Tages in seinem unsterblichen Leben dazu käme, den Galaktischen AC zu sehen. Er befand sich auf einer eigenen kleinen Welt, ein Spinnennetz von Kraftstrahlen, die die Materie hielten, in der Wellen von Submesonen die Stelle der alten schwerfälligen Molekularröhren einnahmen. Man wußte, daß der Galaktische AC trotz seiner fast ätherischen Arbeitsweise volle dreihundert Meter Durchmesser aufwies.

MQ-17J fragte plötzlich seinen AC-Anschluß: »Kann die Entropie jemals umgekehrt werden?«

VJ-23X sah überrascht aus und meinte sofort: »Ach, hör mal, ich wollte dich das nicht wirklich fragen lassen.«

»Warum nicht?«

»Wir wissen beide, daß die Entropie nicht umgekehrt werden kann. Man kann Rauch und Asche nicht in einen Baum zurückverwandeln.«

»Gibt es auf eurer Welt Bäume?« fragte MQ-17J.

Der Ton des Galaktischen AC ließ sie erstaunt verstummen. Seine Stimme drang aus dem kleinen AC-Anschluß auf dem Schreibtisch. Sie sagte: DIE DATEN REICHEN FÜR EINE SINNVOLLE ANTWORT NICHT AUS.

VJ-23X sagte: »Siehst du!«

Darauf wandten sich die beiden Männer wieder der Frage des Berichts zu, den sie für den Galaktischen Rat abfassen wollten.

Zee Primes Geist durchmaß die neue Milchstraße mit schwachem Interesse für die zahllosen Sternwirbel, die sie sprenkelten. Er hatte sie noch nie zuvor gesehen. Ob er wohl je alle sehen würde? So viele, jede mit ihrer Menschenfracht. — Aber eine Fracht, die fast nur Leergewicht war. Immer mehr traf man den Kern der Menschheit hier draußen im Raum.

Geister, nicht Körper! Die unsterblichen Körper blieben auf den Planeten zurück, von einer Ewigkeit zur anderen getragen. Manchmal erhoben sie sich zu körperlicher Tätigkeit, doch wurde das seltener. Nur wenige neue Wesen entstanden, um sich der unglaublich riesigen Menge anzuschließen, aber was machte das? Im Universum war nur wenig Platz für neue Wesen.

Als Zee Prime auf die zarten Ranken eines anderen Geistes stieß, wurde ihm das Träumen vertrieben.

»Ich bin Zee Prime«, sagte Zee Prime. »Und du?«

»Ich bin Dee Sub Wun. Deine Milchstraße?«

»Wir nennen sie nur die Milchstraße. Und du?«

»Wir auch. Alle Menschen nennen ihre Galaxie ihre Milchstraße und sonst nichts weiter. Warum auch nicht?«

»Richtig. Da sich alle Milchstraßen gleichen.«

»Nicht alle Milchstraßen. Aus einer bestimmten Galaxie muß die Menschheit stammen. Das macht sie anders.«

Zee Prime sagte: »Aus welcher?«

»Kann ich nicht sagen. Der Universal-AC müßte es wissen.«

»Sollen wir ihn fragen? Ich bin plötzlich neugierig.«

Zee Primes Wahrnehmungsvermögen weitete sich, bis selbst die Milchstraßen schrumpften und vor einem viel größeren Hintergrund zu lose verstreutem Staub wurden. Viele Hunderte Milliarden von ihnen, alle mit ihren unsterblichen Wesen. Sie alle trugen ihre Fracht an Intelligenzen, deren Geister frei durch den Raum trieben. Und doch war eine unter ihnen als ursprüngliche Galaxie einzigartig. Für eine von ihnen hatte es in unbestimmter, ferner Vergangenheit eine Zeit gegeben, in der sie die einzige Milchstraße war, die von Menschen bevölkert war.

Zee Prime packte die Neugier, diese Milchstraße zu sehen, und er rief: »Universal-AC! Aus welcher Michstraße stammte die Menschheit?«

Der Universal-AC hörte, da auf jeder Welt und durch den ganzen Raum seine Rezeptoren bereit waren, und jeder Rezeptor führte durch den Hyperraum zu einem unbekannten Punkt, an den sich der Universal-AC zurückgezogen hatte.

Zee Prime kannte nur einen einzigen Menschen, dessen Gedanken bis in fühlbare Nähe zum Universal-AC vorgedrungen waren, und der berichtete nur von einer glänzenden Kugel, die einen Durchmesser von einem halben Meter hatte.

»Aber wie kann die der ganze Universal-AC sein?« hatte Zee Prime gefragt.

»Das meiste von ihm«, war die Antwort gewesen, »befindet sich im Hyperraum. Welche Form er dort hat, kann ich mir nicht vorstellen.«

Niemand konnte es, da, wie Zee Prime wußte, der Tag schon lange vergangen war, an dem Menschen noch an der Herstellung eines Universal-AC beteiligt waren. Jeder Universal-AC entwarf und formte seinen Nachfolger. Jeder sammelte in den Millionen Jahren seines Daseins die notwendigen Daten, um einen besseren und komplizierteren, fähigeren Nachfolger zu bauen, in dem sein eigener Vorrat an Daten und seine Eigenart aufgehen konnten.

Der Universal-AC unterbrach Zee Primes schweifende Gedanken. Nicht durch Worte, sondern durch Führung. Zee Primes Geist wurde in den blassen Ozean der Milchstraßen geführt, und eine bestimmte vergrößerte sich so, daß Sterne zu erkennen waren.

Aus unendlicher Ferne, aber unendlich klar kam ein Gedanke. »DIE URSPRÜNGLICHE MILCHSTRASSE DES MENSCHEN.«

Im Grunde glich sie allen anderen, und Zee Prime unterdrückte seine Enttäuschung.

Dee Sub Wun, dessen Geist den anderen begleitet hatte, sagte plötzlich: »Und ist einer dieser Sterne der ursprüngliche Stern des Menschen?«

Der Universal-AC sagte: »DER URSPRÜNGLICHE STERN DES MENSCHEN WURDE ZU EINER NOVA. ER IST JETZT EIN WEISSER ZWERG.«

»Sind die Menschen dort gestorben?« fragte Zee Prime verblüfft und ohne nachzudenken.

Der Universal-AC sagte: »WIE IMMER IN SOLCHEN FÄLLEN WURDE FÜR IHRE LEIBLICHEN KÖRPER EINE NEUE WELT GESCHAFFEN.«

»Ja, natürlich«, sagte Zee Prime, aber trotzdem überwältigte ihn das Gefühl, etwas verloren zu haben. Sein Geist ließ die ursprüngliche Milchstraße des Menschen los, ließ sie zurückspringen und zwischen den verschwommenen Pünktchen verschwinden. Er wollte sie nie wieder sehen.

Dee Sub Wun sagte: »Was ist los?«

»Die Sterne sterben. Der ursprüngliche Stern ist tot.«

»Sie müssen alle sterben. Warum auch nicht?«

»Aber wenn alle Energie verschwunden ist, werden unsere Körper schließlich sterben und du und ich mit ihnen.«

»Bis dahin sind es noch Milliarden von Jahren.«

»Ich möchte aber, daß es selbst nach Milliarden von Jahren nicht geschieht. Universal-AC! Wie viele Sterne können vor dem Sterben bewahrt werden?«

Belustigt sagte Dee Sub Wun: »Du fragst, wie die Richtung der Entropie umgekehrt werden kann.«

Und der Universal-AC antwortete: »BIS JETZT REICHEN DIE

DATEN NOCH IMMER NICHT FÜR EINE SINNVOLLE ANTWORT AUS.«

Zee Primes Gedanken flohen zurück zu seiner eigenen Milchstraße. Kein weiterer Gedanke beschäftigte sich mit Dee Sub Wun, dessen Körper vielleicht in einer Milchstraße wartete, die eine Billion Lichtjahre entfernt war, oder auf dem Stern neben dem von Zee Prime. Es war gleich.

Zee Prime fing traurig an, interstellaren Wasserstoff zu sammeln, aus dem er seinen eigenen kleinen Stern bauen konnte. Wenn die Sterne eines Tages sterben mußten, so konnte einige wenigstens noch gebaut werden.

Der Mensch bewegte die Gedanken in sich, und der Mensch war in geistiger Hinsicht eins. Er bestand aus Billionen und Aberbillionen altersloser Körper, die jeder an seinem Platz still und unzerstörbar ruhten, von vollkommenen Automaten versorgt, die ebenso unzerstörbar waren, während sich die Geister der Körper freiwillig und unterscheidbar ineinander verschmolzen.

Der Mensch sagte: »Das Universum stirbt.«

Der Mensch sah sich die verblassenden Milchstraßen an. Die Riesensterne, die Verschwender, waren schon seit langem verschwunden, in der dunkelsten aller dunklen Vergangenheiten. Fast alle Sterne waren weiße Zwerge und dämmerten dem Ende entgegen.

Zwischen den Sternen waren aus Staub neue Sterne gebaut worden, einige durch natürliche Vorgänge, andere durch den Menschen, und auch die schwanden. Weiße Zwerge mochten noch ineinandergeschleudert werden, und mit den riesigen Kräften, die dabei frei wurden, konnten neue Sterne gebaut werden, aber auf tausend zerstörte weiße Zwerge kam nur ein Stern, und auch die würden ihr Ende finden.

Der Mensch sagte: »Geleitet vom Kosmischen AC wird mit der Energie, die noch im Universum ist, haushälterisch umgegangen, und sie wird noch für Milliarden von Jahren reichen.«

»Aber auch so«, sagte der Mensch, »wird schließlich alles ein Ende finden. Wie haushälterisch auch mit ihr umgegangen wird, wie sie auch gestreckt wird, verbrauchte Energie kann nicht wiedergebracht werden. Die Entropie muß immerfort bis zu ihrem Höchstwert ansteigen.«

Der Mensch sagte: »Kann die Entropie nicht umgekehrt werden? Fragen wir den Kosmischen AC.«

Der Kosmische AC umgab sie, jedoch nicht räumlich. Nicht ein Stück von ihm befand sich im Raum. Er war im Hyperraum und bestand aus etwas, das weder Materie noch Energie war. Die Frage nach seiner Größe und Art hatte nach den Begriffen, die der Mensch verstand, längst keinen Sinn mehr.

»Kosmischer AC«, sagte der Mensch, »wie kann die Entropie umgekehrt werden?«

Der Kosmische AC sagte: »BIS JETZT REICHEN DIE DATEN NOCH IMMER NICHT FÜR EINE SINNVOLLE ANTWORT AUS.«

Der Mensch sagte: »Sammle weitere Daten.«

Der Kosmische AC sagte: »DAS WERDE ICH TUN. ICH TUE ES SEIT HUNDERT MILLIARDEN JAHREN. MEINEN VORGÄNGERN UND MIR WURDE DIESE FRAGE OFT GESTELLT. ALLE DATEN, ÜBER DIE ICH VERFÜGE, BLEIBEN UNZULÄNGLICH.«

»Werden die Daten einmal reichen«, sagte der Mensch, »oder ist das Problem unter allen denkbaren Umständen unlösbar?«

Der Kosmische AC sagte: »KEIN PROBLEM IST UNTER ALLEN DENKBAREN UMSTÄNDEN UNLÖSBAR.«

Der Mensch sagte: »Wann wirst du genug Daten haben, um die Frage zu beantworten?«

Der Kosmische AC sagte: »BIS JETZT REICHEN DIE DATEN NOCH IMMER NICHT FÜR EINE SINNVOLLE ANTWORT AUS.«

»Wirst du weiter daran arbeiten?« fragte der Mensch.

Der Kosmische AC sagte: »WERDE ICH.«

Der Mensch sagte: »Wir werden warten.«

Die Sterne und Milchstraßen starben und erloschen, und der Raum wurde nach zehn Billionen Jahren des Vergehens schwarz.

Der Mensch verschmolz einer nach dem anderen mit dem AC. Jeder leibliche Körper verlor auf eine Art seine geistige Identität, daß es irgendwie kein Verlust, sondern ein Gewinn war.

Der letzte Geist des Menschen hielt vor dem Verschmelzen inne, musterte einen Raum, der nichts als den Rest eines letzten dunklen Sterns und unglaublich feine Materie enthielt, die ganz zufällig durch die letzten Zuckungen vergehender Wärme bewegt wurde, die sich asymptotisch dem absoluten Nullpunkt näherte.

Der Mensch sagte: »AC, ist das das Ende? Kann dieses Chaos nicht noch einmal in ein Universum umgekehrt werden? Kann das nicht gemacht werden?«

AC sagte: »BIS JETZT REICHEN DIE DATEN NOCH IMMER NICHT FÜR EINE SINNVOLLE ANTWORT AUS.«

Der letzte Geist des Menschen verschmolz, und es gab nur AC — und zwar im Hyperraum.

Materie und Energie hatten ihr Ende gefunden, und mit ihnen Raum und Zeit. Selbst das AC existierte nur wegen der einen letzten Frage, die es seit der Zeit nie beantwortet hatte, als vor zehn Billionen Jahren ein halb betrunkener Computerfachmann einem Computer die Frage gestellt hatte, der, verglichen mit dem AC, viel weniger war als ein Mensch, verglichen mit *dem* Menschen.

Alle anderen Fragen waren beantwortet worden, und bis diese letzte Frage nicht beantwortet war, mochte das AC seine Bewußtheit nicht aufgeben.

Alle zusammengetragenen Daten waren endgültig geworden. Es war nichts mehr zusammenzutragen.

Aber alle zusammengetragenen Daten mußten noch vollständig miteinander in Beziehung gesetzt werden und in alle möglichen Verhältnisse gebracht werden.

Damit wurde ein zeitloser Zwischenraum zugebracht.

Und dann begab sich, daß AC lernte, wie die Richtung der Entropie umgekehrt werden konnte.

Aber jetzt gab es keinen Menschen mehr, dem AC die Antwort auf die letzte Frage mitteilen konnte. Es machte nichts. Die Antwort würde es durch ihr Beispiel zeigen und auch dafür Sorge tragen.

Einen weiteren zeitlosen Zwischenraum hindurch dachte AC nach, wie es am besten zu machen sei. AC stellte sorgfältig einen Plan auf.

Die Bewußtheit des AC umfaßte alles, was einst ein Universum gewesen war, und schwebte über dem, was jetzt Chaos war. Es mußte Schritt für Schritt getan werden.

Und AC sprach: »ES WERDE LICHT!«

Und es ward Licht . . .

24

Der Nobelpreis, der keiner wurde

Der traurigste Fall eines Wissenschaftlers, der nicht lange genug lebte, um die verdiente Genugtuung zu erfahren, die Konsequenzen seiner Entdeckung noch erleben zu dürfen, ist in meinen Augen der Fall von Henry Moseley. Ich schließe dieses Buch mit einem Bericht über seine Arbeit und was später mit ihm geschah . . .

Vor einiger Zeit hielt ich an einer nahegelegenen Universität einen Vortrag. Der Abend begann mit einem Dinner, an dem verdienstvolle Studenten teilnehmen durften. Natürlich waren die Teilnehmer alle Science Fiction-Fans, die es ganz toll fanden, mit mir zusammenzutreffen, und mir gefiel das ausgezeichnet, denn ich finde es toll, mit Leuten zusammenzutreffen, die es für toll halten, mich zu treffen.

Unter den Studenten befand sich eine stämmige, achtzehnjährige Kommilitonin. Ich fand Gefallen an ihr, denn vor vielen Jahren hegte ich einmal eine Vorliebe für stämmige, achtzehnjährige Studentinnen, die ich nie gänzlich verlor. Sie saß beim Dinner neben mir, und ich übertraf mich selbst an Witz und Geist und sprühte nur so vor Charme und Galanterie. Irgendwann während des Nachtischs legte ich eine kleine Atempause ein, und in dem Schweigen drangen die Laute der Gespräche rings um den Tisch auf uns ein.

Wir hielten inne und hörten zu. Die angehenden Akademiker, alles ernsthafte junge Männer und Frauen, debattierten über die brennenden Tagesprobleme. Nun stand ich kurz davor, ein Referat über brennende Tagesprobleme zu halten, doch als ich den anderen zuhörte, fühlte ich mich ein wenig beschämt, daß ich meiner Tischnachbarin die ganze Zeit über nichts als Unsinn zugemutet hatte. Gerade als ich mich in tiefschürfende Philosophie stürzen wollte, sagte sie zu mir: »Alle sind hier so ernst. Vom ersten Tag an, als ich ins College kam, hab' ich nur ernsthafte Leute getroffen.«

Sie schwieg einen Augenblick und überlegte, dann meinte sie mit einem Ausdruck völliger Aufrichtigkeit: »Wirklich, seit ich hier bin, sind Sie der erste Achtzehnjährige, der mir über den Weg gelaufen ist.«

Da gab ich ihr einen Kuß.

Aber so jugendlich ich aufgrund meines Temperaments, meines Lebensstils und meines ständigen Umgangs mit Collegestudenten auch handle und empfinde, bin ich selbstverständlich bereits einiges über achtzehn. Meine Gegner könnten vielleicht sagen, ich sei weit, sehr weit über die achtzehn hinaus, und sie hätten recht damit.

Doch es gibt keinen Weg, dem Vorrücken der Jahre zu entgehen, wenn man einmal vom Tod absieht. Und das ist nicht gerade erfreulich, wie ich Ihnen am Fall eines jungen Mannes zeigen will, um den es sich in diesem Kapitel dreht.

Wir wollen jedoch vorerst auf das Periodensystem zu sprechen kommen, das in der zweiten Hälfte des neunzehnten Jahrhunderts die Elemente in eine Ordnung brachte und auf das genaueste die Existenz unbekannter Elemente voraussagte. Noch im zweiten Jahrzehnt des zwanzigsten Jahrhunderts fehlte eine gesicherte Grundlage dafür. Es funktionierte ganz einfach, aber niemand wußte eigentlich, warum. Die Antwort auf dieses ›Warum‹ begann mit etwas, das recht kritisch betrachtet wurde.

Das Ganze nahm seinen Ausgang im Jahre 1895 im Laboratorium von Wilhelm Konrad Röntgen, dem Leiter der physikalischen Abteilung der Universität Würzburg. Röntgen führte Untersuchungen über Kathodenstrahlen durch — das Glanzobjekt der Physik in jenen Tagen. Ein durch ein weitgehendes Vakuum gezwängter elektrischer Strom tauchte als Strom von Partikeln wieder auf, die sich als weitaus kleiner als Atome (subatomare Teilchen) erwiesen und den Namen ›Elektronen‹ erhielten.

Diese Elektronenströme besaßen eine Fülle von faszinierenden Eigenschaften. Unter anderem erzeugten sie beim Aufprall auf bestimmte chemische Substanzen Lumineszenz. Da die Lumineszenz nicht besonders hell war, verdunkelte Röntgen den Raum, um besser beobachten zu können, und hüllte die Kathodenstrahlröhre in dünnen, schwarzen Karton ein.

Am 5. November 1895 schaltete er seine Kathodenstrahlröhre ein und schickte sich an, in die Schachtel hineinzuspähen und mit seinen Experimenten fortzufahren. Noch ehe er dazu kam, fiel sein Blick auf ein Funkeln von Licht in der Dunkelheit. Er blickte auf und sah an einer Seite der Röhre ein Stück Papier, das mit Bariumplatinzyanid überzogen war. Diese chemische Verbindung leuchtet auf, wenn sie von fließenden Elektronen getroffen wird.

Was Röntgen verwirrte, war die Tatsache, daß sich das Bariumplatinzyanid nicht im Weg des Elektronenflusses befand. Wäre das Papier innerhalb des Kartons am richtigen Ende der Kathodenstrahlröhre gewesen, dann gut und schön. Aber das leuchtende Papier befand sich seitlich neben der Röhre, und selbst unter der Annahme, daß sich einige Elektronen zur Seite verirrt hätten, gab es keine Möglichkeit, wie sie durch den Karton hindurchgedrungen sein könnten.

Vielleicht wurde das Leuchten durch etwas völlig anderes erzeugt und hatte mit der Kathodenstrahlröhre überhaupt nichts zu tun. Röntgen schaltete den elektrischen Strom ab; die Kathodenstrahlröhre erlosch — und das Papier mit dem Überzug hörte auf zu leuchten. Er schaltete den elektrischen Strom ein und wieder aus, und das Papier leuchtete und hörte in genau dem gleichen Rhythmus wieder auf zu leuchten. Er nahm das Papier mit in den nächsten Raum, und es leuchtete (weitaus schwächer) nur, wenn die Kathodenstrahlröhre eingeschaltet war.

Röntgen konnte daraus bloß einen Schluß ziehen. Die Kathodenstrahlröhre erzeugte irgendeine mysteriöse Strahlung, die ein solches Durchdringungsvermögen besaß, daß sie durch Pappkarton und sogar durch Wände hindurchging. Er hatte nicht die leiseste Ahnung, welcher Art diese Strahlung sein mochte. So nannte er sie nach dem Symbol für das Unbekannte ›X-Strahlen‹, und diesen Namen behielten die Röntgenstrahlen im angelsächsischen Sprachraum bis auf den heutigen Tag.

Röntgen führte seine Experimente mit verbissenem Eifer fort und schaffte es in unvorstellbar kurzer Zeit, den ersten Artikel über dieses Thema am 28. Dezember 1895 zu veröffentlichen, in dem er über die grundlegenden Eigenschaften der neuentdeckten Strahlung berichtete. Am 23. Januar 1896 hielt er seinen ersten Vortrag über das Phänomen. Vor einer erregt lauschenden Zuhörerschaft erzeugte er Röntgenstrahlen, zeigte, daß sie eine photographische Platte verdunkeln und Materie durchdringen konnten — wobei das bei manchen Arten von Materie leichter war als bei anderen.

Röntgenstrahlen drangen beispielsweise leichter durch das weiche Körpergewebe als durch Knochen. Wenn man eine Hand auf eine photographische Platte legte und mit Röntgenstrahlen belichtete, blockierten die Knochen soweit den Durchgang der Strahlen, daß der unter ihnen befindliche Teil der Platte weitgehend verdunkelt blieb. Ein älterer Schweizer Physiologe, Rudolf Albert von Kölliker, stellte sich freiwillig als Versuchsperson zur Verfügung, worauf eine Röntgenaufnahme seiner Hand angefertigt wurde.

Keine physikalische Entdeckung fand jemals so rasch in der medizinischen Wissenschaft Anwendung. Der Gedanke, daß man das Innere von intakten lebenden Organismen sehen konnte, rief höchste Erregung hervor, und nur vier Tage nachdem die Nachricht von den Röntgenstrahlen die Vereinigten Staaten erreicht hatte, wurde die neue Strahlung erfolgreich eingesetzt, um im Bein eines Mannes eine Kugel zu lokalisieren. Innerhalb eines Jahres nach Röntgens Entdeckung wurden an die tausend Arbeiten über die Röntgenstrahlen veröffentlicht, und als 1901 zum erstenmal die Nobelpreise vergeben wurden, ging der Preis für Physik an Wilhelm Konrad Röntgen.

(Auch Laien spielten verrückt. Völlig verstörte Mitglieder des Parlaments von New Jersey versuchten ein Gesetz durchzubringen, das die Verwendung von Röntgenstrahlen in Operngläsern verbieten sollte, um den jungfräulichen Anstand zu wahren — soweit zum legislativen Verständnis der Wissenschaften.)

Es lag auf der Hand, daß die Strahlung nicht aus dem Nichts kommen konnte. Die schnellen Elektronen, die die Kathodenstrahlen bildeten, prallten auf das Glas der Röhre und wurden mehr oder weniger abrupt angehalten. Die kinetische Energie dieser schnellen Elektronen mußte in anderer Form in Erscheinung treten, und zwar als Röntgenstrahlen, die so energiereich waren, daß sie noch Materie von beträchtlicher Dicke durchdrangen.

Wenn dies beim Aufprall von Elektronen auf Glas der Fall war, was würde erst geschehen, wenn sie auf etwas mit größerer Dichte als Glas prallten und dabei effektiver abgestoppt wurden? Die stärkere Verlangsamung müßte eigentlich noch energiereichere Röntgenstrahlen erzeugen, als Röntgen sie zuerst beobachtet hatte. So wurden in Kathodenstrahlröhren Metallstücke an Stellen eingesetzt, wo sie von Elektronen getroffen werden mußten. Das Erwartete traf ein. Größere Ströme von energiereicheren Röntgenstrahlen wurden erzeugt.

Die durch die Kollision von Elektronen mit Metall hervorgerufenen Strahlen wurden mit besonderer Sorgfalt durch den englischen Physiker Charles Glover Barkla untersucht. Die Physiker hatten noch keine geeigneten Verfahren entwickelt, um die Eigenschaften der Röntgenstrahlen mit besonderer Feinheit zu messen, aber man konnte immerhin sagen, daß ein bestimmtes Bündel Röntgenstrahlen eine stärkere Schicht von Materie durchdringen konnte als andere Strahlenbündel und daß es somit mehr Energie enthielt.

Barkla fand heraus, daß bei einem bestimmten Metall Röntgenstrahlen in klar unterschiedenen Energiebereichen auftraten, nach ihrem Durchdringungsvermögen unterschieden. Er nannte sie die K-Reihe, die L-Reihe, die M-Reihe und so fort in der Reihenfolge des abnehmenden Durchdringungsvermögens und damit des abnehmenden Energiegehalts. Der Energiebereich war nicht gleichmäßig. Es gab keine nennenswerten Röntgenstrahlen im Bereich des Energieniveaus zwischen K und L oder zwischen L und M und so weiter.

Darüber hinaus entdeckte er, daß unterschiedliche Metalle Röntgenstrahlen mit ganz charakteristischen Energieeigenschaften hervorriefen. Wenn man sich auf eine spezielle Reihe konzentrierte — zum Beispiel die L-Reihe —, so nahm die Energie zu, je höher das Atomgewicht des zum Abbremsen der Elektronen verwendeten Metalls war.

Da das Energieniveau der Röntgenstrahlen charakteristisch für das zum Abbremsen der Elektronen benutzte Metall war, nannte Barkla diese »charakteristische Röntgenstrahlen«.

Bestanden die Röntgenstrahlen aus Teilchen wie Elektronen, nur mit einem wesentlich höheren Energiegehalt? Oder bestanden sie aus Bündeln elektromagnetischer Wellen ähnlich denen des sichtbaren Lichts, nur von größerem Energiereichtum?

Wenn Röntgenstrahlen aus Wellen bestanden, würden sie durch ein Beugungsgitter auf ihrem Weg abgelenkt werden können. Ein solches

Gitter besaß eine Vielzahl von dünnen, parallel angeordneten, undurchlässigen Linien auf einem ansonsten lichtdurchlässigen Schirm. Die Schwierigkeit bestand darin, daß die Linien auf solchen Gittern durch winzige Abstände getrennt sein müßten. Je kürzer die Wellenlängen der zu untersuchenden Strahlen waren, desto dichter mußten die Beugungslinien beieinander liegen.

Mit mechanischen Mitteln konnte man zwar Linien ziehen, die zur Beugung von Wellen des sichtbaren Bereichs dünn genug waren und dicht genug beieinander lagen, wenn jedoch Röntgenstrahlen ihrer Natur nach dem Licht glichen, nur wesentlich energiereicher waren, dann mußten ihre Wellen weit kürzer sein als die des Lichts. Es war einfach nicht möglich, Linien zu ziehen, die eng genug waren für Röntgenstrahlen.

Einem deutschen Physiker, Max Theodor Felix von Laue, kam schließlich der Gedanke, daß man sich ja nicht unbedingt auf von Menschenhand gefertigte Linien stützen mußte. Kristalle bestanden aus äußerst regelmäßig angeordneten Atomen. In einem Kristall gibt es Schichten von Atomen einer bestimmten Art, die entlang einer bestimmten Ebene angeordnet sind. Die aufeinanderfolgenden Schichten dieser Atome sind genau durch die Abstände getrennt, wie man sie zur Beugung von Röntgenstrahlen benötigt. Ein Kristall war also, mit anderen Worten, ein von der Natur zur Untersuchung von Röntgenstrahlen entworfenes Beugungsgitter (wenn man es so romantisch ausdrücken will).

Wenn nun Röntgenstrahlen durch einen Kristall geschickt und dabei in einer Weise gebeugt wurden, wie sie sich unter der Annahme einer Wellenstruktur theoretisch voraussagen ließ, dann waren Röntgenstrahlen höchstwahrscheinlich wirklich Wellen von lichtartiger Natur.

Im Jahre 1912 schickten von Laue und seine Mitarbeiter ein Bündel Röntgenstrahlen durch ein Zinksulfidkristall, und die Beugung erfolgte wie vermutet. Demnach waren Röntgenstrahlen tatsächlich eine elektromagnetische Strahlung wie das sichtbare Licht, nur erheblich energiereicher.

Die Wissenschaftler gingen noch weiter. Der Abstand zwischen den Atomschichten im Kristall kann aus Daten ermittelt werden, die nichts mit Röntgenstrahlen zu tun haben. Mit ihrer Hilfe ließ sich berechnen, welche Beugung die verschiedenen Wellenlängen ergeben sollten. Wenn man Röntgenstrahlen durch ein bestimmtes Kristall einer reinen Substanz schickte und den Grad der Beugung maß (das war verhältnismäßig einfach zu bewerkstelligen), so konnte die Wellenlänge einer bestimmten Gruppe von Röntgenstrahlen mit überraschender Genauigkeit bestimmt werden.

Ein junger Australier, der in Cambridge Physik studierte, William Lawrence Bragg, erkannte sofort den springenden Punkt, als er von dem Experiment von Laues erfuhr. Sein Vater, der an der Universität von Leeds Physik lehrte, kam zu der gleichen Erkenntnis. Vater und Sohn begannen gemeinsam Röntgenstrahlen zu messen und vervollkommneten das Verfahren.

Damit komme ich nun zum Helden dieses Kapitels, dem englischen Physiker Henry Gwyn-Jeffreys Moseley, Sohn eines Anatomieprofessors, der starb, als Henry vier Jahre alt war.

Moseley war ein Mann von überragender Brillanz. Er erhielt Stipendien für Eton und Oxford, und 1910 stieß er im Alter von erst dreiundzwanzig Jahren zu einer Gruppe junger Männer, die an der Victoria University in Manchester unter dem in Neuseeland geborenen Rutherford arbeiteten; er blieb zwei Jahre bei ihnen.

Rutherford war einer der größten Experimentatoren aller Zeiten und erhielt 1908 den Nobelpreis. (In Chemie, weil seine Entdeckungen auf physikalischem Gebiet eine so ungeheure Auswirkung auf die chemische Wissenschaft hatten, doch sehr zu seinem Mißfallen, denn wie jeder gute Physiker neigte er dazu, auf die Chemiker herabzuschauen.)

Außerdem erhielten noch sieben Wissenschaftler, die irgendwann für ihn gearbeitet hatten, im Laufe der Zeit den Nobelpreis. Doch man kann wohl sagen, daß unter allen, die mit Rutherford zusammenarbeiteten, keiner an die Brillanz Moseleys heranreichte.

Moseley hatte den Gedanken, die Arbeiten der beiden Braggs und Barklas miteinander zu kombinieren. Anstatt zwischen den verschiedenen charakteristischen Röntgenstrahlen, die nach Barklas ziemlich grobem Kriterium des Durchdringungsvermögens verschiedenen Metallen zugeordnet waren, zu unterscheiden, wollte er wie die beiden Braggs Röntgenstrahlen durch Kristalle schicken und ihre Wellenlängen genauestens messen.

Diese Untersuchung führte er 1912 (inzwischen war er nach Oxford gegangen und widmete sich der unabhängigen Forschung) für die Metalle Calcium, Titan, Vanadium, Chrom, Mangan, Eisen, Kobalt, Nickel und Kupfer durch. Diese Elemente bilden in der genannten Reihenfolge eine gerade Linie quer durch das Periodensystem — nur sollte sich zwischen Calcium und Titan das Metall Scandium befinden, das Moseley für seine Arbeit leider nicht zur Verfügung stand.

Moseley stellte fest, daß die Wellenlänge einer bestimmten Reihe von charakteristischen Röntgenstrahlen, mit dem jeweiligen Metall einhergehend, abnahm (und damit energiereicher wurde), je weiter man im Periodensystem nach oben gelangte, und dies auf eine ganz regelmäßige Weise. Wenn man die Quadratwurzel der Wellenlänge zugrundelegte, stellte sich die Beziehung als Gerade dar.

Diese Erkenntnis war von größter Bedeutung, da das Atomgewicht, nach dem die Ordnung der Elemente im Periodensystem bisher hauptsächlich beurteilt wurde, keine besondere Regelmäßigkeit aufwies. Die

436

Atomgewichte der von Moseley untersuchten Elemente betrugen (auf eine Dezimalstelle genau berechnet): 40,1; 47,9; 50,9; 52,0; 54,9; 55,8; 58,9 und 63,5. Das Atomgewicht von Scandium, das Moseley nicht zur Hand hatte, beträgt 45,0. Die Intervalle der Atomgewichte ergeben sich daraus wie folgt: 4,9; 2,9; 3,0; 1,1; 2,9; 0,9; 3,12; -0,2; 4,8.

Diese unregelmäßigen Intervalle hielten einfach keinen Vergleich mit der unbedingten Regelmäßigkeit der Wellenlängen von Röntgenstrahlen aus. Außerdem gab es im Periodensystem gelegentlich Stellen, wo Elemente fehl am Platze waren, wenn das Kriterium des Atomgewichts zugrundegelegt wurde. So galt es nach den chemischen Eigenschaften als sicher, daß Nickel im System auf Kobalt folgen mußte, obwohl das Atomgewicht des Nickels etwas niedriger als das des Kobalts ist. Bei Zugrundelegung der Wellenlängen der Röntgenstrahlen trat dies *in keinem Falle* ein. Diesem Kriterium zufolge besaß Nickel charakteristische Röntgenstrahlen von höherer Energie als Kobalt und *mußte* daher nach Kobalt rangieren.

Das zwang Mosely zu der Schlußfolgerung, daß das Atomgewicht eines Elementes kein grundlegendes Charakteristikum ist und für sich allein genommen noch nicht den Ausschlag dafür gibt, warum ein bestimmtes Element eben dieses bestimmt Element ist. Andererseits stellten die Wellenlängen der Röntgenstrahlen einen Faktor dar, der ein grundlegendes Charakteristikum der Elemente bildet.

Moseley war es sogar möglich, die Natur dieses Faktors zu benennen.

Genau ein Jahr zuvor hatte Moseleys ehemaliger Chef, Rutherford, eine Reihe eleganter Experimente durchgeführt, mit denen die grundsätzlichen Prinzipien der Atomstruktur bewiesen wurden. Das Atom war nicht das gestaltlose letzte Teilchen, für das man es das ganze neunzehnte Jahrhundert hindurch gehalten hatte. Es besaß im Gegenteil einen komplexen inneren Aufbau.

Beinahe die gesamte Atommasse ist im eigentlichen Zentrum konzentriert, in einem ›Atomkern‹, der nur den billiardsten Teil des Volumens eines Atoms ausmacht. Um ihn herum befinden sich Elektronen, die den Rest des Atoms ausfüllen und auf diese Weise praktisch eine Art Schaum bilden, denn ein Elektron hat eine Masse, die nur 1/1837 selbst des allerleichtesten Atoms beträgt.

Darüber hinaus besitzt jedes Elektron eine einheitliche negative Ladung, die bei allen Elektronen in der Größe völlig identisch ist (entsprechend dem damaligen und übrigens noch heutigen Kenntnisstand). Die Ladung des Elektrons wird im allgemeinen mit -1 dargestellt.

Das Atom als ganzes ist jedoch nicht elektrisch geladen. Daraus folgt, daß der zentrale Kern des Atoms eine positive Ladung haben muß, die den Ausgleich schafft.

Man kann nun annehmen, daß jedes Element aus Atomen besteht, die eine charakteristische Zahl von Elektronen enthalten. Die zentralen Atomkerne müssen dann die gleiche charakteristische, ausgleichende Zahl positiver Ladungen aufweisen. Wenn ein Element Atome mit nur einem Elektron besitzt, wird sein Kern eine Ladung von +1 haben. Ein Atom mit zwei Elektronen hat einen Kern mit einer Ladung von +2, eins mit drei Elektronen einen Kern mit einer Ladung von +3 und so weiter.

Man kann jedoch Elektronen in unterschiedlicher Zahl von bestimmten Atomen fortnehmen oder hinzufügen, wodurch diese Atome eine positive oder negative Ladung erhalten. Das bedeutet, daß die Zahl der Elektronen für die Art des Atoms nicht wirklich von ausschlaggebender Bedeutung ist. Dem weit im Innern des Atoms verborgenen Kern kann man jedoch mit gewöhnlichen chemischen Methoden nicht beikommen. Er bleibt ein konstanter Faktor und ist deshalb das allein prägende Charakteristikum eines Elementes.

Zur Zeit Moseleys kannte natürlich noch niemand die Einzelheiten der Struktur des Atomkerns, doch das war auch nicht notwendig. Die Größe der positiven Ladung des Kerns reichte aus.

Man konnte beispielsweise leicht argumentieren, daß die schnellen Elektronen der Kathodenstrahlen wirksamer abgebremst würden, wenn die Ladung des Atoms, auf das sie aufprallten, zunahm. Die Energie der erzeugten Röntgenstrahlen würde mit steigender Ladungsmenge konstant wachsen. Wenn die Ladungsmenge ganz regelmäßig mit den Ladungseinheiten anstieg, dann würde das gleiche auch für den Energiegehalt der Röntgenstrahlen gelten.

Moseley regte an, jedes Element durch eine Zahl darzustellen, die zwei verschiedene Dinge zum Ausdruck bringt:

1. die Zahl der positiv geladenen Einheiten im Kern seiner Atome, und

2. seine Stellung im Periodensystem.

So wurde Wasserstoff als erstes Element in der Tabelle durch die Zahl 1 dargestellt, aus der Annahme heraus, daß es 1 positiv geladene Einheit im Atomkern aufweise (was sich als richtig herausstellte). Helium bekam die Zahl 2, was zum Ausdruck bringen sollte, daß es das zweite Element im Periodensystem war und vermutlich zwei positiv geladene Einheiten im Atomkern besitzt. Und so ging es weiter bis zum Uran, dem letzten zu jener Zeit bekannten Element im Periodensystem, das nach den damals bekannten und auch seither gewonnenen Daten zweiundneunzig geladene Einheiten im Atomkern aufweist und deshalb durch die Zahl 92 repräsentiert wird.

Moseley schlug vor, diese Zahlen als ›Atomzahlen‹ beziehungsweise Ordnungszahlen zu bezeichnen; sein Vorschlag wurde angenommen.

Moseley veröffentlichte 1913 seine Untersuchungsergebnisse, die auf der Stelle beträchtliches Aufsehen erregten. In Paris glaubte Georges Urbain, Mosely auf die Probe stellen zu müssen. Er hatte viele Jahre lang sorgfältig und mit viel Mühe Minerale seltener Erden getrennt und stellte nun ein Gemisch her, das seiner Ansicht nach nur ein Experte analysieren konnte, und auch das nur nach langer und mühseliger Fraktionierung. Er brachte sein Gemisch nach Oxford, wo Moseley es mit Elektronen beschoß, die Wellenlänge der dabei entstehenden Röntgenstrahlen maß und in kürzester Zeit verkündete, das Gemisch enthalte Erbium, Thulium, Yttrium und Luthetium — womit er recht hatte.

Urbain war von Moseleys Jugend (er war damals erst sechsundzwanzig) wie von der Macht seiner Entdeckung gleichermaßen beeindruckt. Er kehrte nach Paris zurück und setzte sich mit Feuereifer für den Begriff der Ordnungszahl im Periodensystem ein.

Nun stand das Periodensystem der Elemente endlich auf einer festen Grundlage. Wenn die Wellenlängen der Röntgenstrahlen sich um eine bestimmte, bekannte Mindestmenge unterschieden, dann lagen zwei Elemente unmittelbar nebeneinander und hatten Kernladungen, die sich nur um eine einzige Einheit unterschieden. Es konnte also *zwischen ihnen keine neuen Elemente geben.*

Das bedeutete, daß es vom Wasserstoff bis zum Uran genau zweiundneunzig erfaßbare Elemente gab, nicht mehr und nicht weniger. Und tatsächlich wurden in dem halben Jahrhundert seit Moseleys Entdeckung im Bereich zwischen Wasserstoff und Uran auch keine unerwarteten Elemente gefunden, jedenfalls nicht zwischen zwei durch Röntgenstrahlen als nebeneinanderliegend vorausgesagten Elementen. Gewiß wurden neue Elemente jenseits von Uran entdeckt mit den Ordnungszahlen 93, 94 und so weiter bis (nach augenblicklichem Stand) 104 und *möglicherweise* 105, doch das ist eine andere Geschichte.

Wenn sich umgekehrt die Wellenlängen der Röntgenstrahlen zweier Elemente um das Doppelte des vermuteten Intervalls unterschieden, dann befand sich ein Element dazwischen, und zwar ein einziges. War kein solches Element bekannt, dann harrte es ganz einfach noch der Entdeckung.

Zu der Zeit, als das Konzept der Ordnungszahlen vorgestellt wurde, kannte man im Bereich zwischen Wasserstoff und Uran fünfundachtzig Elemente. Da Platz für zweiundneunzig war, bedeutete dies, daß es noch sieben unentdeckte Elemente geben mußte. Ihre Ordnungszahlen ergaben sich mit 43, 61, 72, 85, 87 und 91.

Damit löste sich das Problem, mit dem sich die Chemiker hinsichtlich der Gesamtzahl der seltenen Erden bisher herumgeschlagen hatten. Es stellte sich heraus, daß nur ein seltenes Erdmetall noch unentdeckt war, das seinen Platz auf Nummer 61 zwischen Neodym (60) und Samarium (62) hatte. Dreißig Jahre dauerte die Entdeckung der fehlenden sieben Elemente, und wie es der Zufall wollte, war das letzte die Vertreterin der seltenen Erden, das Element mit der Ordnungszahl 61. Die Entdeckung gelang 1948, und es erhielt den Namen Promethium.

(Zu dieser Zeit waren allerdings schon Elemente jenseits des Uran entdeckt.)

Dank Moseleys Konzept der Ordnungszahlen stand die Grundlage des Periodensystems nun unverrückbar fest. Jede weitere Entdeckung diente nur noch dazu, die Ordnungszahlen wie das periodische System zu stärken.

Es konnte kein Zweifel daran bestehen, daß Moseley den Nobelpreis entweder in Physik oder Chemie verdient hatte. (Sie können eine Münze hochwerfen und wählen, aber ich würde sagen, er verdiente beide), und es war so sicher wie das Amen in der Kirche, daß er ihn auch bekommen würde.

Im Jahre 1914 ging der Nobelpreis an Max von Laue und 1915 an Vater und Sohn Bragg. In beiden Fällen war die Arbeit an den Röntgenstrahlen praktisch eine Wegbereitung für das krönende Werk Moseleys gewesen. 1916 *mußte* Moseley ihn ganz einfach erhalten; es führte kein Weg daran vorbei.

Ich bedaure sagen zu müssen, daß doch ein Weg vorbeiführte.

Im Jahre 1914 brach der Erste Weltkrieg aus, und Moseley trat sofort als Leutnant bei den Royal Engineers ein. Es war seine eigene Entscheidung, und er sollte für seinen Patriotismus respektiert werden. Aber nur, weil ein einzelner patriotisch ist und ein Leben aufs Spiel zu setzen und unter Umständen wegzuwerfen wünscht, das ihm schließlich nicht völlig allein gehört, heißt das noch nicht, daß die Entscheidungsträger einer Regierung hier auch mitspielen müssen.

Mit anderen Worten, Moseley hätte sich tausendmal freiwillig melden können, aber die Regierung hatte kein Recht, ihn an die Front zu schicken. Rutherford begriff dies und unternahm alles, daß Moseley zu wissenschaftlichen Arbeiten abgestellt würde, denn es lag auf der Hand, daß er für die Nation und die Kriegsanstrengungen im Laboratorium weitaus wertvoller war als im Feld. Zur Zeit des Zweiten Weltkrieges hätte man das verstanden, und Moseley wäre als rare und wertvolle Reserve bestmöglich geschützt worden.

In der kolossalen Dummheit, die sich Erster Weltkrieg nannte, war Derartiges nicht zu erwarten.

Im Frühjahr 1915 hatten die Briten den Gedanken, in Gallipoli in der westlichen Türkei zu landen, um die Kontrolle über die Meerengen zu gewinnen, die das Mittelmeer und das Schwarze Meer miteinander verbinden. Wenn sie sich hier einen Durchgang erzwangen, konnten sie eine Versorgungsroute für die wankende russische Armee eröffnen, die außerordentliche persönliche Tapferkeit mit einer gleichfalls außerordentlichen administrativen Unfähigkeit verband. Strategisch war das Konzept gut, doch taktisch wurde es geradezu unglaublich töricht durchgeführt. Selbst in einem so durch und durch idiotischen Krieg ragt das Gallipoli-Unternehmen noch als Archetyp für all das heraus, was man hätte unterlassen sollen.

440

Im Januar 1916 war alles zu Ende. Die Briten hatten eine halbe Million Mann in den Kampf geworfen und nichts erreicht. Die Hälfte von ihnen waren gefallen.

Im Verlaufe dieser elenden Kampagne erwischte es auch Moseley. Am 13. Juni 1915 wurde er nach Gallipoli eingeschifft. Am 10. August 1915 fand eine türkische Kugel ihr Ziel, während er telefonisch einen Befehl durchgab. Er erhielt einen Kopfschuß und war sofort tot. Moseley hatte noch nicht einmal seinen achtundzwanzigsten Geburtstag gefeiert; meiner Meinung nach war sein Tod der kostspieligste Einzelverlust für die menschliche Rasse unter all den Millionen, die in diesem Krieg ihr Leben ließen.

Als die Zeit für die Vergabe des Nobelpreises in Physik für das Jahr 1916 heranrückte, gab es keine Preisverleihung. Man könnte das leicht damit erklären, daß schließlich noch Krieg herrschte, aber 1915 und danach wieder 1917 war der Nobelpreis ja verliehen worden. Für das Jahr 1917 ging er an Barkla, also wiederum an einen Mann, dessen Werk nur Vorläufer für den großen Durchbruch von Moseley gewesen war.

Sie mögen mich sentimental nennen, aber ich sehe keinen Grund, warum die ungeheure Dummheit der menschlichen Rasse auch noch zur unaufhörlichen Fortdauer einer schmachvollen Ungerechtigkeit führen sollte. Selbst jetzt ist es für die wissenschaftliche Gemeinschaft noch nicht zu spät, die Lücke auszufüllen und klarzustellen, daß der Nobelpreis für Physik für 1916 (der nicht vergeben wurde), Moseley gehört und daß er in jeder veröffentlichten Liste der Nobelpreisträger erscheinen sollte.

Ihm schulden wir es nicht; so sentimental bin ich nun auch wieder nicht. Er ist jenseits von Schuld oder Wiedergutmachung. Wir schulden es dem guten Namen der Wissenschaft.

Quellen- und Übersetzernachweise

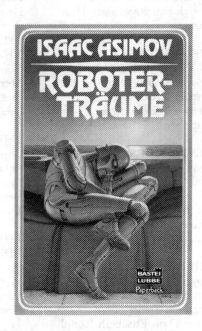

Band 28 162
Isaac Asimov
Roboterträume
Deutsche
Erstveröffentlichung

Wenn Roboter träumen, dann trifft sich harte Wissenschaft
mit kühler Phantasie, wie sie bezeichnend ist für Isaac
Asimov, den bekanntesten Science-Fiction-Autor der Gegenwart.
Eine Auswahl von modernen und klassischen, in Deutschland
weitgehend unbekannten Erzählungen mit den Themen, die
Isaac Asimov berühmt gemacht haben: das wissenschaftliche Denkspiel, der außerirdischen Thriller, das psychologi-
sche Lehrstück.
Die Titelgeschichte ›Roboterträume‹ ist eine neue Story mit
Asimovs Heldin, der Robotpsychologin Dr. Susan Calvin, und
die erste Robotergeschichte, die Asimov seit mehr als zehn
Jahren geschrieben hat.

Sie erhalten diesen Band
im Buchhandel, bei Ihrem
Zeitschriftenhändler sowie
im Bahnhofsbuchhandel.

Band 28 156
Isaac Asimov &
Karen Frenkel
Roboter
Deutsche
Erstveröffentlichung

Das Zeitalter der Roboter ist längst da. Sie sind aus den
Seiten der Science Fiction-Romane in die wirkliche
Welt gesprungen, sie stehen in Fabriken, Laboratorien,
Schulen und Haushalten. Sie modellieren Autos und
servieren Cocktails, wenn man es wünscht. Es gibt
Roboter, die sehen, Roboter, die sprechen, Roboter, die
reden und Roboter, die gehen können. Die Wissenschaftler stehen kurz davor, uns den Roboter, der auch
denken kann, zu bescheren.

Sie erhalten diesen Band
im Buchhandel, bei Ihrem
Zeitschriftenhändler sowie
im Bahnhofsbuchhandel.

Band 28 158
Isaac Asimov
**Die besten
Computer-Krimis**

Früher im Wilden Westen hat man Pferde gestohlen. Doch die
Zeiten haben sich geändert – Pferde sind heute nicht mehr so
wichtig.
Dafür aber die Computer. Und die lassen sich hereinlegen,
gleichgültig, ob sie zu trotzigem Eigenleben erwacht oder nur
das Werkzeug für den großen Coup sind. Dem Verbrechen ist
eine glänzende Zukunft beschert.
Sollten Sie also ein notorischer Gauner oder ein Computer-
Liebhaber, ein Science-Fiction-Fan oder schlichtweg jemand
sein, der gern gute Stories liest – bei der Lektüre dieses
Buches werden Sie jede Menge Anregungen finden.

Isaac Asimov
Best of Asimov

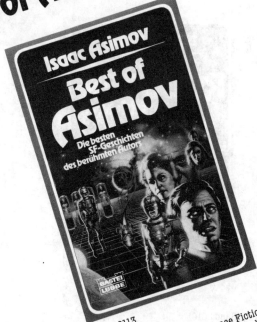

Band 28113

Isaac Asimov gehört zu den fleißigsten Schriftstellern der Menschheitsgeschichte. Er hat soviel veröffentlicht, daß einige Rezensenten glauben, sein Name müsse ein Pseudonym sein, unter dem eine ganze Gruppe von Schriftstellern ihre Ideen vereinigte. Vor zwanzig Jahren kannte man einige. Vor zwanzig Jahren kannte man außerhalb der Science Fiction nicht einmal seinen Namen. Heute steht er auf über zweihundert Büchern, und dazu kommen noch soviele Kurzgeschichten und Essays, daß eine komplette Bibliographie seiner Veröffentlichungen nicht existiert«.
CHARLES PLATT in »Gestalter der Zukunft«

Isaac Asimov
Alle Roboter-Geschichten

Band 28101

Der amerikanische Wissenschaftler Isaac
Asimov ist einer der angesehensten
Science Fiction-Autoren der Welt. Wie
keinem anderen gelingt es ihm, in seinen
Stories immer wieder wissenschaftliche
Prognosen mit menschlichen Fragen zu
verbinden.
Asimovs bedeutendster Beitrag zur SF
sind seine Roboter-Geschichten, die hier
zum ersten Mal komplett in einem Band
vorgestellt werden.